KB079628

중세편

사료로 읽는 서양사

2

중세편

사료로 읽는 서양사

2

게르만족의 이동에서 르네상스 전야까지

김창성 편저

cum libro
책과함께

시리즈를 펴내며

《사료로 읽는 서양사》 시리즈는 역사를 심도 있게 공부하려는 독자들을 위해 집필한 것이다. 특히 역사교사와 예비 교사에게 유용하리라 생각한다. 창의와 융합을 구호로 내건 교육 목표에 도달하려면 학생들이 토론과 발표를 통해 과감하고 적극적으로 수업에 참여해야 할 것이다. 이 같은 자기주도적인 수업이 이루어지려면 많은 자료가 필요함에도 현실의 여건은 그렇지 못하다. 반대로 인터넷에서 무책임하게 뿌려지는 무료 정보들은 학생들의 창의성을 죽이고 교사들의 신뢰를 떨어뜨린다. 이런 현실을 조금이라도 개선하기 위해서는 전공 연구자들이 직접 정선하고 집필한 교재가 필수적이었다. 특히 서양의 역사 사료는 여러 언어로 작성되어 있어 적절하게 해석하고 알맞은 설명을 붙여 자료로 제시하는 작업이 꼭 필요하다. 서양에서는 이런 작업이 다채롭게 수행되어 많은 사료집이 간행되어 있지만, 그 사료집을 그대로 번역해서 쓸 수는 없다. 우리의 환경과 교육 목표에 맞게 재구성한 사료집이어야 하기 때문이다. 이 사료집을 통해 중등학교 교사나 예비 교사, 나아가 학생들의 수업 자료로 활용한다면 현재의 서양사 교육을 한 차원 높이 끌어올리리라 전망한다.

서양사 사료집의 경우, 몇 년 전 한국사를 중심으로 이러한 사료집이 출간되었을 때 '서양 고대편'이 함께 간행되면서 첫 선을 보였으나, 후속 작업이 이어지지 못했다. 아쉬움 속에 몇 년이 흘렀고, 이제 기존의 고대편에서 제시한 사료를 대폭 보완하고 중세편 한 권과 근대편 두 권을 새로 집필하는 이번 작업을 통해 적어도 고대부터 19세기까지의 서양사 사료집을 완성하게 되었다. 이 작업은 쉽지 않았다. 우여곡절도 많았고 시간도 많이 흘렀지만, 한 권에 불과하던 사료집이 하나의 시리즈로 탄생하게 된 것은 기쁜 일이 아닐 수 없다. 선사시대와 현대사를 집필해야 하는 과제가 남아 있지만, 수업에 곧바로 활용할 자료는 충실하게 확보되었다고 말할 수 있을 것이다.

사료 학습이 중요해진 것은 우리 사회가 한 단계 성숙했음을 보여준다. 특히 교육 현장에서 이러한 필요가 부각된 것은 학생과 교사 모두가 일방적으로 전달되는 지식의 한계를 느끼게 된 점과 관련이 깊다고 할 수 있다. '작은 역사가'라는 말이 어울릴 정도로 왕성한 탐구력으로 주제를 파헤치는 마니아층이 생긴 것도 달라진 교육 환경의 결과로 볼 수 있다. 이 시리즈는 그러한 욕구를 채워주기 위해서 만들어졌다. 가장 기본적이고도 중요한 사료를 교과 내용과 함께 제시하여 적어도 어떤 역사 서술이 어떤 자료에 근거하여 이루어졌는지를 알 수 있게 했다.

또한 사료를 읽고 이해하는 역사 공부는 무엇보다도 탐구 의욕을 불러일으킨다. 일반화되어 모든 것을 예측할 수 있다면 탐구할 필요가 없을 것이다. 사료를 읽다 보면 예상치 못한 정보를 접할 수도 있고, 역사가 뜻하지 않은 방향으로 흘러가는 현상을 보면서 수학이나 과학에서 얻는 것과는 또 다른 호기심이 생겨난다. 이 시리즈는 이 같은 관심과 흥미를 불러일으키기 위해서 만들어졌다고도 말할 수 있다. 독자들은 역사가 사료로 이루어졌고, 이 사료를 어떻게 다루어야 하는지도 함께 체득하여 역사 사고를 경험할 수 있을 것이다. 그런 점에서 여기에 제시된 사료들은 일반인들의 지적 관심도 높여줄 것이며, 역사가 주는 깨달음과 성찰의 자료로 기능할 것이라고 자신한다.

이러한 사료집을 만들려면 많은 사료를 모으고 선별하고 전거와 설명을 붙이는 작업이 필요하며, 따라서 누적된 연구 성과와 세심한 교정, 충분한 시간이 없으면 제대로 만들어지기가 어렵다. 따라서 이 까다로운 시리즈의 간행을 결정한 책과함께 출판사에 감사의 뜻을 전한다. 편집부의 철저한 교정과 세심한 사독査讀으로 많은 오류와 문제점을 잡아낼 수 있었다. 교육의 재료가 되기 위해 이런 작업이 필수이건만, 실상 교과서와 교재에 오류가 난무하는 점 또한 지적하지 않고 넘어갈 수 없다. 물론 이 시리즈에 그런 문제가 하나도 없다고 할 수는 없지만, 수차례에 걸친 피드백과 수정을 통해 작품을 만들 듯이 심혈을 기울였다. 이 점에서 저자들은 자부심을 가지며, 이 사료집이 널리 활용되어 우리가 서양을 뿌리부터 이해하는 데 도움이 되길 기대한다.

2014년 6월

저자 일동

책머리에

중세를 보는 방향은 두 가지다. 하나는 역사의 시대 구분을 고대, 중세, 근대로 가른 뒤에 중세를 근대나 현대를 위해 존재하는 것으로 보는 견해이다. 반면 중세를 그 자체적인 발전의 완결된 과정으로 보는 견해가 있는데, 이러한 견해를 가진 사람들을 중세주의자medievalist라고 한다. 두 견해 모두 역사를 바라보는 데 필요하다. 중세 자체가 중요한 발전의 양상으로 후대에 큰 교훈을 주고 있지만, 인류의 전체 역사를 시간 순으로 놓고 볼 때 그 시대를 다른 시대와 관련짓는 것도 매우 중요하기 때문이다.

중세를 둘러싼 가치 평가도 중세를 보는 두 가지 방향을 보여준다. 예전 교과서는 중세를 암흑으로 묘사하였다. 그러나 오늘날에 그와 같은 역사 서술은 찾아볼 수 없다. 왜냐하면 중세가 근대국가의 형성에 기초가 되고 있다는 의식을 서양 각국의 역사가 공유하고 있기 때문이다. 이처럼 중세 1000년이라고 하는 오랜 시간 동안 서양 문명은 독자적인 발전 구조를 형성하였다. 최근 움베르토 에코Umberto Eco는 현대 문명도 중세화하는 것이 아닌가 하는 인식(네오퓨덜리즘 neo-feudalism)을 보여준 바 있다. 그렇게 본다면 중세는 오늘날 우리의 미래일 수도 있다.

모든 역사가 그러하듯이 과거는 그 자체가 지니는 의미를 넘어서 현재라는 거울을 거칠 때 더 큰 의미를 지니게 된다. 우리가 직면한 문제는 무엇인가? 그 문제가 과거에는 어땠는가? 이런 시각으로 역사를 보면 새로운 의미를 발견할 수 있다. 서양의 중세사를 연구하다 보면 서양사에서 전개되었던 여러 가지 문제와 사건들을 발견할 수 있는데, 이것들은 그대로 우리의 사건이나 역사와 비교 가능하다. 우리의 역사 문제를 해결하는 데에도 서양의 사례가 모범이 될 수 있는 것이다. 반대로 우리의 문제를 서양이라는 무대에 투사하여 볼 수도 있는데, 그렇게 된다면 서양의 학자가 보지 못했던 새로운 발전 방향이나 시각 같은 것을 찾아볼 수 있다. 이처럼 역사는 현재라는 거울을 통해 여러 시각과 관점을 얻지만, 당시의 문명 자체만으로도 고유한 특성과 발전 논리가 있음을 간과해서는 안 된다. 다시 말해 역사를 외계와 같은 별개의 세계로 인식하고, 우리가 가보지 못했으나 사료를 통해 분석하고 살피는 자세도 매우 중요하다. '비교'는 새로운 지식에 도달하는 방법으로서, 중세사에서 특히 풍부하게 찾아볼 수 있다.

***

서양의 중세는 흔히 로마제국의 멸망부터 초기 르네상스까지를 말한다. 이런 구분은 이론적이라기보다는 관습적인 토대를 바탕으로 하는데, 자크 르 고프Jacques Le Goff는 여기서 한 걸음 더 나아가 이른바 장기 중세의 개념을 제시한다. 그에 따르면 고대 말부터 산업혁명까지가 중세에 해당하는데, 이는 다시 중세 초기(4~9세기), 중세 중기(10~14세기 전반), 중세 말기(14세기 후반~19세기)로 구분된다. 이처럼 중세의 시작과 끝의 시점에 대해서는 학자마다 다를 수 있지만, 대체로 중세가 긴 시간 폭을 갖는 역사라는 점만큼은 분명하다. 중세라는 말과 개념은 14세기 프란체스코 페트라르카Francesco Petrarca를 위시한 이탈리아 인문주의자들에게서 나타난다. 이들이 사용한 말은 메디움 템푸스medium tempus(복수형은 media tempora), 즉 중간 시기였다. 영어로는 '미들 에이지스middle ages', 에스파냐어로는 '에다드 메디아edad media', 독일어로는 '미텔알터Mittelalter', 프랑스어로는 '무아앵 아주moyen âge'라고 하는데, 중간이라는 의미는 일반적으로 '그저 그런 것'이었다. 이는 당대인들이 고대를 이상화했던 탓이기도 하였다. 그런데 중세라는 용어를 가지고 '중세사'를 쓴 사람은 크리스토포루스 첼라리우스Christophorus Cellarius(1638~1707, 독일명은 켈러Keller)라는 독일인 역사 교사이다. 그는 1676년에 책을 간행했는데, 그때 중세라는 표현을 메디움 아이붐medium aevum (중간 시대)으로 하였다. 그러므로 17세기 이전에는 중세사라는 역사 용어가 존재하지 않았으며, 르네상스라는 용어도 19세기에나 들어와 독립적으로 사용되었음을 기억하는 것이 필요하다.

***

사료는 역사를 배우고 연구하는 사람들에게 어떤 의미를 가질까? 조엘 T. 로젠탈Joel T. Rosenthal의 비유에 따르면, "1차 사료는 화학자에게 분자가 가지는 의미"와 같다(로젠탈 편집, 《중세의 1차 사료 이해하기—중세 유럽을 발견하기 위한 역사적 사료의 이용Understanding Medieval Primary Sources—Using Historical Sources to discover Medieval Europe》, Routledge, 2012, Introduction). 화학자들이 분자들을 결합함으로써 물질의 성질을 탐구하듯이, 역사가는 사료를 이용하여 과거를 탐구한다. 이처럼 역사 연구에 중요한 것이 사료이므로 연구에 앞서서 사료를 잘 이해하고 이용할 줄 아는 것이 역사 연구자의 기본 소양이다. 아울러 학문 중심 교육 과정에 따르면 이 같은 사고방식을 함양하기 위해서는 사료를 통한 학습이 이루어질 필요가 있다. 이 책에서는 이러한 목표를 달성하기 위해서 서양 중세사를 연구하는 데 어떤 종류의 자료가 있으며, 이 사료들을 어떤 자세로 대해야 하는지 제시할 것이다.

흔히 역사를 쉬운 학문으로 생각하기 쉬운데, 역사 연구에는 언어적인 이해, 개념의 불일치 같은 난관뿐만 아니라 자료의 광범위한 위조라는 난제도 존재한다. 호르스트 푸어만Horst Fuhrmann의 《중세로의 초대Einladung ins Mittelalter》(안인희 옮김, 이마고, 2003, 301~303쪽)를 보면, 우리에게 전승된 메로빙Meroving 왕들과 관련 있는 문헌 중 100종 정도가 가짜이며, 카롤루스 마그누스Carolus Magnus에 관한 270여 종의 원전 서류 중에서 100종 정도가 가짜라는 충격적인 사실을 알게 된다. 교회 관련 문서도 385년에 처음으로 교황의 진짜 교서가 나왔고, 이전 것은 모두 다 가짜로 밝혀졌다. 9세기 중엽 이시도루스 메르카토르Isidorus Mercator라는 사람의 명의로 된 《이시도루스 교회법령집Decretales Pseudo-Isidorianae》은 초기 교회와 교황들의 편지를 모은 것인데, 이 또한 집단으로 날조된 것이다. 그런데도 이 문서는 오늘날의 교회법에 여전히 효력을 미치고 있다. 이처럼 역사의 사료에는 가짜가 많으므로, 비판과 검증의 과정이 반드시 필요하다. 비판 없이 사실로 받아들이는 경우 《다빈치 코드The Da Vinci Code》와 같은 글들이 많이 만들어질 가능성이 높다. 그렇다고 해서 가짜를 전부 부정할 필요는 없다. '가짜'를 양산한 것도 그 시대의 특징이므로, 진짜보다 더 역사의 진실에 가까울 수 있는 것이다. 현재도 '위조'라는 혐의에서 자유롭지 못하다. 그러면 중세사의 사료에는 어떤 것이 있을까?

서양 중세의 기록은 4세기 로마제국 후기에서 1500년경 사이에 만들어졌으며, 지역적으로는 동지중해에서 스칸디나비아에 이를 정도로 넓다. 이러한 시공時空의 환경에서 생산되었으므로 사료의 양은 방대하다. 물론 보존되어 우리에게 전해지는 것은 극히 일부이지만, 그렇다고 하더라도 엄청난 양이고 현재까지 연구는커녕 채 정리되지 못한 사료가 부지기수이다. 이런 사료들은 편의상 몇 가지 범주로 분류된다. 우선 산문 형식으로 종합적인 설명을 해주는 설화적narrative 역사나 시대기chronicle가 있다. 두 번째로 정부의 공문서가 있는데, 왕실, 궁정, 법원 등에서 나오는 문서들이 이에 해당된다. 이 문서들을 분석하면 중세의 공적인 생활, 즉 행정, 입법, 사법의 면면을 잘 파악할 수 있다. 세 번째는 개인의 편지글과 같은 사적인 기록이다.

이런 사료들을 모으고 간행하는 데 진력했던 사람들은 17~18세기의 선각자들이다. 이것이 중세사 연구의 시발점이 된 것이 틀림이 없다. 그러나 이들의 노력은 주로 정치사와 외교사에 국한되었다는 단점이 있었다. 이는 시대의 반영으로, 민족주의 운동에 따라 유럽의 여러 국가가 독립하고 경쟁하는 상황에서 역사가들의 주목을 끈 것이 바로 이런 영역이었기 때문이다. 그러므로 중세사를 공부하는 사람들은 유독 정치 관련 사료가 일찍이 정리된 것이 이런 사정에서 나온 것임을 알아야 한다. 반면 현재에 이르러 중세사를 포함한 역사에 대한 관심은 대체로 일상생활로 바뀌었다. 따라서 개인적인 사료가 중요해졌으며, 이를 통해서 우리는 여성, 가족, 성, 어린이, 인구 동향, 건강, 위생 등을 들여다볼 수 있게 되었다. 더불어 전통적인 문헌 사료와 건축, 회화, 조각 등 시각 자료의 연관성을 찾을 수도 있다. 유럽 중세사 연구를 위한 사료는 이처럼 매우 복잡하고 다양하다. 그만큼 중세인들이 역동적이었으므로, 매우 다양한 사료를 남길 수 있었을 것이다.

중세사 사료에는 우선 '속적屬的 사료generic sources'가 있다. 이것은 시대에 따라서 변하는 것이 없이 일관성constance을 띠는 사료로, 왕의 전기나 시대기, 설교가 이에 해당한다.

왕들은 중세 국가에 성격을 부여한다. 왕의 생활은 전기적傳記的인 가치뿐 아니라 정치적으로도 매력적인 자료가 되었다. 9세기 프랑크 왕국의 역사가 아인하르트Einhard가 쓴 카롤루스 대제 전기부터 시작하여 여러 국가의 수다한 지배자들의 전기 사료가 남아 있다. 루이 9세Louis IX의 전기, 앨프리드 대왕에 대한 존 아서John Asser(또는 Asserius Menevensis)의 전기, 비잔티움 제국 황제 알렉시우스 콤네누스Alexius Comnenus에 대한 안나 콤네나Anna Comnena의 전기 등이 대표적인 전기물로, 후대에 큰 주목을 받았다.

중세에는 세속적인 시대기나 역사 이야기가 전해진다. 물론 중세기에 역사와 '창작' 사이의 경계는 인식되지 않았다. 트로이의 전설은 윌리엄 1세William I(정복왕 윌리엄William the Conqueror)만큼이나 역사로 간주되었다. 그래서 중세인들에게 과거의 이야기는 오늘날 역사가들이 인정하는 것보다 훨씬 더 넓은 영역을 가진다.

특히 읽기 자료로서는 인기가 떨어지지만, 풍부하게 남아 있는 것이 설교이다. 설교는 지금도 강단에서 전달되며 강력한 영향을 미친다. 중세 교회에서 문자를 모르는 대중들에게는 지금보다 더 큰 영향을 미쳤을 것이다. 설교는 높은 수준의 신학이 통속어를 통해서 일반인들에 전해지는 교량이었던 것이다(사제를 뜻하는 라틴어 폰티펙스pontifex는 말 그대로 '교량을 만드는 자'이다).

그 밖에 같은 범주에 드는 것으로 유언장과 서한이 있는데, 현재의 것들과 중세의 것들은 크게 다르지 않다. 중세의 유언장은 기본적으로 유언자의 영혼을 위해서 고안되었다. 물론 유언장으로 세속의 재산과 가재도구가 분배되었고, 유언장을 분석하면 가족과 친구 및 수혜자 간의 사회적 연결망이 드러난다. 또 유언장은 교회의 계율에 의해서 규제되었는데, 이는 유언이 흔히 교회 관할이었기 때문이다. 그래서 유언장의 분석은 사회적·영적인 기준과 개인화된 의지와 의도의 교차점에 서 있는 세속 사회의 관행을 반영하고 있다. 유언장을 분석해 보면 남부 유럽과 북부 유럽의 문화 차이가 드러나며, 특히 '산 사람에 대한 죽은 사람의 통제'라는 의미도 부각된다. 지금도 통용되고 있는 서한은 중세의 유일한 통신 수단이었다. 대안이 없었던 점을 고려하면 더 중요한 사료일 수 있으며, 여전히 우리에게도 친숙하다.

두 번째로 '화제적 사료topical sources'가 있다. 이것은 화학자들처럼 역사가들에게 문제를 해결하기 위해서 어떻게 사료를 선별하고 조합하는가의 문제와 관련된 것이다.

11세기 초 노르망디에서 이야기체 사료를 남긴 생캉탱Saint-Quentin의 두도Dudo(또는 뒤동Dudon)는 10세기의 군사작전을 자신이 살던 시대의 제도와 관습에 따라서 계산하였다. 이 시대착오적인 관점이 핵심적인 1차 사료에 들어갔는데, 이것은 그의 글을 헌정받는 사람을 즐겁게 하기 위한 것이었다. 이처럼 사료를 이용할 때는 사료가 작성된 환경을 고려할 필요가 있다.

흔히 역사는 승자가 쓰는 기록이라고 하지만, 종교재판의 기록은 이 상식을 말끔히 뒤집는다. 이단에 대한 종교재판은 가톨릭과 개신교 간의 해석 차이가 크며 현대의 주요한 논쟁 주제로 남아 있다. 또한 종교적인 문제와는 별로 관련 없이 심문자 자신의 목적을 위해 기록을 남긴 사례가 많다. 이 경우 심문자의 사고방식을 분석해볼 수 있다.

흥미로운 것이 왕위 승계 의식이다. 도유식塗油式이라고 불리는 이 의식은 교회의 대표가 왕의 신성한 역할을 강조하기 위해 왕의 몸에 기름을 바르는 행위로 일종의 극Drama이다. 그렇지만 다른 한편 이 의식은 관을 쓰고 하는 맹세 과정으로 인해서 계약적인 성격을 띠며, 왕국 내 중요 인사들이 환호성을 올린다는 점에서 민중적인 성격도 띤다. 도유식의 본질은 시기와 지역을 불문하고 지속되지만 왕권의 성격과 인품에 따라 그리고 문화에 따라 변용되어왔으므로, 왕위 계승을 분석해보면 많은 사실을 알 수 있다.

중세 사료 가운데 가장 큰 다양성과 규모를 보여주는 것은 농촌 생활을 알려주는 장원 문서나 농업 관련 문서이다. 이 사료들은 지방 사례, 곡물 생산 관련

연구, 영주와 농민의 관계, 상속과 혼인의 양상, 농업 경영 등에 관련된 방대한 연구에 기초 자료가 된다. 특히 중세 산업의 80퍼센트 이상이 농업이었음을 고려하면 이 자료의 중요성은 더 커진다. 이 자료들은 체계화되어 있으며, 영주가 농민들의 경제적인 잠재력과 자신들의 전통에 종속된 농민의 사회적 역할을 파악하는 관점을 보여준다. 또한 영주가 왕의 대리 행위자로서 지니는 의미를 강조하는 것이기도 하다. 따라서 이 자료를 읽을 때는 그것이 농촌의 농민이 아니라 영주의 관점에서 기록되었다는 점에 유의해야 한다.

해외 무역의 중요성은 중세 개론서에 강조되고 있다. 여기에는 국제법, 정부 정책, 인적 및 물적 자본의 광범한 투자가 포함된다. 이에 관련되는 사료들은 법적·외교적 관행 및 규제, 회계, 서기와 상인의 기록, 선박의 무게와 선적량 등이며, 그 밖에도 낯선 곳에 관한 기이한 설화, 침몰 선박의 통계, 항해도, 항구 도시와 해안 지대에 관한 환경 및 생태에 관한 기록 등도 있다.

중세 생활의 특징은 도시가 성장하면서 뚜렷하게 드러난다. 12~13세기까지 도시에 관한 기록은 대부분 특허장에 나타나 있다. 특허장은 돈을 받고 자유와 독립을 어느 정도 교환해주고자 했던 영주들의 의지가 표현된 것이다. 점차 도시가 발전하면서 도시 내부의 기록이 다양해지고 많아졌으며, 도시 정부, 길드Guild와 직종에 관한 규제 및 법령, 시민 명단 등이 중요한 사료로 등장한다. 이런 내부 자료를 분석하면 사람들이 자신들이 받은 특권과 자신들의 가치를 어떻게 보았는지 알 수 있다. 도시 생활과 관련하여 주목되는 분야는 공중위생과 건강 및 복지에 관한 관심이다. 중세인들 역시 환경에 관심이 많았다. 이를테면 도살 작업이나 금속 단련 작업에서 나오는 소음의 한계를 정하였고, 쓰레기 문제와 위생을 위한 정수 공급에도 관심을 쏟았다. 특히 전염병이 발생했을 경우 40일간 격리하도록 기간을 정하기도 하였다. 더럽고 지저분한 중세 도시라는 이미지와 달리 중세 도시민도 나름대로 위생에 만전을 기하였음을 도시의 규정을 통해 알 수 있다. 이런 노력 가운데 가장 두드러진 것은 왕의 칙령이나 자치시 의회의 의결을 통해서 공공 병원이 설립된 것인데, 이에 관한 연구도 흥미를 끈다.

최근 역사의 주요한 주제로 여성사, 젠더gender의 문제가 떠오르는데, 중세사의 경우에는 특히 이 분야가 각별히 주목된다. 최근 이루어지는 사료의 연구가 바로 이 부문에 집중되고 있어서 지금까지와는 다른 모습의 중세를 탐구한다고 할 정도이다. 사료를 연구하다 보면 많은 국면에서 중세 여성의 모습을 마주치게 된다. 이를테면 유언장과 재산의 양도증서, 법적 문제, 도시 생활과 관습, 가사 문제, 장원 및 농민의 생활, 범죄, 성의 문제 등에서 여성—최고 높은 신분에서 미천한 신분에 이르기까지—을 만나지 않을 수 없다. 이제 중세사를 제대로 이해하려면 중세 여성의 목소리를 듣지 않고는 불가능하다.

그런가 하면 의회, 대학, 대성당 등은 중세의 유산이 현재에도 작동하여 남게 된 사례인데, 13~14세기에 만들어져 우여곡절을 거쳐서 현재의 제도로 남게 된 과정을 연구하는 것도 매우 흥미롭다.

중세는 이미지로 가득 찬 세계이다. 역사적 현장을 방문하거나 박물관에서 유물을 보거나 책을 들추거나, 쉽게 중세의 이미지를 만날 수 있다. 포스트모던 시대에 우리는 '언어로의 전환'을 말하지만, 사실 중세사에서는 '시각으로의 전환visual turn'이 일어났다. 이런 풍부한 시각적 자료들은 그것이 만들어진 사회의 좀 더 복잡한 양상을 들여다볼 수 있는 기회를 제공한다. 문자에 덜 매몰되었던 시기의 산물이기 때문이다. 대표적인 것이 예수 그리스도 이미지의 변화이다. 그렇지만 난관도 적지 않다. 일차적으로 어떤 이미지가 어떤 사항을 표시하는지 확인하는 것이 용이하지 않고, 또 이미지가 어떤 말을 하고자 하는지 해석하는 것도 어려운 일이다. 때로는 모순에 빠질 수도 있고 함정에 빠질 수도 있다. 시각이 예민한 연구자의 섬세한 작업이 필요한 분야이기도 하다.

마지막으로 고고학자들의 연구 대상인 구체적인 유적과 유물도 역사의 중요한 사료이다. 발굴품은 물론이고 항공사진이나 지적도를 통해서 드러난 건축지, 주거지의 모습, 지표의 변화 등이 그러하다. 학문 간 상호 대화를 통해서 역사적 이해를 높이는 데 기여할 수 있는 것들이다.

***

자료는 그 자체만으로는 당대 사회의 특성을 밝혀주지 못한다. 역사가의 손을 만났을 때에야, 비로소 자료는 당대의 사회상, 생활상을 눈앞에 펼쳐놓는다. 서양 중세사 역시 기라성 같은 역사가들의 천착으로 일정한 상을 지니게 되었다. 이때 사료는 역사가에게 가장 중요한 자료임에 분명하지만, 이것이 역사가의 최종 목표는 아니라는 점을 명심해야만 한다. 역사가의 최종 목표는 과거의 사실을 '아는' 것이고, 레오폴트 폰 랑케Leopold von Ranke의 말처럼 '본래 그것이 어떠하였나wie es eigentlich gewesen'를 파악하는 것이다. 역사가가 이 목표를 상실하고 오로지 사료에만 몰두하면 사료에 매몰되고 말 뿐이다. 사료가 없다고 역사의 사건을 알 수 없는 것은 아니다. 범죄자는 자신의 흔적을 지우고자 알리바이를 만들고, 증거가 없으면 사건도 없다는 침묵의 논증을 강조한다. 사료를 취급할 때 그것이 전부 진리라고 보아서는 안 되기에 역사가는 사료가 없어도, 없다는 그 이유만으로 의심하며 적극적으로 과거를 해명하기 위해서 노력해야 한다.

프랑스의 역사가 마르크 블로크Marc Bloch는 이런 적극적인 역사가의 자세를 보여주었다. 그는 미리 탐구할 주제를 가지고 사료를 대하라고 말한다. 이를테면 몇 가지 질문으로 이루어진 표를 작성하고 이 질문을 가지고 사료를 대할 것을 주문한다. 이런 방식으로 그는 해협 건너편 프랑스에서도 영국의 인클로저 운동과 같은 움직임이 있었음을 밝혀냈다. 블로크는 역사가가 적극적인 자세로 사료를 대할 때 어떤 결과가 나오는지를 실제로 보여주었다. 여러 난관을 극복하고 남들이 도달하지 못한 새로운 이해에 도달할 때, 역사가는 비로소 학문을 하는 기쁨과 매력을 만날 수 있을 것이다. 우리가 서양의 역사를 연구하는 목적도 이와 다르지 않다.

그리고 이 자리를 빌려 2004년 2월 12일 시에나 대학에서 서양중세문헌학 교수로 재직하던 중 돌아가신 이득수 교수를 추모한다.

2014년 7월

금강변에서

김창성

차례

| 3부 | 봉건국가의 발전과 유형

| 4부 | 가톨릭교회

| 5부 | 중세 문화의 성숙과 이행

1부

중세 전기의 사회와 정치 그리고 주변

새로운 시대인 중세는 게르만이라고 불리는 민족이 주도권을 행사하였다. 흥미로운 사실은 로마제국에 이들이 들어왔을 때 인구 면에서는 소수자였다는 사실이다. 따라서 중세 시대를 말할 때 이들의 문화적인 역할을 검토하고, 이들이 만든 정치 구조의 문제점을 파악하는 것이 중요하다. 새로운 정치체제를 탄생시킨 게르만족이 넘어야 할 난관은 매우 컸다. 특히 종교와 정치의 역할에 관한 합의는 유럽의 운명을 좌우할 터였다. 비잔티움 제국은 아직 로마제국의 법통을 유지하는 세력이었고, 이슬람은 그리스도교 세계를 일거에 휩쓸고 있었다. 후진後進 사회인 유럽은 이들로부터 배울 수 있었고 성장해나갈 수 있었다.

1
게르만사회
: 원시공산제 사회였나

기원전 390	켈트족이 로마를 점령
2세기	게르만족이 동부 유럽과 켈트족 영토에 들어옴
55	게르만족이 다뉴브 강에 도착, 켈트족을 동화시키거나 축출
51	율리우스 카이사르,《갈리아 전기》집필
12	토이토부르크 숲에서 게르만족이 로마 군대를 격파
기원후 98	푸블리우스 코르넬리우스 타키투스,《게르마니아》집필

로마인이 보고하는 게르만의 모습

새로운 시대인 중세는 게르만족이 연다. 게르만족은 인종상으로는 백인종이고 키가 크고 체모가 많으며, 언어상으로는 인도·유럽어족에 속하고, 원주지는 발트 해 연안이다. 게르만족은 기원전 2~1세기부터 로마와 접촉하고 있었다. 이들과 접촉해서 기록을 남긴 사람이 둘 있다. 율리우스 카이사르Julius Caesar는《갈리아 전기戰記》를, 푸블리우스 코르넬리우스 타키투스Publius Cornelius Tacitus는《게르마니아》를 남겼다.| 자료 1 | 두 책의 시차는 150년으로, 게르만족의 역사 변화를 알려주는 유일한 사료가 되었다.

이 책들에 따르면 게르만족은 무려 50여 개 정도의 부족으로 이루어져 있었다. 흔히 생각하는 것처럼 게르만 사회는 계급이 없는 사회가 아니고 계급이 분화되어 있었다. 크게 봐서 자유민과 노예가 있었고, 자유민은 다시 귀족과 일반

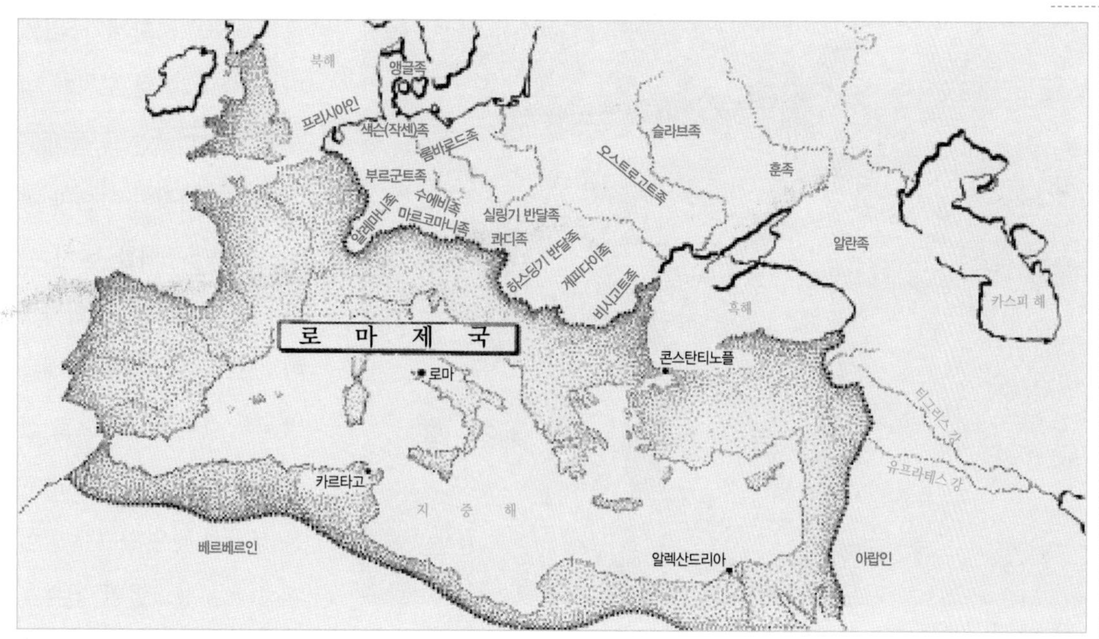

도판 1 4세기 로마제국 주변의 게르만족의 위치. 이들 게르만은 일찍부터 로마와 접촉하였으며, 오랫동안 로마의 영향을 받아왔다.

평민으로 나뉘어 있었다. 귀족은 게으르고 장발이었고, 평민은 단발이었다. 이처럼 귀족은 겉모습뿐 아니라 생활 방식도 크게 달랐다. 정치조직을 보면 '렉스Rex'라고 칭해졌던 왕과 '프린켑스Princeps'라는 수장의 칭호를 갖는 지도자들이 있었다. 이들은 귀족 신분에서 선출되었고 그 권한도 매우 제한적이었다. 자유민들은 주로 전사로 복무하였는데, 이들은 '코메스Comes'로 알려져 있다. 이 단어는 일반적으로 종사從士로 번역된다.

게르만 공동체의 정체

게르만족의 경제생활은 주로 목축과 농경을 겸하는 형태였다. 그러나 농경의 비중은 상대적으로 작았다. 게르만 농법의 특징은 일정 기간 경작한 후 타 지역으로 이동하고 몇 해가 지나면 다시 돌아오는 형태의 원시적인 곡초식 농업이었다. 토지 소유는 공유제 성격이 강했다. 자유민은 그만그만한 면적의 분할지를 가졌다. 반면 귀족은 노예를 이용한 경작지가 많았으며 많은 노동력을 통해 사유지를 확대할 수 있었다. 이 현상은 게르만족의 토지 소유 상태와 관련해서 많은 논쟁 거리가 되었다. 《갈리아 전기》 4장 22절에 따르면 "어느 누구에게도

도판 2 빌라를 떠나 원정 가는 반달족. 1857년 튀니지에서 발굴된 모자이크 포장도로의 일부로 5세기 말에서 6세기 초에 만들어진 것으로 추정된다. 반달족은 전쟁을 즐기는 종족으로 묘사된다. 반달족이 퇴조함으로써 비잔티움의 세력이 확장되기도 한다.

토지 규모나 한계가 없었다"고 한다. 이런 토지제 덕분에 게르만족은 공동체를 이루었고 이것이 이른바 마르크Mark공동체를 낳게 된다. 그러나 현대 고고학자들이 게르만족의 정주 형태를 발굴한 결과 일반적으로 산촌散村이 나타나고 집촌集村은 상당히 늦은 8~9세기 이후에나 조성되었던 것으로 밝혀졌다. 앞서 말한 이론과 합치되지 않는 것이다.

게르만족의 사회가 주목받은 이유는 게르만 공동체의 성격 때문이다. 유물사관의 발전 단계설에 따르면 공동체는 사적 소유私的所有의 발달에 따라서 아시아적 형태에서 고전 고대적 형태, 그리고 게르만적 형태의 순서로 발전했다. 아시아적 형태는 공유지가 일체를 점하는 상태, 즉 사유지가 없는 상태를 말한다. 고전 고대적 형태는 공유지가 국가 구성원의 사적 소유와 함께 국가적 소유로서 존재하는 것이다. 다시 말해 공유지와 사유지가 병존하며 이때 도시가 경제의 자급 단위로서 역할을 하게 된다. 게르만적 형태는 여기서 한 걸음 더 나아가서 공유지가 개인적 소유의 보완으로도 존재하는 것이다. 개인의 주거와 가정이 경제의 자급 단위가 되고 따라서 게르만 공동체의 경우는 사적 소유가 아니라 이보다 더 사유권이 발전한 개인별 소유individulle Eigentum라고 하는 말로 표현될 수 있다. 이처럼 사적 소유가 어느 정도로 발전했느냐에 따라서 공동체는 3단계로 나누어진다. 카를 마르크스Karl Marx는 게르만 공동체가 이와 같은 단계를 밟아서 발전해왔다고 파악했다.

앞서 인용한 카이사르의 기록(《갈리아 전기》)에 따라 당시 게르만 사회는 원시공동체 단계로 여겨졌으며, 이때 경지는 집단 부족 간에 교환될 뿐 개개 가족에는 분배되지 않았고 집단 공동 경작을 한 것으로 해석되었다. 그 다음의 발전 단계가 농업 공동체 단계인데, 이는 타키투스가 보고한 시기에 해당한다. 이때 게르만족 공동체는 러시아나 아시아의 공동체와 동일한 상태였다. 이 시기 혈연에 구속받지 않는 최초의 자유인 사회 집단이 형성되었고, 가옥과 채원菜園은 경작자에게 속했다. 그리고 공유지의 교체가 있었는데 이러한 공유지는 양도가 불가능했고, 구성원은 할당된 경지를 경영하고 그 성과를 자신이 거둘 수 있었다. 마르크스는 이 같은 구조적인 이중성이 게르만 공동체가 지닌 생명력의 원천이라고 주장했다. 이어서 새로 나타난 공동체는 이른바 신공동체라고 보았는데 게르만 민족이 로마제국 영내로 이동한 이후의 시대에 해당된다. 경작지는 경작자의 사유에 속하고 삼림, 초지, 황무지는 분할되지 않은 상태로 민중 생활의 중심이 되었다. 그래서 게르만 사회 역시 유물사관의 발전 단계를 충실히 따르는 것으로 인식되었다.

도판 3 비시고트의 왕인 레체스빈투스Reccesvinthus가 교회에 기증한 왕관. 672년에 제작된 것으로 추측되며, 1859년 에스파냐의 과라사르Guarrazar에서 발견되었다. 왕관 중간 부분의 글자 장식 'RECCESVINTHUS REX OFFERET'는 '레체스빈투스 왕이 헌정합니다'라는 의미다.

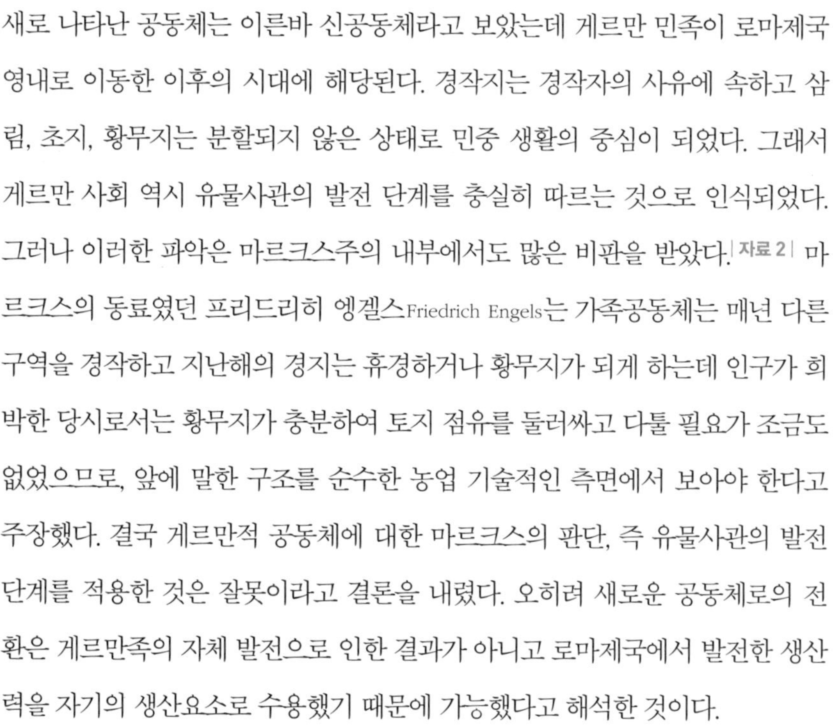

그러나 이러한 파악은 마르크스주의 내부에서도 많은 비판을 받았다.| **자료 2** | 마르크스의 동료였던 프리드리히 엥겔스Friedrich Engels는 가족공동체는 매년 다른 구역을 경작하고 지난해의 경지는 휴경하거나 황무지가 되게 하는데 인구가 희박한 당시로서는 황무지가 충분하여 토지 점유를 둘러싸고 다툴 필요가 조금도 없었으므로, 앞에 말한 구조를 순수한 농업 기술적인 측면에서 보아야 한다고 주장했다. 결국 게르만적 공동체에 대한 마르크스의 판단, 즉 유물사관의 발전 단계를 적용한 것은 잘못이라고 결론을 내렸다. 오히려 새로운 공동체로의 전환은 게르만족의 자체 발전으로 인한 결과가 아니고 로마제국에서 발전한 생산력을 자기의 생산요소로 수용했기 때문에 가능했다고 해석한 것이다.

도판 4 등자stirrup를 사용하는 기사의 모습. 등자는 안장에 매달아서 발을 올려놓는 장비로 무게는 600그램 정도이다. 등자가 유럽에 등장한 것은 아바르족과 훈족이 사용하면서부터인데, 유럽은 8세기가 되어서야 적이 발명한 이 물건을 본격적으로 사용하게 된다. 참고로 고구려의 고분벽화인 〈무용총 수렵도〉에 그려진 등자는 4세기경으로 추정된다.

게르만의 이름들

게르만을 부르는 대표 명칭은 없었다. 부족마다 부르는 이름이 제각각이었다. 단지 로마인들과 접촉했던 부족의 명칭이 게르만이었으므로 게르만 전체를 표현하는 말이 된 것이다. 참고로 프랑스 지역에 살고 있던 갈리아인들이 만난 게르만족은 알레마니Alemanni족이었다. 그래서 오늘날 프랑스에서 독일을 알르망Allemand이라고 부른다. 게르만족은 원래 거주하였던 지역에 따라 서부 게르만족과 동부 게르만족으로 나눌 수 있다. 서부 게르만족은 색슨Saxon족, 수에비Suevi족, 프랑크Frank족, 알레마니족이 있다. 이들은 북유럽에서 동질적인 자연환경으로 남하하였고, 대체적으로 영구 정착하여 농경으로 생활을 영유하는 양상을 보여주었다. 동부 게르만족은 유목 생활을 했던 롬바르드Lombard족, 반달Vandal족, 고트Goth족인데 이들은 먼 지역에서 이동했다. 이중에서 고트족은 4세기 중엽 이래로 아리우스Arius파 그리스도교로 개종했다. 그러므로 로마제국으로 들어오기 전에 게르만족은 이미 그리스도교 신앙을 가지고 있었다.

생활수준

게르만족의 생활수준은 매우 낮았다.| 자료 3 | 음식에는 육류, 어류, 곡물을 사용했고 빵과 버터, 그리고 꿀을 이용한 밀주蜜酒 등을 먹었던 것으로 알려져 있다. 이들은 포도주를 좋아했는데, 게르만족이 거주하는 지역에서는 생산되지 않았으므로 노예와 포도주를 교환했다. 의류는 거친 모직에 긴 옷을 입는 것이 일반적이었고 가벼운 짧은 상의를 덧입었다. 속옷의 개념이 없었기 때문에 이러한 겉옷을 벗으면 나체로 지내는 것이 보통이었다. 그러나 아무리 목가적인 취향을 강조해도, 게르만 농민의 생활은 비참하고 변화가 없었다고 보는 게 정확한 이해일 것이다.| 자료 4 |

흔히 게르만 사회는 민주적 사회라고 말하기도 하는데 오늘날 이것은 과대평가된 것으로 받아들여진다. 이 당시 정부의 기능은 매우 제한적이었다. 말 그대로 최소 정부밖에 없어서 상대적으로 개인의 자유가 컸다. 물론 최소 정부나 개인적 자유에 대한 신봉이 서양 문명의 발전과 깊이 관계 맺고 있음을 부인할 수는 없지만, 게르만 사회의 정부가 현대적인 의미의 '작은 정부'는 아니었음을 짚고 넘어가야 한다.

자료 읽기

자료 01

게르만족의 기원

타키투스, 《게르마니아》 1.1~6.1, trans. by Maurice Hutten. rev. D. LePan, 1989.

분리되지 않았던 게르마니아가 라인 강과 다뉴브 강을 경계로 갈리아인, 라이티아Raetia인, 판노니아Pannonia인들로 나누어졌다. 사르마티아Sarmatia인과 다키아Dacia인들도 분리되었는데, 그 원인은 상대방에 대한 두려움과 가로막힌 산들 때문이다. 나머지 게르마니아 지방은 대양으로 둘러싸였는데, 여기에는 넓은 반도와 큰 면적을 가진 섬들이 포함된다. 게르마니아의 주민 일부와 왕들은 비교적 최근에 우리에게 알려졌다. 전쟁으로 장막이 올라간 것이다.

게르만족에 관하여 말하자면, 나는 그들이 그 지역의 원주민이고 다른 종족이나 지역에서 온 신참자들과 아주 조금 섞였다고 가정해야만 한다. 왜냐하면 옛 시절에 이주하려는 사람들은 육지가 아니라 바다를 통해 목적지에 도달하였기 때문이다. 한편 두 번째로 게르마니아의 저편에 있는 대양—말하자면 우리로부터는 세계의 반대편 끝—을 방문한 배는 우리 세계에서는 거의 없기 때문이다. 그 밖에 두려움이 가득 찬 미지의 바다에서 비롯하는 위협을 무릅쓰고서, 누가 아시아·아프리카·이탈리아를 떠나서 게르마니아를 찾으려 하겠는가? 황량한 광경과 가혹한 기후 탓에 그곳은 고향이 아닌 이상 살기 즐거운 곳이 아니며 따라서 눈길조차 주지 않을 것이다.

게르만족이 지닌 유일한 역사 기록인 옛날 찬가들은 투이스토Tuisto 신을 찬양하고 있는데, 이는 땅의 자식이며 그의 아들 만누스Mannus와 더불어 게르만 종족의 창설자이다. 그들은 만누스에게서 세 아들이 나온 것으로 간주하는데, 이들 이름에서 해변 부족들이 잉가이보네스Ingaevones, 중앙 부족이 헤르미오네스Hermiones, 나머지가 이스타이보네스Istaevones라고 알려지게 되었다. 어떤 저자들은 그 신에게 세 아들이 있었고 부족의 이름이 더 많았다고 주장하고 있다. 마르시Marsi, 감브리비Gambrivii, 수에비Suebi, 반딜리Vandilii가 그것이다. 그들은 이것들이 실재한 부족들이며 옛 이름이고 반면에 '게르마니아'는 새 것이라고 말한다. 첫 번째 부족들은 실제로 라인 강을 건너오는 갈리아인을 몰아냈는데, 마르시는 비록 지금은 퉁그리Tungri라고 불리지만 당시는 전형적인 게르만족이었다. 그래서 조금씩 부족적인 명칭일 뿐 국가적인 명칭이 아닌 이름이 유행하게 되었는데, 이 흐름은 전체 인민이 '게르만족'이라는 인위적인 이름으로 불릴 때까지 이어졌다. 애초 '게르만'이라는 이름은 갈리아인들을 위축시키기 위해서 승리한 부족이 처음 도입한 것이었으나, 후에는 그들 스스로도 사용하게 되었다. ……

개인적으로 나는 게르마니아의 인민들에게서 순수한 혈통의 인민이 생겼다고 주장하는 사람들에게 동감한다. 그들은 게르마니아 인민들이 다른 인민과 혼인하지 않았으므로 한 민족의 정체성이 때 묻지 않았고, 따라서 어떤 민족보다도 특별하고 순수하다고 주장한다. 이런 이유로, 게르만족은 엄청난 인구에도 불구하고 겉모습—파란 눈, 빨간 머리카락, 큰 골격 등—이 대부분 비슷하다. 그들은 또한 힘이 세나, 그 강인함은 지속적이지 못하고 발작적이다. 그들은 인내의 공적도 고된 일도 좋아하지 않으며, 갈증과 더위에도 약하다. 대신 척박한 기후와 토양 덕에 추위와 굶주림에는 익숙하다.

게르마니아 지방은 전체적으로 삼림이 밀집되어 있고 건강에 나쁜 습지가 많은 땅이다. 빗줄기는 갈리아 지역에서 더 강하며 바람은 노리쿰과 판노니아 쪽이 더 세다.

신들은 그들에게서 금과 은을 허락하지는 않았는데, 그것이 자비에서인지 분노에서인지 나는 말하기 어렵다. 그렇다고 해서 게르마니아에 금은 광맥이 없다고 주장하려는 게 아니다. 탐사라도 해보았던가? 하여간 그들의 이웃과 같이 그들은 금은의 이용과 소유에 영향을 받지 않고 있다. 아마도 그들 사이에서 은제 화병을 본 사람이 있을지 모르는데, 그것은 지휘관이나 족장에게 선물로 준 것이며, 다른 질그릇보다 더 값을 매기지 않았다. 비록 경계에 있는 부족들이 교역을 목적으로 금은을 귀금속으로 취급하고 로마인의 화폐를 주고받아 모으기는 해도, 내부의 부족들은 더 단순하고 오래된 양식에 따라서 교환을 실천하고 있다. 그들의 관심을 끄는 주화는 오래되고 예전부터 친숙한 것인데, 모서리를 깔쭉거리게 만들고 전차를 끄는 두 마리 말을 보여주는 은화가 그러하다. 그들은 금보다 은을 더 좋아하는데, 이는 그 물질에 느낌이 없어서가 아니라 은 조각들이 일반인이 사용하기에 더 쉽기 때문이다. 사람들은 일반적인 용도를 가진 값싼 물건을 산다.

철은 게르만족에게 그다지 풍부하지 않다. 이는 그들의 무기 모양에서 추론된다. 검이나 혹 더 긴 종류의 창을 가진 자는 별로 없다. 그들은 단창을 휴대하는데, 이것은 그들 말로 '프라메아Framea'라고 한다. 좁고 작은 화살촉이 달려 있고, 매우 날카롭고 사용하기 간편해서 환경에 따라서 근접전이나 원거리 전투 모두 같은 무기를 가지고 싸운다. 기마병은 방패와 프라메아로 만족하며 보병은 각자 창을 던지는데, 보병들은 창을 소나기처럼 발사하며 먼 거리에서도 거침이 없다. 이것이 가능한 까닭은 그들이 기껏해야 가벼운 외투만을 걸치기 때문이다.

자료 02

《갈리아 전기》와 《게르마니아》에 소개된 게르만족의 농업 단계와 해석

요제프 쿨리셔Joseph Kulischer, 《중세와 근대의 일반 경제사Allgemeine Wirtschaftsgeschichte des Mittelalters und der Neuzeit》, Erster Band·Das Mittelalter, München und Berlin, 1928, pp. 15~16.

《갈리아 전기》 4, 1: 그들 사이에 개인적이고 분리된 농지는 전혀 없다privati ac separati agri apud eos nihil est.

《갈리아 전기》 6, 22: 그리고 어느 누구도 확정된 규모의 농지나 고유한 농지의 경계를 소유하고 있지 않다. 그러나 관리와 수장들은 얼마만큼의 농지가 어디에 있는지 보고 나서 매년 공동으로 모이는 각 씨족과 친족들에게 토지를 할당하고 1년 후에는 다른 곳으로 옮기도록 강요한다neque quisquam agri modum certum aut fines habet proprios. sed magistratus ac principes annos singulis gentibius cognationibus hominum, qui tum una coierunt, quantum et quo loco visum est agri attribuunt atque (1)anno post alio transire cogunt.

《게르마니아》 26: 농지는 경작자의 수에 따라서 모든 사람들에 의해 촌락 단위로 선점되고 있다. 이후에는 위계에 따라 분할된다. 토지가 넓으므로, 농지 분할에는 큰 어려움이 없다. 경작지들은 매년 바뀌며 농지는 남는다agri pro numero cultorum ab universis in vices(invicem) occupantur, qui, mox inter se secundum dignitationem partiuntur; facilitatem partiendi camporum spatia praestant. (2)arva per annos mutant, et superest ager.

이제까지 모든 것이 분명해 보인다. 그래도 이와 관련해서 난점들이 마침내 드러나기 시작하고 있다. 왜냐하면 "매년 경작지들이 교대된다"는 경지의 교체를 의미하며, "자신들 사이에 분할된 농지"는 개별 농부하에 있는 토지의 분할을 표시하기 때문에 그렇다. 그러면 "in vices"라는 표현으로 무엇을 의도했는가? 사람들이 심지어 … 타키투스가

"농지가 선점된다"는 표현을 가지고 바로 동일한 야생의 곡초농업에 관해서 말하지 않는 점에서, 마르크 단체도 같은 토지를 바꾸어서 (비록 더 이상 매년 이루어지지 않더라도) 점유하는 것이 분명하다. 곡초농업의 존재는 "arva per annos mutant"라는 말에서 한 번 더 반복된다. "in vices"라는 표현에는 언제나 불확실성이 크다. 대부분의 연구자들에 의해서 마침내 그 사료가 토지의 다른 부분들을 교대로 경작한다는 의미로 파악된다. 그래서 그 사료는 "arva per annos"와 일치한다. 또는 사람들은 그것을 다음과 같은 식으로 해석한다. 즉 개별 농경지 내에서 매년 교체하는 것 외에도 농경지 자체의 주기적인 교체가 발생하였으며, 실로 경작지와 휴한지의 교대는 비록 해마다의 교대는 아니더라도 장소의 사정에 따라서 더 길거나 짧은 간격으로 교대가 이루어졌다.

자료 03

식량으로 본 동·서양의 차이

페르낭 브로델Fernand Braudel, 《물질문명과 자본주의, 15~18세기Civilisation matérielle, économie et capitalisme, XVe~XVIIIe siécle》 1, Les Structure du quotidien, Armand Colin, 1979, pp. 81~83, 128~129.

15~18세기에 사람들이 먹는 음식물은 근본적으로 야채에서 얻는 영양분으로 이루어져 있었다. 크리스토퍼 콜럼버스Christopher Columbus가 오기 전 아메리카에 적합했던 것은 사하라 사막 이남의 아프리카에도 적합했다. 아시아의 벼농사 문명에서 놀라운 점은 현재도 같은 장소에서 벼농사가 이루어지고 있다는 점이다. 극동에서는 육류로만 조달되는 영양분이 매우 작았기 때문에, 초기의 정착과 엄청난 인구 증가가 가능했다. 이렇게 된 것은 매우 간단한 이유이다. 즉 경제가 열량의 계산에만 따라서 결정된다면, 같은 면적에서 농경은 목축에 비해서 훨씬 더 경제적이기 때문이다. 농경은 좋건 나쁘건 경쟁자인 목축에 비해서 열 배나 스무 배 더 많은 사람들을 부양한다. 몽테스키외Montesquieu는 벼농사 지대에 관련하여 "다른 곳에서는 짐승을 먹이는 데 쓰이는 토지가 그곳에서는 사람의 생존에 직접 기여한다"고 지적한 바 있다. 그러나 인구의 변화가 특정 수준을 넘어서면 식물에서 얻는 영양분에 집중적으로 의존하게 되는데 이는 도처에서 그러하며, 단지 15~18세기에 국한된 것도 아니다. 곡물을 먹느냐 고기를 먹느냐의 선택은 인구 수에 의존한다. 이것은 물질적인 생활을 판정하는 하나의 기준이다. "나에게 당신이 무엇을 먹는지 말해보세요, 그러면 나는 당신이 어떤 사람인지 말해 주겠소." 라는 말은 독일에서 말장난처럼 이렇게 입증된다. "그가 먹는 것이 그 사람이다Der

Mensch ist was er ißt."[1]

사람이 섭취하는 영양분은 그의 사회적 지위, 문명, 그를 둘러싼 문화에 대한 증거가 된다. …… 유럽에 관해서 말하자면 유럽은 전체적으로 육식을 하였다. "정육점 주인들이 1000년 넘게 유럽인들의 배에 고기를 공급하고" 있었다. 중세기 수백 년간 유럽은 고기와 음료로 식탁들을 채웠으니, 이는 19세기 아르헨티나의 수준에 필적할 만하다. 오랫동안 유럽은 지중해의 해변들을 넘어가면 절반은 비어 있는 공간으로 남았으므로 유럽의 농업은 목축에 광범한 가능성을 허용하였던 것이다. …… 벼농사 지대인 중국 남부에서는 오로지 벼농사에만 몰두했기에 중국인들은 산악 지대를 정복하고자 하지 않았다. 중국인들은 별 걱정 없이 가축들을 몰아내고 밭벼를 재배하는 보잘 것 없는 산악 지대 사람들에게 문을 걸어버린 뒤 번영하기 시작하였다. 그러나 모든 작업을 손수 해야 했으므로 쟁기를 끌고, 한 운하에서 다른 운하로 배를 옮기기 위해 배들을 감아 들어 올리고, 나무를 운반하고, 새로운 소식과 서신을 전달하기 위해서 논길 위로 달려야만 했다. 물이 찬 논에 있는 물소들은 최소한으로 줄어들어서 어렵게 노동하였다. 남부는 북부와 달리 말이나 노새나 낙타도 없었으니, 북부는 더 이상 미작의 중국이 아니다. 남부에서는 마침내 자신을 향하여 문을 닫은 시골이 승리했다. 미작이 우선 지향한 곳은 외부, 즉 새로운 터전이 아니라 사람들이 빨리 자리 잡은 시가지다. 논을 기름지게 한 것은 가축의 똥과 인분 그리고 거리의 진창이다. 농부들은 끊임없이 시가지에 출입했는데 이는 귀중한 비료를 모으기 위한 것이었다. "농부들은 야채, 식초, 돈을 지불했다." 그 결과 참을 수 없는 향기가 시가지와 그곳에 있는 밭에 떠다닌다. 이와 같은 시가지와 밭의 공생은 서양보다 더욱 강하였다고 말하지 않을 수 없다. 벼, 아니 오히려 벼농사가 거둔 엄청난 성공이야말로 이 현상을 초래한 원인이었다.

1 | 이 말은 루트비히 포이어바흐Ludwig Feuerbach가 한 것으로 알려져 있다.

자료 04

농민의 일반적인 사정: 궁핍과 과도함의 사이

요제프 쿨리셔, 《중세와 근대의 일반 경제사》, pp. 161~162.

요한 뵈무스Johann Boemus와 제바스티안 프랑크Sebastian Franck에 따르면 농민이 사는 오두막은 찰흙과 목재로 이루어졌으며 약간 지면 위에 올라와 있고 짚으로 덮여 있다. 다른 보고도 마찬가지로 목재로 된 건물이 갈대나 짚으로 덮여 있다고 밝히고 있다. 벽돌이 제조되고 보급되자 석조 주택은 시골에서는 드물게 되었다. 마찬가지로 집에 유리창은 드물게 보이며, 보통 사각형의 작은 구멍에 유리가 없이 나무로 된 덧문으로 덮었을 것이다. 바닥 층에는 행랑이 있고 난로로 난방이 가능한 큰 방이 있으며 이와 연결된 침실이 있다. 또한 가축을 몇 마리 기르고 있는 농사 공간이 있다. 그 위에 지붕 층이 놓여 있으며, 여기에도 잠잘 수 있는 공간과 저장물 창고가 설치되어 있다. 농가의 가구는 매우 간소하였다. 주요 가구는 탁자와 걸상이었다(안락의자가 언급되는 경우는 더 드물다). 여기에 더하여 옷과 귀중품을 보관할 상자가 하나 있으며 마지막으로 짚을 넣은 자루를 갖춘 침대와 베개, 방석과 덮개가 있다. 크리스티안 고틀로프 하이네Christian Gottlob Heyne는 "그러나 침대는 전혀 세척하지 않았다. 사람들이 완전히 벗고 자기 때문에 그것이 매우 긴요하긴 했지만"이라고 말하고 있다. 잉글랜드에서 요먼Yeoman은 목재로 된 집에서 살았으며 종종 격자로 엮은 벽을 회로 칠하였으나 여기에는 굴뚝이 전혀 없었다. 사람들은 삼베를 덮은 지푸라기 위에서 잤고 거친 이불이 더해졌으며, 흔히 모직으로 된 쿠션과 짚방석이 있었다.

농민의 먹거리는 보리죽이나 호밀죽, 빵으로 이루어졌고(잉글랜드에서 흰 빵을 먹었다), 염장생선(사순절 축일에), 야채, 치즈, 달걀, 비계도 있었다. 그에 비해서 농민이 고기를 먹는 것은 오로지 축제일뿐이었으며 그런 이유로 그런 날들이 고기 먹는 날로 지정되었다. 빈번한 가축 역병으로 인해서 고기는 드물었다. 복장은 아마포로 된 웃옷 혹은 삼베 웃옷 하나, 대마실로 짠 윗도리, 간소한 덮개 옷, 한 켤레의 끈 달린 농민화와 펠트 모자 한 개로 이루어졌다. 한편 각 시대의 여러 시 작품에서는 농민들이 기사들의 방식에 따라서 옷을 입었다고 하는데, 결혼식 날에는 붉은 바지를 입고 다니며, 장식하고 마시는 일에서 도를 넘는데, 혼인 날·유아 세례식 날·예배당 헌정식 날에는 대궐에서 쓰는 것보다 더 비싸게 들었으니, 그들은 음식점에 앉아서는 쟁기가 부담할 수 있는 것보다 더 많이 먹고 놀았다. 농민의 단순한 생활에 관한 그리고 먹고 마시는 일에서 과도함과 장식하고자 하는 성향에 관한 두 보고는 서로 잘 조화될 수 있다. 일반적으로 가혹하고 궁핍한 생활과 축제일·혼인 날·세례 받는 날·교회 헌당일에 먹고 마시고 입는 일에 대한 큰 지출은 온전히 짝을 이룬다. 이따금 그런 잔칫날은 음식이 다량으로 소비되며 절약해놓은 것이 전부 탕진되었다. 사람들은 저장해놓은 곡물을 먹어치우고 가축도 도살하였다. 폭음과 주벽이 믿기 어려울 정도로 폭주하였으며 이때 검소한 생활 기준은 지나간 시절의 이야기가 되었다.

특히 전쟁 기간에는 농민들의 처지가 불안하였다. 왜냐하면 당시 지배적인 개념에 따르면 "전쟁은 전쟁을 기르는 데" 평화로운 주민들을 희생하여 벌어지기 때문이다. 무장한 패거리들이 농촌을 두루 다니면서 불 지르겠다고 협박하여 세금을 뜯어내고 농민들을 약탈하였다. 프랑스와 잉글랜드 사이에서 벌어진 백년전쟁 기간에 프랑스의 반이 유린되었다. 농민들이 저항하면 장작에 불태워졌으며, 넷으로 찢기는 능지처참을 당했고, 처참한 고문대에 놓여졌다. 카를 뷔허Karl Bücher의 적확한 표현에 따르면, 중세 영주들은 통치를 '행상의 직업'처럼 행했다. 그들은 이곳저곳을 돌아다니면서 그들에게 허용된 숙박권을 충분히 활용하였다. 영주가 체류하는 것은 관련된 장소의 주민들에게는 큰 화근이었다. 농민들이 영주와 그 종사들을 부양하는 책임이 있는데 이것으로 충분한 게 아니었다. 그들은 왕의 부하들에게 무자비하게 약탈당했으며 저장한 곡물들을 빼앗겼다. 심지어는 파종하고 쟁기질을 해놓은 밭도 망가졌다. 그래서 주민들은 이 특별한, 자신의 동포에 의해서 자행되는 약탈 행각이 지속되는 것보다 차라리 숲으로 도망가서 얼마 안 되는 전 재산을 운이 있건 없건 운명에 맡기기를 선호하였다.

더 끔찍해진 것은 빈번히 되풀이되는 기근 동안의 사정이었다. 그때 사람들은 풀뿌리와 나무껍질을 먹고 살았으며 심지어 인육도 먹었는데, 이는 오로지 굶어죽지 않기 위해서였다. 그런 기근이 들었을 때는 곡물 거래가 매우 시급했지만, 이는 거의 발달하지 않았다. 기근이 엄습한 지역에서는 기근에 대비하여 곡물을 비축해두었는데, 곡물 가격이 매우 올라서 주민들이 관련된 곡물을 구입할 수 없었던 경험이 있었을 때 통상 그런 일이 있었던 것이다. 봉건영주들은 이런 재앙에 전혀 관심이 없었으며, 나름의 선행을 베풀 뿐이었는데, 그것도 매우 드물었다. 이에 비해 수도원은 종종 곤궁한 주민에게 도움을 주었다. 사람들은 농민들에게 으레 관습적인 것으로 '인내와 복종'을 요구하였으며, 노골적인 경멸의 눈길로 바라보았다. "착한 사람 자크는 좋은 등을 가지고 있어[2] 모든 것을 짊어진다"라고 말하거나 "시골뜨기는 슬퍼할 때 가장 좋으며 즐거워할 때 가장 나쁘다rustica gens optima flens, oessima gaudens"라고 말하였다.

2 | 프랑스어로는 'a bon dos'인데 이는 조소를 달게 받는다는 뜻도 있다.

| 출전 |

율리우스 카이사르, 《갈리아 전기Commentarii de Bello Gallico》: 카이사르의 저술로 알려져 있으나 어떤 부분은 다른 사람이 기술한 것으로 보기도 한다. 일종의 작전을 위한 정보 보고서의 성격을 지녔으며, 카이사르 자신의 업적을 제시하기 위한 기념비적인 성격도 띤다. 기원전 58년에 착수되어 기원전 51년에 완성되었다.

푸블리우스 코르넬리우스 타키투스, 《게르마니아Germania》: 기원후 98년에 서술되었다. 타키투스가 기록한 게르만의 기원에 관한 자료는 《갈리아 전기》와 달리 이전에 존재하였던 여러 문헌에 근거를 둔 것이다. 타키투스의 기록은 대개 자신이 직접 경험했거나 게르만 부족에게 들은 것이어서 대체로 정확하다고 할 수 있다. 《게르마니아》는 경향성을 띠고 있다. 그렇지만 이 책의 목적은 어디까지나 로마인의 관습을 비판하는 데 있을 뿐 게르만족의 사정을 전하는 데 있지 않다. 다시 말해, 책의 주된 맥락은 게르만족에 대한 찬사와 로마인의 타락에 대한 염려로 이루어졌는데, 이는 속주 출신의 관점이 반영된 것이다. 이런 문제에도 불구하고 《게르마니아》는 기본적으로 잘 정리된 민족지의 성격을 가지고 있음을 부인할 수 없다.

| 참고문헌 |

고려대학교 대학원 서양중세사연구실 편역, 《서양중세사회 경제사론》, 법문사, 1981.
반 바트, 베르나르트 슬리허, 《서유럽 농업사 500~1850》, 이기영 옮김, 까치글방, 1999.
브로델, 페르낭, 《물질문명과 자본주의 I-1》, 주경철 옮김, 까치글방, 1995.
서던, 리처드 윌리엄, 《중세의 형성》, 이길상 옮김, 현대지성신서, 1999.
서양중세사학회, 《서양 중세사 강의》, 느티나무, 2003.
심재윤, 《서양 중세사의 이해》, 선인, 2005.
앤더슨, 페리, 《고대에서 봉건제로의 이행》, 유재건·한정숙 옮김, 현실문화, 2014.
오쓰카 히사오, 《공동체의 기초이론》, 이영훈 옮김, 돌베개, 1982.
최재현, 《유럽의 봉건제도》, 역사비평사, 1992.
카이사르, 《갈리아 원정기》, 천병희 옮김, 숲, 2012.
타키투스, 《게르마니아》, 천병희 옮김, 숲, 2012.
하몬드, 피터, 《서양 중세의 음식과 축제》, 홍성표 옮김, 개신, 2003.
정기문, 《식사(食史)-생존에서 쾌락으로 이어진 음식의 연대기》, 책과함께, 2017.
움베르토 에코 편, 《중세 1, 야만인, 그리스도교, 이슬람교도의 시대》, 김효정 외 옮김, 시공사, 2015.

2 게르만족의 이동

: 따뜻한 남쪽을 찾아서

452	훈족이 이탈리아를 침입
453	훈족의 아틸라 사망
455	반달족이 로마 시 침공
507	프랑크족이 부이예 전투에서 반달족을 몰아냄
526	오스트로고트의 테오도리쿠스 왕 사망
711	비시고트 왕국이 이슬람에 의해 멸망

로마제국을 향하여

3세기경부터 게르만족은 로마 문명을 흠모하여 로마화하는 현상이 있었고, 로마인들은 이러한 게르만족을 속주에 배치함으로써 속주의 게르만화가 동시에 진행되고 있었다. 속주에 정착한 게르만족의 용병대는 로마 군대에서 대단히 중요한 역할을 했고, 로마 정부는 이들에게 토지를 주었다. 이들에게 부여한 토지는 최초의 봉토라고 말할 수도 있다. 이렇듯 게르만족은 상당히 오랫동안 평화롭게 로마제국 영내로 이동했다. 하지만 게르만족의 이동은 훈Hun족이 등장함에 따라 가속화된다.| 자료 1 | 오늘날 훈족은 한국과 기원이 관련되어 있으리라는 증거가 많이 발견되어 관심이 높아지는 추세이다. 훈족의 등장으로 게르만족의 로마 유입은 침략의 양상을 띠게 되고, 로마 정부는 이들에 대한 방어에 나선다. 비시고트족은 로마제국에 도움을 구하는 탄원자로서 제국에 일찍이 정

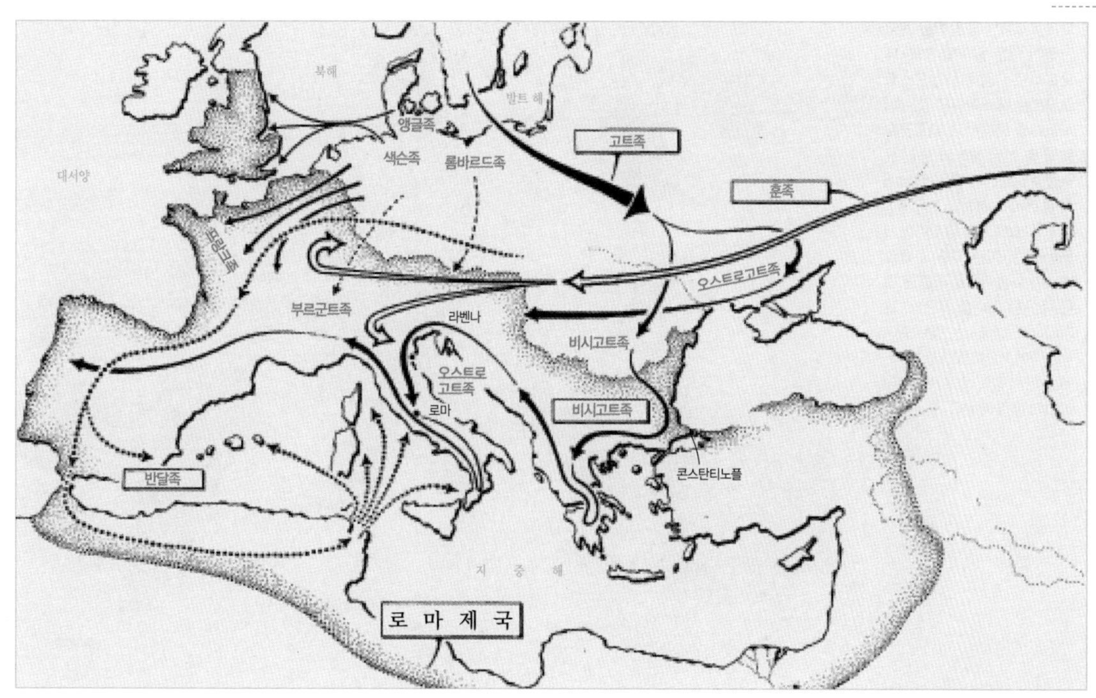

도판 5 4세기와 5세기 게르만족의 이동으로 로마제국이 해체된다. 이들의 출발점과 각 이동로를 살펴보면, 근거지에 가까웠던 부족이 현재 유럽의 주인으로 자리 잡았음을 알 수 있다. 흔히 서고트로 잘못 번역되는 비시고트는 원래 베시wesi 또는 비시wisi라고 불리었으며 '착한, 선한'의 의미를 지닌다. 동고트로 번역되는 오스트로고트는 '빛나다'라는 뜻을 지닌 오스트로와 고트의 합성어이다.

착했으나, 알라리쿠스Alaricus 1세 때에는 힘을 모아서 로마 시를 점령한다. 반달족은 에스파냐를 지나서 북아프리카 전역을 굴복시키고, 455년에는 로마에 침입한다. 훈족은 452년에 이탈리아에 침입을 했지만, 나중에 로마인과 비시고트족, 기타 게르만의 연합군에 패배하여 동쪽으로 물러난다.|자료 2| 프랑크Frank족은 갈리아, 즉 오늘날 프랑스의 일부 지역을 점령한다. 오스트로고트족은 이탈리아의 통치자로 군림하고자 하였고, 앵글로색슨족은 로마군이 철수한 브리튼 속주로 이동해서 원래 살고 있었던 켈트족 원주민을 몰아냈다. 켈트족 원주민들은 서쪽으로 이동하여 아일랜드에 주로 정착한다. 이처럼 급격한 로마제국의 와해는 로마인들이 게르만을 호의적으로 본 데에도 원인이 있었다.|자료 3|

이처럼 게르만족이 이동한 결과, 서로마제국의 영역이 모두 게르만족의 지배를 받게 되었으며 서로마제국의 경제와 문명은 급격히 쇠퇴하기 시작하였다. 더 이상 정치체제로서의 로마제국은 존재하지 않게 된 것이다. 그러나 같은 결과라고 하더라도 이것을 어떻게 볼 것인가는 역사의 쟁점이 되었다. 에드워드 기번Edward Gibbon 같은 계몽주의적 입장에서는 게르만족의 이동을 부정적으로

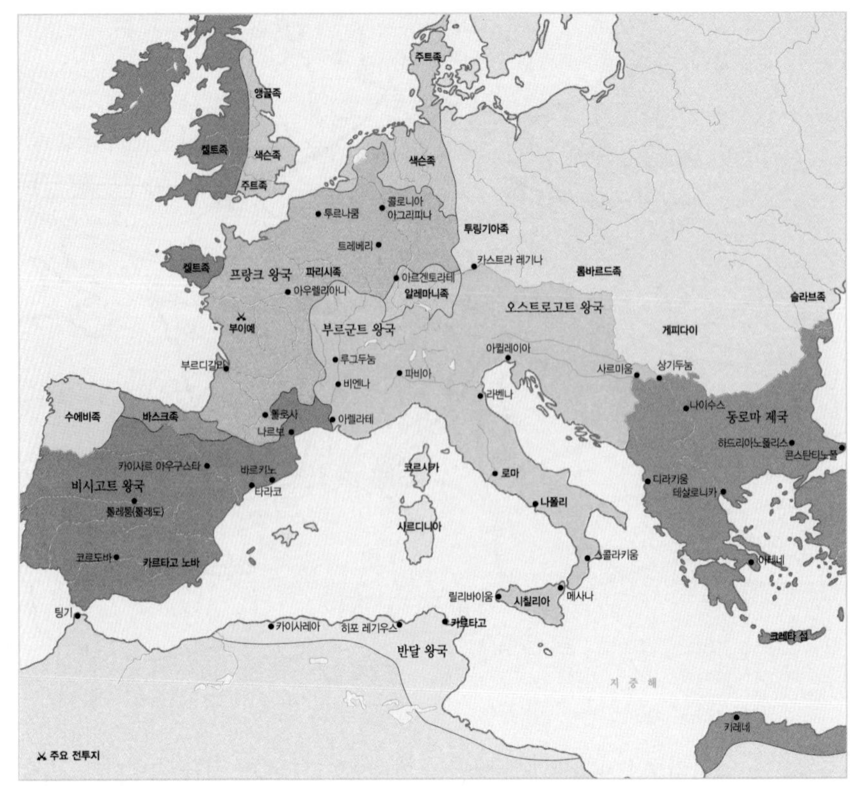

도판 6 526년경 정착한 게르만족이 세운 왕국의 판도. 테오도리쿠스 왕 치하의 오스트로고트는 에스파냐에 있는 비시고트를 보호하고, 부르군트 왕국 및 반달 왕국과 혼인 동맹을 체결했다. 이런 정세에서 클로비스 휘하의 프랑크족이 비시고트족을 갈리아에서 몰아냈다. 이런 와중에 클로비스가 가톨릭으로 개종한 것은 중요한 의미를 지닌다. 브리타니아 섬에서는 켈트족이 색슨족에 저항하고 있었는데, 이는 아서 왕King Arthur 이야기의 배경이 된다.

보았는데, 이런 태도를 '문화단절설Katastrophentheorie'이라고 한다. 반대로 긍정적으로 보는 자세를 '문화연속설Kontinuitätstheorie'이라고 말한다. 문화연속설의 주장에 따르면, 게르만족은 로마 문명을 파괴한 것이 아니라 로마의 문명을 그대로 계승하였고 로마 문화가 결정적으로 단절된 것은 7~8세기 이슬람에 의해서이다.

게르만족의 정착

로마제국을 멸망시킨 게르만족이 정착한 양상은 다음과 같다. 앵글로색슨족은 영국 지역을 점령하여 원주민을 축출하고 나아가 로마 문명의 흔적을 없앴다. 오늘에도 로마의 여러 흔적이 남아 있지만, 영국의 학자들은 로마의 영향보다는 오히려 독자성을 강조한다. 오스트로고트 왕국은 테오도리쿠스Theodoricus라는 걸출한 인물이 통치하게 되면서 로마의 전통적인 정치 구조, 행정 구조를 그대로 유지하였다. 그러나 민사사건은 로마인 행정관이 담당하고 군사는 고트족이 담당하여 양분 체제를 유지하였다. 오스트로고트 왕국은 정략결혼을 통해서 다른 게르만족과 동맹 관계를 이루려고 했는데, 오스트로고트 왕국이 처한 가장 중요한 문제점은 왕위 세습이었다. 이 문제가 적절하게 해결되지 않아 내분이 생겼다. 게다가 비잔티움 제국이 고트족을 정벌하게 되면서부터 이에 오스트로고트족은 완강히 저항했고, 그에 따라 이탈리아 로마가 황폐화되기 시작했다. 비시고트 왕국은 클로비스Clovis에게 패배하여 갈리아에서 에스파냐로 이동한다. 그런데 이들은 갈리아 지역에서 정통으로 받아들여진 가톨릭 대신 아리우스 신앙을 가지고 있었기 때문에 통일 왕국을 이루는 데 결정적인 장애가 되었다. 이들 역시 로마 사회와 정부의 기본 구조를 유지하였지만 오스트로고트 왕국과 마찬가지로 왕위 계승 문제로 내분이 일어나게 되고, 711년에 이슬람교도의 침입으로 멸망한다. 고트 왕국은 고딕 양식이라는 말에서 그 흔적을 찾아볼 수 있게 되었다.

두 문화가 융합되다

5세기 말부터 6세기 초에 고대 세계의 막이 내리고 새로운 시대가 본격적으로 시작되었다. 이때 일어난 급격한 변화로 주로 세 가지를 꼽을 수 있다. 첫 번째는 로마제국의 해체기에 노예제도에서 콜로누스Colonus라고 불리는 반자유농민의 노동력을 기반으로 하는 경제체제(콜로나투스Colonatus)로의 변화가 이루어진 것이고, 두 번째는 이러한 혼란기에 로마제국의 인민들이 종교적인 열풍에 휩싸이게 된 것이다. 세 번째 변화는 서부 지역에서 로마제국의 통치 체제가 해체된 것이다. 이로써 로마제국이 멸망하고 로마제국의 사회와 문화 속으로 게르만족이 들어오게 되어, 필연적으로 서로 상이한 문화의 융합이 발생한다. | 자료 4 | 이와 같은 현상을 중세적인 종합이라고 이야기할 수 있는데, 봉건사회의 발생이라고 하는 것은 로마적인 요소인 노예제적인 생산양식과 게르만 침입자들의 확대 및 변형된 양식의 이른바 파국적인 종합Catastrophic Synthesis, 수렴적 해체의 결과이다. 즉 두 가지 이질적인 요소들이 서로 해체되면서부터 재결합된 것이

중세 사회라고 하는 것이다. 이것은 후에 자본주의의 도래와 대조된다. 즉 양적으로 쌓이다 보면 그것이 질적인 변화를 일으켜서 새로운 자본주의 사회로 이행하게 되었다는 누적적인 종합Cumulative Synthesis의 성격을 가지고 있기 때문에, 파국적인 종합과는 상당히 대조되는 것이다.

이런 종합의 결과 중세의 봉건제는 순수한 상태로 존재한 적이 없었다. 오히려 지역의 문화적 전통과 그리스·로마의 영향에 의해 유럽은 세 개의 지역으로 구분해볼 수 있다. 첫 번째, 로마적인 요소와 게르만적인 요소가 적당히 균형 잡힌 종합이 이루어진 곳으로 카롤링Caroling 제국이다. 여기에서는 중세의 고전적인 여러 가지 형태들, 즉 농노제, 장원제, 수봉 제도 등이 꽃피웠음을 알 수 있다. 두 번째, 고대적인 영향이 압도적인 지역으로 프랑스 남부인 프로방스 지역, 이탈리아, 에스파냐가 여기에 해당된다. 특히 이탈리아는 일찍부터 도시가 발달하였고, 로마법의 영향으로 인해서 봉건적인 토지 소유 관계가 발전하는 데 제한을 받게 된다. 세 번째, 로마의 영향이 전혀 없고 게르만족의 유산이 압도적으로 많은 지역으로 독일과 스칸디나비아, 잉글랜드가 그 대표적인 곳이다. 이곳에서는 자유 토지를 소유한 농민층과 봉토 및 도시가 밀집하게 되었다. 게르만의 원시적인 문화는 로마의 문화를 만나서 이와 같이 다양한 결과를 낳았다. | 자료 5 | 이렇게 본다면, 큰 틀에서는 같을지 모르지만 모든 지역이 동일한 제도를 공유한 것이 아니라 각 지역의 특수성을 낳았고, 이러한 특수성이 중세 유럽의 모습을 다채롭게 형성했다고 할 수 있다.

자료 읽기

자료 01

훈족은 유럽인 공통의 적

프랑수아 뒤리 François Durie, **《역사 5, 로마와 중세 시대의 시작**Histoire 5, Rome et les débuts du moyen age》, Classique Hachette, pp. 176~177.

판노니아에서 훈족이 침입하자 반달족이 도망하였다. 이들은 군대가 없는 라인 강변의 국경을 통과하여(406) 아키텐Aquitaine과 나르보네스Narbonnaise[1] 를 약탈하기에 이른다. 무엇보다 반달족이 추구한 것은 토지였으며, 라벤나Ravenna[2] 에 대해서 '연맹'의 지위를 요구하였다. 그들을 멈추게 할 수도 없던 황제가 그들의 요구는 거부할 수 있었을까? 그는 아키텐 너머의 에스파냐를 그들에게 바쳤는데, 이미 그곳은 비시고트가 지배하고 있었다. 얼마 안 되어 또 다른 게르만들이 훈족에 떠밀려서 혹은 단순히 양지 바른 비옥한 땅에 매료되어 반달족이 보여준 모범을 따르기로 한다. 알레마니족, 부르군트Burgund족, 프랑크족이 갈리아의 동쪽과 북쪽에서 일어났다. 그때 그들에 대항하여 버틴 사람은 '최후의 로마인' 플라비우스 아이티우스Flavius Aëtius[3] 였다. 그는 오랫동안 알라리쿠스의 측근에 이어서 훈족 왕 아틸라Attila의 측근에 머물렀다. 야만족에 대한 그의 경험과 특히 그를 둘러싼 게르만 용병대는 그를 서로마 군대의 총사령관으로 군림하게 했다. 로마인에게 야만인들로부터 지켜내야 할 최초의 영토는 이탈리아 다음으로 갈리아였다. 아이티우스는 놀라운 일을 했는데, 프랑크족을 플랑드르에 머물게 하였고, 알레마니족의 점령지를 알자스Alsace에 국한하였으며, 부르군트족에게는 사부아Savoie와 도피네Dauphiné에서 '연맹'의 지위를 부여했던 것이다. 그러나 그가 동시에 서로마의 나머지 지역을 보호할 수는 없었다. 앵글로색슨족은 브르타뉴Bretagne를 점령했고, 반달족은 라벤나와 결별하고 아프리카 전역에 침입하였다. 여기에 참으로 중대한 문제가 있다. 서로마제국은 단지 이탈리아와 갈리아를 차지했으므로 지중해 제해권

1 | 라틴어로는 갈리아 나르보넨시스Galia Narbonensis이다.

2 | 라벤나는 402년부터 476년 멸망 때까지 서로마제국의 수도였다. 이탈리아에서 실각한 오도아케르가 이곳에서 3년간 항전하다가 493년에 테오도리쿠스에 의해서 살해된다. 이후 540년까지 오스트로고트 왕국의 수도였다가 이후 동로마제국에게 재정복되어 총독관구Exarchate가 된다. 751년에는 프랑크족의 침입을 받아 함락되었고, 이후 롬바르드 왕국의 중심지가 된다. 이처럼 이곳이 여러 왕조의 중심이 된 것은 방어에 유리했기 때문이다.

3 | 아이티우스(396~454)는 로마의 장군으로 훈족에 대항하는 연합군을 지휘하였다.

을 상실했고, 게다가 곡물, 기름이 부족하여 이탈리아의 쇠퇴를 가속화시켰다.

게르만족은 오랫동안 국경 근처에서 정착하고 있었으므로, 로마 문명의 우월함을 알고 있었다. 훈족에 의해 등이 떠밀리자, 이들은 제국에 편입되어 평화로운 복속민으로서 편안한 경작민이 되기만을 바랐다. 이들은 배우기를 추구했고 제국의 조직을 존중하였다. 그러나 훈족은 매우 다르게 보였다. 이 완전히 원시적인 유목 기병인들은 야만족 경작자들을 시기했으며 오로지 도시를 선망했는데, 이는 도시가 제공하는 약탈의 가능성 때문이었다. 그들 잔인한 유목민들은 아무것도 존경하지 않았다. 왕 아틸라의 지휘 아래 훈족은 동로마제국을 공격하였다. 동로마제국은—금값 때문인지 아니면 자신들의 저항 탓인지 모르지만—그들을 멀리 보내는 데 성공하였다. 이어서 훈족은 반달족에 의해 개척된 서로마로 향한 통로를 따라갔다. 랭스Reims에 도착하자 그들은 오를레앙Orléans을 공격하기 위해서 르와르Loire 강 쪽으로 방향을 틀었다. 파리 사람들은 기도로써 파리를 구한 성 즈느비에브Sainte Geneviève[4] 수녀께 감사를 드렸다. 그때 로마인의 결속이 참으로 비약했다. 아이티우스의 부름에 따라서 프랑크족, 부르군트족, 비시고트족의 파견부대가 도착하였는데, 그의 주변에서는 고분고분하였으되 아시아의 유목민에 대해서는 잔인하였다. 아틸라는 퇴각하지 않을 수 없었는데, 트루아Troyes 인근 '카탈루냐의 들판'이라고 불리는 전투에 합류되어 진압되었다(451). 그는 판노니아로 철수할 수밖에 없었다. 아이티우스의 주변에 집결한 게르만 '연맹'은, 마치 새매가 날아오르는 때에 장닭 주변에 모여든 가금들처럼 문명을 방어하려는 의식을 가지고 초원에서 온 맹금을 쫓아버린 것이었다. 아틸라는 이탈리아로 침입을 시도하나 얼마 안 되어 죽는다. 아들들 간의 싸움 그리고 훈족 군대에 있던 게르만족의 반란은 훈족을 나누어놓았으며, 그들의 마지막 요소들은 흑해의 주변(불가리아)에 웅크리게 되었다.

4 | 성 즈느비에브는 라틴어로 성 제노베파Sancta Genovefa이다(419/422~502/512). 451년에 연쇄 기도를 주도하여 아틸라의 훈족이 파리를 우회하게 하였다고 한다. 464년 킬데리쿠스Childericus 1세가 파리를 점령하자 중재에 나서 포로들을 석방시키기도 하였다.

자료 02

고트족의 역사와 아틸라의 장례

찰스 크리스토퍼 미로Charles Christopher Mierow 번역, 《요르다네스의 고트족의 역사The Gothic History of Jordanes》, Princeton, 1915; 패트릭 J. 기어리Patrick J. Geary 편집, 《중세사 사료선집Reading in Medieval History》, Broadview Press, 1989, p. 104, 114, 128.

IV. 이제 스칸자Scandza의 섬에서는, 고트족이…… 베리그Berig 왕 아래에서 출현하였다는 이야기가 오래전부터 전해진다. 그들은 배에서 내려 육지에 발을 디디자마자

즉시 자신들의 이름을 그 땅에 부여하였다. 그래서 심지어 오늘에도 그곳은 고티스칸자Gothiscandza라고 불린다. 곧 그들은 그곳을 떠나서 울메루기Ulmerugi인들의 거처로 갔다. 울메루기인들은 당시 대양의 해안에 살고 있었는데, 고트족은 그곳에 진영을 설치하고 울메루기인들과 전투를 벌여 그들을 고향에서 몰아냈다. 그런 후 고트족은 이웃인 반달족을 진압하고 또 한 번의 승리를 얻었다. 그러나 인민의 수가 크게 증가하고 가다리크Gadaric의 아들 필리머Filimer—베리그 이래 약 5대째 왕—가 왕으로 통치하였을 때, 필리머는 고트족의 군대를 가족들과 함께 그 지역에서 이주해야 한다고 결정하였다. 그들은 적당한 터와 쾌적한 자리를 찾아서 스키티아Scythia의 땅으로 왔는데, 그곳은 그 지역 말로 오이움Oium이라고 불렸다. 여기에서 그들은 그 지방이 매우 비옥한 것에 기뻐했으며 군대의 절반이 옮겨왔을 때 그들이 강을 건너는 데 이용한 다리가 너무 낡아서 무너지자 그 뒤로 어느 누구도 오갈 수 없었다고 한다. 그 지역은 땅이 흔들리는 소택지로 둘러싸이고 깊은 못에 둘러싸여 있었으므로 접근하기가 불가능했다. 그래서 오늘도 사람들은 그 이웃에서 가축의 울음소리를 들을 수 있으며, 우리가 여행자들의 이야기를 믿는다면, 사람들의 흔적을 발견할 수 있을지도 모른다. 하지만 우리는 여행자들이 이 가축의 울음소리들을 멀리서 듣는다는 점을 인정해야 한다. 강을 건너서 필리머와 함께 오이움의 나라에 들어갔다고 전해진 고트족은 원하던 땅을 차지하게 되었고, 그곳에서 그들은 바로 스팔리Spali족을 덮쳐서 전투를 벌이고 승리하였다. 그곳에서 승자들은 스키티아에서 가장 먼 곳까지 급히 갔는데, 그곳이 바로 흑해의 폰토스Pontos 부근이다. 이 전승은 고트족의 초기 노래에서 전해지는데, 거의 역사적인 서술로 이루어져 있다. 또한 고트족의 유명한 연대기 작가인 아블라비우스Ablabius도 이것을 매우 신빙성 있는 설명으로 확인해주고 있다.

XXIV. 이제 비록 고트족의 왕 헤르마나리크[5]가 많은 부족을 정복하였지만, 앞에서 우리가 말한 대로 그가 훈족이 침입하자 어떻게 방어할지 심사숙고하는 동안, 로소모니Rosomoni의 불충한 부족이 당시 왕에게 신서信誓를 지킬 의무가 있는 부족들 중에 있으면서도 몰래 왕을 사로잡을 기회를 잡았다. 왕이 내가 언급한 부족에 속한 수닐다Sunilda라는 여자를 사나운 말에 묶어서 말들이 양편으로 전력으로 달려서 몸을 갈라놓도록 하는 명령을 내린 적이 있었으니(왜냐하면 왕은 자신을 배반한 그녀의 남편 때문에 격노하였으므로), 그녀의 오라버니인 사루스Sarus와 암미누스Amminus가 자신들 누이의 죽음을 복수하러 와서는 헤르마나리크의 옆구리에 검을 찔렀다. 이때의 공격으로 인

5 | 에르마나리크Ermanaric라고도 표기된다.

해서, 그는 육신이 극도로 약해진 상태에서 비참한 삶을 길게 이어갔다. 훈족의 왕 발람베르Balamber는 헤르마나리크의 병마를 이유로 군대를 오스트로고트족의 나라로 이동시켰다. 비시고트는 어떠한 분쟁으로 인해 이미 오스트로고트와 갈라진 상태였다. 헤르마나리크는 상처의 고통과 훈족의 침략을 견딜 수 없어 110세라는 많은 나이에 천수를 다하고 죽었다. 그가 죽었다는 사실로 말미암아, 동쪽에 살고 있어서 우리가 오스트로고트라고 부른 고트족에 대해 훈족이 승리할 수 있었다.

XXV. 서쪽 지방의 또 다른 동맹이자 거주민인 비시고트족은 자신들의 혈족이 그랬던 것처럼 떨었다. 그리고 훈족의 침입에 대해서 자신들의 안전을 어떻게 도모할지를 몰랐다. 비시고트족은 훈족의 침입에 대해 로마와 오래 숙의한 후, 공통의 동의에 따라 마침내 선임 황제 발렌티니아누스Valentinianus의 동생인 로마의 발렌스Valens 황제에게 사절을 파견하였다.

비시고트족은 로마 황제에게 만약 자신들에게 트라키아Thracia나 모이시아Moesia의 부분을 지키도록 해준다면, 자신들은 황제의 법과 명령에 복종할 것이라고 말하였다. 더불어 황제가 자신들을 더 신뢰하도록 만약 자신들의 언어를 말하는 교사를 보내준다면 그리스도교도가 될 것을 약속했다. 발렌스 황제는 이를 듣고서 기쁘게 그리고 기꺼이 그들이 요구한 것을 주었다. 그는 게타이Getae[6]를 모이시아 지방에 받아들였고, 그들을 다른 부족에 대해 자신의 왕국을 지키는 일종의 성벽으로서 배치하였다. 당시 발렌스 황제는 아리우스의 불신不信에 감염되었으므로 우리 편의 교회를 폐쇄하였고, 자신의 교파를 선호하는 설교자들을 고트족에게 보냈다. 설교자들은 고트족에게 가서 그들 투박하고 무지한 인민을 이단의 독으로 가득 채웠다. 그리하여 황제 발렌스는 비시고트족을 그리스도교도가 아니라 아리우스교 신자로 만들었다. 더욱이 고트족은 설교자들에 대한 사랑이 넘쳐 오스트로고트족과 자신들의 혈족인 게피다이Gepidae에게까지 복음을 전했는데, 이들의 목적은 혈족에게 이단을 존중할 것을 가르치고 어디서나 자신들의 말을 쓰는 모든 인민을 이 분파에 끌어모으기 위함이었다. 우리가 이야기했듯이, 그들도 스스로 다뉴브 강을 건너서 황제의 허가를 받아 강변의 다키아, 모이시아, 트라키아에 정착하였다.

XLVIII. 그들의 왕 헤르마나리크가 죽자, 그들은 비시고트족에서 분리됨으로써 별도의 인민이 되었으며, 자신의 나라에서 훈족의 세력에 복속된 채 있었다. 아직 아말리Amali의 비니타리우스Vinitharius가 그의 통치 인장을 보유하고 있었다. 그는 비록 헤르마나리크의 행운이 없어도 그의 할아버지 불투울프Vultuulf에 필적할 만큼 용맹했

6 | 트라키아인들의 다른 이름이다.

다. 그러나 훈족의 지배하에 있기를 싫어하여 훈족에게서 떨어져 나와 자신의 용기를 보여주고자 안테스Antes를 침공하기 위해서 세력을 이동시켰다. 비니타리우스는 공격을 개시하였는데 첫 판에서 패하였다. 이후 용기를 내어 다시 공격했는데, 그들의 왕 보즈Boz를 그의 아들과 70인의 귀족과 아울러 십자가에 못 박고 거기에 매달린 채 걸어두었다. 이는 주변 사람들의 공포심을 배가하기 위해서였다. 그러한 방자함을 가지고 통치한 지 1년이 못 되어 훈족의 왕 발람베르가 활을 쏴서 비니타리우스의 머리에 부상을 입혔고, 그는 곧 죽었다. 그러나 발람베르는 비니타리우스의 손녀인 바다메르카Vadamerca와 혼인하였고, 마침내 고트족의 인민 모두를 자신의 평화로운 복속민으로서 통치했다.

그러나 종종 이야기되었듯이, 비시고트족에서 분리된 그들은 훈족의 왕 아틸라의 지배를 존경하는 방식으로 자신들의 부족을 통치했다. 그들은 자신들의 동족 비시고트족에 대해서 싸우기를 거절할 수 없었으며, 심지어는 자신들 주군의 명령에 따라서 부친 살해의 죄도 저질러야만 했다. 스키티아 부족이 훈족의 권능에서 빠져나갈 수 있는 방법은 아틸라의 죽음 외에는 없었다. 그것은 로마인들과 다른 모든 민족이 바라는 바였다. 이제 그의 죽음은 그의 삶이 경이로운 것만큼 하찮것없었으니…… 그의 시신은 평원의 중앙에 놓였으며 사람들의 존경을 표시하기 위해서 비단 천막에서 당당하게 누워 있었다. 훈족 전체 부족의 최고 기사들이 원형 경기장 경기에서 하듯이 주변을 둥글게 돌았다. 그러고는 그가 옮겨진 곳으로 가서는 다음과 같은 식으로 그의 업적을 장송곡조로 말하였다. "훈족의 족장 아틸라 왕은 가장 용감한 부족의 주군이며 스키티아와 게르만 영역의 유일한 소유자인 부왕 문디우크Mundiuch[7] 에게서 태어났으며—전대미문의 힘—도시들을 정복하고 로마인의 세계가 이룬 두 제국을 떨게 했으며 로마인들의 호소를 들어주어 나머지를 약탈에서 구해줄 연공을 받았도다. 그리고 그가 이 모두를 행운의 도움으로 완수했을 때, 그는 적이 입힌 상처에 의해서가 아니라 친구들의 배반으로 쓰러졌구나. 그러나 그의 민족 안에서 평안하게 그의 기쁨 속에서 행복하게 있어 아픔의 감각이 없구려. 아무도 그것이 복수를 부른다고 믿지 않는데, 누가 이를 죽음이라고 평하리요?" 그들이 그러한 추모사로 애도하고 난 후, 주연이 벌어진 채 그들이 말하는 소위 스트라바Strava가 그의 무덤 위에서 베풀어졌다. 차례로 그들은 감정의 극단을 표하였으니 기쁨과 애도를 번갈아가면서 표시하였다. 그런 후 밤에 비밀리에 땅에 묻었다. 그들은 그의 관들을 묶었는데, 처음 것은 금으로 두 번째는 은으로 세 번째는 철의 강함으로

7 | 문드주크Moundzouk, 문주크Mundzuk로도 표기되며, 라틴어로는 문주쿠스Mundzucus, 그리스어로는 문디우코스Μουνδίουχος로 표기된다.

그러했고, 그런 식으로 이 세 가지가 왕들 중에서 가장 강한 왕에게 걸맞은 것임을 보여주었다. 철로 묶은 것은 그가 민족들을 진압했기 때문이고, 금과 은으로 묶은 것은 두 제국의 명예를 받았기 때문이다. 그들은 또 전투에서 얻은 적들의 무기와, 여러 보석들로 빛나는 귀한 가치를 지닌 장식들과, 공국을 운영할 만한 가치를 가진 모든 종류의 치장들을 더하였다. 그리고 그렇게 큰 재부가 인간의 호기심에 멀어지도록 일에 동원된 자들을 죽였다—그들의 노동에 대한 가공스런 대가였다. 그리하여 급사한 것은 묻힌 자만 아니라 그를 묻은 자들의 운명이었다.

자료
03
로마인과 야만인

살비아누스Salvianus, 〈신의 통치에 관하여De gubernatone Dei〉, V. 4, IV. 14, 제임스 하비 로빈슨James Harvey Robinson 편집, 《유럽사 사료선집Readings in European History》 Vol. 1, Ginn & Co., 1904, pp. 28~30.

어떤 점에서 우리의 관습이 고트족과 반달족의 관습보다 더 낫거나 심지어는 비교되겠는가? 그리고 먼저 사랑과 서로의 경애에 관해서 말하자면…… 거의 모든 야만인들이 적어도 하나의 인종이요 친족에 속하는 자들은 서로 사랑하는 반면, 로마인들은 서로를 박해한다. 많은 사람들이 소수에 의해 박해받는다. 그 소수는 공공 징발을 자신의 고유한 특별한 권리로 간주하고 세금을 징수한다는 핑계를 대면서 개인의 업무를 수행한다. …… 그래서 가난한 사람들은 약탈되며 과부는 한숨짓고 고아는 억압되어, 마침내 그들 중에서 많은 사람들이 미천하지 않은 가문에서 태어나고 자유인에 걸맞게 교육을 받았지만, 우리의 적들에게서 도망하여 더 이상 공공의 억압을 겪지 않게 되었다. 그들은 의심할 것 없이 야만인들 사이에서 로마의 인간다움을 구하고 있다. 왜냐하면 그들은 로마인 가운데서 야만인의 비인간다움을 견딜 수 없기 때문이다. 그리고 비록 그들이 의탁한 사람들이 태도에서 그리고 언어에서 다르기는 해도, 또 그들이 야만인의 몸과 의복에서 나오는 악취에 관해서 같지 않을지라도, 그들은 로마인들 가운데서 잔인한 부당 행위보다는 야만인 가운데 있는 이국의 문명을 견딜 것이다. 만약 우리 로마인들이 사악하고 타락한 상태라면, 야만인들도 같은 잘못을 저지른다고 주장할 수 있다. 그러나 이런 차이가 있으니 만약 야만인이 우리와 같은 잘못을 범한다면, 우리는 그들보다 더 심각하게 범하는 것이다. …… 모든 야만인들은…… 이교도이거나 이단이다.

작센족Gens Saxonum은 잔인하고, 프랑크족은 신뢰가 없으며…… 훈족Chunorum은 정숙하지 않다—한마디로 모든 야만인들의 생활에는 결함이 있다. 그러나 그들의 무례함이 심각한가? 훈족의 야비함이 우리들의 것만큼이나 죄악스러운가? 프랑크족의 불신이 우리들의 것만큼이나 부끄러운 것인가?

자료 04

중세적 종합과 유형

페리 앤더슨Perry Anderson, 《고대에서 봉건제로의 이행Passages from Antiquity to Feudalism》, Verso Editions, 1978, pp. 154~155.

중세 유럽의 구체적인 사회구성체들은 언제나 복합적인 체제들이었다. 여기에 다른 성격의 생산양식들이 잔존했고 본래의 봉건사회와 뒤섞였다. 예를 들면 노예들은 중세기 내내 존재했으며, 암흑시대에 이르러도 자유로운 소농들이 여전히 존재했다. 따라서 아무리 급하다 하더라도, 유럽 봉건사회의 지도에 나타난 다양성을 9세기부터 드러난 대로 조망하는 것이 중요하다. 소비에트의 역사가들인 류블린스카야Liublinskaya, 구트노바Gutnova, 우달초바Udaltsova는 3중의 구분법을 올바르게 제시한 바 있다. 실제 유럽 봉건사회의 핵심 지역은 로마적 요소와 게르만적 요소의 '균형 잡힌 종합'이 발생한 곳이었다. 근본적으로 북부 프랑스와 그곳에 인접한 지역들은 카롤링 제국의 본향이었다. 이 지역의 남쪽 프로방스, 이탈리아, 에스파냐에서는 야만적인 생산양식과 고대의 생산양식의 해체와 재조합이 압도적인 고대사회의 유산의 영향 아래에서 발생하였다. 반대로 그곳의 북쪽과 동쪽인 독일, 스칸디나비아, 잉글랜드에서 로마인들의 지배가 아예 도달하지 못하거나 옅게 뿌리내린 데에 불과하였기에, 야만인들의 유산이 압도적으로 지배하는 가운데 봉건사회를 향하여 느린 이행이 있었다. '균형 잡힌' 종합은 봉건사회를 가장 빠르게 그리고 완전하게 낳았으며, 그 고전 형태를 제공하였다—이는 반대로 골격이 덜 형성된 봉건제를 가진 외곽에 큰 영향을 미쳤다. 예농제가 처음으로 출현하고 장원제가 전개되며 영주에 의한 재판이 가장 많이 표명되고 위계에 따른 재수봉이 가장 밀집된 곳은 바로 이곳, 균형 잡힌 종합이 발생한 곳이었다. 북부와 남부의 아유형들Sub-Types은 각자의 과거에 있었던 생산양식들 중에서 강력하게 잔존한 것들이 존재함으로써 대칭적으로 구별되었다. 스칸디나비아, 독일, 앵글로색슨 잉글랜드에는 강력한 공동체 제도를 갖춘 자유 토지 보유농Allodial Peasantry이 농촌 사회에서 위계상의 분화가 시작되고 예속에 기반한 구속이 증가되며 씨족 전사들이 토지 귀족으로 공고화된 이후에도 여전히 잘 버티고 있었다. 예농제는 12세기나 13세기까지는 작센 지방에 도입되지 않았고 스웨덴에서는 아예 수립된 적도 없었다. 반면 이탈리아와 그에 인접한 지역에서는 고대 후기의 도시 문명이 몰락하지도 않았으며 자치 도시의 정치조직은—교회가 구 원로원 귀족의 지위를 물려받은 곳에서 교회 세력과 혼합되어—10세기 이후 계속 번창하였고, 자유롭고 상속 가능하며 양도 가능한 재산권에 관한 로마의 법 개념은 처음부터 봉건적인 토지 규범을 한정하였다. 따라서 초기 중세 봉건사회의 지도는 세 개의 지역을 포괄하는데, 북에서 남을 가로지르고 대체적으로 자유 토지, 봉토, 도시의 상대적인 밀도에 의해서 표시된다.

자료 05

프랑크 살리족의 법전

살리 법전 협약Pactus Legis Salicae, http://www.koeblergerhard.de/Fontes/PactusLegisSalicae.pdf. pp. 19, 21, 30, 55, 58~59, 154, 173, 176, 222, 227.

I. 소환에 관하여

1. 만약 어떤 사람이 왕의 법에 의해 집회[8]에 소환되었으나 오지 않고, 어떤 불가피한 일로 지체한 것이 아니라면 그는 600드니에,[9] 곧 15솔리두스[10]의 죄과가 있다고 선고될 것이다.
2. 다른 사람을 소환해놓고 만약 오지 않으면, 또 불가피한 사유 없이 지체했다면, 소환한 자 역시 15솔리두스의 죄과가 있다고 선고될 것이다.
3. 소환자는 증인들과 함께 피소환자의 집으로 가야 하고, 피소환자를 소환해야 하며, 안되면 피소환자의 부인이나 가족을 불러서 피소환자가 어떻게 소환자에게 소환되었는지 알게 해야 할 것이다.
4. 그런데 왕을 섬기는 일을 하고 있는 자라면, 소환할 수 없다.
5. 만약 마을에서 자신의 업무를 보고 있다면 앞서 말한 것처럼 소환할 수 없다.

II. 돼지를 훔친 것

1. 만약 어떤 사람이 첫 번째와 중간 우리에서 젖먹이 돼지를 훔치고 그자가 한 것으로 입증된다면, 원래의 재산과 지체 보상금은 제외하고 마리당 120드니에, 즉 3솔리두

8 | Mallum: 흔히 '팅Thing'을 라틴어로 표기한 것이다. 팅은 Ting 혹은 Bing으로 표기되며, 집회나 총회Assembly를 의미하고 스칸디나비아에서는 입법 회의를 뜻한다.

9 | Denier: 라틴어 데나리우스Denarius에서 파생된 말이며, 이후 중세 화폐 단위로 널리 쓰인다. 12드니에가 1수Sou, 20수가 1리브르Livre로 환산된다. 수는 솔리두스Solidus에서 파생된 말이며, 리브르는 파운드에 해당한다. 본문에서는 데나리우스로 표시되나 여기에서는 드니에로 옮긴다.

스의 죄과가 있는 것으로 선고될 것이다.

2. 만약 세 번째 돼지우리[11] 에서 돼지를 훔친다면 원래의 재산과 지체 보상금은 제외되고 600드니에, 즉 15솔리두스의 죄과가 있는 것으로 선고될 것이다.

III. 소를 훔친 것

4(3). 만약 누가 송아지가 없는 소를 훔치고 행위가 입증되면, 1400드니에, 즉 35솔리두스의 죄과가 있는 것으로 선고될 것이다.

7(4). 만약 누가 소를 훔치고 행위가 입증되면, 원래의 재산과 지체 보상금을 제외하고 1400드니에, 즉 35솔리두스의 죄과가 있는 것으로 선고될 것이다.

8(5). 만약 누가 무리를 이끌고 전혀 멍에를 메지 않은 황소를 훔치고 행위가 입증되면, 원래의 재산과 지체 보상금을 제외하고 1800드니에, 즉 45솔리두스의 죄과가 있는 것으로 선고된다.

XI. 자유인의 절도나 가옥 파괴

1. 만약 누가 자유인으로서 집 밖에서 2드니에의 가치가 있는 것을 훔친다면, 600드니에, 즉 15솔리두스의 죄과가 있는 것으로 선고될 것이다.
2. 만약 집 밖에서 40드니에의 가치가 있는 것을 훔치고 이것이 입증되면, 원래의 재산과 지체 보상금은 제외하고 1400드니에, 즉 35솔리두스에 처해질 것이다.
3. 만약 어떤 자유인이 가옥을 파괴하고 2드니에의 것을 훔치고 이것이 입증되면, 원재산과 지체 보상금은 제외하고 1200드니에, 즉 30솔리두스의 죄과가 있는 것으로 선고될 것이다.
4. 만약 5드니에가 넘는 것을 훔치고 이것이 입증되면, 1400드니에, 즉 35솔리두스의 죄과가 있는 것으로 선고될 것이다.
5. 만약 자물쇠를 부수거나 망가뜨리고 집으로 들어가서 훔치거나 그 후에 어떤 절도를 행한다면, 원래의 재산과 지체 보상금은 제외하고 1800드니에, 곧 45솔리두스의 죄과가 있는 것으로 선고될 것이다.
6. 만약 아무것도 하지 않고 도망하여 피했을 경우, 가옥 파괴 보상금 외에도 1200드니에, 즉 30솔리두스의 죄과가 있는 것으로 선고된다.

10 | 콘스탄티누스Constantinus 황제 때 주조된 금화로 중세에 표준 화폐로 널리 쓰였으나, 카롤링 왕조 이후에 은본위로 돌아감으로써 솔리두스는 표시 금액으로만 남는다. 이는 흔히 영어의 실링Shilling으로 번역되는데, 이는 황소 한 마리 가격이다. 영국에서는 12펜스가 1실링에 해당한다. 이 살리 법전에서는 40드니에가 1솔리두스로 환산되고 있다.

11 | 어미 없이 살 수 있는 돼지들의 우리를 말한다.

VII. 노예의 절도 혹은 가옥 파괴

1. 만약 어떤 노예가 집 밖에서 2드니에의 가치가 있는 것을 훔치고 그것이 입증되면, 원래의 재산과 지체 보상금 말고도 120대의 태형을 받거나 120드니에, 즉 3솔리두스를 반환할 것이다.
2. 만약 40드니에 가치가 있는 것을 절도하면, 감옥에 가두고 240드니에, 즉 6솔리두스를 되돌려준다. 절도한 자의 주인은 원래의 재산(과 지체 보상금)을 제자리에 회복시킬 것이다.

VIII. 자유인의 강간

1. 만약 세 사람이 한 자유인 소녀를 강간하면, 30솔리두스를 지불하도록 강제될 것이다.
2. 세 명이 넘는 자들이 그랬으면 200드니에, 즉 5솔리두스를 그들 각자가 지불할 죄과가 있는 것으로 선고될 것이다.

XLI. 자유인의 살인에 관하여

1. 만약 어떤 자가 자유인 프랑크족이나 살리 법전에 따라서 살고 있는 민족을 살해하고 이것이 입증된다면, 8000드니에, 즉 200솔리두스의 죄과가 있는 것으로 선고될 것이다.
2. 만약 어떤 사람을 우물이나 물속에 던져버리면, 앞에서 말한 것처럼 어떤 덮개로 가려버리면, 600솔리두스의 죄과가 있는 것으로 선고될 것이다.

5(3). 만약 왕의 신임을 받고 있는 자를 죽이거나 자유인 여자를 죽이면, 2만 4000 드니에, 즉 600솔리두스의 죄과가 있는 것으로 선고될 것이다.

6(4). 만약 시신을 물이나 우물에 던지거나 어떤 덮개로든지 덮으면, 이것은 7만 2000 드니에, 즉 1800솔리두스의 죄과가 있는 것으로 선고될 것이다.

8(5). 만약 누가 로마인으로서 왕과 식사를 같이 하는 자를 죽이고 그것이 입증되면, 1만 2000드니에, 즉 300솔리두스의 죄과가 있는 것으로 선고될 것이다.

9(6). 만약 로마인으로서 토지 점유자이고 왕의 식탁 동료가 아닌 자를 죽인 자는 4000드니에, 즉 100솔리두스의 죄과가 있는 것으로 선고될 것이다.

10(7). 만약 재산세를 납부하는 로마인을 죽이면 63솔리두스의 죄과가 있는 것으로 선고될 것이다.

XLV. 이주자에 관하여

1. 만약 어떤 사람이 다른 사람의 빌라에 이주할 의사가 있고, 그 빌라에 함께 있는 자들 중 얼마의 사람들이 그를 받아들이고자 하나, 만약 이주에 반대하는 사람이 한 명이라도 있으면 그 사람은 빌라에 이주할 자격을 갖지 못한다.

2. 만약 하나 또는 두 사람의 반대에 대해서 바로 같은 빌라에 정착하고자 예상한다면, 그때는 경고해야만 한다. 또 그가 그곳에서 나갈 의사가 없다면, 경고하는 자는 증인들이 보는 앞에서 다음과 같이 경고해야만 한다. "여기서 나는 당신에게 이 밤에는 근처에서 살리 법전의 내용에 따라서 머물지만 열흘 밤째는 바로 이 빌라에서 나갈 것을 경고한다. 이후에 이곳에 열 밤이 지나서 이주자에게 다시 와서는 그에게 다시 열흘 밤 안에 나갈 것을 경고할 것이다. 만약 이때까지 나갈 의사가 없으면, 마찬가지로 이주자의 즐거움을 위해서 열흘 밤을 더하여 30일 밤을 채우도록 한다. 만약 그때도 나갈 의사가 없으면, 그때에는 집회로 소환하고 여기에 있었던 매번의 즐거움에 대한 증인을 보조자로 데리고 있도록 한다. 만약 경고를 받은 자가 여기에서 나갈 의사가 없고 어떤 불가피한 일이 그를 지체하게 하지도 않으면 앞에서 우리가 말한 모든 것들을 법에 따라서 경고했다면, 반대자는 자신의 재산을 걸고 백작에게 그 이주자를 추방하도록 그곳에 가줄 것을 요구할 것이다. 그런데도 이주자가 법을 듣지 않으려고 한다면 여기에서 그 이주자가 노동하여 이룬 것들을 파괴하고…… 1200드니에, 즉 30솔리두스의 죄과가 있다고 선고될 것이다."

4(3). 만약 어떤 사람이 이주하고 12개월 안에 아무런 경고자가 없다고 한다면, 다른 이웃과 마찬가지로 안전하게 머물 것이다.

XLVI. 재산의 이전에 관하여

1. 만약 어떤 사람이 퉁기누스나 켄테나리우스[12]가 집회를 소집하고 그 집회에서는 방패를 지참해야 하고 세 사람이 세 사안을 떠맡아야 한다는 것을 준수하는 데 동의한다면, 그런 후에 바로 그 집회에서 그[13]에게 속하지 아니하는 사람에게 막대를 무릎에 던지도록 요구받을 것이다. 그리고 그(매도자)가 막대를 던진 사람에게 자신의 재산 가운데 얼마를 주고 싶은지, 전체를 주기를 원하는지 아니면 절반을 주기를 원하는지 말한다.

2. 자신의 무릎에 막대가 떨어진 사람은 그(매도자)의 집에 머물러 있어야 한다. 그리고

12 | tunginus aut centenarius: thunginus로도 표시되며 100인으로 구성되는 재판을 맡은 재판장을 뜻한다.

13 | 매도자.

세 명 혹은 더 많은 수의 손님들을 모아야 하고, 능력과 관련하여 그에게 약속된 것이 자신의 능력 안에 있어야 한다. 그리고 이후에 매도자가 약속한 것과 관련하여 모든 사항을 증인들과 더불어서 논의해야만 한다.

3. 나중에는 왕의 앞에서 또는 집회에서 자신의 재산을 주기로 생각한 그 사람이 가진 막대를 집회에서 12개월 이전에 받아서 상속인들을 소집하고 약속된 것을 적지도 많지도 않게 무릎에 던져줄 것이다.
4. 그리고 만약 어떤 사람이 이것에 반대하여 다른 것을 말한다고 하자. 그러면 세 명의 맹세한 증인이 퉁기누스나 켄테나리우스가 소집한 그 집회에서 있었던 일을 말해야 한다. 그리고 자신의 재산을 주기로 생각한 그 사람이 자신이 선택한 사람의 무릎에 막대를 던졌음을 어떻게 보았는지 말해야 한다. 그의 재산을 무릎에 던진 자와 그가 상속인으로 부른 자를 이름을 불러 호명해야 한다. 마찬가지로 이름을 부를 것이다.

LIX. 자유 토지에 관하여De Alodis

1. 만약 어떤 사람이 죽어서 아들들을 남기지 않았고, 만약 그 모친이 살아 있다면, 그녀가 상속을 이을 것이다.
2. 만약 모친이 없고 형제나 자매를 남겼다면, 그들이 상속을 이어갈 것이다.
3. 그때 만약 그들도 없다면, 이모가 상속을 잇는다.
4. 만약 참으로 이모들도 없으면, 고모가 상속을 잇는다.
5. 토지에 관하여 참으로 어떤 여자에게도 상속이 해당되지 않을 것[14] 이며, 형제인 남성에게 전체 토지가 소유될 것이다.

LXII. 인명 배상금에 관하여

1. 만약 누군가의 부친이 살해되었으면 아들들이 배상금의 절반을 가질 것이며 다른 절반은 부계 근친들과 모계 근친들이 서로 나눌 것이다.
2. 그러나 만약 부계와 모계의 근친이 아무도 없으면 그 몫은 공동 금고Fisco에 저축될 것이다.

14 | 이 규정이 프랑스 왕위의 계승에 적용되었다.

| 출전 |

살비아누스, 《신의 통치에 관하여》: 그리스도교 사제로 439년경에 이 책을 저술하였다. 살비아누스는 로마인보다 야만인이 도덕적으로 더 우월하다고 하는 점을 발견하였다. 그는 이 책에서 로마인들이 그리스

도교를 알고 있어서 그 잘못이 더 크다는 판단을 내렸다.

요르다네스Jordanes, **《고트족의 역사**De origine actibusque Getarum**》**: 요르다네스는 6세기에 살았던 고트족이다. 그는 곧 로마화되었으며, 칼라브리아의 크로톤 시의 주교를 지냈고 콘스탄티노플에서 여생을 보냈다. 그가 저술한 《고트족의 역사》는 카시오도루스Cassiodorus의 같은 저술을 요약한 것이다. 이 책에서 그는 로마와 그리스도교의 역사라는 관점에서 고트족을 제시하면서 고트의 구술 전통을 고전적인 민속지의 틀에 결부시켰다.

《살리 법전 Lex Salica**》**: 살리Salii족의 법전 편찬은 클로비스 왕 때에 이루어졌다. 여기에는 로마법에 훈련을 받은 사람들이 참여하였을 것으로 보인다. 법의 내용은 4세기로 거슬러 올라간다. 501~511년에 반포되었으며 ,이후 300년간 수정·보완되었다. 특히 소유권에서 여성의 권리를 인정하지 않은 조항은 왕위 계승의 원칙과 맞물려서 15세기까지 효력을 발휘한다. 종래 살리족은 프랑크족의 일파로 보았으나, 현재는 프랑크족 전체를 지칭하는 명칭으로 이해되고 있다.

| 참고문헌 |

기어리, 패트릭 J., 《민족의 신화, 그 위험한 유산》, 이종경 옮김, 지식의 풍경, 2004.

반 바트, 베르나르트 슬리허, 《서유럽 농업사 500~1850》, 이기영 옮김, 까치글방, 1999.

서던, 리처드 윌리엄, 《중세의 형성》, 이길상 옮김, 현대지성신서, 1999.

앤더슨, 페리, 《고대에서 봉건제로의 이행》, 유재건·한정숙 옮김, 현실문화, 2014.

이기영, 《고대에서 봉건사회로의 이행-서유럽-농노제와 봉건적 주종관계의 형성 및 인종문제-》, 사회평론, 2017.

3 중세 초기의 왕정

: 프랑크족, 왕국을 세우다

481~511	프랑크의 왕 클로비스 재위, 메로빙 왕조 성립(481)
496	클로비스가 가톨릭 신앙으로 세례 받음
732	카롤루스 마르텔이 푸아티에에서 이슬람군을 격퇴
751	피피누스 3세가 프랑크의 왕에 오름, 카롤링 왕조 성립
768~814	카롤루스 마그누스가 왕위 계승
800	카롤루스가 로마 황제로 대관
827	이슬람이 시칠리아를 침입
843	베르됭조약 체결
870	메르센조약 체결
900	마자르족이 바이에른을 침입
911	샤를 3세가 롤로에게 노르망디를 양여
955	오토 대제가 레히펠트 전투에서 마자르를 격퇴

중세를 연 메로빙 왕조

메로빙 왕조(481~751)는 프랑크족에 의해서 세워진다. 프랑크족은 주변의 비잔티움 제국은 물론이고 고트족에 비해서도 매우 뒤떨어져 있었다. 그래서 미개하고 야만적이라는 평가를 들었지만, 이들은 세력을 확장하고 현재의 프랑스와 연속성을 가질 만큼 세력을 유지하였다. 여기에는 두 가지 요인이 있었다. 첫째, 프랑크족과 로마인 사이에 종교적 갈등이 없었다. 둘째, 세력의 중심이 지중해에서 멀리 떨어져 있어서 비잔티움과 이슬람의 침입이 어려웠다. 그래서 프랑크족은 로마인과 게르만족을 두 부류로 하는 새로운 사회 정립에 성공할 수 있었다.

메로빙 왕조의 초대 왕인 클로비스(재위 481~511)는 서유럽에서 당시 가장 강력한 통치자로 대두하였다.| 자료 1 | 그는 남서독일 지역을 점령하였고 가톨릭으로

개종하였다.| 자료 2 | 가톨릭으로 개종하는 데에는 여러 가지 갈등 요인이 있었는데, 주변의 게르만족이 가톨릭 교리를 믿기보다 아리우스파 교리를 따르고 있었기 때문이다.| 자료 3 | 클로비스가 가톨릭으로 개종하는 데는 성 마르티누스St. Martinus의 영향이 크게 작용하였다.| 자료 4 | 가톨릭으로 개종한 것은 대단히 의미가 깊은 사건으로, 이로써 라틴 문화와 게르만 문화의 융합이 이루어지고 이것이 중세 문명의 미래에 결정적인 영향을 주게 되었다. 클로비스는 로마 문명과 제도를 존중하는 가운데 동로마제국의 황제로부터 로마 공화정기 최고 관직이었던 콘술Consul, 즉 통령의 칭호를 받게 된다. 그리고 로마제국의 도시를 행정단위로 그대로 놔두면서 백佰이라고 불리는 사람들에게 통치를 맡기게 되었다.

클로비스에 의해 세워진 메로빙(라틴어로 메로베우스Meroveus, 잉Ing은 고古게르만어로 가문을 뜻한다) 왕조는 클로타르Chlothar 1세에게 계승이 되었다가 왕국이 네 개로 분열된다. 그리고 다시 클로타르 2세가 통치하면서 분쟁이 종식되었다. 이런 와중에서 로마의 전통적인 공적 질서는 유지되지 못했고 대체적으로 교회 제도만 남게 되었다. 당시 왕권의 약화를 보여주는 호칭이 있는데, 이른바 무위왕無爲王, Les Rois Fainéants이라는 호칭이다. 이러한 호칭을 듣는 시대는 639년부터 메로빙 왕조의 끝 무렵까지 110여 년에 해당된다. 왕권이 약하므로 봉건적인 무질서 상태가 전개되었다. 여기서 봉건제와 같은 여러 제도가 나올 수 있었다. 그리고 귀족들은 임무니타스Immunitas라고 하는 불입권不入權을 가지고 있었다. 특별히 지방행정관은 귀족의 요구로 임명되고 세습화되는 경향을 보이게 된다. 이들 귀족은 사병을 증강시키고 이른바 탁신託身의 주종 관계, 즉 봉토 수여는 없고 보병의 군역을 담보하는 관계를 형성하였다. 이런 과정에서 실권자는 왕이 아니고 궁장宮長이었다.

여기에서 잠깐 궁장이라는 번역을 살펴보자. 이 직책의 이름은 라틴어 마요르 도무스Major Domus에서 나왔는데, 로마 시대에 귀족들이 재산을 관리하는 임무를 떠맡긴 사람을 지칭하는 말이다. 그래서 중국 사람들은 관가管家('가사 관리자'라는 뜻)라고 이해한다. 이 직책을 맡은 자가 왕실을 관리하면서 왕보다 더 실권

①

quinquaginta duo num-
mos ob fullonicam
ex reliquis anni unius

②

Paulus libro singulari de adsignatione li-
bertorum. Senatus consulto, quo cautum
est, ne tutor pupillam vel filio suo vel sibi nu
ptum collocet, etiam nepos significatur.

③

herbae quae haec animalia nutriunt, alia occi-
dunt et lenis sibilus equos mitigat, catulos instigat
et medicamentum quod hunc morbum imminuit
alteri vires iungit et panis qui vitam fortium robo-
[rat

④

Et cum adpropinquasset Hierosolimis, et ve-
nisset Bethfage ad montem Oliveti, tunc ihesus
misit duos discipulos, dicens eis: Ite in cas-
tellum quod contra vos est, et statim inveni[etis

도판 7 중세 서체의 변화: ① 필기체 대문자, 57년. 밀랍 서판 ②온치알레 서체, 6~7세기. Pandette Fio-rentine ③ 메로빙 시대《a 유형》의 서체, 8세기. 성 그레고리우스 ④11세기의 카롤리나 서체(라티스보나). 부제용 복음서.

이 큰 자로 성장하는 것이 궁장이 등장하는 배경이다. 이 단어를 일본에서는 궁재宮宰로, 중국에서는 궁상宮相으로 달리 번역하고 있으며, 차하순 교수가 저술한《서양사총론》(1982)에는 궁내대신宮內大臣으로 번역되었다. 널리 채택되지 않았으나 차하순 교수의 번역이 좋을 듯하다. 그 이유는 일본이나 중국에서 번역하는 데 사용한 재상宰相의 의미는 한국사에서는 2품 이상의 관리를 지칭하는 관직이고, 궁내대신은 한국사에 실제로 있었던 관직이기 때문이다. 따라서 마요르가 크다는 뜻의 마그누스Magnus의 비교급으로서 흔히 장長으로 번역되는 것으로 보아 궁재보다 궁장이라는 말이 더 마땅한 번역이라고 본다. 재상직이나 대신을 상정할 만큼 이 당시 관료 체제가 발전한 것은 아니기 때문이다.

이 직책을 독식하는 가문이 카롤링 가문이었다. 왕과 달리 이들은 실질적인 권력을 행사하였고 궁장 란덴Landen의 피핀Pippin(라틴어로 피피누스Pippinus)이 카롤링 왕조(751~891, 라틴어로는 카롤루스)의 조상이 된다.

당시 메로빙 왕조의 법률, 징세, 종교, 경제, 언어를 살펴보자. 법률에서는 두

가지 계통의 법, 즉 로마법과 프랑크법이 혼재했다. 로마법은 이성과 정의라고 하는 원칙에 따라 보편적으로 적용되는 성문법이다. 기본 원칙은 책임은 당사자가 지되 처벌은 공권력에 맡기는 것이다. 반면 프랑크법은 성문화되지 않은 구전에 의거하며, 원시적인 죄인 판별법Ordeal(시죄법試罪法)과 선서 등을 허용했다.| 자료 5 | 또한 이 법은 보편적인 적용이 아니라 부족이나 인종별로 다르게 적용되었다. 법조문으로 비교해보면 프랑크법은 로마법에 비교할 수 없지만, 인민의 삶 전체로부터 자연스럽게 발생하였고 무질서에 대처할 수 있는 사실상 유일한 법이었기 때문에 그 나름대로 당위성도 인정된다고 할 수 있다. 조세제도의 경우에는 로마의 토지세는 관례적인 연공年貢으로 위축되었다. 간접세, 관세, 시장세 등의 세금이 있었는데 이 세금은 국가에 귀속되는 것이 아니라 지방의 백들이 독식했다. 기억해두어야 할 점은 프랑크 왕의 수입은 국가 전체로부터 나오는 것이 아니라 왕의 사유 영지에서 나왔다는 점이다. 종교에서는 대부분의 사람들이 로마 가톨릭으로 개종하였고, 교회의 권한이 확대되었을 뿐 아니라 불입권을 수여받았다. 그런데 교회의 가장 중요한 직책 중의 하나인 주교를 게르만족이 독식함으로써 성직자의 질이 하락되는 현상을 낳기도 했다. 경제면에서는 로마의 빌라Villa(장원) 체제가 명맥만 유지되고 있었고 교역 활동이 사라져서 고대의 정치적인 연속성이라는 것은 사실상 허상에 불과했다고 볼 수 있다. 언어에서도 라틴어의 전통이 존재해서 프랑스어를 비롯한 라틴계 언어로 발전하게 된다.

문명의 종합을 이룬 카롤링 왕조

왕권이 매우 미약했던 메로빙 왕조는 종언을 고하고 새로운 왕조인 카롤링 왕조로 넘어가게 된다. 카롤링 왕조는 751년부터 891년까지 지속된다. 궁장이던 카롤루스 마르텔Carolus Martel은 기사군을 창설했을 때 투르-푸아티에Tours-Poitiers 지역에 습격해온 이슬람 부대를 물리치고 승리를 거둔다. 이 전투의 패배로 이슬람인들은 더 이상 유럽 내륙 지역으로 침투해 들어오지 않게 되었으므로 대단히 중요한 전투였다고 볼 수 있다. 이후 카롤링 왕조는 내륙을 중심으로 발전하게 되면서, 메로빙 왕조 시기보다 더 게르만적인 성격을 가지게 된다. 이 시기 카롤루스 마르텔이 기사군을 육성하면서 새로 도입된 장비가 있었는데, 그것이 바로 등자鐙子였다.

카롤루스 마르텔의 아들이던 피피누스 3세가 궁장직을 계승하였는데, 그는 곧 왕조를 찬탈하고 새로 왕이 되었다. 강력한 지지 세력이 필요했던 피피누스 3세는 교황에게 사실상 권력을 쥔 자가 왕명을 갖는 것이 옳은 것인가 아닌가를 물어보는 취지의 서신을 보냈다.| 자료 6 | 이에 대하여 교황은 옳다고 회신을 해주고, 이에 따라 피피누스 3세는 로마 교황의 명에 따라서 프랑크의 왕이라고 선언하면서 751년 드디어 새로운 왕조, 바로 카롤링 왕조가 개창되었다. 이후 피피누스는 롬바르드를 치고 롬바르드족이 차지하고 있었던 지역인 중부 이탈리아 지역을 교황에게 기증한다. 그래서 이것이 로마 교황령의 기원이 된 것이다.

하지만 누구보다 걸출한 인물은 카롤루스 마그누스Carolus Magnus이다.| 자료 7 | 그는 대제라는 이름에 걸맞게 서유럽을 통일하고 카롤링 문예부흥을 가져온 위대한 인물이었다. 카롤루스 마그누스는 롬바르드족, 작센족, 바이에른 공국, 아바르Avar족, 슬라브Slav족, 바스크Basque족 등을 격퇴하고 그들을 지배하게 되었다. 카롤루스 마그누스 시기에 형성된 통치 체제는, 우선 왕이 전제군주가 아니라고 하는 점에 주목할 필요가 있다. 그리고 수도도 없었다. 그래서 지방을 순회해야 했는데, 카롤루스 마그누스가 말년에 독일의 아헨Aachen(프랑스어로는 엑스라샤펠Aix-la-Chapelle)이라는 곳에서 여생을 보냈기 때문에 흔히 그곳을 수도로 생각하지만 원칙적으로 정해진 수도는 없었다. 지방행정은 세속 행정과 교회 행정의 이원적인 형태를 띠고 있으며 미시 도미니키Missi Dominici라는 어사를 파견해서 왕명을 집행하기도 했다.| 자료 8 | 미시 도미니키는 순찰사로 번역되기도 하는데, 미시Missi는 파견된 관리(사使)를 뜻하며 도미니키Dominici는 주인을 뜻하는 도미누스Dominus의 형용사이다. 여기서 주인은 바로 왕, 즉 어御를 뜻하므로, 어사御使라는 번역이 원의를 잘 옮기고 있다고 생각되어 이렇게 옮겼는데, 이는 당시 행정의 한계를 보여주는 용어이기도 하다. 또 일반 회의를 소집했고 방어가 중요한 지역에 변경백邊境伯을 파견하였다. 법제도를 정비해서 상이한 부족의

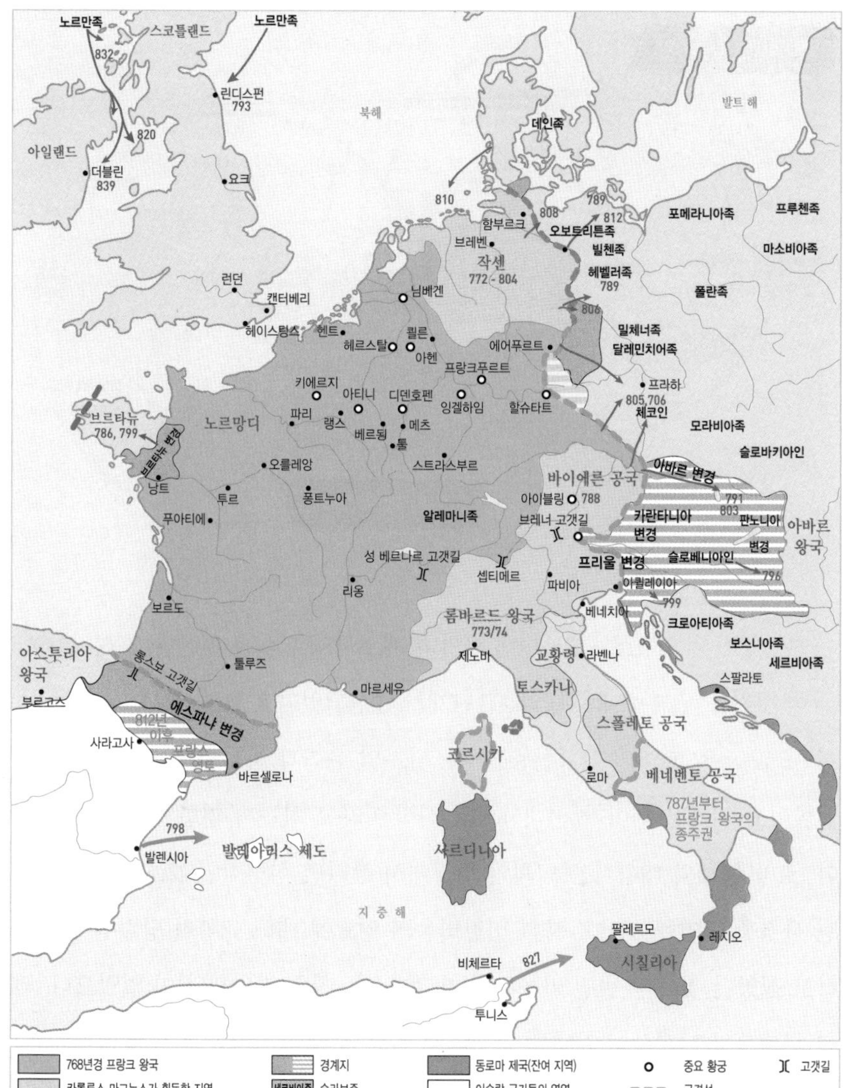

도판 8 카롤루스 마그누스의 제국의 판도와 그 영향권. 황궁이 여러 곳에 있는 것으로 볼 때, 이 제국의 수도는 정해진 곳이 없었으나 카롤루스 황제는 말년에 아헨(엑스라샤펠)을 중심으로 정착하였다. 이 제국이 현재 유럽연합의 역사적 모티브가 될 수 있겠으나, 당시에 이를 효율적으로 통치하는 것은 거의 불가능했다. 범례에 나온 경계지는 인접한 세력 간의 완충지대로 설정한 지역이다. 가로줄로 표시된 지역은 형식적으로는 프랑크 왕국의 관리가 파견되지만, 실제로는 토착 부족공들의 지배가 묵인된 곳이다.

법전을 글로 옮기고, 칙령을 선포하여 이를 보강했다. 특별히 카롤루스 마그누스에 의한 칙령을 《카피툴라리아Capitularia》라고 하는데 병역, 어사 제도, 왕령지 경영, 사제의 의무 등을 자세히 규정하고 있다. 하지만 이 사회는 자급자족에 의한 사회였다고 볼 수 있고, 자유민과 노예가 공존하고 있으며, 영주권이 자의적으로 행사되었다. 한마디로 말해 과도기적인 통일국가라고 이야기할 수 있으며, 원시적 게르만 왕정의 상태에서 아직 벗어나지 못했다고 할 수 있다.

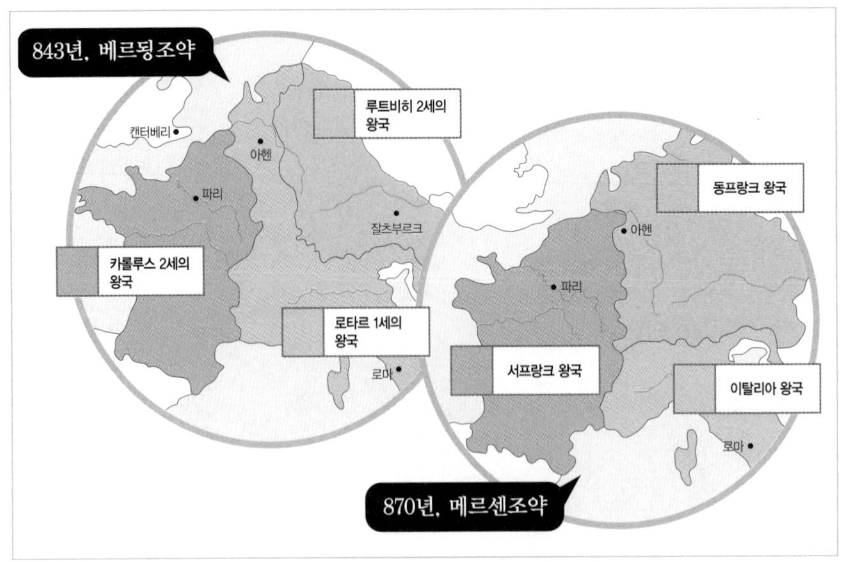

도판 9 카롤루스 마그누스의 제국은 아들 대에 삼분되면서 다시 해체된다. 베르됭조약과 메르센조약은 근대 유럽의 정치적 판도를 고정하게 된다. 메르센조약은 '메이르선 조약'으로 표기되기도 하는데, 이는 현지 발음에 따른 것이다.

카롤루스 마그누스는 800년에 로마 황제로서 대관식을 치른다. 흔히 학자들은 이 사건을 두고 중세 유럽의 제1단계가 완성되었다고 말한다. 특히 브라이스 경Lord Bryce은 "로마인과 튜튼Teuton족, 남부의 유산과 북부의 신선한 에너지의 결합이고 이것은 나아가 근대사회의 시작"이라고 하는 유명한 이야기를 남겼다. 로마 황제의 대관식은 교회의 입장에서 본다면 항구적인 보호자가 필요하던 사정을 반영한 것이고 특히 비잔티움의 영토에 대해 교황이 당위성을 주장하고 싶었던 것이다. 반면 카롤루스 마그누스는 칭호에 별 관심이 없었으나, 외교 관계에서 사실상 비잔티움 황제와 동일한 지위를 주장할 필요를 느끼고 있었다. 따라서 이 대관식은 교회의 입장과 카롤루스 마그누스의 입장이 절묘하게 맞아떨어진 사건이라고 할 수 있다.

이어서 비록 오래 간 것은 아니었지만, 이렇게 안정된 체제가 나타나면서 카롤링 문예부흥이라는 현상이 나타난 것을 주목할 필요가 있다. 카롤루스 자신은 글을 몰랐지만 학문을 장려하였다. 당시 가장 유명한 학자들이 카롤루스 마그누스의 후원을 받았다. 그래서 문예부흥이라는 현상이 일어나게 되는데, 이 문예부흥은 수도원이 중심이 되었다는 것이 큰 특징이다. 문자를 해독할 수 있는 사람들은 성직자밖에 없었기 때문이다. 성직자들은 성서에 대한 방대한 주

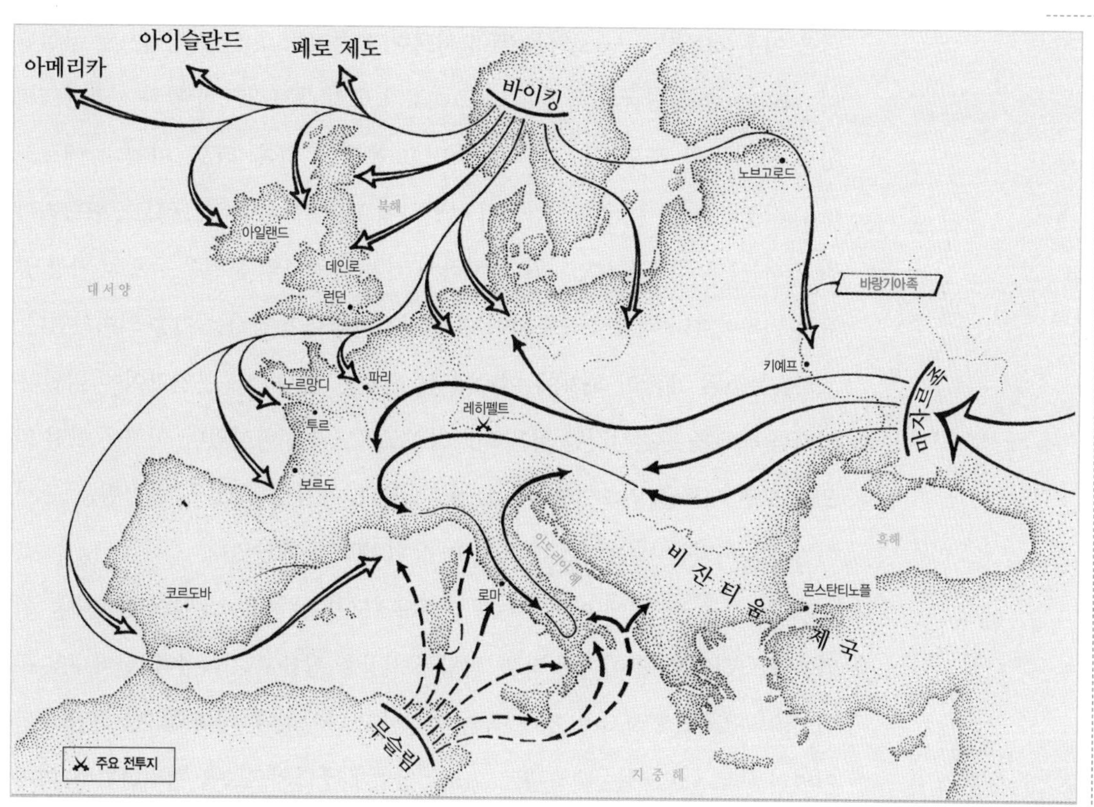

도판 10 마자르, 무슬림, 바이킹의 이동로. 거의 동시에 일어난 이 운동은 다시 유럽을 혼란에 빠뜨렸고 여기에서 초래된 혼란은 우리가 연구하게 될 여러 제도의 배경이 되고 있다. 이 즈음 투르 근처에서는 이슬람 군대를, 레히펠트에서는 마자르를 격퇴함으로써 유럽은 어느 정도 안정을 찾는다.

석서를 남겼고, 필사 문화가 발전하게 되었다. 고전도 번역하게 되면서 새로운 서체도 나타나게 되어, 그전까지 로마의 대문자와 필사체밖에 없었지만 이제는 소문자 등을 가미할 수 있었던 것이다.

이렇게 위대한 군주인 카롤루스에 관한 흥미로운 점은 그가 어느 나라 사람인가 하는 정체성의 문제이다.| 자료 9 | 프랑스 사람들은 당연히 자기들의 군주라고 이야기한다. 독일인들은 카를Karl 대제라고 부르기 때문에 독일인으로 생각한다. 그 논쟁이 최근까지도 지속되었다는 것에 주목할 필요가 있다.

민족이동의 재개

카롤링 왕조는 카롤루스 마그누스라는 걸출한 인물에 의해서 확고해졌지만, 더 큰 문제는 그것을 유지하는 것이었다. 이를 하나의 통일체로 묶어줄 요소가 부재했던 데 근본적인 문제가 있었다. 이러한 요인을 제거하지 못했던 카롤링 제국은 이후 베르됭Verdun조약을 맺어 서프랑크, 동프랑크, 중부 왕국으로 분할된다. 나아가 중부 왕국의 왕인 로타르Lothar가 죽자 동프랑크의 왕과 서프랑크의 왕이 로타르의 북부 영토를 차지하려고 분쟁을 하게 되고, 마침내 메르센Meerssen조약을 맺어 영토를 영구히 분할하게 된다. 결국 독일, 프랑스, 이탈리아라고 하는 세 국가가 성립되었다. 따라서 카롤링 왕조의 분열은 유럽의 가장 중요한 민족이 항구적으로 구분되어 별개의 정치체로 등장하는 것을 의미하였다.

카롤루스의 제국이 해체에 이르게 된 원인은 형제간의 분열만이 아니었다. 이러한 해체를 촉진시켰던 것은 비그리스도교도의 침략이었다. 이것은 어떤 면으로 보면 새로운 민족이동이라고 볼 수 있다. 마자르Magyar족, 이슬람Islam, 바이킹Viking이라는 세 세력이 다시 한 번 유럽 대륙을 휩쓸었다.

마자르족은 895년에 아바르족과 합류하였고 900년에는 독일의 바이에른 지역을 침략하였으며, 이어서 작센, 튀링겐 지방을 휩쓸고 지나갔다. 한마디로 독일 전역과 알자스 및 라인 강 계곡의 변경까지 약탈했다. 이에 955년 독일의 왕이었던 오토Otto 1세는 레히펠트Lechfeld 전투에서 마자르족을 격퇴하였다. 마자르족은 다시 동쪽으로 물러나게 되고, 이들이 정착하여 세운 나라가 오늘날의 헝가리다. 이슬람인들은 827년에 남부 이탈리아의 시칠리아 섬을 공격하고 로마 시를 위협했으며 코르시카Corsica, 사르데냐Sardegna, 남프랑스 론 강 삼각주 등지에 세력을 뻗치게 된다.

마지막으로 바이킹이 있는데, 바이킹은 앞선 두 부류와 성격을 달리하고 있다. 바이킹 역시 게르만족의 일파이기 때문이다. 그렇기 때문에 바이킹의 이동은 게르만족의 마지막 이동이라고 볼 수 있다. 바이킹은 스웨덴의 바이킹과 노르웨이 및 덴마크의 바이킹 두 부류가 있었는데, 전자는 발트 해를 장악하고 슬라브 거주지를 침략한다. 그래서 노브고로드Novgorod, 키예프Kiev 등지를 장악하고 오늘날 러시아 서부를 차지한다. 이들은 자기들이 차지한 지역에 국가를 세웠고, 후일 러시아 최초의 국가로 통합된다. 반면에 노르웨이와 덴마크의 바이킹들은 북해와 대서양에 출몰하고 영국과 프랑스의 해안 지대를 습격했다. 이들은 단순한 약탈자로, 해적이나 왜구와 같은 활동을 했다고 볼 수 있다. 바이킹들의 해상 활동은 상당히 놀라운 점이 있는데 9세기 초에 이미 아일랜드를 침략했고, 874년에 아이슬란드에 정착했으며 뒷날 그린란드, 그리고 더 놀라운 사실은 북아메리카 해안 지대까지 일찍이 진출하였다는 점이다.

이와 같은 새로운 세력들의 침입에 관해 서유럽 사람들은 거의 미숙한 상태였다. 바다에 대해서도 무지해서 침입을 받은 지 무려 1세기가 지나서야 함대를 구성할 정도였다. 서유럽 내에 전사 계급은 북방인의 침입에 별 효과가 없었는데, 이는 군사적으로 뒤져 있었기 때문이다. 게다가 체념적인 분위기가 사회를 지배하고 있어서 이와 같은 침입을 신의 재난으로 간주하고 조직적인 대응에 실패했다. 무기력하고 비겁했던, 그리고 내분이 심했던 이러한 사정으로 말미암아 바이킹들이 손쉽게 승리를 거둘 수 있었다. 10세기 초 프랑스의 왕은 바이킹의 지도자 롤로Rollo에게 오늘날 노르망디 지방을 하사했다. 그리고 명목상으로 왕의 봉신封臣으로 삼았다. 그러자 롤로가 쳐들어오는 바이킹들을 막는 역할을 하게 되었다. 이이제이以夷制夷의 방법을 사용한 것이다. 잉글랜드의 경우에는 덴마크의 바이킹들이 잉글랜드를 정복하려고 했다. 그러자 웨식스Wessex의 왕이었던 앨프리드Alfred가 이들과 협정을 맺고 토지를 떼어주는데, 그 토지를 데인로 Danelaw라고 한다. 그리고 이들을 회유하기 위해서 많은 돈이 필요했기 때문에 거두어들인 세금을 데인겔트Danegeld, 즉 데인세稅라고 한다. 이렇게 바이킹에게 토지를 하사하고 세금을 걷었고, 그 대신 그리스도교로 개종할 것을 요구했다. 이에 바이킹들과 잉글랜드인들이 나중에는 크게 동화되어 현재로는 유전자상으로도 구분되지 않는다.

바이킹의 침입은 유럽의 역사에 혼란을 가져다주었다. 물질적으로 보면 항구도시가 몰락하고 교역이 저하되고 농촌이 황폐해졌다. 사회가 불안해졌고, 갈리아 지역에 인구 이동이 제한되고 평야 지대는 피해를 많이 받았으며 심지어는 도로가 차단되어 1세기 동안 통용되지 않던 곳도 있었다. 반면에 바이킹의 기여도 평가해볼 필요가 있다. 프랑스의 경우, 노르만족은 940년경에 이르러 북구어北歐語를 더 이상 사용하지 않게 되었다. 그러나 이들이 사용하던 전문 용어가 언어에 남아 있다. 예를 들면 항구를 뜻하는 아르브Harve, 만을 뜻하는 크리크

Crique 등 주로 해상 용어가 있다. 여기서 종교상의 화합과 언어상의 동화가 같이 이루어지고 있었다는 사실을 지적할 수 있다. 잉글랜드의 경우 이주민들이 앵글로색슨어를 배우게 된다. 여기에 새로운 어휘를 첨가했을 뿐만 아니라 토착인들도 이들이 가지고 온 외래어를 사용하게 된다. 대표적으로 Sky, Fellow, Low, Ill, Call, Take 등 흔히 영어로 생각하고 있는 말들이 사용되었다. 이처럼 스칸디나비아인과 토착인들은 끊임없는 관계를 유지하게 되었는데, 영국의 경우에는 스칸디나비아인들의 영향이 더 크게 나타났다. 왜냐하면 장원제의 예속성이 더 심했을 뿐만 아니라, 이주민 농민층이 버려진 땅에 정착해서 농촌을 변화시켰기 때문이다. 그 변화를 보여주는 것이 라구Lagu, 로Law, 데인로 같은 말들인데, 이런 말은 북방식의 토지 구획을 의미한다. 그 밖에도 지명과 인명의 연구에서 바이킹의 영향이 매우 컸음이 입증되고 있다.

이처럼 바이킹의 침입은 유럽을 다시금 혼란기에 처하게 함으로써 중세 여러 제도가 무르익을 수 있는 배경을 낳게 되었다. 그렇다고 우리가 이러한 혼란만을 강조해서는 안 된다. 오히려 마르크 블로크에 따르면 사실상 유럽 사회는 다른 사회가 갖지 못했던 평화를 누리고 있었고, 이와 같은 큰 충격이 없는 안온한 상태에서 유럽 문화가 무르익었다.| 자료 10 |

유럽의 개념

요즘 유럽은 하나의 국가를 구성해가고 있다. 이것은 유럽이 중세 초기 메로빙 왕조와 카롤링 왕조기를 통해서 하나의 국가였다는 관념의 소산이었다. 이 시점에서 유럽의 개념에 관해서 알아보는 것은 중요하다. 유럽이라는 말의 어원에 관해서는 두 가지 학설이 있다. 셈어의 에리브Erib라는 말은 어둠의 땅이라는 뜻인데, 이 단어에서 유럽이 나왔다는 학설이 하나이고, 또 하나는 그리스어의 에우루스Eurus라는 말과 옵스Ops라는 말의 합성어로 보는 견해이다. 에우루스는 넓다는 뜻이고, 옵스는 눈 또는 얼굴을 뜻한다. 그래서 넓은 얼굴을 지닌 존재라는 말로도 해석이 가능하다. 고대의 문헌을 보면 호메로스Homeros의 서사시에는 유럽이라는 명칭이 나오지 않는다. 그러므로 유럽이라는 말도 이때에는 없었다. 기원전 700년경 헤시오도스Hesiodos의 작품인 《신의 계보》에서는 오케아노스와 테티스의 딸의 이름이 에우로페와 아시에로 나온다. 이후에는 페니키아의 왕 아게노르의 딸의 이름이 에우로페인데, 그녀가 황소로 변신한 제우스를 타고 크레타로 갔다는 전설이 있다. 이 두 가지 사항으로 유추해볼 수 있는 것은 유럽이라는 말과 에우로페라는 이름은 직접 연관되지 않는다는 것이다. 일반적으로 지역 명칭이 신성한 존재의 이름을 따라서 불린 것에서 유추해보면, 유럽은 암흑을 지배하는 존재라는 의미로 볼 수 있고, 또는 얼굴이 넓은 여신, 나아가 넓은 평원 지역이라는 의미를 생각해볼 수 있다.

중세에는 유럽의 개념이 조금 더 분명한 모습으로 나타난다. 중세에는 유럽이 두 가지 의미를 지니고 있었다. 하나는 지리적인 공간을 지칭하는 유럽이었고, 또 하나는 정의되지 않는 공간을 지칭하는, '확산'의 의미를 띠는 유럽이었다. 중세 사람들은 당시 세계가 아시아, 아프리카, 유럽의 셋으로 이루어져 있다고 보았고, 그에 상응되는 하나의 공간을 지칭한 것이 전자의 유럽이었다. 후자의 의미의 유럽은 신화와 성서에 기인한 것으로, 중세에는 주로 전자의 개념보다는 후자의 개념이 선호되었다. 이로 미루어, 카롤링 왕조 시기에 유럽이라는 단어는 특수한 수사학적인 의미를 지녔음을 알 수 있다.

이러한 관념을 요약한 사람은 세비야Sevilla의 이시도루스Isidorus인데, 그는 세계가 삼분할되었다는 설과 〈창세기〉 9~10장에 대한 주석을 결부시켰다. 노아의 아들인 야벳은 노아의 축복을 받아서 셈의 장막을 차지하는 종족이 되었는데, 이시도루스는 이들 종족이 그리스도교도를 지칭하며 야벳은 '확산'이라는 뜻을 지닌다고 하였다. 시에나 대학의 이득수 교수는 그러므로 유럽은 야벳과 그 후손의 땅이라는 뜻이며, 어디까지나 관념적인 공간의 개념이라고 주장하였다. 이처럼 정의되지 않는 '확산'이라는 의미를 지닌 유럽이라는 말은 십자군 전쟁 기간에는 명백한 지리적 경계를 의미하는 개념으로 사용되기 시작했다. 따라서 십자군 전쟁이 있기 전에 유럽이라고 하는 것은 비현실적인 공간을 의미하였고, 이것은 지리적인 경계가 아니라 하나의 출발점, 시작, 구체적으로 지금의 돈강인 타나이스 강, 그리고 타우루스 산맥을 의미하였다.

이러한 연구 결과가 이득수 교수에 의해서 발표되자 유럽의 많은 지성인들은 놀라움을 금치 못했다. 왜냐하면 지금까지 유럽이라는 개념은 매우 분명한 것으로 여겨졌으나, 실제로 많은 문헌상의 증거를 보면 그 개념이 상당히 모호하기 때문이다. 유럽이라는 개념의 형성은 바로 유럽의 정체성과 연결되므로 매우 중요한 문제일 수밖에 없다.

자료 읽기

자료 01

주교 레미기우스가 클로비스에게 보낸 편지

패트릭 J. 기어리 편집, 《중세사 사료선집》, p. 157.

전하께서 두 번째 벨가이Belgae[1]의 속주 통치를 떠맡았다는 감동적인 보고가 우리에게 왔습니다. 전하께서 전하의 부모님들의 예전 모습이 되기 시작했다는 것에는 새로운 것이 없지요. 무엇보다도 전하께서는 신의 심판에서 전하가 버려지지 않도록 그리고 전하의 공덕이 전하의 겸손으로 이루어놓은 높은 위치를 유지하도록 행동하셔야만 합니다. 이를테면 잠언에 있는 대로, 인간의 행위는 심판됩니다. 전하께서는 전하의 명성을 위해서 경의를 표할 수 있는 조언자들과 친분이 있도록 하셔야 합니다. 전하의 몸가짐은 단정해야 하고 정직해야 합니다. 전하는 당신의 주교들을 존중하시고 언제나 그들의 충고에 의존하셔야 합니다. 만약 전하께서 그들과 좋은 관계에 있다면 당신의 통치는 더욱 굳건할 수 있을 것입니다. 전하의 백성들의 용기를 북돋으시고, 가난한 자를 구제하시고, 과부를 보호하시며, 고아를 양육하시고, 빛을 발하셔서 모든 사람이 전하를 사랑하고 두려워하게 하소서. 정의가 전하의 입에서 나오게 하시옵소서. 가난한 자와 이방인에게는 아무것도 구하지 말고, 그들로부터 선물을 받는 것을 허용하지 마십시오. 당신의 재판 장소가 모든 사람들에게 열리게 하셔서 어떤 사람도 서글픈 마음을 가지고 떠나지 않게 하시옵소서. 전하는 부왕께서 남겨놓은 재부를 가지고 계십니다. 그것을 사용하여 포로들의 몸값을 치르시고 예속에서 벗어나게 해주십시오. 만약 어떤 사람이 전하를 알현하면, 그로 하여금 자신이 외국인이라고 느끼지 않게 해주십시오. 젊은이들과 어울리시고 노인들과 논의하십시오. 만약 통치하길 원하시면 전하가 그 일에 적합함을 보여주세요.

1 | 벨가이는 영국해협과 라인 강 서안에 걸친 북부 갈리아에 살고 있던 갈리아-게르만 부족이다. 이 명칭은 벨기에와 관련된다.

자료
02

클로비스, 가톨릭 신자가 되다: 투르의 그레고리우스의 보고

존 L. 비티John L. Beatty·올리버 A. 존슨Oliver A. Johnson, 《서양 문명의 유산Heritage of Western Civilization》, 7th ed., Vol. I, Prenctice Hall, pp. 264~272.

서문

요즘 갈리아의 도시들에서 편지를 쓰는 관행이 저물어, 아니 오히려 소멸되어가고 있기에, 과거에 일어났던 것을 산문이나 시로 제시하는 정돈된 논술의 훈련을 받을 학자를 찾아볼 수 없게 되었다. 그러나 좋은 것들이 많고 나쁜 것들도 많다. 인민들은 야만스럽게 날뛰고 있었고, 왕들의 광포는 심각하고, 교회들은 이단자들에 의해 공격받고 가톨릭교도들에 의해서 보호되었다. 많은 심성들 속에서 타오른 그리스도에 대한 신앙은 적지 않은 자들에게서 뜨뜻미지근하다. 충성스러운 신자들은 교회를 부유하게 한 반면, 불신자들은 교회를 발가벗겼다. 그래서 한탄의 목소리가 울리고 사람들은 말하였다. "아! 이 우리의 날들이여! 문자의 공부가 우리에게서 소멸했으며, 우리 인민 중에서 이 현재의 사건을 책에 정돈할 사람을 찾아볼 수 없도다."

이제 내가 이 말들을 심지어 언제나 되풀이되는 불평들처럼 듣게 되었으므로, 나는 아무리 투박한 말솜씨를 가지고서라도 과거의 기억을 미래 세대에 넘기기로 마음을 움직였다. 그러나 결코 사악한 자들과 정의롭게 사는 자들의 투쟁을 건너뛰는 일은 없을 것이다. 오히려 나에게는 격려가 되었다. 왜냐하면 완성된 작가는 소수에 의해서 이해되지만 일반적인 귀를 가진 자는 평범한 말을 구사하는 사람이라고, 우리 인민이 말하는 것을 종종 들었기 때문이다.

더욱이 다음의 장들이 이어지는 제1권에서는 연도의 더 나은 계산을 위해서는 세상의 터 닦기부터 시작하는 것이 내게는 좋은 것으로 보인다.

제2권

…… 킬데리쿠스Childericus가 죽고 그 아들 클로비스[2]가 그 대신 통치했다. 클로비스 재위 제5년에, 로마인들의 왕이자 아이기디우스Aegidius의 아들인 시아그리우스Syagrius가 도시 수아송Soissons에 자신의 거처를 두었다. 그곳은 앞서 언급한 아이기디우스의 고향이었다. 클로비스는 친척이며 왕이기도 한 라그나카르Ragnacar와 더불어서 시아그리우스에 대항해서 원정을 떠났으며, 그에게 전쟁터를 정해달라고 요구했다. 시아그리

2 | 이 이름은 라틴어로 클로도베쿠스Chlodovechus로 표기되었다가 이후 로도베쿠스Lodovechus로, 10세기에는 로이스Loöis로, 마침내 루이Louis로 변한다. 그러므로 클로비스는 루이와 같은 이름이다.

우스는 지체하지도 않고 두려워하지도 않으면서 자신의 터를 고수했다. 그리고 그들 사이에서 전투가 이루어지자, 시아그리우스는 자신의 군대가 패배하는 것을 보고서는 도망하여 가능한 빨리 툴루즈에 있는 알라리쿠스에게 도피하였다. 그러나 클로비스는 알라리쿠스에게 사람을 보내어서 도망자를 내줄 것을 요구하였으며, 그렇게 하지 않으면 그에게 도피처를 제공한 혐의로 스스로 공격받는 것을 보게 하겠다고 전하였다. 그러자 알라리쿠스는 고트족의 비겁한 관습에 따라, 그 사람으로 인해서 프랑크족의 분노를 야기하지 않을까 두려워하여 사절들에게 도피한 자를 묶어서 넘겨주었다. 클로비스가 그의 포로를 받아서는, 감금하라고 명령을 내렸다. 그(시아그리우스)를 비밀리에 죽게 하였으며 그 사이에 클로비스는 그의 왕국을 소유했다.

이때 많은 교회들이 클로비스의 군대에 의해서 약탈되었다. 왜냐하면 그는 이교도의 오류에 사로잡혀 있었기 때문이다. 그래서 교회에서 예배용으로 쓰이는 다른 장식물들과 아울러 크기가 크고 아름다운 물병이 탈취되는 일이 생겼다. 그러나 그 교회의 주교는 사절을 왕에게 보내서 다른 신성한 그릇들은 돌려주지 않더라도 그의 교회는 적어도 이 물병만은 받겠노라고 말하였다. 왕이 이 말을 듣자 사절에게 말하였다. "짐을 따라 수아송에 오라. 거기에서 모든 전리품이 분배되었고 만약 추첨의 결과 내게 그 그릇이 할당되었으면 주교의 소원을 들어주겠노라." 그들이 수아송에 있어서 모든 전리품이 공개되었을 때 왕이 말하였다. "내가 요구하노니, 가장 용감한 전사들이여! 그 그릇(내가 말한 물병을 의미한다)을 나의 몫이 되도록 양보하길 거부하지 말라." 이 연설 후 감각 있는 모든 사람들은 대답하였다. "가장 영광스러운 왕이시여, 우리 눈앞에 있는 모든 것이 당신 것입니다. 우리는 당신의 권능에 복종합니다. 당신에게 좋아 보이는 대로 하십시오. 당신께 아니라고 말할 만큼 강한 자는 없소이다." 이 말에 허영심이 있고 질투가 많으며 불안정한 성격을 지닌 군인이 자신의 도끼를 들어 올리더니 큰 목소리로 "당신의 운수가 당신에게 준 것을 제외하고 이것 중 어느 것도 당신은 갖지 않을 것이오"라고 외치면서 그 물병을 깨버렸다. 이 행위에 모든 이들이 경악하였는데, 왕은 그 잘못한 자에 대한 분노를 인내의 온화함을 보이면서 억눌렀다. 그런 후 그는 물병을 취하여 주교의 사절들에게 되돌려주었다. 그러나 그 상처는 그의 마음속에 감추어져 있었다. 1년 후 그는 전군에 완전무장하고 모여 각자의 무장을 마르스 신의 광장에서 환하게 드러내도록 명령하였다. 왕이 그들 모두를 검사하면서 돌아다녔다. 그러다가 물병을 부순 자 앞에 왔을 때 말하였다. "자네만큼 무기를 더럽게 간수한 자는 없었다. 자네 창도, 검도, 도끼도 쓸모가 없어." 그런 다음 도끼를 빼앗아서 땅에 던졌다. 그자가 그것을 집고자 몸을 조금 구부리자, 왕은 자신의 도끼를 높이 들어서 그의 두개골을 갈랐다. 그러면서 말하길, "이렇게 자네는 수아송에서 물병을 다루었지" 하였다. 그자가 죽어서 누워 있자 나머지는 해산하였으며, 왕은 이 행위로 왕에 대한 공포를 그들의 마음에 심어놓았다. 클로비스는 많은 전쟁을 했고 많은 승리를 거두었다. 통치 10년째에 클로비스는 투링기아족을 공격하여 그들을 복속시켰다.

당시 부르군트의 왕은 군디오크Gundioc였는데, 내가 앞서 말한 왕족 박해자 아타나리크Athanaric의 후손이었다. 그는 아들이 넷이 있었는데, 군도바트Gundobad, 고디기셀Godigisel, 킬데리쿠스, 군도마르Gundomar이다. 군도바트는 동생 킬데리쿠스를 살해하였으며 제수는 목에 돌을 매달아서 수장시켰다. 그의 두 딸을 추방시켰는데, 언니인 크로나Chrona는 수녀의 관습을 받아들였고, 동생은 클로틸드Clotild라고 불리었다. 사람들은 클로틸드의 우아함과 학식을 보고 그녀가 왕족임을 알게 되자, 이 사실을 왕 클로비스에게 말하였다. 클로비스는 즉각 사절을 군도바트에게 보내어서는 그녀와의 혼인을 요구하였는데, 군도바트는 거절하기 무서워서 그녀를 사람들에게 넘겼다. 이들은 그녀를 모시고 재빠르게 왕 앞에 선보였다. 그녀를 보자 왕은 크게 기뻐했고 혼인관계에 들어갔는데, 이미 한 첩을 통해서 테우도리쿠스Theudoricus라고 불리는 아들이 있었다.

왕비 클로틸드로부터 왕은 첫 아들을 얻었고, 모친은 그 아들이 세례 받기를 원하였다. 그래서 클로비스에게 허락해줄 것을 강하게 요청하며 다음과 같이 말하였다. "전하가 섬기는 신들은 아무것도 아닙니다. 그들은 자기도 남도 도울 수 없지요. 그들은 나무, 돌, 쇠로 만든 형상이니 말이에요. 게다가 당신이 그들에게 붙인 이름은 사람의 것이지, 신들의 것이 아니잖아요. 사투르누스는 자신의 왕국에서 밀려날 것을 피하고자 자신의 아들에게서 도주하였다고 전해집니다. 유피테르는 모든 방탕과 부자연스러운 악덕을 가장 추잡하게 저지른 자이며, 자기 집안의 여자들을 욕보인 자입니다. 그는 심지어 자신의 누이가 '유피테르의 누이이자 아내'라는 말에서 인정하다시피 그녀와의 교접도 자제할 수 없었지요. 마르스와 메르쿠리우스는 어떤 힘을 가졌나요? 그들은 마술을 부여받았지요. 그러나 결코 신의 이름에 관련된 권능은 가지지 못했습니다. 그러나 전하는 오히려 그의 말씀으로 아무것도 없는 중에서 하늘과 땅과 바다와 그 안에 있는 모든 것들을 창조하는 그분을 섬겨야 해요. 그분은 태양이 빛나게 하셨으며 하늘을 별로 꾸미셨지요. 또 물은 고기로 채우고, 땅은 짐승들로 공중은 새로 채웠답니다. 그의 고갯짓에 토지는 열매로 풍요하게 되고, 나무는 과실로, 포도나무는 포도로 그렇게 되었지요. 그분의 관대함으로써 모든 피조물이 그가 만든 인간에게 신서와 복종을 바치게 되었답니다.” 비록 왕비가 이것을 강하게 주장했어도 왕의 마음은 신앙을 향해 미동도 하지 않았다. 그러나 대답하길 “모든 것들이 만들어지고 생긴 것은 우리가 섬기는 신들의 명령에 의해서이다. 왕비가 모시는 신은 아무런 일에도 소용없다는 것이 명백하다. 게다가 그는 심지어 신들의 족속에 속하는지 증명되지 않는다”고 하였다. 그렇지만 왕비는 자신의 믿음에 충실하게 아들이 세례를 받게 하였다. 그는 교회를 걸개와 막이로 장식하게 시켰는데, 이는 왕에게 어떤 설교도 영향을 미치지 못했으므로 이 의식에 의해서 신앙을 가지도록 설득하기 위함이었다. 소년은 세례를 받았으며, 잉고메르Ingomer라고 이름 붙였으나, 세례복을 입고 있는 동안에 죽었다. 그러자 왕은 불같이 화를 냈으며, 바로 가서 왕비를 견책했다. “만약 그 아이가 내가 모시는 신들의 이름으로 바쳐졌다면 분명 그는 살았을 것이오. 그러나 당신 신의 이름으로 세례를 받아서 하루도 못 살았소.” 왕비가 답하였다. “나는 전능하신 신, 만물의 창조자에게 감사드립니다. 그는 내 모든 것을 무가치하다고 심판하지 않으시고, 내 배에서 난 아이를 그의 왕국에 받아주셨나이다. 내 마음은 이 사건의 슬픔에서 벗어났어요. 왜냐하면 이 세상에서 하얀 세례복을 입은 채 신이 부른 자들은 신이 보시는 데에서 길러질 것이니까요.” 후에 그녀는 다른 아이를 낳았다. 그는 클로도미르Chlodomir라는 이름으로 세례를 받았다. 그도 아프기 시작하자 왕이 말했다. “당신 신의 이름으로 세례를 받았으니 이 애도 자기 형처럼 곧바로 죽지 않을 수 없겠네.” 그러나 모친이 기도하였고 신께서는 그 아이가 낫도록 정하였다.

이제 왕비는 계속 왕에게 참된 신을 고백하고 우상을 버리도록 간청하였다. 그러나 그는 알레마니와 전쟁이 벌어질 때까지는 전혀 믿음을 가질 수 없었다. …… 두 군대는 전투 중이었으며 엄청난 살육이 벌어졌다. 클로비스의 군대는 거의 궤멸에 이르렀다. 그는 위험을 목도하고는…… 하늘로 눈을 돌렸다. 그리고 기도하길 “예수 그리스도여, 클로틸드가 당신을 살아 있는 신의 아들이라고 선언하였지요. 바로 신께서는 억눌린 자에게는 도움을 당신에게 소망을 두는 자에게는 승리를 주신다고 하더이다. 나는 당신의…… 도움을 간절히 구합니다. 만약 당신이 나에게 이 적들에 대해 승리를 주시면…… 나는 당신을 믿겠고 당신의 이름으로 세례를 받을 것이오. 이미 나는 나의 신들을 불렀으나…… 그것들은 나를 돕는 데서 멀리 떨어져 있소이다. 그래서 나는 그것들이 아무런 힘이 없음을 믿소. 왜냐하면 그것들을 섬긴 사람들을 구원하지 못하기 때문이오. 이제 당신에게 부르짖고 당신을 믿기 원하니. ……” 그가 이것들을 말하자, 알레마니족은 등을 돌리고 도망하기 시작했다. 자신들의 왕이 죽은 것을 보자, 그들은 클로비스의 지배에 복종하여 말하길 "이제 우리는 당신의 것입니다" 하였다. 클로비스가 더 이상의 전쟁을 금지하고 자신의 백성을 권고한 후 평화롭게 돌아와서는, 왕비에게 어떻게 자신이 그리스도의 이름을 불렀으며, 그 승리를 얻을 가치가 얼마나 있었는지를 말하였다. 이것은 그의 재위 제15년에 있었다.

그러자 왕비는 복자인 랭스 시의 주교 레미기우스에게 사람을 보내서 왕에게 구원의 복음을 가져오라고 간청하였다. 그 사제는 조금씩 그리고 은밀하게 왕이 참 신을 믿고…… 그리고 그에게도 남에게도 도움을 줄 수 없었던 우상들을 버리도록 인도하였다. 그러나 클로비스는 말하였다. "가장 거룩한 아버지시여, 나 자신은 당신의 말을 기꺼이 경청하리다. 그러나 한 가지가 아직 남았소. 나를 따르는 백성은 내가 그들이 믿은 신들을 버린다면 참지 않을 것이오. 그러나 나는 가서 당신의 말을 따라서 그들과 셈하리라." 그러나 그가 모인 백성들 앞에 섰을 때 신의 힘이 그로부터 나와서는 모든 백성이 한목소리로 외쳤다. "오, 은혜로운 왕이시여, 우리는 죽은 신은 몰아내고, 레미기우스가 설교한 불멸의 신을 따를 준비가 되어 있습니다." 이 소식이 주교에게 전해지자, 그는 기쁨으로 가득 차서 세례 받을 준비를 하라고 시켰다. 거리는 형형색색의 걸개로 덮였으며, 교회들은 하얀 걸개로 장식되었고, 세례용 물통이 준비되었고, 향내가 자욱하게 퍼졌으며, 향초가 빛나고, 세례 장소 부근 모든 교회가 신성한 향기로 그득했다. 그리고 이제 왕이 주교에 의해서 첫 번째로 세례를 받게 되도록 요구하였다. 새로운 콘스탄티누스Constantinus처럼 그는 물로 나아갔다. 전자가 한센병에서 깨끗하게 한 것처럼 이 새로운 물의 흐름으로 전날부터 가졌던 더러운 오물을 씻어 내리기 위해서였다. 그가 세례 받기 위해서 들어가자, 신의 영이 유창한 입술로 이렇게 말하였다. "순하게 자부심 많은 머리를 조아리라, 시캄베르여, 네가 태워버린 것을 숭배하고 네가 숭배했던 것을 태워라." …… 그러므로 왕은 전능한 신, 삼위일체를 고백하면서 아버지와 아들과 성령의 이름으로 세례 받았고 도유식으로써 그리스의 십자가의 상징으로 기름부음을 받았다. 그의 군대 가운데 3000명 이상이 세례를 받았다. 그의 누이인 알보플레트Albofled는 얼마 안 있어서 주님께 갔는데, 마찬가지로 세례를 받았다. …… 다른 누이도 란테힐트Lanthechild라는 이름으로 세례를 받았는데, 그녀는 한때 아리우스파의 이단에 빠졌다. 그도 거룩한 성유를 받았는데, 성자와 성령이 성부와 동일하다고 고백하였다. ……

군도바트는 이단들의 교리가 무가치함을 알고서 그리스도 성자와 성령이 성부와 같음을 고백하였다. 그러고는 빈의 성스러운 주교(아비투스Avitus)의 비밀 세례를 요청하였다. 그러나 주교는 대답하였다. "…… 그러나 왕이고 어떤 사람이고 당신에게 손을 얹는 것을 두려워하실 필요가 없는 당신이 모든 사람을 창조하신 분을 공개적으로 고백하지 않으면서 얼마나 백성 중에서 일어날 반란을 두려워하는지 살펴보시오. 이 어리석음을 버리시오. 그리고 당신이 당신의 마음으로 믿는다고 고백하는 것을 백성들 앞에서 당신의 입술로 선언하시오. ……" 비록 이 논증에 의해 거슬리기는 했음에도 군도바트는 이 미친 상태를 그의 죽는 날까지 고수했고, 삼위일체의 세 위격이 동일하다는 것을 공적으로 고백하지 않고자 했다. 복자 아비투스는 이 시대에 웅변을 잘하였다. …… 이제 고트족의 왕 알라리쿠스가, 클로비스 왕이 차분히 자신의 이웃을 전쟁에서 제압하는 양상을 보고는 사절들을 보내어 다음과 같은 내용을 전달하였다. "오, 내 형제여, 당신이 괜찮다면 우리 두 사람이 신의 은혜로 만날 것을 염두에 두고 있소이다." 클로비스는 거부하지 않고 그에게 갔다. 그들은 투르 시의 영역에 있는 암부아즈의 촌락 근처에 있는 루아르Loire 강의 섬에서 만났다. 그곳에서 그들은 대화하고, 함께 먹고 마셨으며, 상호 우정을 맹세하고 평화롭게 헤어졌다. 이때 갈리아에 있는 많은 사람들이 프랑크족의 지배하에서 살기를 간절히 원하였다.

…… 이 사건이 있은 후에 클로비스는 파리에서 죽었고, 왕비 클로틸드와 함께 손수 지은 성 사도들의 교회에 묻혔다. 그가 떠난 것은 부이예Vouillé 전투 후 5년이다. 그리고 그가 통치한 전체 날짜는 30년이고 그의 나이는 45세였다. 클로비스의 죽음은 주교 리키니우스가 주교직을 맡은 지 11년째에 있었으며, 성 마르티누스의 죽음까지는 모두 112년이다.[3] 주군이 죽자 왕비 클로틸드는 투르에 왔으며 어쩌다 파리를 방문한 것을 빼고는 이곳에서 그녀는 남은 생애를 머물렀으며 매우 정숙하고 친절하였다.

3 | 클로비스는 511년에 죽었으며, 부이예 전투는 507년에 있었고, 성 마르티누스는 397년에 죽었다. 114년으로 계산되지 않고 112년으로 계산된 것으로 보아, 두 사람이 죽은 연도는 뺀 것으로 보인다.

자료 03

주교 아피투스가 클로비스 왕에게 보낸 편지

패트릭 J. 기어리 편집, 《중세사 사료선집》, pp. 157~158.

[아리우스의] 추종자들은 모순과 진리가 아닌 모호한 의견으로 그리스도교의 이름이 지닌 영광을 전하가 가진 극도의 예민한 감각으로부터 감추고자 노력해왔으나 헛되었지요. 우리가 이 영원에 대한 이 질문을 제시하고 각 사람의 믿음의 진리가 장래의 심판에서 드러날 것이라고 믿는 동안 진리의 빛은 현재의 그림자들 가운데에도 비추었습니다. 신의 섭리는 우리 시대의 중재자를 찾았습니다. 전하의 선택은 일반적인 의견입니다. 당신의 믿음은 우리의 승리지요. 이 문제에서 많은 다른 사람들은 그들의 주교나 친

구들이 참 신앙을 고수하라고 권면할 때, 그들 종족의 전통과 조상 숭배의 존숭에 반대하는 데 익숙합니다. 그래서 그들은 뻔뻔스럽게도 거짓된 수치를 그들의 구원보다 더 우선하지요. 그들이 불신앙을, 다시 말해서 자신들의 부모에 대한 헛된 존숭을 고수하는 동안, 그들은 무엇을 하고자 선택할지 알지 못한다고 고백합니다. 이 놀라운 행위 뒤에, 더 이상 이 변명 뒤에 죄악의 부끄러움이 거처할 수 없습니다. 전하의 모든 옛 계보에서 전하께서는 당신의 귀족 신분을 지키기 위해서 골랐으며, 당신은 전하의 종족이 고귀한 출생을 장식하는 모든 영광으로부터 유래하였음에 틀림없다는 것을 의지하셨을 것입니다. 전하의 선조들께서는 당신을 위해서 위대한 운명을 준비해놓았습니다. 전하는 더 나은 것들을 준비하기 원하셨을 것입니다. 전하는 이 세상을 통치하는 데 선조들을 따르고 계십니다. 후손들에게도 하늘의 통치에 길을 열어놓았지요. 그리스도로 하여금 참으로 기쁘게 합시다. 우리의 신앙을 공유하는 황제를 선발했으니 말입니다. 세상은 더 이상 그런 은택을 받을 유일한 곳은 아닙니다. 전하의 나라는 그 빛으로 빛나고 있지요. 그리고 왕의 인격에 떠오르는 태양의 빛이 서구의 땅을 비추고 있습니다. 이 빛이 우리 구세주의 탄생에서 시작되는 것이 바릅니다. 그리하여 재탄생의 물결은 당신을 그날 구원에 이르게 하였지요. 그리고 주님의 탄생도 전하의 것이니, 여기에서 당신은 영혼은 신에게, 생명은 동시대인들에게, 영광은 후대에 바쳤습니다.

전하가 새로 신자가 된 것이 지니는 영광스러운 위엄에 관해서는 무슨 말을 해야 할까요? 봉사자들 가운데서 내가 몸소 도울 수 없었다 해도, 나는 그 기쁨에 참여했습니다. 신의 덕에 우리의 땅이 추수 감사에 참여했지요. 왜냐하면 전하의 세례 이전에 전하의 가장 미묘한 겸손에서 온 전령이 우리에게 당신이 가능자[4] 라고 일러주었기 때문입니다. 그러므로 성탄절의 신성한 밤은 우리가 전하가 할 것이 무엇인가에 관해서 확신하고 있음을 알고 있었습니다. 우리는 주교 무리가 전하를 둘러싸고 있으며 그들의 거룩한 직분의 열정 가운데서 당신의 귀족적인 지체 위로 생명의 물을 쏟아부었을 때 그 엄청난 광경을 보았습니다. 그때에 백성들이 두려워하는 그 머리가 신의 종들 앞에서 수그러졌으며, 그때에 투구 밑에 감추어진 전하의 고귀한 타래진 머리털이 신성한 기름 속에 적셔졌습니다. 또 전하의 가슴은 갑옷이 벗겨지자 당신이 입으셨던 세례복만큼 하얗게 빛났습니다. 왕들 중 가장 번영할 왕이시여, 의심하지 마소서. 이 부드러운 옷이 당신의 군대에 더 큰 힘을 주리라는 것을; 행운이 이제 단념한 것은 무엇이든지 이 신성함이 수여할 거외다.

저는 어떤 것이 전하의 지식이나 주의에서 누락된 것이 있다면 당신을 찬양하도록 몇

4 | Competens: 40일 이내에 세례를 받기로 정해진 사람을 말한다.

가지 권고를 더하고 싶습니다. 만약 설교자 없이 믿음을 받아들인 개종자에게 믿음을, 아니면 당신이 오랫동안 우리 주교들에게 보여주었던 겸손을, 아니면 신과 인간에게서 눈물과 기쁨 속에서, 한때는 포로였으나 당신에 의해서 해방된 백성에 의해서 입증된 자비를 설교할까요? 내가 표시해야 할 하나의 소원이 남았습니다. 신께서 전하 덕에 당신의 백성을 신 당신의 소유로 만드실 것이므로, 당신의 가슴을 채우고 있는 믿음의 보배 중 일부를 저편에 살고 있으며 여전히 자연적인 무지함 속에서 지내고 있으며 전도된 교리의 씨앗들에 의해서 더럽혀지지 않은 백성들에게 전해주시기를 바랍니다. 그들에게 전령을 보내는 것과 그들에게 전하를 위해서 많은 것을 하신 신의 위대한 일을 주장하는 것을 두려워 마십시오. 그래서 다른 이교도 백성들이 처음에는 종교를 목적으로 전하의 제국에 복종해도 여전히 다른 지배자를 가지고 있는 것처럼 보이겠지만 그들이 구분되는 것은 종족이 아니라 자신들의 군주에 의해서 이루어질 것입니다.

자료 04

클로비스의 고민: 아리우스주의냐 가톨릭이냐

정기문, 〈성 마르티누스 숭배와 클로비스의 개종〉, 《역사교육》 89, 234쪽.

집권 초기 클로비스는 아리우스주의를 선호하였다. 현실적으로 게르만 왕들과 우호적인 관계를 고려해야 하였고, 아리우스주의가 표방하는 세속 왕의 위상도 매력이 있었다. 아리우스파에서는 왕이 예수에게 직결되는 존재라고 가르쳤다. 이를 확인하는 절차로서 왕에게 특별한 성배를 가지고 예수의 피를 마시게 하였다. 이 의식은 왕이 특별한 존재라는 것을 과시하는 것이다. 반면에 가톨릭에서는 삼위일체의 교리를 주장하므로 예수는 신과 동격이었다. 그래서 아리우스파에서는 왕이나 예수나 같은 명칭으로 주인을 뜻하는 고트어 단어 '프라우야Frauja'를 사용하였으며, 이는 그리스어로 주인을 뜻하는 '데스포테스Despotes'를 번역한 것이다. 반면 가톨릭에서는 예수는 그리스어로 주인을 뜻하는 키리오스Kyrios로 표현되었고, 왕은 바실레우스Basileus로 표현되었던 것이다. 그러던 중 498년에 그는 성인인 마르티누스를 기념하는 축제에 참여하게 되고, 여기에서 큰 감명을 받아 가톨릭을 택하였다. 여기에는 성인 숭배가 중요한 역할을 하였다.

자료
05

프랑크족의 재판 관행: 면책 선서와 죄인 판별법

브라이언 타이어니Brian Tierney·시드니 페인터Sidney Painter, 《서양 중세사, 300~1475Western Europe in the Middle Ages, 300~1475》, 3rd ed., Alfred A. Knopf, 1978, pp. 82~83. (한국어판 출간 제목은 《서양 중세사: 유럽의 형성과 발전》)

법정을 주재하는 관리는—프랑크족의 갈리아에서는 언제나 백작이었다— 증거를 듣고 나서 그에 근거하여 판결하지는 않았다. 유죄인가 무죄인가를 결정하는 유일한 방법은 초자연적인 것에 호소하는 것이었다. 증언의 가장 원시적인 형태는 면책 선서[5]였다. 주교와 같이 예외적으로 높은 신분의 사람은 자신의 선서로써 자신을 의심에서 벗어나게 하는 것이 허용되었을지 모른다. 그러나 다른 모든 사람들은 '선서 보조자들'이라는—아마도 12명 혹은 25명이었을—집단을 필요로 했다. 이들은 고소된 사람이 믿을 만한다고 여기고 있음을 선서할 것이다. 그 전제 조건은 죄가 있는 자라면 그렇게나 많은 정직한 보조자들을 찾을 수 없을 것이며, 면책 선서자들이 자기편에서 위증을 범함으로써 신의 분노를 사지 않을 것이라는 점이었다. 게다가 해야 하는 선서는 정교한 의식 절차였으니, 한 단어나 구절에 대해 추호의 더듬거림이라도 있으면 신의 심판이 만족하지 않으며 그 선서는 실패했음을 의미하였다. 면책 선서의 대안은 죄인 판별법이었는데, 그것은 다양한 불쾌한 형태를 지니고 있었다. 뜨거운 쇠붙이에 의한 죄인 판별법은 고소된 사람이 일정 무게의 빨갛게 달군 쇠를 들어서 정해진 수의 걸음을 걸어야 한다. 그런 다음에 화상 입은 손을 붕대로 감싼다. 3일 후 그 상처를 검사한다. 만약 깨끗이 나았으면, 그 피고는 무죄로 간주된다. 만약 곪으면 그는 유죄로 간주된다. 이에서 변형된 형태가 뜨거운 물에 의한 판별법이다. 피고가 끓는 물이 들어 있는 큰 솥에서 돌 하나를 집어서 꺼내야 한다. 그리고 다시 화상을 붕대로 두르고서 3일 지난 후 검사한다. 찬물에 의한 죄인 판별법에서는 피고가 사전에 축성된 연못에 던져진다. 만약 성화된 물이 그 사람을 거부해서 그가 수면으로 떠오르면 그는 죄가 있다고 생각된다. 만약 물속으로 가라앉으면, 무죄로 간주되고 익사 전에 구조된다. 중세 후기에 유행한 매우 간단한 죄인 판별 형식은 전투에 의한 재판이다. 피고와 원고는 죽을 때까지 싸웠다. 살아남은 자가 무죄로 여겨졌다. 소송 당사자는 몸소 싸울 수도 있고, 지정 대리인을 통할 수도 있었다.

5 | Compurgation를 번역한 것인데, 흔히 영어로는 Wager of Law, 흔히 면책 선서라고 번역된다. 이 단어는 '함께'라는 의미의 'Com'과 '깨끗하게 하다'라는 의미의 'Purgare'의 합성어이다. 통상 12인의 보증인을 내세우면 면책되는데, 이 관행은 17세기 영국 법에서도 유지되었다.

자료
06 피피누스가 왕위를 교황에게 요구하다

저자 미상, 《프랑크 왕국 연대기Annales Regni Francorum》, DCCXLVIIII–DCCL

주교인 뷔르츠부르크의 부르가르두스와 궁정사제 폴라두스가 교황 자카리아스Zacharias에게 파견되었다. 프랑키아에 있는 왕들에 관하여 "그 당시에 왕의 힘을 가지지 않은 왕들이 잘 있는 것인가 아니면 그렇지 않은 것인가?"라고 질문하자, 교황 자카리아스는 피피누스 왕에게 답변을 보냈다. "왕의 힘이 없이 머물러왔던 자보다는 힘을 가질 자가 왕이라고 불리는 것이 더 낫다. 그래서 질서가 혼란되지 않도록 사도의 권위를 통해서 피피누스가 왕이 될 것을 명하노라." 피피누스는 프랑크족의 관습에 따라 왕으로 선출되었고 대주교 보네파키우스Bonefacii의 신성한 기억의 도유식을 치렀으며[6] 수아송 시에서 프랑크족에 의해서 왕으로 추대되었다. 반면 거짓되이 왕이라고 불리는 킬데리쿠스[7]는 머리가 깎인 채 수도원에 보내졌다.

6 | 751년으로 공식 연대가 잡혀 있으나, 이 기록에 따르면 750년에 도유식을 한 것으로 추정된다. 스테파누스 2세 교황에 의해서 754년 도유식을 다시 치른다.

7 | 737년부터 메로빙 왕조는 궁장들이 지배하였다. 킬데리쿠스 3세에게 743년부터 메로빙 왕위를 허구적으로 표현하기 위해서 궁장들이 왕관을 수여하였다.

자료
07 아인하르트가 묘사한 카롤루스 대제

아인하르트Einhard, 《카롤루스 마그누스의 전기Vita Caroli Magni》 5, 9, 15, 17, 25, 26, 28, 29.

5. 카롤루스가 수행한 모든 전쟁 중에서 최초의 것은 아퀴타니아Aquitania[8] 전쟁이다. 이는 부왕[9]에 의해서 개시되었으나, 아직 끝나지 않았다. 카롤루스에게 이 전쟁은 금방 끝낼 것으로 보였으므로, 이제껏 살아 있는 동생에게 지원군을 보낼 것을 요청하고 전쟁에 착수했다. 그러나 동생은 약속한 지원군을 보내지 않고 속였기에 카롤루스는 떠맡은 원정을 간신히 수행하였다. 그는 시작한 것을 멈추거나 착수한 것을 힘들다고 포기하기보다, 오히려 행하기로 한 이것을 어떤 고집과 일관성으로 밀고 나가 목적을 이루어 끝내기를 원했던 것이다. 이를테면 바이파리우스Waifarius가 죽은 이후에 그는 아퀴타니아를 차지하고자 이제 거의 끝난 전쟁을 다시 준비하려고 시도한 후놀트Hunold에게 아퀴타니아를 포기하고 바스코니아[10]를 선택하도록 강요했다.

그럼에도 후놀트가 아퀴타니아를 고수하자 카롤루스는 참을 수 없어서 가론 강을 건너서 바스코니아의 공작인 루푸스에게 사절을 보내 도망자를 내놓으라고 명한다. 루푸스가 명령을 따르지 않으면 전투라도 벌여 명령을 수행하려 했던 것이다.

8 | 아퀴타니아는 현재의 아키텐이다. 이 전쟁은 771년에 일어났다. 동생인 카를로만Carloman이 지원군을 거절했기에 형제간에 갈등이 고조되었다. 바이파리우스는 아키텐의 공작이다.

9 | 프랑크 왕국의 왕 피피누스를 말한다.

10 | Wasconia: 프랑스와 에스파냐의 경계에 있는 아두르Adour 강과 피레네 산맥 사이의 지역으로 가스코뉴 지방인데, 이곳의 원주민인 바스크인들과 관계된 지명이다.

그러나 루푸스는 더 온건한 조언을 듣고 후놀트를 내주었을 뿐 아니라, 심지어 자신이 통치했던 속주를 자신과 함께 그의 권능 아래 두었다.

9. 작센족과 치열하고 아주 오랜 전쟁을 치르고 나서 경계가 합의된 지점들에 수비대가 배치되자, 카롤루스는 가능한 한 최대의 전쟁 도구를 갖추고서 히스파니아Hispania에 접근하였다. 피레네의 삼림을 헤치고 나가니, 그가 만나는 모든 성읍과 성채들이 항복을 하였다. 카롤루스가 이를 받아들여 군대가 안전하고 피해 없이 철수하였으나, 귀환하는 중에 피레네 산맥에서 바스크인들의 불신을 한동안 경험하기에 이르렀다. 바스크인들은 가장 높은 산의 절벽에 주거지가 있었는데—이 지역은 매우 풍부한 삼림의 그늘로 인해서 매복을 놓기에 최적이었으므로—지역의 좁은 위치로 인해서 대오를 길게 늘어뜨리고 군대가 행군할 때, 바스크인들이 행렬의 맨 끝과 예비대로서 앞에 선 자들을 위에서 습격하고 아래 계곡으로 밀어버렸던 것이다. 행렬의 앞에 선 예비대는 가장 신참자로 무리에 들어온 자들이었다. 바스크인들은 전투를 벌여서 바로 단호하게 모든 사람들을 죽이고 모든 여행 장비를 파손하고는 이제 다가오는 밤을 이용하여 보호받으면서 매우 재빠르게 여러 방향으로 흩어졌다.
이 사건에서 바스크인들에게 도움이 된 것은 무장이 가벼운 점과 이 사건이 일어난 곳의 위치였으며, 프랑크족에 불리한 것은 무거운 무장과 지형의 불리함이었다. 모든 면에서 카롤루스의 군대는 바스크인에 비할 수 없었다. 이 전투에서 어전 식탁 관장인 에기하르두스Eggihardus와, 궁전의 막료 안셀무스Anselmus, 브리타니아 변경백 흐루오드란두스Hruodlandus가 다른 많은 사람들과 더불어 살해되었다. 이 사건은 현장에서 입증될 수 없었는데, 적들이 사건이 끝나자 흩어져서 사실상 아무런 소문도 남지 않아 어느 씨족의 소행인지 질문할 수 없었기 때문이다.[11]

15. 이 전쟁들은 47년간—그 기간 동안 통치한—최강의 왕이 지상의 여러 지역에서 최고의 현명함과 행운을 가지고서 수행했던 것이다. 이 전쟁들을 지도한 후에 카롤루스 대제는 위대한 피피누스 왕에게서 실질적이고 용감하게 계승한 프랑크족의 왕국을 매우 귀족적으로 확대하여 왕국을 두 배로 더하였다. 왜냐하면 전에는 레누스[12] 와 리게리스,[13] 대서양과 발레아레스 해에 놓인 갈리아의 부분 그리고 작센과 다누비우스[14] 사이에, 레누스 그리고 투링기[15] 와 소라비[16] 를 나누는 살라[17] 사이에 위치한 게르마니아의 부분보다 더 넓지 않은 곳이 오리엔탈리스라고 불리는 프랑크족에 의해 거주되고 이것들 말고도 알라마니,[18] 보이오아리[19] 가 프랑크 왕국의 권능에 속하였었다. 그는 기억되고 있는 전쟁들을 통해서 우선 아퀴타니아

11 | 이 사건은 778년에 일어났다. 히스파니아(현 에스파냐) 원정은 코르도바에 정착한 압데라만Abderrhaman의 요청에 따라서 사라고사의 태수인 이븐 알 아라비Ibn al Arabi에 대하여 이루어졌다.

12 | Rhenus: 라인 강의 라틴어 표기다.

13 | Ligeris: 루아르 강.

14 | Danubius: 다뉴브 강의 라틴어 표기다.

15 | Turingi: 독일의 튀링엔Thüringen 지역.

16 | Sorabi, Sarabi로 표기되기도 하는데, 슬라브 계통의 언어인 소르비어Sorbisch를 사용하는 사람들을 지칭한다.

17 | Sala: 독일의 잘레Saale 강.

18 | Alamanni: Alemanni, Alamani라고도 표기된다. 라인 강 상류에 위치한 수에비 게르만의 부족 연맹이다.

19 | Boioarii: 바이에른과 오스트리아 사이에 거주한 수에비족의 일파이다.

와 바스코니아 그리고 피레네 산맥 전체 그리고 마침내 나바라[20] 에서 발원하여 히스파니아의 가장 비옥한 땅을 가로지르고 토르토사[21] 시의 벽에서 발레리아 해와 만나는 이베루스 강까지, 이어서 아우구스타 프라이토리아[22] 로부터 그리스인들과 베네벤툼[23] 인들의 경계가 있는 저지 칼라브리아까지, 100마일 이상의 길이로 늘렸다. 다음으로 사실 게르마니아의 부분이지만 적지 않은 삭소니아[24] 와 그 지역에서 프랑크족에 의해서 거주되고 있는 곳을 배가한 것으로 간주되는데, 길이에서는 그것에 거의 같을 수 있다. 그런 후에 마침내 판노니아와 다누비우스 강의 다른 제방에 놓인 다키아, 히스트리아Histria, 리부르니아Liburnia, 달마티아Dalmatia에 이르는데, 우호 관계와 친척 관계로 인해서 그와 함께 콘스탄티노폴리스에 있는 황제가 조약을 허용한 해변 도시들은 제외된다. 다름으로 레누스 강과 비스툴라 강 사이에, 대서양과 다누비우스 강 사이에 위치하고 언어는 거의 유사하나 관습과 버릇에서는 매우 상이한 모든 야만적이고 야생적인 민족들을 게르마니아에 정착시킨 후 복속시켜 조세를 납부하는 자들로 만들었다. 이들 중에서 가장 뛰어난 민족들은 벨라타비,[25] 소라비, 오보드리티,[26] 보이만니[27] 로서, 그는 이들과 싸웠던 것이다. 다른 민족들은 오히려 숫자는 훨씬 크나 항복하였다.

17. 그는 왕국을 넓히고 이민족을 복속시키는 데에 그렇게 위대한 자로서 등장하였고 자기 나름의 점령에 열심히 노력하면서, 또한 왕국의 장식과 편의에 관련된 수많은 일들을 여러 지역에서 착수했으며 심지어 어떤 것들은 완료했다. 그것들 중에서 특별한 것으로 보아도 잘못이 아닌 것들이 있다. 즉 아퀴타니아에 있는 신의 성스러운 어머니의 성당은 놀라운 노력을 기울여서 건설되었으며, 레누스 강변 모군티아쿰[28] 에 있는 다리는 그 길이가 500보—즉 강폭과 같은 길이—에 이른다. 그럼에도 그가 죽기 1년 전에 화재로 그 다리가 불탔는데, 나무 대신 석재로 다시 만들려고 생각하고 있었으나 그의 갑작스런 죽음으로 인해 다시 지어질 수 없었다. 또 뛰어난 공을 들인 궁전들도 착수했는데, 하나는 모군티아쿰 시에서 멀리 떨어져 있지 않으며 엥길렌하임이라고 불리는 빌라 옆에, 또 다른 하나는 바타보룸[29] 의 섬을 남쪽 편에서 우회하여 흐르는 바할리스[30] 강 위에 있는 노비마구스[31] 에 두었다. 그럼에도 왕국 전체에서 오래되어 무너진 특별한 성당들을 발견하면 그 성당들의 관할 권한이 있는 사제들과 신부들에게 재건하도록 명령을 내렸으며, 명령된 것을 이룰 수 있도록 사절들을 통해서 관심을 표명하였다. 노르트만[32] 과의 전쟁에 대비해 함대를 만들었는데, 이를 위해 갈리아와 북부 게르마니아에 발원하여 대양

20 | Navarra: 피레네 남부의 스페인의 지방.

21 | Tortosa: 스페인 카탈루냐의 최남단 해안 도시로 400년간 이슬람의 지배하에 있다가, 1148년 2차 십자군 시기에 바르셀로나 백작 라몽에 의해서 정복당했다.

22 | Augusta Praetoria: 이탈리아 쪽 알프스에 있는 도시 아오스타Aosta인데 기원전 25년에 정복당하였고 완전한 격자형의 도시로 건설되었다.

23 | Beneventum: 카푸아에서 남으로 51킬로미터에 있는 삼니움인의 도시, 원래는 말레벤툼Maleventum이라고 불리었다.

24 | Saxonia: 독일 작센 주의 라틴어 표기다.

25 | Welatabi: Wiltzes 혹은 Veleti, Welzen으로 불리는데, 독일 북동부에 거주하는 서슬라브계 부족이다.

26 | Obodriti: 북독일 메클렌부르크Mecklenburg와 홀스타인에 정착한 슬라브계 민족으로, 카롤루스 대제와 협력하여 작센족과 슬라브족인 벨레티족을 무찌르기도 한다.

27 | Boemanni: 켈트족으로 중부 유럽에 정착하였다.

28 | Moguntiacum: 독일 마인츠의 라틴어 표기다.

29 | Batavorum: 네덜란드의 Leiden으로 로마 군인들의 숙영지였다. 라인 강의 두 지류가 만나는 지점이다.

30 | Vahalis: 라인 강의 지류로 현재는 발Waal이라고 불린다.

으로 흐르는 강에 인접한 곳에서 배를 건조했다. 왜냐하면 노르트만들이 갈리아와 게르마니아의 해변을 지독한 적대감을 가지고서 공격하여 황폐화시켰기 때문에, 배들이 들어갈 수 있을 것으로 보였던 모든 항구와 강 입구에 걸쳐서 역과 망대를 설치하고 적이 도망갈 수 없도록 그렇게 큰 방호벽으로 방비했던 것이다. 나르보와 셉티마니아 속주의 해안 남쪽 부분에 심지어는 로마에 이르는 전체 이탈리아 해안에 최근에도 해적질을 하려고 접근했던 마우리[33] 인들에 대해서 같은 대비책을 세웠다. 그래서 이로 인해 그가 재위하고 있었던 동안에는 이탈리아에서는 마우리인들에 의해 갈리아와 게르마니아에서는 노르트만들에 의해서 아무런 심각한 피해가 없었으니, 다만 켄툼켈라이[34] 는 에트루리아의 도시로서 마우리인들에 의해 점령당해서 황폐화되었고, 프리지아Frisia에서는 게르마니아 해안에 인접한 몇몇 섬들이 노르트만들에 의해서 장악되었을 뿐이다.

25. 그는 웅변술에서 재치가 풍부하고도 화려했으며, 원하는 것이면 무엇이든지 누구보다 명백하게 표현할 수 있었다. 그는 모국어로 말하는 데에 별로 만족하지 않았으므로, 외국의 언어들을 배우는 데에 힘을 기울였다. 그중에는 라틴어도 있었는데, 그것과 모국어로 말하는 것이 동등하곤 했다. 게다가 그리스어는 발음하는 것 이상으로 이해할 수 있었다. 참으로 그는 말을 잘하였으므로 심지어 선생으로 보일 정도였다. 교양 학문에 누구보다 열심히 천착하였으며, 교양 학문의 박사들을 가장 존경하였고 큰 영예를 주어 대우하였다. 문법을 배울 때에는 부제Deacon이며 원로인 피사의 페트루스Petrus에게서 들었으며, 다른 학문은 부제이며 브리타니아 출신으로 색슨족의 사람이며 어느 면에서나 가장 박식하며 별명이 알퀴누스Alcuinus인 알비누스Albinus를 스승으로 삼았다. 그에게서는 수사학과 변증학을 배웠는데, 가장 많은 시간과 노력을 바로 천문학을 배우는 데 쏟았다. 그는 산술을 배웠고, 총명하게 집중하여 별들의 경로를 흥미롭게 검토했다. 그는 쓰는 것을 하고 싶었다. 그래서 이를 위해 판자와 기록장을 침대 베개들 밑 여기저기에 가져다놓고는 했는데 시간이 비었을 때에 글자들을 흉내 내는 일에 손을 익숙하게 만들려고 했을 것이다. 그러나 그 일은 순서가 바뀌고 늦게 착수된 탓에 별로 성공하지 못하였다.

26. 유아 시절부터 젖어 있던 그리스도교에 가장 성스럽게 최고의 경애심을 품고 천착했으며, 이 때문에 아퀴타니아에 가장 아름다운 성당을 짓고 금과 은과 빛으로써 또 놋쇠로 만든 격자와 대문으로 장식했다. 그 뼈대에 쓸 기둥과 대리석을 다른 곳에서 얻을 수 없자, 로마와 라벤나에서 옮겨오도록 배려했다. 교회는 아침과 저녁

31 | Novimagus: 잘 강변의 네덜란드 도시로, 로마 시대에 건설되었다. 현재는 독일어로 Nymwegen, 네덜란드어로 Nijmegen로 표기된다.

32 | Nortmann: 노르만에 대한 라틴어 표기다.

33 | Mauri: 검다는 뜻의 그리스어 마우로스Mauros에서 유래하였으며, 아프리카 모리타니아와 모로코 사람들을 지칭하여 넓게는 이슬람교도에 대한 별칭이기도 하다. 흔히 무어인으로 통칭된다.

34 | Centum Cellae: 현재 이탈리아의 치비타베키아Civitavecchia로서, 이 지명은 황제의 궁전에 방이 100개였다는 설로 설명된다. 비잔티움의 보루였으나 828년에 사라센에 점령되었다가 교황에 의해서 회수되었다.

에 또 밤 시간 때와 성사 시간에, 건강이 허용하는 한 열심히 방문했으며 큰 힘을 들여 돌보았으므로, 성당에서 행해진 것들은 최고의 명예를 갖추게 되었다. 그는 어떤 불결한 것이나 지저분한 것이 들어오거나 그 안에 머물러 있지 못하도록 경비원들에게 단단히 일러두었다. 금과 은으로 만든 성스러운 그릇들과 사제들의 복장은 그처럼 풍부하게 마련하도록 배려했으므로 성사를 드리는 데서 심지어 교회의 말석 신분에 속하는 문지기들도 개인의 의복을 입고 봉사하지 않으면 안 되었다. 성서 읽기와 〈시편〉을 노래하는 것을 아주 열심히 수정하였다. 왜냐하면 아무리 자신이 공적으로 성서 읽기도 하지 않고 아주 저음으로가 아니면 읽지 않았으며 공통으로 찬송하지 않았을지라도 그는 그 어느 것에도 어느 정도는 박학하였던 것이다.

28. 그가 마지막으로 (로마에) 온 것은 이것들[35] 때문만이 아니라 로마인들에 의해 많은 부당한 일을 당하여, 즉 귀가 뽑히고 혀가 잘린 교황 레오Leo 3세가 왕의 신임을 간청하지 않을 수 없었기 때문이다. 이 때문에 그는 로마에 와서는 아주 혼란에 빠진 교회의 지위를 회복하기 위해 겨울 내내 여기에서 체류를 연장했다. 이때에 그는 황제Imperator요, 아우구스투스Augustus라는 호칭을 받아들였다. 애초 그는 그런 것에 관해 거부감이 있으므로 그 축제일[36]이 아무리 특별하다고 해도 사제들이 가진 계획을 미리 알 수 있었다면 교회에는 들어가지 않을 것이 확실했다. 그럼에도 그 호칭을 받아들인 것이 로마인들의 황제들에게 어울리지 않는다고 여겼으므로, 큰 인내를 가지고 그런 반감을 견뎌냈다. 그는 그들에 대한 혐오를 관대함으로써 극복하였는데, 그들에게 많은 사절을 보내었으며 편지들에서는 그들을 형제라고 불렀던 것이니, 이 점에서는 그들보다 훨씬 더 앞선 것이 분명하다.

29. 황제의 호칭을 받은 후에 자신의 인민의 법들에 많은 것이 부족한 점에 주목하였다—왜냐하면 프랑크족은 두 개의 법[37]을 가지고 있었고 많은 지방에서 매우 상이하였기 때문이다. 그는 부족한 것을 더하고 상위한 것들을 통일시키고, 왜곡되고 잘못 적용되어 온 것들을 바로잡으려고 생각하였다. 그러나 이것들에 대해서 그가 한 것은 별다른 것이 없이 단지 몇 개의 칙법Capitula과 그것도 불완전한 것들을 법들에 더하였을 뿐이다. 그럼에도 그의 지배하에 있던 모든 민족의 성문화되지 않은 법률이 기록되어 문자로 나타내도록 명령하였다. 마찬가지로 옛날 왕들의 행위와 전쟁을 기리던 야만적이고 아주 오래된 노래들도 기록하였고 기억에 남도록 하였다. 그는 모국어의 문법에도 손대었다. 심지어 그는 1년 열두 달에 고유어에 가까운 어휘를 부여하였는데, 전에는 프랑크족이 일부는 라틴어로 일부는 야만인들의 명칭으

35 | 성당에 대한 봉헌 약속을 이행하는 것.

36 | 800년 12월 25일 성탄절이다.

37 | 살리법과 6세기 법을 모은 리푸아리아법Lex Ripuaria을 지시한다.

로 불렀던 것이다. 마찬가지로 열두 개의 바람에 대해서도 고유한 명칭으로 표시하였는데, 전에는 불과 네 개의 바람 명칭을 찾을 수 있을 뿐이었다. 열두 달 중에서 1월은 빈타르마노트Wintarmanot, 2월은 호르눙Hornung, 3월은 렌지마노트Lenzimanot, 4월은 오스타르마노트Ostarmanot, 5월은 빈네마노트Winnemanot, 6월은 브라흐크마노트Brachmanot, 7월은 호이비마노트Heuvimanot, 8월은 아란마노트Aranmanot, 9월은 비투마노트Witumanot,[38] 10월은 빈두메마노트Windumemanot,[39] 11월은 헤르비스마노트Herbismanot, 12월은 헬리아그마노트Heliagmanot로 불렀다. 이런 식으로 바람의 이름도 부여하였는데, 동풍은 오스트로빈트Ostrowint, 남서풍은 오스트순드로니Ostsundroni, 남동풍은 순드오스트로니Sundostroni, 남풍은 순드로니Sundroni, 남서풍은 순드베스트로니Sundwestroni, 서남풍은 베스트순드로니Westsundroni, 서풍은 베스트로니Westroni, 서북풍은 베스트노르드로니Westnordroni, 북서풍은 노르드베스트로니Nordwestroni, 북풍은 노르드로니Nordroni, 북동풍은 노르드오스트로니Nordostroni, 동북풍은 오스트노르드로니Ostnordroni라고 이름을 붙였다.[40]

30. 생의 마지막이 되어서 이제 쇠약하고 나이가 들어 힘들었으므로 아들 루도비쿠스Ludovicus를 불러오게 하였는데, 그는 아퀴타니아의 왕이며 힐데가르트Hildegard의 아들 중에서 유일하게 살아남은 자였다. 전체 프랑크족의 왕국에서 우두머리들이 엄숙하게 소집되었으며, 모두의 의견에 따라 그를 전체 왕국의 공동 통치자이며 황제 호칭의 상속자로 정하였으며, 그의 머리 위에 관을 씌우고서 황제요, 아우구스투스라고 불리게 될 것을 명령하였다. 참석한 모든 사람들에 의해서 그의 이 계획이 큰 환호로써 받아들여졌다. 그는 하늘로부터 왕국을 이롭게 할 수 있는 영감을 받은 듯했다. 또 이 사실에서 그의 위엄을 높였으며 외부의 민족들에게 적지 않은 두려움을 주었다. 이후 아퀴타니아로 아들이 떠나가자, 왕은 스스로 해오던 방식대로 아무리 연로하여 힘들었어도 물이 나오는 왕궁에서 멀지 않은 곳에서 사냥에 나섰다. 그리고 이런 종류로 소일하면서 가을의 나머지를 보내고, 11월경에 아퀴스그라눔[41]으로 돌아왔다. 여기에서 겨울을 나는 동안 1월에 심한 열병으로 앓아누웠다. 그는 항상 열이 있으면 그렇듯이 단식을 선언하였고 이런 절제를 통해서 병이 낫거나 분명 호전될 것이라고 판단하였다. 그러나 그리스인들이 늑막염이라고 하는 옆구리 통증이 그 열병에 더해졌다. 그리고 그가 이제까지 단식을 유지해 왔고 아주 드물게 음료수 마시는 것 말고는 아무것도 하지 않고 몸을 유지했으므로, 침대에 누운 지 7일째 되는 날 성스러운 영성체를 받고 나서 돌아갔으니, 그의

38 | 'Witu'는 목재라는 뜻으로 나무를 베는 달이라는 뜻이다.

39 | 포도 수확을 뜻하는 'Windemon'에서 나왔다.

40 | 각 바람의 라틴어 표기는 순서대로 Subsolanus, Eurus, Euroauster, Auster, Austroafricus, Aafricus, Zephyrus, Chorus, Circius, Septemtriones, Aquilo, Vulturnus이다.

41 | Aquisgranum, Aquis Grani: 이 라틴어는 물이 나오는 마을이라는 뜻이며, 독일 지명으로 아헨Aachen, 프랑스지명으로 엑스라샤펠 Aix-la-Chapelle이다.

나이 72세요, 통치년부터 시작하면 47년 2월 5일 3시였다.

자료
08
미시 도미니키(어사)의 임무

제임스 하비 로빈슨 편집, 《유럽사 사료선집》 Vol. 1, pp. 139~140.

가장 평온하며 가장 그리스도교적인 주군인 황제 카롤루스는 자신의 귀족들 중에서 가장 현명하고 가장 예지가 큰 사람들, 대주교와 일부 주교, 존경스러운 수도원장들과 경건한 속인들을 선발하였다. 그러고는 그들을 왕국 방방곡곡에 파견하였다. 그들을 통해 그는 모든 사람들이 엄격히 법에 일치하여 살도록 했을 것이다. 더욱이 옳고 바르지 않은 것이 법에 규정되어 있는 경우, 그는 그들에게 명하여 무엇보다 열심히 심문하여 그에 관해 보고하도록 해왔다. 신이 부여하였기에 그것을 개혁하는 것은…… 어사 자신으로 하여금 어떤 사람이 다른 사람에 의해서 부당행위를 당했다고 주장하면 언제든지 부지런히 조사하도록 할 것이다. 그리고 마치 자신이 전능하신 신의 은혜에 합당하며 신께 맹세한 자신의 충성을 지키기를 간절히 원하여 모든 경우 어느 곳에서든 그들이 신의 뜻과 신에 대한 경외와 일치하여 거룩한 신의 교회와 빈자와 피후견인과 과부와 전 인민에 관련된 소송에서 법을 완전하고 정의롭게 행사하는 것처럼 할 것이다. 또 만약 속주의 백작들과 아울러 자신의 힘으로는 그것을 바로잡고 정의롭게 행사할 수 없는 것이 있다면…… 그들은 가차 없이 이것을 자신의 기록과 아울러 황제의 법정에 회부한다. 정의의 올곧은 길은 어떤 사람에 의해서도, 허황된 설명이나 선물에 따라, 혹은 어떤 관계 때문에 또는 유력자에 대한 두려움 때문에 방해받지 않을 것이다.

자료
09
칼 대제인가, 샤를마뉴인가

안상준, 〈중세의 민족의식과 카롤루스 마그누스〉, 《역사교육》 93, 186~187쪽.

1935년 당대의 독일 중세 사학계를 대표하는 8인의 학자들은 상당히 도발적인 《칼 대제인가, 샤를마뉴인가》라는 제목의 공동 저서에서 카롤루스 마그누스의 혈통에 관한 입장을 표명했다. '진리를 위하여' 그리고 '독일을 위하여' 게르만-도이치 혈통의 위대한 인물 카롤루스 마그누스를 찬양하고, 이를 통해 카롤루스를 독일사에 편입시키려는 의도를 드러냈다. 위대한 게르만 민족의 원형을 찾기에 급급한 나치 제국의 카롤루스 독점욕은 돌출적인 현상이 아니었다. 카롤루스를 독점하려는 독일사의 시도는 이미 중세에 시작되었다. 경쟁국보다 뒤늦게 형성된 독일 민족은 1세기에도, 나아가 오늘까지도 카롤루스를 주장한다. 그렇지만 프랑스에서도 학생들이 학교에서 여전히 클로비스에서 부르봉 왕조에 이르는 긴 왕조사의 일부로 프랑스의 왕 샤를마뉴에 대해 배우고 있다는 사실은, 카롤루스 기원설이 갖는 생명력을 보여준다. 물론 표면상으로 위대한 황제를 둘러싼 민족적 감정 대립은 오래전에 사라진 듯 보인다. 지금은 카롤루스가 궁정에서 어느 나라 말로 명령을 내렸는지, 그가 어느 민족 출신인지 묻는 사람은 거의 없다. 중세로 거슬러 올라가 민족적 정체성을 찾는 경향은 완전히 잊히지는 않았지만 굳이 강조되지도 않는다. 영웅 숭배를 위한 거대한 기념물 제작도 한층 줄어든 상황이다. 오히려 유럽의 통합 과정이 목전에 전개되고 있는 상황에서 국가 간의 독점 경쟁보다는 카롤루스 제국의 거대한 영역 통합과 제국이 달성한 문화적·언어적·법률적 다양성에 주목하며, 21세기 거대한 유럽의 탄생이 가져올 현실과 희망 속에 카롤루스를 재평가하고 있다.

자료

10 바이킹의 침입을 어떻게 볼 것인가

마르크 블로크, 《봉건사회Feudal Society》 I, trans. by Manyon, Routledge and Kegan Paul, 1962, p. 56.

아무리 마지막 침입에 관한 연구에서 배울 것이 많아도, 우리는 침입들이 중단되었다고 하는 훨씬 더 중요한 사실을 이 학습들로 인해 보지 못해서는 안 된다. 그때까지 외부에서 온 이주민과 이 거대한 민족이동에 의해 이루어진 이 약탈들이 사실상 다른 세계에서와 마찬가지로 서구에서도 주요한 역사 구조를 형성해왔다. 그때부터 서구는 거의 유일하게 이런 침입들을 모면하게 될 것이다. 나중에 몽골인도 튀르크인도 그 경계를 넘지는 않을 것이다. 서구 사회는 분명 그 나름의 충돌에 직면한 것이다. 그러나 그런 충돌은 국한된 범위 내에서 일어날 것이다. 이것은 훨씬 더 정상적인 문화적·사회적 진보가 외부로부터의 공격이나 외국인 정착자의 유입에 의해서 중단되지 않은 채 이루어질 가능성이 있음을 의미했다. 대조를 위해서 인도-차이나의 운명을 고찰해보라. 그곳에서는 14세기에 참족과 크메르의 영광이 안남 또는 시암의 침략자들의 충격을 받아

몰락했다. 무엇보다도 서구의 근처인 동구는 근대에 이르기까지 스텝의 주민들과 튀르크인들에 의해서 마구 짓밟힌 것을 생각하라. 잠시 러시아의 운명은 폴로프치[42] 와 몽골인이 없었다면 어떻게 되었을 것인지를 스스로 물어보자. 이 특별한 명제가 유럽 문명의 근본적인 요인의 하나였다고 생각하는 것은 분명 불합리하지 않다. 이 사실은 일본인을 제외한 어떤 민족과도 우리가 공유해보지 못한 것이다.

42 | 킵차크인을 일컫는다. 이들이 튀르크인과 함께 정복 활동에 나섰다.

| 출전 |

주교 레미기우스의 편지: 이 편지는 481년 클로비스 왕에게 보낸 편지로서, 당시의 편지로 남은 두 편 중의 하나이다. 이것은 클로비스가 왕위를 물려받은 직후의 사정을 보여준다.

아인하르트, 《카롤루스 마그누스의 전기》: 저자는 Einhard로 표시되나 Eginhard 또는 Einhart로 표기되는 경우도 있다. 그는 775년경에 태어나 840년에 죽는다. 카롤루스의 개인 비서로 있다가, 830년에 수도원 영지로 은퇴하여 집필하였다. 프랑크 왕국 최초의 역사 서술이며, 간결하고 정확한 문체로 유명하다.

투르의 그레고리우스 Gregorius, **《프랑크족의 역사**Historia Francorum**》:** 그레고리우스(540~594)는 수백 년간 투르 주교구를 지배한 갈리아·로마의 귀족 가문 출신이다. 그의 역사책은 초기 프랑크 역사에서 가장 중요한 사료이다. 그는 우선 그리스도교 정교의 역사와 투르 지역사회 그리고 갈리아·로마의 귀족 동료에 관심을 가졌다. 그는 메로빙 왕들의 조언자로서 가까이 지냈는데, 이들을 신의 섭리를 이루는 도구로 간주했다. 그가 그리고 있는 클로비스는 신빙성이 없는 것으로 간주되는데, 이는 사건 이후 100년이 지난 후의 기록이기 때문이다. 그러나 이후 클로비스 왕이 가지는 의미를 잘 조명하고 있다. 중세 초 그리스도교의 매력은 역사 속에서 섭리하는 신에 대한 믿음이다. 여기에서 그레고리우스가 제시한 클로비스의 개종 장면은, 클로비스가 자신의 라이벌인 알레마니족에 대한 승리를 그리스도교의 신이 준 것으로 믿었음을 보여준다.

《카피툴라리아 Capitularia**》:** 왕령집이다. 이것을 제정한 동기는 카롤루스 마그누스가 통치하는 지역에 보편적인 정의를 실현하는 일이 시급하였기 때문이다. 이렇게 해야 정부가 신뢰를 얻고 동맹을 유지할 수 있기 때문이다. 본문의 기사는 802년에 나오는 미시 도미니키(어사)의 임무이다.

《프랑크 왕국 연대기》: 작자 미상의 역사책으로 프랑크 왕국의 공식적인 역사로 간주된다. 프랑크 왕국에 불리한 기사는 싣지 않은 것으로 보아 선전용으로 만들어졌다고 여겨지며 여러 명의 저자가 있었을 것으로 보이지만, 카롤루스 대제의 군사·정치 역사의 결정적인 사료로 간주되기도 한다. 741~829년의 기록을 담고 있다.

| 참고문헌 |

기어리, 패트릭 J., 《메로빙거 세계—한 뿌리에서 나온 프랑스와 독일》, 이종경 옮김, 지식의 풍경, 2002.
브라운, 피터, 《성인숭배》, 정기문 옮김, 새물결, 2002.
서던, 리처드 윌리엄, 《중세의 형성》, 이길상 옮김, 현대지성신서, 1999.
서양중세사학회, 《서양 중세사 강의》, 느티나무, 2003.
이경구, 《중세의 정치 이데올로기》, 느티나무, 2000.
타이어니, 브라이언·페인터, 시드니, 《서양 중세사: 유럽의 형성과 발전》, 이연규 옮김, 집문당, 1989.
린 화이트 주니어, 《중세의 기술과 사회변화》, 강일휴 옮김, 지식의 풍경, 2005.

4
중세 그리스도교의 발전
: 살아남기 위한 교회의 모색

313 콘스탄티누스 황제가 그리스도교를 공인
325 니케아공의회가 정통 교리를 확립
392 테오도시우스 1세가 그리스도교를 국교로 지정
484 아카키우스의 분열
604 교황 그레고리우스 1세 죽음
715~754 보니파키우스의 선교 활동
726 최초의 성상 파괴령 발동
735 비드 죽음
843 성상의 부활과 논쟁 종식

보편적인 종교는 중세에 들어서 나타난다. 서양 중세기에 그 역할을 그리스도교가 하였다. 그래서 중세를 '신앙의 시대Age of Faith'로 표시하기도 한다. 서양 중세인의 사고방식과 그 변화를 파악하기 위해서는 그리스도교에 관하여 다소나마 깊은 이해가 필요하다.

로마제국과 그리스도교 교회

그리스·로마신화를 참고하면, 로마제국의 종교는 자연의 힘을 신격화한 다신교였고 제정기에 들어서면 황제 숭배도 수용되었다. 게다가 로마인들 사이에 유행한 것은 운명의 여신 숭배, 점성술, 바쿠스 제전 등이다. 이로 보아 이른바 기층 민중이 종교에 대단히 큰 열정을 가졌음을 알 수 있다. 아울러 지모신地母神으로 상징되는 소아시아에서 온 키벨레Cybele, 이집트에서 온 이시스Isis 여신의

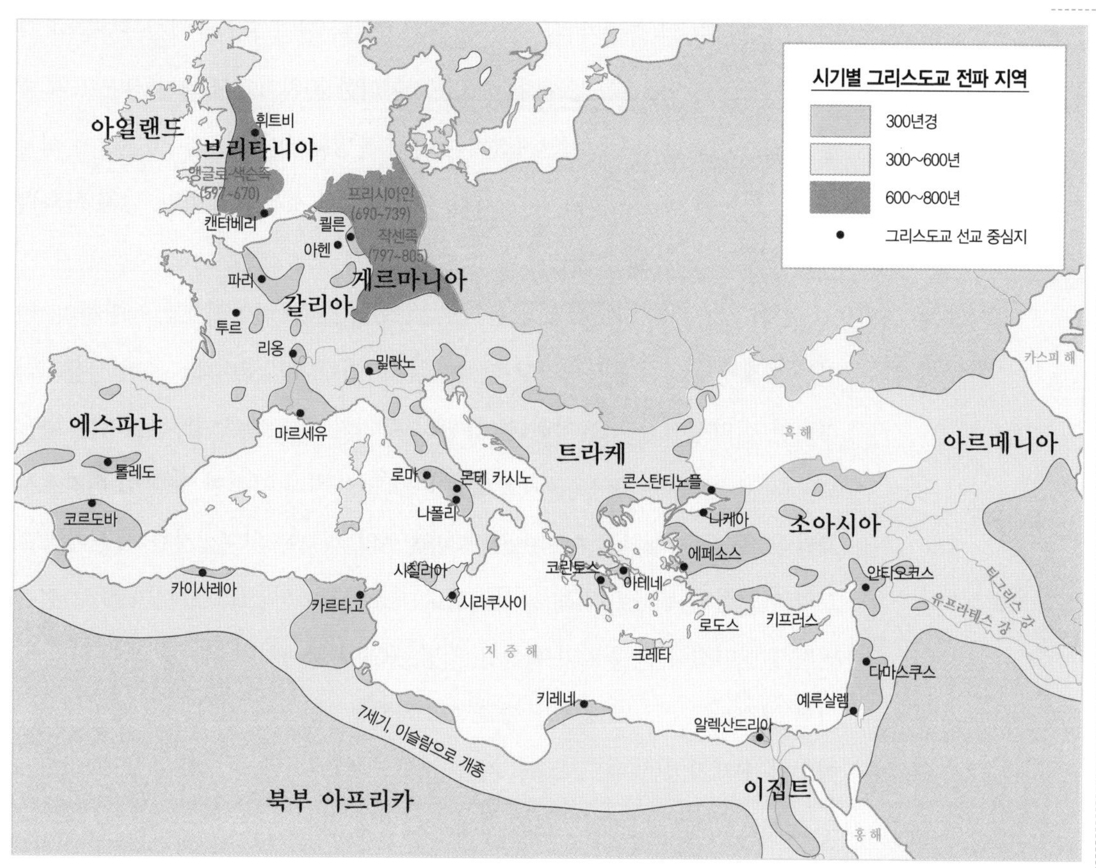

도판 11 그리스도교의 성장을 보여주는 지도이다. 로마제국 내 일부에 국한되었던 교세가 600년경에 이르면 로마제국의 판도를 거의 다 아우르고 있음을 볼 수 있다. 그러나 이 판도는 이슬람의 등장으로 현격하게 줄어든다.

숭배가 특히 여성들 사이에서 유행한다. 폼페이 유적지 광장에도 이시스의 신전이 남아 있을 정도이다. 남성 특히 군대에서 인기가 있던 종교는 미트라스교(또는 미트라교)이다. 이 종교는 광명의 신인 미트라스Mithras를 섬기는데, 실제로 로마의 지하 유적지에는 이와 관련된 유적이 많이 남아 있다. 반면에 상류층은 신플라톤주의에 많은 호기심을 보였으며, 스토아학파와 에피쿠로스학파의 영향력도 컸다. 이런 다채로운 현상은 종교에 대한 로마인의 관용적인 태도를 잘 보여준다. 반면 게오르크 빌헬름 프리드리히 헤겔Georg Wilhelm Friedrich Hegel은 이와 같은 종교의 유행이야말로 당시 로마인이 지닌 정신의 허전함을 보여주는 것으로 파악한다. 자료 1 그는 이러한 바탕에서 그리스도교가 성장할 수 있었다고 보았다.

그리스도교의 본고장 유대는 강대국의 정치적 압박을 받아왔으며, 마침내 기원전 63년 로마의 속주가 된다. 이런 분위기에서 선민사상과 메시아사상이 강화되었다. 그리스도교를 창시하는 예수는 이러한 분위기에서 태어난다. 그의 출생 연도는 기원전 4년으로 알려졌지만 아직 불명확하며, 기원후 30년경에 십자가에 처형당해 죽는다. 예수가 이처럼 처형을 당한 것은 종교적인, 정치·사회학적인 문제를 볼 수 있게 해준다.

예수의 제자들인 사도들의 활동으로 그리스도교는 비약적으로 성장한다. 이러한 과정에서 당시 공용어라고 할 수 있는 그리스어인 코이네Koine가 사용되어 경전인 신약성서가 만들어진다. 특별히 우리가 주목해야 할 선교자는 바울로Paulos(한국 개신교에서는 '바울'이라고 표기)이다. 그는 원래 독실한 유대교 신자로서 그리스도교를 박해하던 사람이었다. 바울로의 개종은 의미심장한 사건이었고, 그의 헌신적인 봉사로 인해 그리스도교는 소아시아와 그리스, 로마로 그 전파 범위가 넓어졌다. 바울로의 활동은 지방 종교에 불과하던 유대교의 범위를 넘어서 그리스도교가 세계적인 종교로 도약하는 데 크게 기여했다. 로마에서는 예수의 수제자였던 베드로Petrus가 순교하였다. 이러한 선교와 순교에 바탕을 두고 제국 내에서 그리스도교의 교세가 확장되었다.

그리스도교의 성장에 대해 로마 정부는 애초 관용적인 태도를 보였다. 어떤 연구자에 따르면, 오히려 새로운 종교를 박해하지 않고 그들의 활동을 묵인하기도 했다고 한다. 하지만 로마제국을 통치하기 위해서는 황제를 숭배하는 관행이 필요했으며, 이러한 관행에 그리스도인이 저항하면서 탄압의 빌미를 제공하게 된다. 유대인들은 이후 네로Nero 황제부터 시작해서 데키우스Decius 황제, 그리고 디오클레티아누스Diocletianus 황제에 이르는 200여 년에 걸쳐 로마제국에서 간헐적으로 박해받았다. 313년 마침내 콘스탄티누스Constantinus 황제가 그리스도교를 공인하였고, 392년에는 테오도시우스Theodosius 1세가 그리스도교를 국교로 지정함으로써 종교적 기적이 일어났다. 박해받던 조그만 속주의 종교가 제국의 심장부로 들어와 국교가 된 것이다.

로마 정부는 국교가 된 그리스도교에 특권을 부여했다. 그리스도교는 재산을 부여받을 권리, 면세권, 소송에서 주교가 재판할 수 있는 권리, 죄인 비호권 등 여러 가지 특권을 부여받으면서 제국의 종교로 발전해나가기 시작한다. 제국의 행정조직에 따라 도시에는 주교가 있고, 속주에는 대주교가, 꼭대기에는 수석 대주교가 선임되었다. 속주는 당시 120여 군데가 있었고 꼭대기에는 3~5명 정도의 수석 대주교가 있었다. 그중에서도 로마교회는 사도 베드로가 건설한 것이고 가장 오래된 수도라는 명목으로 다른 교회보다 우월하다고 주장했다. 그래서 로마교회의 수장을 교황이라고 불렀다. 서로마제국이 멸망한 이후 교황은 서방의 실질적인 관리자가 된다.

수도원은 동지중해 지역에서 출현하였다. 최초의 활동은 4세기 초에 성 안토니우스St. Anthonius, 성 파코미우스St. Pachomius가 금욕적인 생활을 강조하고 공동체적 수도원을 창설함으로써 시작되었다. 이렇게 동방에서 일어난 활동을 서방에 소개한 성직자는 성 베네딕투스St. Benedictus이다. 6세기 초에 그는 몬테 카시노Monte Cassino 수도원을 설립하였는데, 이는 서유럽 최초의 수도원이었다. 이 수도원의 생활은 노동과 기도가 중심이었고 청빈, 순결, 복종의 3대 계율이 강조되었다. | 자료 2 | 여기서는 자급자족이 이루어지고 독자적인 공동체 생활이 영위되었는데, 얼마 지나지 않아 베네딕투스 수도원은 중세 유럽에 정신적인 영향을 크게 미친다.

성 패트릭St. Patrick(389~461)은 아일랜드에서 선교하였다. 이처럼 일찍부터 그리스도교화한 아일랜드에서는 수도원이 기본이 되는 조직을 결성하였고, 수도원장이 실질적인 우위를 지녔다. 수도원의 형태는 조그만 교회를 초가집으로 둘러싸는 식으로 이루어졌다. 극도의 금욕과 죄를 고백하는, 이른바 고해성사의 관행이 있었다. 이 관행은 서유럽 교회로 널리 퍼진다. 이제 아일랜드 출신의 수도사들은 라틴어와 그리스어를 습득하고 유랑 생활을 통해 농촌 지역에 복음을 널리 전파했다.

9세기 초 웨식스 왕가에 의해 통합되기까지 잉글랜드에는 소국이 난립하고 있었다. 이곳에서는 많은 사람들이 선교하였는데, 아일랜드에서 온 선교사와 로마에서 온 선교사 간의 의식이나 계율의 차이가 두드러지게 나타났다. 이를 해결하기 위해 소집된 휘트비Whitby 종교회의에서는, 로마교회의 관행을 받아들이는 것으로 결론을 지었다. 이즈음 성 비드 St. Bede(672~735)가 《잉글랜드인의 교회사》를 썼는데, 이것은 최초의 영국사 서술이다.

동유럽, 특히 잘츠부르크-에르푸르트Salzburg-Erfurt 지역을 선교하는 데 크게 공헌한 성 보니파티우스St. Bonifatius(675~754)는 교황 사절로서 갈리아 지방의 교회를 개혁하는 데 주력했을 뿐만 아니라, 게르만족이 그리스도교의 유럽에 편입되도록 기여했다. 특히 궁장이던 카롤루스 마르텔과 피피누스 3세를 교황과 연결하였다. 성 보니파티우스는 로마가톨릭교회와 카롤링 왕조의 긴밀한 관계를 이해하는 데에 꼭 기억해야 할 인물이라고 할 수 있다.

로마교회가 쉽게 성장한 것은 아니었다. 내부에 여러 가지 문제가 있었다. 그 중에서 가장 큰 것은 이단 문제였다. 정통 그리스도교 신앙에는 몇 가지 기본 원칙이 있다. 첫 번째는 성부, 성자, 성령 삼위가 하나의 본질이라고 하는, 이른바 삼위일체 이론이다. 두 번째는 인간은 원죄를 지은 존재이므로, 이 문제를 해결하기 위해서 성자인 예수 그리스도의 출현이 필요했다는 주장이다. 그리고 세 번째는 예수의 가르침이던 사랑 '아가페'는 신이 인간에게 보여준 절대적인 사랑을 의미한다는 것이고, 네 번째는 그리스도의 부활을 대단히 중요하게 여기는 것이다. 부활은 영원히 산다는 표지가 되었다. 이렇게 보면 그리스도교 신앙은 상당히 중용적인 입장을 지니고 있음을 알 수 있다. 정신만 중요한 것이 아니라 육체도 중요하며, 육체에 의미를 부여할 뿐만 아니라 정신적인 것도 소홀히 하지 않는 교리적인 특성을 갖고 있다.

원래 '이단Heresy'이라는 말은 그리스어의 '하이레시스Hairesis'에서 파생된 것으로, '선택', '선호', '학파'의 의미를 지니고 있다. 그리스도교의 이단에는 먼저 흔히 영지주의靈知主義라고 번역되는 그노시스파Gnosticism가 있다. 2세기경에 출현한 그노시스파는 물질적인 세계는 악이며 영적인 세계는 선이라고 생각했다. 따라서 영지를 통해서만 인간이 구원을 받을 수 있으며, 십자가에서 예수가 육체를 희생함으로 이루어진 속죄는 부정된다. 4세기 초에 생긴 아리우스파Arianism는 성부와 성자의 관계를 규정하면서 성자를 동일본질Homoousios이 아니고 유사본질Homoiousios이라는 쪽으로 결론을 내리면서 다수의 승인을 받았다. 이에 대해 아타나시우스Athanasius가 반론을 전개함으로써 마침내 325년 니케아에서는 성자가 성부와 동일본질임을, 381년 콘스탄티노플에서는 성령도 그러함을 표결함으로써 삼위일체설이 정통 교리가 되었다. 이처럼 중요한 교리를 토론과 표결로 결정하는 것이 그리스도교 교회의 전통으로 이어지게 된다. 이렇게 되자 아리우스파는 추방되었는데, 추방된 그들은 게르만족에게 그리스도교를 전파하였다. 또 하나의 극단적인 이단으로 그리스도의 신성만을 강조하는 단성론자들Monophysites이 있었다. 그리고 네스토리우스Nestorius는 그리스도의 인간성을 강조하였는데, 그는 중국에 선교하여 마침내 경교景教라는 이름의 그리스도교를 당唐 시대에 전파시켰다. 한국의 불국사에서도 경교 유물이 발견되었다.

오늘날에는 한 종교에 관해 여러 가지 다양한 태도를 갖는 것을 문제 삼을 수 없지만, 당시 그리스도교가 박해받던 때에 이단의 문제는 교회의 사활이 걸린 것이었다. 이단의 문제를 해결하고 하나의 정통 교리를 만들어가는 데 가장 큰 공을 세운 사람들이 교부教父, Father of the Church이다. 이들은 이 과정에서 플라톤 철학과 스토아 철학을 많이 원용하였다. 대표적인 교부들은 성 히에로니무스St. Hieronymus, 성 암브로시우스St. Ambrosius, 성 아우구스티누스St. Augustinus이다. 히에로니무스는 문학에 조예가 깊었다. 그는 이교적인 문학 표현이 그리스도교인 학자에 의해서 정화될 수 있고, 정화된 라틴 문학이 그리스도교 신앙을 위해서 이용될 수 있다고 보았다. 그는 성경을 라틴어로 번역하였는데, 불가타Vulgata(영어로는 The Vulgate)라고 불린 이 라틴어 번역 성경은 중세 1000년간 정경正經으로 쓰이게 된다. 속주의 총독 출신으로 법에 조예가 깊던 암브로시우스는 밀라노의 주교직을 역임하였으며, 교회에 들어와서는 교회의 행정조직을 정비하였고 빈민 구제론, 황제권과 교권의 분리 등 주요한 이론을 정립했다.

중세 그리스도교에 가장 중요한 인물은 아우구스티누스이다. 그는 젊은 시절 마니교에 심취하기도 했고 사생아를 낳기도 했다. 그러나 극적으로 변화하여 성인의 대열에 오르게 된다. | 자료 3 | 그는 북아프리카 히포Hippo의 주교를 지냈다. 세 가지 중요한 논쟁이 그에 의해 전개되었다. 첫 번째는 마니교의 이원론 비판, 두 번째는 자유의지론자 비판, 세 번째는 도나투스파Donatist에 대한 비판

이었다. 아우구스티누스는 첫째 비판을 통해서 마니교적인 선과 악, 즉 이원론적인 세계관에 대해서 일원론적인 세계관을 정립하였으며, 두 번째를 통해서는 신의 은총이 절대적임을 주장하였다. 그의 세 번째 논쟁은 다소 복잡하게 전개되었다. 애초 결격이 있는 성직자에게 받은 성사는 무효라는 도나투스파의 주장에 일리가 있다고 보았으나, 마침내 성직자의 잘못은 신이 판단한다는 이른바 성직자주의Sacerdotalism를 확립하였다. 무엇보다도 아우구스티누스의 《신국론》은 직선 사관을 정립하는 데 대단히 중요한 저서이다. 이 책은 그리스도교가 로마의 불행을 초래했다는 비난을 반박하고 그리스도교를 비호하려는 것이었다. 따라서 《신국론》에는 그리스도교적 역사관, 즉 역사란 신의 나라와 인간의 나라인 지상의 나라가 투쟁하는 과정이고, 결국 신의 나라가 승리하면서 역사의 종말이 온다는 사상이 집약되어 있다. 이 과정에서 드러나는 사관이 이른바 직선 사관이며, 아우구스티누스는 역사가 투쟁을 통해 전개된다는 동적인 사관을 정립하여 중세 교회와 신학의 토대를 확립하는 데 이바지했다.| 자료 4 |

로마제국에서 그리스도교 교회가 가지는 의미와 관련해서는 긍정적인 견해와 부정적인 견해가 동시에 존재한다. 부정적인 견해는 로마제국이 약화된 원인이 그리스도교라고 보는 입장이다. 대표적으로 에드워드 기번을 들 수 있는데, 그는 엘리트가 국가보다 더 조직된 교회에 충성을 바침으로써 세습 국가의 쇠망에 기여했다고 주장했다.| 자료 5 | 그뿐만 아니라 사회경제사가들에 따르면, 그리스도교가 국교가 되면서 성직 관료 조직이 거대해지자 로마의 사회경제가 더욱 피폐해졌다. 결국 그리스도교가 힘을 잃어가던 로마에 대해 중압을 더하게 되어 멸망을 재촉했다는 견해이다. 이에 못지않게 긍정적인 견해도 있는데, 이들은 그리스도교가 농업 노동을 찬미하여 노동하는 것도 기도하는 것이라는 생각을 가지게 되면서부터 기술의 개량과 진보를 저해한 문화적 장애를 제거했다고 본다. 그리고 고대와 중세의 가교로서 고대 문화의 상부구조를 그대로 유지하면서 고전 문명을 구제하는 데에도 큰 성과를 거두었고 필사 작업이나 로마가톨릭의 제도를 통해 이러한 계승이 이루어졌다고 주장한다. 여기서 한 걸음 더 나아가 마침내 교회가 국가보다 우위에 서게 되었다고 보는 견해도 있다.| 자료 6 |

동서 교회의 분립

여기서 그리스도교의 큰 두 갈래의 차이를 염두에 둘 필요가 있다. 우선 동방교회는 '오소독스Orthodox'라고 불린다. 오소독스는 '정통'이라는 뜻이므로, 번역하여 '동방정교' 또는 '정교회'라고 한다. 반면에 로마교회는 보편이라는 뜻의 가톨릭Catholic이라고 불린다. 정교회의 특징은 그리스도교의 기본 신조를 철학적으로 정교하게 규정한다는 데 있다. 그러나 해결되지 못한 종교적 문제에 관해서는 황제의 결정을 수용하였고, 로마교회가 우월하다는 주장을 부정하거나 아니면 마지못해 인정하였다. 이에 비해 로마교회는 전통적인 공인 신조를 고수하고, 여기에서 벗어나면 황제가 지지하는 교리라도 거부하였다. 이뿐만 아니라 '로마교회의 주교Episcopus Romanus'를 전체 교회의 대표자로 주장하고 '숨무스 폰티펙스Summus Pontifex(최고 사제)'라고 불렀고, 이를 그리스어로는 파파스Πάπας, 라틴어로는 파파Papa('아버지'라는 뜻), 영어로 포프Pope라고 표시하며, 번역하여 교황이라고 한다. 이처럼 우월권을 강하게 주장할 수 있었던 이유는 교황이야말로 서로마제국 멸망 이후 이 지역의 유일한 정신적인 구심점으로 남았기 때문이었다.| 자료 7 | 대표적인 교황으로는 레오Leo 1세가 있다. 로마교회가 다른 교회에 대해서 우위를 주장하는 근거는 다음 네 가지다. 첫 번째, 예수의 수석 제자인 베드로에 의해서 설립되었다. 두 번째, 로마교회는 많은 순교자의 피로 정화되었다. 세 번째는 로마 시가 로마제국 전체의 수도였다. 네 번째, 이단에 오염되지 않고 사도들의 전통 정신을 그대로 보존했다. 이런 주장에 대해서 다른 그리스도교 교회는 당연히 반발하였다. 이와 같은 차이는 짧게는 교회의 동서 분리가 이루어지고 길게는 중세 서유럽이 독자적인 길을 가는 결정적인 계기가 된다.

동서 교회의 분열은 성상 파괴령Iconoclasm이 결정적인 계기가 되었지만, 그 전부터 분열의 씨앗을 가지고 있었다. 알렉산드리아에서 종교적인 이견으로 인해 내란이 일어나는데, 이는 가톨릭 신자와 단성론자가 대립한 결과였다. 이 시점에 비잔티움의 황제는 신성한 통치자로, 로마교황은 성 베드로의 직계자로 주장하였다. 게다가 484년에는 아카키우스Akakius의 분열이 일어났다. 이는 콘

도판 12 1425년경 얀 반 에이크Jan van Eyck가 그린 제단화, 십자가형(왼쪽)과 최후의 심판(오른쪽).

스탄티노플의 총 주교였던 아카키우스를 로마교황이 파문한 데에서 비롯한 것이다. 이때 교황, 겔라시우스Gelasius 1세는 이 사건으로 인해 사제와 왕의 역할이 구분된다는 선언서를 공표하게 되었다. | 자료 8 | 이런 분열의 이면에는 삼위일체라는 교리를 어떻게 이해하는가의 문제가 있었다. 흔히 '필리오퀘Filioque(그리고 아들로부터)'라고 칭하는 논쟁이 이를 보여준다. | 자료 9 |

이러한 갈등의 연속선상에서 불거진 문제가 성상 파괴령(또는 성상 파괴 운동)이었다. 이 운동을 주도한 인물은 동로마황제 레오 3세였다. 그는 소아시아 지역 출신으로 아랍과 유대의 영향을 많이 받아 서유럽의 경향을 부정적으로 보았다. 그러나 실질적으로 레오 3세의 목적은 자신이 시도하는 개혁에 필요한 자금을 확보하는 것이었다. 자연히 그는 많은 토지와 재산을 보유했던 교회에 주목하였다. 성상 파괴령은 이러한 목적 아래 토지개혁을 감행하여 황제권을 강화하고 성직자의 권한을 축소하려는 운동으로 전개된 것이다. 726년 최초로 성상 파괴령이 공표되었으나, 로마의 교황은 이를 거부하였다. 나아가 교황은 프랑크 왕국과 제휴하게 되었고, 중부 이탈리아를 교황이 직접 통치함으로써 이른바 교황령Papal State이 성립되었다.

이러한 갈등을 이해하기 위해서는 우선 '성상'이라는 말이 무엇인지 알 필요가 있다. 성상은 이콘Icon이라고 하는데, 오늘날은 우리가 아이콘이라고 해서 컴퓨터 용어로 쓰고 있지만 일반적으로 금박이나 여러 가지 귀금속을 붙여서 호화롭게 그린 성화를 의미한다. 정교회에서는 서유럽과 달리 조각과 같은 3차원의 형상은 만들지 못하게 금지하였으나, 가톨릭에서는 입체적인 조각이 널리 수용되고 있었다. 이런 문화의 차이는 갈등으로 치달았다. 이 시기에 주목해야 할 사건의 하나가, 르네상스 때에 밝혀지는 이른바 〈콘스탄티누스 대제의 기증장〉 위조 사건이다. 자료 10 이와 관련해서 여러 해석이 있지만, 교황의 이탈리아 통치를 정당화하기 위해 마련되었던 것으로 보인다. 한편 성상 파괴령은, 비잔티움 제국의 정치 문제로 계속 등장하여 개폐가 반복된다. 787년에는 폐기되었다가 815년에 다시 제정되었고, 결국 843년에 형상의 사용을 부활시킴으로써 이 논쟁이 끝나게 되었다. 이처럼 교회의 동서 분립이라고 하는 것은 단순히 성상 파괴령의 적법성 여부를 떠나, 크게 보면 그리스 지역과 로마 지역의 문화적 차이가 갈등을 가져온 것이며, 다른 각도로 보면 서유럽이 독자적 길을 갈 수 있도록 자극을 준 계기가 되었다. 자료 11

그리스도교와 중세인의 심성

중세 1000년간 그리스도교 문명 속에 있던 사람들의 의식구조는 어떤 영향을 받았을까?

먼저 시간관에 변화가 있었다. 고대의 시간관은 유사한 사건이 영원히 되풀이된다는 순환 사관이었다. 그런데 그리스도교가 중심 종교로 되면서 일직선의 시간관이 지배하게 되었다. 이 시간관은 인생의 궁극적인 목표가 영생에 도달하는 것이라는 관념을 생성하였다. 이 관념은 현실에도 정신적이고 시간을 초월한 원칙을 적용하려는 관행을 낳게 되었다. 그 결과 정신적인 영역과 현세적인 영역 사이에서 긴장을 유발하게 되어, 그리스도교적인 이상을 가지고 현재 및 역사를 개혁하려는 움직임이 있었다. 이 또한 중세의 특징이기도 하다.

중세 초기에는 그리스도교의 온전한 교리가 존재하지 않았다. 그뿐 아니라 성직자들도 직분을 수행하는 데 지적으로나 도덕적으로도 부적합했다. 그래서 신자가 된 게르만족은, 불교도에게의 탱화처럼 프레스코화를 통해 대략적인 지식을 습득하였고, 게다가 기존에 내려오던 주술 신앙과 자연숭배사상도 버리지 않았다. 특히 4세기부터 6세기 사이에는 성인 숭배, 순례가 유행하기 시작하였다. 이것은 다신교와 형상 숭배 같은 이교적인 요소들이 그리스도교의 형성에 큰 영향을 미쳤음을 의미한다.

자연현상의 해석도 달라졌다. 중세인은 보이지 않는 의지들이야말로 자연을 변화시키는 원인으로 의식하게 되었다. 사회적 재난과 자연적 재난이 동일하게 취급되었다. 그리고 우리가 보고 있는 가시적인, 즉 현세적인 세계를 과도적인 세계로 인식하여 종말에 관해 깊이 생각하였고, 그러다 보니 속죄 및 영원한 보수에 대한 염원 때문에 수도원으로 은둔하는 사례가 대단히 많았을 뿐 아니라 순례가 유행하였다.| 자료 12 |

지옥에 대한 공포 또한 유난히 커졌다. 사람들은 자신의 덕행으로는 천국에 들어갈 수 없으므로, 사제들로 대표되는 성인들의 알선이 꼭 필요하다고 생각했다. 종교 기관의 역할이 불가피해진 것이다. 지옥에 대한 이 같은 공포는 유럽의 정치를 안정시키는 데에도 크게 기여하였다. 그리하여 호국 신앙으로 교회가 보호되었다.

중세가 무르익어 가면서 새로운 정신적 창조물이 생겼다. 바로 연옥煉獄, Purgatorium(le Purgatoire)이다. 연옥은 초기 그리스도교에는 없던 관념이었다. 연옥은 회심한 사람에 대해 대도代禱를 통해서 천국으로 갈 수 있는 길을 열어놓았다.| 자료 13 | 연옥의 출현은 중세기의 삶과 연관이 있는 것으로 해석된다. 중세 사회는 세 가지 신분으로 구성되어 있었다. 따라서 저 세상만 둘로 나누어져 있는 것은 중세 사람들에게 모순된 이야기였다. 이에 중세인들은 자신의 사회를 저 세상에도 반영한 것이다. 연옥은 12세기경에 구체화되었는데, 고리대금업자 같은 부도덕한 사람에게도 용서받을 수 있는 길을 열어놓았다. 이는 중세에서 자본주의가 발전할 수 있는 문을 종교가 열어놓았음을 의미한다. 이렇게 보면 연옥은 중세가 낳은 새로운 상상의 창조물이며, 결국 자본주의를 가로막았던 장애를 허물었다고 볼 수 있다. 바로 이 점이 이슬람 세계와도 다르고, 동양과도 다른 서양의 특질이 되었다.

자료 읽기

자료 01

헤겔이 본 그리스도교 전야

헤겔, 《역사철학강의Vorlesung über die Philosophie der Geschichte》, dritte Auflage, Verlag von Dunder und Humbolt, 1848, pp. 387~388.

로마인의 세계는, 기술된 대로 그들의 방황과 신에 의해 버림받은 자가 느끼는 고통 속에서 현실과의 단절을 가져왔으며 오로지 그 정신 안에서 내적으로 달성될 수 있는 어떤 만족을 향한 공통의 열망이 등장하여 더 높은 정신세계에 대한 지반地盤을 준비하고 있었다. 그 세계는 신들과 그들이 돌보고 있는 명랑한 생활을 압살하는 여건이었으며, 인간의 심정에서 모든 특수성을 제거하는 힘이었다. 그러므로 그 세계의 전체적인 상태는 해산의 장소와 같으며, 그 세계의 고통은 또 다른 더 높은 정신적 해산의 진통과 같다. 그 정신은 그리스도교를 가지고서 열리게 되었다. 이 더 높은 정신은 정신의 속죄와 해방을 담고 있다. 이 점에서 인류는 더 순수한 보편성과 무한성을 의식하는 정신을 소유하게 된다.

자료 02

베네딕투스 수도원의 계율: 입단 조건

돔 커스버트 버틀러Dom Cuthbert Butler 편집, 《수도원에 대한 성 베네딕투스의 계율St. Benedict's Rule for Monasteries》, trans. by Leonard J. Doyle, Collegevill, Minn., Liturgucal Press, 1948, Chap. 58, pp. 79~80.

어떤 사람이 그의 생활을 개혁하고자 새로이 들어왔다면, 쉽사리 입단을 허용해서는 안 된다. 사도는 다음과 같이 말한다. "그들이 신으로부터 왔는지 여부를 알기 위해서 영혼들을 시험하라." 그러므로 만약 신참이 자신의 시련을 참고 견디면 그리고 그에게 제시된 가혹한 처치와 입단의 난관을 인내로써 견디는 것이 4일이나 5일 후에 보인다면 그리고 그가 자신의 청원을 간직하고 있다면 그때에 입단이 허용되도록 하며, 그로 하여금 며칠간 손님 숙사에서 머물게 하라. 그 후에는 수도원 숙사에서 살게 하는데, 여기에서 신참자는 공부하고 먹고 잔다. 상급자가 그에게 배당되어야 할 것인데, 그는 영혼을 설득하는 전문적인 사람으로서 극도로 조심하여 그들을 돌보아야 한다. 그로 하여금 신참이 진실로 신을 구하고 있는지 그리고 신의 일, 복종과 겸손을 위해 열심을 가지고 있는지를 검사하게 한다. 힘들고 까다로운 방식으로 신에게 이르는 여행이 이루어진다고 하는 점을 신참자로 하여금 듣게 할 것이다.

만약 그가 확실함과 인내를 약속한다면, 그때는 두 달의 끝에서 이 규칙을 그에게 통독하게 할 것이며, 그로 하여금 다음과 같이 선언하게 하라. "여기에 네가 싸우길 원하는 경우 따라야 할 규칙이 있다. 만약 그것을 네가 지킬 수 있으면 들어오라. 만약 할 수 없으면 너는 자유로이 떠나라." 만약 그가 여전히 확고하다면 그로 하여금 앞서 말한 수도원 숙사로 데려가서 다시 인내를 다해서 시험을 받게 하라. 그리고 6개월이 지난 후 규칙을 그에게 낭독하여 그가 입단하는 것이 무엇인지 알게 하라. 또 만약 그가 여전히 확고하면, 두 달 후에 같은 규칙을 다시 그에게 읽어준다. 그런 후 스스로 깊이 생각하고서 만약 그 규칙을 온전히 지키고 자신에게 명령된 모든 것을 준수할 것을 서약한다면, 그로 하여금 공동체에 받아들여지게 하라. 그렇지만 그로 하여금 규정에 따라 그날 이후로 그가 수도원을 떠날 수 없을 뿐 아니라 장고의 기간 동안에 거부와 용납이 자유롭던 규칙의 멍에에서 목을 뺄 수도 없음을 이해하게 하라.

자료
03

아우구스티누스: 나는 어떻게 그리스도교로 개종했나

아우구스티누스, 《성 아우구스티누스의 고백록The Confessions of St. Augustine》, trans. by John K. Ryan, New York: Doubleday, 1960, pp. 205~206.

나는 누구이며 나는 무엇인가? 내 행위 속에 발견되지 않을 악이 있기나 한가? 내 행위에서 그렇지 않다면 내 말에서, 내 말에서 그렇지 않다면 내 의지에서는 어떤가? 그러나 오, 주님, 당신은 선하시고 자비하시고 당신의 오른손은 나의 깊은 죽음을 주목하였으며, 그리고 나의 가슴 바닥으로부터 타락의 심연을 비우셨나이다. 내가 뜻한 바를 뜻하지 않고 당신이 뜻한 바를 뜻하는 것이 그 전부입니다. 그러나 이 긴 세월 동안에 나의 자유의지는 어디에 있었나요? 어떤 깊고 감추어진 구멍에서 내 의지를 한순간 불러내셨나요? 그곳에서 나의 목을 당신의 부드러운 멍에에, 내 어깨에 당신의 가벼운 부담을 매셨는지요? 오, 그리스도 예수, "나를 도우시는 자요, 나의 구세주여." 거짓의 달콤함에서 자유로워지는 것이 내게 갑작스럽게 얼마나 달콤해졌는지요! 한때 내가 잃을까 두려워하던 것들을 제거한 것이 이제는 기쁨입니다. 당신은 그런 것들을 내게서 치우셨습니다. 당신은 진정하고도 가장 달콤합니다. 당신은 그것들을 던져버리고, 대신 어떤 쾌락보다 더 달콤한 당신이 안에 들어오셨습니다. 그러나 육체와 피로 들어온 것이 아닙니다. 모든 빛보다 더 밝게, 그러나 어떤 비밀의 은신처보다 내 안에 더 깊게, 어떤 영예보다 더 높게 오셨습니다만, 스스로를 높이는 자들에게는 오지 않으셨지요. 지금 내 마음은 호의를 구하느라 이익을 탐하느라 진창에서 빠져나오느라 그리고 욕망의 가려운 상처를 긁느라 갉아먹은 근심에서 자유입니다. 나는 어린애처럼 당신, 나의 빛, 나의 재산, 나의 구원, 나의 주이신 신에게 말하였습니다.

자료 04

아우구스티누스의 역사적 의미

노먼 F. 캔터Norman F. Cantor, 《중세문명The Civilization of the Middle Ages》, Harper Perennial, 1994, p. 78.

대체로 아우구스티누스 덕분에, 5세기 그리스도교 교회는 보편적인 제도가 되고자 하는 어려운 결정을 하였다. 만약 다르게 결정되었더라면, 교회는 다음 500년간에 사라졌을 것이다. 교회는 게르만의 야만성을 통째 그리스도교 속으로 흡수하지 않으면 안 되었다. 그리고 500년간의 투쟁 이후에 대부분의 유럽을 라틴 그리스도교로 개종시키는 데 성공하였다. 이 개종 사업은 교인들이 세상으로 들어가서 난폭한 인민들과 더불어서 살고 투쟁함으로써만 완수되었다. 많은 수도사들이 수도원으로 은둔하지 않았으며, 그리스도교를 전선戰線으로 가지고 갔다. 아우구스티누스는 교회가 (예수처럼) 세상을 구원하기 위해서는 세상과 더불어 고난을 받아야 한다고 믿으면서 그렇게 살았다. 신을 사랑하는 자들은 인간도 사랑하며, 그리스도교도는 자신의 영역에서 사람들을 만날 의사를 가져야 한다. 이러한 의지는 로마 가톨릭교회의 영광이었다. …… 아우구스티누스의 사고에는 애매한 것들과 모순되는 것이 분명 있다. 이런 모순은, 부분적으로 그가 모든 것을 해낼 시간이 없이 바쁜 사람이며 임종 때가 되어서야 자신의 초기 사상의 일부에 의문을 제기하는 작은 책을 간행하였기 때문에 생긴 것이다. 더 중요한 점은 그의 사상이 그리스도교 자체(그리고 유대교) 안에서 뿌리 깊은 애매함을 반영한 것이다. 그리스도교 교리는 그러한 긴장 관계를 해소하지 않았다. …… 분쟁 그 자체가 궁극적으로는 분쟁과 변화를 향한 생산적인 추진력이 되었다.

자료
05

로마 멸망에 기여한 그리스도교: 에드워드 기번의 견해

에드워드 기번, 《기번의 로마제국쇠망사: 요약과 그림으로 제시된Gibbon's Decline and Fall of the Roman Empire: Abridged and illustrated》, Bison Group, 1992 reprint., pp. 232~233.

내세에서의 행복이 종교의 큰 목적이므로, 그리스도교의 도입 또는 적어도 악습이 로마제국의 쇠망에 어떤 영향을 끼쳤다고 해도 우리는 그다지 놀라거나 충격을 받지는 않을 것이다. 성직자들은 참음과 소심함에 관한 교리를 훌륭하게 설교하였다. 사회의 능동적인 미덕들은 억눌려지고 마지막으로 남은 상무 정신의 흔적은 수도원에 매장되었다. 국가와 개인의 재부가 자선과 헌신이라는 허울 좋은 요구에 바쳐졌다. 그리고 군인들이 받은 봉급은 오로지 절제와 정숙이라는 미덕을 요구하는 일밖에 할 줄 모르는 쓸데없는 남녀 군중에게 퍼부어졌다. 신의, 열정, 호기심 그리고 악의와 야심이라는 더 세속적인 열정들도 신학적인 불화의 불을 지폈다. 교회 그리고 심지어 국가도 종교적 파당들에 의해서 빗나가고 말았으니, 그들이 벌인 분쟁은 때로는 피로 물들고 언제나 화해하는 것이 불가능한 것이었다. 황제들의 관심은 병영에서 종교회의로 전환되었다. 로마 세계는 새로운 종류의 참주정에 의해 억압되었으며, 박해받는 분파는 그들 나라의 적들로서 눈에 띄지 않았을 뿐이다. 아무리 당파심이 위험하고 터무니없을지라도 그것은 불화의 원리인 만큼 아직은 통합의 원리이기도 하다. 주교들은 1800개의 설교단으로부터 합법적이고 정통적인 주권자에게 수동적으로 복종할 의무를 누누이 강조했다. 주교들 간의 빈번한 회합과 지속된 서신 교환은 먼 교회들도 단합할 수 있게 했고, 복음의 자비로운 성질은 보편적인 것들의 영적 동맹에 의해서 비록 제한되기도 했으나, 결국은 강화되었다. 수도사들이 가진 신성한 게으름을 노예적이고 유약한 세대가 열렬하게 받아들였다. 그러나 비록 미신이 우아한 퇴장을 할 수 없었더라도, 같은 악덕이 쓸모없는 로마인들을 더 저급한 동기들, 즉 로마의 표준에서부터 사막으로 유혹했을 것이다. 그 신봉자들의 자연적인 성향을 용인하고 인정해주는 종교적인 계율은 쉽게 복종된다. 그러나 그리스도교의 순수하고 참다운 영향력은 북구의 야만인 개종자들에게 행사되었다. 로마제국의 쇠퇴가 콘스탄티누스 황제의 개종에 의해서 촉진되었다면, 그의 승리한 종교는 제국 멸망의 충격을 완화시켰으며 정복자들의 맹렬한 기질을 유화시켰다.

이 무서운 혁명을 현 세대를 교육하는 데 적용하면 유익할 것이다. 자신의 조국이 가진 배타적 이해관계와 영광을 더 좋아하고 증진하는 것은 애국자의 의무이다. 그러나 철학자라면 자신의 시야를 넓혀서 유럽을 하나의 큰 공화국으로 간주하는 것이 허용된다. 그 공화국은 거의 같은 수준의 예의와 문화에 도달해왔다. 세력 균형은 계속 요동칠 것이고, 우리나 이웃 왕국의 번영도 부침을 되풀이할 것이다. 그러나 이런 부분적인 사건들은 근본적으로 우리의 전반적인 행복함, 예술의 체제, 법, 태도에 손상을 가할 수 없을 것이다. 이런 것들은 유럽인들과 그들의 식민지가 나머지 인류보다 더 위에 있음을 유리하게 드러낸다. 지구의 야만 민족들은 문명화된 사회의 공통의 적들이다. 그리고 우리는 근심스런 호기심을 갖고 옛날에 로마의 무기와 제도들을 짓누르던 그 재앙들의 되풀이에 의해 유럽이 여전히 위협받고 있는지를 물어야 할 것이다. 아마도 이 성찰은 저 강한 제국의 멸망을 제시하고 현재 서양의 안전에 관한 가능한 원인들을 설명해줄 것이다.

자료 06

초기 그리스도교에 대한 부르크하르트의 견해

야코프 부르크하르트Jacob Burckhard, 《세계 역사의 관찰Weltgeschichtliche Betrachtungen》, Berlin and Stuttgart: Verlag von W. Spemann, 1910, pp. 138~139.

종교들은 국가에 대해 고난을 당하고 항의하면서 행동하는 한, 자신들의 이상을 제일 먼저 주장한다. 그것은 말할 것도 없이 그들의 가장 어려운 고난이랄 수 있는 '불시험Feuerprobe'이며, 여기에서 분명히 높이 비약한 많은 종교들이 이미 몰락하였다. 왜냐하면 관용을 모르는 다른 종교가 등장하면 국가에 의해서 뿌리가 뽑힐 위험이 실제로 존재했기 때문이다. 그리스도교는 원래 '고난의 종교Das Leidende'였으며 그 교리는 고난받는 사람을 위해서 존재했다. 그리고 그것은 모든 종교 중에서 적어도 불교 다음으로 국가와 어떠한 연계를 맺을 가능성이 가장 적다는 특징을 가진다. 이미 그리스도교의 보편성은 국가에 대립된다. 그런데도 국가와 매우 밀접한 관계 속에 들어가게 되었는데, 이는 어떻게 된 것인가?

그 이유는 매우 이른 시기, 즉 사도들의 활동 직후라는 시점에 놓여 있다. 결정적인 것은 바로 2세기와 3세기에 살았던 그리스도교인들이 고대인들이었으며 이 시기가 정말로 단일국가의 시대였다는 점이다. 또 이제 그런 국가의 성질이 자기를 모범으로 삼아 교회가 만들어지도록 유도했다. 그리스도교인들은 어떤 대가든 치르고 나서 하나의 새로운 동배사회Gesellschaft를 지었으며 최대의 노력을 기울여서 하나의 교리를 정통으로 정하고 다른 모든 곁가지 의견들을 (이단으로서) 분리해내었다. 그리고 자신들의 단체를 이미 근본적으로 위계에 따라 조직하였다. 많은 것이 이미 매우 지상에 속한 것이었다. 사람들은 사모사타Samosata의 바울로와 에우세비우스Eusebius에 나오는 송사들에 관해서 생각하였다.[1]

그 결과 그리스도교는 이미 박해받는 동안에도 일종의 단일한 제국 종교였으며, 콘스탄티누스의 즉위와 더불어서 사태가 급변하자 그리스도교 단체는 갑자기 매우 강력해져서 국가를 자체 속으로 거의 수용할 수 있을 정도가 되었다. 그것은 이제 적어도 초강대한 국가 교회로 되었으며, 민족 이동기 전체 기간에 그리고 멀리는 비잔티움 제국의 시대까지 그러나 서유럽에서는 중세 내내 아마 우리가 보았듯이 그 종교는 결정적이었다. 카롤루스 대제의 세계 군주정은 콘스탄티누스와 테오도시우스의 그것과 마찬가지로 근본적으로 그리스도교의 영향을 받았으니, 교회가 아마도 국가에 의해 도구로서 오용될지도 모른다고 두려워해야 했을 때 이 근심은 오래 지속되지 않았다. 제국은 산산조각 났으되, 교회는 봉건 시대에 적어도 동시대의 다른 어떤 세력보다 더 강력한 상태로 남았다.

1 | 사모사타의 바울로는 260~268년간 안티오크Antioch의 주교를 지냈으며 이단으로 판정되어 파문되었다.

자료 07

그리스도교 교회가 왜 성장하였을까

노먼 F. 캔터, 《중세문명》, p. 69.

오로지 라틴 교회에만(그리고 오로지 유럽 문명에만) 윤리를 사회에 적용하고, 새로운 도덕적 질서를 창출하고, 인간의 영혼에는 물론이고 사회에도 더 나은 세상―신의 왕국을 만들려는 시도가 있었다.

피터 브라운Peter Brown, 《서양 그리스도교의 대두: 승리와 다양성, 기원후 200~1000The Rise of West Christendom: Triumph and Diversity, AD 200~1000》, Wiley-Blackwell, 1996, pp. 31~32. (한국어판 출간 제목은 《기독교 세계의 등장》)

3세기 교회들은 눈에 띄게 뭉치기도 하고 흩어지기도 하는 몸[2]으로 등장했다. 그리스도교인들은 자신의 몸을 돌보는 것으로 알려져 있었다. 이미 교회들은 보호받지 못하고 어려움에 처한 동료 신자들을 돌보는 체제를 만들어냈다. 그들은 모든 그리스도교 공동체 주위에 두꺼운 나무껍질처럼 성장하였다. 304년 키르타(알레리아의 콘스탄틴)에 있는 비교적 작은 그리스도교 교회는 창고에 열여섯 벌의 남성용 옷, 서른여덟 장의 베일, 여성용으로 여든두 벌의 치마와 마흔일곱 켤레의 슬리퍼와 열한 통의 기름과 포도주를 갖고 있었던 것으로 제국의 관리들에 의해 밝혀졌다. 자신의 공동체 주변부에 있는 사람들에게 주는 행위를 매우 강조함으로써 그리스도교인의 구제는 적어도 이론상으로는 교회가 손을 뻗어서 지방 사회 전부—외국인과 거지와 모든 사람—를 품는 것을 의미했다. 251년 로마에서 그리스도교 교회는—독실한 자들의 기증품을 가지고—154명의 성직자(이 중에서 52명이 퇴마사)를 뒷받침했고, 1500명의 과부, 고아, 빈민을 돌보았다. 빈민만 하더라도 로마 시에서 가장 큰 동업 조합을 제외한 전 조합의 구성원보다 더 수가 많았고, 성직자들은 어느 조그만 읍의 오르도Ordo, 즉 도시-위원회처럼 영향력이 크고 자기의식이 있는 단체를 이루었다. 그리스도교가 로마제국 내에서 통틀어 상대적으로 적은 수의 그리스도교인에 비례하여 훨씬 현저한 업적을 이미 이룬 것은 바로 이 하나의 결정적인 점 때문이었다. 다신교 사회는 수많은 작은 세포들로 이루어져 왔다. 비록 아득한 관습에 의해 지지되고 있었다고는 하나, 그 사회는 마치 벌집마냥 연약하고 부서지기 쉬웠다. 이와 대조적으로 그리스도교 교회는 옛날의 '렐리기오Religio'[3] 체제 아래에서 분리되어 있던 활동들을 합쳐서 치밀하며 심지어는 듬직한 헌신의 별자리를 만들게 되었다. 도덕성, 철학, 예배 의식이 서로 밀접하게 연결된 것으로 취급되었으니, 모든 것이 '렐리기오'의 부분이었다. 교회에서는 모든 것들이 자신들의 진정한 형태 속에 발견될 것이다. 이와 대조적으로 다신교 세계에서는 이런 것들이 분리된 활동 영역이었다. 자기 수양과 진리 탐구는 분명히 정해진 사회적 벽감Niche에서 이루어졌다. 그것들은 신사들이 하는 경향이 있었다. 철학도 도덕도 신들에 대한 숭배에 신세진 것이 없었다. 그것들은 인간의 활동이어서 인간에 의해 배워졌고 강행되었다. 그리스도교 교회들에서는 철학이 계시에 의존하였으며, 도덕이 '렐리기오'에 흡수되었다. 진리와 도덕적 개선에 헌신하는 철학과 도덕은 자신들이 가진 계급과 문화 수준에 무관하게

2 | 몸의 개념은 '교회는 그리스도의 몸'이라는 표현을 통해서 알 수 있다. 또한 그리스도는 교회의 머리로 비유된다.

3 | '다시 묶음'이라는 뜻의 라틴어로, 종교로 번역된다.

모든 신자들을 묶는 것으로 간주되었다. 두 가지는 신의 법을 받아들인 불가피한 결과였다.

자료
08

교황 겔라시우스 I세, 사제의 권위가 막중함을 선언하다

제임스 하비 로빈슨 편집, 《유럽사 사료선집》 Vol. 1, pp. 72~73.

존엄한 황제여, 이 세상을 주로 다스리는 두 힘이 있습니다. 이를테면 사제들의 신성한 권위와 왕권이지요. 이것들 중에서 사제들의 권위는 더 무겁습니다. 왜냐하면 그들은 신이 심판하실 때 심지어 인간의 왕들을 위해서 설명을 제시해야 하기 때문입니다. 황제께서도 알고 계십니다. 친애하는 태양이시여, 당신이 명예롭게 인류를 지배하도록 허락되었을 때에도 신에 관련된 것들에서 당신은 성직자의 지도자들 앞에 겸손히 머리를 숙이시고 그들의 손으로부터 당신을 구원할 수단을 기다려야만 한다는 것을 말이지요. 하늘의 신비를 받아들이고 적절하게 처분하는 데에서 황제는 종교적 위계보다 더 높은 대신에 거기에 굴종해야만 한다는 것을, 그리고 이 문제들에서 당신은 강제로 그들이 당신의 뜻에 따르게 하기보다 그들의 판단에 의존해야 한다는 점을 인정하고 있습니다. 그리고 만약 종교의 하인들이 공공질서에 영향을 주는 문제들에서 하늘로부터 당신에게 수여된 주권을 인정하면서, 당신의 법에 복종하여 그들이 세속적 사안의 진행을 방해하지 않는다면…… 종교의 성스러운 신비에서 비롯하는 관면寬免[4] 이 지정된 자에게 당신은 얼마나 기꺼이 복종하지 않을 것입니까?

4 | '관대히 용서하다'라는 뜻이다.

자료
09

필리오퀘의 문제

자크 르 고프, 《중세를 찾아서A la recherche du Moyen Age》, Paris: Louis Audibert, 2003, p. 137.

삼위일체의 정의를 둘러싼 치열한 적대감의 결과, 니케아공의회(325), 콘스탄티노플의 공의회(381)는 이단들에 반대하여 세 위격을 둘러싼 관계의 성격을 정하였다. 이 공의회들은 크레도Credo[5] 라는 격식을 정하였는데, 칼케돈공의회(451)에 의해 인준되었다. 크레도는 지금도 그리스도교의 주요한 모든 의식에서 엄숙하게 낭송되는 짧은 문구 안에 그리스도교 신앙의 교리를 요약한 것이다. 이것은 통상 '니케아·콘스탄티노플의 상징'

5 | '나는 믿는다'라는 뜻이며, '신경信經'의 다른 이름이다.

이라는 이름 아래 가톨릭의 예배에서 사용된다—'상징Symbolum'은 여기에서 '공동의 신조'를 의미한다. 사람들은 그 공의회가 정한 판본에 성령(삼위의 세 번째 신격)이 '성부에서 나온다'고 주장했다. 그 모든 것은 로마제국의 통용어인 그리스어로 초안되었다. 로마의 언어인 라틴어로 제시된 것은 다음과 같다.

Credo in spiritum sanctum(나는 성령이 계심을 믿습니다).

dominum et vivificantem(그는 주님이시면서 생명을 주십니다).

qui ex Patre procedit(그는 성부로부터 나오십니다).

그런데 많은 신학자가 더 표현을 정확히 하고자 했다. "나는 성령을 믿습니다. 그는 성부로부터 또 성자로부터 나옵니다." 그 표현은 라틴어 '필리오퀘Filioque'가 가필된 것이다. 당시에 이 격식은 "Qui ex Patre Filioque procedit(그는 성부와 또 성자로부터 나옵니다)"가 되었다. 그러자 필리오퀘를 둘러싸고 예리한 설전이 전개되었다. 카롤루스 대제는 서투르게도 일종의 잘못된 번역을 따르기로 결정하였다(그도 그의 측근도 그리스어를 구사하지 못했다). 따라서 서방은 필리오퀘라는 말을 신경 속에 채용했고, 동방은 거부했다. 이것은 두 교회 사이에 공식적인 분열의 빌미가 된다. 최근 요한 바오로 2세는 로마교회의 명의로 로마의 신경 안에서 눈엣가시와 같은 필리오퀘를 삽입할 의무를 유예했다.

자료 10 〈콘스탄티누스 대제의 기증장〉 내용

헨리 베터슨Henry Betterson 편집, 《그리스도교 교회의 문서Documents of the Christian Church》, New York: Oxford University Press, 1961, pp. 137~141.

황제 카이사르 플라비우스 콘스탄티누스는 그리스도 예수 안에서…… 거룩하고 복 받은 아버지들의 아버지인 실베스테르Silvester, 로마 시의 주교요 교황에게; 그리고 그의 모든 후계자들, 시간의 끝까지 복 받은 베드로의 의자에 앉게 될 사제들에게…… 은혜, 평안, 사랑, 기쁨, 오래 참음, 자비가…… 그대들 모두에게 있을지어다. …… 왜냐하면 우리는 그대들이…… 우리가 우상 숭배를 버렸고…… 순수한 그리스도교의 신앙으로 왔음을 알기를 원하기 때문이다. ……

신성한 사도들, 나의 주님들, 지복의 베드로와 바울로에게 그리고 그들을 통해서 복 받은 실베스테르, 우리의 아버지, 지고의 사제와 로마 시의 보편적인 교황 그리고 사제들, 세상 끝까지 복된 베드로의 자리에 앉게 될 그의 후계자들에게 짐은 기증하며, 이 선물로 우리 제국의 라테란 궁전을 양도한다. 그것은 전 세계의 모든 궁전보다 뛰어나고 앞서는 것이다; 그리고 더욱이 황제의 관도 바치는데, 그것은 우리의 머리에 쓰는 관이다; 그리고 주교관도 바친다. 또한 초인적인, 즉 우리 황제 목을 언제나 두르고 있는 영대領帶, Stola도 바친다; 그리고 보라색 외투와 붉은 투니카와 모든 황제 의상을. ……
그리고 짐은 저 가장 존귀한 인간들, 동일한 거룩한 로마교회를 섬기는 여러 교단의 사제들이 우리의 훌륭한 원로원이 영예롭게 장식하는 데 사용한 뛰어남, 구별됨, 권능과 우월함을 가질 것이라고 선언하는 바이다. 즉 그들은 귀족과 콘술들이 될 것이다. 그리고 짐은 명하노니, 그들도 다른 제왕다운 위엄을 가지고 장식될 것이다. 또한 짐은, 거룩한 로마교회의 사제는 제국의 관리들과 마찬가지로 치장할 것이라고 선언한다. ……
짐은 종종 언급되고 지복자인 실베스테르, 보편적인 교황에게 승급으로서 짐의 궁전과 마찬가지로 속주들과 궁전들과 로마 시의 여러 구역들과 이탈리아 그리고 서구의 여러 지방을 이전한다; 그리고 짐은 그것들을 그와 후계자 사제들의 권능과 권세에 양도하면서, 짐은 같은 것이 그의 처분에 놓여 있다고 결정하고 선언하며 합법적으로 그것을 거룩한 로마교회가 영구히 점유하도록 분급하노라.

자료 11

〈콘스탄티누스 대제의 기증장〉, 왜 위조되었나

노먼 F. 캔터, 《중세문명》, pp. 176~177.

기증장의 저자는 성 실베스테르의 전설을 이용하였다. 이 전설은 투르의 그레고리우스가 지은 《프랑크족의 역사》에 언급되고 있다. 이 전설은 아마도 5세기 말에 나온 것으로 보인다. 같은 때에 교황 겔라시우스 1세의 교리가 형성된다. 전설은 교황의 권위Auctoritas와 황제의 권한Potestas 간의 관계에 대한 겔라시우스의 개념이 지니는 급진적인 면을 역사적·법적 형태로 제시하고 있다. 기증장이 기초하고 있는 전설에 따르면, 교황 실베스테르 1세는 로마 황제의 한센병을 고쳐주었다. 고마움을 표하고자 콘스탄티누스 황제는 로마의 주교를 로마제국 내 모든 사제의 우두머리로 삼았을 뿐 아니라, 황제의 관과 모든 권력을 교황에게 양도하였다. 교황에 대한 복종의 표시로서 황제는 명목상으로 교황의 마부 직책을 수행하였다. 이번에는 관대한 교황이 황제의 관을 콘스탄티누스에게 되돌려주었다. 그러나 황제는 로마 시, 이탈리아, 서구 세계를 교황에게 바치고 콘스탄티노플에 거처를 정하였다. 이 매력적인 이야기 배후에 있는 교리는 급진적인 것이다. 즉 교황이 모든 지배자의 위에 있으며, 심지어 로마 황제도 그러한데, 그는 교황 덕에 그의 제관을 얻은 것이며 따라서 교황의 포고에 의해 폐위될 가능성도 있다. 교황은 절대적인 법적 권한을 지니는데, 로마 시와 성 베드로의 유산에 대해서만이 아니라 자신의 권리를 행사하기를 선택한다면 이탈리아와 전체 서구 세계에 대해 법적 권리를 가진다.

서구 세계에서 교황의 권위라는 개념은 이 문서에 잘 요약되어 있다. 이 위조문서가 우리에게 전해져온 형태와 저술의 시기에 관련하여 약간의 의심이 간다. 현재 남아 있는 판본은 9세기 중엽에 제작되었을 것이다. 그러나 사실상 우리에게 전해진 원래의 기증장이 750년경에 교황청 문서국에서 만들어졌다고 볼 증거가 충분하다. 이 문서는 754년에 파리에서 교황이 피피누스에게 직접 제시하였고, 프랑크의 왕은 교황의 유효한 권력에 대한 진정한 선언으로서 받아들였을 것이다.

교황청은 콘스탄티누스 황제에게서 비롯하는 위조된 문서를 통해서 자신의 이념을 표현하는 것이 필요하다고 생각하였다. 이는 중세 초기 법 관념의 성격에서 비롯하는 것이다. 좋은 법은 옛 법이고 법은 실질적으로 관습과 동일하며, 새로운 권리 주장은 관습적이거나 역사적인 토대를 지니고 있어야 한다는 것이다. 대체적으로 문맹인 사회에서 기록된 문서에 바쳐지는 존경심을 고려한다면, 중세 초에 자신의 권리에 대한 법적 기초를 확립하기 위해 문서를 위조하는 성직자들의 성향을 쉽게 이해할 수 있다. 기증장이 위조되었다고 해서 이것이 8세기 교황들의 도덕적 추함을 고발하는 것은 아니다. 문서는 단순히 교황의 이념을 표현하는 법적 방식이었을 뿐이다. 게다가 문서에 기증이 명시되고 그 내용이 서두에 요약된 콘스탄티누스의 통치 시기의 역사에 관한 특별한 해석을 교황청은 실제 진실한 것으로 간주하였을 가능성도 있다. 교황청은 로마에서 콘스탄티누스가 반포했다고 믿은 문서의 사본을 발견할 수 없었다. 그래서 수많은 중세 수도원들이 분실한 진본 특허장의 새로운 사본을 위조하듯이 자신의 판본을 제작해 낸 것이다.

자료

12

중세의 종교 열풍

마르크 블로크, 《봉건사회》 I, pp. 86~87.

만약 인류 전체가 그 종말을 향해 빠르게 가고 있는 것으로 여겨질 때 이 '가는 중'이라는 생각은 각 개인의 생활에 훨씬 많이 적용되었다. 많은 종교 저술가들에게 귀중한 은유에 따른다면, 진정한 신자는 땅 위에 살고 있을 때 순례자처럼 존재하였고, 그에게 길의 끝은 자연히 여행 중에 만나는 위험들보다 더 중요하다. 물론 대다수 사람들의 생각이 자신의 구원에 항상 머무르지는 않았다. 그러나 그것을 생각할 때 거기에는 내면에서 나오는 강렬함이 수반되었으며, 무엇보다 그들에게 발작적으로 떠오르기 쉬운 생생하고 매우 구체적인 이미지들의 도움을 받아서 그러했던 것이다. 왜냐하면 그들은 근본적으로 불안한 마음을 가지고 있었는데, 이 마음은 돌변하기 쉬웠기 때문이다. 해체로 기울어지고 있는 세계에 대한 회개의 분위기에 합류하자, 영원한 상급賞給을 얻고자 하는 바람을 가진 채 자발적으로 은둔하여 사라짐으로써 한 지도자의 경력이 돌연히 단절되어버렸다. 그것으로 여러 귀족 계보가 아주 끝나버렸다. 이를테면 퐁텐레디종Fontaines-lès-Dijon의 영주에게는 여섯 명의 아들이 있었는데, 그들 중 가장 유명한 클레르보의 베르나르Bernard de Clairvaux가 인도하자 수도원 생활을 열렬히 받아들였다. 그래서 이런 식으로 종교적인 성정性情, Mentality이 사회 여러 계층의 혼합에 도움을 주었다.

그럼에도 이 가혹한 실천에 복종시키도록 자신을 맡길 그리스도교인들은 별로 없었다. 더욱이 대다수의 그리스도교인들은 (아마도 이유가 없지 않은데) 자신들의 공덕을 통해서 천국에 갈 수 없다고 생각했다. 따라서 경건한 영혼들의 기도에, 소수의 금욕자 집단이 모든 신자를 위해 축적한 공덕에 그리고 성물을 통해서 구체화되고, 그들의 하인인 수도사들에 의해 대변되는 성인들의 중보 기도에 자신들의 여러 희망을 두었다. 이 그리스도교인 사회에서는—이 점에 관해서는 오류가 없길—정확하게 그들이 성령에 의해 인도를 받는 한, 집단 이해관계에서 영적인 조직의 기능보다 더 소중한 기능은 전혀 없었다. 대성당의 사제단이 행하는 자선, 문화, 경제에 관련된 역할은 굉장한 것일지도 모른다. 그러나 당시 사람들의 눈에 그것은 장식에 불과하였다. 지상 세계라는 관념은 피안 세계에 대한 강박과 여기에 연결된 초자연적인 의미에 완전히 물들었다. 현재 왕과 그 왕국의 행복 그리고 영원을 통해서 선왕들과 왕 자신이 구원되는 것, 그런 것이

루이 비만왕Louis le Gros(루이 6세)이 파리에 있는 성 빅토르의 수도원의 수사 사제단Community of Canons Regular을 세울 때 초석을 놓으면서 기대한다고 선포한 두 가지의 은혜였다. 오토 1세는 "짐은 제국의 보호가 그리스도교 신앙의 융성기와 묶여 있음을 믿는다"라고 말했다. 그래서 우리는 새로운 법제를 만들 힘이 있는 강하고 부유한 교회를 그리고 종교적인 '나라'를 속세적인 '나라'에 연결시키는 미묘한 과업에 의해 제기된 허다한 문제들이 있었음을 발견한다. 이 문제들을 둘러싸고 사람들은 열심히 토론하였으며, 이는 서구의 전체적인 진화에 심대하게 영향을 끼치게 된다. 이러한 면모들은 중세 세계의 어떤 정확한 그림에도 있는 핵심적인 부분이니, 이를 보고서 지옥에 대한 두려움이야말로 이 시대의 커다란 사회적 힘들의 하나임을 인정하지 못할 사람이 누구인가?

자료 13

고리대금업자, 연옥에서 천당으로

하이스터바흐의 카이사리우스Caesarius of Heisterbach, 《기적들에 대한 대화Dialogus Miraculorum》, ed. by Josephus Strange, H. Lempertz & Comp., 1851, 12. 24; 자크 르 고프, 《연옥의 탄생The Birth of Purgatory》, eng. trans. by Arthur Goldhammer, Chicago, 1984, pp. 303~304.

그 연속물의 첫 번째 예시는 나에게 특별히 중요해 보인다. 여기에 리에주Liège의 이야기가 있다.

수도사: 리에주의 고리대금업자가 얼마 전 죽었단다. 주교는 그를 교회 묘지에 못 들어오게 하였지. 그러자 그 아내는 교황청에 찾아가서 남편이 신성한 땅에 묻히는 것을 허락해주길 간청했단다. 교황은 거절했지. 그러나 남편을 위해서 빌었단다. "나의 주군이시여, 저는 남자와 여자는 한 몸이라고 들었으며, 그 사도[6]에 따르면 믿지 않는 남자는 그의 믿는 아내에 의해서 구원될 수 있다고 하더군요. 내 남편이 하기를 잊어 먹은 것을 그의 몸의 일부인 제가 그를 대신해서 기꺼이 하겠나이다. 나는 그를 위해 은둔자가 되어 신에게 그가 지은 죄들을 사해달라고 할 준비가 되어 있습니다." 추기경들이 간청하자 이를 뿌리치지 못하고 교황은 시신을 묘지로 옮기게 했단다. 그의 아내는 남편의 무덤 근처로 거처를 옮기고 은둔자처럼 외부와 격리한 채 밤낮 구제, 금식, 기도, 철야를 통해서 남편의 영혼을 구원해줄 것을 신에게 간구하였지. 7년 후 남편이 아내에게 나타났는데, 검은 옷을 입고 있었고 아내에게 감사했

6 | 〈베드로전서〉 3장 1절의 내용. 여기서 사도는 베드로를 지칭하는 것으로 보인다.

단다. "신께서 당신에게 보답하시길 당신의 노력 덕에 나는 지옥의 깊은 곳들과 아주 끔찍한 처벌에서 끄집어내졌다오. 만약 당신이 7년간 이런 종류의 예배를 더 해준다면, 나는 완전히 구제될 것이라오." 그러자 아내는 그대로 했지. 남편은 7년이 또 지난 후 아내에게 다시 나타났단다. 그러나 이번에는 하얀 옷을 입고 있었고 자신에 대해서 행복한 표정을 지었단다. "신이여 감사합니다. 그리고 여보 고맙소. 오늘 나는 풀려났다오."

수련수도사: 어떻게 해서 오늘 지옥에서 풀려났다고 그가 말할 수 있었나요? 지옥은 아무런 속죄도 가능하지 않은 곳인데.

수도사: '지옥의 깊은 곳들'은 '연옥의 가혹함'이라는 뜻이란다. 마찬가지로 교회가 죽은 자들을 위해 기도할 때에 "주님, 예수 그리스도, 영광의 왕이시여, 지옥의 손에서 심연의 깊은 곳들로부터 모든 믿음이 있는 자들의 영혼을 풀려나게 하소서"라는 말을 하는 것은 지옥에 떨어진 자가 아니라 구원될 수 있는 자들을 위해서 기도하는 것이지. 지옥의 손, 심연의 깊은 곳들—여기에서 이것들은 연옥의 가혹함으로부터라는 의미란다. 우리가 이야기한 그 고리대금업자에 관해서 말하자면, 그가 만약 결국에 회개를 표현하지 않았다면 그가 받을 벌에서 그는 풀려나지 못했을 테지.[7]

7 | 르 고프에 따르면, 이전에는 산 자는 교회법의 관할이며 죽은 자는 신의 관할이었다. 그러나 이후 영혼들은 신과 교회의 공동 관할이 된 셈이다. 그리하여 교회는 자신의 '도미니움Dominium'을 죽음 너머로 뻗친 것이다.

| 출전 |

아우구스티누스, 《신국론De Civitate Dei》: 410년 게르만족이 로마에 침략하였을 때 그리스도교에 대한 비난이 일자, 아우구스티누스(354~430)가 이에 대항하기 위해서 작성하였다. 여기에는 풍부한 로마 시대의 문헌이 언급되어 있어서 문헌학 연구에도 중요한 자료이다. 22권이며 413년부터 427년 사이에 저술된다. 신의 나라는 세속의 나라와 대조되는 나라가 아니라 세속 나라에서 이방인으로 사는 그리스도교인을 교회로 인도한다는 의미를 가진다.

아우구스티누스, 《고백록The Confessiones》: 아우구스티누스는 고백록에서 그리스도교가 자신에게 저항할 힘을 주기까지 자신의 죄가 많았으며 욕망에 의해 지배당하였음을 고백한다.

《수도원에 대한 성 베네딕투스의 계율》: 신입 수도사에게 많은 금지 사항을 요구한다. 하지만 이 계율을 통해서 이 수도회는 종교, 육체, 지성의 조화로운 삶을 추구하였음을 보여준다.

〈콘스탄티누스 대제의 기증장〉: 로마교회는 정치권력에서 서구 교회를 해방시키기 위해 투쟁하였다. 그 방법은 자신의 영토 및 정치적 권리가 최고임을 주장하는 것이었다. 이러한 시도의 하나가 콘스탄티누스의 기증을 확인해주는 문서를 위작한 것이다. 위작은 로렌초 발라Lorenzo Valla에 의해서 밝혀졌으나 이것을 둘러싸고 많은 논의가 이어지고 있다.

교황 겔라시우스 1세의 서신: 이 서신은 494년 비잔티움 황제인 아나스타시우스Anastasius(재위 491~518)에게 보낸 것이다. 이 편지를 두고 해석이 갈린다. 이 편지가 교황의 주권을 극단적으로 선포한 것이라고 보는 견해와 세속과 교회의 균형과 협력을 인정한 것으로 보아야 한다는 의견이 있다.

카이사리우스, 《기적들에 관한 대화》: 카이사리우스(1180~1240)는 하이스터바흐에 있는 시토 수도원의 부원장을 역임하였다. 이 책은 성인들의 전기라고 볼 수 있으며, 746개의 일화를 열두 개의 범주로 나누어서 수도사와 수련수도사의 대화 형식으로 이야기를 풀어나간다. 이 책은 흥미로운 소재를 담고 있어 중세 후기의 설교자들이 많이 찾았으며, 중세에 가장 많이 회자되던 책들 중에 하나이다. 특히 그는 수도원의 규율은 번영을 가져오지만 번영은 규율을 손상시킨다고 보았다. 그는 알비파에 대한 십자군의 지도자인 앙투안 아르노Antoine Arnaud가 어떻게 카타리파와 가톨릭을 구별하는가라는 질문을 받고 "그들을 죽여라. 주님이 그의 자녀가 누구인지 알 것이다"라고 대답했다고 전한다.

| 참고문헌 |

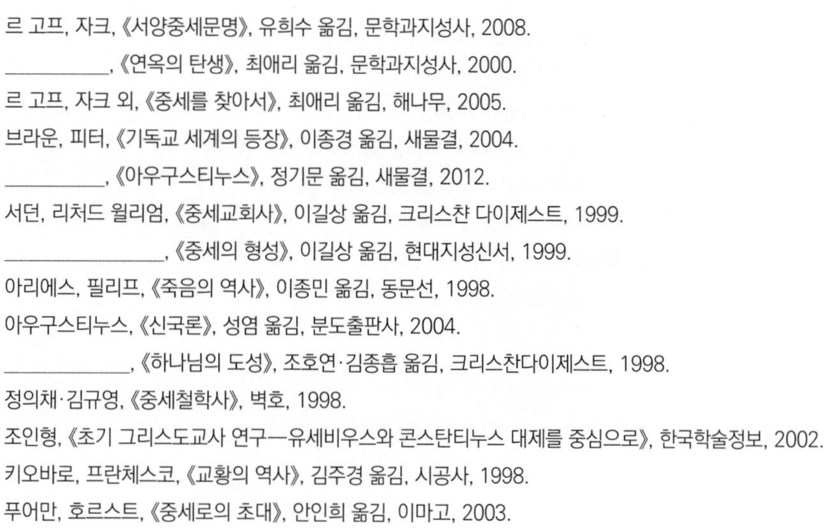

르 고프, 자크, 《서양중세문명》, 유희수 옮김, 문학과지성사, 2008.

__________, 《연옥의 탄생》, 최애리 옮김, 문학과지성사, 2000.

르 고프, 자크 외, 《중세를 찾아서》, 최애리 옮김, 해나무, 2005.

브라운, 피터, 《기독교 세계의 등장》, 이종경 옮김, 새물결, 2004.

__________, 《아우구스티누스》, 정기문 옮김, 새물결, 2012.

서던, 리처드 윌리엄, 《중세교회사》, 이길상 옮김, 크리스챤 다이제스트, 1999.

________________, 《중세의 형성》, 이길상 옮김, 현대지성신서, 1999.

아리에스, 필리프, 《죽음의 역사》, 이종민 옮김, 동문선, 1998.

아우구스티누스, 《신국론》, 성염 옮김, 분도출판사, 2004.

____________, 《하나님의 도성》, 조호연·김종흡 옮김, 크리스챤다이제스트, 1998.

정의채·김규영, 《중세철학사》, 벽호, 1998.

조인형, 《초기 그리스도교사 연구—유세비우스와 콘스탄티누스 대제를 중심으로》, 한국학술정보, 2002.

키오바로, 프란체스코, 《교황의 역사》, 김주경 옮김, 시공사, 1998.

푸어만, 호르스트, 《중세로의 초대》, 안인희 옮김, 이마고, 2003.

5
비잔티움
: 세계경제의 중심

527~565	유스티니아누스 1세 재위
532~537	성 소피아 성당 건축
610~641	헤라클리우스 1세 재위
717	이슬람군이 콘스탄티노플을 공격하였으나 격퇴됨
800~1000경	비잔티움 제국의 상공업 전성기
988	러시아가 정교를 받아들임
1025~1100경	비잔티움 제국 자유농민의 몰락
1054	그리스정교와 로마가톨릭의 분리

로마제국이 남긴 세 쌍둥이는 비잔티움과 유럽, 이슬람이기 때문에 중세 유럽은 비잔티움, 이슬람과 부단한 관계를 맺고 있었다. 비잔티움은 직접적인 계승자였고, 서유럽은 로마의 전통을 이어받고 있었다. 이슬람은 로마제국의 조직을 그대로 계승했을 뿐만 아니라 그리스·로마의 철학과 과학을 흡수하고 여기에 이집트와 페르시아의 전통을 더해 독자적인 문명을 발전시켰다. 중세 초기의 사정을 고려하면, 서유럽은 문명이랄 것이 없어 비잔티움 제국과 이슬람으로부터 많은 영향을 받지 않을 수 없었다. 또한 이러한 후진성이 이들에 대한 반발심으로 변하여 역사에 그 흔적을 남기고 있다.

동로마제국이냐 비잔티움이냐

비잔티움은 원래 그리스어로 '비잔티온Byzantion'이라고 불리던 지역 명칭이다.

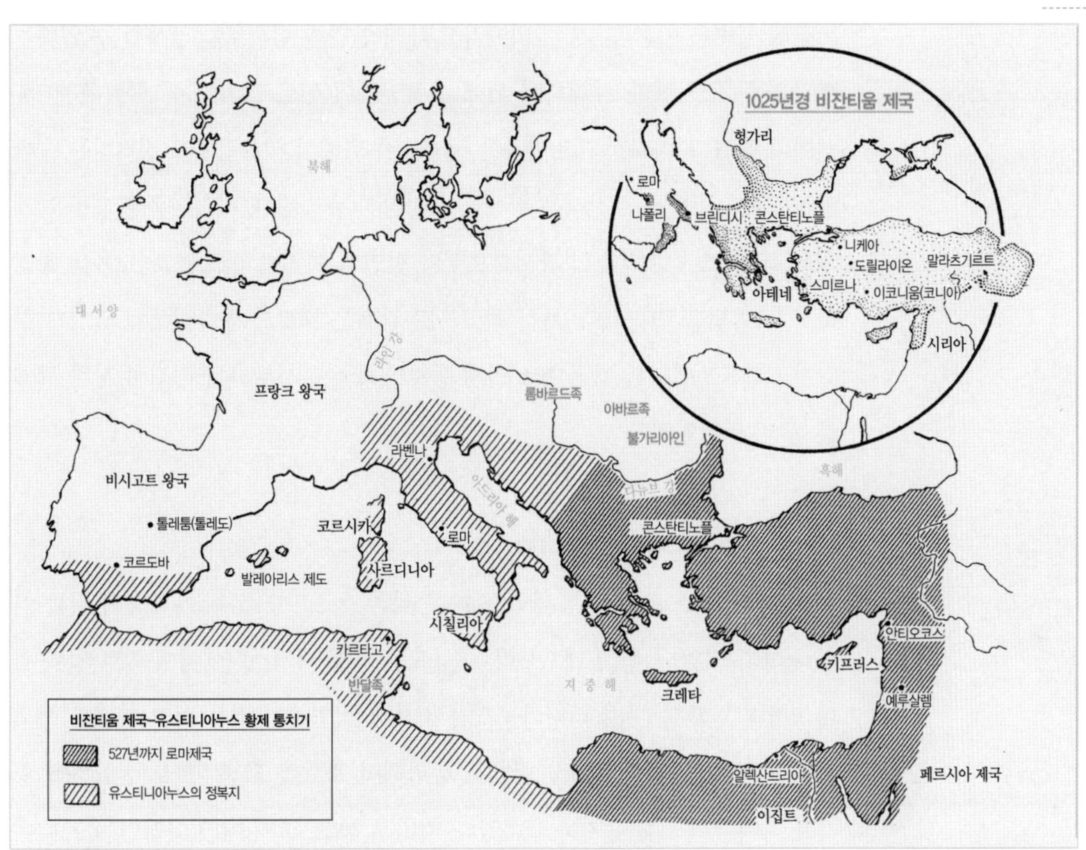

도판 13 비잔티움 제국의 판도 변화. 동로마제국의 판도(짙은 빗금)가 북아프리카와 이탈리아에 대한 유스티니아누스의 원정으로 급격히 줄어들어 원내의 점선 영역으로 국한되었다.

국가의 명칭은 어엿한 로마였다. 로마의 동쪽에 있었기에 편의상 우리는 동로마제국이라고 부른다. 서로마제국이 무너진 다음에 로마제국의 정통성은 동로마제국이 가지고 있었지만, 대부분의 서양 학자들은 비잔티움이라고 그 격을 떨어뜨리고 있다.

비잔티움 제국은 당시 동지중해 세계에서 가장 부유한 지역이었다. 그리하여 게르만족이 처음으로 공격해 들어온 곳이 바로 여기다. 아드리아노플Adrianople 전투에서 동로마는 게르만족에게 패배하기도 했지만, 막상 해체된 것은 서로마제국이다. 이 사실은 역설이다. 이처럼 동로마제국이 게르만의 노도와 같은 침입을 견뎌낸 이유는 무엇일까? 첫 번째, 동로마제국이 인구가 훨씬 많았고, 도시가 더 발달되어 있었다. 수도인 콘스탄티노플의 위치 또한 동서 무역의 중심지로서 황제의 재력에 크게 기여했다. 두 번째는 방어망이 견고했다. 콘스탄티노플의 성벽은 이른바 3중 방벽이라고 해서 인간의 힘으로는 정복할 수 없다는 평판을 듣기도 했다. 그리하여 뒤에 아랍인들이 이를 장악하는 데에 무려 700년이나 걸렸다. 따라서 게르만족은 성벽을 우회해서 서유럽으로 진격하는 수밖에 없었다. 세 번째 비잔티움 황제들이 상당히 유능했다. 비잔티움 황제들은 개혁을 통해 조세 부담을 경감시킴으로써 인민의 지지를 확보했고, 교육을 장려하고, 로마법을 편찬했다. 특히 최고 사령관직은 게르만족 출신에게 맡기지 않았다. 그리고 이러한 장점으로 인해 동로마제국은 서로마에 비해서 강한 체제를 유지할 수 있었다.

신학자 황제 유스티니아누스 1세

유스티니아누스Justinianus 1세(527~565)는 삼촌 유스티누스Justinus 1세의 뒤를 이어 황제가 되었다. 황비 테오도라Theodora는 한때 서커스단에서 무희로 일한 적이 있었다. 그녀는 유스티니아누스가 소요에 직면하여 겁을 먹고 황제를 사퇴하려고 하자, 이를 만류하고 군대를 동원해서 소요를 효과적으로 진압하여 황제로 하여금 옥좌를 유지하게 하였다. 따라서 테오도라가 없었더라면, 유스티니아누스 황제도 없었을 것이다.| 자료 1 | 그는 중세의 제왕 중에서 가장 교육을 잘 받은 사람이다. 아마 황제가 되지 않았다면 법학자나 신학자가 되었을 가능성이 컸을 정도로 지적 능력이 있었으며, 청교도적이고 근면한 생활을 했다. 그가 남겨놓은 최대의 유산은 성 소피아St. Sophia 성당과 《로마법 대전》이다.

성 소피아 성당은 비잔티움 제국의 최고 유물이다. 그 양식은 후기 로마제국 교회 양식을 계승하고 있기에, 기본적으로 로마의 바실리카를 모델로 하였다. 크기와 기술로 보면 중세 미술과 건축의 최고 모범이다. 내부의 모자이크 장식 안에 신의 지상 대리자인 황제를 만들어 넣음으로써 제국 지배의 이데올로기를 표현했다. 대성당의 사진에서 흔히 볼 수 있는 네 개의 첨탑은 이슬람 정복 후 추가된 것이다. 근대 서양 문명에 가장 큰 영향을 미친 《로마법 대전》의 편찬 동기는 황제권을 증대시키고자 하는 의도에 있었다.| 자료 2 | 황제는 수백 년간 정리되지 않고 내려온 법들을 책으로 편찬하도록 명령한다. 이 작업에는 합리성, 일

관성, 형평성이라는 기본 원칙이 있었다. 서유럽에서는 이 《로마법 대전》이 11세기 이후에 연구되었고, 이후 절대주의를 정당화하는 근거를 여기에서 찾게 된다. 하지만 이와 같은 편찬은 절대적인 권력이 없다면 이루어질 수 없는 작업이다. 실제로 영국의 보통법의 경우, 현재까지도 법전화의 수준이 이 《로마법 대전》에 이르지 못했다고 할 수 있다.

도판 14 1493년에 뉘른베르크에서 그려진 콘스탄티노플의 모습. 비록 오스만튀르크에 점령당했으나 옛 모습을 간직하고 있다.

종교 정책에서 황제는 자신의 신학적 지식을 이용하였으나, 결국 좋지 않은 쪽으로 결론을 맺게 된다. 그는 편협하게도 단성론의 문제점을 인식하고, 단성론자들을 박해했다. 특히 단성론을 주장하는 사람들이 많았던 이집트와 시리아 지역의 반감을 사게 되었으며, 이는 이슬람의 침입을 용이하게 만들었다. 이 정책은 J. B. 버리Bury가 '옥좌에 앉은 신학자가 공적인 위험'이라고 비난할 정도로 제국의 안정과 통일에 심각한 위협을 초래하였다.

유스티니아누스는 옛 영토를 회복하고자 하는 정책을 추진한다. 불행하게도 그의 정책은 자원이나 인민의 복지 문제가 별로 고려되지 않았다는 결정적인 약점이 있었다. 재위 3년 만에 유능한 장군 벨리사리우스Belisarius가 지도하는 군대가 북아프리카의 반달 왕국을 점령한다. 그러나 실질적으로 큰 효과를 거두지 못했다. 또 실패한 정책의 예는 533년에 이탈리아에서 벌인 고트 전쟁이다. 그곳에서 로마교황은 비잔티움 군대를 환영하는 입장이었고, 이탈리아 원주민들도 아리우스 신앙을 갖고 있는 오스트로고트 지배자들을 배척하였다. 그러나 오스트로고트족이 비록 지도자 테오도리쿠스를 잃기는 했지만, 그런 대로

도판 15 '슬라브인의 사도'라는 평을 받고 있는 키릴로스 Kyrillos(Cyril)와 메토디오스 Methodius 형제가 868년 로마 교황 아드리아누스 2세의 초청으로 크리미아에서 찾은 성 클레멘스의 유골을 들고 로마에 들어오는 모습. 두 형제는 862년 모라비아 군주의 요청으로 슬라브인들을 그리스도교화하기 위해서 파견되어, 최초의 슬라브 문자인 글라골 문자를 고안하였으며, 제자들이 발전시킨 키릴 문자는 결국 러시아 문자 확립에 크게 기여한다. 로마 방문 이후 슬라브인이 자신의 언어로 미사를 드리는 것이 허용되었다. 이 그림은 11세기경 제작된 프레스코화로 산 클레멘테 성당에 있다.

전투력을 유지했다. 그러다 보니 이 전쟁을 통해 오스트로고트족을 진압하는 데 무려 30년이 걸렸다. 결과적으로 이탈리아는 경제적으로 매우 피폐해졌는데, 그 영향이 10세기까지 지속되었다. 그뿐만 아니라 비잔티움 제국 자체도 큰 피해를 입었다. 재정이 매우 나빠졌음은 물론이고, 제국의 자원이 거의 다 고갈되었다. 이런 상황에서 568년에 랑고바르드Langobard족이라고도 불리는 롬바르드족이 북부 이탈리아에 침입했다. 그리하여 이탈리아에는 비잔티움, 롬바르드, 교황령, 무슬림, 이렇게 네 개의 세력이 나누어서 통치를 하는 상황이 전개되었다. 크게 보면 교황과 비잔티움 황제의 단기간 제휴는 이탈리아에 재앙을 초래했다. 고트 전쟁에서 적의 세력을 막는 데 성공하지 못함으로써 비잔티움의 황제들은 사면초가의 위기에 놓이게 된다. 이 정책은 서유럽과의 관계를 멀어지게 하는 계기가 되었다.| 자료 3 |

헤라클리우스Heraclius 1세는 불가리아인과 슬라브인들을 발칸과 그리스 지역에 정착시켰고, 황제는 명목상의 주권을 보유하였다. 그는 그리스 반도 주변만 지배하게 되었고, 지역의 인종 구성이 급격하게 변하게 되었다. 한편 그는 페르시아 제국을 공격하여 결정적인 패배를 안기면서 빈사 상태에 빠지게 하였다. 헤라클리우스는 '위대하지만 가장 불행한 황제 중의 한 명'이라는 평가가 내려져 있다.

비잔티움 제국의 축소

641년에 아랍인들은 시리아를 침입하여 정복한다. 이어서 이집트, 페르시아를 공격하여 지중해연안과 북아프리카를 정복하는 데까지 불과 30년 걸렸다. 이 정복된 곳은 동로마에서 가장 부유한 지역이었는데,| 자료 4 | 결국 아랍의 손에 넘

어간다. 이뿐만 아니라 그동안 명맥이나마 유지되던 로마제국이 해체되었다. 이 책임은 결국 유스티니아누스의 잘못된 판단에 기인한 것이라고 볼 수 있다. 이를 비잔티움 문화의 '복수'라고 표현하기도 한다.

비잔티움 제국은 새로운 로마를 표방하였고 황제들도 아우구스투스Augustus를 계승한 자로 자처하였을 뿐 아니라, 그 주민은 '로마이오이Romaioi(로마인들)'라고 스스로를 불렀다. 그러나 비로마적 요소도 이 제국에 수용된다. 특히 그리스도교를 국교로 한 점은 물론이고 그리스와 아르메니아의 요소가 들어왔다. 이 비잔티움 제국을 재평가할 필요가 있다. 1557년 독일 학자 히에로니무스 볼프Hieronymus Wolf의 저술이 나온 이후 제국이 비잔티움이라는 도시로 표현된다. 그러나 비잔티움 제국은 고전 문화를 보존하였으며 '죽은 과거의 산 작품'을 간직하여 현재에 넘겨주었다.| 자료 5 | 특히 성자전聖者傳이나 독창적인 미술 양식은 고전 그리스와도 구별되는 독특한 인류의 문화유산으로 정당하게 평가될 필요가 있다. 비록 1453년 오스만튀르크에 함락되었으나 비잔티움 제국은 서유럽을 지켜주는 방파제의 역할을 충실히 했을 뿐 아니라, 이후 러시아를 포함한 동유럽 문명의 기초가 되었다.

자료 읽기

자료 01

테오도라의 설득

프로코피우스 카이사렌시스Procopius Caesarensis, 《전쟁의 역사History of the War》 I, pp. xxiv, 35~38; 크레인 브린턴Crane Brinton 외, 《문명의 역사A History of Civilization》 I, Prentice-Hall, Inc., 1967, p. 220에서 재인용. (한국어판 출간 제목은 《세계문화사》)

신첩의 의견은 이렇습니다. 다른 모든 시간보다 지금이야말로 도망가는 게 안전할지 모르겠어요. 그러기에는 나쁜 시점이지요. 일단 사람으로 태어나서 빛을 보았다면, 죽는 게 필연이랍니다. 그러나 황제인 분이 도망자가 된다는 것을 참기 어렵습니다. 저로 하여금 자색의 옷에서 분리되지 않고 저를 만나는 사람들이 저를 마마라고 부르지 않을 그날에 더 이상 살지 않게 해주세요. 폐하, 만약 자신을 구하길 원하시면 이것은 어렵지 않아요. 왜냐하면 우리는 많은 돈이 있고, 바다가 있으며 여러 척의 배가 있으니 말예요. 그러나 폐하가 안전하게 된 후 차라리 죽는 게 낫겠다고 느끼지 않을지 생각하세요. 신첩으로 말하자면 '왕위란 시체를 감싸는 좋은 옷Royalty is good a shroud'이라는 옛날 격언을 좋아합니다.

자료 02

《학설휘찬》에 나오는 유스티니아누스의 머리말

《학설휘찬Digesta》, 법의 강화에 관하여De confirmatione

장군이자 황제인 플라비우스 유스티니아누스, 경건자, 복 받은 자, 고명한 자, 승리자요, 개선장군이요, 언제나 존엄한 자가 짐의 재무관인 트리보이나누스에게.

안녕. 우리에게 하늘의 장엄함에 의해 전해준 우리의 제국을 인도하시는 주창자인 신에 의해서, 우리들은 전쟁들을 다행하게 치렀으며 평화를 장식하고 국가의 상태를 유지하고 있도다: 또 전능하신 신의 도움을 받고자 우리는 우리의 정신들을 바친다. 우리는 무기도, 우리들의 병사들도, 전쟁의 지도자들도 또는 우리의 재능도 믿지 않는다. 대신 모든 세상의 요소들이 나오며 세상에서 그것들의 배치가 이루어지는, 오로지 최고이신 삼위일체의 섭리에만 모든 소망을 둘 것이다. 신적인 것과 인간적인 것을 질서정연하게 하고 모든 불공평을 몰아내는 법들의 권위만큼 모든 사물들 중에서 열정을 기울일 것은 없는 것으로 판명되었다. 한편 우리는 로마 도시의 건설로부터 그리고 로물루스의 시기로부터 내려온 법들의 방책이 매우 혼란하여 그 결과 그것이 한없이 확장되고 어떤 인간의 본성이 지닌 능력으로는 결론을 낼 수 없을 정도임을 발견하였다. 우리의 첫째 열정은 거꾸로 가장 신성한 원리들로부터 시초를 취하는 것이며, 그 원리들의 구성들을 수정하고 명백히 이해되도록 하는 것이다. 하나의 법전에 수집되고 모든 피상적인 단순함과 가장 불공정한 불화에서 해방되는 한, 그 원리들은 모든 사람들에게 그것들의 온전함에서 나오는 즉각적인 도움을 줄 것이다.

자료 03

유스티니아누스의 실패가 유럽에 미친 영향

노먼 F. 캔터, 《중세문명》, p. 131.

6세기 말과 7세기에 유럽은 콘스탄티노플에 대해 등을 돌렸다. 그리고 유럽인들은 지도력과 지침을 구하기 위해서 곤궁에 처한 비잔티움 황제들과 근본적으로 낯선 비잔티움 문화에 더 이상 의존하지 않았다. 이 점에서 유스티니아누스의 업적 중 6~7세기 유럽을 위해 가장 중요한 결과는 서구 자신의 인력과 제도를 중앙 무대에 등장시킨 것이다.

자료 04

비잔티움의 수공업과 종교

N. H. 베인스Baynes·E. A. S. 도스Dawes, 《세 명의 비잔티움 성인Three Byzantine Saints》, Oxford, 1948, pp. 117~118; 브린턴 외, 《문명의 역사》, pp. 227~228에서 재인용.

성 테오도레는 자신의 집사장Archdeacon을 수도인 콘스탄티노플에 보내어 성배와 은반을 사오도록 하였다. …… 집사장은 수도로 가서 은장색에게서 은의 질과 가공 솜씨 면에서 흠이 없고 잘 마무리된 그릇을 구입하여 수도원으로 돌아왔다. …… 성인이 그 물건들을 보자…… 쓸모없고 더러운 것이라고 퇴짜를 놓았다. 그러나 집사장은 물건들의 외관만 보고 숨겨진 것을 보지 못하였기에 물건들의 완벽하고 잘 손질된 솜씨와 5중의 인장이 찍힌 품질을 지적하면서 이 사실을 가지고 성인을 납득시켜야 하겠다고 생각했다. 그러나 성인은 말하였다. "알고 있네. 그렇지. 알아. 아들아, 눈이 볼 수 있는 한에서는 세공 실력과 은의 가치는 5중의 인장으로 분명하지. 그러나 그것을 더럽게 하는 또 다른 보이지 않는 원인이 있다네. 내 생각에 그 오염이란 어떤 불순한 사용에서 비롯한 것이라고 여겨지네. 그러나 만약 자네가 의심한다면 우리 기도문을 낭송해보게나. 그러면 깨달을 것일세." 그런 후 집사장이 신의 도움을 비는 기도문을 영창咏唱하자, 성인은 기도하는 동안 머리를 숙였고…… 성배와 은반은 검게 변하였다. …… 그런 일이 있은 후 집사장은 콘스탄티노플로 돌아가서는 은 거래상에게 되돌려주고는 이유를 말했다. 거래상은…… 그의 직원과 그릇을 만든 장색匠色에게 물었고, 마침내 그 그릇들이 한 창녀의 요강에서 왔음을 알게 되었다. …… 그는 매우 아름다운 다른 그릇을 그에게 주었으며, 집사장이 성인에게 가져와서는 그와 수도사들에게 먼저 그릇들에 있었던 오염의 원인을 보고하니 그들 모두가 신에게 감사를 올렸다.[1]

1 | 이 기사에서 비잔티움의 은거래 조직을 알 수 있으며, 5중의 검인을 통해서 품질을 보증하는 제도가 있었음을 알 수 있다. 발전된 비잔티움 경제의 면모를 보여주지만, 매매춘 같은 것을 통해서 거부가 되는 여인들도 있었음을 알 수 있다.

자료 05

요아사프 왕자

크레인 브린턴 외, 《문명의 역사》, p. 228.

이것은 한 인도 왕의 매우 세련된 이야기다. 그에게는 외아들이 있었는데, 세상의 지식에서 멀리 떨어져 있도록, 무엇보다 그리스도교로 개종하지 않도록 그를 격리시켜서 먼 궁전에 두었다. 그러나 왕자는 보호될 수 없었으니, 병든 자, 눈먼 자를 보게 된다. 그가 삶의 비참함에 절망하고 있을 때, 바를람Barlaam이라는 이름의 지혜로운 수도사가 변장을 하고 자신이 가지고 있는 귀중한 보석을 보여주고 싶어 하는 척하면서 왕자에게 접근하는 데 성공한다. 그 보석은 그리스도교 신앙이라는 보석이다. 이 긴 이야기의 나머지는 지혜로운 수도사 바를람이 왕자 요아사프Ioasaph를 개종시키는 것에 관한 설명이다. 개종 과정에서 바를람은 그리스도교인의 삶을 예시하는 도덕적인 이야기 열 가지를 말한다. 이것들 중의 하나가 우리에게 셰익스피어의 《베니스의 상인》에 나오는 '작은 상자 이야기Casket-Story'[2] 로 알려져 있다. 다른 것은 모든 서구 문학에서 공통인

2 | 셰익스피어의 《베니스의 상인》의 주인공인 포르티아Portia와 혼인할 후보자가 골라야 할 세 상자들인데, 각각 금, 은, 납으로 만들어졌다. 금 상자에는 해골이 들어 있고 '빛난다고 해서 모두 금은 아니다'라는 문구가 있으며, 은상자 안에는 '바보'라는 문구가 있으며, 납 상자에는 '아름다운 포르티아의 초상화'가 있다.

것이 되는 '만인Everyman'[3]에 관한 이야기다. 바를람의 다른 이야기들은 문자 그대로 수백의 다른 서구 저자들과 모든 민족의 설교자들에 의해 사용되었다. 그러나 이 비잔티움 문학의 단편에 관해 가장 매력적인 것은 그것이 바로 인도에서 기원하고 있다는 점이다. 요아사프의 전기는 기원전 6세기 인도의 위대한 종교 지도자인 부처의 전기를 그리스도교화한 판본이다. 그의 전기는 페르시아를 통해서 아랍인을 거쳐서 조지아의 코카서스 왕국에 전해졌고, 이후에 그리스의 전설이 되어서 서유럽에 전해졌다. 그리고 바를람이 요아사프를 개종시키기 위해서 말하는 이야기들도 기원이 인도인데, 붓다의 '탄생 이야기들'(그를 둘러싸고 전개된 것에 관한 주석으로서 사용되는 초기 성불 과정에서 겪은 붓다의 경험 이야기들)이 아니면 힌두교의 도덕적 우화이다. 요아사프라는 이름은 인도의 단어 보디사트바Boddhisattva(보살)와 같은 것으로, 성불에 도달하도록 운명을 타고난 사람을 의미한다. 요아사프 왕자는 정교와 로마가톨릭교회에서 성인으로 규정되었으며, 이 전설을 통해서 부처 스스로 그리스도교의 성인이 되기에 이르렀다는 점은 매우 낯설지만 사실이다.

3 | 15세기 영국에서 유행했던 도덕극이다. 원래는 《만인을 부름Summoning of Everyone》인데 줄여서 부른다. 만인은 인류를 의미하며, 선과 악의 갈등에서 어떻게 살아야 하는지를 묻는 내용이다. 여기에서 죽음이 만인을 부르자 동행할 사람을 찾는데, 아름다움, 세상의 좋은 것들, 친척들은 따르지 않고 오로지 선한 행실만 따르는 것으로 나온다.

| 출전 |

《로마법 대전Corpus Juris Civilis》: 유스티아니누스의 편찬 사업은 533년부터 그가 사망할 때까지 이어진다. 처음에 로마의 법을 모아서 간행하였는데, 이를 '코덱스Codex'라고 하였고 《칙법휘찬勅法彙纂》이라고 번역한다. 이것이 300만 행의 분량이라 실용화에 어려움이 있어서 이를 20분의 1로 줄였는데, 이를 '디게스타Digesta'라고 하며 학설을 모았다고 하여 《학설휘찬學說彙纂》이라고 하는데 50권 분량이다. 이를 또한 그리스어로도 옮겼는데 이를 '판덱텐Pandecten'이라고 부른다. 법학 교육용의 교재가 편찬되었는데, 이를 '인스티투티오네스Institutiones'라 하고 이를 《법학제요法學提要》라고 번역한다. 마지막으로 《칙법휘찬》 이후에 새로 나온 법령을 모았는데, 이를 '노벨라이Novellae'라고 하며 《신칙법新勅法》이라고 옮긴다. 이를 통칭하여 '시민법 대전'이라고 하는데, '로마법 대전'이라는 명칭은 중세 말에 생긴다.

프로코피우스 카이사렌시스의 저작들: 프로코피우스(500~565)는 현재 이스라엘의 카이사레아 출신으로 유스티니아누스의 장군 벨리사리우스의 법률 고문으로 여러 전쟁에 참여하였으며, 《전쟁의 역사》, 《비사》, 《유스티니아누스의 건축》을 남김으로써 고대의 마지막 위대한 역사가라고 평가된다. 특히 그는 교회가 민회를 뜻하는 에클레시아로 불린 것을 설명하였는데, 이는 고전기 아테네인에게는 낯선 것이었다. 특히 그는 유스티니아누스를 신의 대리인으로 보았다. 자신이 교회사를 저술하려고도 했으나 이루지 못하였다.

| 참고문헌 |

루이스, 데이비드 리버링, 《신의 용광로: 유럽을 만든 이슬람 문명, 570~1215》, 이종인 옮김, 책과함께, 2010.

오스트로고르스키, 게오르크, 《비잔티움 제국사》, 한정숙·김경연 옮김, 까치글방, 1999.

이덕형, 《비잔티움, 빛의 모자이크》, 성균관대출판부, 2006.

6 이슬람

: 단일한 믿음으로 세계를

570	무함마드 탄생
622	헤지라
630	무함마드가 메카에 입성
632	무함마드 사망
656~751	이슬람 세력이 시리아, 페르시아, 이집트를 정복
656경	시아파와 수니파의 분리
711	이슬람 세력이 에스파냐를 점령
750~1258	아바스 왕조

이슬람을 바라보는 시각은 이율배반적이다. 많은 선진 문화가 이슬람에서 들어왔음을 인정하면서도 적대적인 시각도 잠재해 있다. 그리하여 이슬람에 대한 동정만큼이나 반反이슬람의 경향도 유럽에 공존하고 있다. 이러한 사정은 그만큼 이슬람이 중세 서유럽에 미친 영향이 크다는 증거이다.

아랍 민족의 확산

비잔티움 제국에 못지않게 중세 유럽에 결정적인 영향을 끼친 것은 이슬람이었다. 이슬람이 번영하던 시기에 지중해 세계는 비잔티움, 서유럽, 이슬람의 세 세력으로 나누어져 각축을 벌이고 있었다.

이와 같은 이슬람의 확산은 단순히 어떤 종교적인 지도자와 그 열성적인 신자들에 의해 이루어진 것으로 생각할 수 있지만, 길게 보면 기원전 2000년부터

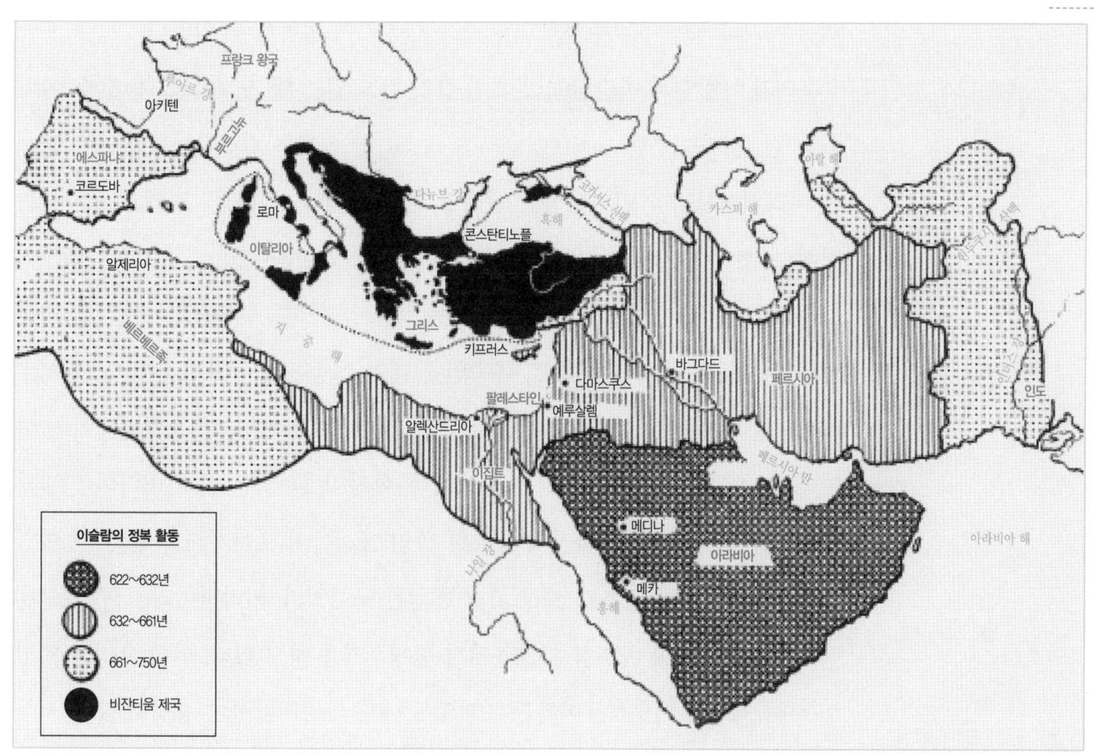

도판 16 이슬람 세력은 아라비아 반도를 중심으로 확장되어 페르시아, 이스라엘, 시리아, 이집트로 넓혀간 후 북부 아프리카와 에스파냐에 이르렀다. 불과 150년 만에 그리스도교의 중심지가 이슬람권에 들어갔다.

있어온 계속된 운동의 결과였다. 오래전부터 유목민들은 세력을 확산하려고 끊임없이 시도했으나, 로마제국과 페르시아 제국이 7세기 초까지 이러한 아랍 민족들의 북방 이동을 차단해왔다. 따라서 유목민이던 아랍 민족이 지중해 남부와 동부를 장악하게 된 것은 오랜 시도의 결실이다. 단 이 확산을 가능하게 한 배경은 세 가지다.

첫째, 이슬람 세력이 지중해 세계를 공격한 때가 두 제국이 힘이 빠진 시점이었다. 페르시아 .제국이 헤라클리우스 1세에 의해 약화됨으로써 두 강대국은 이슬람을 막을 여력이 없었다. 이러한 힘의 공백 상태는 이슬람이 비약적으로 세력을 확장해나갈 수 있는 여지를 주었다. 둘째, 비잔티움 제국이 이집트와 시리아에 펼친 종교 정책의 실패도 한몫을 하였다. 특히 헤라클리우스 1세는 알렉산드리아와 안티오크 등에 사는 유대인을 학살해서 이 지역 사람들의 반감을 불러일으켰다. 그리고 셋째, 이슬람이라고 하는 공통의 신앙과 종교적인 권위에 토대를 두고 아랍 민족이 통일을 이루게 된 것이다. 아랍인은 이들 요인으로 인해 로마제국에서 가장 부유했던 속주를 신속하게 정복할 수 있었다.

우리가 아랍인과 이슬람에 관해서 잘못 알고 있는 몇 가지가 있다. 첫째, 아랍인을 '한 손에는 쿠란Quran(코란Koran)을 들고 한 손에는 칼'을 든 모습으로, 둘째는 아라비아사막을 먼지바람만 날리고 석유가 불타는 불모의 지대로 생각하는 것이다. 첫 번째 것은 낡은 신화이다. 실상 이슬람교는 그리스도교나 유대교인들에 대해 관용적이었다. 비신자에 대해서는 인두세를 부과하거나 정치권력을 제한하는 등의 조치를 취하고, 복속민에 대한 개종을 서두르지 않았다. 실제로 아랍권을 여행하다 보면 이슬람 지역에 그리스도교인들이나 유대인들이 남아 있다는 것을 알 수 있다. 후자는 오해이다. 아라비아사막은 바로 바다와 연결되어 중요한 교역로이며, 따라서 중요한 상업 도시들이 오아시스를 따라 서 있었고, 이중에서 메카Mecca가 가장 크고 번성한 곳이었다. 카라반이라고 부르는 대상隊商이 아라비아 반도를 가로질러서 중개무역을 하고 있다. 현재 우리가 먹고 있는 여러 가지 기호식품이라든지 과일 중에도 아라비아산이 상당히 많다.

이슬람의 종교적 특성

이슬람교의 창시자 무함마드Muhammad는 메카의 저명한 가문 출신이었지만 대단히 빈곤했다. 그래서 연상인 과부의 대상을 관리하다가, 그녀와 혼인하였다. 상업 거래상 유대교와 그리스도교에 대해 상당히 친숙했던 그는 환상을 보며 천사장 가브리엘로부터 신 알라의 말을 받아 《쿠란》을 기록한 것으로 전해진다.| 자료 1 | 그는 애초 문맹이었으나 천사장의 지시를 받아서 이를 기록함으로써 가장 아름다운 아랍 문학을 만든다. 무함마드는 행정조직과 군사 조직에 매우 유능했다. 그는 목적이 수단을 정당화한다는 원칙을 고수하여 철저하게 전략을 세웠다. "금욕적이고, 경건하고, 강한 자로 겉핥기의 지식을 소유하고 중간 정도의 지적 능력, 그리고 위대한 개인적 용기를 가지고 있었으나, 이처럼 많은 수의 사람에게 빨리 호소할 수 있는 신앙을 수립한 정신적 지도자도 없다"라고 평가된다.

'이슬람'은 '알라의 뜻에 복종하다'라는 뜻이고 '무슬림'은 '신자', '쿠란'은 '읽기'라는 의미다. 이슬람의 종교적 특성은 다음과 같다.

우선 《쿠란》에 제시된 신학 체계는 누구나 쉽게 이해할 수 있는 단순한 것이다. 중요한 네 가지를 보면, 첫째는 전능한 신 알라를 인정하는 것인데, 알라신은 인간에게 엄한 윤리적 요구를 하는 동시에 확실히 내세에 대한 약속을 해준다.| 자료 2 | 천국의 이미지는 매우 구체적이고 매력적인데, 심지어 이 세상에서 금지된 것도 할 수 있는 곳이다. 그리하여 인류의 종교 중에서 가장 명백한 공덕功德 이론을 제시하는 종교라고 한다. 둘째, 순수하게 일신교를 주장한다. 그리스도교처럼 삼위일체 같은 복잡한 신앙 체계가 없다. 셋째, 무함마드는 최후이며 가장 위대한 선지자로 파악된다. 즉 그는 신성을 가진 자가 아니라 인간으로 인정된다. 넷째, 예수 그리스도를 위대한 선지자로 파악하며 무함마드의 길을 준비한 사람으로 여긴다.

이슬람교에는 실천 강령으로서 다섯 개의 기둥이 있다. 첫째는 유일신을 널리 알리는 것이다. '알라 외에 다른 신은 없고 무함마드는 그 예언자'라고 말해야 한다. 둘째, 신자는 하루에 다섯 번 메카를 바라보고 기도해야 하며, 금요일에는 모스크에서 기도해야 한다. 셋째, 알라에게 바치는 제물로서 그리고 경건의 행위로서 희사해야 한다. 넷째, 라마단 금식을 지켜야 한다. 해가 떠 있는 동안 이루어지는 이 금식 기간은 무슬림 달력으로 아홉 번째 달에 지정된다. 마지막으로 메카를 순례해야 한다.

몇 가지 금지 사항도 있다. 돼지고기를 먹지 않는다. 돼지고기는 특별히 부정한 동물로 생각해서 먹지 않도록 하는데, 아마 이 지역이 대단히 더운 지역이라는 것을 상기한다면 나름대로의 일리가 있다. 이어서 음주와 도박을 금지하고, 고리대금업을 못 하게 한다. 가족생활도 중시하는데, 네 명의 부인과 혼인할 수 있지만 매우 엄한 성적 윤리를 요구하고 있다. 또한 순교를 요구한다. 이른바 '지하드Jihad'라고 하는 '성전聖戰'은 참여하는 것만으로도 영생을 보장받을 수 있다.

8~9세기가 되면 지중해 남부와 동부에 살던 그리스도교인들이 대부분 이슬람교로 개종한다. 우선 이슬람교가 그리스도교나 유대교의 교리를 많이 채용하였기 때문이다. 따라서 이슬람교를 원시 그리스도교에 가까운 것으로 보는 견해

가 있을 정도로 이슬람교와 그리스도교는 정서적으로 비슷한 점이 많다.| 자료 3 | 이슬람에 정복된 지역은 가장 오래된 그리스도교 중심지였으므로, 이들 지역이 이슬람 앞에서 빠르게 무너진 사실은 그리스도교에 큰 충격이 아닐 수 없다. 현재 이들 지역은 이슬람의 중심지가 되었다. 물론 이 지역에는 이집트의 콥트교회Coptic Church 같은 일부 그리스도교 교회나 집단이 남아 있다. 대체로 900년경에 이르면, 북아프리카에서 라틴 교회가 소멸된다. 게다가 에스파냐에 있는 그리스도 교회까지도 큰 손상을 입는다. 10세기의 에스파냐 작가는 "현재의 많은 젊은이들이 이슬람교로 개종하는데, 그 이유는 자신들의 정치적 야심 때문만이 아니라 아랍 문학과 문화의 매력 때문이기도 하다"라고 전하고 있다. 최초의 프랑스인 교황 실베스테르 2세(재위 999~1003)는 에스파냐에서 이슬람의 수학과 철학을 배웠다.| 자료 4 |

이슬람교의 팽창과 분열

이슬람은 종교로 통일을 이루자 급격하게 팽창하기 시작한다. 632~732년, 불과 100년 동안에 지중해 세계를 대부분 장악한다. 무함마드가 죽은 이후에 '계승자Successor'라는 뜻의 '칼리프Caliph'가 주로 그 역할을 떠맡았다. 이후 이슬람은 638년에 예루살렘을 정복하고, 30년 만에 시리아, 페르시아, 인도 북부에 도달한다. 그리고 이집트, 알렉산드리아를 정복하고 북아프리카의 리비아까지 이른다. 711년에는 비시고트족을 멸망시키고 에스파냐를 정복하였고, 그리스도교 군주들은 10~15세기에 걸쳐 이 지역을 재정복하기 위해 노력을 기울였다.

732년에 투르-푸아티에 전투에서 패배한 무슬림은 프랑스로 진격하기를 중단하고 에스파냐에 머문다. 717년에는 콘스탄티노플을 공격했으나, 비밀 병기인 '희랍의 불Greek Fire'로 방어하는 비잔티움을 함락할 수 없었다. 이처럼 콘스탄티노플에 대한 아랍인들의 공격을 효과적으로 막게 되면서, 서유럽은 무슬림의 정복을 모면할 수 있었다. 반면 비잔티움 제국은 소아시아 지역을 제외한 전 지역을 상실하고 다시 일어서지 못한다.

이렇게 승승장구하던 이슬람에게 서서히 분열의 조짐이 보이기 시작했다. 정복지의 비아랍인들이 정복인 아랍인들과 동등한 권리를 요구하여 반란을 일으킨 것이다. 우마이야Umayya 왕조가 종식된 이후에 아바스Abbās 왕조가 일어난다. 우마이야 왕조는 시리아의 수도인 다마스쿠스가 중심이었고, 아바스는 이라크의 수도인 바그다드가 중심이었다. 이렇게 왕조가 교체된 것은 결국 반란과 정치적 이탈의 조짐이라고 볼 수 있다. 9세기 말에 이르러서 여러 국가로 분열되고 권력도 여러 전제군주의 수중에 장악되면서, 칼리프의 지위는 명목상으로만 남게 된다.

또한 이 시기에 정통파인 수니Sunni파와 시아Shiah파로 나뉘어 발전한다. 인구에서 압도적인 수니파는 《쿠란》의 계시에 입각하고, 칼리프가 정통의 수호자임을 믿는다. 수니파에서는 '이맘Imam'이라는 평신도가 지도자의 역할을 맡는다. 한마디로 그리스도교의 교황이나 사제와 같은 존재가 없다. 종교 지도자는 계시의 진리나 종교법을 관철하게 되는데, 이들의 영향력은 결국 세속 군주의 지지 여부에 달려 있다. 반면 시아파는 무함마드의 딸인 파티마Fatima의 후손이라고 주장하는 새 예언자의 계시를 믿는 입장이다. 이 점에서 정통파인 수니파와 대립된다. 이 시아파들이 일부 지역에서 정치권력을 잡는 데 성공했고, 오늘날 이란은 시아파가 주도권을 잡은 국가이다. 1980년부터 1988년까지 100여 만 명의 전사자를 낸 이라크-이란 전쟁이 이러한 주도권 다툼의 하나이며, 길게 보아 미국의 이라크 침공도 이런 맥락에서 나왔다. 또한 정치적 영향은 크지 않았지만 신비주의적 경향을 보여주는 수피Sufi파도 있다. 이들은 정통인 율법주의에서 탈피하여 신과의 직접 교섭을 주장한다. 이처럼 이슬람교에는 다양한 유형의 신앙이 공존한다.

아랍 문화

아랍의 과학과 철학은 10~11세기가 되면 전성기를 맞고, 12~13세기 유럽에 큰 영향을 주었다. 이미 8세기에 아리스토텔레스를 포함한 그리스 철학과 과학이 아랍어로 번역되었고, 9세기에는 이슬람 문화가 에스파냐에 도달하였다. 특히 에스파냐의 코르도바Cordoba가 서유럽 학문의 중심으로 부상하였다. 8~9세기

도판 17 코르도바의 메스키타 카테드랄Mezquita-catedral 내부의 이슬람식 기둥 모습. '메스키타'는 '모스크', 즉 이슬람 사원을 뜻하고 '카테드랄'은 가톨릭 대성당을 뜻한다. 787년에 건설되었고 이후 조금씩 확장되었다, 1236년에 그리스도교도에게 재정복된 뒤 대성당으로 변모하였다. 이처럼 기독교 양식과 이슬람 양식이 함께 결부된 것을 무데하르Mudéjar 양식이라고 한다. 코르도바는 이슬람 지배하에서 특히 크게 번성하였다. 무슬림, 유대인, 그리스도교도가 어울려 사는 인구 100만의 도시였으며, 중세 학문의 중심지로 도약했다. 유대인 학자 마이모니데스는 이곳에서 활약하였다.

에 대형의 선단을 만들고 지중해를 거의 지배한 아랍인들은 큰 영향력을 발휘하게 된다. 수학의 경우 인도의 숫자를 아랍인들이 널리 사용함으로써 흔히 아라비아숫자라고 부르는 숫자가 유럽에 전파되어 세계적으로 널리 사용되기에 이른다. 이처럼 이슬람 지역에서 자연과학과 수학이 발달할 수 있었던 이유는 무엇인가? | 자료 5 | 지적 활동이 정치나 종교로부터 독립할 수 있었기 때문에 가능했다. 그러나 11세기 이후 이런 활동에 정치적 또는 종교적인 억압이 가해짐으로써, 결국 자유로운 사변은 어려워지고 따라서 그 이후의 아랍 과학과 수학은 쇠퇴했다. 그렇다면 아랍 문화는 유럽 경제에 어느 정도로 영향을 미쳤을까? 역사가들에게 상당한 논쟁의 주제이긴 하지만, 아랍이 유럽 경제에 끼친 영향력은 별로 없었다. 왜냐하면 서유럽 자체가 이슬람 세계에 대해서 눈을 감고 있었기 때문이다. 10세기 말에나 서유럽은 그 상태를 벗어나 이슬람을 호의적으로 판단하고 그들로부터 많은 것을 배워오려는 자세를 보이게 된다. 따라서 그 전에 아랍 문화가 유럽 문화에 미친 영향은 대수롭지 않은 것이었다.

피렌 테제

마지막으로 생각해봐야 할 것은, 이른바 피렌 테제에 대한 재검토이다. | 자료 6 | 벨기에의 경제학자였던 앙리 피렌Henri Pirenne은 1937년에 간행된 《무함마드와 샤를마뉴》에서, 이슬람의 팽창이 결국 게르만 침입 때까지 지속되었던 서유럽과 지중해의 교역을 끝내고 단절을 가져왔다고 주장하였다. 이러한 단절로 인해 서유럽은 경제적으로 후퇴했고 봉건국가와 장원 경제를 수립할 수밖에 없었다고 피렌은 주장했다. 피렌의 이론은 명백한 것으로 받아들여졌고, 지금도 여러

학자들이 지지하고 있다. 그러나 1950년대 이후 피렌의 이론은 지나친 단순화라는 비판을 받고 있다. 이를 뒷받침하는 몇 가지 반론이 있다. 우선 게르만의 침입이 경제사에서 전환점이 아니라 이슬람의 침입이 전환점이라고 하는 피렌 테제는 투르의 그레고리우스의 저술을 잘못 읽은 결과라는 비판이 있다. 이슬람의 침입으로 지중해 교역이 상당 부분 쇠퇴한 것은 인정할 수밖에 없지만, 국제무역의 쇠퇴는 사실 2세기부터 나타난 현상이었고, 게르만 침입으로 가속화되었다가 6세기 말부터는 지중해 무역이 부분적으로 회복되고 7세기가 되어서야 잉글랜드와 지중해 무역이 회복되는 현상이 나타난다. 또한 이슬람의 확대가 전환점을 가져올 만큼 큰 사건이었는가에 대해 피렌은 여러 가지 증거를 제시하고 있지만 이에 반대하는 주장에 따르면, 노예무역이 유대인을 통해 그런대로 활발하게 이루어지고 있었고 아시아의 사치품 교역도 지속되고 있었다. 비록 이 같은 교역에 단절이 있었을지 모르지만 이는 매우 일시적인 현상이었다. 따라서 이슬람의 팽창이라고 하는 것은 2세기 말부터 지속된 자급자족과 탈도시화라는 경제적 과정의 한 단계에 불과한 것이고, 이 과정은 3세기의 내란, 4~5세기 게르만족의 침입, 그리고 이슬람의 승리로 인해서 나온 결과이다. 따라서 이슬람의 확대가 결정적인 영향을 미친 것은 아니라는 시각도 있다. 오늘날에는 피렌 테제를 일부 인정하기도 하지만, 이 설에는 재검토되어야 할 사실이 많다. 새삼 이슬람의 기여를 재평가하는 작업이 필요한 것도 이런 이유에서일 것이다.

자료 읽기

자료 01

무함마드, 메디나에서 계시를 받다

《쿠란Quran》, 〈수라Surah〉 47, trans. by M. Kasimirski, Paris, 1859, pp. 415~418; 웨슬리 D. 캠프Wesley D. Camp, 《서양 문명의 뿌리Roots of Western Civilization》 Vol. 1, John Wiley & Sons, 1983, pp. 88~89.

자비로운 자, 은혜로운 자, 알라의 이름으로.

알라는, 불신하며 다른 사람들을 그의 길에서 돌리는 자들의 공적을 무위로 할 것이라. 신앙을 가지고, 선한 일을 하고, 무함마드에게 계시한 것을 믿은 자에 관하여 말하자면—그것이 주님의 진리이므로—알라는 그들의 죄를 용서하고 그들의 마음을 고귀하게 할 것이라. 이것은 불신자들이 거짓을 따르는 반면, 신자는 자신들의 주님에게서 나오는 진리를 따르기 때문이니라. 네가 불신자들을 만나면 큰 살육을 할 때까지 그들의 머리를 때리고, 네가 포로로 잡은 자들을 확실히 묶어라. 그런 후에 그들을 풀어주거나 아니면 전쟁이 끝난 후에 그들의 몸값을 취할 것이다. 이것을 너는 할 것이라. 만약 알라가 원했다면 그는 그들을 스스로 파멸시켰으리라. 그러나 그는 너를 시험하기 위해서 그것을 하나하나 명하셨다. 알라를 위해서 죽은 자들을 위해서 그들이 한 행위들을 헛되이 하지 않을 것이다. 알라는 그들을 인도하고 그들의 마음을 고귀하게 할 것이라. 알라는 그들을 이미 그가 네게 말한 낙원으로 인도할 것이다. 오, 신자들이여, 만약 사악한 자들에 대한 알라의 전쟁에서 그를 돕는다면, 그는 너를 또한 도우며 너를 굳건하게 할 것이다. 불신자들에 관해서 말하자면, 그들은 사라질 것이요, 그들의 공적도 그러하리라. 알라의 계시를 거부한 것에 대해서 천벌이 있을 것이다. 그들이 세상을 전부 여행하고 그들 이전에 있었던 자들의 종말이 무엇인지 보았는가? 알라는 그들을 완전히 멸하였도다. 같은 운명이 우리 시대의 불신자들을 기다리고 있도다. 알라는 진정한 신자의 수호자이지만 불신자에게는 아무런 수호자도 없기 때문이다.

알라는 믿고 흐르는 강물이 물을 대는 정원에 선한 일을 하는 사람을 인정할 것이니라. 불신자들에 관해 말하자면, 불신자들로 하여금 마음대로 하게 하고 짐승이 먹는 것처럼 먹도록 하라. 지옥이 그들의 거처가 될 것이니라. [오, 무함마드여!] 그대를 쫓아낸 고향 도시보다 더 강한 도시들이 얼마나 많은가! 그의 주님의 인도를 따르는 자는 자신의 식욕을 따르고 악한 행위를 하는 자에게 비교될 것인가? 이것은 옳은 자가 약속을 받은 정원이니라. 가장 깨끗한 물을 품은 강들이 그곳을 흐르리니, 그것은 영원히 신선한 우유의 강이요, 가장 유쾌한 포도즙의 강이요, 가장 청결한 꿀이 흐르는 강이니라. 옳은 자들은 온갖 과일을 먹을 것이며 그들이 지은 죄에 대한 사함을 받으리라. 이것이 영원히 지옥에 살며 자신들의 내장을 찢을 뜨거운 물을 먹을 자들에게 비교될 만한가? 불신자들은 무엇을 기대하고 있나? 그들은 알지 못한 채 그들을 엄습할 운명의 시간을 기다리고 있나? 그때의 전조들이 이미 나타났도다. 그러나 그들에 대한 경고가 무슨 소용 있으랴? 알라를 빼고는 선한 것이 없음을 알라. 알라에게 네 죄와 진정한 신자인 남자와 여자의 죄를 용서하길 애원하라. 알라는 너의 모든 움직임과 그의 쉼터를 알고 있나니. ……

배교자에 관해서 말하자면, 그들은 진리의 길이 그들에게 계시된 이후에도 불신으로 되돌아가니, 그들은 사탄에 의해서 꾐을 받은 것이다. 이것은 그들이 알라의 말씀을 멸시한 자에게 "우리는 확실한 것에서[만] 그대를 복종할 것이다"라고 말하기 때문이다. 알라는 그들의 은밀한 생각들을 아신다. 천사들이 그들에게서 생명을 취하면서 그들의 머리와 등을 때릴 때에 그들은 무엇을 할 것인가? 알라는 그의 길에서 다른 사람을 돌아서게 하며 불신자로 죽은 불신자들을 용서하지 않으리라. 네가 우세하고 알라가 네 편에 있을 때에 겁먹지 말고 평화를 추구하지 말지라. 알라는 네 수고의 보상에 인색하지 않으리. …… 그대는 그대의 재산을 알라를 위해서 사용하도록 부름 받았으되, 그대들 중에는 인색한 자들이 있도다. 그러나 이 일에 관대하지 않은 자들은 자신에게도 관대하지 않으리니, 알라는 부유하고 너는 가난함이라. 만약 네가 얼버무린다면, 알라는 다른 사람을 들어서 너를 대신하리니, 그는 너와 완전히 다른 사람이 될 것이라.

자료 02

《쿠란》의 첫 장[1]

《쿠란》 1장 〈알 파리하(개경장)〉

참으로 자비로우시고 자애로우신 알라의 이름으로.

1. 온 세상의 주인이신 알라를 찬송할지어다.

2. 참으로 자비로우시고 자애로우신 분.

3. 심판일의 주재자.

4. 당신을 우리가 믿고 당신한테 구원을 청하나니.

5. 우리를 옳은 길로 인도하여 주소서.

6. 당신께서 은총을 내려주신 사람들의 길로.

7. 노여움을 산 사람들이나 길 잃은 사람들이 간 그런 길이 아닌 곳으로.

1 | '타스미'라고 불리는 구절이다.

자료 03

《쿠란》에 묘사된 모세

《쿠란》 28장

29. 모세는 약속된 기간을 보내고 가족과 더불어 여행을 하고 있을 때, 그 산 옆에서 불을 봤다. 그는 가족에게 말했다. "멈추어라, 불이 보인다. 너희들에게 그 불의 소식을 가져오든지 타다 남은 불꽃을 가져오겠다. 그러면 너희들은 몸을 녹일 수 있을 것이다."

30. 모세가 불 가까이 오니 골짜기 오른편에 있는 축복받은 밭의 나무에서 "오, 모세여, 나는 진실한 알라이다. 만유의 주이다.

31. 너의 지팡이를 던져봐라"라는 소리가 들렸다. 모세는 지팡이가 마치 뱀처럼 움직이는 것을 보고 도망 와 그곳에 다시 돌아가지 않았다. 더욱이 "오, 모세여, 가까이 오라, 무서워하지 마라. 너는 정말로 안전한 자이다.

32. 네 손을 품 안에 넣어봐라. 꺼내보면 새하얀 손. 너의 공포의 날개를 접어라. 이것은 파라오와 그 중신들에게 보인 두 개의 증명이다. 참으로 그들은 바르게 살지 못하는 백성이다"라고 고해졌다.

33. 모세는 말했다. "주여, 저는 그들의 한 사람을 죽였습니다. 그들이 저를 죽이지 않을

까 겁을 내고 있습니다.

34. 형인 아론은 저보다 웅변을 잘합니다. 저의 말이 믿을 수 있다는 것을 도울 자를 저와 같이 보내주십시오. 그들이 저의 말을 거짓이라고 할까 두렵습니다."

35. 알라께서는 말씀하시었다. "우리들은 너의 형으로 네 팔을 튼튼하게 하고 너희들에게 권위를 주어 그들이 너희들을 다치지 못하도록 하겠다. 너희들 및 너희들을 따르는 자는 우리들의 증거로 반드시 승리자가 될 것이다." (……)

39. 파라오와 그 군대는 땅 위에서만 교만할 뿐, 그들이 돌아갈 곳은 우리들 곁이라는 것을 생각지도 않았다.

40. 이에 우리들은 파라오와 그 군대를 잡아 바다 속에 처넣었다. 의롭지 못한 일을 하는 자의 말로가 어찌 되었는지 잘 보라.

자료 04

실베스테르 2세 교황이 저술한 주판 입문서: 주판 계산에 관한 규칙들

A. 올레리스Olleris 편집, 《교황 실베스테르 2세로 명명된 교황의 작품Oeuvres de Gerbert: Pape sous le nom de Sylvestre II》, Paris, 1867, p. 311, 321.

십(X)을 이용하여 단수를 곱하면, 당신은 디기투스Digitus들에게 10을, 아르티쿨루스Articulus들에 100Centum을 줄 것이다.[2] 100을 이용하여 단수를 곱하면, 당신은 디기투스들에 100을, 아르티쿨루스들에 1000을 줄 것이다. 1000을 이용하여 단수를 곱하면, 당신은 디기투스들에 1만을, 아르티쿨루스들에 10만을 줄 것이다. 1만을 이용하여 단수를 곱하면, 당신은 디기투스들에 10만을, 아르티쿨루스들에는 100만을 줄 것이다. 10만을 이용하여 단수를 곱하면, 당신은 디기투스들에 100만을, 아르티쿨루스들에는 1000만을 줄 것이다. 100만을 이용하여 단수를 곱하면, 당신은 디기투스들에 1000만을, 아르티쿨루스들에는 1억을 줄 것이다. 1000만을 이용하여 단수를 곱하면, 당신은 디기투스들에 1억을, 아르티쿨루스들에는 10억을 줄 것이다. …… 주판 숫자들의 배치에 따르면, 이 곱셈은 더 크게 나아갈 수 없다. 만약 누가 주판의 잣대를 무한대로 이 배치의 형태에 따라서 확장하고자 한다면, 앞에 보내진 숫자들과 나머지 숫자들은 무한대로 곱해질 수 있을 것이다. …… 그것들의 곱셈을 하는 자들은 완전히 자신으로부터 서열에서 멀리 떨어져서 디기투스들을 구성하지 않는 것이 아니다. 그곳에서는 곱해질 숫자 자체가 처음의 합산 이후에 모여져 있다. 아르티쿨루스는 참으로 언제나 디기투스 앞에 있으면서 하나의 아르티쿨루스에 그렇게 큰 것을 보낸다. 한편 디기투스들은

2 | 디기투스는 수의 첫 자리, 즉 1단위, 아르티쿨루스는 수의 둘째 자리, 즉 10단위이다. 아직 아라비아숫자가 도입되지 않았고 로마자로 숫자가 표시되었다.

작은 숫자들이라고 불리는데, 이것들은 데나리우스[3] 아래에 구성되거나 유사하게 표현된다. 혹은 심지어 더 큰 숫자들, 즉 X, XX, XXX 등등을 가지고서도 함께 놓인다. 즉 그 숫자들은 더 큰 것들로서 그 사실을 위해서 아르티쿨루스라고 불리는데, 왜냐하면 자체 속에 그 숫자들을 가두고 담기Arcient 때문이다. 따라서 작은 숫자들은 큰 숫자들을 통해서 곱해져야 하는데 이는 마치 반대로 더 큰 숫자들이 더 작은 숫자들을 통해서 나누어지는 것과 같다. 한편 숫자들은 다양한 방식으로 나누어진다. 참으로 더 큰 것이 저 작은 것을 통해서 나누어진다. 당신이 이를테면 단수, 이를테면 10이나 100이나 1000이나 10만이나 100만 등등으로 나눌 때에는 계산법이 다르다. 참으로 10의 자리, 100의 자리, 1000의 자리가 무엇인지는 앞에서 언급되었다. 한편 당신이 단수로 구성된 어떤 10단위와 단수를, 단수로 구성된 어떤 10단위로 나눌 때 계산이 다르다. …… 게다가 당신이 수백이나 수십만을 중간에 숫자가 있는 100단위나 1000단위로 나눈다면 계산 방법이 다르다.

3 | 데나리우스는 화폐 단위가 아니라 10을 담는다는 뜻이다.

자료 05

아랍에서 자연과학과 수학이 발전할 수 있었던 이유

노먼 F. 캔터, 《중세문명》, p. 139.

종교적 통솔력과 지적인 통솔력이 분리되어 있었다. 그리고 지적인 생활은 정통 교리와 아무런 관련이 없는 학자들에 의해 지배되었다. 이 상황은 아랍 과학의 활력과 대담성에 기여하였다. 그러나 결국은 이 점으로 인해서 12, 13세기 정통의 반동 시기에 합리적 탐색과 사변이 교리적 근거에서 나온 공격과 전복에 취약하게 되었던 것이다.

자료 06

피렌 테제

앙리 피렌, 《무함마드와 샤를마뉴Mohammed et Charlemagne》, Collection Quadrige, Presses Universitaires de France, Paris, 1992(1e édition Bruxelles, 1937), pp. 203~204. (한국어판 출간 제목은 《마호메트와 샤를마뉴》)

앞선 사실로부터 도출되는 핵심적인 주장은 다음의 두 가지다.

1. 게르만족의 침입은 지중해에 기반을 둔 고대 세계의 통일성에도, 서로마에 더 이상

황제가 있지 않던 5세기에도 보존되던 로마 문화 안에서 핵심이라고 사람들이 지적할 수 있는 것에도 종언을 고하지 않았다. 게르만 침입에서 비롯된 난관과 파괴가 있었음에도, 경제 질서에도 사회질서에도 언어 사정에도 제도 면에도 새로운 원리들이 출현하지는 않았다. 잔존한 것은 지중해 문명이었다. 그 문화가 보존된 곳이 바로 지중해 해변이었으며, 그곳에서부터 새로운 것들, 이를테면 수도원, 앵글로색슨의 개종, 만족의 예술 등이 출범했다. 오리엔트는 풍요로운 요소이며 콘스탄티노플은 세계의 중심이다. 600년의 세계는 400년의 세계와 질적으로 다른 양태를 가지지 않았다.

2. 옛 전통을 파탄시킨 도구는 이슬람의 갑작스럽고 예기치 못한 대두였다. 이슬람의 대두는 결과적으로 동방과 서방을 결정적으로 분리시켰다. 서방의 공동체에 계속 참여해온 아프리카와 에스파냐 같은 지역은 차후에 바그다드의 권역으로 끌려간다. 그곳에 출현한 것은 그 모든 영역에서 하나의 다른 종교, 하나의 다른 문화였다. 서부 지중해는 무슬림의 호수가 되었기에 당시까지 없던 적이 없던 교환과 이념의 통로가 되기를 멈춘다. 서유럽은 닫힌 병 속에 갇혀 자신의 힘으로 살아야만 한다. 유사 이래 최초로 역사적 삶의 축이 지중해에서 북부 유럽으로 밀려난다. 이 결과 메로빙 왕조를 몰락하게 한 쇠퇴는 새로운 왕조인 카롤링 왕조를 출현하게 하는데, 이는 원래 북유럽의 게르만 지역에서 유래한 것이다. 교황은 무슬림과의 싸움에 몰두한 동로마 황제와 결별하고 카롤링 왕조와 연합한다. 교회도 새로운 조류에 참여한다. 로마, 즉 교회가 세워놓은 새로운 제국에는 교회 말고 더 이상 아무것도 없다. 그리고 교회의 지배력은 국가의 그것에 비해서 그만큼 더 컸다. 국가는 자신의 행정을 유지할 수 없었기에 봉건제가 흡수하도록 방치하는데, 이는 경제적 후퇴에 따른 불가피한 결과이다. 경제적 후퇴의 모든 결과는 카롤루스 마그누스 이후 명백한 것으로 드러났다. 지방별로 상이한 차이점을 가지지만, 교회와 봉건제에 의해 지배된 유럽은 당시에 새로운 양태를 가진다. 전통적인 어법을 따르자면, 중세가 시작된다. 그 이행은 오래 걸렸다. 사람들은 650년에서 750년에 이르는 한 세기가 필요했다고 말할 수 있을 것이다. 옛 전통이 상실되고 새로운 요소들이 우세하게 되는 것은 바로 이 시기다. 800년 그 진화는 새로운 제국의 성립에 의해 완료된다. 그 제국은 동부에 새로운 로마제국을 제공한다는 바로 그 사실로 인해서 동부와 서부의 파열을 분명하게 만들고 있다. 그것이야말로 콘스탄티노플에 지속되고 있는 옛 제국과 그 제국이 갈라섰다는 분명한 증거이다(벨기에 위클러Uccle, 1935년 5월 4일).

| 출전 |

《쿠란》: 이 명칭은 '읽는 것'을 의미한다. 공식 명칭은 '알-쿠란 알-카림al-Quran al-Karim'으로 '고귀한 쿠란'이라는 뜻이다. 쿠란은 한 장소에서 한 인물에게 23년 동안 한 언어(아랍어)로 계시되어 완성되었다. 원래 쿠란은 구전과 문자 기록으로 보존되었다. 무함마드의 계시는 메카와 메디나에서 각각 13년, 10년간 계속되었다. 그의 사후 제1대 칼리프 아부 바크르Abu Bakr(재위 632~634) 시대에 최초로 집성되었다. 이본異本이 많아지자 칼리프 우스만 이븐 아판Uthman ibn Affan은 651년에 정확한 필사본을 만들고 이본들을 소각시켰다. 모두 114장 6200여 절로 구성되어 있다. 각 장은 '수라'라고 부른다.

교황 실베스테르 2세의 저작들: 실베스테르는 프랑스 이름으로는 '오리야크의 제르베르Gerbert of Aurillac'이며 교황으로 재위한 기간은 999년부터 1003년까지다. 그는 미천한 출신으로 오리야크에 있는 베네딕투스 수도원에서 교육받았다. 한 에스파냐의 백작에 의해 바르셀로나에서 공부하게 되었다. 이어서 코르도바와 세비야에서 아랍인 교사에게서 배웠고, 수학과 자연과학에 흥미를 가지게 된다. 이후 로마에서 신학을 수학하였다. 그는 970년에 황제 오토 1세와 만난 후에 대부분의 인생을 독일의 지배 영역에서 보냈다. 972년경에는 랭스에 공부하러 갔다가 교사로서 명성을 떨쳤으며, 997년에는 오토 황제에게로 간다. 황제의 총애를 받아, 998년에 라벤나의 대주교에 임명되었다가 다음 해에 교황에 오른다. 그는 최초의 프랑스인 황제로서, 황제가 로마제국을 회복하려는 꿈을 키우도록 했다. 그는 교육 방법에서도 업적을 이루어 논리학의 연구 지평을 넓히고 수학을 중요하게 만들었으며, 수사본의 수집에도 열정을 쏟았다. 본장에 소개된 주판Abacus은 원래 기원전 5세기 바빌론에서 발명된 것으로 알려져 있다. 주판 대신 자갈돌Calculi을 이용하여 계산하는 방법은 그리스 로마를 거쳐 이어졌으며, 중세 유럽에서는 1, 5, 10을 지시하는 산가지를 이용하였다. 교황 실베스테르 2세는 이런 주판에 변형을 가하였으며, 그의 개량 덕에 주판이 11세기 유럽에서 널리 사용되었다.

앙리 피렌, 《무함마드와 샤를마뉴》: 피렌은 1862년에 벨기에에서 태어났으며, 1935년에 사망할 때까지 벨기에의 역사와 서양 중세사 연구에 몰두했다. 1차 세계대전 시에는 독일군에 체포되었으며, 포로수용소에서 유럽사를 집필하고 자신의 테제를 구상한다. 피렌의 이 책은 1937년에 저자가 건강을 이유로 퇴고를 충분히 하지 못한 채 간행되었다. 피렌 테제에 따르면 이슬람의 팽창이 지중해 세계의 경제적 해체를 초래하였고, 이슬람의 진출이 게르만 침입 시기까지 지속된 지중해의 통일을 끝냈으며, 따라서 이러한 단절로 인해 서유럽이 자연 경제로 후퇴하고 봉건국가와 장원 경제가 수립되었다고 한다.

| 참고문헌 |

레스턴, 제임스, 《이슬람의 영웅 살라딘과 신의 전사들》, 이현주 옮김, 민음사, 2003.

루이스, 데이비드 리버링, 《신의 용광로: 유럽을 만든 이슬람 문명, 570~1215》, 이종인 옮김, 책과함께, 2010.

피렌, 앙리, 《마호메트와 샤를마뉴》, 강일휴 옮김, 지만지, 2012.

________, 《중세 유럽의 도시》, 강일휴 옮김, 신서원, 1997.

2부

봉건제도와 농업

정권을 잡은 권력자들은 마땅히 과거 로마제국과 같은 국가 체제를 꿈꾸기 마련이다. 그러나 이런 중앙집권화된 체제는 꿈꾸는 것만으로는 이루기 어려운 과제이며, 현실적인 조건이 만들어져야 가능한 체제이다. 중앙집권화 이전까지 질서를 유지하고 사회를 지탱하는 원리는 봉건제였다. 2부에서는 봉건제가 1000년에 걸쳐 작동한 원리를 살피고, 이 제도가 불가피했던 이유를 가족제도 등에서 찾아볼 것이다. 더불어 봉건제의 구체적인 작동 방식을 이해하고 이 제도를 가능하게 했던 봉토 제도가 어떤 현실 속에서 출현하였는지 살펴볼 것이다. 어떤 제도도 경제적인 뒷받침이 없어서는 유지되기 어렵다. 이런 점에서 같이 검토되어야 할 것이 바로 농업 제도이다. 특히 장원의 구성과 발전을 이해하고 그것이 사회에 어떤 영향을 주었는지 파악하는 것이 중요하다. 봉건제의 개념은 사실 후대의 착상이므로 이런 개념이 어떻게 갈래를 짓고 있는지 정리해볼 것이다. 이 작업은 특히 역사에 대한 우리의 시각을 가다듬게 할 것이다. 마지막으로 봉건제를 가능하게 한, 그리고 그것을 해체에 이르게 한 농업의 실태와 발전 과정도 살펴본다.

7 봉건제의 기본 틀

: 이념이냐, 실제냐

98 타키투스의 《게르마니아》에 게르만 종사제가 언급됨
5세기 유럽에서 왕이 출현
732 투르-푸아티에 전투
757 바바리아 공작 타실로Tasilo가 피피누스에게 탁신
8~9세기 주종제와 은대지제의 결합

봉건제는 실재했을까? 포스트모던 시대에 있을 수 있는 질문이다. 실제로 서양에 봉건제라는 용어가 확립된 시기를 17세기 이후로 보기도 하며, 또 한 걸음 더 나아가 봉건제를 역사 교육에서 제외해야 한다는 주장이 나오기도 한다. 무엇보다 봉건제의 개념을 둘러싼 정의가 분명하지 않고 상호 모순될 뿐 아니라, '봉건제'가 학문적인 용어라기보다는 특정 시대를 폄하하기 위한 목적으로 사용되었기 때문이다.| 자료 1 | 그럼에도 '봉건제'만큼 한 사회를 이상형(이념형, ideal type)으로 잘 보여주는 단어도 없다.

봉건제는 융합의 결과

지금까지 봉건제는 다음과 같이 이해되었다. 중세 사회는 봉건사회이고, 봉건제도는 주종제主從制와 은대지제도가 결합하여 나온 산물이며, 이 현상은 8~9세

기 사이에 일어났다. '베네피키움Beneficium'이라고 불린 은대지제도는 '페오둠Feodum'이라는 말로 바뀌게 되는데, 여기서 '퓨덜리즘Feudalism'이라는 말이 나온다. 일반적으로 봉건제도는 봉토와 주종 관계로 맺어진 지배 구조라고 정의할 수 있는데, 이는 표 1처럼 그려볼 수 있다.

〈봉건제의 개념도〉

- 주종제 : 게르만의 종사제에서 비롯됨
  - 보호와 부양 [주군 ↔ 봉신] 충성과 봉사
- 은대지제도 : 기병으로 종군하는 자에게 보상하던 토지로 용익권만 부여됨(용익권은 로마의 토지제도에서 비롯됨)

표 1 위 도식을 보면 게르만에서 비롯한 주종제와 로마에 기원을 두는 은대지제도가 만나서 이루어진 제도가 봉건제임을 알 수 있다.

봉건제를 이루는 것은 바살리지Vassalage와 베네피키움이다. 전자는 '주종제'라고 번역한다. 이는 봉건제도의 핵심으로, 이 기원에 관해서는 두 가지 설이 있다. 게르만의 종사제(코미타투스Comitatus)에서 비롯되었다는 주장과 로마의 피호제被護制(클리엔텔라Clientela)에서 왔다고 보는 견해인데, 현재는 일반적으로 게르만의 종사제가 주종제의 기원으로 간주된다. 이 제도에서는 자신이 모시는 사람을 로드Lord(주군, 라틴어의 도미누스Dominus)라고 하며, 부림을 받는 사람을 바살Vassal(봉신)이라고 부른다. 바살은 주군에게 충성과 봉사를 바치며, 주군은 이에 대한 대가로 보호와 부양을 제공하는 제도가 형성되었다.| 자료 2 | 후자인 베네피키움은 은대지恩貸地제도로 번역된다. 궁장 카롤루스 마르텔은 기병으로 종군하는 사람에게 보상을 해주어야만 했다. 기사로 복무하는 것은 많은 비용이 드는 일이었기 때문이다.| 자료 3 | 이를 위해 수여한 토지인 은대지는 원래 용익권用益權만을 부여하는 것이었다.| 자료 4 | 이는 로마의 토지제도인 프레카리움Precarium에서 기원했다. 두 제도를 보면 봉건제는 게르만 제도와 로마 제도의 융합에서 탄생했음을 알 수 있다.| 자료 5 |

이런 구도 때문에 어떤 사람은 봉건제를 정치적인 제도로, 어떤 사람은 토지를 둘러싼 경제제도로 파악한다. 따라서 봉건제를 탐구하는 것은 이런 시각을 지양하고, 두 제도나 문화의 융합이 어떻게 일어났는가를 중심으로 이해하는 일이 무엇보다 필요하다. 과거에는 봉건제를 역사 발전의 필수 불가결한 단계로 이해하기도 하였다. 그러나 이제는 이런 시각을 극복하고, 서양의 문화가 어떻게 이루어졌는지를 파악하기 위한 목적에서 봉건제를 이해하는 자세가 요구된다.| 자료 6 |

도판 18 〈바이외 태피스트리Bayeux Tapestry〉에 나타난 정복왕 윌리엄의 모습과 헤이스팅스 전투 장면. 이 작품의 존재가 처음 알려진 것은 1476년 바이외 대성당의 재산 목록에서였다. 1729년에 처음으로 스케치가 공개된 후, 1789년에는 군용 마차용 덮개로 징발되었으나 가까스로 구제되었다가 다시 원래의 바이외 대성당으로 되돌려졌다. 2차 세계대전 중인 1944년 7월 22일에는 게슈타포가 파리의 루브르로 이 작품을 옮겼고, 하인리히 힘러Heinrich Himmler는 이를 베를린으로 보내도록 하였으나 연합군에 의해서 파리가 수복되면서 파리에 남게 되어 현재 바이외 태피스트리 박물관에 전시되고 있다. 이 작품은 태피스트리라기보다 자수에 가까우며, 이중으로 직조되어 있고, 크기는 폭 0.5미터 길이 68.38미터로 이 도판은 여러 장면을 모은 것이다. 잉글랜드의 장인이 잉글랜드의 도안으로 만들었다는 시각도 있다. 이 도안이 노르만의 지배를 손상시키려는 의도에서 제작되었다는 견해도 있다.

봉건제하에서 왕은 어떤 존재인가

봉건제의 정치 구조는 왕권에 많은 제약을 가한다. 주군으로서 왕은 봉건제의 이론상 반드시 필요한 존재이므로 이를 없애는 것은 무질서한 상태를 낳게 되어 바람직하지 않았다. 그 왕은 휘하에 봉신을 많이 거느려야 위신이 섰으나, 이는 쉽지 않은 일이었다. 이들에게 보상할 능력이 없으면 가능하지 않은 일이었기 때문이다. 일반적으로 이러한 봉건제의 계약적 성격으로 인해 주군인 왕은 '프리무스 인테르 파레스Primus inter Pares', 즉 동배들의 일인자로서 인식된다. 이런 약한 왕권을 강화하기 위해서 왕들이 신정적 역할이나 주술사 혹은 치료사의 의미를 가지는 경우도 있었다.| 자료 7 |

봉건제의 영향사

물론 이러한 봉건제는 현재에는 희미한 현상이지만, 장기간 유럽인의 의식을 지배해온 것이기에 오늘날에도 일정 부분 봉건제의 의식이 작용하고 있다. 현재까지 남아 있는 봉건제의 내용은 세 가지로 요약된다.

첫째, 전사로서의 용맹이 사회의 선이라는 인식이다. 이는 강한 자만이 평화와 안전을 가져다줄 수 있다는 믿음에 기초한다. 이러한 가정은 사회에서 귀족이 지녀야 할 지도자로서의 자질로, 그리고 말을 탄 사람이 타고난 지도자인 반면 다른 사람들은 서서 봉사하였다는 믿음으로 변하였다. 육체의 힘이 강하다는 것을 타고난 선으로 보려는 봉건 인식은 강한 자가 약자를 도덕적으로도 제재한다는 인식 속에서 지속되었으며, 12세기부터 20세기까지 유럽 국가 체제가 작동하는 핵심 요소가 되었다.

둘째, 개인의 충성으로 이루어지는 유대 관계가 사회질서를 이루는 힘줄이며, 사람의 사람에 대한 관계만이 정치나 법률에서의 의무를 이행한다는 보장을 제시할 수 있다고 보는 인식이다. 충성심에 관한 이 가정은 11, 12세기 토지에 기반을 둔 사회에서 주권을 행사하고자 한 야심 있는 왕들과 공작들에게 유용했다. 또 충성의 개념은 어느 정도 개인 간의 관계에 대한 새로운 감수성을 불러일으켰다. 이는 한 인간이 다른 인간에 애착을 가지는 것이다. 그것은 중세식 사랑의 구성 요소가 되었으며, 낭만주의 운동에 영감을 주었다.

셋째, 충성의 유대 관계는 상·하향식으로 배치되어 있으며, 사회를 통해서 확산되고 하늘나라에까지 이른다는 인식이다. 이러한 가정은 성직자 위계라는 교리 속에서 훈련을 받은 성직자들이 봉건 시대의 위계질서를 승인하도록 허용한다. 성직자들은 이 봉건적 가치를 훨씬 더 강조하였으며, 위계질서를 봉건사회에서 더 중심적이고 더 엄격하게 만들었다. 일례로 프랑스 성직자들은 처음에는 봉건적 군주제를 달가워하지 않았지만, 10세기 말에 이르러서는 봉건제를 신이 정한 세상의 위계질서의 일부분이라고 하면서 지배 이념으로 주장하기도 하였다.

이런 면에서 보면 봉건제는 그 실체가 의심되기도 하지만, 하나의 문화로서 현재의 서양인을 이해하는 데에도 중요한 요소임에 틀림없기에 연구할 가치가 있는 것이다.

자료 읽기

자료 01

봉건제라는 용어의 난립상

로베르 부트뤼쉬Robert Boutruche, 《영주제와 봉건제Seigneurie et féodalité》, Paris, Aubier, 1959, pp. 12, 22~23.

그렇지만 '봉건제Féodalité'라는 단어는 르네상스까지는 소급되지 않은 것으로 보인다. 의심할 것도 없이 17세기 초에 이 단어는 당시 중세 구체제에서 가장 활발한 요소인 봉토의 법적 성격이나 부담들을 지시하기 위해서 고안되었다. 그러나 혁명이 일어나기 전에 형용사 '봉건적Féodal'과 복합된 표현을 더 선호하게 되었는데, 이 형용사는 중세로 소급된다. 16세기에도 이 형용사는 오래전 무대 뒤로 사라져버린 인간적인 관계 대신 토지 보유에 관련되었다. …… 의회 내에서 붕당들 간의 경쟁은 국민 생활의 박자를 늦추었으며, 제도가 제대로 기능하는 것을 방해했다. 이러한 권력 마비를 비난하기 위해 친숙한 용어가 그 사태를 구하기 위해서 호출되었다. "프랑스에서는 강한 국가와 단결한 인민이 필요하다. 부분들의 봉건제를 넘어선 통치가 필요하다." 정치생활의 영역 위에 그 용어가 자리 잡는다. 우파 사람들은 '노조의 봉건성'에 책임을 묻는다. 그렇지만 좌파 삶들이 가장 좋은 입지를 가지고 있기 마련이다. 누가 200개 가문이 활개치던 봉건제를 모르는가? 아니면 누가 '광산의 남작들'이 활약했던 기업 합동의 봉건제랄 수 있는 은행의 봉건제를 모르는가? '거대한 농촌 지주'의 봉건제도 있는데, 이에 대해서는 이미 1783년에 발랑시엔Valenciennes 자치시의 대리인이 이에 반대하여 궐기한 바 있다. 그리고 그 지주들은 지금 호평을 받으면서 다시 등장하였다. 여기에 동참한 것은 '정육의 진정한 영주들'인 가축 위탁판매업자들과 '증류주 제조업자들로 이루어진 새 봉건제'가 이끄는 '제5열, 알코올의 영주들'이다. 결정적으로 프랑스는 "크건 작건, 조직되었건 아니건 온갖 종류의 봉건제에 의해 피를 빨려 백짓장이 되었다." …… 확실히 의회와 정부 안에는 경제적인 세력들이 자신에게 봉사할 사람들을 거느리고 있다. 그들은 국가에 압력을 가하며 국제정치에서와 마찬가지로 국내 문제에도 간섭한다. 그리하여 오래된 격언 "자본은 봉건제가 되었다"가 새삼 기억난다. '봉건제'라는 용어는 계층 제도, 재산과 권력의 긴밀한 연결, 공동의 재산에 대항하여 싸우며, 또한 '프랑스 정치병'에 책임 있는 개인들의 사적인 관계 앞에서 일반 이익을 제거하는 것을 의미한다. 봉건사회는 봉건제가 지닌 이러한 성격들을 효과적으로 인지하고 있었다. 봉건사회의 경제 세력들과 중세적인 종속 관계 사이에 있는 이러한 유비類比는 피상적인 것일 수밖에 없다. 어떤 점에서 이런 비교는 매우 웃기는 일이다. 왜냐하면 봉건 왕정은 돈과 산업에 관해서 낯선 환경에 있었던 것이기 때문이다. 더 정확히 말하자면, 대부분 중세의 발전은 이러한 형태의 재부財富와 노동이 없었다는 데에서 기인한다. 권위의 세분화, 내부의 분란, 개인 이해관계의 무절제를 의미하기 때문에 '봉건적'이라는 단어를 사람들이 고대나 현재 해외 영토의 사회구조에 정신없이 적용하는 것이다. 현재의 현실에 적용되면 그것은 야만적인 행위와 억압적인 세력을 의미한다. 무뢰배들의 소굴이 그 단어의 날개 아래에 피난하고 있다. 낭만주의 부흥 이전에 고트족의 용어가 그러했듯이, 그것은 조롱의 의미에서만 언급될 뿐이다.

자료

02

프랑크족의 수봉 의식[1]

제임스 하비 로빈슨 편집, 《유럽사 사료선집》 Vol. 1, pp. 175~176.

봉신: 위대한 주군 ________ 님에게 나 ________ 는, 내가 먹고 입을 것이 얼마나 없는지 모두에게 친숙하게 알려져 있으므로, 나는 당신의 경애를 구하러 왔습니다. 그리고 당신의 선함이 나로 하여금 당신의 보호에 내 자신을 바치거나 나 자신을 신탁할 것을 허락할 것입니다. 그것을 나는 이미 행하였습니다. 다시 말해 이러한 식입니다. 내가 당신에게 봉사하고 그럴 만한 가치가 있는 한, 입을 것만 아니라 먹을 것으로 나를 돕고 구제해야 한다는 것입니다. 그리고 내가 사는 동안에, 나는 나의 자유로운 조건에 부합하게 당신에게 봉사와 명예를 제공해야만 하며 내가 살아 있는 동안 당신의 힘이나 보호에서 벗어날 능력을 가지지 않을 것이며 내가 살아 있는 한 당신의 보호력 아래에 머물러야만 합니다. 그러므로 만약 우리들 중 어느 누구도 이 협약을 철회하기를 원한다면, 그는 ________ 실링을 자신의 동료에게 치를 것이며

1 | 이러한 프랑크의 맹세 의식은 7세기경부터 추천된 양식이다.

이 협약은 깨지지 않을 것이 타당합니다.

주군: 깨지지 않을 충성을 짐에게 바치는 사람들이 나의 부조에 의해 보호되어야 한다는 것은 정당하다. 그리고 ________ 는 내 수하의 충성스러운 한 사람으로서, 신의 호의에 의해 짐의 궁전에 무장을 갖추고 왔을 때 짐의 면전에서 신뢰와 충성을 맹세하는 것이 적절해 보였기에, 짐은 이로써 앞으로 ________ 는 위에 언급한 대로 직신直臣의 숫자에 드는 것으로 간주된다고 선포하고 명하는 바이다. 만약 어떤 사람이 우연히 그를 죽인다면, 그 죽인 자가 600실링의 보상금을 내야 할 유죄 판결을 받으리라는 점을 알게 될 것이다.

자료 03

중세 기사의 무장 비용은 얼마나 들었을까

데이비드 리버링 루이스David Levering Lewis, 《신의 용광로: 유럽을 만든 이슬람 문명, 570~1215 God's Crucible: Islam and the Making of Europe, 570~1215》, 이종인 옮김, 책과함께, 2010, 276쪽.

40수(노예라면 거의 만져보지 못할 돈)나 암소 18마리를 가지고 가야 기병이 타고 다니는 말 한 필을 살 수 있었다. 쇠를 댄 가죽 상의는 12수였다. 정강이받이 한 벌은 40솔리두스가 넘고, 대략적으로 암소 20마리 값이었다. 좋은 투구, 가죽 상의, 승마 때 함께 들고 다니는 둥근 방패는 55수에 해당하고, 암소 약 25마리의 값이 들었다.

자료 04

토지로 기사를 양성하다

브라이언 타이어니·시드니 페인터, 《서양 중세사, 300~1475》, 3rd ed., pp. 88, 136~137.

카롤루스 마르텔에게 예전에 프랑크 왕들이 가졌던 야만적인 야망과 호전적인 능력이 다시 생겼다. 그는 난폭한 귀족들을 자신의 지도력 아래에 통합하기에 성공하였으며, 북쪽의 프리시아인들과 동쪽의 바바리아인들에 대해 벌인 빈번한 공격으로 그들을 이끌었다. 더욱이 그는 프랑크식의 전쟁 방식을 바꾸었다. 프랑크 전사들은 언제나 보병이었으며, 단지 왕과 대귀족만이 말 등에서 싸워왔다. 새로운 형식의 전투는 분명히 작고 간단한 발명품인 등자鐙子, Stirrup[2]에 기반하였다. 우리는 확실하게 어디서 처음으로 등자가 사용되었는지 아니면 정확히 언제 서유럽에 도입되었는지 알지 못하지만, 등자

2 | 말을 탈 때 사용하는 발걸이로, 이것이 도입되면서 마상 전술이 가능해졌다. 중국에서 기원전 4세기경에 처음 나왔으나, 한쪽만 발걸이가 있는 형태였다가 점차 발전하여 양발을 걸치게 된다. 대체로 중국의 경우, 5호16국 시기와 고구려 시기인 기원후 4세기가 등자 사용의 확립기로 보인다. 이 책의 저자에 따르면 4세기 정도 늦게 서양에 도입되었다.

의 잠재력을 전투에서 최초로 적용한 것은 카롤루스 마르텔의 군대였다. 등자를 밟고 말에 타고 있는 사람은 자신의 창을 던지는 것은 물론 타격하는 데에도 사용할 수 있으며, 등자를 밟고 섬으로써 자신의 무기로 상대에게 매우 효과적으로 충격을 가할 수 있었다. 카롤루스 마르텔은 프랑크의 전통적인 보병 부대를 보완하기 위해 그처럼 무장한 건실한 기병대를 구축했고, 그들을 개인적인 충성의 선서로써 자신에게 묶어놓았다. ……

봉건제의 상이한 요소들은 매우 이른 시기부터, 또한 서로 개별적으로 존재해왔다. 주군을 위해 싸우겠다고 맹세한 전사가 반드시 주군에게서 은대지를 받아서 보유해야 하는 것은 아니었다. 은대지 보유자들 대부분이 맹세한 봉신인 것도 아니었다. 또한 재판권이 토지의 보유와 연결된 것도 아니었다. 봉건제를 연구하는 역사가에게 주요한 문제는, 이 모든 요소들이 어떻게 혼합되어 봉신이 당연히 봉토를 가지고 그것에 대한 재판권을 행사하는 새로운 종류의 사회가 형성되었는가를 설명하는 것이다.

이 발전에서 중요한 하나의 시기는 8세기 초 카롤루스 마르텔의 통치기였다. 이때 프랑크족은 최초로 대규모로 기병을 사용하기 시작했다. 등자를 사용하고 갑옷과 창으로 보호받으며 검과 창으로 무장한 기마병 앞에서 보병은 불리하였다. 그러나 이런 장비는 엄청난 고가였으며, 그것을 효과적으로 사용하기 위해서는 연습을 지속해야 했다. 기마 중에 방패, 검, 창을 다루는 것은 오랜 경험과 엄한 수련으로 성취될 수 있을 뿐인 묘기였다. 이러한 유형의 군인은 말과 무기를 살 수 있을 만큼 부유해야 했고 먹고 살기 위해 일할 필요에서도 벗어나야 했다.

8세기에 이르러서 프랑크족의 국가는 현금 세입이 거의 없거나 약간 있었을 뿐이다. 왕과 귀족은 자신과 가족 그리고 가계를 자신의 영지에서 나오는 생산물로 부양하였다. 만약 카롤루스가 기마대를 가지려면, 각 병사에게 토지와 그것을 경작할 노동을 구비해주어야 했을 것이다. 카롤루스가 고안한 체제는 당시의 관습과 조건이 낳은 자연스러운 산물이었다. 그는 유능한 전사들을 등록했고 자신에게 절대적인 충성을 다짐하게 했다. 그들은 그의 바시 도미니키Vassi Dominici,[3] 즉 주군의 봉신들이 되었다. 각 사람에게 그는 베네피키움을 주었는데, 이는 그를 부양하는 데 충분한 넓이의 소유지였다. 이것을 병사로서 카롤루스를 잘 섬기는 동안 보유할 수 있었다. 그런데 필요한 만큼 많은 수의 충분한 은대지를 찾기가 어려웠다. 카롤루스는 이 목적을 이루기 위해서 왕의 소유지를 이용한 것이 틀림없다. 그러나 그렇게 하되 너무 광범위하면 정부의 재원을 심각하게 약화시킬 것이다.

곧 카롤루스는 탐욕의 눈길을 교회가 가진 광대한 토지로 돌렸다. 교회는 자신의 토지

3 | Vassal의 라틴어 표기.

를 은대지로 절급折給해왔다. 왜 이러한 일을 자신의 병사들에게 하지 못할까? 카롤루스는 고위 성직자들을 강요하여, 병사로서 카롤루스를 섬긴다는 조건으로 사람들에게 은대지를 수여하도록 하였다. 비록 이론상으로 이 은대지들이 교회로부터 받은 것이고 교회 토지로 남았지만, 사실상 카롤루스의 통제로 들어갔다. 그런 은대지를 수급한 병사가 죽으면, 카롤루스는 그것을 다른 능력 있는 전사에게 수여했다. 이렇게 하여 카롤루스는 군사적인 문제들을 해결했다. 그는 기병들로 이루어진 대부대를 얻었다. 그들은 맹세로 그에게 묶였고, 그의 기분에 따라 그들의 토지를 보유했다. 이런 과정에서 주종제와 은대지 보유의 결부가 훨씬 더 일반적인 것이 되었다.

자료 05

명예의 칭호

토머스 홉스Thomas Hobbes, 《리바이어던Leviathan》, 1929 reprint of 1651, Oxford at the Clarendon Press, pp. 73~74.

공작으로 번역하는 듀크Duke는 라틴어에서 지도자를 의미하는 둑스Dux(복수는 두케스Duces)에서 나왔으며, 전쟁을 지휘하는 장군이다. 백작은 카운트Count의 번역어로 라틴어에서 동료를 의미하는 코메스Comes(복수는 코미테스Comites)에서 나왔는데, 말 그대로 장군과 친구가 된 자로서 정복된 지역을 통치하고 방어하는 자이다. 후작 마르퀴스Marquis는 변경백을 뜻하는 마르키오네스Marchiones로서, 제국의 변경 또는 경계선 부근의 지역을 통치하던 백작이었다. 공작, 백작, 후작 같은 칭호는 콘스탄티누스 대제 때에 게르만족 민병의 관습에서 유래한다. 남작으로 번역되는 배런Baron은 갈리아인들의 칭호로 보이며, 전쟁에서 고용된 지위가 높은 사람을 의미한다. 이 말은 라틴어에서 남자를 의미하는 비르Vir에서 나왔는데, 그것이 같은 의미의 갈리아어 베르Ber와 바르Bar가 되고, 나중에 베로Bero와 바로Baro가 된다. 그러므로 이들은 복수로 베로네스Berones, 후에는 바로네스Barones라고 불렸고, 에스파냐어로는 바로네스Varones라고 불렸다.

자료
06

봉건제 개념의 적용 문제

최재현, 《유럽의 봉건제도》, 역사비평사, 1992, 171, 198쪽.

유럽이나 일본에는 귀족제가 있었지만 우리나라에는 귀족제가 없었다고 하는 일제 식민지 관학자들의 억설이 생각난다. 아시아적 전제의 정체된 사회상에서는 귀족이 없으니 계급투쟁이 일어날 리 없고, 계급투쟁이 없으니 사회가 정체될 수밖에 없다는 식으로 표현되곤 하였다. 그러나 이러한 견해는 완만한 속도로 진행되고 있었던 아시아 전통 사회의 '내인적 동태內因的 動態'를 무시하는 것이 아닐 수 없다. 결국 우리는 우리의 전통 사회를 일컫는 개념으로서 아시아적 생산양식이라는 개념이 부적절하다는 깨달음 위에 그 대안으로서 봉건제 생산양식이라는 개념에 착안한 선행 연구자들의 노심초사에 잇대어 가지 않을 수 없게 된다. 그러나 이 경우에도 봉건제는 다만 생산양식으로서의 봉건제일 뿐이다. 이 생산양식의 골간이 지주-전호제에 있음은 위에서 이미 검토한 바 있다. 그러나 봉건제 사회라 할 때 문제는 달라진다. 생산양식뿐만 아니라 지배의 양식, 국가권력의 창출 방식을 함께 고려할 때 봉건제라는 용어는 너무나도 서유럽에 특수한 역사적 개념이다. …… 지역과 인구를 비교해볼 때 그것은 당대 세계 전체에서는 특수한 일부 지역에서 꽃핀 제도였고, 어느 의미로는 그만큼 세계사의 주변부를 장식한 제도였다. 그럼에도 불구하고 중세 유럽의 봉건제도를 하나의 이념형으로 또는 원형으로 간주하고 다른 지역의 전자본주의사회를 그로부터 유추하여 설명하는 이유는 어디에 있을까? 역사가들은 중국과 일본, 오스만 터키, 인도네시아 등 각처에서 봉건제도 내지는 봉건적 사회관계를 찾아내느라고 많은 수고를 아끼지 않았다. 그리하여 봉건제도는 전자본주의 시대의 세계사 서술에서 하나의 보편 개념으로까지 부상하기에 이른 것이다. 역사가들은 지주와 소작인 간의 잉여 수취 관계에서 중세 유럽 장원 경제에서 보였던 봉건적 관계를 찾아내고 희열에 잠기곤 하였다. 또는 일본의 무사도에서 중세 유럽의 기사도에 비견할 만한 고유의 의례 전범을 발견하고, 그 사회와 이 사회를 매우 비슷한 구조로 이해하곤 했다. 더 나아가서 바로 그러한 무사 중심의 지방분권 체제가 있었기에 오직 유럽과 일본에서만 근대 자본주의가 꽃필 수 있었다는 주장이 제기되기까지 했다. 그리하여 중세 유럽의 봉건제도와 비슷한 것은 무엇이고, 다른 것은 무엇인가 하는 문제가 전자본주의사회를 연구하는 사가들의 관심사가 되곤 하였던 것이다.

어떤 의미에서건 이러한 역사 연구의 자세는 유럽 중심주의에 젖어든 것이다. 그러한 유럽 중심주의는 봉건사회를 근대자본주의로 성공적으로 재편한 유럽인의 성취에 기인하는 것이고, 또한 이를 정당화하는 시도이기도 하였다. 현대의 사가들 또는 사회과학도들이 즐겨 쓰는 학문 용어의 대부분이 유럽의 역사에 그 기원을 두고 있는 현상도 이러한 유럽 중심주의의 반영이다. 그러나 지금까지 우리가 살펴본 유럽, 특히 서부 유럽의 봉건주의가 세계의 중세를 관철하는 보편사적 사회과정이라고 과연 단언할 수 있을 것인가? 통일된 국가가 결여된 중세 유럽이 세계사의 중심이고 또한 보편사적 개념의 근원일 수 있는 것일까? 이러한 질문에 긍정적인 답변을 하게 해주는 것은 근대 유럽인들의 경제적 성취였다. 그러나 그러한 성취에도 불구하고 유럽이라는 지역의 특수성, 역사의 특수성 위에서 형성된 제도를 그대로 다른 지역에 대입해보는 일이 정당하다고만은 할 수 없을 것이다.

자료 07

중세의 왕은 어떤 존재인가

헨리 로이스턴 로인 Henry Royston Loyn **편집, 《중세—간결한 백과사전**The Middle Ages–a concise encyclopaedia–》, Thames and Hudson, 1989, pp. 198~199.

왕제Kingship는 중세 라틴 서구에 널리 퍼져 있던 군주정의 형태이다. 이는 1차 십자군 전쟁 이후에 팔레스타인 지역에서도 모사되었다. 로마의 황제와 다른 점은, 왕이 어떤 보편성의 함축을 지니지 않고 따라서 다양한 왕국이 존재하였다는 점이다. 왕의 직무와 왕의 정부는 라틴어로는 '레갈레 미니스테리움Regale Ministerium', '레기멘Regimen'으로 표현하는데, 이는 라틴어를 교육받은 사람들에게는 익숙한 개념이었다. 왕은 군사·민사·종교적 권위가 복합된 것이며, 왕 개인의 자질과 재력에 따라 차지하는 몫과 힘이 크게 달라진다. 왕은 언제나 왕족(스티르프스 레기아Stirps Regia)의 구성원이라는 자격을 가지고 있으면서, 대규모의 친족 집단Gens으로 간주되는 인민 혹은 인민들 위에 군림하였다. 이러한 함의들은 가장 오랜 게르만어에서 왕을 뜻하는 단어 '쿠닝Kuning'에서 나타나는데, 이 말에는 인민을 뜻하는 '티우단스Thiudans'가 연결되어 있다. 비록 10세기경부터 영토에 대한 지배가 점차 강조되기는 하지만, 왕의 권력은 사적인 충성에 의해 자신에게 결박된 자들에 대한 우월한 영주권으로서 행사되었다. 이는 중세 정치의 모든 관계에 대한 기본적인 모범을 따르는 것이다. 왕이 누리는 잠재적으로 자의적인 권력은 사실상 경제적인 발전이 충분하지 않아 제한되었다. 제도화가 방해를 받았으며, 귀족과 권력을 나눌 수밖에 없었다. 이론적으로도 귀족과 교회의 이념이 왕권을 제한하였는데, 이들 요소가 왕의 책임을 강조하였다.

왕은 5, 6세기에 서구에는 로마제국을 뒤이은 국가들에서 형성되었다. 왕권의 성립은 일부는 야만족 이주자들이 군사 지휘권을 통합하고 부족한 자원을 분배할 필요에 대응하여 이루어졌으며, 특히 로마 속주 엘리트들의 자기 이해관계를 통해서 이루어졌다. 이들은 클로비스와 테오도리쿠스 같은 야만인 장군에게 영토에 대한 주권, 직영지 그리고 세수입을 부여함으로써 권력을 확보하였던 것이다. 시도니우스Sidonius, 카시오도루스Cassiodorus, 대大그레고리우스, 이시도르Isidor는 그들을 왕Rex(Reges)이라고 부름으로써, 새로운 지배자들에게 그리스도교와 로마 정치 이념에 기초한 합법성이라는 옷을 입혀주었다. 비록 신이 악한 지배자로 하여금 죄인을 처벌하도록 허락하지만, 왕 자체, 특히 그리스도교 왕은 신의 우주적 왕국, 즉 선을 모범으로 따른다. 《성서》는 다윗과 솔로몬 같은 예를 제시하며, 세습적인 계승을 신이 더 좋아함을 알려준다. 평화·법·정의를 통해서 사회질서를 유지하는 신의 대리자라는 이미지는 왕에게 전달되었다. 비드와 카롤링기 학자들은 이 이념을 중세 후기에 전하였다. 이는 랭스의 힝크마르Hincmar, 솔즈베리의 존John of Salisbury, 토마스 아퀴나스Thomas Aquinas가 공유하고 있었다. 교회는 전례를 통해서 더 많은 청중에게 이를 전하는 중간자의 역할을 하였다. 왕의 축성식은 8세기부터 정교해졌고, 왕에게 도유함으로써 교회는 왕의 신성한 권위와 그리스도교인의 신성한 정체성을 함양하였다.

왕은 또한 조건적인 직책으로 여겨졌다. 비록 언제나 세습적이기는 하지만, 왕은 격식상으로 왕국의 지도적 인사들에 의해 선출되어야만 하였다. 왕은 자신의 통치를 법에 종속시키거나 아니면 참주로 넘어갔다. 힝크마르가 주장하기를, 왕은 자신의 충실한 사람들에게서 의견을 들어야 한다. 공정한 부담에 대한 그들의 생각을 존중해야 하고, 공동선을 위해 법을 만들어야 한다. 그렇지 않으면 충성심은 당연히도 없어질 수 있다. 왕위 즉위식에서 한 맹세는 왕의 의무를 강조한다. 중세 후기 아라곤에서, 귀족들은 자신들의 충성의 맹세를 왕에게 바쳤는데, 오로지 왕이 자신의 법과 특권을 존중한다는 의미에서만 그러하다. '그리고 만약 그렇지 않으면, 왕이 아니다.'

왕의 관행은 중세기를 통해서 연속성을 보여주고 있는 듯하다. 궁전은 왕의 정치적 심장부이다. 바로 여기로부터 왕이 재보財寶를 나누어준다. 여기에서 그는 자신의 고귀한 동료들을 즐겁게 해주고 사냥하러 데리고 나가는데, 이는 정치적으로 그리고 경제적으로 왕의 체제를 유지해준다. 여기서 귀족 회의가 소집되어, 왕은 그들로부터 조언을 듣고 협력을 다진다. 그런 경우에 의례에서 왕의 중심적인 역할은, 토너먼트 경기든, 기사 작위 수여든, 전례의 과정에서든 왕의 위엄을 높이며 참여한 귀족 집단에게 초점을 부여한다. 좋은 대화와 올바른 피호被護 관계는 왕이 성공하려면 없어서는 안 된다. 심판자로서 왕은 자신의 권력을 과시하고 강화시켰다. 패소자는 왕의 결정을 왕이 지닌 위엄으로 인해 수치심 없이 받아들일 수 있었다. 반면에 승소자는 기꺼이 권위 있는 결정에 대해 지불하였다. 귀족의 상속녀들을 통제하는 것은 세입을 가져다주었다. 다른 한편으로는 약자들에 대한 보호자로서의 왕의 역할을 강화시켰다.

왕의 여행은 권력과 왕의 광휘를 확산하였다. 라틴어 '이테르Iter'는 여행을 의미하지만 또한 군사 원정을 뜻하였다. 그리고 '전쟁 기계'는 초기 중세 왕의 정치적 동력원이었다. 승리한 왕들은 약탈과 공물을 통해서 국고를 가득 채웠으며, 충성스런 수하들에게 나누어줄 토지를 획득하였다. 그러나 광대한 왕권은 분열성이 강하였다. 상속자들 간에 분할하는 것은 분리된 왕국들을 만들어냈기 때문이다(이를테면 843년이 그런 경우인데, 이때에는 카를루스 마그누스의 제국이 자신의 세 손자들 간에 분할되었다). 11세기경부터 장자 상속제의 관행이 증대하고 왕국이 영토의 단위로서 결정화되면서 분할은 더 이상 왕의 증식을 초래하지 않았다.

사회에 점차 화폐가 유통되고 전쟁 비용이 상승하면서, 왕은 과세에 기대었다. 후에는 징세 도구로서 중세의 대표자 제도를 함양하고 의례를 포함하여 비슷한 관리 기술을 채택하면서, 이러한 단체들을 왕 중심으로 만들었다. 징세 청부는 새로운 보상을 제공하였으며 궁정은 귀족만 아니라 열망하는 부르주아에게 더 매력적이었다. 중세의 왕은 결코 진정으로 관료화되지는 않았다. 비록 후대 중세 왕들은 왕의 비호하에 있는 대학들에서 점점 더 교양이 있고 수리적인 사고력이 있는 종복을 더 많이 모집할 수 있었다고 하더라도 그러하다.

왕을 가장 오랫동안 지지한 것은 교회였다. 각 왕국에서 사제는 언제나 정부 인사들 가운데서 뛰어난 존재였다. 교회 토지를 보유한 자들에게서 선발한 분견대는 중세 초 왕의 군대에서 핵심이었다. 그리고 후에는 교회들이 세금을 납부하여 기여하였다. 반면 거꾸로 왕은 교회의 재산을 보호하였다. 이 상호적인 이익 관계를 비난한 성직자는 별로 없었다. 그리고 왕들은 서임권 투쟁 전과 마찬가지로 후에도 주교를 임명하였다. 교회도 설교와 의례를 통해서 세속인들의 여론을 형성하여 왕을 지탱하였다.

왕은 약한 통제력에도 살아남았다. 제후들은 도유식을 치르지 않았으므로, 왕을 통해

신이 주는 권력을 주장하였다. 왕국의 귀족사회는 권좌 주변에서 자신의 모습을 지니고 있었다. 농민 반란들은 왕의 이름으로 사악한 조언자들을 공격하였다. (병을 치료하는 것으로 간주된) '왕의 손길'은 궁정 서기에 의해서 고안되었는데, 미천한 자들에 의해서 추구되었다. 중세 말에 대두하는 국가들, 즉 프랑스·영국·에스파냐는 왕에 대해 널리 확산된 이념에서 힘을 끌어왔다.

| 참고문헌 |

나종일 편저, 《봉건제》, 까치글방, 1988.

스티븐슨, C., 《봉건제란 무엇인가?》, 나종일 옮김, 탐구당, 1977.

앤더슨, 페리, 《고대에서 봉건제로의 이행》, 유재건·한정숙 옮김, 현실문화, 2014.

최재현, 《유럽의 봉건제도》, 역사비평사, 1992.

타이어니, 브라이언 엮음, 《서양중세사 연구》, 박은구 외 옮김, 탐구당, 1994.

타이어니, 브라이언·페인터, 시드니, 《서양 중세사: 유럽의 형성과 발전》, 이연규 옮김, 집문당, 1989.

8 가족과 여성

: 이중의 계보

5세기 수녀원 설립 시작
965 앙주 백작 풀크 네라(~1040)
1098 빙엔의 힐데가르트(~1179)
1119 보두앵 2세, 과부의 재혼을 약속
12세기 별명과 세례명 사용
13세기 유언장 활용, 혈족의 되사기 권리 부활
1412 잔 다르크(~1431)

모든 인간관계에서 가장 기본적인 것이 혈연적 유대 관계이다. 하지만 이런 관계가 봉건사회 안에서 어떠한 역할을 하고 있었는지 자세하게 알 수 없다. 이전의 사회나 동시대의 다른 사회에서는 일반적으로 가부장제가 강력하다. 간혹 모계제 사회가 남아 있기도 하나, 서유럽 사회의 가족제도에는 특별한 점이 있었다. 따라서 서유럽 사회에서 봉건제를 이루는 배경을 살펴보려면, 사회학적인 관점에서 접근할 필요가 있다.

혈족의 범위와 권리

먼저 동족 집단에 대한 호칭을 살펴보자. 프랑스어로 '파랑테Parenté'는 부모보다는 친족을, 계보를 뜻하는 '리나주Lignage'는 혈족을, 흔히 친구라는 말로 번역되는 '아미Ami' 역시 혈족을 지칭한다. 친구인 독일어 '프로인트Freund'도 동족 집단을 가리킨다. 이 용어들은 영웅들의 관계를 표현하는 데 사용되었다. 영웅들은 대부분 주종 관계만 아니라 친족의 관계로서 결합된 사람들이었다. 특히 무훈시에 나오는 봉신은 대개 친족이다. 이는 제후가 가지고 있는 군사력이 어느 정도인지 알기 위해서는 그가 거느리고 있는 친족의 수를 헤아려보면 알 수 있다는 의미다. 이처럼 중세 사회에서 주종 관계와 친척 관계는 비등하였다.

도판 19 중세 말 여인의 모습. 로히어르 판 데르 베이던 Rogier van der Weyden (1400~1464)이 그린 〈베일을 두른 젊은 여자의 초상〉의 일부. 사실적이고 화려한 것으로 유명한 베이던의 이 그림은 이런 복식이 유행하였음을 보여준다. 이처럼 머리카락과 목을 가리는 베일을 두르는 것은 중세 여인들의 공통된 복장이었으나, 1400~1470년에 다양하게 발전하여 머리 장식으로 변모한다. 이 그림은 1435년의 것으로 여러 겹의 리넨을 머리에 쓴 모자 위에 둘러서 핀으로 고정한 모습을 보여준다.

혈족 관계는 중요했다. 그러기에 혈족의 성원에게 일어난 문제는 전체 혈족의 문제였다. 이를테면 코르시카에는 가족들 간에 복수가 존재했고, 이탈리아어로 이를 '벤데타Vendetta'라고 한다. 고게르만어에는 같은 뜻을 갖는 '페데Fehde'라는 용어가 있다. 이처럼 사적인 복수는 일상적인 것이어서 모욕당한 개인은 모욕한 자에 대해 보복하는 것이 신성한 의무로 간주되었다. 만약 그 개인이 죽으면 보복의 의무는 친족에게 넘어가므로, 친족의 복수 행위는 정당한 것이었다. 이처럼 친족의 복수는 도덕적인 의무보다 더 큰 의미를 갖게 된다. 따라서 지도자의 지휘하에 혈족의 성원들이 가해자와 그의 친척에 맞서는 현상이 종종 나타났던 것이 중세이다. 이런 관행은 살인을 유발하게 됨으로써 사회적 혼란을 초래한다. 로마법 아래 살고 있는 오늘날은 이 같은 사적 복수가 금지되어 있지만 중세에만 해도 근친의 복수야말로 정당한 것이었다. 일례로 11세기 부르고뉴의 두 귀족 가문 간에 복수가 벌어졌는데, 30년간 무려 열한 명이나 피살되었다.

모든 사람들이 이렇게 사적인 보복을 한다면 사회는 유지될 수 없다. 그리하여 이를 대신하는 것이 배상금 지불이었다. 앵글로색슨의 교훈에 "일격을 당하고 싶지 않으면 네 가슴을 겨누는 창, 그것을 사라Buy off the spear aimed at your breast, if you do not wish to feel its point"는 말이 있다. 이 말은 화해의 방법이 금전적인 보상임을 지시한다. 배상에는 등급이 있었다. 루이Louis 성왕 때에는 살인에 대해 100솔리두스의 배상금이 부과되었다. 바이에른의 한 주교는 조카딸이 피살

도판 20 카르카손의 에르멩가르드Ermengard가 맨 왼쪽의 모친인 프로방스의 세실리아Cecilia와 부친인 님의 베르나르드 아토Bernard Ato 4세 사이에 있다. 에르멩가르드의 약혼자는 맨 오른쪽에 있는 루시용Roussillon의 가우스프레드Gausfred 3세이다. 이 그림을 수록한 문헌은 《봉토에 관한 대서Liber feudorum maior》인데, 12세기 말 아라곤의 문서 관리인인 라몬 데 칼데스Ramon de Caldes가 작성하였으며 902개의 문서를 담고 있고, 카탈루냐 공국의 대두에 관한 역사가 쓰여 있다.

당하자 살해자에게서 교회를 배상으로 받았다. 상스Sens의 여성 농민은 남편 살해자로부터 소액의 화폐 보상을 받았을 뿐이다. 이런 예에서 보다시피, 신분에 따라, 세력에 따라, 친족 세력의 유무에 따라서 배상금의 액수가 달랐다. 이처럼 단순한 과실인 경우 피해자 개인에게 국한되는 것이었지만, 살인이나 시체 절단의 경우에는 피해자의 친족 집단이 연대해서 인명 보상금을 받을 수 있었다. 이 친족 집단은 육친의 벗들이라고 불렸다. 반대로 이들은 배상금 결제의 의무를 분담하고, 공개적인 사죄 의식과 복종의 맹세 의식을 치러야 했다.

넓게 보면, 배상금과 관련된 의무와 권리는 경제적인 연대성과도 연결된다. 흔히 소유 재산을 둘러싸고 공동체가 형성된 것은 혈족의 연대성이 연장된 것을 의미했다. 특히 농촌의 '형제단Frérèches' 역시 재산을 공동으로 소유하고 있었다. 영주들은 납세에서 연대 책임을 지우기 위해서 이러한 단체를 장려하였다. 농촌에서는 농민이 상속이 시작되기 전에 공동체를 떠나면 그 권리를 상실했다. 게다가 재산이 충분하지 않은 소영주들은 공동 재산제를 운영하여 조상 전래의 성채를 교대로 수비하였다.

또한 경제적 연대성은 개인이 재산을 처분하는 경우에도 적용된다. 10~12세기의 매매·기증 문서에서 매각자는 자신의 재산에 대한 자유 처분권이 있다는 것을 선언하고, 이어서 근친의 동의가 있음을 언급하는 것이 관례였다. 매매가

성립된 다음에, 그는 재산 처분에 동의해준 사람에게 사례금을 지불했다. 이러한 경제적 연대성은 서서히 변화되었다. 법 체계가 집단적 관습을 대신함으로써, 순수한 매각이 빈번해졌다. 13세기 이후에는 오히려 혈족의 되사기 권리를 널리 인정하다가, 프랑스대혁명으로 인해 혈족의 권한이 폐지되었다. 이처럼 중세 사회에서는 근친 복수에서부터 경제적 문제에 이르기까지 친족이 공동체를 이루어 서로 권리와 의무를 주장했다. 혈족이라고 해서 늘 사이가 좋은 것은 아니었다. 예를 들면 풀크 네라Foulque Nerra 백작은 아들인 마르텔과 7년간 싸웠다. 이렇듯 혈족 간의 투쟁이 상당이 빈번했다.| 자료 1 |

혼인 제도와 계보의 이중성

중세의 혼인은 다른 가문과의 결합이었다. 혼인은 여자에게 보호 제도였으며, 가문 사이 이해관계가 결합하는 계기였다.| 자료 2 | 중세에 부계의 친인척은 '창칼 쪽 근친', 모계의 친인척은 '물레 쪽 근친'이라고 불렸다. 여성과 남성의 역할을 친족 관계로 상징한 말이다. 중세인의 성명을 분석하면 흥미로운 결과를 알 수 있다. 첫 번째 예로, 잘 알고 있는 잔 다르크Jeanne d'Arc는 별명이 잔 로메Jeanne Romée였다. 아버지 이름은 자크 다르크Jacque d'Arc, 어머니 이름은 이사벨 로메Isabelle Romée이다. 잔 다르크의 이름에서 잔은 자크의 여성형이니까 아버지의 이름을 따랐다고 볼 수 있겠고, 집에서는 로메라고 불렸다. 그러므로 공식적으로는 아버지, 집에서는 어머니 이름을 따랐다. 두 번째 예로 앙부아즈의 영주인 리수아Lisois가 있었는데 그의 장남은 술피스Sulpice, 차남은 리수아Lisois라 불렸다. 이로써 차남이 아버지의 이름을 계승하고 있음을 볼 수 있다. 세 번째 예로, 9세기 초 농민 토이드리쿠스Teudricus와 에르멘베르타Ermenberta 두 사람이 결혼을 해서 낳은 자녀가 셋 있었다. 모두 남자아이였는데, 이름은 토이토아르두스Teutoardus, 에르멘타리우스Ermentarius, 토이토베르투스Teutobertus이다. 이 경우는 아이들의 이름을 짓는 데 부모의 이름을 공평하게 배분하고 있다.

이상의 세 가지 예를 종합해보면, 모계 인척과 부계 인척이 서로 대등함을 알 수 있다. 이를 계보의 이중성, 또는 이중의 연계라고 한다. 이 점은 남성 우위의

도판 21 프랑스 왕 루이 7세의 왕비이자 잉글랜드 왕 헨리 2세의 왕비인 알리에노르(1122~1204)의 인형. 오른쪽에는 헨리 2세의 인형이 누워 있다. 알리에노르는 남자아이를 낳지 못한다는 명분으로 1152년에 루이 7세와의 혼인을 취소당하자 아홉 살 연하인 노르망디 공에게 시집갔다. 노르망디 공은 헨리 2세로 즉위하고, 그녀가 재혼해서 낳은 아들 중 두 명은 왕이 되었다. 이 인형은 루아르 계곡의 퐁테브로Fonte-vraud 수도원에 있다. 이 남녀 공용 수도원은 플랜태지니트 왕실의 후원을 받아서 번창했으며, 병자들을 돌보는 한편 여성이 수도원장이 되는 규정이 있었다. 헨리 2세가 죽은 후 미망인이 된 알리에노르는 이곳에서 수녀로 생활하면서 일생을 마쳤다. 이처럼 수도원은 여성의 활동에도 중요한 장이었다.

로마 씨족제도와 대조된다. 이러한 친척 관계에서는 일반적으로 내부 결속의 힘이 약했다. 게다가 교역이 진전하고, 사회가 변화하고, 국가가 간섭하므로 혈족 간의 유대 관계는 점점 약화되고 있었다. 예를 들어 근친 복수의 범위를 축소하는 현상이 나타났다.

특히 윌리엄 정복왕은 복수의 범위를 제한하고, 당사자들도 자발적으로 탈퇴하였다. 이와 더불어 소가족 집단이 발생했다. 12세기부터는 이름에 별명, 또는 세례명이 덧붙는다. 이것이 나중에 성姓이 된다. 동명이인이 많이 증가하고 법률 문서 사용이 관례화되면서, 성의 사용은 처음에 상층 귀족에게서 시작하여 도시 부르주아로, 다시 사회 전체로 퍼졌다. 하지만 고정된 가족명은 한참 이후에, 근대 주권국가가 발달하면서 나온다.

친족은 이렇게 존재하고 변화했다. 그러나 중세 때의 혼란기를 고려한다면, 친족의 보호 기능은 충분하게 기능하지 못했다. 왜냐하면 계보의 이중성으로 인해 결속력이 약화되었기 때문이다. 따라서 개인은 이 혼란스러운 사회에서 살아남기 위해 다른 유대 관계를 받아들일 수밖에 없었다. 혈족이 상대적으로 허약하였다는 사실이 봉건제의 사회적 배경이다.| 자료 3 |

여성의 재가와 권리

재혼은 상당히 빈번한 일이었다. 상류층 여자의 재혼은 정치적인 이해관계로 인해, 하층 여자의 재혼은 농경과 부역을 잘 수행하지 못하면 초래될 손해를 막기 위해 적극 장려되었다. 이처럼 여성은 현실 속에서 약자와 희생자로 간주되어왔다.| 자료 4 | 그렇지만 남성 우위 사회이던 로마 시대에 비해 중세 여성들은

남자들로부터 더 독립적이었고 나름대로 의사 결정이 가능했다. 예를 들면 프랑크 왕국 초기에 각종 정치 음모에 여성들이 간여했는데, 이는 여성의 자유가 그만큼 확대된 결과이다.| 자료 5 | 여성의 자유는 로마법이나 그리스도교 교리와 상충되는 것이었다. 그래서 일반적으로 그리스도교나 로마법이 널리 보급된 지방에서는 여성의 지위가 하락되는 현상을 볼 수 있다. 반면 영국이나 독일 북부에서는 여성의 지위가 그대로 유지되었다.

도판 22 라벤나에 있는 산 비탈레 성당에 모자이크로 표현된 테오도라의 모습. 비록 무희라는 미천한 직업을 가진 전력이 있으나 유스티니아누스 황제의 황후로서 과감한 결단력을 통해 황제를 옹립하는 데 성공하였다.

수녀원 창설 운동은 여성의 지위 향상과 관련이 깊다. 대개 900년경부터 왕과 제후의 누이, 미망인, 딸이 혼인하지 않고 수녀가 되는 경우가 많았다. 이러한 경우에 자신과 더불어 토지 및 귀금속을 지니고 수녀원에 들어가 생활하다가 수녀원장이 되거나, 수녀원을 창설하고 선행으로 사회적 명성을 떨치는 경우가 있었다. 헌신, 약간의 학문, 규율을 갖춘 종교적 훈련에 귀족적 취미를 결합한 것이 수녀원 운동의 면모라고 볼 수 있다. 그렇지만 그렇게 수동적인 평가를 벗어날 때가 이르렀다. 2011년 수녀 힐데가르트Hildegardis Bingensis를 조명한 독일 영화 〈비전Vision〉이 제작되어 우리나라에 '위대한 계시'라는 제목으로 소개되었으며, 그에 관한 연구도 활발하다. 그는 다방면에 천재적인 재능을 발휘하여 최초의 오페라를 만들고 작곡도 하였을 뿐 아니라, 천체에 관한 이해에서도 뛰어난 재능을 보였다.| 자료 6 | 이러한 여성의 의식을 볼 수 있는 것이 유언장이다. 이를 통해 재산에 관련된 중세 시기 인간관계를 살펴볼 수 있다.| 자료 7 | 또한 종교재판 심문에 나타난 기록들도 여성사를 연구하는 중요한 단서이다.| 자료 8 | 특히 영화 〈마르탱 게르의 귀향Le Retour de Martin Guerre〉을 통해 여성의 예리한 심리

분석이 이루어짐으로써 종래 여성에 대한 단편적 이해가 지양되었다. 한마디로 중세 여성은 수동적인 존재, 즉 피해자가 아니라, 나름의 정체성을 가졌고 가족의 생존에 가장 중요한 역할을 했다고 할 수 있다.

자료
읽기

자료
01

아르샹보의 이야기

마르크 블로크, 《봉건사회》 I, pp. 134~135.

우리는 자작인 아르샹보Archambaud에 관해 알고 있다. 그는 버려진 모친의 복수를 위해 이복형제들 중 하나를 죽인다. 그리고 여러 해가 지난 후, 일찍이 늙은 귀족에게 불치의 상처를 입힌 적이 있는 기사를 죽임으로써 부친의 용서를 산다. 이후에 자작은 세 형제를 남긴다. 그중 장남은 자작의 작위를 물려받았으나, 요절하여 어린 아들 에블을 유일한 후손으로 남긴다. 아래 동생을 믿지 못하였기에 아들이 미성년인 동안에 그가 가진 소유지를 보호할 것을 막내인 베르나르에게 맡겼다. 어린 에블은 기사가 될 나이가 되자 유산을 요구하나 소용없었다. 그러나 친구들의 중재 덕에 비록 딴 것은 없어도 콩보른Comborn 성을 얻는다. 그는 그곳에 머물지만 속에서는 울화가 치밀어 올랐다. 어느 날 그의 숙모(베르나르의 아내)가 우연히 그의 손에 들어온다. 그는 숙모를 공공연히 범하였다. 이런 식으로 하면 분노한 남편이 숙모를 버리게 될 것이라고 생각했던 것이다. 베르나르는 자신의 아내를 다시 데려가고 자신의 보복을 준비한다. 어느 화창한 날 그는 작은 호위대를 데리고 마치 허세를 부리듯이 말을 타고 성벽을 지나간다. 에블은 막 탁자에서 일어나서 술이 덜 깬 혼란스러운 와중에도 베르나르를 미친 듯이 뒤쫓아 가기 시작한다. 에블이 조금 더 따라갔을 때, 도망가는 척했던 사람들이 뒤를 돌아 젊은이를 습격하여 죽음에 이를 상처를 입혔다. 이 비극적인 결말, 피해자가 겪은 해악들, 무엇보다 그의 젊은 나이가 사람들의 연민을 불러일으켜서, 여러 날 동안 그가 죽은 자리에 있는 임시 무덤에 마치 그곳이 순교자의 성지인 양 제물이 바쳐졌다. 그러나 위증자로, 또 피로 범벅된 삼촌과 에블의 후손들은 성과 자작 작위를 방해받지 않은 채 이를 점유하면서 머물렀다.

자료
02
혼인이란

마르크 블로크, 《봉건사회》 I, pp. 135~136.

아마도 친족이 무엇보다 더 상호부조의 기초로 간주되는 사회에서 개별적으로 취해진 개인보다 집단이 훨씬 더 중시되는 것이 자연스럽다. 우리가 어느 날 계보의 조상이 언급한 특징적인 진술의 기록을 볼 수 있는 것은 바로 대大남작 가문에 의해 채용된 공식적인 역사 덕분이다. 영국의 왕실 호위대장인 존[1]은 자신의 약속들에도 불구하고 왕인 스티븐에게 자신이 가진 성들 중 하나를 바칠 것을 거부하였다. 그러자 그의 적들은 그가 보는 앞에서 얼마 전 볼모로 넘겨준 어린 아들을 처형하겠다고 협박했다. 선한 귀족은 "그애가 무슨 상관이란 말이오? 내게는 더 나은 아들들을 만들어낼 모루와 망치가 있지 않은가?"라고 답하였다. 혼인에 관해 말하자면, 흔히 아주 솔직하게 말하면 이해관계의 단순한 결합이었다. 그리고 여자들에게는 보호 제도였다. 〈시드의 시〉에서 영웅의 딸들이 한 말을 들어보라. 그들의 아버지는 방금 카리온의 아들들에게 자기 딸들을 (시집보낼 것을) 약속했노라고 선언하였다. 여인들은 말할 필요도 없이 장래의 남편을 본 적도 없건만, 감사했다. "아버지께서 우리를 혼인시키면, 우리는 부유한 귀부인이 될 거예요." 이런 관행들은 너무 강력하여 철저한 그리스도교인들 중에서 사회관습과 종교법 사이에 기이한 분쟁이 일어나게 되었다.

교회는 재혼이나 세 번째 혼인에 대해 드러내놓고 반대하지는 않았어도 호의적이지 않았다. 그럼에도 사회 계단의 꼭대기에서 바닥까지 재혼은 거의 보편적이었다. 이것은 부분적으로 의심할 것 없이 성사라는 피난처 아래에 육신의 만족을 놓으려는 바람에서 기인한 것이지만, 또 다른 이유가 있었다. 즉 남편이 먼저 죽으면, 아내가 혼자서 사는 것은 너무 위험한 것으로 보였다. 게다가 모든 영지에서 그런 일이 여자 상속인 편에 발생하게 되면, 영주는 영지를 통해서 받아야 할 복무의 적절한 수행에 대한 위협이라고 보았다. 1119년 피의 들판에서 안티오코스의 기사들이 패배한 후에 예루살렘의 왕 보두앵Baudoin 2세는 군주국의 재정비를 맡았는데, 고아들을 위해 상속 재산을 보존하고 과부들을 위해 새 남편을 구해줄 것을 둘 다 확약하였다. 또 주앵빌Joinville은 이집트에서 그의 기사 여섯 명의 죽음에 관해서 "그러므로 여섯 명 모두의 아내들은 재혼해야 한다"고 말한다. 때때로 영주의 권위는, 심지어 여자 농민들이 뜻하지 않게 과부 신세가 되어서 자신의 밭을 잘 경작하지 못하거나 규정된 노동 부역을 수행하지 못하게 되면

1 | 존 마셜John Marshall(1105~1165)은 앵글로노르만 귀족으로 마셜이라는 직책을 세습했다. 이 직책은 왕의 말을 돌보는 직책이었으나, 왕의 가솔 군대를 지휘하는 임무를 맡는다. 내란이 일어났을 때 왕비 마틸다를 지원했으며, 1152년에는 뉴버리 성을 공격한 스티븐 왕에게 성을 내주기로 한 약속을 지키지 않는다. 그러나 왕은 말과 달리 아들을 죽이지 않았으며, 그 아들 윌리엄 마셜이 커서 중세 민화에 나오는 전설적인 인물이 된다.

남편이 마련되어야만 한다고 명령하는 데까지 이르렀다.

교회는 혼인에 의한 결합을 나눌 수 없는 것이라고 선언하였다. 그러나 이 선언이 빈번한 이혼을 막지는 못했다. 특히 상위 계층에서 그러했는데, 이는 종종 가장 세속적인 고려에 따라서 촉구되었다. 다른 무엇보다도 존 마셜의 혼인을 둘러싼 모험이 이를 입증한다. 이 일은 그의 손자를 섬기던 트루베르Trouvère[2]에 의해 항상 같은 음조로 이야기했다고 전해진다. 그는 고귀한 혈통의 여인과 혼인했는데, 이 여인은, 시인의 말을 믿는다면 최상의 몸과 마음을 지녔다. "그들은 큰 즐거움을 함께 나누었다." 불행하게도 존에게는 '너무 강력한 이웃'도 있었으니, 그와 잘 지내는 것이 현명한 것으로 여겨질 정도였다. 그는 매력 있는 이 부인과의 혼인 생활을 단념하고 이 위협인물(강력한 이웃)의 누이와 혼인했다. 그러나 혼인을 가족 집단의 중심에 놓는 것은 분명히 중세 시대의 현실을 왜곡할 것이다. 부인은 자신을 가둔 운명의 집안에 오로지 반만 속하였으니, 이마저도 별로 오래가지 않았을 것이다.

피살된 형제의 과부가 주검 위에 울면서 자신의 신세를 한탄하고 있을 때, 로렌의 가랭Garin le Lorraine은 거칠게 말했다. "조용하시오, 고귀한 기사가 당신을 다시 거둘 테니. …… 이 깊은 애도를 계속할 사람은 바로 나란 말이오."[3] 비교적 늦게 나온《니벨룽겐의 노래Das Nibelungenlied》에서, 크림힐트Kriemhild는 첫 번째 남편 지그프리트의 죽음에 앙심을 품고서 그녀의 형제들에게 복수하고 있다. 물론 그녀가 벌인 행동이 정당한지의 여부는 결코 확실하지 않다는 점을 인정해야만 한다. 그렇지만 그 이야기의 초기 판본에 그녀는 그녀의 두 번째 남편이자 남자 형제들을 살해한 아틸라에 대하여 남자 형제들을 위한 피의 보복을 추구하였다. 감정적인 분위기와 그 규모로 보아서 당시 가족은 후대의 소규모 핵가족과 매우 다른 것이었다.

2 | 북프랑스의 음유시인. 남프랑스의 음유시인은 트루바두르Troubadour라고 불린다.

3 | 가랭의《무훈시Chanson de geste》에 나오는 내용이다. 이것은 12세기경의 작품으로 사라센의 침입을 다루고 있는데, 약 1만 5000행에 이른다. 원본과 원작자는 미상이며,《니벨룽겐의 노래》의 영향을 받은 것으로 알려져 있다.

자료 03

봉건제 성장의 사회적 요인

마르크 블로크,《봉건사회》I, p. 142.

아직 개인은 폭력의 분위기에 의해 길러진 수많은 위험에 위협받고 있었으나, 봉건 시대 전기에도 친족 집단은 적절하게 개인을 보호하는 것으로 보이지는 않았다. 당시에 가족을 구성하는 형태라는 점에서 보면, 가족은 너무 모호하고 그 범위가 너무 가변적이며, 남계와 여계라는 계보의 이중성에 의해 너무 깊이 손상되었다. 그것이야말로 사람들이 다른 유대 관계를 찾거나 받아들여야만 했던 이유이다. 이 점에서 역사는 결정적인데, 강력한 남계 집단이 잔존한 지역—북해 연안의 독일인 지역들과 브리튼 제도의 켈트족 구역들—에만 주종제, 봉토, 장원에 관해 알려지지 않았던 것이다. 친족의 유대는 봉건사회의 핵심적인 요소들 중 하나이다. 그 상대적인 허약함이야말로 왜 봉건제가 존재했었나를 설명해주고 있다.

자료
04
중세 여성의 처지

브라이언 타이어니·시드니 페인터, 《서양 중세사, 300~1475》, 3rd ed., pp. 148~150.

봉건 계급에 속한 여자들은 남자들이 가진 성격을 공유했다. 만약 우리가 설교자들과 이야기꾼을 믿는다면, 여자들도 음주를 엄청 좋아했다는 것이다. 사실상 당시의 식탁에 앉은 귀부인에 관한 특별할 것 없는 표현이 '병나발을 부는 더할 나위 없이 아름다운 여인'이다. 그들은 하녀를 때렸으며 때로는 죽음에 이르게 하기도 하였다. 물론 그들의 일상생활은 그보다는 덜 폭력적이었다. 여자 귀족들이 하는 일은 실을 잣고, 직조하여, 바느질하고 집안일을 감독하는 것이었다. 사냥에 나갈 때에는 언제나 매사냥의 형태를 취하였다. 봉건사회 내에서 여자들의 지위는 매우 복잡했다. 여자는 싸울 수 없었으므로, 초기 봉건 관습에 따르면 언제나 미성년자로 취급되었다. 여자는 언제나 어떤 남자의 보호 안에 있었다. 혼인하기 전에는 아버지의 보살핌 속에 있었고, 이후에는 남편의 권위 아래 있었다. 남편이 죽으면, 남편의 주군이나 큰아들의 보호 속에 있었다. 여자는 남편에 반대할 아무런 권리가 없었고, 여자의 인신과 재산은 완전히 남편의 통제하에 있었다. 비록 교회가 남편이 아내를 때릴 때 사용하는 막대기의 크기를 제한하려고 노력하였지만, 교회의 가르침이 여자의 지위를 낮게 하지 못하였다. 여자는 모든 악의 근원이었다. 이브의 죄는 남자를 낙원에서 쫓아냈다. 여자는 본래 죄의 성향이 있는 약한 그릇이었다. 게다가 교회는 남편에 대한 아내의 복종을 주장하였다. 남자에 대한 신의 관계가 아내에 대한 남편의 관계였다. 그러나 봉건 시대 초기에 여자의 지위를 너무 많이 한탄하기에 앞서서 그것을 당시 다른 사회에 사는 여성의 지위와 비교해야만 한다. 무슬림 여성들은 노예의 감시 아래 하렘에 갇혔으며, 비잔티움의 귀족 여성이라 해서 별로 더 자유로울 것도 없었다. 봉건 시대의 귀부인은 언제나 남편의 처분에 달렸지만, 다른 모든 사람들에 대해 자신의 계급이 주는 특권을 누렸다. 기사가 출타하면 아내가 그의 가정과 봉토를 다스렸다. 이런 취약점에도 불구하고 여성들은 봉건사회에서 중요한 역할을 수행하였고 그럴 수 있었던 것이다.

자료
05

중세의 여걸: 베르트라다-카롤루스 마그누스의 어머니

데이비드 리버링 루이스, 《신의 용광로: 유럽을 만든 이슬람 문명, 570~1215》, 348~352쪽.

라온 백작의 딸인 베르트라다는 '베르타'로도 알려져 있다. 프랑크 왕국 사람들은 그녀의 큰 발과 걸음걸이 때문에 그녀를 '거위발 왕비' 또는 '큰 발 베르타'라고 불렀다. 그녀는 지모가 풍부한 여인이었다. 그녀에게는 두 아들, 장남 카롤루스와 차남 카를로만이 있었는데, 큰아들을 편애하였다. 770년 대비는 두 아들이 협상하도록 시도하였으나, 아키텐과 갈리아 지방 대부분을 차지한 동생은 롬바르드족과 동맹을 맺어 형을 밀어내겠다는 결심을 굳히고 있었다. 대비인 베르트라다는 알프스를 넘어 롬바르드족의 수도인 파비아에서 데시데리우스 왕과 회담한다. 베르트라다는 왕의 딸인 13세의 데시데라타와 카롤루스를 혼인시킬 것을 제안한다. 카롤루스는 이미 합법적인 아내 히밀트루드가 있었으나, 어머니의 명령에 따라 이혼하고 새로운 신부를 맞는다. 이 정략결혼은 교황 스테파누스 3세를 놀라게 했다. 이를 본 교황은 '도저히 사람이라고 볼 수 없는 신앙심 없고 사악한 롬바르디아 사람들, 한센병자를 낳았던 그런 부족의 사람들'과 손을 잡았다고 비난했다. 교황청이 이렇게 비난한 이유는, 데시데리우스가 세운 괴뢰 교황을 스테파누스 교황이 몰아내자, 데시데리우스가 이끄는 롬바르디아 기병이 로마를 침공한 적이 있었기 때문이다. 베르트라다는 로마에 들렀다. 그녀는 장남의 로마가톨릭에 대한 신앙심을 재확인하는 한편, 그녀 자신이 카롤루스에 대한 영향력을 보증하겠노라고 약속하였다. 대신 이 혼인을 인정하면 그 대가로 중부 이탈리아에 대한 교회의 권리를 데시데리우스가 기꺼이 존중할 것이라고 하였다. 이러한 도박이 가져다준 긴장감은 연로한 52세의 교황에게 심한 압박을 주었고, 얼마 후 그는 사망한다. 한편 동생은 어머니의 책략으로 동맹을 잃게 되었을 뿐 아니라, 롬바르디아인이 북동쪽에서, 바바리아인은 왼쪽에서 공격을 가해오자, 771년 겨울에 사망한다. 한편 롬바르디아에서 온 왕비는 임신하지 못하였다. 그리하여 1년도 안 되어 친정으로 되돌아갔다. 카롤루스는 어린 시절부터 강력하고도 우호적인 교황이 정치적으로 중요할 뿐 아니라 제국의 사회질서를 위해서는 교황을 정점으로 하는 위계질서가 중요하다고 판단하였다. 이런 판단은 롬바르디아에 교황청의 조직을 흡수시키려는 어머니의 의도와는 배치되었다. 신부를 돌려보내는 것은 이런 정치적 결정과 관련이 있었다. 그는 어머니의 정책을 거부하고, 다시는 정무에 참여시키지 않았다. 두 형제 사이에서 어렵게 맏아들을 선택하고, 정략적인 외교술로 그를 도운 대비는 결국 이처럼 외면당했다.

자료 06

중세의 수녀가 설교하다

힐데가르트, 《신의 작품에 관한 책Liber Divinorum Operum》, in Riesencodex um 1175/1190 208r; Part 1, vision 1 XVI, XVII, English translation by Nathaniel Campbell. (한국어판 출간 제목은 《세계와 인간》)

'신의 작품에 관한 책'의 서언이 시작된다.

놀랍고도 참된 환상들이 있었고 그로 인해 내가 5년 동안 고생한 바 있었는데, 그것들이 지난 후인 6년째 되는 해에 무어라 말할 수 없는 빛으로 이루어진 참된 환상이 아주 무식한 사람인 나에게 다양한 습속들을 제시해주었다. 그것은 첫해에는 별난 환상들로 이루어졌으며, 내가 65세 되었을 때 신비하고도 강한 환상을 나는 보았으므로 모든 것들을 전하고자 한다. …… 7년 동안 나는 그렇게 큰 환상이 어떤 것인지를 쓰느라고 거의 기진했다. 따라서 주님이 육신을 입으신 1163년에…… 하늘로부터 소리가 만들어졌다.

1부 환상 1

XVI. 그리고 아담이 모든 인류의 아버지인 것처럼 또한 처녀의 본성에서 육체가 된 신의 아들을 통해서 영적인 사람들이 나왔다. 그들은 신이 아브라함에게 천사를 통해서 약속한 대로—그의 자손이 하늘의 별들처럼 될 것이다—올라갈 것이다. 기록된 바 "하늘을 올려보고 네가 그것을 할 수 있다면 별들을 세어보라." 그러자 신은 그에게 말했다. "너의 자손이 그렇게 많아지리라." 아브라함은 신을 믿었으니, 이것이 신에게 정당한 것으로 여겨졌다(〈창세기〉 15:5~6).

이 구절의 의미는 다음과 같이 이해되어야 한다. 선한 의지를 가지고 신을 예배하고 섬기는 너는 신의 비밀들을 올려보고 밤과 낮에 신 앞에서 빛나고 있는 저 공덕들에 대한 보상을 따져보라—육신의 무게에 의해서 짓눌린 인간에게 이것이 가능한지.

왜냐하면 인간들이 몸에 속하는 여러 물건들의 맛을 보는 한, 인간이 성령에 속하는 그것들을 충분히 파악할 수 없을 것이기 때문이다. 그리고 진정한 계시에 따르면, 가슴의 정직한 한숨을 가지고서 신을 섬기는 그 사람에게 다음과 같이 이야기된다. "이런 식으로 네 가슴의 자손은 여러 배가 될 것이고 계몽될 것이므로, 네가 옥토에 뿌린 것은 성령의 은혜에 의해 물이 공급될 것이다. 그것은 복 받은 덕성에서 싹이 틀 것이며 마치 창공에 있는 별들이 빛나는 것처럼 지고하신 신 앞에서 몇 배나 더 빛날 것이다." 따라서 신의 약속을 믿고 신에게서 진정한 신실함의 드높은 고귀함을 고수함으로써 모든 지상의 것을 경멸하고 하늘로 향하여 가는 자는 누구든지 신의 아들 중에서 의로운 자로 간주될 것이다. 왜냐하면 그런 사람들은 진리를 사랑하고 가슴에 간계가 없기 때문이다.

XVII. 신은 아브라함의 정신에 뱀의 간계가 없었다고 인정하셨다. 왜냐하면 자신의 일을 하더라도 아무에게도 손해가 가지 않았기 때문이다. 그리하여 신은 자신의 재고품 중에서 잠자는 땅을 골랐다. 그것은 옛날의 뱀이 첫 여자를 속이는 데 사용한 것을 맛봄으로써 완전히 깨끗해진 것이었다. 이 땅은 아론의 지팡이(〈민수기〉 17:8)에 의해 처녀 마리아로 예표豫表된다. 그녀는 매우 겸손하게도 오로지 왕을 위한 침전이었다. 왜냐하면 그녀가 지고한 왕이 옥좌로부터 나와서 그녀의 울타리에서 살기 원한다는 전갈을 받았을 때, 그녀는 자신의 창조가 비롯한 그 땅을 받아들이고 스스로 신의 하녀라고 대답했기(〈누가복음〉 1:38) 때문이다. 최초로 속임을 당한 그녀(이브)는 이런 일을 하지 않았다. 왜냐하면 갖지 말아야 할 것을 갖기를 원했기 때문이다. 그러나 신이 가시덤불에 잡혀 있는 양을 보여주어(〈창세기〉 22:13) 그의 믿음을 인증한 아브라함의 복종은 복된 처녀의 복종을 예표하였다. 그는 신이 보낸 전갈을 믿으면서 전달자의 말대로 자기에게 그것이 이루어지기를 원했다. 그리하여 그녀 안에 덤불에 묶여 있던 양이 예표한 신의 아들이 육신을 입었던 것이다. 게다가 신이 아브라함의 종족이 하늘의 별들을 따라서 늘어날 것이라고 말했을 때, 그는 그의 종족이 천국 궁전을 채울 충분한 숫자로 간주되어야 할 것이라고 예견했다. 그리고 아브라함이 모든 일에서 신을 신실하게 믿었으므로 그는 하늘나라의 후계자가 될 사람들의 아버지라고 불린다. 그리고 신을 두려워하고 사랑하는 자는 이들 말씀들에 가슴에서 나오는 헌신을 열어놓아야 하며, 이들 말씀이 육신과 영혼 면에서 인간들을 구하기 위해 주어졌다는 것을 알아야만 한다. 이것은 인간이 한 것이 아니라, 나 스스로 존재하는 나(〈출애굽기〉 3:14)에 의해 이루어진 것이다.

자료
07

중세 여인의 유언장

조엘 T. 로젠탈Joel T. Rosenthal 편집, 《중세의 1차 사료 이해하기—중세 유럽을 발견하기 위한 역사적 사료의 이용》, Routledge, 2012, pp. 60~61.

유언녀: 아나스타수, 니콜라우스 카라벨로의 미망인

장소: 베네치아 관할 크레타

일시: 1328년 7월 30일

영원한 신의 이름으로 아멘. …… 크레타 섬 칸디아에서. 인생이 끝날 시간은 아무에게도 알려진 바 없고 우리가 죽음을 피할 수 없다는 것을 안다는 사실보다 더 확실한 것이 없으니, 우리 모두는 우리가 가진 지상의 물건들을 조심스럽게 처분해야만 한다. 그리하여 나 아나스타수는 니콜라우스 카라벨로의 미망인이며 칸디아의 주민으로서, 몸과 마음이 건강하나 유언을 하지 않은 채 죽을까 하여 나의 잘 정돈된 재산을 남겨주기 위해 서기인 안드레아 데 벨라모레를 나에게로 불러서 그로 하여금 나의 유언장을 작성하게 한다. 나는 내 유언의 집행인으로서 로렌초 세크레토와 나의 사랑하는 조카 로사 세크레토의 아들인 요한네스 세크레토 그리고 나의 사랑하는 여조카 아니차 폰타렐라를 지명하노니, 두 사람은 칸디아 주민이라서 내가 죽은 후 나의 소원을 이행할 것이다.

첫째, 내 영혼을 위해 50이페르페라Iperpera[4] 를 남기노니, 이는 빚으로 감옥에 갇힌 자들에게 줄 것이로되, 5나 6이페르페라를 각 수감자에게 줄 것이다.

다음으로 내 영혼을 위해 칸디아에 있는 시나이타의 수도원에 10이페르페라를 남긴다.

다음으로 성 나사로 병원의 한센병자들에게 10이페르페라를 남겨서 그들이 걸칠 옷을 마련하게 할 것이다.

그런 다음 내 영혼을 위해 성 디도의 교인들에게 6이페르페라를 남긴다.

이어서 나의 침대보 한 벌과 몇 장의 홑이불(내 집행인들이 고를 것이다)과 3이페르페라를 칸디아에 있는 산타 마리아 마조레 병원에 있는 환자들에게 각각 남긴다.

그리고 내가 데리고 있는 노예는 내가 죽으면 해방되기를 원한다.

만약 그녀가 자신의 고향 땅에 돌아가기를 원하면, 그녀에게 내 소유 재산 중에서 여행에 충분한 여비를 제공할 것이다.

나는 내가 명예롭게 그리고 잘 묻힐 수 있도록 내 장례에 20이페르페라를 쓸 것을 요구한다.

4 | 100데나리우스에 해당하는 금화. '알베르베라흐Alberberah'라고 불리기도 한다.

나는 아그네투스 데 벨라모레에게 10이페르페라를 남긴다.

나는 내가 이름을 지어준, 시메나쿠스의 딸 소피에게 혼수로 15이페르페라를 남긴다.

나는 사제인 엠마누엘루스 살리쿠스에게 2이페르페라를 남기니, 내가 죽는 날부터 1년 동안 내 영혼을 위해 토요일마다 미사를 한 번 드려줄 것이다.

나는 사제司祭인 시메나쿠스에게 같은 이유로 같은 액수를 남긴다.

나는 사제인 콘스탄티노 데 케라 피시오티사에게 같은 이유로 같은 액수를 남긴다(사제 개개인에 대한 유언은 계속되는데, 열세 명에 이른다).

다음으로 나는 5이페르페라를 [경건한] 일들을 위해 성 카테리나 교회의 수녀들에게 남긴다.

나는 나의 작고한 오라버니인 미칼레 마차무르디의 서자에게 5이페르페라를 남긴다.

이어서 내 조카 요한네스 데 리초에게 100이페르페라를 남기니, 그가 아버지의 재산을 받을 때 주도록 하라.

또 만약 그가 이것이 이루어지기 전에 죽으면, 그의 누이 니콜로타스 리초에게, 만약 살아 있으면 내 요청이 넘어가길 원한다. 그렇지 않으면 그 돈은 요한네스 세크레토에게 간다.

다음으로 나는 나의 조카이자 집행인인 아니차에게 25이페르페라를 남긴다.

그런 다음 공증인인 안드레아 데 벨라모레에게 이 유언장을 작성한 대가로 10이페르페라를 남긴다.

나는 앞에 언급한 유산들이 내가 죽은 후 9일 내에 분배될 것을 요구하고 명한다. 나도 내 마사리아Massaria(가재도구) 전부, 즉 홑이불, 린넨, 큰 솥, 그리고 금과 은으로 만든 것 또는 돈을 제외하고, 내 집에 있는 다른 것들은 내 조카들인 요한네스 세크레토와 마르쿠스 세크레토 사이에 공평히 나누어질 것을 요구한다. …… [죽은 후에 그를 대신해서 행동할 권한을 그의 집행인들에게 주고, 이 유언이 마지막임을 정한다.]

……나 니콜라우스 데 알렉산드리오, 증인으로서, 이것을 [십자를 그어] 서명하였다.

……나 요한네스 알렉산드로, 증인으로서, 이것을 [역시 십자를 그어] 서명하였다.

[공증인 서명] 나 안드레아스 데 벨라모레, 이 [문서를]마감하고 공증하였다.

자료 08

이단을 싫어하여 증인이 된 여자의 진술

툴루즈Toulouse, 시립도서관Bibliothèque municipale, MS 609, fol. 239v, M. G. 페그Pegg, 〈역사학자와 종교 재판관Historians and inquisitors〉, 로젠탈 편집, 《중세의 1차 사료 이해하기》, p. 98에서 재인용.

앞서 제시된 해에[1245년], 12월 22일[금요일], 캄비악의 길렘 비귀에Guilhem Viguier of Cambiac의 아내인 애메르젠스는 증인으로서 맹세하고, 바로 23년 전에 그녀의 이모인 제랄다 드 카부에르가 그녀를 오리야크로 데리고 가서 기사인 길렘 알드릭의 아내인 에스퀴바 알드릭의 집을 방문하였다고 말하였다. 그리고 그녀는 그 집에서 두 명의 여자 이단을 보았다. 그리고 그때 그 집에 있던 모든 사람들, 제랄다, 에스퀴바와 길렘 알드릭 그리고 두 사람의 아들 길렘은 똑같은 태도로 (에스퀴바에 의해서 지도된 증인과 함께) 한쪽 무릎을 세 번 구부리고서 "선한 여자들이여, 우리에게 복 빌어주소서. 이 죄인들을 위해서 신에게 기도해주시오"라고 말하면서 여자 이단들을 경배하였다. 그녀도 또한 같은 날 나중에 말하기를, 오리야크의 레몽과 다른 사람들이 그 집에 있는 이단 여자들을 방문하였다. 그들 모두와 증인은 오랫동안 여자 이단들의 설교에 귀를 기울였으며, 그런 후 모든 사람들이 앞서 말한 것처럼 그들을 경배하였다. 그리고 모든 사람들이 보는 앞에서 여자 이단들은 증인에게 말하기를, 그녀가 임신한 성인이므로 그녀의 배에 악마가 들어 있다고 하였다. 그러자 모든 사람들이 배를 잡고 웃었다. 마찬가지로 그녀는 밤에 여러 번 이단들이 레몽 바사르의 집에 들어가는 것을 보았다고 말했다. 그리고 그녀가 이단들이 집에 들어가는 것을 보았을 때, 그곳에는 베르나르 도아, 아르노드 쇼블, 페르 아르노, 엘리야 고스베르, 에스테브 오제르와 그의 아내 베르나르타, 페르 발렌티아의 아내 발렌티아, 페르 비귀에르, 길렘 새, 조르다 새의 사위인 퐁 에메르 드 플랑카빌라, 그리고 조르다 자신이 기다리고 있었다. 이단들이 그곳에서 약 2년 전에 있었을 때, 앞서 말한 모든 사람들이 여러 번 그 집에 들어가는 것을 그녀는 보았다. 그리고 증인 자신은 이들 모두가 앞서 말한 이단들을 숭배하고 그들의 설교를 경청하는 것을 보았다. 그리고 한 주 동안 증인은 면밀하게 앞서 말한 집의 내부를 관찰하였는데, 이는 증인의 집 옆이었기 때문이다. 그럼에도 앞서 말한 퐁 에메르는 이단들과 있는 것을 두 번만 보았고, 나머지는 그가 말한 대로 여러 번 보았다. 그녀도 남편인 길렘 비귀에가 그녀에게 마을에 있는 다른 모든 사람들처럼 이단을 사랑하라고 경고했다고 말했다. 그러나 그는 그들이 자신에게 악마를 임신했다고 말한 이후에 이단들을 사랑하고 싶지 않았다. 그리고 그러한 이유로 남편이 여러 차례 매질하고 많은 모욕의 말을 내뱉었는데, 그녀가 이단을 사랑하지 않아서이다.

| 출전 |

힐데가르트의 저작들: 힐데가르트(1098~1179)는 귀족 가문 출신으로, 보덴베르크의 베네딕투스 수도회 수녀원에서 교육받고 수녀원장이 되었다. 유년 시절부터 환상을 본 그녀는 43세 때 그 사실을 알리고 기록으로 남길 것이 허락된다. 세 권의 책 《스키비아스Scivias》(1141~1152, Scito Vias Domini: 즉 '주의 길들을 알라'라는 말의 축어이다), 《책임 있는 인간Liber Vitae Meritorum》(1163~1173), 《신의 작품에 관한 책》(1163~1173)을 남겼다.

중세의 유언장: 이러한 유언장이 활용되는 것은 13세기 이후이다. 교회 법학자와 정부 당국은 법적으로 독립적인 사람들이 유언을 남길 수 있게 하였는데, 일반화된 것은 14~15세기다. 유언장을 통해서 개인 유언자의 내적인 욕구를 드러낼 수 있을 뿐 아니라, 유언자와 그 가족 그리고 친지 간의 관계가 드러나기도 한다. 특히 시대적인 맥락 속에서 읽는 것이 중요하다.

이단 심문서: 60년 전만 해도 역사가들이 거들떠보지 않던 자료였으나, 중세 일상의 여성의 존재와 모습을 보여주는 중요한 자료로 부각되고 있다.

| 참고문헌 |

뒤비, 조르주, 《중세의 결혼: 기사·여성·성직자》, 최애리 옮김, 새물결, 1999.
폰 빙엔, 힐데가르트, 《세계와 인간: 하느님의 말씀을 담은 책》, 이나경 옮김, 올댓컨텐츠, 2011.
홍성표, 《서양 중세사회와 여성》, 느티나무, 1999.

9 주종 제도

: 머슴에서 귀족으로

782 카롤루스 대제, 왕국 내 모든 자유인에게 충성 서약 받음
1151 헨리 2세, 노르망디 봉토에 대해 프랑스 왕에게 신서
12세기 프랑스에서 봉토에 따른 군역 의무를 40일로 제한, 영국에서 군역 면제세Scutage를 부과하여 군역을 면제
1204 로베르 드 보몽과 윌리엄 마셜이 프랑스 왕에게 노르망디 토지를 유지할 목적으로 신서하고자 함
1285 필리프 3세, 잉글랜드 왕 에드워드 1세에게 병력 파견 요구
1286 잉글랜드 왕 에드워드 1세, 프랑스 왕 필리프 4세에게 신서

국가의 보호를 기대할 수 없고, 이를 대신할 혈족의 보호 기능이 매우 약한 사정에서 새로운 관계가 만들어질 필요가 있었다. 약자는 강자의 보호가, 상급자는 하급자의 지지가 필요했다. 이처럼 서로의 위신과 재산을 지키기 위해 상호 간의 이해관계가 맞아 새로운 관계인 주종 관계가 제도로 발전하였다.

주종 관계를 맺는 절차

이 주종 제도는 일종의 절차를 가지고 있었다. 봉신이 신서臣誓라는 맹세 의식과 충성忠誠이라고 하는 다짐 의식을 올리면, 주군이 봉신에게 한 줌의 흙을 준다. 흔히 신서는 호미지Homage(프랑스어로는 오마주Hommage)를 번역한 것이다. 신서는 게르만적인 습속에서 기원한 것이고, 대개 입을 맞추거나 두 손을 맞잡는 행위를 통해 이루어진다. 프랑스어로 코망드Commende라고 한다. 이는 라틴어 코

멘도Commendo에서 유래하는데, 용익권의 의미를 가지며 애초 성직자에 적용되었다. 탁신託身이라고 번역되는 이 행위는, 한 번 맺어지면 다시 변경할 수 없고 어떠한 경우에도 본인이 직접 해야 하므로 대리인을 통한 신서는 허용되지 않았다. 충성의 맹세는 카롤링 왕조 시기부터 발생한 것으로 그리스도교의 영향을 받아서 만들어졌다. 신서보다 비중이 떨어졌고, 지역에 따라 충성의 맹세가 없기도 했다.

이처럼 상급자와 하급자 간의 관계를 표현해주는 라틴어 용어로는 문디움Mundium, 멘데부르둠Mendeburdum, 미티움Mitium, 프랑스어로는 맹부르Mainbour 같은 단어들이 있다. 이 용어들은 법정에서 종속자를 재판하는 권리와 의무를 의미하였다. 이런 관습은 프랑크족, 앵글로색슨족, 스칸디나비아의 바이킹에게도 비슷하게 존재하였다. 이 관계는 다양하게 적용되었으므로 공식적인 규제가 있었던 것은 아니다. 예를 들면 국왕과 측근 사이, 성직자와 세속인 사이, 심지어 하위 계층 사이에도 있었다.

무장 종자가 긴요해지다

메로빙 왕조나 카롤링 왕조에서는 국민개병이 원칙이었다. 실제 국왕을 위한 기병 복무는 이러한 소집에 응할 여유가 있는 자유인에게 해당되었다. 시급히 적에 대처하기 위해 효과적인 병력은 군주나 유력자의 주변에 있는 무장한 종사였다. 이들 고古게르만의 종사를 콩파뇽Compagnon이라고 하는데, 이 말은 함께라는 뜻의 쿰Cum과 빵을 뜻하는 파니스Panis의 복합어로 주군과 함께 식사를 나눈다는 의미를 지니고 있다. 이들은 주군을 위한 전투나 근친 복수 시에 전력을 다하고, 토론할 때에는 주군의 권위를 지지했다. 이들은 로마 시대의 사병私兵 부켈라리우스Bucellarius(복수는 부켈라리Bucellarii)들과 비교된다. 이는 '건빵Buccela을 먹는 사람들'이라는 뜻으로, 그만큼 이들이 좋은 대우를 받았다는 의미로 해석된다. 이들은 일종의 군인으로 수백 명 단위로 결속되었으므로, 종사와는 다소 거리가 있다. 메로빙 왕조의 혼란기에 무장 종자의 활동은 더욱 필요하였으므로, 왕은 기마병인 친위대를 이들로써 유지하고자 했다. 자연스럽게 무장 종자들의 대우가 향상되었다.

도판 23 카롤루스 마그누스 왕이 봉신에게서 충성의 맹세와 신서를 받는 장면. 《성 드니의 시대기》에 나오는 카메오에 새겨진 세밀화의 모사.

봉신의 의미 변화

이러한 변화는 바살Vassal이라는 단어의 의미를 추적해보면 드러난다. 바살은 라틴어로 바수스Vassus 또는 바살루스Vassalus로 표기된다. 바살루스는 켈트어에서 파생된 라틴어로 하인이나 소년의 의미를 가진다. 애초 주인의 저택에서 봉사를 제공하는 사람들 모두에 대해 쓰이던 것에서 무장 종자에게만 국한되었다.

이들은 프랑크 전통에서 자유가 없는 군인이었으나, 6세기 초에 독립적인 사회계급으로 인정될 수 있었으며, 이후 용병이라는 의미도 지니게 된다. 이와 비슷한 용어가 일본어에 있는데, 가신家臣이라는 단어이다. 이 단어는 일본에서 하인을 지칭하는 관용적인 용어로 바살의 초기 의미를 전하기에는 적합하지만, 변화된 의미를 담지 못한다.

바살은 카롤링 왕조기에 한 단계 더 차원이 높아진다. 어떻게 보면 순수하게 개인적 성격을 지니고 있던 이 관계가 통치의 목적을 위해 사용된다. 우선 공권력을 확립하거나 질서와 평화를 유지한다든지, 또는 이슬람교도를 격퇴하는 데 자유로운 무장 종자들의 힘은 절실했다. 반면 국왕이 권력을 확보하는 데 관리들의 충성심을 확보하는 것이 중요했다. 우선 충성스러운 관리는 이 주종 관계에서 충원되는 것이 쉬웠다. 그 결과 봉신 경력을 가진 자들이 관리로 충원되면서 주군의 가택을 벗어난다. 유력자들은 이 방법으로 노예나 사환이 아니면서 개인적인 관계가 없던 소영주들을 자신의 세력권으로 끌어들일 수가 있었다. 이처럼 카롤링 왕조기에 형성된 주종 관계는 점차 늘어나게 된다. 왕조의 통제력이 없어지자 세력을 규합하기 위해 주종제는 더 확산되며, 봉건화가 더욱 진행되었다. 따라서 주종제는 단순히 몸을 맡긴다는 탁신제로부터 완만하게 발전하여 봉건제의 중요한 제도로 발전하였다. | 자료 1 |

주군과 봉신의 쌍무 계약

주종 관계가 형성되면서 주군과 봉신 사이에는 일정한 권리와 의무가 생기게 된다. 봉신은 군사적인 봉사를 해야 한다. 방어전인 경우에는 적을 격퇴할 때까지, 공격전일 경우에는 1년에 30일에서 40일까지로 제한되었다.| 자료 2 | 주군에게 가서 조언을 해주어야 하고 부조하는 것도 큰일이었다. 예를 들어 주군의 큰아들의 기사 서임, 장녀 결혼식, 주군의 몸값을 갚을 경우가 중요한 부조의 기회였다. 또한 주군의 일행이 방문할 경우에 접대할 의무도 있었는데, 나중에 횟수, 기간, 상차림 내용, 수행 인원을 제한했다. 금지 사항도 있었다. 가장 나쁜 것은 주군을 살해하거나 주군의 처나 장녀를 유혹하는 것이었다. 이는 하나의 불문율이었지만, 실제로 아서 왕의 이야기를 읽어보면 이러한 불문율을 깨뜨리면서 갈등이 싹튼다. 이 같은 봉사에 대하여 주군은 봉신과 그의 재산인 봉토를 보호하는 대가를 지급한다. 또한 재판에서 보호해주고, 식사를 대접한다든지 또는 봉토를 주어서 부양해야 할 의무가 있었다. 그리고 후견권, 정혼권, 상속세 취득 등은 주군이 누릴 수 있는 권리이자 의무였다.| 자료 3 | 크게 보면 주군과 봉신의 관계는 쌍무적 계약 관계였다. 쌍무적 계약 관계를 체결한다는 것은, 계약 당사자가 자유로운 인물이고 전사로서 같은 신분에 처한 사람이라는 것을 확인시켜 준다. 따라서 주군과 봉신이 맺은 관계는 동양의 군신 관계가 아니라 오히려 계약에 의한 관계라는 것을 인식할 필요가 있다.| 자료 4 |

재수봉의 문제점

주종제는 원래 개인적 관계였기에 주종 관계에 특별한 조건은 없었다. 그 관계에 따라 봉토가 보수로 지급되고, 이것이 가산으로 변화하면서 이중의 신서가 가능해졌다. 예를 들면 독일의 한 제후는 무려 43명의 봉토 수여자, 즉 봉주封主를 주군으로 모시고 있었던 것이다. 이러한 경우 자기가 섬기는 두 주군 간의 싸움이 벌어지거나 봉신과 주군 간의 싸움이 벌어졌을 경우 상당히 곤란한 문제가 생길 수밖에 없다. 왜냐하면 군사적 봉사가 우선적인 의무이기 때문이다. 그리하여 한 명의 주군에게만 직접적인 군사적 봉사를 수행한다는 의미에서 '리

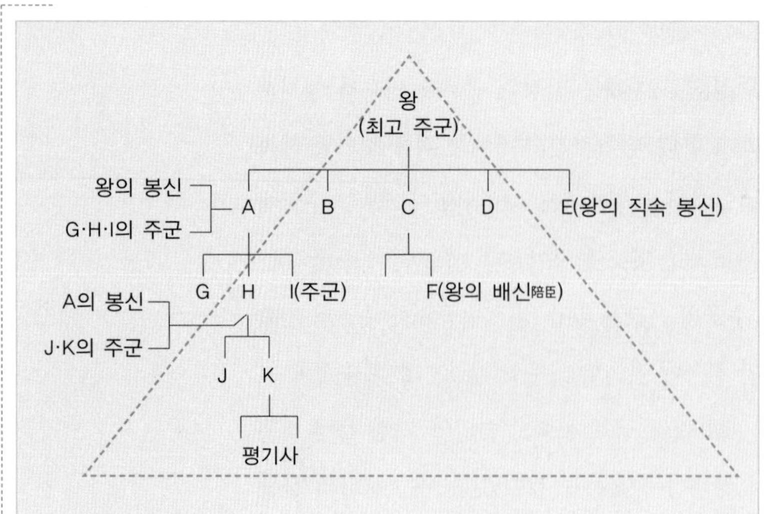

표 2 봉건제의 피라미드. 왕은 최고의 주군이며, 주종 관계는 이 그림에서 보듯이 평기사에 이르기까지 확산되어 마치 피라미드 모양을 만든다.

즈 호미지Liege Homage', 즉 지상至上의 신서가 출현한다. 지상이라고 번역된 '리즈'는 독일어의 '레디히Ledig('면제된', '홀로'라는 뜻)'와 동일한 뜻을 가진다. 이러한 관념이 도입되면서부터 어느 정도 모순점이 해결되는 듯했으나, 큰 효과는 없었다.| 자료 5 | 왜냐하면 원래의 신서가 쇠퇴한 것과 동일한 이유로 혼란이 야기되었기 때문이다. 토지를 둘러싼 계속된 분쟁은 중세 사회의 모습이기도 하다.

주종 관계의 피라미드

이러한 혼란스러운 현실과는 달리 봉건사회는 주종 관계의 피라미드가 형성되었다. 표 2를 보면 왕은 A, B, C, D, E라는 신하를 거느릴 수가 있다. 왕과 신하의 관계는 주군과 봉신의 관계이다. 그러나 그 밑의 신하들은 다시 자신의 밑에 봉신을 거느릴 수 있다. 그러므로 신하들 A, B, C, D, E는 위에 대해서는 봉신이지만, 자기 밑에 있는 무사들에 대해서는 주군으로서 군림할 수가 있다. 이렇게 계속되면 왕을 꼭짓점으로 하고 평기사를 밑변으로 하는 봉건제가 형성이 된다. 이를 '봉건제의 피라미드'라고 한다. 이 관념과 아울러 '영주 없는 땅이 없다Nulle Terre sans Seigneur'라는 말이 생겼다. 이는 주군에게 몸소 봉사하지 않으면 땅을 받거나 지키지 못한다는 뜻으로 해석된다. 심지어 성직자도 일종의 봉신으로서 이러한 관계 속에 들어갔다. 그러므로 중세시대에 제2신분이었던 전사, 즉 싸우는 사람들은 주종 관계로서 봉건적인 계층제를 구성하는 사람이었다. 그러한 관계 속에서 자연히 사람들이 토지 보유를 확대하는 것이 사회에서 출세하는 길이었으므로, 이를 위해 진력하였다.| 자료 6 |

자료
읽기

자료
01

봉건제가 사적 관계에서 통치 목적으로

마르크 블로크, 《봉건사회》 I, pp. 135~136.

전통적인 왕가에 대한 장기간의 투쟁 이후 권력을 얻은 귀족 성원들이 점차 자신들을 무장한 예속인 부대로 둘러쌈으로써, 그리고 자신들의 보호를 다른 수장들에게 부여함으로써 자신들을 프랑크 인민의 주인들로 만들어갔던 적이 있다. 일단 권력의 정점에 오르자 그들이 그러한 유대 관계를 정상적인 것으로 계속 여겼다는 것은 놀라운 일인가? 이에 반해 그들은 카롤루스 마르텔의 시점부터 애초 다른 귀족들과 함께 그들이 부수는 데 일조한 중앙정부의 권능을 재구성하는 것에 야심을 드러냈다. 그들은 자신의 영역 전체에 걸쳐 질서와 그리스도교의 평화를 세우고자 원하였다. 그들은 병사들이 자신의 소유지를 광대하게 넓히고 불신자들에 대해 성전을 수행하길 원했는데, 이는 자신의 권력을 확대하는 것을 유도할 뿐 아니라 영혼에 혜택을 주는 사업이었다. 이 과제를 수행하기 위해서 오래된 제도들은 부적합한 것으로 보였다. 왕정이 처분할 수 있는 것은 소수의 관리뿐이었다. 그러나 이들은 별로 신뢰할 만한 사람들이 결코 아니었으며, 몇 명의 성직자만을 제외하고 직업적인 전통과 문화가 결여되었다. 게다가 경제 조건들로 인해서 월급을 받는 관리로 이루어지는 방대한 체계를 지닌 제도를 생각할 수 없었다. 통신은 느렸고, 불편했고, 불확실했다. 그러므로 중앙정부가 직면한 중요한 어려움은 여러 가지 부역을 받아내고 필요한 공권력을 적용하기 위해 개개인의 복속민에 영향을 미치는 것이었다. 그래서 여기에서 정부의 목적을 위해서 보호 관계라는 기존의 확고한 그물망을 이용한다는 착상이 떠올랐다. 영주라면 모든 수준의 위계에서 자신이 거느린 '사람'에 대해서 책임져야 할 것이며 그를 의무에 묶어두어야 할 것이다. 이 착상은 카롤링 사람들에게 특수한 것은 아니었다. 그것은 이미 비시고트족 지배하의 에스파냐에서 입법의 주제였던 것이다. 아랍인의 침입 이후 다수의 에스파냐 피난자가 프랑크 왕궁에 있었는데, 이들이 그 원리를 알고 이해하도록 도왔을 것이다. 그리고 나중에 앵글로색슨법에 반영된 '주군 없는 사람Lordless Man'에 대한 매우 생생한 불신은 같은 태도를 반영한다. 그러나 800년경 프랑크 왕국보다 그 정책이 더 의식적으로 추구되고—더하고 싶겠지만—그 환경이 더 일관성 있게 유지된 곳은 어디에도 없었다. "각 우두머리는 자신의 종속민들이 황제의 명령과 지침에 점점 더 기꺼이 복종하도록 강요해야만 한다"(《카피툴라리아》 I, no. 64, c. 17.)—이 말은 810년에 반포된 왕의 칙법에서 나온 것으로서, 아주 간결하게 피피누스와 카롤루스에 의해서 건조된 구성물의 근본 원리들의 하나를 요약한다.

자료
02

루이 9세: 기사 복무에 대한 규정

웨슬리 D. 캠프, 《서양 문명의 뿌리》 Vol. 1, p. 82.

왕의 귀족과 모든 봉신은 왕이 소집하는 경우 왕 앞에 출두해야 하며, 자신의 비용으로 40낮과 40밤 동안 각자가 의무를 지고 있는 숫자의 기사들을 데리고 군역을 수행해야 한다. 왕은 원할 경우 그리고 필요한 경우 이 군역들을 징발할 수 있다. 그리고 만약 왕이 그들로 하여금 그들의 비용으로 40일을 더 복무하게 하고자 붙잡아두기를 원하더라도, 그들이 원하지 않으면 남아 있을 의무가 없다. 그러나 만약 왕이 왕의 비용을 들여 왕국을 방어하기 위해 그들을 머물게 하기를 원하면, 그들은 반드시 남아 있어야 한다. 그리고 만약 왕이 왕국을 벗어나서 그들을 데리고 원정하기를 원하는 경우, 그들이 원하지 않으면 갈 필요가 없다. 왜냐하면 이미 40낮과 40밤 동안 복무하였기 때문이다.

자료
03

봉신의 혼인에 대한 주군의 권위

웨슬리 D. 캠프, 《서양 문명의 뿌리》 Vol. 1, p. 83.

나, 마틸다Mathilda는 느베르Nevers의 여백작으로, 이 문서를 보는 모든 이에게 다음과 같은 사실을 알게 하노라. 나는 신성한 복음서에 의지하여 나의 가장 경애하는 주군이시며 신의 은총을 받은 프랑스의 훌륭한 필립 왕께 살아 있는 모든 남자와 여자에 대항하여 선하고도 충실한 복무를 수행할 것이며 그분의 의지와 은혜가 없이는 혼인하지 않을 것을 선언한 바 있도다. 이 약조를 충실하게 지키기 위해, 나는 내 수하들로 하여금 다음과 같은 방식으로 같은 주군이신 왕께 맹세한 바를 지키도록 하였다. 즉 만약 (그런 일이 일어나서는 안 되지만) 내가 주군이신 왕과 맺은 앞서 언급한 협정을 지키지 못한다면, 이들[나의 봉신들]은 나에 대항하여 자기들이 보유한 모든 토지와 내게서 받은 봉토를 주군이신 왕께 가져와서 왕이 만족하도록 이행될 때까지 (충성하겠노라고) 왕에게 선서해야만 한다. 또 주군이신 왕께서 요구하시면 어느 때든지, 주군이신 왕 앞에서 나와 더불어 임석하지 않은 내 수하들에게서 나는 유사한 선서를 받을 것이다. …… 그리고 이것이 확고하고 지속되도록 하기 위해서, 나는 여기에 내 봉인을 찍노라. 주님의 해 1221년 2월에 믈룅Melun에서 제출하노라.

자료
04

샤르트르의 퓔베르의 편지: 봉신과 주군의 의무

제임스 하비 로빈슨 편집, 《유럽사 사료선집》 Vol. 1, p. 184.

주군에게 충성을 맹세한 자는 언제나 여섯 가지를 기억해야만 합니다. 즉 해롭지 않은 것, 안전한 것, 명예로운 것, 유익한 것, 쉬운 것, 실천적인 것입니다. 해롭지 않다는 것은 봉신이 몸소 자신의 주군에게 해를 가하지 말아야 한다는 것을 의미합니다. 안전한 것은 봉신은 주군의 비밀을 누설함으로써 아니면 주군이 안전을 위해 의존하고 있는 방어를 배신함으로써 주군을 해쳐서는 안 된다는 것입니다. 명예로운 것은 주군의 송사에서 또는 주군의 명예에 관련된 다른 사안에서 주군에게 해를 끼쳐서는 아니 된다는 것을 의미합니다. 유익한 것이란 주군의 점유에 손해를 끼치지 말라는 것이지요. 쉬운 것과 실천적인 것은 주군이 쉽게 할 수 있는 좋은 것을 어렵게 만들지 말라는 것이며, 실천 가능한 것을 주군에게 실현이 불가능한 것으로 만들지 말라는 뜻입니다.

충성스러운 봉신은 이러한 부당 행위를 피해야 하는데, 이는 분명히 적절한 것이로되, 봉신이 보유지를 가질 자격이 있는 것은 오로지 이 이유 때문만은 아니지요. 왜냐하면 선을 행하지 않는 한, 악에서 멀어지는 것만으로는 충분하지 않기 때문입니다. 그러므로 만약 그가 자신의 은대지에 걸맞은 자로 간주되길 그리고 맹세한 충성에 관하여 확고하길 원한다면, 앞에 언급한 여섯 가지 사안에서 봉신은 자신의 주군에게 충성스럽게 조언하고 도움을 주어야 한다는 것이 남아 있습니다.

주군은 또한 이 모든 사안들에서 충성스러운 봉신에게 답례로써 행동해야만 합니다. 그리고 만약 주군이 이것을 하지 않으면, 만약 봉신이 자신의 의무를 회피하거나 회피하는 데 동의한 것이 드러나면 불성실하고 거짓 맹세한 자가 되는 것과 마찬가지로, 주군이 거짓 맹세한 죄를 범한 것으로 인정되는 것이 정당하지요.

자료 05

재수봉의 문제점

웨슬리 D. 캠프, 《서양 문명의 뿌리》 Vol. 1, p. 81.

나, 툴의 장은 다음과 같은 사실을 고지하노라. 나는 살았건 죽었건 모든 사람들에 대해 트루아의 여백작님 베아트리스 여사와 그의 아드님이신 샹파뉴 백작 테오발드께 지상의 신서를 한 봉신이라. 단 주군이신 쿠시의 앙조랑, 주군이신 아르키스의 존, 그랑프레의 백작님에게 드린 신서에는 제외된다. 만약 그랑프레의 백작님이 트집을 잡아 샹파뉴의 여백작님과 백작님께 전쟁을 벌이는 일이 있다면, 나는 직접 출전하여 그랑프레 백작을 도와드리고, 샹파뉴의 백작님들에게는 받은 봉토에 대해 그분들에게 책임지고 있는 숫자의 기사를 보낼 것이다. 그러나 만약 그랑프레의 백작님이 자신을 위해서가 아니라 친구를 위해 샹파뉴 여백작님께 전쟁을 한다면, 나는 샹파뉴의 여백작님과 백작님을 도울 것이며, 그랑프레의 백작님에게는 그분이 주신 봉토에 대해 내가 해야 할 군역을 수행하기 위해서 기사 한 명을 보낼 것이다. 그렇지만 나 자신이 그랑프레 백작님의 영토에 스스로 들어가서 그분에게 전쟁을 하는 일은 없을 것이다.

자료 06

중세 귀족들의 혼인 정책과 그 결과

조르주 뒤비Georges Duby, 《기사, 여성 그리고 성직자: 중세 프랑스에서의 중세 결혼 만들기The Knight, the Lady, and the Priest: the Making of Modern Marriage in Medieval France》, eng. trans. by Barbara Bray, 1983, pp. 99~106. (한국어판 출간 제목은 《중세의 결혼: 기사·여성·성직자》)

혼인 형태는 1000년을 즈음하여 반세기 동안에 변하였다. 이 지역의 기록부에 등록된 약혼Sponsalicia을 기록한 최후의 증서들이 보이는 시기는 1030년대이다. 그러나 이 증서들은 실제로는 사용되지 않았는데, 법적인 절차가 변하고 있었기 때문이다. 재판석 앞에서 문서화된 증거를 제출하는 것이 더는 필요하지 않았다. 왜냐하면 판정을 내려야 하는 사람들이 이제는 입으로 하는 증언이나 신의 심판이라는 증언에 의존했기 때문이다. 따라서 문서 관리자들은 그 문서를 보존하는 데 더 이상 수고를 들이지 않았다. 그러나 약혼식 때 남편이 아내에게 형식적인 선물을 하는 것은 여전히 관행으로 이어졌다. 보주Beaujeu의 노트르담 문서고에는 1087년의 문서가 있는데, 여기에서 한 남자가 '아내에게 농장에 대한 자신의 권리 중 3분의 1을 주는 증여제 아래에서' 아내를 맞았다고 회상하고 있다. 수도사들과 참사회 회원들이 그런 계약의 기록을 보존하는 것을 포기한 또 다른 그럴 법한 이유는 1030~1040년 이후에는 배우자의 재산 전체에 대한 남편의 권리가 완전해져서 아내의 특권이 순전히 허구였으며 그것을 언급하는 데는 요점이 없었던 것이다. 이는 전반적인 경향이었던 것으로 보인다. 남편과 아내 사이에 이루어진 평등한 결속이던 것이 남편이 왕으로 지배하는 극소화된 왕국으로 변하였다. …… 결과적으로 남편—성부와 같은 호칭을 지닌 주인, 주군—의 권위는 증대하였다. 그는 아내 몫으로 정한 자신의 가족 유산의 일부만 아니라 아내의 친정에서 아내에게 왔을 재산도 관리했다. 그것은 그의 처분에 맡겨졌다. 으레 그러하듯이 남편은 아내의 동의가 필요했으나, 말하고 실행하는 자는 남편이다. 1005년 한 기사는 자기 장인이 한 곳에서 점유하고 있던 재산과 자신의 아내를 대리하여 보유하고 있던 재산을 모두 처분하였다. 세기말에는 한 아내가 혼인할 때 받은 지참금을 마콩Macôn의 생뱅상Saint-Vincent에게 주었으나, 그 선물도 어디까지나 그녀의 남편인 베르나르의 '손으로' 전달된 것이었다. 혼인에 포함된 모든 권리는 점점 더 남편에게 장악되었다. 배우자의 재산에 대한 남편의 장악이 점차적으로 커진 데에는 여성이 내는 지참금의 규모를 줄이고 여성의 남계男系로의 귀환을 확정하고자 의도된 계약이 자리하고 있었다. 또한 이와 더불어 특별한 위험, 즉 가문에 들어온 외부인 혈통을 가진 여자는 자신에게 물려진 유산의 일부를 오용할지도 모른다는 위험으로부터 토지 재산을 지키려는 목적도 있었다. 누이든, 딸이든, 조카든 혼인으로 제공하는 자라면, 이제 그녀에 대한 지배권을 가진 외부인이 가족의 유산에 손을 대는 것을 두려워했다.

내가 검토하고 있는 문서는 사실상 사위들의 권리에 관해 말하고 있지만 뒤늦게야, 즉 11세기 중반 이후에 그렇게 한다. 1050년경에 아샤르Achard라고 불리는 기사가 있었는데, 클뤼니 근처 자택에서 임종을 맞아 자신의 마지막 소원들을 받아쓰게 하였다. 그는 자신의 영혼을 구원하기 위해 신께 바치고 있는 토지를 열거하였으며, 친척들에게 동의를 요청하였다. 다른 말로 하면, 그는 친척들에게 그들의 권리를 포기하고 그의 보시와 그것이 가져다줄 정신적 이익에 참여할 것을 요청한 것이다. 이를 위해 처음 보러 온 것은 그의 아들들이었고, 이어서 사촌이, 이어 다른 가까운 친지들이 그리고 마지막으로 사위와 그의 아내인 아샤르의 딸이 왔다. 이 과정에서 사위는 맨 마지막 남자였으나, 자연적인 위계질서에 따라서 남편이 아내보다 먼저 왔다. 만약 종교 기관들이 평화롭게 경건한 보시를 누리기를 원하면 상속의 권리를 포기하는 대신 더 높은 값의 대가를 남성 상속자들에게 지불해야 했다. 그런 사람들은 점점 많아졌는데, 그들 중에 죽은 보시자의 사위들이 더 두드러지고 더 위협적인 존재로 드러나기 시작한 것은 같은 시기였다. 가족 재산이 처한 그러한 위협에 대한 해답은, 옛날에는 친정어머니의 지참금이었으나 이제 딸의 소유가 된 재산에 대한 딸의 권리를 제한하면서 혼인한 딸이 유산에 대해 가진 권리를 줄이는 것이었다. 이는 오직 가족 소유지의 주변부만이 희생될 위험에 있었음을 의미한다. 그럼에도 가장이 죽으면서 딸들만 남겼을 때 맏사위가 삼촌들과 사촌들을 몰아내고 장인의 위치를 차지하면서 전체 유산을 자기 것으로 할 수 있을 것이다. ……

비록 여전히 가변적이지만 관습적인 관례에 기초하여, 이에 관해 우리가 몇 장면만을 보았을 뿐이지만, 전체적인 혼인 전략Strategy of Marriage이 구성된다. 가장은 가족 가운데 시집보낼 수 있는 젊은 여식들을 모두 혼인시키기 위해서 최선을 다했다. 그렇게 하여 선조의 혈통을 분산시킨 후에 그는 다음 세대에 이 혼인들에서 태어난 아들들과 외삼촌들 간에 이어지는 특수한 관계에 의해 강화될 동맹을 체결한다. 예를 들기 위해 북부 프랑스로 돌아가보자. 람륍트의 일두앵Hilduin of Ramerupt은 아내를 통해 루시Roucy의 백작령을 물려받았고, 그에 대한 장악력을 강화하고자 과부가 된 장모를 자신의 형제에게 혼인시켰다. 그는 자신이 낳은 일곱 딸의 혼인과 재혼도 조정했다. 그리하여 3세대가 지난 후 약 320명에 달하는 그의 후손을 추적할 수 있다. 반면에 그의 위치에 있는 사람이 다른 아들들의 혼인을 위해 오라버니가 없는 처녀, 즉 여상속자를 구할 수 없다면, 오로지 한 명의 아들만 합법적 아내를 맞도록 허용하는 것이 현명할 것이다. 일두앵이 낳은 아들 중 둘이 혼인했는데, 하나는 처의 가문으로 장가가서 살 수 있었고 반면 다른 아들은 분명히 손대지 않은 '명예', 즉 일두앵 가족 재산의 핵심 부분을 물려받았다. 남은 남자들은 부수도원장이거나 참사회원인 어떤 삼촌의 영향을 통해 종교 단체에 입교할 수 있었는데, 그들은 마콩 백작의 봉신들에게 그렇듯이 언젠가 아내가 선물로서 주어질 것을 기다리고 고대할 뿐이었다. 아니면 그들은 자신의 운명을 개척하기 위해 멀리 떠났다. 마코네 지방에 관련된 11세기 기록은 구원과 더불어 재산을 좇아서 예루살렘으로 떠나는 그러한 젊은이가 많았음을 보여준다. ……

가족이라는 나무를 이렇게 가지치기한 결과의 하나는 여느 때보다 더 많이 여자들이 남자들에게 예속되었다는 점이며, 같은 증거에 의해서 은밀하게 남자들은 여느 때보다 더 많이 자신의 아내를 두려워하였다는 점이다. 남자들은 여자들이 간통이나 살인에 의해서 어떠한 은밀한 복수를 하지 않을까 두려워했다. 당시의 시대기에는 아내에 의해 독살된 것으로 추정되는 군주들이 가득하고 '여자의 모의들', '위험한 계략', 여자들의 구역에서 만들어진 온갖 종류의 주술에 관한 암시로 가득하다. 우리는 11세기에 한 기사가 매일 밤 침실에서 채울 수 없는 욕망을 만족시킬 수 없는 이브의 옆에서 떨면서, 여자가 분명 그를 속이고 있으며 잠든 동안에 침대보로 질식시킬 모의를 꾸미고 있을지도 모른다고 의심하면서 누워 있는 모습을 상상할 수 있을 것이다.

| 출전 |

샤르트르의 퓔베르의 편지: 1020년 주교인 샤르트르의 퓔베르Fulbert de Chartres가 아키텐의 공작 윌리엄에게 보낸 편지를 살펴보면 봉건제의 일반적인 규칙을 알 수 있다. 이 편지에 따르면 주군과 봉신은 쌍무적인 관계를 맺고 있었다.

| 참고문헌 |

나종일 편저, 《봉건제》, 까치글방, 1988.
뒤비, 조르주, 《중세의 결혼: 기사·여성·성직자》, 최애리 옮김, 새물결, 1999.
베르텔로트, 안, 《아서왕—전설로 태어난 기사의 수호신》, 채계병 옮김, 시공사, 2003.
블로크, 마르크, 《봉건사회 Ⅰ·Ⅱ》, 한정숙 옮김, 한길사, 2001.
이기영, 《고대에서 봉건사회로의 이동—서유럽 봉건제와 봉건적 주종관계의 형성 및 인종문제》, 사회평론아카데미, 2017.
캔터, 노만 F., 《중세 이야기: 위대한 8인의 꿈》, 이종경 외 옮김, 새물결, 2001.
홍성표, 《서양 중세사회와 여성》, 느티나무, 1999.

10

봉토와 토지제도

: 반환과 세습의 갈등

8세기	카롤루스 마르텔, 기사 복무자에 대한 토지 용익권 수여
899	랑그도크 지역에서 베네피키움 대신 페오둠 사용
10세기 중엽	봉토가 세습화되어 재산권의 의미로 사용됨
984	페오둠이 베네피키움 대신 널리 사용됨
11세기	자유 토지가 예속 봉토로 변화됨
12세기	영주 토지를 뜻하는 세뇌리Seigneurie 등장
1215	잉글랜드 귀족들, 자의적으로 부과되는 부조금에 항의
13세기	봉토가 기사 복무에 대한 대가로 지급되는 토지로 굳어짐

주군과 봉신의 관계는 일종의 경제적 양상을 띤 쌍무적 계약 관계였다. 주군은 봉신에게 생계유지의 수단을 부여해야만 했다. 중세에는 자신에게 충성하는 부하들에게 보수를 지급하는 것에 문제가 있었다. 오늘날과 달리 화폐가 충분하지 않았던 것이다. 그리하여 주군은 자기 집에 머물게 하면서 생계 문제를 책임지는 솔거 부양이나 토지에서 나오는 소득을 처분하여 봉신 스스로 생계를 해결하도록 하는 외거 부양 중 하나를 선택해야 했다. 솔거 부양보다는 토지를 지급하는 방식이 훨씬 더 바람직했다. 솔거 부양의 경우 상당히 번거로웠다. 식당에서 불평이나 불만을 제기하는 봉신들도 있었고, 이들은 무장한 사람들이었다. 게다가 봉신들의 지위가 상승하면서 이들에 대한 솔거 부양이 매우 힘들어졌다. 봉신들이 늘어나고, 이들의 사회적 지위가 높아지자 대대적인 봉토를 수여할 필요가 생긴 것이다. 봉토는 처음에는 무조건 증여하는 방식이었으나, 후에

는 사망할 경우 주군에게 반환하는 조건 아래 증여되었다.

봉토의 어원

흔히 봉토라고 번역된 단어는 피프Fief이다. 이 단어는 가축과 동산 일반을 지칭하는 라틴어인 페쿠스Pecus와 같은 말이다. 독일어에서는 피Vieh가 가축을, 갈로로망스어Gallo-Romance Languages에서는 페우Feu가 동산을, 페오스Feos는 10세기경 증여물의 성격과 무관한 대가의 지급, 급료 일반을 지시하였다. 이후 페오스의 라틴어 모방체인 페오둠Feodum이 차용되어 보급되었다. 독일어 렌Lehen은 봉토를 뜻하여, 봉건제를 렌스베젠Lehnswesen이라고 한다. 이 단어는 독일어의 라이엔leihen, 즉 '빌리다'라는 동사에서 파생된 것으로 영어의 론loan과 같은 어원에서 나왔다. 이처럼 봉토는 애초 일종의 대가 지불의 성격을 가졌던 것이다. 한편, 이 페오둠이라는 단어가 여러 가지 표현으로 등장하고 특히 랑그도크 지역에서 생긴 것을 들어서, 이 단어가 아랍어 푸유Fuyū에서 비롯하였다고 주장하는 학자도 있다. 이 아랍어는 '저항하지 않은 적에게 돌려준 토지'라는 의미를 가진다.

봉토의 의미 변화

봉토의 개념은 다음과 같이 변화한다. 우선 의무에 대하여 수여된 토지 재산을 의미하였다. 예를 들어 농촌에서 토지세 납부와 노동의 의무를 조건으로 수여된 토지도 봉토로 여겨졌다. 다음으로 급여로서의 보유지라는 의미를 갖게 된다. 예를 들어 집사, 화가, 목수, 사제 등이 받는 토지도 합법적인 봉토로 간주되었다. 이처럼 봉토는 사회 신분과 관계없이 특정한 봉사 제공자에 대한 급여를 의미했다. 마지막으로 자유인을 뜻하는 프랑크Franc라는 말이 봉토에 붙으면서, 봉신만이 봉토를 갖게 된다. 즉 봉토란 급료로서 지급되는 토지를 지시하였으나, 13세기경 봉토는 기사의 급료로 그 의미가 매우 한정되었다.

일반적으로 힘없는 자들은 토지와 자신마저도 강한 자에게 바쳤다. | 자료 1 | 자신을 맡긴 자가 농사꾼이면 세금과 부역을 부과 받아 그 토지를 돌려받았다. 경

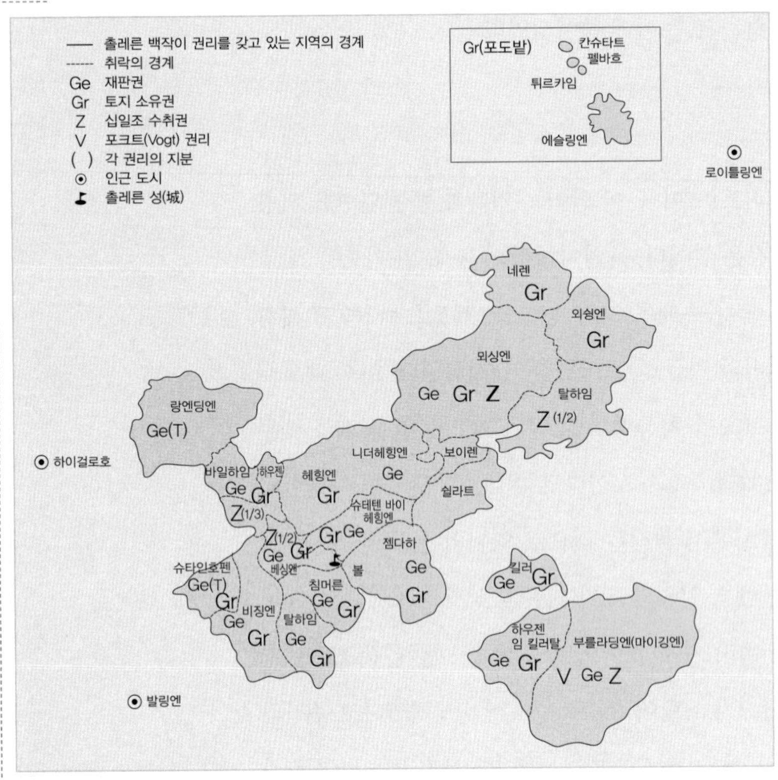

도판 24 촐레른 가문은 1025년 촐레른의 백작인 부르크하르트Burkhard에서 비롯하는 가문으로 독일의 슈바벤과 프랑켄 지방의 대표적인 귀족 가문이다. 1218년 이후에는 호엔촐레른Hohenzilern으로 개명하였으며 브란덴부르크 선제후를 배출하였고, 18세기에는 독일 황제를 배출한다. 토지 소유권의 경우 일반적으로 경작지에 해당하는데, 오른쪽 상단 네모 속의 소유권 표시는 이곳이 특히 포도밭임을 나타내기 위한 것이다. 괄호 안은 각 권리의 지분을 가리키며 '(T)'는 '일부분Teil'(독일어)을 뜻한다. 아울러 이 지도에 표시하지는 않았지만 여러 촌락에 걸쳐서 인신에 대한 권리도 지니고 있었다. 이처럼 호엔촐레른 가문은 다양한 권리를 여러 지역에 걸쳐서 전부 혹은 일부를 차지하였다. 이런 식으로 귀족들이 봉건적인 지배권을 행사하는 것이 일반적이었다.

우에 따라 다른 토지도 덤으로 받았으며, 전사라면 신서한 후에 가산이었던 토지를 봉토로 다시 지급받았다. 흔히 봉토는 유력자가 자신의 하급자에게 주는 것으로 생각할 수 있지만, 이처럼 반대인 경우가 오히려 많았다. 이렇게 상급자는 토지를 개개인에게 나누어주었지만, 실질적인 소유권은 자신이 가졌다. 이를 독일어로 오버아이겐툼Obereigentum이라고 하는데, 상급 소유권으로 번역한다.

토지 보유의 유형

중세 일반인의 토지 보유는 크게 보아 두 가지, 빌리니지Villainage와 알로드Allod가 있었다. 빌리니지는 예농 신분이 보유하되 장원Villa의 공동체적 관습을 따르는 보유지를 의미했다. 알로드는 일체의 종속 관계에서 탈피하고 오로지 국왕에 대해서 부담을 지는 자유 토지를 의미했다. 이처럼 중세에는 모든 토지가 예농 신분의 보유지가 아니라 자유 토지도 있었다. 전자의 경우는 수도원 장원 문서의 기록을 통해서 운영의 실태가 상세히 전해지고 있으나, 후자는 기록이 없을 뿐 존재하지 않은 것이 아니었다. 그렇지만 카롤링 왕조가 해체된 뒤에 봉신들은 자신들이 조건부로 수여받았던 토지를 사유화하는 경향을 보인다. 특히 수여자가 국왕이나 교회라면 이 사유화 경향은 강화된다. 그 결과 10세기부터 자유 토지가 줄어들게 되었다.

봉토 세습과 문제점

봉토의 보유는 봉신이 사망하거나 주군이 사망할 때까지만 허용되었다. 그러나 이 원칙은 현실적으로 충실하게 적용되지 못했다. 봉신의 아들이라면 자기 집안의 재산을 잃지 않기 위해서 부친의 주종 관계를 그대로 이어받고자 했다. 주군도 봉신의 자손으로 부족한 인원을 충원하는 것이 바람직하였다. 상속인이 상속 재산에 따르는 의무를 떠맡는 경우에 상속을 인정해주는 것이 관행이 되었다. 의무를 수행할 수 없는 고아나 과부에게서 봉토를 몰수하는 것은 가혹하다는 사회의 통념도 있었다. 게다가 교회도 안정된 재산권을 옹호하였다. 그리하여 초기 카롤링 왕조부터 봉토가 공공연히 세습되었다. 예를 들어 폴랑브레Folembray는 국왕이 수여한 봉토로 4대에 걸쳐서 전수되었다. 교회에 종속된 봉신은 교회에 봉사할 것에 동의하면 상속을 인정받았다.

이 때문에 토지는 점점 부족해졌다. 그 대안으로 이른바 고관봉Fiefs de Dignité이라는 제도가 나타났다. 고관봉은 국왕에 대한 의탁 의무를 수행하는 대가로 수여된 것이므로, 그 의무가 끝나면 언제든지 회수가 가능했다. 그런데 이 토지 제도도 세습의 진전을 막을 수 없었다. 세습은 왕권의 약화로 인해서 더욱 진전되었다. 예를 들어 로베르 가家의 토지는 국왕에 의해 몰수되었다가 그 후손에게 다시 취득되었다. 877년 키에르지Quierzy에서 있었던 회의에서 샤를 대머리왕Charles the Bald은 부친의 명예봉Honeur을 그 아들에게 줄 것을 약속한다. 이와 같이 봉토의 세습은 봉건 시대 후기에 법적인 관행으로 굳어졌다. 그 결과 상속세는 하급 봉토에만 부과되었다. 봉토 수여자는 상속세를 부과하여 봉토를 통해서 이익을 볼 수 있었다. 그러나 13세기 이후 봉신의 군사적 봉사가 줄어들면서 상속세가 경감되고, 군역 면제세Scutage와 같은 정률의 납부금을 내는 것으로 변했다. 나중에는 상속세가 단순한 화폐 지급으로 변모하면서 토지 보유자는 봉토를 세습 재산으로 간직할 수가 있었다. 이렇게 되자 프랑스의 봉토는 지대를 납부하는 보유지로 변모하였다. 그 결과 봉토는 사실상 사유지로서 세습되어나갔다.| 자료 2 | 자연히, 세습을 둘러싸고 토지 쟁탈이 벌어졌으며,| 자료 3 | 중세에 봉토를 둘러싼 관계는 현대 사회의 자본처럼 중요해졌다.

자료
읽기

자료
01

봉토의 기원

마르크 블로크, 《봉건사회》 I, p. 171.

모든 봉토가 사실상 주군이 봉신에게 '절급해준 것Grant'에 의해서 창출되었다고 간주한다면, 이는 오개념일 것이다. 아마도 역설적인 것으로 보일 수 있겠지만, 실제로 많은 봉토들이 주군에게 봉신이 선물한 것에서 기원한다. 왜냐하면 보호자를 찾는 사람은 흔히 그러한 특권에 대해 대가를 치러야만 하기 때문이다. 자신의 더 약한 이웃으로 하여금 자신에게 종속할 것을 강제한 강력한 개인은 이웃의 인신만 아니라 그의 재산도 바칠 것을 요구하기 쉽다. 따라서 하급자는 자신을 우두머리에게 바치면서 자신이 가진 땅도 제공했다. 주군은 일반 인신 복종의 유대가 봉인된 후에 자신의 새로운 의존자에게 그렇게 임시로 포기한 재산을 돌려주었지만, 그 재산은 그 위에서 표시된 다양한 의무에 의해 표현된 상급의 권리에 종속되었다. 토지 상납이라는 이 거대한 운동이 프랑크 왕국 시기와 봉건 시기 전기에 사회의 모든 계층에서 진행되었다. 그러나 그 운동은 탁신한 자의 계급과 생활방식에 따라서 매우 상이한 형태들을 가지게 되었다. 소농의 토지들은 현금이나 현물로 내는 지대나 농업 노동이 부과되어 그에게 되돌아왔다. 더 높은 사회 신분과 전사로서의 관습을 가진 인물은 신서를 행한 후에 봉신의 명예로운 봉토로서 전에 가졌던 점유물을 되돌려 받았다. 그리하여 부동산 권리라는 면에서 두 개의 커다란 계급 분화가 마침내 이루어졌다. 한편에서는 얼마 안 되지만 장원의 공통 관습에 의해 규제되는 예농의 보유물과 봉토가 있었으며, 다른 한편에서는 '자유 토지Allod'가 있었는데, 이것은 완전히 독립되어 있었다.

자료
02
세습 제도의 결과

마르크 블로크, 《봉건사회》 I, pp. 236~237.

우두머리 주변에 모인 무장한 종사들에 기초하는 초기 주종제에는 일종의 안락한 가정적인 풍미가 있었는데, 이는 바로 그 어휘에서 표현된다. 집주인은 '노인Senior, Herr'이나 '빵을 주는 사람Lord'이었다. 수하들은 그의 동무Gasindi, 애들Vassi(Thegns, Knights), 밥 먹는 자들Buccellarii(Hlafoetan)이었다. 한마디로 이 시기에 충성은 개인적인 교제에 기초하였고 종속은 점차 동료 관계로 변화하였다. 그러나 시간이 흐르면서 원래 집안에 국한되었던 이 유대 관계가 크게 확대되었다. 이러한 일이 일어난 것은, 일부 주인이 자신의 집에서 한동안 먹고 산 후에 종종 그가 준 영지에서 자활하고자 나간 자들의 충성을 유지하고자 하는 바람이 계속되었기 때문이다. 그러나 주요한 이유는, 바로 무정부 상태가 커지는 것에 직면하여 호족, 특히 왕들이 이 극도로 강력한 연대에서 또는 이를 모방한 것에서 쇠퇴하는 충성심에 대한 해결책을 찾으려고 했기 때문이다. 반면에 그와 반대로 생존의 위협을 받는 많은 사람들이 여기에서 보호자를 얻는 해결책이 있음을 보았다. 군 복무를 원하고 또는 그것을 해야만 하는 일정 이상의 사회계층에 속한 자들은 무장 종자처럼 취급되었다.

그러나 우두머리가 가진 이해관계에 빈번히 충돌되며 때로 그가 준 선물로 부유해지기는커녕 새로운 의무를 부과 받은 채 자신의 재산을 돌려받기 위해서 가산을 넘겨야만 했던 사람들이, 더 이상 우두머리와 식탁을 함께하거나 운명을 나누지 않게 된 상황에서 이러한 식으로 가족과 같은 충성심을 보이는 것은 부질없는 짓이었다. 결국 이 충성심은 많이 맹세되긴 했으되 완전 무의미한 것이 되었으며, 곧 한 사람이 다른 사람에게 의존하는 것은 한 소유지가 다른 소유지에 대한 의존에 부수된 것 이상은 아니었다. 세습 그 자체도 두 가족의 결속을 강화하는 대신 유대 관계를 약화시키는 경향이 있었는데, 세습이 무엇보다 토지를 둘러싼 이해관계에 관련되었기 때문이다. 명예롭고 기사에 속한 사람들에게 그런 것처럼 미미한 장인 봉토의 경우에도 문제가 발생했다. 두 경우 모두 많은 점에서 같은 방식으로 문제가 해결된 것으로 보인다. 화가나 목수의 아들은 아버지의 재산을 계승하는데, 오로지 아버지의 직능을 물려받았다는 한에서 그러했을 뿐이다. 유사하게 기사의 아들은 오로지 그가 아버지의 직무를 계속할 것을 떠맡는 경우에만 서임을 받을 수 있었다. 그러나 어떤 고급 장인의 기술은 전사의 헌신보다 훨씬 더 크게 신뢰할 수 있는 요소였으니, 후자를 말로 약속하는 것이 실제로 이행하기보다는 더 쉽기 때문이다. 매우 중요한 판결에 의해 1291년에 내려진 조례에는 프랑스 왕실의 심판들에 대해서 제기될 수 있는 이의의 근거가 열거된다. 여기에서 소송 당사자의 한 사람의 휘하에 있는 봉신의 편파성을 의심할 수 있는 것은 그 봉신이 세습 불가 봉토Life Fief를 보유한 경우[1] 만이라고 제시된다. 당시에 세습된 유대 관계는 매우 연약해 보였다!

1 | 이를 당대한當代限의 봉토라고 번역하는데, 토지를 세습하지 못하게 함으로써 봉신의 원망을 샀기 때문에 재판이 불공정하게 진행될 것이라는 뜻이다.

자료 03

주군과 봉신의 협약: 위그의 글

제인 마틴데일Jane Martindale 편집, 《영국 역사학회지English Historical Review》 84, 1969, pp. 526~548, trans. by George Beech; 패트릭 J. 기어리 편집, 《중세사 사료선집》, pp. 405~410에서 재인용.

아키텐 사람들의 백작 기욤Guillaume은 천부장 위그와 다음과 같이 협정을 맺었다. 즉 자작 로소가 죽으면 백작은 자신에게 위임된 자작 로소의 명예를 위그에게 줄 것이라고 하였다. 주교 로호Roho는 이를 보고 들었으며 백작의 팔에 입맞춤하였다. 그런 후 자작 사버리Savary는 위그가 기욤 백작에게서 받은 토지를 위그로부터 받아 차지하였고, 자작이 죽자 백작은 위그에게 죽은 자의 동생인 랠프 자작과 그 토지를 회수할 때까지 아무런 협정이나 합의를 하지 않겠노라고 약속하였다. 이 말을 백작은 만인의 앞에서 발설하였다. 그러나 후에 그는 몰래 랠프에게 그 토지를 주었다. 위그는 랠프 자작과 협약을 하였는데, 그에 따르면 위그는 랠프의 딸과 그 영지나 혹은 더 큰 영지, 아니면 다른 것과 교환하는 조건으로 혼인하게 될 것이었다. 백작이 이 소식을 듣자 크게 화를 냈으며 비굴하게 위그에게 가서 말하였다. "랠프의 딸과 혼인하지 말게나. 나는 자네가 나에게서 원하는 무엇이든지 줄 것이네. 그러면 자네는 내 아들만 제외하고 나머지 모든 사람들 앞에서 나의 친구가 될 것이네." 그리하여 위그는 백작이 하라는 대로 하였으며, 사랑과 신뢰에 따라 그는 비밀리에 그 여성을 거절하였다. 동시에 파르테네Parthenay 성의 조슬랭Joscelin이 죽게 되었다. 그러자 백작은 그의 명예와 부인을 위그에게 넘기겠노라고 말하였다. 그러나 만약 위그가 그것들을 거부하면, 자신은 그를 더 이상 신뢰하지 않겠노라고 말하였다. 이 문제에서 위그는 자신이나 타인의 힘으로는 백작을 부추길 수 없었고, 단념시키지 못했다. 그 문제를 숙고한 후 그는 백작에게 말했다. "각하께서 명령하는 모든 것을 하겠습니다." 풀크Fulk 백작과 협정을 맺은 후 백작은 그(풀크)에게 그 토지 대신에 자신의 은대지 중에서 어떤 것을 주기로 약속했다. 그러자 풀크는 위그에게 자신에 속한 그것들을 주겠노라고 약속하였다. 이 협정의 일부로서 백작은 랠프 자작을 불러서는 말했다. "내가 그로 하여금 금지하였으므로 위그는 당신과 맺은 협정을 지키지 않을 것이오. 그러나 풀크와 나는 위그에게 조슬랭의 명예와 부인을 줄 것이며, 우리가 이렇게 함으로써 당신을 벌주는 것은 당신이 나를 신뢰하지 않았기 때문이오." 그러자 이 말을 들은 랠프는 깊이 미안함을 느껴 백작에게 말하였다. "신에 맹세코 그것을 하지 마시지요." 백작이 말하였다. "당신이 그에게 당신 딸을 주지도 그와 협정을 지키지도 않을 것이라고 하는 보장을 하시오. 그러면 마찬가지로 나도 그가 조슬랭의 명예나 부인을 가지지 않게 될 것에 신경을 쓰지요." 그리고 그들은 그렇게 행하였으므로 위그는 전자도 후자도 가지지 못하였다. 랠프는 몽트뢰이 성에 있는 기욤 백작을 방문하러 떠나면서 위그에게 자신들이 서로 이야기를 나누어야 한다는 전갈을 보냈다. 그것이 이루어졌고 랠프는 위그에게 말하였다. "나는 자네가 폭로하지 않으리라는 믿음을 가지고서 먼저 이것들을 자네에게 말하네. 기욤 백작에 대항하여 나를 도울 것이라는 보장을 내게 주게나. 그러면 나는 자네와의 협정을 지키고 모든 사람들에 대항하여 자네를 돕겠네." 그러나 기욤 백작에 대한 사랑으로 인해 위그는 그렇게 하길 거부하였고 위그와 랠프는 화를 내면서 갈라섰다. 그런 후 랠프는 기욤 백작과 전쟁을 시작하였는데, 백작에 대한 사랑으로 인해서 위그는 랠프와 싸우러 갔고 크게 부상당하였다.

랠프가 죽자 위그는 백작에게 랠프가 자신에게서 가져간 토지를 돌려달라고 요청하였다. 백작이 위그에게 말하였다. "내가 자네에게 자네 토지를 돌려줄 때까지는 랠프의 조카인 조스프레드Josfred 자작과도 투아르Thouars 성의 사람들과도 협정을 맺지 않을 걸세." 그러나 백작은 결코 이 말을 지키지 않고서 조스프레드 자작과 그리고 투아르 성 사람들과 협약을 맺었으며, 위그는 자신이 백작을 위해 저지른 악행 때문에 자신의 땅을 차지하지 못했다. 조스프레드는 위그와 싸움을 시작하였으며 무즈윌Mouzeuil 성을 태워버리고 위그의 기사들을 사로잡아서는 그들의 손을 잘랐으며 그것 말고도 충분히 보복했다. 백작은 위그를 결코 돕지도 그들 사이에서 정직한 협정도 맺어주지 않았다. 오히려 위그는 자신의 토지를 잃어버렸고, 그리고 그가 백작을 도왔다는 이유로 평화롭게 보유하고 있던 다른 토지마저 잃었다. 그리고 위그는 자신의 토지를 얻을 수 없을 것이라는 것을 알게 되자, 투아르의 최고 기사 43명을 사로잡았다. 그리하여 정의와 평화를 지켰으며 자신의 토지를 환수했다. 그리고 만약 그가 몸값을 받고자 했으면, 4만 솔리두스를 받았을 것이다. 백작은 이 소식을 듣고 기뻐해야 했을 테지만 오히려 화를 내면서 사람을 보내 다음과 같이 전했다. "그 사람들을 내게 주거라." 그러자 위그가 그에게 답하였다. "주군이시여, 왜 내게 이것을 달라고 하시나요? 내가 이것들을 잃은 것은 오로지 당신의 충실함[2] 때문이지요." 그러자 백작은 말하였다. "자네에게 해코지를 하고자 그들을 요구한 게 아니네. 자네가 나의 의지를 행할 내 휘하[3]이기 때문이네. 그리하여 모든 사람들이 우리의 협정으로 말미암아 내가 그들을 얻게 되었음을 알게 하세. 그리고 자네와 협정을 맺어 자네가 토지들을 되돌려 받고 자네에게 이루어진 악들에 대해서 보상받도록 하겠네. 그렇지 않으면 그 사람들을 자네에게 돌려주겠네. 믿고 신뢰하게나. 자네에게 어떤 나쁜 일이 생기면, 그것은 자네를 배신한 내 탓이라고 알게나." 그러자 위그는 그와 신을 믿었고 그런 협정하에 그 사람들을 백작에게 넘겨주었다. 후에도 계속 위그는 자신의 토지를 잃었으며, 정의도 얻지 못하고, 그 사람들도 돌려받지 못했다.

푸아투 사람들의 백작과 주교 질베르는 자신들 간에 위그의 삼촌인 조슬랭과 협약을 맺었다. 그 조약은 비본Vivonne 성과 관련된 것으로, 질베르 주교가 죽은 후에는 그 성이 조슬랭에게 넘어가도록 한 것이다. 아직 살아 있는 동안 주교는 그 성의 사람들을 조슬랭에게 탁신하도록 했으며 탑을 그에게 넘겨주었다. 두 사람이 죽자 백작은 주교인 이셈베르Isembert 그리고 위그와 협약하여 그 성의 절반, 즉 직영지에서 절반과 봉신의 봉토에서 두 부분이 위그의 것이 되도록 했다. 그래서 백작은 위그로 하여금 주교 이셈베르에게 탁신하게 했다. 그런 후에 백작이 최고로 좋은 영지를 그들에게서 빼앗았다.

에메리Aimery라고 불리는 군 장교Tribune가 시브레Civray라는 성을 자신의 주군인 베르나르에게서 뺏었다. 그리고 이 성은 합법적으로 위그의 것이 되었는데, 그것이 그 부친의 것이었기 때문이다. 에메리에게 화가 치민 백작 기욤은 위그에게 그 부친에게 속하던 성의 부분에 대해서 베르나르의 봉신이 되도록 강요했다. 이는 두 사람이 에메리에 대해 전쟁을 일으킬 수 있도록 하기 위한 것이다. 그러나 위그는 베르나르의 봉신이 되기를 원하지 않았다. 백작은 이 요구를 1년 동안 계속하다가 마침내 더 화가 났으므로, 위그에게 베르나르의 봉신이 되라고 집요하게 요구했다. 1년이 지나자 백작은 노여움을 품고 위그에게 가서 말했다. "왜 자네는 베르나르와 협약을 맺지 않는가? 자네는 나에게 신세진 것이 많으니, 만약 내가 자네에게 농부를 주군으로 섬기라고 명령하면 그대로 해야 하네. 내가 말한 대로 하게나. 그리고 그것이 자네에게 나쁜 것으로 드러나

2 | 백작의 배신을 의미함.

3 | 봉신이므로 주군의 뜻을 따라야 한다는 의미.

면, 그에 관해서 나를 찾아와서 보게." 위그는 그를 믿었고 베르나르의 사람[4] 이 되었는데, 앞서 말한 성의 4분의 1로 그렇게 된 것이다. 위그에 대한 보상으로 베르나르는 백작과 네 명의 인질을 내세웠다. 백작이 위그에게 말하였다. "인질들을 내게 맡기게나. 만약 베르나르가 자네에게 신의로 맺은 협정을 지키지 않으면, 내가 그들을 감금하도록 자네에게 넘기고 내가 보장하건대 자네의 조력자가 될 것이네." 백작은 이를 위그에게 매우 강하게 약속하였다. [그는 얼마나 강하였는지 잘 알고 있다.] 그러자 위그는 자신의 주군을 신뢰했으며 앞서 말한 성 때문에 정당한 전쟁을 치렀고 인력과 다른 물자에서 큰 손실을 입었다. 그러자 백작은 쿠에Couhe라는 성을 그를 위해서 짓기 시작하였으나 완성하지 못하고, 오히려 에메리와 말을 나누고는 그 성을 그에게 주어버렸고 결코 위그를 돕지 않았다.

나중에 백작은 시즈Chize라고 불리는 성 때문에 에메리와 불화하였고, 에메리가 그것을 빼앗자 위그와 백작은 함께 그에 대항하여 싸웠다. 백작은 말라발리Malavallis 성을 공격하여 차지하였다. 이는 에메리가 그에게 행한 악행의 대가였다. 그리고 위그는 그를 최선을 다해 도왔다. 위그가 백작을 떠나기 전에 백작은, 주군이 마땅히 봉신에게 만족시킬 것을 약속해야 하는 것처럼, 그에게 에메리와는 아무런 협약도 안 하겠고 위그가 없이는 그와 아무런 관계도 없을 것이며 말라발리는 위그의 조언 없이 짓지 않겠노라고 약속하였다. 그러나 백작은 에메리와 협약을 체결했고 위그의 조언이 없이 말라발리 성을 짓도록 허락하였다. 에메리가 살아 있는 동안 위그는 앞서 말한 문제들과 관련해서 돌려받은 것이 없었다. ……

위그나 그의 부하가 어떤 악행을 저지르지도 않았는데 백작의 부하들은 전쟁을 빙자하여 위그의 사람들로부터 은대지를 가로챘다. 이를 알게 된 위그는 자신의 삼촌 것이었으나 피에르가 부당하게 차지하고 있고, 이로써 많은 손해를 보았던 시즈 성으로 갔다. 그는 망루를 탈취하였고 피에르의 사람들을 밖으로 던져버렸다. 위그는 이런 행동을 하면서 자신에게는 이럴 권리가 있다고 생각했다. 그 성이 자신의 부친과 다른 친척에 속했던 것이고 자신이 권리를 잃어버렸기 때문이었다. 백작은 이 소식을 듣고는 매우 우울해져서, 위그에게 피에르에게서 빼앗은 망루를 자신에게 넘기라는 명령을 전하였다. 위그는 백작에게 사람을 돌려보내어 백작이 자기 부친의 명예와 그 안에서 가졌던 다른 것들에 덧붙여, 조슬랭에 속하던 전체 명예와 백작이 자신에게 주었던 것까지도 넘겨야 한다고 말하였다. 백작은 이 문제를 고심하였고 그런 후 사람들이 회의를 열기로 하였다. 백작이 위그에게 말했다. "나는 자네가 내게 요구한 영예들을 줄 것이네. 그

4 | 봉신을 의미함.

러나 자네 삼촌의 것인 명예—성, 망루, 전체 명예—를 주겠는데, 단 자네 아버지나 다른 친척들의 것이었던 명예도 자네가 자네 권리라고 내게 요구하지 않는다는 협약하에서 그렇게 함세." 이 말을 듣자 위그는 과거에 악의를 가지고 자신에게서 많은 것을 빼앗아 간 백작을 별로 믿지 못하게 되었으므로, 백작에게 말하였다. "나는 감히 이것을 하지 않겠습니다. 왜냐하면 많은 다른 일과 관련하여 그랬듯이, 당신이 나를 악으로 위협하리라는 것이 두렵기 때문입니다." 백작이 말하였다. "더 이상 나를 불신하지 않도록 보장하겠네." 위그가 물었다. "어떤 종류의 보장이지요?" 백작이 말했다. "죄인 판별법을 대신 겪을 농노를 제공하겠네. 그리하면 자네는 우리가 서로 맺은 협약이 지켜질까 의심하지도 않을 것이고 어떤 손해도 과거의 저 문제들과 관련하여 다시는 일어나지 않을 것일세. 대신 그 협약은 아무런 악의 없이 굳건히 유지될 것이네." 위그가 이런 식으로 하는 말을 듣고 말하였다. "당신은 나의 주군이십니다. 나는 당신에게서 담보를 받지 않을 것이며, 단지 신과 당신의 자비에 의존하지요." 백작은 위그에게 말하였다. "과거에 나와 자네가 다투었던 주장들 모두를 포기하고, 나와 내 아들에게 충성을 맹세하게. 그러면 자네에게 자네 삼촌의 명예 또는 그와 같은 어떤 것을 교환하여 주겠네." 위그가 말했다. "나의 주군이시여, 신과 그리스도의 형상으로 만들어진 이 축복받은 십자가를 통해 당신에게 간청합니다. 당신과 당신의 아들이 사기로 나를 위협하려는 의도가 있다면, 제발 나로 하여금 이것을 하지 않게 해주시오." 그러자 백작이 "내 명예를 걸고서 나의 아들과 나는 속임 없이 하겠네"라고 말하였다. 그러자 위그가 말하였다. "심지어 내가 당신에게 충성을 맹세했을 때도, 당신은 시즈 성을 내게도 요구할 것입니다. 그리고 만약 그것을 당신에게 넘기지 않으면, 당신은 말할 것입니다. 내가 당신으로부터 받은 성을 당신에게 부인否認하는 것이 옳지 않다고 말입니다. 만약 내가 당신에게 넘기면, 당신과 당신의 아들은 그것을 가로챌 것인데, 당신은 신과 당신 자신의 자비를 제외하고는 담보로 아무것도 제시하지 않을 것이기 때문이지요." 백작이 말하였다. "우리는 그런 짓을 하지 않을 것이네. 그러나 우리가 그것을 자네에게 요구해도 자네는 그것을 넘기지 말게나." 이러한 협약 조건 다시 말해 흔히 일컬어지는 결말Finis 아래에서 백작과 그 아들은 위그에게 아무런 악의 없이 신의를 베푸는 한은, 신뢰와 믿음 안에서 위그를 받아들여야 했다. 그리고 그들은 위그로 하여금 과거로부터 자신의 것이라고 주장하던 모든 것을 버리게 했다. 그리고 그는 그들에게 충성을 맹세했고 그들은 그에게 삼촌 조슬랭의 명예를 그가 죽기 1년 전에 가졌던 그대로 주었다.

여기에 백작과 위그 사이의 협약들이 끝난다.

| 출전 |

위그의 글: 1020~1025년에 작성된 이 글은 뤼지냥Lusignan의 위그가 쓴 것이다. 그는 프랑스의 푸아투에 살던 강력하고 야심 있는 성주였다. 그는 지난 수십 년간 아키텐의 대공 기욤 5세(969~1030)와 관계를 맺었다. 위그의 주장은 자신이 부당하게 봉토와 성을 빼앗겼다는 것이다. 원래 그것들은 그의 조상이 지닌 것이었다. 자신이 주군에 의해 어떻게 다루어졌는가를 보여주는 내용으로, 11세기 봉건제의 실상을 보여주는 유일한 문서이다.

| 참고문헌 |

고려대학교 대학원 서양중세사연구실 편역, 《서양중세사회 경제사론》, 법문사, 1981.
나종일 편저, 《봉건제》, 까치글방, 1988.
뒤비, 조르주, 《전사와 농민》, 최생열 옮김, 동문선, 1999.
__________, 《중세의 결혼: 기사·여성·성직자》, 최애리 옮김, 새물결, 1999.
블로크, 마르크, 《봉건사회 Ⅰ·Ⅱ》, 한정숙 옮김, 한길사, 2001.
최재현, 《유럽의 봉건제도》, 역사비평사, 1992.
타이어니, 브라이언 엮음, 《서양중세사 연구》, 박은구 외 옮김, 탐구당, 1994.
타이어니, 브라이언·페인터, 시드니, 《서양 중세사: 유럽의 형성과 발전》, 이연규 옮김, 집문당, 1989.

11 농업

: 농업은 봉건제의 토대

5세기	소를 이용하여 쟁기 견인
8세기	인구 증가
10세기	말을 이용하여 쟁기 견인
11세기	대대적인 개간 사업, 인구 증가
13세기	가축 수 증가로 목초지 부족

현대에도 먹을 것은 오로지 자연에서만 얻을 수 있다. 문명이 아무리 발달한들 공장에서 식량을 생산할 수는 없다. 인간의 생명을 유지시켜주는 식량에는 이러한 특징이 있다. 중세는 농업 사회라고 해도 될 만큼 농업은 매우 중요한 산업이었다.

기후 조건과 농업의 성과

농업이 가능하려면 무엇보다 기후 조건이 갖추어져야 한다. 유럽은 기후를 기준으로 볼 때 남쪽의 지중해 연안과 북부 내륙으로 나누어진다. 지중해 연안은 지중해성 기후의 특성을 띠고 있어서 여름에는 강수량이 매우 적고 겨울에는 여름보다 비가 많이 온다. 반면에 내륙에서는 강수량이 많아 빗물을 빼기 위해 두둑과 고랑을 크게 만든다. 이러한 기후의 차이는 농경의 방법에도 차이를 가져왔다. 지중해 연안에서는 가벼운 쟁기가 사용되었고, 쟁기가 가볍기 때문에 가족 단위로 농업이 이루어졌다. 이에 비해 북부 내륙에서는 무거운 쟁기가 사용되는데, 보통 네 마리에서 여덟 마리 정도의 소나 말이 하나의 쟁기를 끌었다. 이것을 팀Team이라고 하는데, 큰 규모였기 때문에 방향을 자주 바꾸면 효율이 떨어졌다. 그래서 길쭉한 띠 모양의 밭, 곧 지조地條라고 번역되는 스트립Strip을 만들었다. 이러한 조건에서 북부에서는 촌락을 중심으로 한 공동 경작이 나타났다.

비옥한 지역에서는 집촌, 척박한 지역에서는 산촌이 나타났다. 집촌에서는 정방형 경지제와 개방 경지제Open-Field System가 출현하였다. 정방형 경지는 바둑판 모양의 농경지에 담을 두른 형태였다. 개방 경지는 밭과 밭 사이에 경계를 두지 않고 길쭉한 지조 모양을 띠었다. 척박한 지역에서는 담을 두르고 담 안쪽의 경작지(내포內圃)와 담 바깥의 경작지(외포外圃)로 나누는 형태가 나타났다.

중세기의 농업 수확량을 살펴보면, 농사를 가장 잘 지었다고 하는 13세기에 에이커Acre당 2부셸Bushel의 씨앗을 뿌리면 수확은 10부셸이 나왔다. 1850년대의 수확량은 25부셸이었다. 지방에 따라서는 1 대 2가 되기도 했다. 다음 쪽의 도판 25와 26을 보면 북부 유럽과 남부 유럽 쟁기의 차이점을 확인할 수 있다. 쟁기에 바퀴가 달려 있고, 쟁기 뒤를 따라가면서 씨뿌리기하는 모습도 볼 수 있는데, 이러한 경작 방법은 효율적인 것은 아니었다.

표 3 아래 표에는 로마 시대와 중세 시대의 차이점이 나타나 있다. 삼포제가 규제형으로 바뀌는 것은 인구의 증가와 관련 있었다.

시기	취락	경작법	기술
로마 시대	블록형의 경지들을 가진 작은 마을	이포제	볏이 없는 활주 쟁기
6세기	강 유역과 같은 물기 많은 지역이 개간됨	띠 모양의 경지 배수가 더 잘됨	고정된 볏을 가진 바퀴 달린 쟁기
8세기	블록형 경지, 곧 울타리가 쳐진 경지 형태로 개별적인 개간	자유형 삼포제	
10세기		삼포제	개량된 견인 장치
11세기	가촌 또는 제방촌, 숲속에는 '삼림촌'	띠 모양의 경지	
12~13세기		삼포제 규제	휴경지 또한 방목지로 사용

도판 25(위) 11세기 달력에 나온 북부 유럽의 쟁기질 및 파종 방식.
도판 26(아래) 고대 남부 유럽의 쟁기질 방식.

장원 경영에 기반한 농업

중세 농업의 가장 큰 특징은 장원을 통해서 경영된다는 점이다. 장원 제도는 영어로는 매너Manor, 프랑스어로는 세뇌리Seigneurie, 독일어로는 필리카티온Villikation이라고 한다. 장원은 일반적으로 '토지와 그 토지에 거주하면서 경작하는 농민에 대한 지배'로 볼 수 있다. 결국 장원에는 토지와 예농이라고 칭해지는 농민, 그리고 그 농민을 지배하는 존재가 있으며, 이 삼자와의 관계가 장원 제도를 이해하는 축이다. 장원은 대체로 로마제국 후기에 발전한 빌라Villa 체제에서 비롯되었다고 보는 견해가 일반적이다.

장원에는 몇 가지 유형이 있다. 단일 장원은 하나의 촌락이 하나의 장원을 형성하는 경우이다. 반면에 분산 장원은 두세 개의 촌락이 하나의 장원을 구성하거나, 반대로 촌락이 큰 경우에는 하나의 촌락이 두세 개의 장원을 구성하는 것이다. 흔히 교과서나 참고서에는 단일 장원만 소개되어 있으나, 분산 장원이 일반적이었고 단일 장원은 거의 없었다. 분산 장원의 경우 다시 간결형, 집단형, 산재형의 세 가지 유형으로 나누어진다. 간결형은 하나의 촌락에 한 장원에 속한 농장이 모두 다 있고 다른 장원의 농장도 겸해서 같이 있는 경우를 말한다. 집단형은 한 장원에 소속된 농장이 두세 개의 촌락에 흩어져 있고, 그 촌락에 역시 다른 장원의 농장이 병존하는 것을 의미한다. 산재형은 한 장원의 농장이 여러 마을에 몇 개씩 분산되어 있는 형태이다. 한 명의 귀족이 한 촌락에 하나의 장원을 가지고 있는 것이 아니라, 여러 지역에 걸쳐서 여러 종류의 소유권을 가지고 있었다.

그리고 수취 내용에 따라서 고전 장원과 지대 장원으로 나누어 볼 수 있다. 고전 장원은 주로 11세기까지의 형태로 농민으로부터 부역을 수취하는 형태이다. 지대 장원은 지대의 수취가 중심이 되는 것인데, 12세기 이후에 주된 형태였다.

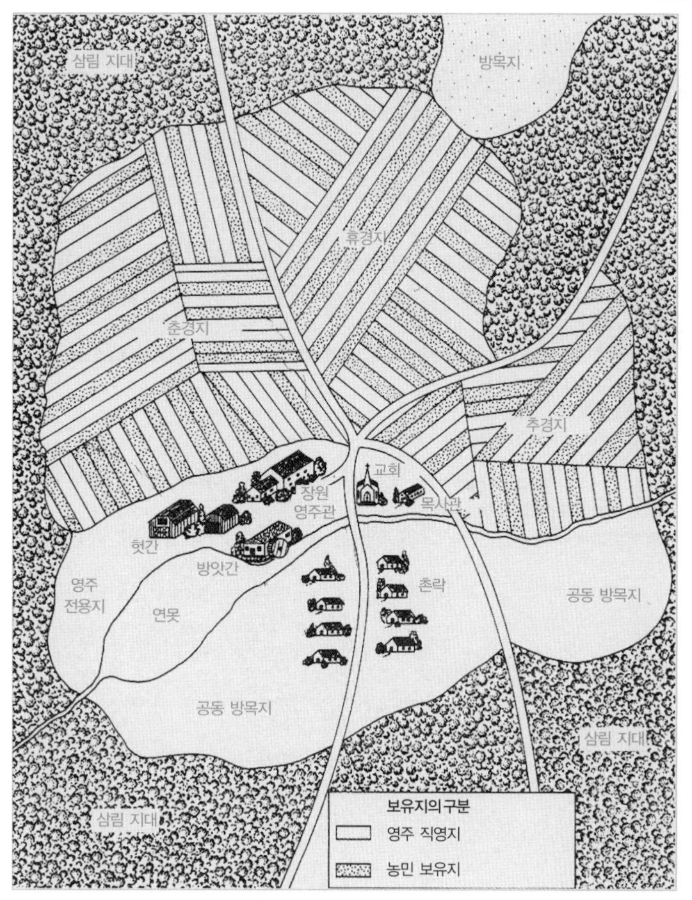

도판 27 이 그림에 나타난 장원의 모습은 일종의 이상형이다. 실제는 분산형의 장원이 일반적이다. 이 그림에서 전체 면적 중 영주 직영지의 비율은 절반에 육박하며, 직영지는 그림과 같이 농민 보유지 사이에 배치되어 있다.

농장은 과세 단위

장원의 면적에는 차이가 많다. 대규모의 경우 면적이 무려 250헥타르에 달하기도 했고, 소규모인 경우 5헥타르에 불과했다. 이 장원은 직영지와 농민 보유지, 즉 농장으로 나누어진다. 직영지는 영어로 디메인Demesne, 프랑스어로 레세르브Résérve이며, 흔히 장원 토지의 2분의 1 내지 3분의 1을 차지하는데, 여기서 수확된 모든 생산물은 장원 주인의 소유물이 된다. 물론 이것을 경작하는 것은 농민들의 의무였다. 농장은 다양하게 불렸다. 영어로 팜Farm이나 버깃Virgate, 프랑스어로는 망스Manse 또는 만수스Mansus, 독일어로는 후페Hufe로 불린다. 이런 농장은 농업 단위이면서 동시에 과세 단위였다. 대체로 한 가족이 한 단위의 2분의 1 내지 4분의 1 정도의 면적을 보유했다.| 자료 1 | 예를 들면 빌랑드 장원에 34개의 농장이 있었고, 144가족이 거주했다. 단위 농장의 크기도 작은 것은 4.85헥타르부터 큰 것은 38헥타르까지

도판 28 여러 농민이 곡물을 수확하는 것을 장원의 집사가 감독하고 있는 모습을 보여주고 있다. 영국도서관에 소장된 〈시편〉에 수록된 달력 그림으로 1250년대에 그려진 것으로 추정된다.

이르는 등 상당히 큰 편차가 있었다. 하지만 면적이 넓다고 해서 반드시 유리한 것만은 아니었다.| 자료 2 |

영주의 권리

영주는 영어로 매너리얼 로드Manorial Lord라고 불리는데, 몇 가지 특징이 있었다. 고대 귀족이 도시에 거주할 뿐 농촌에 거주하는 일은 없었던 것에 비해, 중세의 영주는 직접 농촌에 와서 생활하면서 영지를 경영했다. 대신 스튜어드Steward 혹은 바일리프Bailiff라고 불리는 감독자를 통해서 지대와 부역을 수취하였다.| 자료 3 | 흔히 영주는 토지 주인이라고 생각할 수 있지만, 인신에 대한 권한을 갖는 경우에는 인신 영주, 사법권을 보유한 경우에는 재판 영주라고 불렸다. 게다가 불입권을 누리는 경우 영주가 교수대를 보유했다. 이처럼 영주는 토지에 대한 권리를 가졌을 뿐만 아니라, 왕이 누리는 권리인 사법권과 노예 주인의 권리도 가지는 막강한 존재였다.

농민의 유형과 의무

반면에 농민은 서프Serf, 빌른Villein 등으로 칭해졌다. 이들 예농들은 토지에 결박되어 있어 이동의 자유가 없었다. 재산의 소유도 허용되지 않았고, 원칙적으로 모든 것이 영주의 소유였다. 또한 경제적 강제 말고도 경제 외적인 강제, 즉 인신 영주나 재판 영주로부터 노동이나 세금을 강요받아야 했다. 혼인 역시 영주의 허가가 필요했다. 반면 자유로운 요소도 존재했다. 사생활을 영위할 수 있었고, 형법상의 보호를 받을 수 있었고, 상속도 가능했고, 공동체적인 권리를 보호받았다. 특히 평등한 발언권과 축제 등이 예농들에게 중요한 자유 요소인 것이다. 하지만 농민들 사이에서는 신분상의 차이가 존재했다. 자유농민인 콜로누스Colonus, 노예라는 뜻을 가진 세르부스Servus가 있었고, 두 부류 사이에서 태어

조세와 부역	연간 부역	손 부역 및 견인 부역	비정규적 조세
장원 영주 및 인신 영주	인신 부과조(인정 과세의 하나로 1년에 닭 한 마리) 현물세(곡물, 가축, 유제품) 지대(토지의 크기에 따라서)	원래 무한정의 부역 장원청에서 노동 보조 노동(파종 및 수확 시)	혼인세(혼인 허락을 받기 위한 조세) 상속세(죽음이나 토지 매각을 통한 토지 교환 시) '가장 좋은 가축' '가장 좋은 옷'
재판 영주	재판세나 포크트세	교량 가설 및 도로 건설	벌금
영방 군주			전쟁세

표 4 독일 교과서에 소개된 중세 독일 농민의 부담.

난 리두스Lidus가 있었다. 경제적 의무 부담에도 차이가 있어, 노예는 노예 망스, 반자유민은 반자유민 망스, 자유민은 자유민 망스를 경작했다. 그러나 이러한 구분은 13세기에 이르러 거의 사라지게 된다.자료 4

농민들의 의무는 크게 부역, 현물 지대, 기타 부분으로 나눌 수 있다.자료 5 부역에는 두 가지가 있었는데, 손으로 하는 마노페라Manopera라고 하는 부역이 있었다. 이 손 부역은 일주일에 3일간 직영지를 경작하고, 해자나 헛간을 건설하는 데 동원되었다. 농민의 아내도 실을 만들기 전에 곱슬곱슬한 양털을 빗으로 빗어서 펴는 소모梳毛 작업, 실잣기 등에 동원되었다. 농민이 말이나 소를 가진 경우에는 운송도 담당하였다. 현물 지대로는 곡물, 치즈, 돼지고기, 물고기, 땔감 등 일상생활에서 얻을 수 있는 모든 물건을 냈다. 기타 여러 가지 세금들이 있었는데, 특히 인두세는 예속의 상징이었다. 상속세도 있었다. 원칙적으로 예농에게 대여한 토지는 영주가 회수한다. 하지만 자식에게 인정하고, 이를 대신해서 가장 중요한 물건으로 의복이나 가축을 영주에게 바치는 것이 관행으로 굳어졌다. 강제 사용권Banality(공권이라고 번역되기도 함)이 있는데, 이는 개인의 맷돌이나 화덕을 사용하지 못하게 하고 공용을 사용하게 하고서 그 사용료를 징수하는 권리였다. 십일조는 원래 교회에 바치는 헌금이었지만, 실질적으로는 영주가 개인을 고용하여 농민에게 받아들이는 또 다른 형태의 수취이기도 했다. 그 밖에 여러 가지 규정을 어겼을 경우 내야 하는 벌금도 많았다.

위의 표 4에는 농민들이 어떤 종류의 부담을 했는지 잘 나타나 있다. 농민들이 세금을 바치는 상대는 장원 및 인신 영주, 재판 영주, 영방 군주 이렇게 세 부

도판 29 새로운 촌락의 건설을 보여주는 지도. 표시된 지명은 파리와 오를레앙 사이에 새로 건설된 촌락이며 괄호 안의 숫자는 연도이다. 설치 연도를 보면 12세기에 집중되었음을 알 수 있고, 이는 인구의 증가와 더불어 농업기술의 발전을 보여주고 있다. 이를 내적인 팽창이라 한다. 이렇게 도로를 따라서 촌락을 건설한 것은 또한 루이 6세와 7세가 왕령지에 대한 지배를 확고하게 하려는 동기에서 이루어졌다.

류이다. 연간 부역으로 보면 인신 부과조, 현물세, 지대가 있다. 재판 영주에 대해서는 재판세나 포크트세를 내야 했다. 포크트Vogt는 라틴어 아드보카투스Advocatus, 즉 대리인이라는 말에서 파생된 독일어로, 귀족의 대리인이나 교회의 대리인으로 활동하면서 관할 지역 농민에게서 일정한 세금을 수취하였다. 그리고 손 부역 및 견인 부역은 원래 무한정한 것이었고, 장원청에서 노동하는 것은 일상적이었다. 그 밖에 파종할 때나 수확할 때 보조 노동을 했다. 재판 영주에게는 교량 가설 및 도로 건설에 부역을 바쳐야 했다. 그리고 비정규적인 조세가 있었는데, 혼인세, 상속세 등이다. 재판 영주에게는 농민이 잘못한 경우에 벌금도 내야 했다. 그리고 영방 군주에 대해서 전쟁세도 납부했다. 이처럼 농민들은 여러 종류의 부역과 세금을 중층적으로 납부하고 있었기 때문에, 그들의 생활은 상당히 각박했다. 통계에 따르면 농민은 가용 노동에 대해서 71퍼센트 정도의 부담을 짊어진 것으로 파악된다. | 자료 6 | 비록 중세의 농민이 노예에 비해서는 진전된 면이 있다고 해도 노동에서는 노예 못지않게 어려웠다.

촌락공동체와 농업기술의 진전

중세 시대에는 또한 농업기술 및 기후 조건으로 인해서 촌락공동체가 필요했다. 우선 독일어로 플루어츠방Flurzwang이라고 표시되는 경지 강제耕地强制는 경작, 수확, 파종을 공동으로 규제하는 것을 의미한다. 이처럼 농업기술과 관련해서 존재한 촌락공동체는 영주의 권리를 제약했는데, 변화는 악이라고 주장하면서 관습을 고수하였다. 공동체 성원들에게는 배타적 권리가 있었다. 예를 들면, 낙수권落穗權이라고 하는 떨어진 이삭을 줍는 권리, 수확이 끝난 다음 공동으로 방목할 수 있는 권리, 물가에서 고기를 잡을 수 있는 권리 등은 생활에서 중요한 몫이었다. 반면 사회는 전반적으로 정적인 성격을 띠게 되었다. 공동체가 개인의 자발성, 창의, 경쟁을 배제하였기 때문에 사회가 크게 진전할 수 없었다.

이러저러한 제약들이 있었지만, 농업기술은 서서히 발전하고 있었다. 10~11세기에는 생산과 인구가 크게 증가하였으며, 이 시기에 평화와 질서가 회복되었고, 농민들의 자발적인 노력과 영주들의 합리적인 경영이 더해져서 증산이 이루어졌다.

중세 농업발전에서 가장 중요한 것은 첫째, 이포제에서 삼포제Three Field System로 농법이 전환되었다는 점이다. 삼포제는 770년경부터 알려졌으며, 본격적으로 보급되기 시작한 것은 다소 늦은 11~12세기였다. 삼포제에서는 경작지가 셋으로 나누어져서, 춘경지, 휴경지, 추경지, 방목의 순서로 돌아가면서 경작되므로 세 경작지는 2년에 한 번씩 쉬게 된다. 이포제와 비교해보면, 예를 들어 240헥타르의 경작지가 있다고 가정하면, 경작 면적은 이포제의 경우 120헥타르가 되고 삼포제의 경우는 160헥타르이다. 쟁기질은 가장 어려운 노동인데, 이포제의 경우는 360헥타르의 쟁기질을 해야 했고, 삼포제의 경우에는 320헥타르를 하면 된다. 이렇게 되는 이유는 휴경지의 경우 1년에 두 번 쟁기질해야 하고, 경작지의 경우는 1년에 한 번 쟁기질을 해주면 되기 때문이다. 그러므로 전체적으로 보면 경작 면적은 늘어난 데 비해, 노동은 절감되는 효과가 나타난다. 이를 쟁기질 팀을 기준으로 살펴볼 수 있다. 한 팀이 1년에 960헥타르의 밭갈이를 할 수 있었는데, 이러한 원칙을 적용해보면 이포제의 경우는 경작 면적이 320헥타르가 되고 삼포제의 경우는 480헥타르가 되어 50퍼센트의 증산 효과를 거둘 수 있다. 이처럼 별로 크게 보이지 않지만 중요한 변화가 농업기술에서 일어났던 것이다. 하지만 삼포제가 보급되었다고 해서 이포제가 완전히 쓰이지 않았던 것은 아니다. 이포제는 늦게까지 실행되었다.

둘째, 축력 이용의 방법이 혁신되었다. 고대에는 역축의 목에 힘을 가하는 구조였다. 그러나 가슴걸이가 도입되어서 몸통에 힘점이 놓인다. 아울러 징도 사용되었고, 직렬 배열도 쓰게 되어 서너 배의 능률이 올랐다. 그리고 윤작 방법이 서유럽에 도입되어 봄 작물로 콩류를 재배하게 되면서, 땅의 지력을 유지하는 데 성공하게 된다. 한 걸음 더 나아가 시토 수도원은 황무지 개간에 힘썼다. 이러한 기술 발전에 기초해서 새로운 촌락Ville neuve을 건설하려는 운동이 여기저기서 일어났고, 새로운 촌락에는 특혜를 주었다. 그 결과 전에는 거주할 수 없던 황무지에 사람들이 살기 시작했는데, 이러한 현상을 '내적인 팽창'이라고 한다.

이와 같이 중세 사회에서 농업기술의 발전은 어떠한 의미를 가질까? 농업이 충분히 발전했기 때문에 잉여가 가능해졌고, 이 잉여는 직업적 전사를 육성하는 데 필수적인 요인이었다. 그러므로 봉건사회를 발전시키는 데 농업은 크게 기여했다. 그러나 농업은 여기에 그친 것이 아니라, 다음 시대에 오는 팽창의 잠재력을 형성했다.| 자료 7 | 즉 인구를 증가시키고 생산성을 높이는 변화를 야기하여, 그 존재의 기반을 변화시켰다.

자료 읽기

자료 01

망스가 가족별로 분할되지 않은 이유

마르크 블로크, 《프랑스 장원과 영국 장원Seigneurie francaise et manoir anglais》, 2nd ed., Librairie Armand Colin, 1967, pp. 39~40. (한국어판 출간 제목은 《서양의 장원제》)

사실상 매우 자연스럽게도 사람들은, 각 망스가 마치 불변의 것처럼 소작인 가족의 농장과 일치할 것을 기대할 것이다. 그 가족이라는 단어는 사람들이 생각하는 실제로 그러한 경우는 이따금 제시되며, 심지어 자주 나타나기도 한다. 그러나 늘 그렇지는 않다. 또한 빈번하게 하나의 동일한 망스가 여러 가족(여자들과 아이들과 함께)의 몫을 형성한다. 그러면서도 이 작은 농가 사이에는 아무런 혈연관계Parenté도 없는 경우가 없지 않은데, 이따금 비록 다르기는 하지만 법적인 조건들을 검토해보면 혈연관계가 없었음을 우리에게 확인시켜주기도 한다. 이로부터 즉각 솟아나는 문제가 있다. 왜 그러한 경우에 사람들은 그 망스를 나누지 않았는가? 우리가 알다시피 그것은 바로 망스가 원칙적으로 나누어지지 않는 것으로서 고려되었기 때문이다. 그러면 사람들은 어떻게 세입을 징수하는가? 하나의 동일한 망스의 여러 소작인 동료들을 라틴어로 소키Socii라고 하는데, 우리에겐 이들이 연대하여 그 납세에 책임을 지는 것으로 여길 만한 충분한 근거가 있다. 결국 무엇보다 이 상태는 원시적인 것인가, 아닌가? 우리는 특히 9세기 후반에 망스가 이미 제멋대로 굴러가고 있었기에 영주들이 세분 불가의 원칙을 당시에 유지하려고 노력했으나 성공하기 어려웠으며, 망스의 소작인들은 자신들의 토지를 이리저리 양도하는 관습을 지녔고, 간혹 주택과 울타리 안의 땅이나 간신히 지켰음을 알고 있다(영주들은 왕권에 의해서 지지되었다. 이 주제와 관련하여 864년 6월 25일 피트르에서 샤를 대머리왕이 내린 위대한 칙법들 속에 몇몇 규정이 있다). 우리가 알고 있기로는 이 상태야말로 바로 영주권을 '파괴'하는 것이었다. 사람들은 이것이 부세負稅들의 정규적 징수를 방해하고 마침내 다음 세기에 프랑스의 대부분 지역에서 망스의 세분화가 가속화되며 이 단위의 개념 자체가 사라지고 이름 또한 잊혀서 이제는 그 부세들을 사람별로 혹은 농토별로만 계산하기에 이른 것이라고 판단하였다. 9세기부터 망스가 해체되어가는 중에 있었으며 여러 소작인들에게 세분화하는 것은 그 움직임의 표지들 중 하나였다는 인상을 벗어나기는 어렵다.

자료

02

토질의 차이가 단위면적과 관련된다

마르크 블로크, 《프랑스 장원과 영국 장원》, p. 27.

나는 생제르맹데프레의 영지 중 파리 근처에 있는 빌뇌브 생조르주Villeneuve-Saint-Georges에서 그리고 영지에 국한하고 채원과 초지를 제하면, 농촌 가족의 몫은 1.5헥타르에서 21헥타르쯤에 달한다는 점을 주목한다. 토지 가치에 차이가 있었을 것이라는 가설을 최대한 고려한다 해도, 이 차이는 엄청나다. 윤작이 잘 이루어지기 위해서는 적어도 세 번 중에 한 번은 각 경지 조각을 휴경 상태로 두어야만 하는데, 이 점을 실질적으로 반영하고 또 수익이 보잘것없음을 고려하면 첫 번째 몫의 경작은 진짜로 미미한 것에 불과하며 두 번째는 비례상 더 큰 경작이기는 하나 총 생산량으로 보면 역시 별로 고려될 것이 없다.

자료

03

왕령지 장원에 관한 규정

존 L. 비티·올리버 A. 존슨, 《서양 문명의 유산》, pp. 299~230.

1. 짐은 짐의 필요를 충족하기 위해서 만든 영지들이 짐을 위해서만 사용될 것이며 결코 다른 사람을 위해서 사용되어서는 아니 되기를 희망한다.
3. 짐의 집사Steward들은 짐의 인민으로 하여금 자신들을 위해서 봉사하게 하거나 또는 강제로 일하거나 나무를 베거나 또는 다른 일을 하도록 시켜서는 안 될 것이다. 또한 집사들은 짐의 인민으로부터 선물을 받아서는 아니 된다. 말·황소·암소·돼지·양·새끼 돼지·새끼 양을 받아서는 아니 되며, 몇 병의 포도주나 기타 음료, 채소, 과실, 병아리와 달걀 몇 개를 제외하고 아무것도 받아서는 아니 된다.
6. 짐은 집사들이 짐의 영역 내에 있는 교회들에 짐의 모든 생산물 중에서 십일조를

주기를 원한다. 그리고 그 십일조는 오래된 관례에 의해 받을 자격이 있는 교회가 아닌 타인의 교회에 주지 않도록 해야 한다. 또 짐의 교회들은 짐의, 다시 말해 짐의 인민 또는 짐의 궁전 출신이 아닌 다른 사제들을 받아들여서는 아니 된다.

9. 짐은 각 집사가 자신의 구역에서 짐이 궁전에서 가지고 있는 것과 똑같은 모디우스, 섹스타리우스,[1] 8섹스타리우스로 된 시툴라, 코르부스의 도량형을 지니고 있을 것을 원하노라.

10. 짐의 청지기, 삼림지기, 마구간지기, 창고지기, 십장, 통행세 징수관 그리고 그 밖의 관리들은 규정되어 정해진 노동을 하고 그들의 보유에 대하여 바쳐야 할 돼지를 바치도록 하며, 육체노동에서 벗어난 대가로 자신들의 의무를 잘 완수해야 한다. 그리고 만약 청지기가 은대지를 보유하고 있으면, 그는 자신이 해야 할 육체노동과 기타 역을 대신 잘 수행할 수 있도록 대리인을 보내야 한다.

16. 짐은 짐의 집사들이 정해진 법식에 따라서 짐이나 왕비 또는 짐의 관리들, 대관이나 시종장Butler이 짐의 이름 또는 왕비의 이름으로 명하는 것이면 무엇이든 완수할 것을 바란다. 만약 어떤 사람이 게을러서 이렇게 하지 않는다면 그는 이 일이 그에게 알려진 때로부터 짐 또는 왕비 앞에 출두하여 짐으로부터 용서를 구할 때까지 아무것도 마시지 말 것이다. 그리고 만약 집사가 군대와 함께 있어서 경비 임무를 수행 중이거나 또는 파견을 받았거나 다른 일에 종사하고 있어서 그가 자신의 보조자에게 명하여 무엇인가 하도록 하였는데 그들이 하지 않았다면, 맨발로 궁전에 와서 그렇게 하지 않은 연고를 아뢸 때까지 식음을 멀리하도록 할 것이다. 그런 연후에 선고를 받을 것이고 채찍질이든, 짐이나 왕비가 적당하다고 생각하는 무슨 벌이든지 받을 것이다.

19. 짐의 곡물 창고가 주 영지에 있으면, 100마리의 병아리와 30마리의 거위를 키울 수 있으며,

23. 짐의 영지들 각각에서 집사들은 암소 우리, 돼지우리, 양 우리, 염소 우리를 보유하되, 되도록이면 많이 보유하도록 하고 없어서는 아니 된다. 더욱이 그들의 임무를 수행하기 위해 짐의 농노들이 제공한 암소를 보유하되 짐의 직영지에서 노동함으로써 짐의 창고의 곡물과 가축 무리가 적어도 줄어들지 않도록 해야 한다. 또 그들이 식량을 공급하는 일을 맡고 있는 경우, 불구이지만 건강한 수소와 암소를, 그리고 더럽지 않은 말과 기타 건강한 짐승을 가지도록 할 것이다. 이미 짐이 말한 대로 이런 이유로 인해서는 외양간에 있는 젖소나 쟁기질하는 짐승은 도살하지 않도록

1 | 모디우스는 7~9리터, 반 말 정도이고, 섹스타리우스는 모디우스의 16분의 1이다.

한다.

32. 각 집사는 구입하든지 아니면 다른 방법으로든지 항상 최상의 씨앗을 얻고자 주의를 기울일 것이다.

33. 위에서 언급한 것들이 구별되고 난 후 그리고 파종과 다른 일들이 이루어진 후에는, 모든 생산물 중에서 남는 것은 짐의 계획에 따라서 얼마나 팔 것이며 비축할 것인지에 관해 지침을 줄 때까지 보관해야 할 것이다.

34. 언제나 열심히 주목해야 할 점은 작업을 하거나 손으로 만들어야 하는 것이면 무엇이든지, 이를테면 돼지기름, 훈제 고기, 염장 고기, 새 염장 고기, 포도주, 식초, 오디술, 발효제, 겨자, 치즈, 버터, 맥아, 맥주, 꿀, 밀랍, 밀가루는 매우 깨끗하게 준비하고 만들어야 한다는 것이다.

42. 각 장원은 저장실에 침대 덮개, 덧베개, 베개, 침대보, 탁자, 긴 의자 씌우개, 청동·납·철·나무로 된 그릇들, 철제 장작 받침, 쇠사슬, 냄비 걸개, 까뀌, 도끼, 나사송곳, 칼 및 온갖 도구들을 갖추고 있어야 할 것이다. 그리하여 다른 곳에서 그런 물건을 찾거나 빌리는 일이 불필요하도록 해야 한다. 그리고 집사들은 군대에 보낸 철제 도구들이 늘 좋은 상태이도록 하는 데 책임이 있으며, 물건이 돌아오면 저장실에 다시 놓도록 해야 한다.

44. 부식 중에서 3분의 2는 매년 짐이 먹을 수 있도록 보내야 한다. 각종 채소, 생선, 치즈, 버터, 꿀, 겨자, 식초, 기장, 수수, 건조한 허브와 생 허브, 식용 무와 순무이다. 그리고 마찬가지로 밀랍, 비누 및 기타 부재료들이다. 남겨진 것은 무엇이든지 짐이 위에서 말한 대로 재고 목록에 적어서 짐이 알도록 해야 할 것이다. 집사들은 이제까지 해온 대로 이 일을 절대로 게을리 해서는 아니 된다. 왜냐하면 짐은 짐에게 보내진 3분의 2 외에 남겨진 3분의 1이 무엇인지 점검하기를 원하기 때문이다.

45. 각 집사는 자신의 구역에 선한 수공업자를 두어야 한다. 철공, 금장색, 은장색, 무두장이, 녹로장이, 목수, 방패 제조 기술자, 어부, 새 사냥꾼 또는 매부리, 비누 제조 기술자, 맥주·소다수·배술 및 마시기에 적당한 기타 음료 양조 기술자, 짐이 필요한 빵을 만들 수 있는 제빵 기술자, 물고기를 잡고 짐승을 사냥하거나 새를 잡기 위해서 사용하는 그물을 만드는 일에 익숙한 망 제조 기술자 그리고 기타 장색들인데, 이들의 명단은 길 것이다.

46. 집사들은 사람들이 공원이라고 부르는 담이 쳐진 사냥감 보존소를 잘 관리할 것이며, 늘 때를 잘 맞춰 수선해야 하고 어떤 이유로도 지체하지 말 것이다. 그리하여 다

시 지을 필요가 생기게 될 것이다. 모든 건물에 대해서도 동일한 일을 해야 할 것이다.

48. 짐의 영지에 있는 포도주 압착기는 잘 관리해야 할 것이다. 집사들은 포도를 압착할 때에 아무도 감히 발로 하지 않도록 주의하고, 모든 것이 깨끗하고 정직하게 이루어지도록 주의해야 할 것이다.

49. 여인의 거처, 즉 여인들의 집, 난방이 된 방, 그리고 앉는 방은 잘 정돈할 것이며, 주변에는 방책을 잘 두를 것이고 튼튼한 문을 달아서 짐의 일이 잘 이루어지도록 할 것이다.

52. 짐은 짐의 집사들이 짐의 콜로누스들과 농노들 그리고 짐의 영지에 사는 콜로누스들에게, 즉 상이한 사람들에게 마땅히 해야 하는 대로 재판하기를 바란다.

53. 각 집사는 짐의 사람들이 자신의 구역에서 도둑이나 범죄자가 되지 않도록 주의할 것이다.

57. 만약 짐의 예농 한 사람이 짐에게 짐과 관련된 일에 관해 그를 다스리는 집사를 넘어서 말하고자 한다면, 집사는 그가 짐에게 오는 것을 막지 말아야 한다. 만약 집사가 자신의 보조자들이 궁전에 와서 자신에 반대되는 말을 하기를 원하는 것을 알고 있다면, 집사는 그들에 대한 반론을 궁전에 알리도록 하여 그들이 제기하는 탄핵으로 인해 짐의 귀에 혐오감이 생기지 않도록 할 것이다. 따라서 짐은 그들이 피치 못해 왔는지 아니면 충분한 이유도 없이 왔는지 알고자 한다.

60. 어떤 경우에도 청지기는 강력한 사람들 중에서 선발해서는 안 되고, 중간 신분의 사람들 중에서 믿을 만한 사람을 선발해야 한다.

62. 짐은 짐이 무엇을 가지고 있으며 어떻게 가지게 되었는지 알도록, 각 집사는 매년 성탄절에 자신들이 지니고 있는 짐의 세입을 명백하고 질서 있게 모든 것을 세분하여 보고할 것이다. 즉 짐의 농부들이 모는 소를 가지고 일군 농지에 관한 계산과 짐에게 부역 노동을 해야 하는 망스 보유자에 의해 경작되는 농지에 대한 계산, 돼지로 내는 지불 금액, 조세, 재판 수입, 짐의 허가 없이 짐의 숲에서 잡은 짐승에 대한 벌금과 그 밖의 화해 보상금에 대한 계산, 방앗간·숲·경작지·다리·선박에 관한 계산, 자유인과 촌락민으로 짐의 소유의 일부를 사용하는 데에 따라 부역을 지고 있는 자에 대한 계산, 시장터·포도원에 대한 계산, 짐에게 포도주를 납부하는 자에 대한 계산, 건초·화목·횃불·널빤지·기타 목재에 관한 계산, 황무지로부터 나오는 수입에 대한 계산, 채소·기장·수수·양모·아마·삼에 대한 계산, 나무 열매에 관한 계산,

크고 작은 견과류에 대한 계산, 여러 나무들의 접붙이기에 대한 계산, 정원·순무·양어장·가죽·껍질·뿔에 관한 계산, 꿀·밀랍·지방·쇠기름·비누에 대한 계산, 오디술·가열 포도주·꿀술·식초에 관한 계산, 맥주·신구新舊 포도주·신구 곡물·병아리·달걀·거위에 관한 계산, 어부·대장장이·방패 제조 기술자·무두장이에 관한 계산, 여물통·상자·함에 관한 계산, 녹로공과 마구 기술자에 관한 계산, 대장간과 철광산·납광산·기타 광산에 대한 계산, 조세를 바치는 사람들에 대한 계산, 망아지와 암 망아지에 대한 계산.

자료 04

망스는 왜 없어졌는가

마르크 블로크, 《프랑스 장원과 영국 장원》, pp. 41~42.

순전히 자연스러운 것 또는 오히려 완전히 저절로 생겨나야 하는 것으로 보이는 것은 바로 다음과 같은 것이다. 장원 주인에 관하여 아주 완전한 상태를 지니고 있는 곳에서 우리가 각 자유인 망스Manse Ingenuile에서 한 명이나 여러 명의 양인 농민[2]을 발견할 것이며, 각 노예 망스에는 한 명이나 여러 명의 천인을 발견할 것이며 반대는 결코 없으리라는 점이다. 그것은 매우 많은 경우에 그러했다. 놀라운 것은 예외들이 꽤나 많다는 점이다. 예를 들어보자. 생제르맹데프레의 영지인 팔레소Palaisseau가 있다(나는 농가의 가장이 처한 조건에만 관심이 있다. 혼합된 농가의 문제는 제쳐둔다). 108개의 자유인 망스가 있는데 여기에 180개의 세대(이미 우리가 알다시피 망스보다 농가의 수가 더 많다)가 있다. 여섯 명의 세대주가 가진 신분은 그다지 분명하지 않다. 나머지 174세대 중에서 168세대주는 양인이고 여섯 명은 천인이다. 다섯 개의 노예 망스가 있는데, 세대주를 보면 한 명이 반半양인Lide(즉 게르만법에 의해서 해방된 사람)이고, 일곱 명이 천인이고 두 명이 양인이다. 랭스의 생-르미 영지인 (엔Aisne에 있는) 아길쿠르의 예가 있다. 155명의 세대주가 있는데 이들은 영주의 망스를 임대하고 있으며 그들의 조건은 다음과 같다. 150명의 '자유인Ingenus'(토지대장에서는 콜로누스라는 용어를 사용하지 않고 있다), 네 명의 천인, 한 명의 피해방민(자연히 예전 신분이 천인이었거나 천인의 후손인 자). 69명의 세대주이면서 노예 망스 점유자들이 있는데 신분을 파악해보니 열한 명이 천인이고 58명이 자유인이다. 자연히 우리는 적어도 노예 망스의 점유자들의 일부가 이미 자유를 받은 천인 가족의 후손으로서 자유인의 범주에 들어왔을 것이라고 생각할 수 있을 것이다. 그리고 이것은 무엇보다도 그 사

2 | Colonus를 번역한 것이다. 국왕에 대한 전쟁세 의무만을 가질 뿐, 예속되지 않은 농민을 지시한다.

람의 신분이 변할 경우에 굳이 농지의 상태를 변경할 필요를 사람들이 느끼지 못했을 것임을 입증할 것이다. 그러나 소작인의 신분 변화에 의한 것이라는 이 설명은 자유 토지의 점유자들 가운데 천인이 존재하는 것을 해명할 수 없다. 분명히 우리는 옛날의 매우 한결같이 규정적이고 매우 포괄적인 도식을 필요로 하지만 사람들은 모든 것에 자신의 엄격함을 유지할 수 없는 것이다. 한편 그것은 매우 사실이어서, 어떤 지세 대장의 작성자들은 너무나도 상충하는 것이 되어버린 옛날의 명칭 체계를 버리는 것이 더 편하다는 것을 발견하였으며 옛 범주에 새로운 명칭을 부과하고자 했다. 그 명칭은 대장에 입각해서 부과되는 역의 종류에 따라 다소간 다행스럽게 선별된 것이다.

자료 05

생제르맹데프레 수도원에 속한 뇌이[3] 장원 문서 : 〈XI. 누빌리아쿠스의 대장Breve de Nuviliaco〉

오귀스트 롱논Auguste Longnon 편집, 《생제르맹데프레 수도원의 장원 문서Polyptyque de l'Abbaye De Saint-Germain des-Prés》, Chez H. Champion, 1886, pp. 158~161. (한국어판 출간 제목은 《생제르맹데프레 수도원의 영지명세장》)

(수도원은) 누빌리아쿠스에서 영주 직영의 망스는 물론이고 다른 건물들에 대한 충분한 소유권을 가진다. (수도원은) 여기에서 열 개의 작은 밭을 가지고 있는데, 이는 40부누아리아[4]에 해당되며, 200모디우스 귀리의 파종이 가능하다. 초지에 관해 9아리펜누스[5]를 가지고 있어서 이로부터 열 짐의 건초가 수집된다. 여기에서 수도원은 삼림과 관련해서 추정에 따르면, 길이로 3레우바[6]이고 너비는 1레우바인데, 여기에서 800마리의 돼지를 비육할 수 있다.

1. 엘렉투스Electus는 천인[7]이며, 아내는 양인이며 란디나Landina라는 이름을 가진다. 이들은 생제르맹의 사람들로서, 누빌리아쿠스에 머물고 있다. 그는 2분의 1망스를 빌리고 있으며,[8] 그 망스는 경작지 6부누아리아, 초지 2분의 1아리펜누스로 이루어진다. 그는 겨울 밀 파종에 4페르티카[9]를, 봄밀 파종에 13페르티카를 밭갈이한다. 영주 직영지의 경작에 쓰도록 두엄을 뿌리며, 그가 미리 제공한 천한 무역 때문에 그는 다른 어떤 일을 하거나 다른 어떤 것을 바치지 않는다.
2. 아브라힐Abrahil은 천인이며, 아내는 반양인으로 베르틸리디스Berthilidis라는 이름을 가진다. 이들은 생제르맹의 사람들이다. 그에게 속한 그들의 아이들은 아브람, 아

3 | 뇌이Neuilly는 라틴어로 누빌리아쿠스Nuviliacus이다.

4 | Bunuaria: 단수는 Bunuarium, 약 1000제곱미터이다.

5 | Aripennus: 프랑스어로는 아르팡Arpent으로 번역한다. 약 1에이커(4000제곱미터)의 면적이다.

6 | Leuva: 3마일을 뜻하는 League로 번역된다.

7 | 이 글에서는 신분을 다음과 같이 번역한다. 흔히 노예로 번역되는 Servus는 천인賤人, 자유인 농민을 뜻하는 Colonus는 양인良人, 중간의 신분인 Lidus는 반양인半良人으로 옮긴다.

무레마루스, 베르트라다이다. 또 케슬리누스Ceslinus는 반양인이며, 아내는 반양인이고 이름은 레우트베르가Leutberga이다. 레우트가르디스, 잉고힐디스는 그들의 아이들이다: 또 고달베르투스는 반양인이다. 그들의 아이들은 게달카우스, 켈소빌디스, 블라도빌디스이다. 이들 셋(세 가족)은 누빌리아쿠스에 머문다. 그들은 1망스를 빌리고 있다. 그것은 경작지 15부누아리아, 초지 4아리펜누스로 이루어진다. 그들은 5월에 안데카부스[10]에서 파리까지의 부역[11]을 행한다. 군역세로 두 마리의 양, 아홉 마리의 암탉, 30개의 달걀, 100장의 널판과 동수의 지붕널, 열두 개의 각목, 여섯 개의 테두리, 열두 개의 홰를 지불하며 차 두 대분의 나무를 수스트라둠[12]으로 운반한다. 영주관의 마당에서 말뚝으로 4페르티카를 두르며, 초지에는 4페르티카의 울타리를 두르는데, 참으로 수확 시에 충분한 양이다. 그들은 겨울 밀 파종 시에 8페르티카, 봄밀 파종 시에 26페르티카를 쟁기질한다. 다른 부역과 밭갈이를 하는 중에도, 영주 직영지 경작에 쓸 두엄을 뿌린다. 또 각자 4데나리우스를 자신의 인두세로 지불한다.

3. 기슬레베르투스Gislevertus는 천인이며, 아내는 반양인이며 이름은 고트베르가Gotberga이다. 그에 속한 아이들은 라그노, 가우스베르투스, 가우조이누스, 가우트린디스이다. 또 시노푸스Sinopus는 천인이며, 아내는 하녀[13]로서 이름은 프롤라이카Frolaica이다. 그들의 아이들은 시클란두스, 프로타르두스, 마렐루스, 아달루일리디스, 프로틀릴디스이다. 또 안세구디스는 하녀이다. 그들의 아이들은 잉갈베르투스, 프로트베르투스, 프로트라이쿠스, 프로트베르가이다. 이 셋은 누빌리아쿠스에 머물고 있다. 그들은 1망스를 빌렸으며, 이것은 경작지 26부누아리아, 초지 8아르펜누스로 이루어진다. 그들은 (앞의 망스와) 같이 지불한다.

4. 마리피우스Maurifius는 반양인이고, 아내는 반양인이며 이름이 에르멘가르디스Ermengardis이고, 에르멘길디스는 아들이다. 또 가우둘푸스Gadulfus는 반양인이며, 아내는 반양인이고 이름은 켈사Celsa이며, 가우딜디스는 아들이다. 그들 둘이 누빌리아쿠스에 머물고 있다. 그들은 한 개의 망스를 빌리고 있으며, 이것은 경작지 28부누아리아, 초지 4아리펜누스로 이루어진다. 이들도 같이 지불한다.

5. 라겐다리우스Ragendarius는 천인이며, 아내는 양인이고 이름이 다게나Dagena이며, 로게나우스는 아들이다. 또 가우스볼두스Gausboldus는 천인이고, 아내는 반양인으로 이름이 파레길디스Faregildis이다. 이들 둘은 누빌리아쿠스에 머물고 있다. 그들은 1망스를 빌리고 있으며, 이는 경작기 11부누아리아와 초기 4아르펜누스로 이루

8 | 원어는 Tenet인데, 일반적으로 가진다는 뜻이지만, 중세기에는 토지를 임대한다는 의미를 지니기에 이렇게 번역하였다. J. F. 니마이어Niemeyer의 《중세 라틴어 사전Mediae Latinitatis Lexicon Minus》에는 '임차 명목으로 보유하는 것Conductionis Titulo Tenes'으로 설명되어 있다.

9 | Pertica: 흔히 퍼치Perch로 번역하는데, 25.3제곱미터의 면적이다.

10 | Pagus Andecavus: 앙주를 뜻한다.

11 | Angaria를 번역한 것이다. 그리스어로 원래 페르시아에 유래한 역참 제도를 의미하는데, 4세기 로마에서는 운송 부역을 뜻하였으나, 중세 라틴어에서는 온갖 종류의 부역을 지칭한다.

12 | Sustradumm: 쉬트레Sutré의 라틴어 표기. 17킬로미터 서북서 방면에 있다.

13 | Ancilla를 번역한 것인데, 여자 노예를 지칭한다.

어진다. 이들은 같은 일을 행한다.

6. 페레문두스Feremundus는 천인이고, 아내는 양인으로 이름은 크레아다Creada이다. 또 페로아르두스Feroardus는 천인이고, 아내는 반양인이며 이름은 아달가르디스Adalgardis이며, 일레가르디스는 딸이다. 또 파로이누스Faroenus는 천인이고, 또 아달그리무스Adalgrimus는 천인이다. 이들 넷은 누빌리아쿠스에 머물고 있다. 그들은 1망스를 빌렸으며, 이것은 경작지 8부누아리아, 초지 4아리펜누스로 이루어진다. 이들은 같은 일을 행한다.
7. 가우트마루스Gautmarus는 천인이고, 아내는 반양인이며 이름은 시갈시스Sigalsis이다. 아이들은 스클레볼두스, 시클레아르두스이다. 그는 누빌리아쿠스에 머물러 있다. 그는 4분의 1망스를 빌렸으며, 이는 경작지 1과 절반의 부누아리움, 초지 1아르펜누스로 이루어진다. 그는 온전한 망스의 4분의 1을 지불한다.
8. 힐데볼두스Hildeboldus는 천인이고, 아내는 반양인으로 이름이 베르테닐디스Bertenildis이다. 다음은 그들의 아이들이다: 알데람누스, 아달베르투스, 할데드루디스, 마르팅가. 또 할데마루스Haldemarus는 천인이며, 아내는 반양인인데 이름은 모트베르가Motberga이다. 다음은 그들의 아이들이다: 마르티누스, 시클레힐디스, 베르네길디스. 이들 둘은 누빌리아쿠스에 머물고 있다. 그들은 [절반의 망스를] 빌렸는데 이것은 토지 6부누아리아, 초지 2분의 1아리펜누스로 이루어진다. 그들은 온전한 망스를 지니는 데 따른 의무의 중간을 갚는다.
9. 베르틀리누스Bertlinus는 반양인이고, 아내는 양인이며 이름은 란트시다Lantsida이다. 다음은 그들의 아이들이다: 크레아투스, 마르티누스, 란트베투스. 이들은 누빌리아쿠스에 머물고 있다. 그는 4분의 1망스를 빌리고 있으며, 이는 경작이 3부누아리아와 초지 2아리펜누스로 이루어진다. 그는 밭갈이를 행한다. 온전한 망스의 4분의 1을 납부해야만 하지만, 그 의무 대신에 그는 미리 돼지를 돌보기로 했다.
10. 누빌리아쿠스에는 6과 절반의 망스에 사람이 거주하며 다른 절반은 비어 있고, 세대로 보면 16이다. 그들은 군역세로 양 열두 마리를, 인두세로 5솔리두스 3데나리우스를, 48마리 닭, 160개 달걀, 600개의 널판, 같은 수의 지붕널, 54개의 막대기, 같은 수의 테두리, 72개의 홰를 지불한다. 그들은 두 차 분량의 짐을 포도 수확기에 나르며 5월에는 차 두 대와 절반 분량, 반 마리의 황소 수송을 행한다.
11. 다음은 천인들이다. 엘렉테우스, 페레문두스, 파로이누스, 기슬레베루투스, 게달베르투스, 아달그리무스, 시노푸스, 파노아르두스, 가우트마루스, 라겐아르두스, 아브

라힐, 힐데볼두스, 가우스볼두스. 이들은 홰를 상납하고 운반 일을 수행한다.

12. 다음은 반양인이다. 마우리피우스, 베르틀리누스, 게달베르투스, 가우둘푸스, 케슬리누스.

13. 다음의 여인들은 하녀들이다. 프로틀리나, 알다, 프람베르타, 안세군디스. 이 여자들은 병아리를 기르며 만약 직조 재료가 그들에게 제시되면 그들은 옷감을 짠다.

14. 다음의 여자들은 반양인들이다. 베르틸디스, 켈사, 시갈시스, 레우트베르가, 파레길디스, 베르테닐디스, 코트베르가. 이 여자들은 세금으로 4데나리우스를 지불한다.

15. 라겐아르두스는 영주의 금고로부터 1부누아리움을 빌리고 있다. 기슬레베르투스는 자신의 망스에 더하여 두 개의 과수원을 빌리고 있다.

자료
06

중세 농민의 부담

이기영, 〈고전 장원제하의 농업 경영〉, 서울대학교 대학원 박사학위논문, 1990, 2쪽.

영주에 대한 이러한 토지 보유 농민의 부담을 노동으로 환산해보면, 농민이 영주에게 지대의 형태로 제공하는 지대만 전체 농민 노동의 평균 63퍼센트 정도이며, 지대에다 군역세를 비롯한 극히 일부의 세를 합친 농민 부담의 총량은 평균적으로 최소한 71퍼센트를 차지하는 규모이다.

자료
07

중세 농업의 의의

론도 캐머런Rondo Cameron, 《간결한 세계경제사A Concise Economic History of the World》, Oxford University Press, 1993, p. 50.

정치적 불안, 빈번한 폭력 사태, 사업 활동 및 직업적 전문화의 쇠퇴, 원시적인 생산기술로 특징지어지는 수 세기 동안에 장원 제도는 점진적으로 발전하였다. 비록 의식적으로 고안된 것은 아니었으나 장원 제도는 사회적인 안정과 계속성을 유지하였고, 낮았지만 견딜 만한 생활수준으로 희소한 인구를 부양하였다. 개인적인 이니셔티브와 기술혁신에 반대하는 것이 명백하였던 장원 제도는 제도와 자원의 상호 관련에 일치하여 진화하였다. 생산성을 높이고, 인구 증가를 자극하는 기술적인 변화를 야기하였고, 그 결과 존재의 기반을 변화시켰다.

| 출전 |

〈왕령지 장원에 관한 규정Capitulare de Villis〉: 8세기 말엽 남프랑스 아키텐을 다스리던 경건왕 루이Louis the Pious에 의해서 마련된 것이다. 경건왕 루이는 814년에 동프랑크의 왕 루트비히 1세가 된다.

〈생제르맹데프레 수도원의 장원 문서Polyptychum Irminonis Abbatis 또는 Liber Censualis Antiquus Monasterii Sancti Germani Pratensis〉: 558년 파리의 주교가 생제르맹이라는 수도원을 설립하였고, 여기에 부속된 토지를 경영하고 남긴 장원 문서가 유명하다. 이 문서의 작성 시기는 작성자인 수도원장 이르미노의 제2차 재임 기간인 823~828년으로 추정된다. 이 수도원 문서에는 25개의 장원이 소속되어 있으며, 동쪽의 샤토 티에리Château Thierry부터 파리에서 120킬로미터 떨어져 있는 노장 르 로투르Nogent le Rotrou에 달한다. 여기에는 1600여 개에 이르는 농민 보유지의 면적과 의무, 보유 농민의 가족 상황이 거주지별로 기록되어 있다. 따라서 이 문서는 장원제의 구조를 보여주면서 동시에 카롤링 왕조 시대의 사회를 전체적으로 파악할 수 있는 정보 자료를 제공한다. '폴립티크Polyptyque'라는 말은 그리스어인 폴리Poly(많다)와 팁콘Typcon(접힌 것)이라는 단어의 합성이다. 그래서 제단화 같은 그림을 여러 번 접어서 보관할 수 있게 된 철을 의미한다. 이 단어는 로마 후기부터 토지대장이라는 의미로 사용되었다. 여기에서는 단순히 토지가 아니라 장민의 사정을 보여준다는 점에서 장원 문서로 번역하였다.

| 참고문헌 |

라뒤리, 마뉘엘 르루아, 《몽타이유: 중세말 남프랑스 어느 마을 사람들의 삶》, 유희수 옮김, 길, 2006.반

바트, 베르나르트 슬리허, 《서유럽 농업사 500~1850》, 이기영 옮김, 까치글방, 1999.

블로크, 마르크, 《서양의 장원제—프랑스와 영국의 장원제에 대한 비교사적 고찰》, 이기영 옮김, 까치글방, 2002.

이기영, 《고전장원제와 봉건적 부역노동제도의 형성—서유럽대륙지역을 중심으로》, 사회평론아카데미, 2015.

이르미노, 《생제르맹데프레 수도원의 영지명세장》, 이기영 옮김, 한국문화사, 2014.

최재현, 《유럽의 봉건제도》, 역사비평사, 1992.

캐머런, 론도, 《간결한 세계경제사》, 이헌대 옮김, 에코피아, 2009.

타이어니, 브라이언·페인터, 시드니, 《서양 중세사: 유럽의 형성과 발전》, 이연규 옮김, 집문당, 1989.

포스탄, M. M., 《중세의 경제와 사회》, 이연규 옮김, 청년사, 1989.

심재윤, 《중세 영국 토지제도사 연구》 선인, 2004.

린 화이트 주니어, 《중세의 기술과 사회변화》, 강일휴 옮김, 지식의 풍경, 2005.

12 해석과 시각

: 이론은 도구이다

1417 자코모 알바로토, 《봉토에 관하여》 저술
1727 블랭빌리에, 《고등법원에 관한 역사서신》 간행
1748 몽테스키외, 익명으로 《법의 정신》 간행
1776 애덤 스미스, 《국부론》 간행
1940 마르크 블로크, 《봉건사회》 저술
1944 F. L. 강쇼프, 《봉건제란 무엇인가》 저술
1953 조르주 뒤비, 《11·12세기 마코네 지방의 사회》 저술
1974 엘리자베스 A. R. 브라운, 봉건제를 시대착오적 용어로 규정하고 교과서에서 제거할 것을 주장

다른 나라의 역사나 문화를 이해하는 데에는 역사 용어의 번역이 큰 영향을 미친다. 용어의 번역에 따라 이해의 정도와 방식이 크게 좌우되는 까닭이다. 서양사의 경우, 이처럼 중요한 번역이 우리의 힘으로 또는 아시아인의 협동으로 이루어지지 않았다는 점이 한계로 작용하기도 한다. 대표적인 사례가 앞에서 이야기한 퓨덜리즘Feudalism이다. 이 단어가 '봉건封建'으로 번역되어 우리가 쉽게 서양사에 접근할 수 있게 해주었으나, 수많은 착각과 오해 또한 불러일으켰다. 봉건은 중국의 사서 《좌전》과 《후한서》에 등장하며, 중국 고대사에 '봉건친척封建親戚', '봉건제후封建諸侯'라는 용례로 나온다. 중국에서 '봉건'은 군현제와 맞선 지방분권적인 통치 제도로 이해되었다.| 자료 1 | 이는 서양의 봉건과 비슷한 면도 있으나 다른 점도 많다. 굳어진 용어에 따라 우리도 서양사를 이해할 때 봉건이라는 번역어를 그냥 사용하지만, 서양사에서는 어디까지나 '퓨덜리즘'을 번역한

것이라는 점을 잊지 말아야 한다. 동양의 역사상과는 다른 환경에서 나온 것이기에 그 차이를 명백히 인식할 필요가 있으며, 아울러 서양인들이 이 용어와 관련해서 가지는 이해 체계도 입장에 따라 매우 달랐으므로 그러한 차이를 알아보는 것이 무엇보다 필요하다.

법제사적 해석과 정치적 해석

봉건제를 봉토에 관한 제도로 보려는 해석은 일찍이 이탈리아 학자 자코모 알바로토Giacomo Alvarotto에 의해 제시되었다. 20세기에 이 해석은 벨기에 중세사가 프랑수아 루이 강쇼프François-Louis Ganshof, 미국 중세사가 칼 스티븐슨Carl Stephenson, 미국 중세사가 로버트 S. 호이트Robert S. Hoyt 같은 학자들이 계승했다. 그들은 '페우Feu'라는 단어를 보수로 지급되는 재산권으로, 좀 더 정확히 말해 소유권이 아니라 용익권이나 수익권을 의미한다고 보았다. 그리하여 봉건제는 주종제와 그에 결부된 봉토에 관한 법제도로 이해되었다. 이와 같은 법제사적 개념은 유럽사를 설명하는 데 매우 명확하고 엄밀하다. 그렇지만 이 해석을 세계사에 적용한다면, 유럽 이외에 봉건제가 있었던 나라는 없게 된다.

17세기에 영국의 역사학자 헨리 스펠만Henry Spelman은 지방분권적인 통치 방식이 봉건제라고 이해했다. 그는 대소 영주 간의 권력 분할을 봉건제의 핵심으로 간주하였다. 그 생각은 18세기 계몽 사상가들에게 전해졌다. 몽테스키외Montesquieu는 봉건제를 "이 세상에서 단 한 번 일어났으며 아마도 앞으로 다시는 일어나지 않을 사건"으로 규정했다.| 자료 2 | 반대로 볼테르Voltaire는 "봉건제는 결코 하나의 사건이 아니다. 행정의 양상이라는 면에서는 여러 차이를 보이기는 하지만 그것은 오늘날에도 북반구의 4분의 3을 차지하는 지역에서 존속하고 있는 대단히 오래된 형태"라는 말을 남겼다.| 자료 3 | 이처럼 봉건제를 둘러싼 논의는 계몽사상가들 사이에서도 의견이 갈렸다.

이 해석은 현재에도 계승된다. 독일의 역사학자 오토 힌체Otto Hintze는 지방분권적인 정치 구조를 봉건제의 핵심적인 요소로 지적하였고, 미국의 역사학자 러시턴 쿨본Rushton Coulborn은 고도의 정치체제 몰락 이후의 응전이라고 보

았다.| 자료 4 | 르 고프는 이런 시각을 발전시켜 봉건제는 권력을 파괴하는 누룩이 아니라 권력이 없는 상황에 대한 반작용으로 나타난 것이라고 보았다. 그리하여 봉건제는 권위 체계를 전면적으로 개편하는 한편, 국가가 출현하는 데 불가결한 단일한 기초와 틀을 이루면서 10~13세기에 전성기를 맞이하였다고 해석하였다.

막스 베버의 유형론과 해석

막스 베버Max Weber는 봉건제를 "전쟁이나 왕에 대한 의무를 수행하기 위해서 생활하는 귀족층의 분화와 특권화된 토지 소유, 지대 및 예속된 비무장인의 부역을 통해서 귀족의 부양이 이루어지는 사회제도"라고 정의했다. 이 정의는 세계사의 많은 부분에 적용될 수 있다. 그리하여 봉건제 유형을 다음과 같이 분류하였다.

첫째로 '레이투르기아적 관계'가 있다. '레이투르기아Leitourgia'라는 그리스어는 스폰서의 의무처럼 공적인 의무를 수행하는 것을 뜻한다. 이 관계는 둔전병, 국경 수비병, 특수한 군역 의무를 부담하는 농민에게서 찾아볼 수 있다. 예를 들어 코사크 기병에게는, 로마가 게르만족에게 주던 '라이티Laeti'처럼 일정한 토지가 부여되었다. 레이투르기아적 관계란 이처럼 일정한 역을 수행하는 대가로 토지를 수여하는 것을 의미하였다. 둘째는 가산제적인 봉건제이다. 여기에는 세 유형, 장원 영주적, 인신 영주적, 씨족적인 관계가 있다. 장원 영주적인 관계는 지대 지불에 대해 영구적인 경작권을 부여받은 영대 차지인永代借地人에 기반을 둔 소집군의 경우에 해당된다. 예컨대 내란기의 로마, 고대 이집트의 파라오에서 그러한 현상을 볼 수 있다. 인신 영주적인 관계는 노예제를 지칭하는데, 바빌로니아나 이집트의 노예 군대, 중세 아라비아의 사병이 여기에 해당한다. 씨족적 관계는 사병으로서 로마의 세습적 피호민의 경우이다. 이들은 토지를 받지만 귀족에게 봉사하는 의무를 지닌다. 셋째는 자유의사에 기반한 봉건제이다. 역시 세 유형, 종사적 관계, 프레벤데Präbende적 관계, 렌적인Lehenmäßig 관계가 있다. 종사적 관계는 사적 충성 관계만 있고 장원의 권리 수여가 없는 경우이다. 일본의 봉건제나 게르만의 종사제가 여기에 해당한다. 프레벤데는 원래 성직자에게 주는 녹봉이라는 말인데, 베버는 사적 충성 없이 토지 수여와 조세 납부에 의해서만 관계가 유지되는 것을 지시했다. 근동 제국의 경우가 이에 해당된다. 렌적인 관계는 스파르타의 경우로, 여기서는 토지 추첨제에 토대를 둔 전사 공동체가 이루어졌다.

서유럽 봉건제는 여러 유형 중 하나로서 렌Lehen에 기반한 봉건제이다. 렌은 군사적·행정적 근무의 대가로 주어지는 토지 용익권이나 영역 지배권을 수여하는 형태이다. 렌을 수수하는 자들은 자유로운 계약 관계를 형성하고 국민 대중 위에 군림하는데, 이러한 상태가 서유럽 봉건제이다.| 자료 5 |

이렇듯 베버는 여러 관계로 나누어놓으면서 유럽과 일본 및 오리엔트를 비교했다. 그의 결론은 일본이나 오리엔트의 경우, 서구와 달리 인신적 충성 관계 또는 봉토 중 어느 하나가 빠져 있다는 것이다. 인신적인 충성 관계와 봉토의 결합이 서구 봉건제의 본질적인 특징이며, 일본이나 오리엔트에 있었던 봉건제는 서유럽의 제도는 아니다. 베버의 시각은 세계사에 적용하기 쉽고 상당히 유용하지만, 고대는 물론 중세, 근대까지 설명되는 초시대적인 개념이기에 어느 한 시대의 특징을 설명하기에는 부적절하다.

애덤 스미스의 경제적 해석과 마르크스의 해석

애덤 스미스Adam Smith는《국부론》에서 농촌 장원제가 봉건 체제의 경제적 기반이라고 보았다.| 자료 6 | 프랑스혁명 때 입법의회에서 봉건제 폐지를 선언하는데, 이때 봉건제는 바로 농촌에 있었던 장원제를 의미한다. 브로델은 혁명 직전 농촌에 침투한 자본주의에 대해 농민들이 이를 봉건적인 것이라고 생각하여, 반봉건의 구호를 내건 것으로 해석한다.| 자료 7 |

봉건제를 역사의 한 단계로서 파악한 사람은 마르크스이다. 그러나 그는 봉건제 자체를 명확하게 규정하지 않았다. 통치 방식보다는 경제·사회 조직의 유형으로 보았을 뿐이다. 그의 분명하지 않은 입장으로 그 후계자들 사이에 다른 견해들이 나오게 된다. 대표적으로 1950년대 모리스 허버트 도브Maurice Herbert

Dobb와 폴 말러 스위지Paul Marlor Sweezy의 논쟁이다. 도브는 봉건제를 예농제와 동일한 것으로, 스위지는 자연경제 내지는 소비 목적의 경제로 파악했다. 이처럼 봉건제를 사회경제적인 기반 위에서 파악하는 것은 중세 유럽의 특징을 이해하는 데 도움을 준다. 그러나 봉건제를 보편적 발전 단계로 규정하는 것은 너무 도식적이라는 비판을 받을 뿐 아니라 연구자들 사이에서 봉건제의 개념이 동일하지 않다는 문제가 지적된다.

마르크 블로크의 사회사적 해석

마르크 블로크는 봉건사회를 하나의 사회 유형으로 보았다. 그에 따르면 봉건사회 전반에 인간 사이에 복종과 보호라는 유대 관계가 일관되게 존재한다.| 자료 8 | 서유럽의 봉건사회는 다음과 같은 기본적인 성격을 갖는다. 첫째, 봉건사회는 친족제 사회와 국가 권력에 의해 지배되는 사회와 다를 뿐 아니라 그런 사회들 뒤에 나타났으며, 그 사회들의 특질을 자체에 뚜렷하게 지니고 있다. 둘째, 봉건사회는 불평등 사회이고 우두머리의 사회이며 예농제 사회이다. 셋째, 가까이 있는 우두머리에게 종속자가 결속된 형태로 인간적인 유대가 이루어진다. 넷째, 토지의 권리에 대한 종속 관계가 생겨났다. 봉사의 내용과 기간에 부합해서만 토지의 권리를 누릴 수 있다는 것이 원칙이었다. 마지막으로 봉건사회라고 해서 같은 정도와 속도로 봉건화되지 않았으며, 봉건제가 완전히 이루어진 곳은 없었다. 그의 봉건제 해석은 오늘날 가장 포괄적인 지지를 받고 있다. 이 주장은 상당히 종합적인 해석이기는 하지만, 세계사에 확대하여 적용하기에는 난점이 많고, 분석의 도구로 사용하기 어렵다.

뒤비의 봉건 혁명

이 개념은 뒤비가 처음으로 창안하였다. 봉건 혁명Révolution Féodale이라는 것은 한마디로 사회가 더욱 봉건적이 되었다는 뜻이다. 뒤비는 그런 변화가 정치, 사회, 문화 심성 면에서 일어났다고 주장하였다. 그는 변하는 것에서 변하지 않는 것을 설명한다는 방법론을 가지고, 사건에서 구조를 설명하고자 980~1220년

사이 프랑스의 '마코네 지방Région Mâconnaise'을 조사하였다. 이 연구에서 그는 마코네 지방을 10세기 말, 980~1160년(독립 성주령의 시대), 1160~1240년(성주령에서 대제후령으로)으로 삼분하였으며, 특히 11~12세기에 백작 및 성주들이 독립적으로 할거하는 시대가 전개되었다고 보았다.| 자료 9 |

957년에 왕이 마지막으로 백작을 임명한 후, 백작들이 할거하는 시대가 왔다. 이후 백작들의 권한이 해체되어가고, 마침내는 이들이 성주 및 교회에 대해서 가진 통제를 상실한다. 그러한 결과는, 교회가 주동이 된 '신의 평화' 운동을 국왕이 후원하면서 나왔다. 이 봉건 혁명의 시기에 봉신 관계Rapports Vassaliques가 출현하였는데, 주군은 봉신封臣을 호모Homo(라틴어로 사람)라고 부르고, 그에게 토지를 수여하는 형태가 일반화된다. 이는 봉신이 토지를 주군에게 바친 것과 대비되는 현상이다. 1067년에 호모는 푀다테르Feudataire, 즉 봉신이라는 명칭이 대신한다. 이때에 단순히 무장하고 싸우는 전사Miles와 봉신은 서로 다른 뜻을 가진다. 독립적인 봉신은 성채를 보유한다. 이후 점차 상업이 확대되자 물가가 오르고 토지 매각이 빈번해지면서, 대귀족이 더 강해지고 마침내 강자와 약자 간의 위계질서가 확립된다.

10세기 말에 사회는 자유인과 비자유인으로 양분되었다. 자유인은 기본적으로 그리스도교도이고, 모계 조상이 군복무를 마쳐야 하며, 공공 법정에서 재판받을 권리를 누린다. 반면 비자유인은 주로 유대인과 노예Servus이다. 이 위에 명사Noble가 있는데 이것은 개인적인 명성으로서 장원 보유자를 지시한다. 이들은 법적 계급이 아니라 다만 삶의 방식에서 다를 뿐이다. 이어지는 독립 성주의 시대에는 사회관계가 기사와 농민으로 재편되며, 노예와 명사라는 표현이 사라진다. 기사는 토지 영주권(세뇌리 퐁시에Seigneurie Foncier), 공권 영주권(세뇌리 바날Seigneurie Banale)을 행사하는 전사로서 존재하며, 일종의 카스트가 이루어진다. 13세기 초에 이르면 신분 질서는 혼란되며, 부자들이 기사가 되기도 하고, 기사도가 출현하면서 귀족 혈통이 세습되고 폐쇄된다.

변화는 예술에서도 일어난다. 원래 예술의 행위란 신의 분노를 달래고 은총을 얻는 것이었다. 그리하여 이런 행위는 도유식塗油式을 치른 왕의 권한이다.

980~1130년 봉건 혁명으로 수도원이 왕을 대신하여 예술의 기능을 수행한다. 이것은 영주들이 막대한 부를 축적하여 수도원에 기부함으로써 가능하였다. 13세기 이후에는 그리스도교 의식이 대중화되었으며, 행위를 통한 구원이 가능하다고 보는 견해가 우세해졌다. 흥미로운 것은 예수의 이미지도 크게 변화한 것이다. 로마네스크 시기에는 최후 심판자의 이미지를 가졌는데, 13세기에는 가르치는 선생님의 이미지로 변한다. 이는 13세기를 살았던 지식인의 모습이다. 그러다가 중세 말에는 인간의 고통을 함께 나누는 인간의 모습으로 바뀐다.

이러한 과정을 통해서 마침내 봉건 혁명은 13세기에 완성되었다. 이 연구는 봉건 혁명이라는 새로운 개념을 만들고, 여기에 토대를 두어 심성과 사회의 관계를 잘 조명하였다. 그러나 이 개념은 아직 불완전하게 여겨지고 있으며, 특히 일부 지방에 관련된 사료를 지나치게 확대하여 해석한 결과가 아닌가 하는 의문이 제기된다.

지금까지 봉건제에 대한 여러 가지 이론, 즉 봉건제를 보는 눈을 제시하였다. 어느 것도 그 나름대로 장점과 단점이 있다. 엄밀히 하면 세계사에 적용하기 어렵고, 세계사에 적용할 수는 있지만 어느 한 시대를 설명하기에는 너무 구속력이 없다. 그러면 이러한 이론들은 역사 연구에 무의미한 것인가? 아니다. 이론Theory은 역사적 사실을 보게 하는 도구이므로, 이 도구를 정확히 사용하되 이론에 종속되지 않도록 한다면 큰 효용이 있을 것이다.

자료 읽기

자료 01

중국과 인도에서 봉건제의 특수성

헤른하르트 퇴퍼Hernhard Töpfer, 《중세사 개론Allgemeine Geschichte des Mittelalters》, Berlin: Deutscher Verlag der Wissenschaften, 1985, pp. 194~195.

현재의 연구 상태에 따르면, 하나의 특수한 봉건 형태에서 출발하여 아시아 전 지역에 특색을 짓는 봉건 형태를 도출하는 것이 불가능하다. 아마도 이 대륙에 있는 개별 지역에는 봉건적 생산양식의 여러 가지 특징들이 있었을 것이다. 인도와 중국은 봉건제의 변이 형태를 나타내는데, 그것은 종종 아시아 봉건제의 전형적인 형태로 평가된다. 그에 비해 일본에서 봉건제의 형성은 모든 지방 특유의 요소에도 불구하고 서유럽의 봉건제와 유사한 점들을 제시하며, 반면 중부아시아[1]와 중앙아시아에서 이른바 유목민 봉건제의 존재가 논쟁되고 있다. 따라서 무엇보다 인도와 중국이 드러내 보인, 봉건제의 '전형적'인 아시아적 발전의 특성은 논의되어야만 한다. 일본과 중앙아시아와는 대조적으로 이 두 지역에 봉건제 이전 계급사회적인 생산양식, 즉 고대 오리엔트적인 계급사회가 1000년간 존재하였다는 점이 고려되어야만 한다. 원原봉건제Proto-feudale 요소들은 고대 사회의 내부에서도 발전하였으며, 봉건제로의 이행은 상대적으로 강력한 지속성을 통해서 토대와 상부구조에서 특징으로 나타난다.

중국과 인도에서는 이미 봉건제의 최초 단계에 집중화된 국가 제도가 존재하였으며, 강력하게 그 형태를 고대 오리엔트 계급사회에서 넘겨받았다. 그때에 중국에서 집중화의 정도는 계서적階序的으로 구조화된 관료 기구의 존재 때문에 인도보다 더 두드러졌다. 고대 오리엔트 국가 형태의 사후 작용으로부터 또한 초기 봉건 시기의 국가를 통해서 부역과 조세의 요구가 지니는 거대한 역할이 분명해진다. 이 조세와 부역에 대한 요구들의 일부는 토지와 그 위에 있는 생산자들과 함께 특히 대두하는 봉건 군주Feudal-

1 | 서구 언어에서 중부아시아Middle Asia와 중앙아시아Central Asia는 동의어로 간주되지만, 러시아어에서는 우즈베키스탄, 타지키스탄, 키르기스스탄, 투르크메니스탄을 포괄하여 중부아시아로, 몽골 그리고 중국의 중앙아시아 지역을 중앙아시아로 지시한다.

herr에게 수여되었다. 이런 식으로 개별화되자 그것들은 토지 점유권과 결부되었으므로 봉건 지대(생산물지대와 노동지대)로 변하였다. 이와 구분되어야만 하는 것은 수조권 녹봉Steuerpfründe의 수여이다. 후자는 초기 봉건 시기의 아시아 사회들에서 언제나 있었던 것이다. 집권적 봉건국가는 처음부터 최대의 토지 소유자로서 그리고 봉건적인 대토지 점유 계급의 정치적인 대변자로서 결정적인 의미를 가지고 있었다. 두 개의 봉건사회에서 국가의 봉건적인 대토지 소유는 발생적으로 보아 고대 오리엔트의 국가 소유 형태로부터 이끌어질 수 있다. 중국에서는 실로 개인적인 대토지 소유가 봉건 생산양식의 토대를 형성하였으나, 그 소유는 국가에 의해서 특히 초기 시기에 부과된 일정한 제한을 받게 되었다. 이미 인도에는 5~8세기에 국가의 봉건 소유와 개인의 봉건 소유라는 강력한 이중 원리가 존재했으며 그것은 12~13세기 아랍-튀르크인의 정복 이후 국가의 봉건 소유의 명백한 승리와 더불어 끝난다. 인도와 중국에서 초기 봉건 시기 전체는 관료적인 중앙집권 국가가 지방 대토지 점유자에 의해서 대변되는 원심적인 세력들에 대해서 벌인 전쟁으로 특징지어진다. 인도와 중국의 여러 왕조들은 늘 조세 수입의 확보를 위해서 봉건국가에 부세 의무를 진 농민들의 숫자 늘리기를 추구하였다.

중국과 반대로 인도에서는 토지 점유가 개인에게 집중되는 것이 규제될 수 없었던 탓에 결국에는 개인과 단체의 대토지 점유에 대한 규제가 발생한다. 인도에서 초기 봉건제하에서는 우선 일종의 세습적인 대토지 점유 귀족이 출현한다. 그들은 낮은 수준의 사법권과 광범위한 행정적 면제권과 조세 특권을 획득하였다. 10~12세기에 북부 인도(라즈푸트)에서는 일종의 봉건제Lehnswesen로 볼 수 있는 형태도 존재했다. 이와 관련하여, 인도의 형태는 중국에 비해 농업 생산자들이 봉건귀족에 대해 인신적으로 더욱 예속되었다는 점이다. 무엇보다 인도의 귀족은 중국과 달리 19세기에 이를 때까지 중앙의 국가기구에 별로 묶이지 않았다. 이런 종류의 결속은 애초 10세기 이래로나 분명히 관찰될 수 있다. 이렇게 확인된 차이점들로 인해서, 대점유 귀족이 궁극적으로 독립적인 계급으로서 스스로 공고화될 수도, 봉건국가-관료적인 기구에 흡수될 수도 없었다. 그에 비해 중국에서는 어떤 세습적인 봉건귀족도 없었고 또 아무런 봉건제도 형성될 수 없었다. 그럼에도 토지에 대한 확고해진 소유권을 가짐으로써 유리한 조건을 지녔기에 숫자로 보아 강력한 봉건 대토지 소유자 계급이 존재했다. 그렇지만 그들은 재판영주로서의 권리를 지니지는 못하였다. 그들의 특권은 봉건국가의 법 제정을 통해서 확고해졌다. 그들은 대토지 소유와 관료제가 가지는 밀접한 관련을 통해 근본적으로 이 국가의 대표자들이 되었다.

직접 생산자들, 즉 봉건 예속 농민들에 대한 착취는 주로 생산물지대를 통해서 이루어졌으며, 노동지대는 인도와 중국에서 공히 일종의 보조적인 역할을 수행하였다. 경제외적인 강제는 다양한 형태로 존재했으나, 일반적으로 두 지역의 경우 유럽에서 가끔 그러하듯이 인신 예속Leibeigenschaft의 수준에 이르지는 않았다. 그에 반해 노예제의 형태들이 인도와 중국에서는 유물Relikt로서 후기 봉건제까지 내부적으로 존재하였다. 봉건 생산양식의 확정과 더불어서 큰 의미를 가지게 된 것은 봉건적인 소작 관계이다. 그것은 매우 잠시 체결되었다가 언제든 취소가 가능한 것이어서 어떤 관습법에 입각한 농민의 토지 청구권이 발전할 수 없었던 것이다. 중국에서는 11세기 이래로 봉건 소작이 토지에 근거한 착취 관계로서 관철되었다. 인도에서 이러한 발전은 13~14세기 튀르크인들의 정복 이후에 이루어졌다.

자료 02

몽테스키외의 봉건제관

몽테스키외, 《법의 정신De l'Esprit des lois》, Geneve, 1748, 6.30.1, 6.31.8, 6.31.9.

6부 30권 1장 봉건법

만약 내가 침묵하며 세상에 유일하게 생겼고 아마도 앞으로는 전혀 일어나지 않을 사건을 지나친다면, 만약 내가 보기에 전체 유럽에서 그때까지 사람들이 알고 있던 것들에서 기인하지 않고 한순간에 출현하는 것을 본 이 법들에 관하여 또 무한한 선과 악을 자행하였으며, 소유지를 양도할 때 권리를 남겨놓았으며, 같은 사안에 대해서 또는 같은 인물에 대해서 다양한 방식의 영주제를 많은 사람들에게 부여하면서 영주제 전체의 중압감을 감축한 법, 너무 확장된 제국들에서 다양한 한계를 제시했으며 무정부 상태의 경향을 지닌 규칙들 그리고 질서와 조화의 경향을 가진 무질서를 만들어낸 이 법들에 관하여 만약 내가 아무 말도 하지 않는다면, 내 작품에 불완전함이 있을 것이라고 나는 믿어왔다. 이 과제는 명백한 작업을 요구할 것이다. 그러나 이 책의 성격이 그러하므로 사람들은 그곳에서 그것들을 내가 논하기보다는 오히려 이 법을 내가 목도했던 것과 마찬가지로 볼 것이다. 봉건법들의 모습은 마치 경치의 아름다움과 같다. 이를테면 오래된 떡갈나무가 서 있으며, 눈이 그 이파리들을 멀리서 바라보다가 점점 다가가면 줄기가 보인다. 그러나 뿌리는 전혀 인식할 수 없다. 그리하여 뿌리를 찾기 위해서 땅을 파야만 한다.

6부 31권 8장 자유 토지가 봉토가 되는 사정

자유 토지Alleu를 봉토로 변하게 하는 사정은 마르퀼프Marculfe의 법식[2]에 있다. 사람들은 자신의 땅을 왕에게 주었다. 왕은 기증자에게 그것을 용익이나 은대지의 명목으로 수여하는데, 원 기증자는 왕에게 자신의 상속자들을 지시하였다. 자신이 가진 자유 토지의 성격을 바꾸는 이유를 발견하기 위해 11세기 이래로 먼지와 피와 땀으로 덮인 이 귀족의 오래된 특권들을 마치 깊은 바다 속에서 찾듯이 나는 찾아야만 한다. 봉토를 보유한 자들은 매우 큰 유리한 점이 있었다. 사람들이 그들에게 가한 상해에 대하여 타협하는 것은 자유인의 피해에 대한 것보다 훨씬 부담이 되었다. 마르퀼프의 법식에 따르면, 왕의 봉신을 죽인 사람이 화의로 600수Sous를 지불한 것은 국왕 봉신의 특권인 것으로 보인다. 이 특권은 살리법과 리푸아리아법에 의해 확립되었다. 두 법이 국왕 봉신의 죽음에 대해서 600수의 지불을 명령한 데 비해 프랑크족이든 야만인이든 살리법하에서 살고 있는 자유로운 사람이 살해당할 경우는 불과 200수를, 로마인의 살해에 대해서는 100수만을 허용하였다.

이것이 국왕 봉신들이 가졌던 유일한 특권인 것은 아니다. 어떤 사람이 재판에 소환되었는데 그가 나타나지 않거나 심판들의 명령에 복종하지 않으면 그는 왕 앞에 소환되는데, 만약 자신의 재판 기피를 고수한다면 그것은 왕의 보호를 넘어선 것이다. 그리고 아무도 그를 자신의 집에 받아들일 수 없었고 그에게 먹을 것을 줄 수도 없었다. 그런데 만약 그가 일반인의 신분에 속하였다면 그의 재산은 몰수되었을 것이나, 국왕 봉신인 경우 그렇지 않았다. 일반인들은 재판에 나타나지 않음으로써 유죄로 판정되지만 국왕 봉신은 그렇지 않다. 전자는 비록 아주 작은 죄라도 뜨거운 물에 의한 죄인 판별법을 받아야 하나, 후자는 살인의 경우에만 유죄로 판결된다. 마침내 한 국왕 봉신이 다른 봉신에 대해서 불리한 증언을 하도록 강요될 수는 없었다. 그 특권들은 항상 증가했고 카를로만[3]의 칙법Capitularia은 이 명예를 국왕 봉신들에게 수여하였는데, 사람들은 그들을 서약하도록 강제할 수 없으며 단지 자신들이 거느린 봉신들의 입을 통해서만 할 수 있다는 것이다. 게다가 명예를 받은 사람들은 군 복무를 하지 않을 때, 그가 받는 벌이라고는 복무를 하지 않는 동안 고기와 포도주를 먹지 못하는 것이었다. 그러나 백작을 따라 군대에 나가지 않은 자유인은 60수의 속죄금을 물었으며, 그것을 지불할 때까지 노예 상태에 놓였다. 그러므로 국왕 봉신이 아닌 프랑크족과 또한 더군다나 로마인들은 봉신이 되고자 노력했다는 점을 생각하기 쉽다. 또 그들이 자신의 소유지를 빼앗기지 않기 위해 자신의 자유 토지를 왕에 주고 그로부터 그것을 다시 봉토로서 받으며 그에

2 | Le formulaire de Marculf: 이 문서는 마르슬랭Marcellin이라고 불리는 수도사가 7세기 후반에서 8세기 초에 이르는 기간 메로빙 왕조의 법문서를 수집하여 파리의 주교인 랑드리Landri에게 헌정한 것이다. 이 문서는 메로빙기에서 가장 중요하며, 문서학의 관점에서도 가장 흥미로운 것이라고 간주된다.

3 | 카롤루스 대제의 형제.

관해 자신의 상속인을 지정하는 관행을 사람들은 상상하였다. 이 관행은 항상 계속되었다. ……

이것은 봉토를 가진 자들이 좋은 가부장으로서 봉토를 관리하였음을 의미하지는 않는다. 비록 자유인들이 많은 봉토를 가지려고 노력했을지라도 이 종류의 재산을 오늘날의 용익권을 관리하듯이 다루었다. 우리의 군주 중에서 가장 용감하고 가장 주도면밀한 군주인 카롤루스 대제로 하여금 자신의 소유권을 지키고 봉토를 훼손하는 것을 막기 위해 허다한 규정들을 만들게 하였다. 이것은 단지 그의 통치 시기에 은대지의 대부분이 당대에 한하였고, 사람들은 결과적으로 봉토보다는 자유 토지를 더 소중하게 생각했다는 점을 입증할 뿐이다. 그러나 자유인보다는 왕의 봉신이 되는 것을 더 좋아했다는 사실을 덮은 것이 아니다. 사람들은 한 봉토의 특정 지분을 처분할 명분을 가질 수 있었으나, 자신의 위엄도 잃은 것을 원하지는 않았다. ……

6부 31권 9장 교회 재산이 봉토로 된 사정

국고 재산들은 오로지 하나의 목표만을 지녔음에 틀림없다. 즉 왕들이 프랑크족을 새로운 군사작전으로 불러낼 수 있는 기증에 쓰는 것이었다. 다른 한편 이러한 작전들이 국고 재산을 늘려왔던 것이다. 그리고 이는 내가 말했듯이 그 국민의 정신이었다. 그러나 기증은 다른 방향으로 가버렸다. 클로비스의 작은 아들인 킬데리쿠스는 일찍이 자신의 재산이 거의 다 교회에 기증되었음을 한탄한 적이 있다. "짐의 금고는 빈털터리가 되었다고 그는 말하였다. 짐의 재부는 교회로 가버렸다. 왕 노릇하는 것은 오로지 주교들뿐이다. 그들은 권세를 누리고 있으나, 짐은 나은 게 없다." 그것은 감히 영주를 공격하지 않았던 궁장들이 교회들을 약탈하도록 만들었다. 또 네우스트리아에 쳐들어가기 위해 피피누스가 구실로 삼은 이유의 하나는 왕들, 즉 교회에서 모든 재산을 빼앗은 궁장들의 기획을 차단하기 위해 그를 성직자들이 초빙하였다는 점이다. 아우스트라시아의 궁장들, 즉 피피누스의 집안은 교회를 다루는 데 네우스트리아와 부르군트에서 하던 것보다 더 온건하게 하였다. 그리고 이 점은 우리의 시대기들에 의해서 매우 분명한데, 여기에 따르면 피피누스 가문의 헌신과 관대함을 찬양하지 않을 수 없다. 그들은 스스로 교회의 일급의 지위를 차지했다. 킬데리쿠스는 주교들에게 "까마귀는 까마귀의 눈을 터뜨리지 않는다"라고 말하곤 했다.

피피누스는 네우스트리아와 부르군트를 굴복시켰다. 그러나 궁장과 왕들을 파멸시키기 위해서 교회에 대한 억압을 구실로 삼았기에 자신의 명분에 모순되거나 그가 국민을 놀리고 있다고 보이지 않도록 하기 위해서는 더 이상 교회들을 약탈할 수 없었다. 그러나 그는 두 개의 커다란 왕국을 정복하고 반대파를 파멸시킴으로써 자신의 장수들을 만족시킬 만한 충분한 돈을 얻을 수 있었다.

피피누스는 성직자들을 보호함으로써 왕국의 주인이 된다. 그의 아들 카롤루스 마르텔은 자신을 유지하려면 성직자들을 억누를 수밖에 없었다. 이 군주는, 왕실 재산과 국고 재산의 일부가 귀족들에게 당대 한정으로 또는 소유권으로 수여되고 성직자들이 부자들과 가난한 자들의 손을 통해 자유 토지의 대부분을 차지하였음을 보자, 교회들을 약탈하려고 했다. 그리고 처음 분배한 봉토들이 더 이상 존재하지 않았기에 그는 두 번째로 봉토들을 만들 것이다. 그는 그 자신과 장수들을 위해서 교회의 재산과 교회 자체를 차지한다. 그리고 보통의 악습과 달리 극단적이어서 고치는 것이 그만큼 더 용이했던 남용을 중단시킨다.

자료
03

볼테르의 봉건제관

볼테르, 《풍속시론An Essay on Universal History, The Manners and Spirit of Nations》 Vol. II, trans. by Nugent, London, 1759, pp. 281~283.

러시아의 끝에서 카스티야의 산맥까지, 모든 위대한 주군들은 서로 교신하지 않고서도 같은 생각을 가졌다. 그들 모두는 자신의 생명도 영지도 한 왕의 자의에 좌우되지 않기를 원했다. 이 권력에 대항하여 그들은 모든 나라에서 연합하였다. 그리고 그들 모두는 가능한 한 자신들의 복속민들에게 그것을 행사해왔다. 그렇게 유럽은 500년이 넘게 지배되었다. 이 형태의 통치가, 고대 그리스인들과 로마인들에 알려지지 않은 것은 아니다. 그것은 낯설거나 뜬금없는 것이 아니었는데, 결국 유럽에서 매우 일반적인 것으로 확립되었다. 독자 여러분은 어떻게 해서 대부분의 유럽에 봉건적인 무정부 상태가 카롤루스 마그누스의 후계자들 사이에서 확립되었는지를 파악하였다. 그러나 이 시기 이전에 이탈리아에서는 롬바르드 왕들 치하에서 봉토에 대한 더 정규적인 통치가 있었다. 갈리아를 침략한 프랑크족은 전리품을 클로비스와 나누었다. 이로부터 불랭빌리어Boulainviliers 백작은 성주나 장원 영주가 모두 프랑스에서는 외국인이라고 주장한다. 그러나 "내가 갈리아 정복자의 후손이다"라고 말하는 사람이 가지고 있는 영지가 어디에 있는가? 또 심지어 비록 그가 이들 침략자들 중 한 사람의 직계 자손이라고 하더라도 도시와 평민이 자신들의 자유를 주장하는 권리가 이 프랑크족이 노예화하는 권리보다 더 낫지 않겠는가? 롬바르드와 프랑스처럼 독일에서는 봉건적인 관할권이 정복의 권리로 인해서 확립되었다고 말할 수 없다. 어떤 외국 민족도 전체 독일을 정복할 수 없었으며, 세계에 있는 모든 국가 중에서 봉건제의 관할권이 진정으로 살아 있는 유일한 나라이다. 러시아의 보야르[4] 는 자신의 복속민을 가지고 있었지만, 그들은 또한 스스로 복속민이었으며 독일의 제후와 같이 한 몸을 이루지 못하였다. 크림의 타타르인 칸들와 알라키아와 몰다비아의 군주들은 튀르크의 술탄에 의존하고 있는 참으로 봉건적인 영주들이다.

4 | Boiards: 러시아 옛 귀족의 명칭.

자료 04

봉건제: 도전에 대한 응전

조지프 R. 스트레이어Joseph R. Strayer·러시턴 쿨본Ruschton Coulbon, 〈1. 봉건제의 개념The Idea of Feudalism〉, 쿨본 편집, 《역사에서의 봉건제Feudalism in History》, Princeton Univ. Press, 1956, pp. 3, 7, 9.

봉건제에 관한 생각은 초기 유럽 역사에서 비롯한 몇몇 사실로부터 추상화한 것이다. 그러나 그것은 그 자체로서 사실이 아니다. 정복왕 윌리엄이나 부용의 고드프루아Godefroy de Bouillon 시대에 살던 어떤 사람도 그 용어를 사용하지 않았다. 그것은 학자들, 주로 18세기의 학자들에 의해 발명되었다. 이 학자들은 자신이 살던 시기까지 살아남은 어떤 특별한 제도들을 바라보면서, 이 제도들이 기원하고 또 번성하던 시기를 되돌아보고 장기간에 걸쳐 느슨하게 연결된 일련의 사실들을 요약하기 위해서 봉건제Feudalism라는 단어를 주조했다. …… 어떤 정적인 정의도 전체적으로 만족스러울 수 없다. 왜냐하면 봉건제는 다른 정치체제와 마찬가지로 끊임없이 발전하기 때문이다. 그러므로 정적인 정의에 동적인 용어로 된 정의가 추가되어야 할 것이다. 그런 용어들을 이용해보면, 봉건제는 어떤 종류의 도전에 대한 일련의 응전으로서 기술될 수 있다. 상당히 많은 사회에 영향을 끼쳤던 것은, 고도로 조직된 정치체제—제국 혹은 상대적으로 큰 왕국—의 쇠락이나 약화라는 도전이었다. 그러한 체제의 해제에서 비롯하는 발작은 응전의 방식을 통해서, 때로는 봉건적인 방향으로 이끄는 재구성을 향해서 일련의 움직임을 만들어낼 수 있다. 그런 경우들에서 봉건제는 어떤 법적 정교화의 색조를 띠기도 하며 집권화의 유산이나 경향을 지니고 있다. …… 권력이 지방 단위로 분배되고 직업적 전사의 손에 놓일 때에 수많은 반란과 서로 죽이는 전쟁이 일어날 수 있다. 그리고 이 사건들은 무정부 상태가 봉건제의 정상적인 면모라고 누군가 말하도록 하는 데 충분할 정도로 빈번히 발생하였다. 그러나 이것은 매우 의심스러운 교훈이다. 심지어 극히 무질서한 지방에서도 얼마간의 효과적인 정부들이 봉건제하에서 살아남았으며, 좀 더 행운이 있는 지역에서는 봉건제가 강력하고 상대적으로 집중화된 국가들을 조직하는 데 굳건한 토대를 제공했다. …… 사실상 충분히 발전된 봉건제는 지방이라는 기초 구조 위에 상당한 크기의 정치 구조물이 지어질 수 있는 방식들의 하나이며, 서로 죽이는 난리가 크게 일어나는 것은 이러한 종류의 진보에 대해 치러야 할 대가라는 점이 논증될 수 있다. 참으로 실제로는 더 나은 봉건제가 작동할수록 더 이상 완전히 봉건제가 아닌 정치 구조를 더 신속하게 낳는다는 것은 극적인 아이러니다. 반대로 반봉건 半封建에서는 잔존한 제국적 제도와 새로운 봉건제가 서로를 중화시키므로, 그러한 사회는 여러 세기 동안 약한 사회에 속하였던 것이다.

자료
05 베버의 렌 개념의 적용

막스 베버, 《경제와 사회: 이해사회학 개요Wirtschaft und Gesellschaft: Grundriss der verstehenden Soziologie》, fünfte Auflage, Tübingen: J. C. B. Mohr, 1972, pp. 627~629.

완전한 렌Lehen은 언제나 지대를 받는 일종의 복합적 권리다. 그 권리들을 보유하는 것은 일종의 주인의 존재를 확증할 수 있고 또 그래야만 한다. 우선 토지 주인의 권리와 정치적으로 이익이 되는 온갖 종류의 권력들, 즉 지대를 제공하는 지배권 또한 전사의 장비 마련 비용으로서 수여된다. 봉건 중세에 하나의 토지 조각에 대한 '양도 토지 소유권Gewere'을 가진 자는 토지로부터 세Zins를 받아내는 자이다. 렌 위계가 팽팽히 조직된 곳에서 이 대여된 지대 원천은 지대 수익에 따라 등록부에 등재된다. 사산조와 셀주크의 모범에 따라서 조직된 튀르크의 이른바 '렌'은 '아스페르'[5]로, 일본의 봉신(사무라이)의 무장은 '고쿠다카石高(쌀로 낸 지대)'에 따라 등록된다. 그런 방식이 나중에 영국의 저 '둠즈데이 북'에 수용되었다. 물론 그렇다고 해도 렌을 등록한다는 성격을 가지는 것은 아니고 그 책이 만들어질 때 특별히 영국 봉건 행정의 긴밀한 중앙집권적인 조직을 통해서 그 성격이 한정되었다. 토지 지배권이야말로 정상적인 렌의 대상이므로, 실제적인 봉건 형태는 가산의 토대에 의존한다. 그리고 이 위에 일종의 관직 수여가 발생하는 한 정

5 | Asper: 오스만의 최저 화폐 단위.

상적으로는 가산적인 위계가 성립되어 머문다. 그런 경우 적어도 렌의 위계는, 항상 그런 것이 아니라도 매우 빈번히 그러하듯이, 행정의 일부 뼈대처럼 가산이나 녹봉에 의한 국가제도에 부합한다. 그리하여 튀르크적인, 렌적인 녹봉 위에 설정된 기병들은, 가산에 토대를 둔 친위 부대와 부분적으로 녹봉에 의존한 관료 조직의 옆에 있었으며, 그런 이유로 절반쯤 녹봉에 입각한 성격을 지니고 있었다. 중국의 법을 제외하고 왕의 재산에서 주인의 권리를 수여하는 것은 매우 다양한 권리의 영역에서 발견되고 있다. 라지푸트Rajput 왕조의 지배하에 있던 인도에서, 이를테면 우다이푸르에서는 최후까지도 여전히 복종의 의무 그리고 주인의 사망 시 봉건세 지불, 의무 불이행 시 몰수가 이루어졌다. 이와 더불어서 지배적인 세습 왕족의 구성원들에게 토지 주인으로서 권리와 사법권을 족장을 통해서 군역의 수행에 대해서 수여하는 일이 존재했다. 복속된 지역을 지배하는 전사 신분의 전 재산에서 유래하는 토지와 정치적 권리를 같이 취급하는 것이 매우 빈번히 등장하였으며, 아마 일본에서도 한때는 정치체도에 같은 것이 자리 잡았을 것이다. 다른 면에서는 수많은 현상들이 등장하는데, 메로빙 왕조의 토지 선사와 '은대지'의 다양한 형태들이 그것들의 유형을 나타낸다. 여기에서는 거의 항상 전쟁 보조의 수행과 수행하지 않을 경우에 결과적인 박탈의 가능성이 어떤 동일한, 흔히 더 자세히 정해지지 않은 사정에서 전제된다. 또한 오리엔트에서 토지를 영대 차지의 형식으로 무수하게 수여하는 것은, 사실상 정치적인 목적에서 나온 것이다. 그러나 그 결합이 특수한 봉신으로서의 신서 관계로 이루어지지 않는 한 '렌'의 개념에 부합하지 않는다. ……

일본의 봉건제도 역시 결코 완전한 렌 체제를 나타내지 않는다. 일본의 다이묘大名는 결코 봉신Lehensvasall이 아니라 일종의 사환Vasall으로서, 그는 정해진 전쟁 분담, 경계 의무, 고정된 직접세를 떠맡았으며, 일종의 영방 군주처럼 자신의 영역 내에서 행정·사법·군사적 주권을 자신의 이름으로 행사했다. 그러나 잘못을 저지르면 좌천될 수 있었다. 그러한 존재로서의 가신이 결코 봉신이 아니라는 점은, 특히 다음과 같은 점에서 저절로 드러난다. 즉 쇼군將軍의 실질적인 가신들이 다이묘 작위를 받은 후(후다이譜代), 그들의 개인적인 종속 때문에 비록 전혀 '과오'가 없어도 오로지 정치적인 목적에 부합한다는 근거에서 옮기기(쿠니가에國替)가 일어났음에 틀림없다. 그러나 그 점에서 역시 또 한 번 그들에게 수여된 지배권은 일종의 관직이지 결코 렌은 아니었음이 드러난다.

자료
06

스미스의 개념: 봉건 정부는 장원제

애덤 스미스, 《국부론The Wealth of Nations》, Random House, 1965, pp. 317~318.

예전에 봉건 정부가 지배하던 때에는 매우 작은 몫의 생산물이면 경작에 사용되는 자본을 대체하는 데 충분했다. 그것은 일반적으로 초라한 소 몇 마리로 이루어졌다. 이 가축들은 경작되지 않은 토지에서 저절로 나온 생산물에 의해 유지되었다. 따라서 그것은 저절로 자라는 생산물의 일부로 간주될 수도 있다. 일반적으로 그것도 영주에 속하였으며 그에 의해 토지 점유자들에게 제공되었다. 나머지 생산물 모두 본래 영주에게 속하였는데, 영주 토지에 대한 지대로서 또는 이 가금 자본에 대한 이익으로서 그러하였다. 토지 선점자들은 일반적으로 예속인이었는데, 그들의 인신과 재산도 마찬가지로 영주의 소유였다. 예속인이 아닌 자들은 의지에 따른 차지인인데, 비록 그들이 지불하는 지대가 통상 면역 지대Quit-Rent에 불과했더라도 그것은 실제로 토지 전체 생산물에 해당되었다. 영주는 언제나 평화 시에는 그들의 노동을, 전시에는 군역을 요구하였다. 비록 그들이 그의 집에서 멀리 떨어져 살고 있어도 그들은 마찬가지로 그 안에 살고 있는 그의 종자Retainer와 같이 그에게 종속되었다. 그러나 그 토지의 모든 생산물은 의심의 여지없이 그에게 속하였으니, 그는 그 토지에 딸려 있는 모든 자들의 노동과 부역을 처분할 수 있었다. 당시 유럽의 국가에서 지주의 몫은, 토지 총 생산량의 거의 3분의 1, 때로는 4분의 1을 넘지 않았다.

자료
07

브로델이 본 프랑스혁명에 나타난 반봉건反封建의 의미

페르낭 브로델, 《물질문명과 자본주의, 15~18세기》 V. 2; 《상업의 바퀴The Wheels of Commerce》, trans. by Sian Reynolds, Harper & Row, 1982, pp. 295~297.

영주의 반동은 전통으로 복귀에 의해서라기보다는 시대정신에 의해서 결정되었다. 그 분위기는 프랑스에 새로운 것인데, 재정 갈취, 주식 거래 투기와 투자 거품 등으로 이루어진 것이다. 왜냐하면 귀족들이 해외 무역이나 광공업에, 한마디로 나라면 심성이라고 기술하는 것만큼 자본의 유혹으로서 기술할 것에 관심을 가지기 시작했기 때문이다. 이를테면 잉글랜드식의 농촌 자본주의와 근대적 경영은 프랑스에서 여전히 드물었지만 도래하고 있었다. 사람들은 자신의 신용을 이익의 원천인 양 토지에 두고 근대적 경영 방식의 효용성을 믿기 시작하였다. …… 많은 소유지들이 매매되었다. 토지 재산은 투기에 대한 일반적인 광기가 영향을 주었다. …… 소작인들과 소유자들이 대규모 소유지를 재구조화하려는 노력을 계속 유지하려 했다. 우선 직영지부터 시작하였다. 이것은 소농들 사이에서 공황과 원한을 일으켰다. 이 발전은 에베르하르트 바이스 Eberhard Weiss가 그룬트헤어샤프트Grundherrschaft, 즉 라인과 엘베 강 사이 고전적인 영주제의 지역들에서 독일 소농의 사정과 비교한 바 있다. 독일의 지주들은 자신의 직영지나 인접한 영지를 자신의 소유지 전체에 대한 경영 방식을 장악하기 위한 기지로 삼지는 않았다. 그들은 단지 농촌에서 나오는 지대로 사는 데 만족했으며, 군주 이를테면 선제후 바바리아의 공작을 섬기는 데 들어감으로써 그것을 보충했다. 그러므로 직영지는 분할되어 소농들에게 임대되었다. 덕분에 그들은 자신들의 프랑스 대응자들의 걱정과 좌절을 모면하게 되었다. 그리고 참으로 프랑스혁명의 구호인 '귀족이 가진 특권의 폐기'라는 말은 기대되던 반향을 독일에서는 발견하지 못했다. …… 이 지하의 자본주의 운동은 소농들의 불만, 항의와 동요에 의해서 측정되고 판단될 수 있는가? 우리는 그러한 동요가 사실상 연속되었음을 안다. 그러나 17세에 그것은 영주들보다는 세금을 향하였으며, 주로 서부 프랑스에서 일어났다. 18세기에 반란은 점차 영주에게 향하였으며 새로운 불만이 지도에 표시된다. 그곳은 왕국의 북동쪽과 동쪽, 즉 대곡창 평원이었다. 여기에서는 농장 경영이 선진적이었고(여기에서는 말이 끄는 견인 팀이 쟁기질에 사용되었다), 인구가 과잉이었다. 혁명은 이 지역이야말로 감정이 최고조로 오른 농촌 지역이었음을 심지어 더 명백하게 보여줄 것이다. 적어도 부분적으로 자본주의라는 언어가 새롭고 놀라운 상황을 취급하는 어휘를 발견할 수 없었기 때문에 프랑스의 소농은 친숙한 옛 언어인 반봉건反封建, Anti-Feudalism으로 돌아간 것이라고 생각하면 안 될까? 왜냐하면 1789년 진정서에 봇물처럼 터져 나온 것이 오로지 그 용어이기 때문이다.

자료
08

블로크의 개념: 유대 관계로서의 봉건제

마르크 블로크, 〈유럽의 봉건제Feudalism, European〉, 《사회과학 백과사전Encyclopaedia of the Social Sciences》 12, New York: Macmillan, 1931, pp. 205~206.

충분히 발전된 형태를 갖추었을 때, 봉건제의 두드러진 면모는 주종제라는 체제와 봉토라는 법제였다. 일찍이 프랑크 왕국과 롬바르드 왕국의 시기에 모든 계층의 자유인들 대다수가, 자기보다 더 강한 어떤 사람의 보호를 찾아야 하며 자신이 가진 군사적 봉사를 더 우월한 자에게 제공함으로써 기품 있는 삶을 확보할 필요를 절감했다. 가장 가난한 자들은 노예, 즉 단순히 말하자면 소작인이 되었다. 그러나 능력이 있는 자들은 모두 법적으로 자유인으로서의 자신의 가치에 집착했으며, 강제 부역의 의무를 지니는 소작인에게 부과되는 덜 명예로운 여러 부역들에 자신을 복종시키지 않기를 더 원했다. 그들은 자유로운 신분에서Ingenuili Ordine 벗어나 자신을 '위탁했다commended'. 반면 고위 인사들은 자신에게 붙어 있어야 하는 충성스러운 자들이 굳건한 유대로 자신을 에워싸기를 추구했다. 그리하여 의존 관계의 약정이 대두하였는데, 이것이야말로 봉건 체제의 가장 특징적인 점이다. …… 미천한 사람들은 장원 주변에 모이면서, 상위 계층의 사람들이 주종제에서 충족시키기를 추구한 것과 똑같은 보호를 필요로 했으므로 이에 복종하였다. 소농은 자기의 자유 토지Alodium를 영주에게 넘겼으며 납세와 부역이 부착된 임대의 형태로 되돌려 받았다. 흔히 그는 자기의 인신과 자기 후손의 인신을 같은 행위에 의해 담보로 제공함으로써 신역身役, Personal Service에 들어갔다. 장원의 생활은 관습에 의해서 규제되었다. 영주들이 자신의 토지를 사람들로 채우는 데 모든 관심을 기울였을 때, 신속하게 소농의 차지借地를, 심지어 그것이 노예적인 것이라고 하더라도, 세습적인 것으로 간주하는 버릇이 생겼다. 또다시 장원은 봉건 시대에 수많은 국가 기능을 자신의 것으로 만들고, 전사 계급의 급여를 확보함으로써 스스로를 강하게 하였다. 이로써 전사들은 다른 사람들보다 우위에 서는 경향을 보였다.

자료
09

뒤비의 봉건 혁명론

조르주 뒤비, 《11·12세기 마코네 지방의 사회La société aux XIe et XIIe siécles dans la région maconnaise》, Paris: A. Colin, 1953, pp. 88, 136~137, 195, 150~151.

980년을 즈음한 몇 년간 마코네의 정치 구조는 여전히 카롤링 전통에 의해서 완전히 형성되어 있었다. 충분한 자유를 누린 자들—자유인Le Peuple Franc의 사회—은 더 큰 규모의 거주민 내에서 제한된 집단을 형성했다. 그들은 주로 평화 연대로서 등장했다. 그들의 성원들은 외부의 적에 대해 싸우도록, 또는 개인적인 협약으로는 결정될 수 없었던 분쟁을 판정하도록 함께 소집되었다. 군대에 복무하고 법정에 참여하는 것은 자유인들의 두 가지 의무였다. 그것들은 참으로 그가 지닌 자유의 특수한 상징이었다. …… 비자유인에 관해 말하자면 이웃들 간의 관계, 종속자와 주군의 관계, 가족 구성원 간의 관계, 팔고 사는 사람들의 관계는 공권력의 범위를 넘어서 있었으며, 오로지 개인의 관습에 의해 규제되었다. …… 자유인 가운데…… 평화에 관련된 제도들은 안전을 유지하고 그들로 하여금 다른 질곡에서 벗어나게 했다. …… 가족 유대의 힘은 약했다. 왜냐하면 그것들은 소용이 없었기 때문이다. 옛 프랑크 국가에서 잔존한 평화의 조직은 여전히 강력하여 자유인으로 하여금 독립적으로 살도록, 그리고 만약 원한다면 이웃과 친구들의 유대 관계를 자기 가족의 것보다 선호하도록 허용하기에 충분했다. …… 11세기 백작의 권위가 몰락한 이후에 귀족은 이제 봉건제도에 의해서만 규제되었기에 모든 진정한 구속에서는 자신들이 자유롭게 됨을 알고 있었다. 가장 강력한 자들은 완전한 독립을 누렸다. 하급 귀족들은 지니고 있는 봉토에 대해 책임져야 할 군역에 의해서 더욱 규제되고 있었으나, 여전히 큰 자유의 분위기를 가지고 있었다. 이를테면 만약 그들이 범죄를 저질러도 그들을 심판할 법정도 처벌할 권력도 정해진 것이 없었다. 상층 계층에게 봉건제는 무정부 상태를 향한 일보였다. …… 분명히 사회의 구조는 10세기에 별로 달라진 것이 없었다. …… 그러나 이 안정성은 오로지 겉으로만 그러했다. 그것은 우리에게 충격을 주었다. 왜냐하면 우리는 사회 환경을 재구성하기 위해 문서고의 문서에 의존하는데, 이는 모두 전통적인 격식에 일치해서 작성되어 있어서 새로운 현실을 표현하는 데 큰 어려움이 있었기 때문이다. 사실상 오직 봉투만이 카롤링적이었고, 그것은 사회의 심원한 변모를 감추고 있었다. …… 만약 왕권의 몰락이 백작이 상위 귀족들에게 행사하고 있는 권위를 약하게 하지 않았다고 하더라도, 그것은 공적 성격과 그 합법성을 제거했다. 950년 이래로 백작의 권력은 사적인 권력, 개인의 권력이었다. 피호민들이 형성되었으며, 그들은 계속 발전하고 조금씩 모든 자유인을, 부자와 빈민 둘 다를 점점 더 구속하는 종속의 그물 속으로 들어갔다.

| 출전 |

몽테스키외, 《법의 정신》: 1748년 몽테스키외(1689~1755)가 간행한 책이다. 몽테스키외는 이 책에서 구체적으로 저마다의 나라에서 실시되고 있는 법의 형태와 체제에 관한 관찰을 통해서 일반적인 상을 얻고 여기에서 확인되는 법의 정신을 토대로 삼권분립을 주장하여 현대 정치의 기본적인 원리를 창출한다. 몽테스키외는 또한 봉건국가 또는 봉건 시대라는 개념을 만들었는데, 이 체제에서는 재정과 사회적 권력과 위엄을 가진 영주들이 지배한다는 정의를 내렸다. 몽테스키외가 주장한 이런 식의 봉건제 개념이 18세기에 큰 영향을 미쳤으며, 특히 봉건법의 개념을 보급하였다.

볼테르, 《풍속시론Essais sur les moeurs et l'esprit des nations》: 볼테르는 필명이고 원명은 프랑스와 마리 아루에François Marie Arouet(1694~1778)이다. 그는 세계사와 풍속의 역사, 즉 일상사를 쓰고자 했다. 그 결실로 나온 것이 1756에 간행된 이 책이다. 여기에서는 유럽인의 역사만이 아니라 세계 여러 민족의 역사를 담고자 했으며 선민의식을 배제하고자 했다. 특히 볼테르는 중세의 봉건제를 혐오하였으며 나아가 예농제를 폐지하고 보편적인 법을 만들기 위해서 죽을 때까지 노력하였다.

애덤 스미스, 《국부론》: 스미스(1723~1790)가 1776년에 간행한 책으로 원제목을 보면 여러 국가들이 가진 부의 성격과 원인을 논한 것을 알 수 있다. 스미스는 이 책에서 부의 원천은 노동이며 부의 증진은 노동 생산력의 개선으로 이루어진다고 주장하고, 분업의 효율성을 강조하였다. 또한 기업 간의 자유 경쟁으로 자본을 축적하는 것이 나라의 부를 증진시키는 바른 길이라고 주장한다. 그러나 이 부의 축적은 도덕의 범위에서 이루어져야 한다는 것을 전제로 한다. 이 점에서 이 책은 1759년에 출간한 《도덕감정론》에 기초를 두고 있다. 스미스는 자본주의 체제가 가진 질서를 파악하여 경제학을 처음으로 성립시켰으며, 중세사와 관련하여 봉건 체제Feudal System라는 용어를 처음 만들어 보급하였다. 이 체제는 세습된 특권을 가진 사회 계층에 의해서 장악되는데, 이들은 시장이 아니라 예농의 관습적인 부역으로 이루어지는 농업에서 부를 끌어낸다.

마르크 블로크,《봉건사회》: 아날학파의 창시자이고 20세기 대표 역사가라고 할 수 있는 블로크(1886~1944)가 1939~1940년에 저술한 책이다. 이 책은 중세사의 대표 저서라고 할 수 있을 정도로 큰 영향을 끼쳤다. 그는 봉건제를 법률·군사적인 관점이 아니라 사회학적인 관점에서 조명하였다. 그래서 봉건 관계가 단순히 귀족 주군과 봉신의 위계만 아니라 영주와 농민 사이에도 있었음을 보여준다. 이처럼 봉건 관계를 확대하여 총체적으로 중세 사회를 보려고 했던 점이 블로크가 다른 학자들, 특히 강쇼프와 다른 점이다.

조르주 뒤비, 《11·12세기 마코네 지방의 사회》: 아날학파에 속한 뒤비(1919~1996)가 1953년에 마콩과 디종 그리고 클뤼니 수도원의 문서를 광범하게 조사 연구하여 간행한 책이다. 이 책에서 뒤비는 마코네 지방에서 1000년을 즈음하여 심대한 사회적인 변화가 발생하였음을 주장한다. 그 주장에 따르면 9~10세기까지 부르고뉴 지방에 있었던 질서가 새로운 봉건 질서에 자리를 내주었고 무장한 귀족들이 농민 사회를 폭력과 무력으로 지배하는 상태에 도달하게 되었다. 이를 봉건 혁명이라고 명명하였다. 그렇지만 사료에 관한 과도한 해석이라는 비판도 있다.

| 참고문헌 |

김응종, 〈조르주 뒤비와 봉건혁명〉, 《서양사연구》 33, 2005.
나종일 편저, 《봉건제》, 까치글방, 1988.
스티븐슨, C., 《봉건제란 무엇인가?》, 나종일 옮김, 탐구당, 1977.

3부

봉건국가의 발전과 유형

중세의 대표적인 국가인 프랑스는 봉건 분열을 극복하고 절대왕정의 길을 향하여 매진한다. 이 과정은 순탄하지 않았다. 왕실을 둘러싼 귀족들의 세력이 더 컸던 탓이다. 3부에서는 이런 약점을 극복하고 프랑스가 절대왕정에 이르는 과정을 살펴볼 것이다. 이에 비한다면 잉글랜드는 애초 왕에게 권한이 집중된 집권적인 국가였으나, 프랑스의 영향에 놓이면서 봉건국가로 발전한다. 그러나 잉글랜드는 프랑스와 달리 귀족의 승리, 나아가 의회 제도의 확립이라는 길로 나아간다. 이 두 나라의 차이점을 낳은 원인을 파악해보면 역사의 흐름을 볼 수 있다. 한편 완전한 봉건 분열의 상태에 있던 독일은, 분열 상태를 지양하려고 했으나 중세 내내 그 꿈을 이루지 못하고 영방 고권領邦高權이라는 상태로 나아간다. 이 세 중세 국가의 발전 유형은 비교사의 문을 열어주고 있다. 3부에서는 이런 비교를 통해서 공통점과 특수한 점을 찾아보고 이 차이를 초래한 원인을 탐구한다.

13 프랑스

: 시작은 미약했으나

987	위그 카페 즉위. 카페 왕조 성립
1060~1108	필리프 1세 재위
1108~1137	비만왕 루이 6세 재위
1137~1180	루이 7세 재위
1152	루이 7세, 알레오노르와 이혼
1180~1223	존엄왕 필리프 2세 재위
1223~1226	루이 8세 재위
1226~1270	루이 9세 재위
1270~1285	용맹왕 필리프 3세 재위
1270~1314	미남왕 필리프 4세 재위, 삼부회 소집
1314~1316	고집왕 루이 10세 재위
1316~1322	키다리왕 필리프 5세 재위
1322~1328	미남왕 샤를 4세 재위
1328~1589	발루아 왕조
1328~1350	필리프 6세 재위
1337~1453	백년전쟁
1350~1364	선량왕 장 2세 재위
1356	에티엔 마르셀의 개혁
1364~1380	현명왕 샤를 5세 재위
1380~1422	샤를 6세 재위
1422~1461	샤를 7세 재위
1450	샤를 7세, 포르미니 전투에서 승리
1461~1483	루이 11세 재위

카롤링 왕조는 단일한 성격을 가진 귀족층과 성직자 집단을 통해 광대한 국가를 통치했다. 이는 민족이나 언어와 다른, 나름대로의 집단의식이 작용한 결과였다. 그러나 1100년경부터 국민의식이라는 새로운 현상이 나타나고 있었다. 근대 민족주의 의식과는 같지 않지만, 각 국가의 성원들에게 자신들은 다른 국가의 구성원과 다르다고 하는 의미의 자기의식이 형성되고 있었다. 마침내 프랑크 왕국이 동·서로 분리되었다. 동프랑크는 '도이치Deutsch'라는 국명을 채택하였고, 서프랑크는 '프랑스France'라는 명칭을 쓰면서 프랑크 왕국의 적통을 그대로 이어간다. 이와 같이 국명의 사용에서 서로 다르다는 의식이 있었으며, 언어상으로도 독일은 게르만어를 계속 사용했고, 반면에 프랑스는 라틴어의 영향을 많이 받은 로망스어를 사용하게 되었다. 이러한 차이는 독자적인 하나의 집단을 이루고 있다는 감정을 자연스럽게 불러일으켰다. 프랑스 국민은 프랑크라는

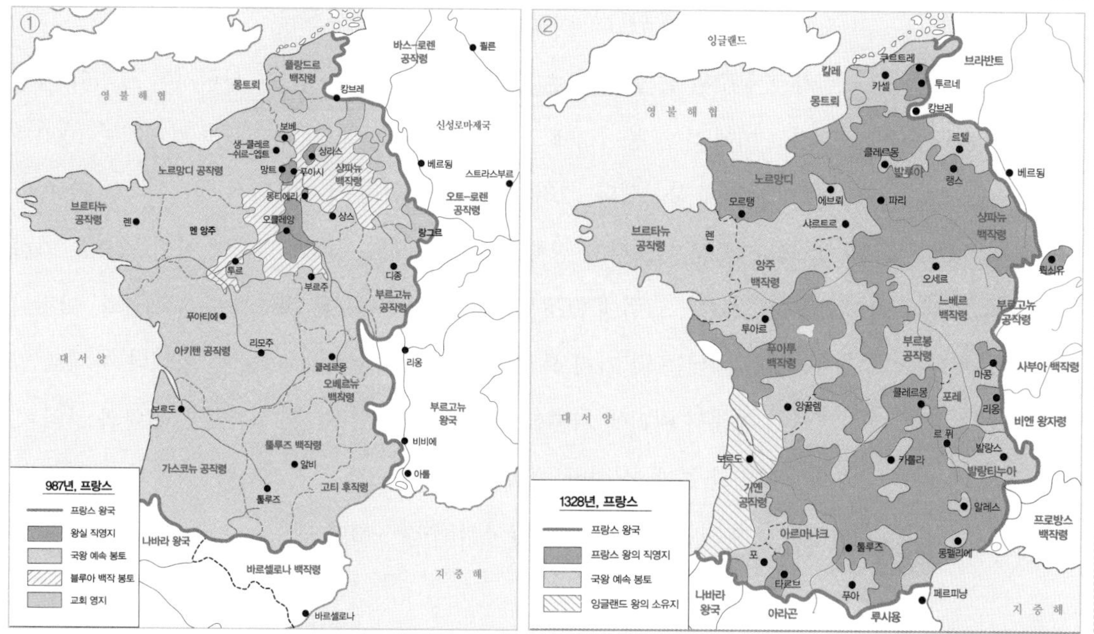

도판 30 ①은 카페 왕조가 시작된 987년의 왕실 직영지, 특히 파리와 근교의 왕실 직영지는 '프랑스의 섬Île-de-France'이라고 부른다. ②는 1328년 발루아 왕조 초기의 왕실 직영지를 보여준다. 두 지도에서 왕실 직영지는 넓어지고 하사한 봉토는 줄어들었음을 알 수 있다. 이러한 직영지 확대는 왕권의 강화로 이어질 수 있었다.

전통적인 명칭을 이어갔다는 자부심이 고양되었고, 독일은 신성로마제국 황제의 백성이라는 자부심과 애국심이 생겨났다. 이러한 변화가 근대 민족주의와 직접 연결되지는 않지만 나름대로 다르다고 하는 인식이 자라나고 있었다. 이러한 바탕에서 중세 국가들은 제각기 상이한 길로 발전해나갔다.

먼저 대표적인 봉건국가 프랑스의 정치 발전을 살펴보자.

미약한 카페 왕조

340년간 지속된 카페Capet 왕조(987~1328)는 중세를 대표하며, 프랑스라는 국가의 전통을 확립한 왕조이다. 먼저 카롤링 가문과 로베르Robert의 후손 간에 치열한 왕위 쟁탈전이 전개되었다. 왕위를 놓고 유력한 두 파벌이 싸우게 되는 혼란을 틈타서 귀족이 강성해졌다. 호족들이 나타나는데, 대표적으로 플랑드르 백, 샹파뉴 백, 노르망디 공, 블루아 백, 앙주 백, 브르타뉴 공, 부르고뉴 공, 아키텐 공 등이 있었다. 이처럼 호족들이 강성한 상황에서, 교회를 대표하는 성직자들은 강력한 왕권을 수립하길 원했다. 마지막 카롤링 왕이었던 루이 5세가 사망하자, 위그 카페Hugh Capet가 프랑스의 왕으로 즉위하였다. 그는 로베르 가의 후손으로 프랑스 대공 위그의 아들이었다.

카페 왕조의 출발은 상당히 미약했다. 왕권의 크기는 왕령지의 크기와 자원 그리고 이에 대한 통제력에 거의 의존하였는데, 위그 카페의 왕령지는 1000제곱킬로미터에 불과했다. 그리하여 프랑스의 봉건 제후들은 권력에서는 크게 달랐지만 대부분 왕보다는 강했고, 약하더라도 왕에게 맞서지 못할 정도로 약한 제후는 없었다. 그럼에도 유럽의 역사상 매우 긴 왕조를 유지하였다. 이것이 가능했던 데에는 몇 가지 특징이 있다. 도유塗油, Anointed, 즉 왕이나 사제로 임명하기 위해서 머리에 기름을 붓는 행위인 도유식을 치름으로써 왕과 왕의 세자가 특별한 존재, 신성한 존재라는 것을 크게 부각시켰다. 다행히도 카페 왕조는 남계 자손이 끊어지지 않아서 무려 340여 년이나 왕조가 유지될 수 있었다.

이처럼 미약한 카페 왕조가 오랫동안 존속한 이유는 무엇일까? 첫째, 봉건제는 이론상 피라미드 구조를 띠었는데, 피라미드 구조는 꼭대기에 군주라는 존재가 필수적으로 있어야 했기 때문이다. 둘째로 카페 왕조가 교회의 변함없고 강력한 지지를 통해 왕의 신성성神聖性을 확보했던 것도 큰 몫을 차지했다. 중세 유럽의 왕실을 연구한 결과에 따르면 중세 왕조는 교체가 거의 없고 현직 왕으로서 피살된 자도 두 명밖에 찾아볼 수 없다. 이는 그리스도교의 영향과 관련하여 대단히 중요한 점으로, 카페 왕조를 오래 존속시킨 이유가 되었다. 235~284년 로마의 병영 황제 시대에는 26명의 황제가 교체되고, 자연사한 사람이 두 명에 불과했다. 이 혼란기와 비교한다면 교회의 지지가 왕권을 확립하는 데 얼마나 중요한지 알 수 있다. 셋째는 역설적으로, 왕이 무력했고 왕령지는 보잘 것 없었기 때문에 호족들의 눈에 거슬리지 않았다는 점이다. 따라서 봉건제의 이론상 필수적이고, 교회가 지지한 신성한 존재에 괜히 도전하여 다른 세력으로부터 공분을 사는 행동은 하지 않았을 것이다. 이와 같은 요인이 카페 왕조가 지속된 근본적인 이유라면, 중세사에서 종교와 정치가 얼마나 긴밀하게 연결되어 있는지 알 수 있다. 카페 왕조가 성립된 이후, 왕들의 업적을 살펴보면 다음과 같다.

필리프Philippe 1세는 1060~1108년까지 상당히 오랫동안 통치하는데, 오히려 이 시기에 카페 왕조의 세력이 극도로 약화되었다.

별명이 비만왕이었던 루이 6세Louis VI le Gros는 1108년부터 1137년까지 통치했다. 그는 교회의 지지를 받는 데 성공했다. 그리하여 유능한 사제인 쉬제Suger를 등용하여 행정기구를 확대·개편하고 민사 업무를 관할하게 한다. 그러면서 구 왕실 관리들의 권한을 축소시켰다. 루이 6세는 왕권을 강화하기 위해 노력하였고, 실제로 카페 왕조의 권력 기반을 강화하는 데 기초를 마련했다는 평가를 받고 있다.

이어서 루이 7세가 1137년부터 1180년까지 통치하였다. 루이 7세는 어린 시절에 왕이 되었기 때문에 교회의 수호가 왕권 안정에 매우 필수적이었다. 그는 아키텐의 알리에노르Aliénor d'Aquitaine(또는 귀엔의 엘레오노르Éléonore de Guyenne, 영어로는 아키텐의 엘러너Eleanor of Aquitaine)와 혼인함으로써 상당히 넓은 왕령지를 확보할 수 있었다. 하지만 1152년에 이혼하면서 다시 왕실 영토가 줄어든다. 이혼 후 8주 만에 8촌이며 아홉 살 연하인 노르망디 공과 재혼한 알리에노르는 두 왕의 아내이며, 두 왕의 어머니가 된다.

오귀스트Auguste(라틴어로 아우구스투스Augustus), 즉 존엄왕이라고 불리는 필리프 2세(재위 1180~1223)도 주목할 필요가 있다. 그는 노르망디, 메인, 앙주, 투렌 지방을 정복하여 재정 수입을 증가시켰다. 영토가 넓어지자, 행정을 재조직하여 바이이Baillis와 세네샬Sénéshal을 두었다. 번역하면 대관代官과 지사知事라고 한다. 대관은 대관구에서 왕의 세입을 징수하고 왕의 대리인 역할을 했다. 지사는 적과 대치 중인 대관구를 통치하는 역할을 맡았다. 하지만 이들은 봉건 제후가 아니라 국왕으로부터 봉급을 받는 관리였다. 그리하여 새로운 관리층을 이용하여 행정에 힘을 썼다.| 자료 1 | 한편 같은 시기 영국에 있던 플랜태지니트Plantagenet 왕조를 견제하였다. 이후의 왕들은 넓어진 왕령지를 잘 관리하였고, 왕령지가 꾸준히 팽창하여 왕권이 점차 강화되었다.

이어서 잠시 통치한 루이 8세(재위 1223~1226)는 이전의 왕과 달리 왕자령 하사 정책을 취할 수밖에 없었다. 왜냐하면 왕령지의 크기가 당시 행정조직으로는

도판 31 미남왕 필리프 4세.

감당하기 곤란하였기 때문이다.

중세에 가장 추앙받은 왕은 루이 9세(재위 1226~1270)이다. 그는 성왕聖王, Saint이라는 별명으로 불렸던 이상적인 군주였으며, 용감하고 관대하고 신앙심이 깊었다. | 자료 2 | 감찰관 제도, 상설 법정, 상임 법률 전문가를 두었고 봉건적 사투를 금지했다. 이단자와 유대인을 혐오했고 십자군에 열정을 기울였고, 특히 빈민에 관심을 많이 두었다. | 자료 3 | 그러나 불행하게도 십자군 원정 중에 튀니스에서 죽는다. 역설적이게도 루이 9세가 본국을 통치한 기간은 거의 없었다. 그가 이상적인 군주이자 성인으로 추앙받는 것은, 귀족들이 권력을 넓혀갈 수 있도록 간섭하지 않는 존재였기 때문이 아닐까?

루이 9세의 뒤를 이어 용맹왕 필리프 3세Philippe III le Hardi(재위 1270~1285)가 통치한다. 필리프 3세는 귀족들이 전통적으로 누리던 사법권을 침식해갔다. 사투를 억제하고 고등법원Parlement을 개편해서 재판부, 청원부, 사문부로 나누었다. 그리고 왕실의 기능을 보좌 회의, 회계청, 고등법원에 분할했는데, 이러한 과정에서 관료의 수가 비약적으로 증가했다. 그는 대담한 인물이라는 칭호에 어울리게 본격적으로 자신의 권력 기반을 인식하고 귀족들의 권한을 줄여나갔다.

미남왕 필리프 4세Philippe IV le Bel(재위 1270~1314) 시기에 삼부회라는 제도가 만들어지는데, 프랑스어로 레 제타 제네로Les États Généraux라고 한다. 이 말은 '모든 신분의 총회'라는 뜻이다. 삼부회는 잉글랜드의 의회같이 왕권을 견제하는 기관이 아니라 왕에게 유용하고 왕권을 강화시키는 기능을 하는 기관이었다. 필리프 4세는 왕이야말로 신이 절대적인 권력으로 나라를 다스리도록 임명한 대리인으로 생각하고 있었다. 같은 시기에 있었던 잉글랜드 에드워드Edward 1세의 정부와 비교된다. 비슷한 기구를 가지고 국가를 통치하였으나, 규모는 프랑스가 더 컸다. 필리프 4세에게는 회계청, 에드워드 1세에게는 재무청이 있었다. 재판은 프랑스는 고등법원에서, 잉글랜드의 세 중앙법정에서 열렸다. 대의기관으로 프랑스에 삼부회가 있었다면, 잉글랜드에는 의회가 있었다. 프랑스의 관료는 대관과 지사가 있었고, 잉글랜드에는 주장관이 있었다. 전체적으로 보면, 프랑스의 관료 기구가 잉글랜드보다 한층 방대했다고 볼 수 있지만, 잉글랜드보다 통합이 잘 이루어졌다고 단정할 수는 없다.

이어서 고집왕 루이 10세Louis X Le Hutin(재위 1314~1316), 키다리왕 필리프 5세Philippe V le Long(재위 1316~1322), 미남왕 샤를 4세(재위 1322~1328)가 왕위를 계승한다. 그런데 샤를 4세는 오래 왕위에 있지 못한다. 샤를 4세가 죽은 뒤에, 후손으로 필리프 4세의 외손자 잉글랜드 왕 에드워드 3세가 남아 있었다. 따라서 잉글랜드식으로 생각하면 잉글랜드의 왕인 에드워드 3세가 왕권을 계승해야 했다. 잉글랜드와 프랑스의 왕이 한 사람이 되는 일이 벌어질 수 있었다. 하지만 국민의식이 작용했는지, 이를 막기 위해《살리 법전》에 있는 '여자와 그 아들은 왕위를 계승할 수 없다'는 낡은 규정을 들어서 에드워드 3세를 배제하게 되었다. 그리하여 필리프 4세의 조카인 발루아 가문 샤를의 아들인 필리프에게 왕위가 넘어가게 되면서, 발루아 왕조로 교체되었다.

발루아 왕조의 발전

발루아Valois 왕조(1328~1589)는 카페 왕조에 비해 지속 기간이 짧다. 하지만 발루아 왕조는 1337년부터 1453년까지 있었던 백년전쟁을 마무리하고 절대왕정을 확립해나가면서 프랑스가 르네상스의 새로운 주역으로 등장하는 기초를 닦는 데 크게 기여했다.

발루아 왕조의 초대 왕인 필리프 6세(재위 1328~1350) 시기에는, 관료 기구가 비대화되었다. 또한 편협한 지방주의가 심화되는 현상을 볼 수 있는데, 그 예가 삼부회이다. 삼부회는 프랑스 전체를 대표하는 회의가 아니라, 당시 랑그도일Langue d'Oil이라고 하는 북부 프랑스만을 대표하는 기관이었고, 왕에게 돈이 필요한 경우 협의하는 기관의 하나로 전락하였다. 필리프 6세의 재정 수입원은 세 가지였다. 우선 왕실직영지로부터 들어오는 정규 수입이 있었다. 이 정규 수입은 평화 시의 행정 비용을 담당하는 것으로 소진되었다. 그리고 일반 백성들에게 판매세, 염세, 주민세 등을 부과했다. 주민세는 원래 호당 부과되는 세금이었는데, 이를 개개인에게 부과하는 인두세로 바꾸었다. 또한 세금을 거둘 때에는 질이 좋은 화폐로 거두었다가 국가가 지출할 때에는 화폐의 질을 저하시켰는데, 이 정책은 상인들의 반감을 불러일으켰다.

이어서 선량왕 장 2세Jean II le Bon(재위 1350~1364)가 왕위에 올랐다. 그는 최초로 도팽Dauphin, 즉 세자라고 불리었다.| 자료 4 | 이 시기에 주목할 만한 개혁의 시도가 있었다. 1356년에 삼부회가 열리자 상인의 대표였던 에티엔 마르셀Etienne Marcel이 개혁을 시도했다. 그 내용은 세 가지로 요약할 수 있다. 첫째, 삼부회를 자주 개최하는 것이었다. 둘째, 중요한 정치 사안은 삼부회의 동의를 받도록 하는 것이었다. 이를테면 새로운 현금 과세를 마련할 경우가 이에 해당했다. 셋째, 상인들이 불만을 많이 느끼는 화폐 변경이 이루어지는 경우에 삼부회의 인가를 반드시 받도록 하고 징수와 지출에 대한 포괄적인 감독을 삼부회가 맡도록 하는 것이었다. 한마디로 말하면 이는 삼부회를 잉글랜드의 의회처럼 만들려는 시도였다. 그러나 불행하게도, 프랑스에서 이 시도는 최초이자 마지막이 되었다. 왜냐하면 삼부회가 프랑스 전체를 대표하는 것이 아니라 랑그도일, 즉 북부 지방만을 대표했다는 점에서 큰 약점이 있었고, 실질적인 권력을 가졌던 귀족 세력이 참여하지 못했기 때문이다. 그러다 보니 제3신분이 주도하게 되었는데, 프랑스혁명 때에는 이들이 큰 세력이었지만 당시에는 가장 약자이므로 개혁이 실현될 수 없었다. 따라서 에티엔 마르셀이 시도한 개혁은 바람직하고 의미 있는 개혁이었지만, 그것이 실패했다는 사실은 당시 프랑스가 가지고 있었던 한계를 그대로 보여주는 것이라고 할 수 있다.

이어서 현명왕 샤를 5세Charles V le Sage(재위 1364~1380)는 병약했지만 왕권을 강화하는 데는 성공했다. 이를 위해서는 많은 자금이 필요했다. 그리하여 그는 정기적이고 영구적인 과세권을 획득함으로써 왕권 강화의 밑거름을 마련했다. 이 결과 프랑스인은 왕에 의한 정기적인 과세에 익숙하게 되었다. 그는 프랑화le Franc를 주조하였다. 한편 그 동생 필리프 대담공은 플랑드르를 얻음으로써, 부르고뉴 가문이 막강하게 등장했다.

다음으로 샤를 6세(재위 1380~1422)가 왕이 되었는데, 상당히 오랫동안 통치했지만 불행하게도 정신이 온전하지 못했다. 따라서 정신이 이상할 때에는 부르고뉴 공이, 제정신이 돌아오면 동생인 오를레앙 공이 지배했다. 따라서 사촌 왕가끼리 분열하는 양상을 보여주게 되고, 이는 대규모의 내분으로 연결되었다. 1413년에 삼부회는 이러한 분열을 대의제를 통해서 종식시키려고 했다. 카보슈 조례Cabochian Ordinance가 발표되었는데, 여기서는 정부가 왕의 관료에 의해서 운영되어야 한다는 점을 주장하고 세 개의 위원회를 설치했다. 하지만 아직까지 정부에 대한 통제권을 다른 기구에 부여한다는 생각은 없었다.

발루아 왕조에서 이야깃거리가 많은 인물인 샤를 7세(재위 1422~1461)는 왕위 계승권이 사실상 부정되고 있었다. 샤를 7세가 왕이 되기 전인 1420년에 부르고뉴 공과 잉글랜드의 헨리Henry 5세가 트루아 조약Treaty of Troyes을 체결했다. 이 조약에 따르면, 태자인 샤를은 왕의 적법한 자식이 아니기 때문에 그의 왕위 계승권이 부정된다. 그리하여 샤를 7세에게는 '소위 세자a so-called Dauphin'라는 명칭이 따라다녔다. 또한 그 조약에 잉글랜드의 왕 헨리 5세가 샤를 6세의 딸인 카트린과 혼인하고 헨리 5세에게 왕위를 주는 내용도 포함되어 있었다. 이에 대한 반대급부로서 부르고뉴 공은 아키텐과 노르망디 지방을 영유하고 영지 내에서 주권을 보장받게 되었다. 만약 이 조약의 내용이 실현되었더라면 잉글랜드와 프랑스는 하나의 나라가 되었을 것이고, 부르고뉴는 새로운 별도의 독립국으로 남았을 것이다.

이러한 상황에서 여자 영웅, 잔 다르크Jeanne d'Arc가 활약한다. 잔 다르크는 태자인 샤를을 도와서 랭스에서 즉위식을 거행하게 한다. 잘 알다시피 잔 다르크는 여자의 몸이었지만, 남자 못지않게 무공을 발휘해서 영국군을 격퇴시키는 데 큰 공헌을 했다. 잔 다르크는 국민의 영웅으로 자리 잡지만, 가진 카리스마에 비해서 크게 환영받지 못하였다. 이는 당시의 전투가 전리품을 노리고 이루어졌기 때문이다.| 자료 5 | 샤를 7세는 잔 다르크의 도움으로 왕으로 즉위하였고, 부르고뉴 공과 화약을 체결했다. 더 이상 용도가 없어진 그녀는 후에 사로잡혀서 마녀라는 이유로 화형을 당하고 잊혔다.| 자료 6 | 1450년에 샤를 7세는 노르망디

의 포르미니 전투에서 승리함으로써 프랑스에서 영국의 세력을 축출했다.

백년전쟁이 끝난 뒤에 프랑스에서는 상비군Permanent Royal Army이 창설되었다. 상비군은 일자리를 잃은 용병들이 전국을 돌아다니면서 산적 등으로 변하게 되자 이들을 제압하기 위해 설치되었던 것이다. 상비군은 15개의 정규군으로 이루어져 있고, 각 부대는 100개의 랑스Lance로 구성되었다. 랑스는 중장기병 한 명, 궁사 두 명, 무구 관리인 한 명, 시동으로 이루어져서 이들 모두 말을 탔다. 그 밖에 프랑스 국민군 부대로 이루어진 자유 궁사대가 창설되었다.

백년전쟁은 전쟁 기술의 발전을 가져왔다. 특히 새로운 무기인 화포를 이용한 전술이 개발되었다. 이런 전술은 또한 통치 구조에 영향을 끼쳤다. 중세기 내내 기사와 성곽에 의존하던 봉건 군대의 전술은 새로운 전술 앞에서 효용성을 상실했다. 따라서 이러한 전술 변화는 봉건제가 몰락하는 계기가 되었고 상대적으로 왕권을 강화시켰다. 100년 넘게 이어진 영국과 프랑스 간의 오랜 반목과 대립은 마침내 각각의 민족의식을 강하게 하였다.

이후 루이 11세(재위 1461~1483) 때에는 절대왕정이 확립되었다. 왕의 뜻에 따라서 움직이는 관료 기구가 정부를 운영했고, 현명한 경제정책을 통해서 크게 번영했다.

발루아 왕조의 성과는 크게 네 가지로 요약된다. 첫째, 프랑스에서 영국의 지배를 몰아냈고, 둘째, 프랑스의 민족 통일을 완수했으며, 셋째, 강력한 국민 왕정을 수립했고, 마지막으로 르네상스 시대의 역할을 준비했다.

자료
읽기

자료
01

존엄왕 필리프와 관료제

노먼 F. 캔터, 《중세문명》, p. 413.

존엄왕 필리프 2세의 통치 기간에 다수의 바이이(대관)들은 이미 정무관이었으며, 이들은 대학 졸업자로서 프랑스 왕령지로 새로 흡수된 새 지역을 관리하고 이 지역들을 왕의 관할권 속으로 편입시키기 위해 파견되었다. 같은 제도가 13세기에 랑그도크Languedoc로 전파되는데, 이때는 남부의 제후들이 프랑스의 지배하에 들어왔다. 남프랑스에서 바이이는 세네샬(지사)이라고 불리었다. 이는 봉건 주군의 대리자를 지칭하는 오래된 일반 명칭이었는데, 이제 프랑스 왕정의 지방 대표자로서 봉급을 받는 자들이라는 새로운 의미가 부여된 것이다. 13세기 중엽에 대관과 지사는 자활적인 결사체가 되었으며, 어떻게 보면 왕 자신보다 더 열렬하게 왕권의 확대를 지지하는 자들이었다. 지방의 관습과 제도를 억누르고 분산된 프랑스 지역들을 공통의 정부 아래에 두게 한 이들이 바로 그들이었다. 프랑스가 존엄왕 필리프의 통치 초기, 아니 좀 더 일찍 그 특징적인 형태를 갖추기 시작한 관료제의 산물이라고 말하는 것은 과장이 아니다.

자료
02

루이 9세[1]에 관한 장 드 주앵빌의 기억

《생루이의 십자군 전쟁에 대한 주앵빌의 시대기Joinville's Chronicle of the Crusade of Saint Louis》, 에브리먼Everyman 편집, 《십자군 전쟁 회고록Memoirs of the Crusades》, New York: E. P. Dutton & Co., 1933, pp. 139~141; 크레인 브린턴 외, 《문명의 역사》, pp. 263, 319~320에서 재인용.

자신의 입에 관해서는 매우 소박하였으므로 내 생애 하루도 많은 부자들이 흔히 그러하듯이 특별한 고기를 주문하는 것을 들은 적이 없다. 그러나 그는 요리사가 마련한 것은 무엇이든지 참을성 있게 먹었다. …… 그는 말하는 데에도 절제하였다. 왜냐하면 내 생애 중 하루도 그가 남에 관해서 악담하는 것을 듣지 못했으며, 악마를 부르는 것도 들은 적이 없기 때문이다. 악마라는 이름은 왕국 전체에 걸쳐 매우 널리 언급되고 있는데, 내가 믿기로는 이를 신이 별로 즐거워하지 않을 것이다. 포도주의 맛이 물에 의해서 없어지지 않을 정도로 재어 그는 자신의 포도주에 물을 넣었다. …… 그는 나에게 왜 내 포도주에 물을 넣지 않느냐고 물었다. 그래서 나는 이것이 의사들의 지시에 따른 것이라고 했다. 의사들은 내 머리가 크고 위장이 차가워서 내가 잘 취하지 않는다고 말하였던 것이다. 그러자 그는 의사들이 나를 속이고 있다고 답하였다. …… 그는 만약 내가 늙어서까지 온전히 포도주만 마신다면 날마다 술에 취할 것이며, 용감한 사람이 술에 취하는 것은 너무 더러운 것이라고 말했다. ……

대비 블랑슈가 왕비 마르그리트에게 보여준 불친절함은 과하여, 대비는 될 수 있는 한 그가 왕비와 자러 가는 밤을 제외하고 아들이 왕비와 함께 있는 것을 참을 수 없었다. 왕과 왕비가 가장 머물고 싶어 하는 궁전은 퐁투아즈Pontoise에 있었다. 왜냐하면 그곳에는 왕의 침실이 위층에 왕비의 침실이 아래에 있어서 한 침실에서 다른 침실로 가는 회전 계단에서 담화를 나눌 수 있었으며, 게다가 대비 블랑슈가 아들의 침실로 올 때 문지기가 막대기로 문을 두드리면 왕이 자신의 침실로 달려가서 그의 모친이 그곳에서 볼 수 있도록 고안하였기 때문이다. ……

그는 말하였다. "이제 내가 자네에게 묻겠네. 한센병자가 되는 것이 나은가, 아니면 죽을죄를 짓는 것이 나은가?" 그러나 나로서는 그에게 결코 거짓말하지 않았으므로, 한센병자가 되느니 죽을죄를 30번 짓겠다고 답하였다. 그리고 수도사들이 떠나자, 그는 나만 따로 불러서는 발밑에 앉게 하고서 말하였다. "자네는 어제 내게 그런 말을 어떻게 하게 되었나?" 그리하여 나는 그 말을 다시 하겠노라고 그에게 말했다. 그러자 그는 대답했다. "자네는 성급하고도 바보처럼 말했네. 왜냐하면 죽을죄에 빠진 영혼은 마치 악마에게 빠진 것과 다름없기에, 아무리 심한 한센병도 죽을죄에 빠진 것만큼이나 끔찍한 것은 아니라는 사실을 자네는 알았어야만 하기 때문이지. …… 어떤 사람이 죽으면, 그 몸에 있는 한센병에서 낫게 되네. 그러나 죽을죄를 범한 자가 죽으면, 그가 살아 있는 동안에 회개하여도 신이 용서하였다는 확실한 사실을 알 수 없네. 그러므로 그는 신이 천국에 있는 한 죄라는 한센병이 지속되지 않을까 하여 큰 공포에 처해 있음에 틀림없다네."

1 | 1226년에 12세의 나이로 왕위에 올라 1270년까지 통치한다. 1226년부터 1252년까지 왕국을 통치한, 엄격한 어머니 카스티야의 블랑슈 Blanche de Castille에게 효성이 지극했고, 열한 명의 자녀를 출산한 부인 프로방스의 마르그리트에게 깊은 애정을 바쳤다. 그는 열렬하고 신비적인 신앙심을 지녔으므로 고행, 겸손, 자비를 실천했다. 그는 검소한 옷을 입고, 한센병자를 돌보고, 가난한 사람들을 식탁에 부르고, 파리에 맹인 병원을 세웠다. 그는 공정함으로 명성이 높아 여러 차례 국제적인 중재를 맡았다. 1297년에 성인의 반열에 오른다.

자료
03

루이 9세의 빈민에 대한 관심과 사랑

장 드 주앵빌, 《루이 성왕의 전기Life of Saint Louis》, 패트릭 J. 기어리 편집, 《중세사 사료선집》, pp. 716~717에서 재인용.

어린 시절부터 왕은 빈자의 고난에 동정심을 가졌다. 그리고 관습에 따르면 왕이 가는 곳이면 어디든지 120여 명의 빈자가 매일 그의 집에서 빵과 포도주, 고기나 생선을 대접받았다. 사순절과 강림절에는 빈자들의 수가 늘어났으며, 종종 왕이 그들을 시중들며 먹을 음식을 앞에 차려주고 그들 앞에서 고기를 썰고 헤어질 때는 자신의 손으로 돈을 주는 일이 일어나기도 했다. 특히 성축제 전날인 대철야일에는 앞서 말한 것처럼 빈자들의 시중을 들고 나서야 왕이 몸소 먹거나 마셨다. 이 모든 것 말고도 그는 매일 자신의 근처에서 나이 들고 부상당한 사람에게 만찬이나 저녁 식사를 베풀었으며, 자신이 먹는 것과 같은 고기들로 배를 채우게 하였다. 또 그들이 먹고 나면 항상 일정액의 돈을 받아갔다. 이 모든 것 말고도 왕은 날마다 가난한 수도자들에게, 병원에 있는 빈자들에게, 가난한 병자들에게, 가난한 단체들에게, 또 가난한 귀족과 부인들에게, 소년들에게 또 창녀들에게 그리고 가난한 과부와 누워 있는 여자들에게, 또 나이와 질병으로 더 이상 직업에 종사할 수 없는 가난한 직공들에게 크고 관대한 보시를 베풀었다. 그의 보시가 얼마인지 헤아리는 것이 불가능할 것이다. 따라서 그는 로마 황제 티투스Titus보다 더 행운이 컸다고 말하는 것이 나을 것인데, 황제에 관해서 옛 문헌들은 그가 아무런 은혜를 베풀 수 없는 날에는 서글퍼했고 낙담했노라고 말한다. 자신의 왕국에 와서 자신이 서 있는 곳이 어디인지 안 처음부터 그는 교회와 많은 종교적인 집들을 세우기 시작하였다. 그것들 중에서 라요몽의 수도원이 명예와 장엄의 종려를 차지하고 있다. 그는 많은 구빈원이 세워지게 했다. 파리의 구빈원, 퐁투아즈와 콩피에뉴와 베르농의 구빈원이 있으며, 그것들에 많은 지대를 할당하였다. 그는 루앙에 성 마태 수도원을 창설하였는데, 여기에 그는 설교 형제단에 소속된 여자들을 배치하였다. 또 롱샹의 수도원도 창설하였는데, 작은 형제단의 여자들을 배치했으며 그들에게 살림을 위해 큰 지대를 절급하였다. ……

그리고 그는 맹인의 집을 파리 근처에 짓게 하였는데, 이는 도시의 가난한 맹인을 위한 것이다. 또 이들을 위해 예배당이 지어지게 하였는데, 이는 그들이 신께 드리는 예배를 들을 수 있도록 한 것이다. …… 얼마 안 되어 생드니로 돌아오는 길에 파리 외곽에 다른 집을 세우고 필르디외Filles-Dieu라고 명명하였다. 가난으로 인해 정절을 지키지 못한 죄에 빠진 여자들의 무리가 그곳에 정착하게 하였다. 그리고 먹고살도록 그들에게 매년 400리브르를 주었다. 또 그의 왕국에 베긴Béguine 교단의 여신도를 위한 집을 설립하였고, 그들에게 먹고 살도록 지대를 절급하였으며 정숙하게 살고자 마음먹은 자는 그곳에 받아들이도록 명하였다. 그렇게 많은 보시를 베푸는 것에 대해 불만을 토로하는 친지들이 있었는데, 이는 그가 너무 많이 지출해서이다. 그리고 왕은 "짐은 허세와 광채와 이 세상의 헛된 영예보다는 신에 대한 사랑을 위해 구휼하는 데에 엄청난 지출이 초래되는 것을 더 좋아한다"라고 말할 것이다. 그러나 구휼에 그렇게 많이 지출하였음에도 왕은 그의 집에서 일상적으로 크게 지출하는 것을 허용하지 않았다.

자료 04 프랑스의 왕세자 호칭이 'Dauphin(돌고래)'으로 표시된 이유는?

http://de.wikipedia.org/wiki/Ad_usum_Delphini

비엔Vienne의 변경백Grave들은 기Guy 8세 이래로 돌고래Delfin를 방패 수호 동물로 정하고 있었다. 그리하여 중세 후기 이래로 비엔 백작의 영지는 오늘날 익숙한 명칭 도피네Dauphiné(라틴어로는 델피나투스Delphinatus)로 불리게 되었다. 비엔의 마지막 변경백인 윙베르Humbert 2세는 1349년에 자신의 영주권을 프랑스 왕 필리프 6세에게 매각하였다. 이때에 매매 계약의 약관이 있었는데, 각 왕위 계승자는 비엔의 백작 직함을 보유해야 한다는 내용이었다(그렇지만 온전히 전해지는 것은 아니다). 이후 필리프의 아들 장 2세는 아마도 후대의 통속적인 의미로 최초의 도팽Dauphin이 되었을 것이다. 그러나 다른 사료에 따르면 이 직함이 처음 사용된 것은 샤를 5세의 경우이다. 15세기 이래로 프랑스의 왕위 계승자는 도팽이라고 불리게 되었다.

자료 05 백년전쟁의 모습

브라이언 타이어니·시드니 페인터, 《서양 중세사, 300~1475》, pp. 476~477.

가장 성공적인 사람들 가운데 한 사람이 바로 부르봉 공작인 루이였다. 그는 왕가 혈통의 왕자였으며, 프랑스 최대 영주들 중 하나였다. 공작 루이의 치적 중 하나는 이번 전쟁의 대체적인 성격을 특별히 분명하게 보여준다. 그는 푸아투의 변경에서 강력한 중대의 우두머리로서 작전을 수행하고 있었는데, 그 부대는 대체로 자신의 종자들과 봉신들로 이루어진 작은 규모라 해야 할 것이다. 그는 한 예비 기사[2] 가 지휘하는 잉글랜드군 수비대가 잉글랜드의 흑태자[3] 를 대신해서 보유하고 있는 성을 공격하기로 결정하였다. 먼저 공작은 그 장소를 기습하여 차지하려고 했으나, 너무나 강력하고 너무나 잘 방어되어 있었다. 그러자 땅굴을 파기로 결정하였다. 수비대는 상대가 벌이고 있는 일을 눈치 채고서 맞굴을 파기 시작했다. 어느 날 공작이 막사에 앉아 있는데, 그의 부하 중 하나가 두 굴이 만났다고 고하러 왔다. 즉각 그는 전령에 명령을 내려, 그 성안에 귀족 기사가 있으면 굴에서 프랑스 귀족 기사와 맞설 의향이 있는지 물어보게 하였다. 수비대장은 수비대에 기사가 없으나 귀족 예비 기사가 기꺼이 굴에서 싸우겠다고 대답하였다. 이 답이 공작을 만족시켰다. 그리하여 머리부터 발까지 무장하고 굴로 내려가서, 잉글랜드 측 수비 대장과 맞섰다. 굴이 너무 낮고 좁아서 아무도 무기를 위로 들거나 옆으로 멀리 휘두를 수 없었다. 싸움은 두 사람이 검을 상대에게 찌르는 식으로 이루어졌다. 무장한 기사들이 이런 식으로 상대에게 상처를 입히는 것은 불가능했던 터라서 이는 완전히 즐길 만한 일이었다. 공작은 무척 흥분되어서 전쟁 때 외치는 함성을 외쳤다. 그러자 예비 기사는 그것을 알아듣고 자신이 진짜로 부르봉의 공작과 싸우고 있냐고 물었다. 그는 그토록 귀족적인 왕자와 싸우도록 허락받음으로써 얼마나 큰 명예가 자신에게 주어졌는지를 깨닫고서, 만약 부르봉 공이 자신을 기사로 서임하기 위해서 칼로 어깨를 두드려준다면 성을 바치겠다고 제안하였다. 공작은 동의했으나 항복은 내일까지 연기해달라고 요구하였다. 자신의 추종자들에게 굴에서 싸우는 재미를 거부하는 것은 그들의 이기주의로 비쳐질 것이다. 그리하여 그날 종일 2 대 2로 프랑스인과 잉글랜드인이 굴에서 서로를 찔렀다. 다음 날 성은 바쳐지고 공작은 예비 기사를 기사로 서임하였고, 서로 선물을 교환했으며 모든 사람들이 자기 길로 갔다. 공작 루이의 전기 작가는 이 사건을 전해들은 모든 사람들이 두 당사자의 예의를 찬양하는 마음으로 가득 찼음을 우리에게 확인시키고 있다. 부르봉 공작은 기사다운 귀족이었는데, 기사들과 귀부인들의 사랑을 받았다. 그의 전기 작가는 에드워드 3세가 자신의 아내들의 미덕을 위해서 두려워하는 귀족들의 요청에 따라 잉글랜드의 포로 생활에서 그를 놓아주었다고 하는 사실을 시사한다. 하여간 그가 성을 얻었다는 것을 주목하는 것이 가치 있다.

2 | Squire를 번역한 것인데, 이는 라틴어인 Scutarius에서 나왔고 뜻은 '방패 운반인'이라는 뜻이다. 이 단어는 고프랑스어에서 Escuier로 변하였고, 줄여서 영어의 Squire가 된다. 흔히 기사를 수행하는 것은 장차 기사가 되기 위해 훈련받는 과정이므로, 여기에서는 '예비 기사'라고 번역하였다. 이들은 지방 사회에서 지도자, 치안판사, 의회 의원이 되었다.

3 | 기사의 귀감으로 추앙되는 인물로 잉글랜드 왕 에드워드 3세의 맏아들이다. 백년전쟁 당시 크레시 전투, 칼레 전투에서 활약하였고 프랑스 왕 장 2세를 사로잡기도 했다. 1376년 아키텐의 반란을 진압한 뒤에 병들어 죽는다.

자료
06

잔 다르크, 자신의 신념을 고수하다[4]

《잔 다르크의 재판The Trial of Jeanne D'Arc》, trans. by W. P. Barrett, New York: Gotham House, 1932, pp. 303~304; D. 캐건Kagan 외, 《서구의 유산The Western Heritage》, 3rd ed., Macmillan, 1987, p. 313에서 재인용.

같은 해[1431년] 5월 9일 수요일. 잔은 루앙 성의 대탑 속으로 보내졌으며 우리들, 언급된 심판들 앞에 섰다. 이 자리에는 존경받는 아버지, 주군인 콩피에뉴의 생코르메유의 수도원장이 임석하였고, 판사보인 장 드 샤티용과 기욤 에라르가 있었고, 신성한 신학 박사들이 참석하고, 앙드레 마르게리와 루앙 교회의 부주교인 니콜라 드 방드레, 신학 학사인 기욤 애통, 교회법 전문가 니콜라 르와슬뢰르 그리고 판사보인 장 마시유가 참석하였다.

그리고 잔은 심문받았고, 재판에 포함된, 부인하거나 거짓 답변을 제시한 여러 다른 점들에 대해 진실을 말할 것을 경고 받았다. 한편 우리들은 확실한 정보, 증명들 그리고 그것들에 대한 강력한 추정을 가지고 있었다. 여러 논점들이 그녀에게 낭독되었고 설명되었으며, 그녀는 만약 진실하게 그것들을 고백하지 않으면 고문에 처해질 것이라고 하는 말을 들었다. 그 수단들이 그 탑에 다 구비되어 있음을 그녀는 보았던 것이다. 우리가 지시한 대로 그녀를 진리의 방식과 지식으로 회복시킬 고문에 착수할, 그리고 이 수단에 의해 그녀가 거짓말을 꾸며댐으로써 극도로 위험에 처하게 하였던 그녀의 몸과 영혼을 구제할 사람들도 채비를 갖추고 있었다.

그에 대해 잔 본인은 이렇게 답변하였다. "진실로 만약 당신들이 나를 갈가리 찢고 내 영혼을 내 몸에서 분리한다면, 나는 당신들에게 더 이상 아무것도 말하지 않으리라. 나중에 나는 당신들이 강제로 그것을 시켰노라고 선언하리라." 그런 후에 그녀는 지난 성 십자가 축일에 성 가브리엘로부터 위로를 받았다고 말하였다. 그녀는 그것이 성 가브리엘임을 굳게 믿고 있다. 그녀는 사제들이 그녀를 복종하도록 강하게 억압하고 있었기에 그 목소리들에 의해 자신이 교회에 복종해야 하는지의 여부를 알았다. 그녀에게 그 목소리들은 만약 우리의 주님이 그녀를 돕기를 원한다면, 모든 행위에서 그분을 기다려야만 한다고 일러주었다. 그녀는 우리의 주님이 언제나 자신의 행동의 주인이었으며, 적은 결코 그에 대한 힘을 가지지 못했다고 말하였다. 그녀는 그 목소리들에게 자신이 화형에 처할지를 물었고, 목소리들은 신을 기다려야 하며 그러면 신이 그녀를 도울

4 | 잔 다르크는 자신을 부른 목소리로부터 들은 가르침을 고수하면서 자신의 신념을 철회할 것을 요구하는 협박을 물리친다. 여기에 나온 것은 그 재판 기록에 있는 자신의 변호 내용이다.

것이라고 답하였다.

| 출전 |

장 드 주앵빌 Jean de Joinville, **《루이 성왕의 전기》**: 주앵빌(1227~1317)은 샹파뉴의 지사로서 루이 왕의 가까운 막료이자 고문이었다. 이 전기는 그가 80대가 되어서 작성한 것으로, 성왕 루이를 기념하면서 동시에 루이의 손자인 필리프 4세에게 교훈을 주고자 한 것이다. 그리하여 이 작품은 아인하르트의 《카롤루스 마그누스의 전기》와 비교된다.

| 참고문헌 |

뒤비, 조르주, 《전사와 농민》, 최생열 옮김, 동문선, 1999.
박은구·이연규 엮음, 《14세기 유럽사》, 탐구당, 1987.
앤더슨, 페리, 《고대에서 봉건제로의 이행》, 유재건·한정숙 옮김, 현실문화, 2014.
타이어니, 브라이언·페인터, 시드니, 《서양 중세사: 유럽의 형성과 발전》, 이연규 옮김, 집문당, 1989.
움베르토 에코 편, 《중세 II, 성당, 기사, 도시의 시대》 윤종태 옮김, 시공사, 2015.

14
잉글랜드
: 집권 봉건국가를 이루다

664	휘트비 종교회의 소집	1215	존 왕, 마그나카르타에 서명
750경	영웅 대서사시《베이어울프》	1264	시몽 드 몽포르가 헨리 3세 군대를 격파, 귀족 회의 소집
871~899	앨프리드 대왕 재위	1295	에드워드 1세가 모범 의회를 소집
1066~1087	노르만 왕조의 제1대 왕 윌리엄 정복왕 재위	1341	하원의 출현
1086	둠즈데이 북 작성	1346	크레시 전투
1152	노르망디 공(헨리 2세)이 알리에노르와 혼인	1356	푸아티에 전두
1154~1189	헨리 2세 재위	1455~1489	장미전쟁
1154~1399	플랜태지니트 왕조	1485	튜더 왕조 성립(~1603)
1164	클래런던 규약		

프랑스가 기반이 약한 왕권에서 출발한 것과 달리, 잉글랜드의 경우는 집권적 왕권이 이루어졌다. 이후 잉글랜드는 점차 의회가 주도권을 행사하고 나아가 국왕이 입헌군주로서 존재하는 형태로 발전하게 된다. 프랑스와 잉글랜드는 같은 시대를 거치고 상호 관계를 맺으면서도 이처럼 전혀 다른 길을 걷는다. 여기서는 두 국가가 상이한 역사의 과정을 거치는 이유를 살펴볼 것이다.

우리가 영국이라고 하는 나라의 공식적인 명칭은 'United Kingdom of Great Britain and Northern Ireland'이며, 약자로는 'U. K.'이다. 이 명칭 속에는 아일랜드, 스코틀랜드가 별개의 왕국이던 사정이 반영되어 있다. 브리튼은 잉글랜드와 스코틀랜드를 포함한다. 따라서 이 책에서는 영국이라는 명칭을 지양하고 잉글랜드를 사용한다. 브리튼은 라틴어인 브리타니아에서 유래하였는데, 이곳 역시 로마의 지배를 받고 있었음을 보여준다.

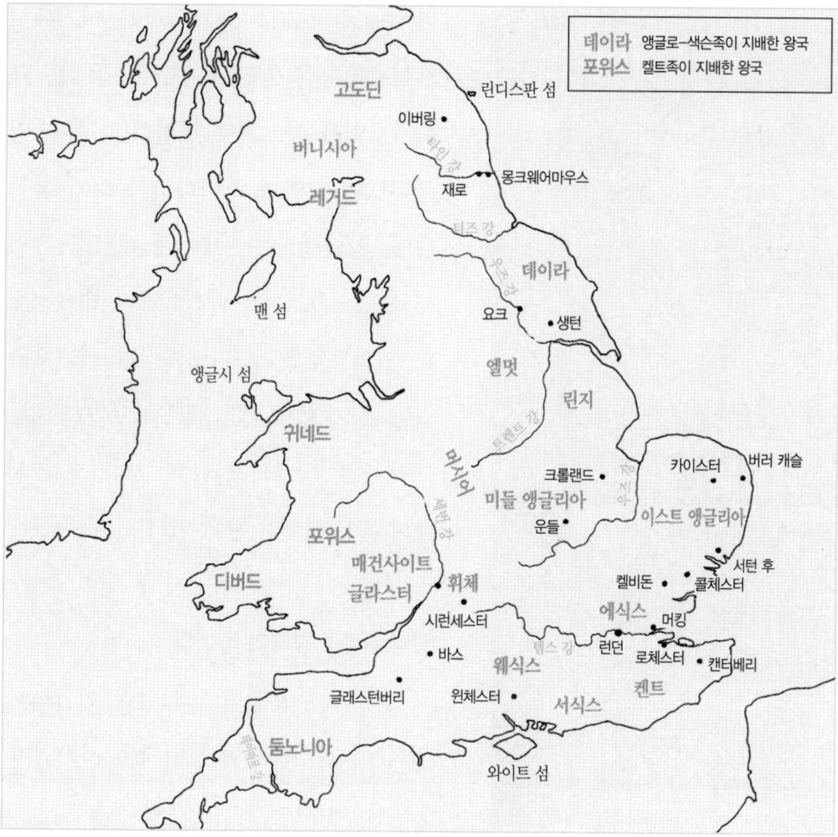

도판 32 로마군이 철수한 이후 브리타니아는 켈트족과 앵글로색슨족이 설립한 왕국이 난립하고 있었다. 앨프리드의 공적은 이런 배경에서 파악되어야 한다.

로마군이 브리튼을 점령하였을 때에 이곳은 브리타니아 속주로 편성되었으나, 로마군이 철수한 430년 무렵부터는 게르만족이 이곳을 차지한다. 이들은 갈리아 지역의 게르만과 달리 로마 문화의 영향을 별로 받지 못한다. 이곳에는 여러 왕국이 난립하였다. 7세기경의 사정을 보여주는 서사시가 《베이어울프》이다. 주인공인 베이어울프는 다른 왕을 섬기다가 나중에 왕으로 즉위하는데, 이러한 식으로 여러 왕국이 통합되었을 가능성을 보여준다. 한편 교황인 그레고리우스가 597년에 잉글랜드에 선교사를 파견하였는데, 이 사업은 앵글로색슨족의 개종에 성공하지 못하였다. 오히려 성공적인 것은 아일랜드에서 온 선교사들의 활동이었다. 아일랜드는 이미 성 패트릭의 선교로 가톨릭 국가가 되었으나 고립된 상태에 있었다. 그리하여 두 계통의 가톨릭에 교회의 역법 및 의식과 관련하여 차이가 생겼고, 이를 해소하기 위해 모인 것이 664년에 열린 휘트비 종교회의Synod of Whitby이다. 여기에서 노섬브리아의 왕인 오스위우Oswiu는 로마가톨릭을 따르기로 결정하고, 이후 잉글랜드의 교회가 하나의 감독하에 통합된다. 잉글랜드는 8세기에 이르러 유럽 대륙으로 선교사를 파견하였다. 대표적으로 윌리브로드Willibrord와 보니파키우스Bonifacius가 있다. 잉글랜드를 포함한 대부분의 유럽 국가의 성립은 그리스도교 선교와 깊은 관련을 맺고 있다.

도판 33 린디스판 복음서. 635년 아일랜드 출신 선교사인 아이단Aidan은 린디스판Lindisfarne 섬에 수도원을 건설하고 노섬브리아 왕국을 그리스도교화한다. 이 라틴어 복음서는 700년경 수도원의 원장인 에아드프리스Eadfrith와 에셀월드Ethelwald가 제작한 것으로 알려졌다. 여기에 쓰인 글자 도안은 모노그램monogram이라고 하는데, 그리스어로 X(카이)와 P(로)이며 〈마태복음〉의 첫 면이다. 이런 장식은 중세 필사 문화의 정수라고 할 수 있으며, 앵글로색슨과 아일랜드 문화의 융합으로 흔히 히베르노-색슨 혹은 인술라('섬'이라는 뜻) 양식이라고 한다.

앵글로색슨 왕국과 바이킹

9~10세기는 분열되어 있었던 잉글랜드 내의 여러 소국들이 통일되는 시기였다. 통일을 이룬 앨프리드 대왕Alfred the Great(재위 871~899)은 최초의 잉글랜드 왕가를 열었다. 그는 징병제를 재조직하고 해군을 창설하였으며, 요새를 구축하고 학예의 진흥에도 힘썼다. 그의 아들인 에드워드 1세Edward the Elder(재위 899~924)와 손자인 애설스턴Æthelstan(재위 924~939)은 덴마크족이 차지한 지역을 탈환하는 데 성공한다.

잉글랜드인들에게 가장 어려운 문제는 데인Dane인人이라는 바이킹이었다. 그들은 본거지였던 덴마크에서 787년부터 잉글랜드로 이주하거나 침입하기 시작했다. 878년에는 본격적인 침략이 시작되자 앨프리드 대왕이 피신하기도 했다. 후에 잉글랜드는 데인인들과 타협하여, 이들이 그리스도교로 개종하면 대가로 데인로Danelaw라는 토지를 하사하였다. 아울러 잉글랜드 사람들은 데인인에게 줄 회유 자금을 마련하기 위해 세금을 징수하였는데, 이 세금을 데인겔트Danegeld, 즉 데인세稅라고 불렀다. 데인은 현재도 덴마크 사람을 의미한다.

이 시기에 잉글랜드 왕은 왕령지의 보유를 통해서 정기적인 수입을 안정적으로 확보할 수 있었다. 모든 주에는 왕이 임명하는 주장관이 있었다. 교회 주교와 수도원장마저도 왕에 의해 임명되었다. 이처럼 잉글랜드는 프랑스와는 달리 권력이 훨씬 덜 분열되었으며, 오히려 왕에게 권력이 집중되었다. 영역 내에는 유력한 관리, 영주, 고위 성직자 모임인 위턴Witan(위터너기머우트 Witenagemot), 즉 궁정대회의가 있었다. 이 회의는 왕의 선출 의식을 거행하고 법의 제정에 관하여 조언했다. 하부기관인 서기청은 앵글로색슨어로 왕의 칙령을 작성하였다. 그러나 정부의 일 중에서 극히 일부만을 수행하는 데 그쳤으며, 후에 의회의 포괄적인 업무는 맡지 못했다.

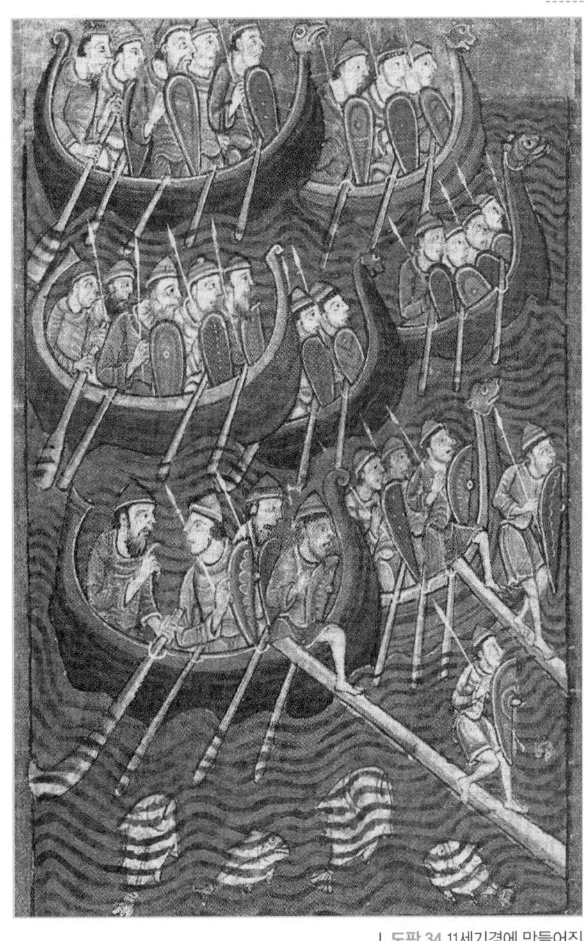

도판 34 11세기경에 만들어진 필사본에 그려진 바이킹의 모습. 이 그림에서 바이킹의 무장 형태와 상륙 장비를 잘 볼 수 있다. 두 척의 배가 해안에 도착하여 배다리gangplank를 내리고, 바이킹 전사는 이 다리를 밟고 뭍으로 상륙하고 있다. 서양의 왜구라고 불리는 바이킹은 이처럼 해전에 능하였으며 장비도 효율적이었다.

11세기 초, 덴마크 왕 스벤Sven(영어 발음은 스웨인) 1세와 그의 아들 크누트Cnut가 앵글로색슨의 왕과 화평 조약을 맺어서 잉글랜드의 공동 왕으로 즉위하였다. 후에 잉글랜드 왕이 죽게 되자 크누트 1세Cnut the Great(재위 1016~1035)가 잉글랜드 전체는 물론이고 덴마크, 노르웨이를 통치함으로써 이른바 최초의 북구 제국이 형성되었다. 잉글랜드인에게는 굴욕이었을지 모르지만 잘된 선택이었다는 평가를 듣는다. 19년간 평화와 안정을 누렸기 때문이다. 그러나 불행하게도 두 아들이 왕위를 이었으나 후손이 끊긴다.

그리하여 다시 잉글랜드 왕실 출신 참회왕 에드워드Edward the Confessor(재위 1042~1066)가 왕으로 선출되었다. 그는 데인인이 통치하던 시절에 노르망디의 궁정에 피신해 있었다. 왕위에 오른 그는 독실한 신앙심으로 성인이라 칭해지는데, 나라의 정치보다는 오히려 수도원 건립에 힘을 쏟았다. 특히 웨스트민스터 수도원은 그의 치세에 건립되었다. 유약한 왕이었지만 국민에게 인기가 있었던

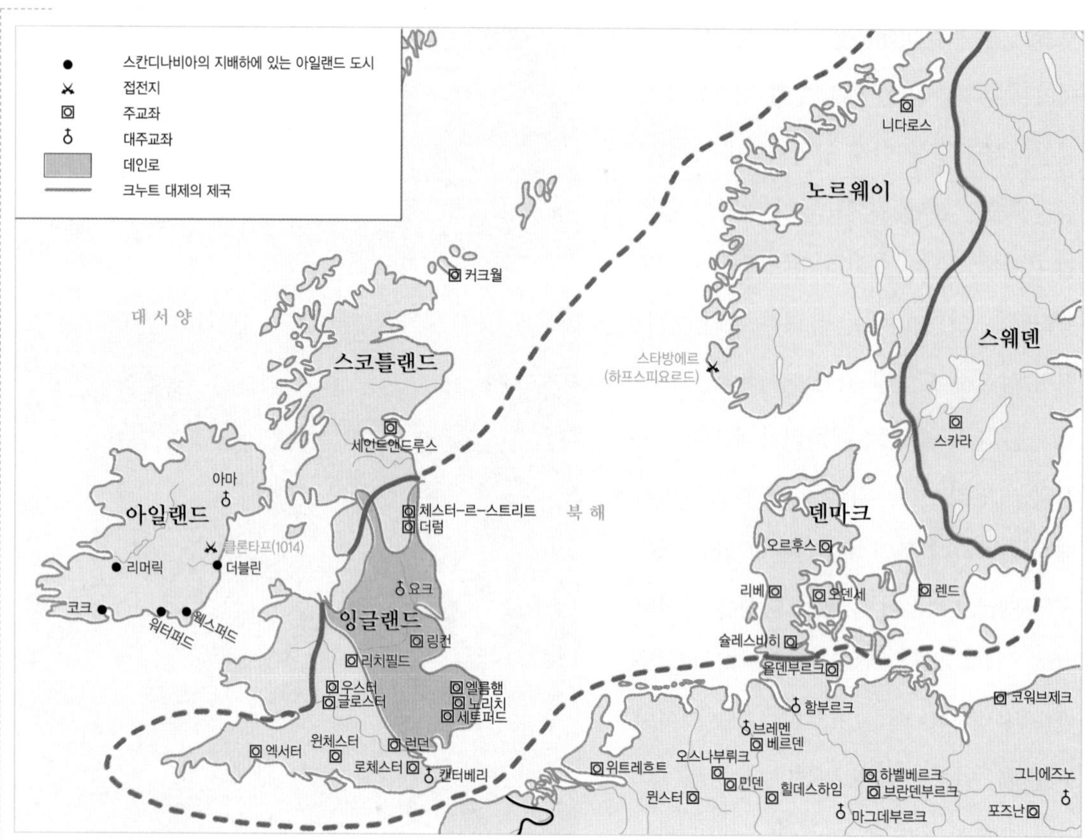

도판 35 북구 제국의 판도. 데인로 지역을 중심으로 잉글랜드, 덴마크, 스칸디나비아를 망라한다. 이 제국은 스벤 1세의 단명으로 유지되지 못하였다. 최근 아이슬란드와 플랑드르와 슐레스비히홀슈타인을 포함한 북유럽연합의 구상이 떠오르고 있어 북구 제국의 부활이 예상된다.

그는 그런 대로 왕위를 유지하였다. 그가 죽은 다음 웨식스의 백작이었던 고드윈Godwin의 아들 해럴드Harold가 왕으로 선출되었다.

윌리엄이 연 노르만 왕조

'노르만'은 원래 '북구의 사람'이라는 뜻인데, 앞서 프랑스에서 보았듯이 노르망디 지방에 정착한 바이킹들을 일컫는다. 바다 건너 노르망디에서 추이를 지켜보고 있던 한 노르만족 사람이 있었다. 그 사람은 서자 윌리엄William the Bastard인데, 아버지 로베르Robert 1세와 무두장이의 딸인 아를레트Arlette 사이에서 혼인하지 않은 채 태어났다. 아버지의 유언에 따라 노르망디의 공작이 된 그는 통치 지역을 평정하고, 교황의 지지를 확보하고서, 에드워드와 해럴드가 자신에게 왕위를 약속했다는 명분을 내세워 대함대를 거느리고 잉글랜드에 침입한다. 이

렇게 발발한 헤이스팅스Hastings 전투에서, 그는 해럴드의 군대를 격파하고 잉글랜드의 왕위를 차지하였다. | 자료 1 | 이 전투에서는 궁병과 안장, 재갈, 등자를 사용한 기사들의 활약이 두드러졌다.

윌리엄(재위 1066~1087)은 새로운 왕조인 노르만 왕조를 개창한다. 특히 1066년은 잉글랜드의 역사에서 하나의 전환기다. | 자료 2 | 12세기의 잉글랜드에서 앵글로색슨과 노르망디가 통합되는 계기가 마련되었기 때문이다. 여기에는 윌리엄에 의해 도입된 봉건제가 큰 영향을 끼쳤다. 프랑스를 모범으로 삼아 교회의 사법권과 세속의 사법권이 분리되었고, 노르망디의 봉건 관행이 도입됨으로써 봉건적인 궁정 회의가 전부터 있던 위턴 회의를 대체하였다. 그리고 윌리엄을 따라왔던 모든 유력한 노르망디인에게 각자의 신민에 대한 경찰권과 재판권이 부여되었다. 특별히 주교, 수도원장, 유력한 속인 영주의 영지 일부에 대해서는 불입권을 부여하기도 했다. 이 조치는 잉글랜드 본토인들의 지위를 크게 하락시키는 결과를 가져왔다. 그리하여 잉글랜드 본토인이 아닌 윌리엄, 로버트Robert, 리처드Richard 같은 이름을 가진 사람의 재산 소유 비율이 1066년에는 30퍼센트 정도였지만, 1207년에는 80퍼센트까지 올랐다. 한 가지 흥미로운 사실은 윌리엄이 배신陪臣, 즉 왕에게 신서를 한 봉신 밑에 있는 봉신에게까지도 직접 신서를 받았다는 점이다. 그렇게 되자 모든 기사들이 윌리엄에게 종속되었고, 윌리엄 왕은 봉건적인 원리를 이용해서 중앙집권에 성공하게 되었다. 따라서 봉건제가 일반적으로는 분권형의 정치체제이지만, 윌리엄의 경우에는 예외였다는 점을 기억할 필요가 있다. 윌리엄의 권력을 단적으로 보여주는 둠즈데이 북Domesday Book은 1086년 촌락에서 소집된 배심원이 그 지역의 재원을 조사해서 왕에게 제공한 징세 장부이다. | 자료 3 |

윌리엄을 계승한 윌리엄 2세(재위 1087~1100)는 현금을 징수할 수 있는 봉건적인 권리를 최대로 이용하였는데 나중에 암살당했다.

이어서 잉글랜드를 통치하게 된 왕은 헨리Henry 1세(재위 1100~1135)이다. 정의의 사자Lion of Justice라는 별명을 가진 그는 왕권을 신장하기 위해 노력하였는데, 왕이 왕국 전역에 걸쳐서 직접 송사를 심리하였다. 그뿐만 아니라 당시에 왕을 법으로 구속하는 문서인 자유헌장Charter of Liberties이 발표되었다. 이 문서는 사실상 왕에 대해 전혀 효력이 없었다. 그는 재정을 효율적으로 운영하기 위해 회계관 한 명, 재무 시종 두 명을 두었고, 특별히 파이프 롤Pipe Roll이라고 해서 왕의 수입액과 미수령액을 확인하는 철저한 재정 문서를 가지고 있었다.

헨리 1세가 죽자 왕위 계승 문제가 불거졌다. 유력한 왕위 계승자였던 아들이 익사하면서 딸 마틸다Matilda를 후계자로 지정하지만, 마틸다는 프랑스 앙주 지방의 백작 조프루아Geoffroy와 혼인했다.

그러자 왕위는 헨리의 외조카인 블루아의 스티븐Stephen of Blois(재위 1135~1154)이 계승했다. 하지만 왕은 무능했고, 스티븐의 통치 시기에 잉글랜드는 혼란으로 점철되어, 왕권이 약화되고 동시에 교회에 대한 통제권마저도 상실하였다.

프랑스 앙주 가문이 만든 플랜태지니트 왕조

플랜태지니트Plantagenet라는 단어는 라틴어의 '플란타 게니스타Planta Genista'에서 나왔다. 이것은 앙주 백작 조프루아의 별명이었다. 이 조프루아와 마틸다 사이에서 태어난 아들이 헨리 2세(재위 1154~1189)로서 왕위를 계승하였다. 그는 상속에 의해 잉글랜드는 물론이고 노르망디, 앙주, 멘, 투렌 지방을 차지하였다. 그뿐 아니라 1152년에 아키텐의 알리에노르와 혼인하자 왕비가 가져온 푸아투, 아키텐, 가스코뉴 지방까지도 차지한다. 따라서 헨리 2세는 잉글랜드뿐만 아니라 프랑스의 상당 부분을 거느리는 제국을 구성하게 되어, 헨리 2세의 치세를 '앙주 제국Angevin Empire'이라고 한다. 이 기간 동안 헨리 2세는 막대한 권력에 힘입어 사법권을 신장시켰다.| 자료 4 | 또한 대심大審, Grand Assize이라는 제도를 두어 스물네 명의 기사가 선서를 함으로써 타당성을 지니도록 하였다. 대심 제도 이전에는 소유권이 문제 될 경우 결투에 따라 판결을 내렸다. 대심을 통해서 봉건적 토지 관계에 대해서도 국왕이 간섭할 수 있었다. 이 개혁에 따라 보통법Common Law이라는 개념도 나타났다. 흔히 상식이라고 번역되는 이 단어는 적어도 국왕이 통치하는 영토 전역의 모든 사람들에게 통용되는 법을

의미했다.

왕권의 신장에 성공한 헨리 2세는 교회에 관해서도 왕권을 확장하기 위해 1164년에 클래런던 규약Constitutions of Clarendon을 발표하였다. 그 내용은 세 가지다. 첫째, 주교는 축성 전에 왕에게 먼저 신서한다. 즉 왕의 봉건적인 신하가 되어야 한다. 둘째, 왕의 허락 없이 교회는 교황에게 상소할 수 없다. 셋째, 범법 행위를 한 사제는 성직에서 추방하고, 왕의 법정에서 일반 백성과 똑같이 처벌 받는다. 그런데 헨리 2세의 절친한 친구이자 고위 성직자인 토머스 베키트Thomas Becket가 이에 반발하여 프랑스로 건너갔다. 그에 격분한 헨리 2세의 부하들이 켄터베리 성당에 돌아와서 시무하던 베키트를 살해하는 사건이 일어났다. 이 사건은 결정적으로 헨리 2세가 교회로부터 따돌림 받는 계기가 되었다. 잉글랜드 교회가 왕에 대한 반감으로 인해 모든 문제를 교황과 타협하겠다고 선언한 것이다. 그러자 헨리 2세는 교황청에 잉글랜드 교회의 상소권을 양보한다. 왕권을 강화하고 막대한 영토를 가지고 있던 헨리 2세였지만, 교회를 자신의 관할 밑에 두고자 했던 계획은 좌절되었다.

헨리 2세에게는 두 아들이 있었다. 리처드Richard 1세와 존John이다. 두 형제는 성격이 매우 달랐다. 리처드 1세(재위 1189~1199)는 '사자심the Lionheart'이라는 별명이 있었는데, 인간적으로는 대단히 훌륭했다. 그리하여 프랑스의 루이 9세와 비견할 만한 인물로 평가를 받는다. 하지만 군주로서는 거의 낙제 수준이었고, 잉글랜드를 통치한 적이 별로 없었다. 리처드 1세는 국내 통치보다는 개인의 여러 가지 문제로 인해 3차 십자군 원정에 나섰고, 원정에서 귀환하다가 오스트리아 공 레오폴트에게 체포되는 비운을 겪는다. 나중에 리처드 1세는 프랑스 원정 중 활에 맞아 전사한다.

리처드의 뒤를 이어서 왕이 된 존(재위 1199~1216)은 유능하고 지각이 있었으나, 매우 음탕하고 잔인한 면모가 있어 인간으로서는 낙제였다고 한다. 존 왕은 병역 면제세, 상속세, 관세를 신설해서 부과했는데, 이러한 세금이 결과적으로 왕의 수입과 권력을 증대시켰다. 이 조치에 반발하여 제후들은 1215년에 존에 대항하여 무장 반란을 일으켰다. 프랑스에 있었던 제후의 땅이 모두 몰수되었

는데도, 존 왕이 이에 대해 아무런 조치를 취하지 않았고 추가로 귀족에게 새로 과세하였기 때문이었다. 무장 반란을 일으킨 제후들은 존 왕을 협박해서 마그나카르타Magna Carta에 서명하게 했다.|자료 5| 마그나카르타의 주요 내용은 위원회의 동의 없이는 군역세나 부조를 걷지 못하고, 법에 의하지 않고서는 체포, 구금, 폐위를 금지한다는 것이었다. 이 법에 따르면 왕도 법의 구속하에 있음을 분명히 명시하였기 때문에, 마그나카르타는 후에 입헌군주제의 척도 또는 그 기초로서 교과서에 소개된다. 그러나 전체적으로 보면, 이 문서는 어디까지나 봉건 권력을 인정하는 봉건적인 문서이다. 훗날 인노켄티우스Innocentius 3세는 대헌장을 무효라고 선언한다.|자료 6|

존 왕의 맏아들 헨리 3세(재위 1216~1272)는 불과 아홉 살의 나이에 왕위에 올랐다. 그 때문에 친척인 외국인, 친구, 총신들이 정사를 맡았다. 제후들은 헨리 3세에 반대하여 정부를 개선하려고 시도했으나 실패하였다. 마침내 1264년에 시몽 드 몽포르Simon de Monfort가 귀족을 주도하여 헨리와 전쟁을 벌이고 승리를 거두었다. 이렇게 하여 정국을 장악하게 된 몽포르가 지배하는 기간 동안에 귀족들의 모임인 대귀족 회의가 열렸다. 이 귀족 회의의 명칭이 팔러먼트Parliament였다. 잉글랜드 의회가 탄생한 것이다. 의회는 왕권에 대항한 귀족들의 권한을 상징하였다.

에드워드 1세(재위 1272~1307)는 이브셤Evesham 전투에서 시몽 드 몽포르의 군대를 격파하고 왕권의 기반을 되찾았다. 그는 봉건적인 수입원을 확보하면서 재산세와 관세를 최대한으로 수취할 뿐만 아니라, 봉건 군대와 징병군, 용병대를 활용하여 명실상부하게 왕권의 기반을 갖추었다. 아울러 행정기구도 전문화해서 효율적인 관료 체제를 확보하였다. 이들은 왕에게 조언하고, 행정 업무를 시행하며, 주요 정책을 결정하고, 법률을 작성하여, 의회를 주도해나갔다. 아울러 토지 구매법을 제정하여 봉건적 위계의 발전을 중단시켰다. 나아가 브리튼 전역을 통일하기 위한 사업을 추진했다. 이는 고압적인 정책으로 이어졌고, 제후들이 반발하였다. 하지만 전체적으로 본다면, 영화 〈브레이브 하트Braveheart〉에서와 달리, 그는 나름대로 훌륭한 왕이기에 '잉글랜드의 유스티니아누스'라는 칭호를 들었다. 그는 스코틀랜드를 정벌하는 동안에 사망하고, 재정이 어려운 상태에서 왕국을 아들에게 물려주었다.

에드워드 2세(재위 1307~1327)의 치세에는 관직 임명 제후단the Lord Ordainers이 만들어졌다. 이 단체의 목적은 에드워드의 후견 역할을 담당하고, 행정에 대한 왕의 통제를 제한하려는 것이었다. 1322년에 제정된 법령에 따라 왕국 전체의 문제는 고위 성직자, 귀족, 나라 전체의 동의를 받아 의회에서 왕이 결정해야 한다는 원칙을 확립하게 되었다. 점차적으로 귀족을 필두로 하여 의회의 권한이 강화되어가고 있었다.

에드워드 3세(재위 1327~1377)는 오랜 기간 통치하였다. 15세에 즉위하여 모친의 섭정을 받기는 했지만, 그의 치세는 잉글랜드의 정치 발전에서 중요한 시대였다. 의회는 물론이고 사법 행정도 발전했다. 잉글랜드 의회의 최고 기관인 상원은 최고 법정의 역할을 가지게 되었고, 치안판사Justice of the peace 제도가 확립되어 주의 모든 치안판사가 1년에 네 번, 주의 수도에 모여서 송사를 처리하였다. 이것이 후에 지방 형사 법원의 수립에 영향을 주고 경범죄 사법권도 보유하게 되면서, 치안판사라는 직책이 지방 통치의 주역으로 성장한다.

백년전쟁과 에드워드 3세

에드워드 3세 치세에 백년전쟁이 발발했다. 발발 원인은 에드워드 3세가 차지하고 있던 가스코뉴 지방의 공령公領을 프랑스 측에서 무효라고 주장하고 나선 데 있었다. 프랑스는 에드워드 3세가 프랑스 왕에게 한 신서는 지상의 신서가 아니므로 인정할 수 없다고 했다. 그러나 이 사건 이전에 갈등은 이미 커져 가고 있었다. 잉글랜드와 프랑스 간에 해적 행위가 빈번하였고, 특히 플랑드르가 잉글랜드에 가까워지기 시작하면서 이를 둘러싼 갈등도 심화되고 있었다. 게다가 잉글랜드와 싸우고 있던 스코틀랜드를 프랑스가 지원하는 일도 벌어졌다. 그리하여 에드워드는 독일의 제후들과 동맹을 맺고 전쟁을 개시했는데, 동맹의 효과는 별로 없었다.

전쟁이 발발했을 당시의 잉글랜드와 프랑스를 비교해보면, 인구는 잉글랜드가 350만 명, 프랑스는 1600만 명으로 수적으로 프랑스가 우세했다. 생산력의 경우에도 프랑스가 잉글랜드에 비해 앞서 있었다. 그리고 군대의 경우에 잉글랜드는 농민군과 효과적인 보병 부대를 거느렸고, 프랑스는 도시 시민군과 약간의 용병군, 기사가 주축이 되었다. 활이 중요한 무기였는데, 잉글랜드는 장궁Longbow을 사용했던 것에 비해 프랑스는 발사 장치가 있는 활, 즉 석궁Crossbow을 사용했다. 이처럼 겉으로 보기에 프랑스가 잉글랜드에 비해 절대적 우위에 있지만, 전체적인 동원 능력은 두 나라가 비슷했다. 또한 전쟁은 100년 동안 계속해서 싸운 것이 아니고 전투가 일어났다가 수그러들고, 다시 재발되는 양상을 띠면서 100년 넘게 지속되었다.

양국의 전쟁은 잠시 휴전한 후 브르타뉴Bretagne의 상속 문제로 23년간 전쟁이 재개되었다. 1346년에 잉글랜드는 크레시 전투에서 프랑스에 큰 승리를 거두었다. 이 전투에서 화약을 이용한 화포가 무기로 사용되면서 포병이 등장했다고 전해진다. 잉글랜드군은 칼레Calais 시를 함락하고, 이를 요새화해서 자국의 기지로 삼았다. 잉글랜드군의 빛나는 승리는 1356년 9월 19일에 벌어진 푸아티에 전투에서 다시 한 번 확인된다. 이 전투에서 잉글랜드의 흑태자 에드워드Edward the Black Prince가 프랑스의 왕과 왕자와 귀족들을 사로잡았다. 1360년에 브레티니 조약Traité de Brétigny(후에 칼레 조약Traité de Calais으로 추인됨)을 맺어서 프랑스는 잉글랜드에 대해서 몸값으로 300만 에퀴Écu를 지급했다. 이 금액은 프랑스의 2년치 세입에 해당하는 액수였다. 또한 에드워드가 이 조약으로 아키텐, 퐁티외, 칼레를 차지했는데, 이렇게 차지한 면적은 프랑스 국토의 3분의 1에 이른다. 1369년, 양국은 마침내 휴전에 합의하였다. 이처럼 백년전쟁 초기에는 잉글랜드가 프랑스를 압도하는 양상을 보였다.

리처드 2세(재위 1377~1399)를 끝으로 플랜태지니트 왕조는 막을 내린다. 리처드 2세는 지나친 절대 권력을 가지려고 시도했다. 이에 제후들이 반란을 일으켰고, 그가 의회에서 폐위되는 초유의 사건이 벌어지게 되었다. 이는 1245년 리옹의 공의회Council of Lyons에서 교회와 제국의 협약을 어겼다는 빌미로 독일의 황제였던 프리드리히Friedrich 2세를 탄핵한 것에서 비롯하였다. 유럽 전체 회의가 황제를 폐위할 수 있다면, 한 나라의 대의체代議體도 마찬가지로 폐위할 수 있다는 인식이 널리 퍼진 것이다. 유럽의 대의체는, 이처럼 성장하여 왕권도 좌우할 수 있는 시대가 오고 있었다.

헨리 4세(재위 1399~1413)는 플랜태지니트가 아니라 랭커스터 가문의 사람이었다. 그는 재위 기간 동안 제후의 반란에 시달렸으며 결국 의회의 과세권, 입법의 통제권, 면책특권을 인정하였다. 마침내 잉글랜드 의회가 정국의 주도권을 장악했다. 처음에는 비교적 중앙집권적이던 왕권이 서서히 귀족들의 모임인 의회에 주도권을 내주는 현상은 프랑스의 경우와 비교해볼 만하다.

잉글랜드의 중세사에서 마지막으로 주목할 만한 것은 장미전쟁Wars of the Roses(1455~1485)이다. 장미전쟁이라는 이름은, 랭커스터 가문의 문장이 붉은 장미이고 요크 가문의 문장이 흰 장미인 데서 비롯하였다. 장미전쟁은 에드워드 3세의 후손들이 벌인 왕위 쟁탈전의 성격을 띠었다. 이때 최상부의 귀족 가문은 급료와 보호를 통해서 군대를 유지하고 있었다. 이 사병 조직은 토지의 지급이 없었을 뿐 봉건제도와 거의 유사한 현상을 보여주었다. 후대의 학자들은 이를 '배스터드 퓨덜리즘Bastard Feudalism', 번역하여 '의사擬似 봉건제'라고 한다. 그러나 이와 같은 봉건적인 유제遺制가 출현했음에도, 사회 일반에 별 영향을 미치지 못했다. 왜냐하면 새로운 주역으로 부상하고 있던 향신인 젠트리Gentry와 자영농인 요먼Yeoman이 평화와 질서를 염원하고 있었기 때문이다. 장미전쟁은 이들로부터 동의를 받지 못하는 전쟁이었다. 이 전쟁이 잉글랜드에 미친 영향은 비교적 미약했고, 오히려 절대주의를 준비하는 데에는 기여했다. 더불어 잉글랜드 왕은 인민의 동의를 얻어야만 절대군주로서 통치한다는 원칙이 확립되었다. 1485년에 헨리 튜더에게 왕위가 넘어감으로써 장미전쟁이 종식되고, 잉글랜드의 근대사가 시작된다.

인류 정치사의 큰 진보를 이룬 의회의 발전

중세 정치사의 백미는 잉글랜드 의회이다. 의회의 출현이 가지는 의미는 대개 세 가지다. 첫째, 잉글랜드 의회의 발전은 특별한 것이 아니라 13세기 유럽 전역

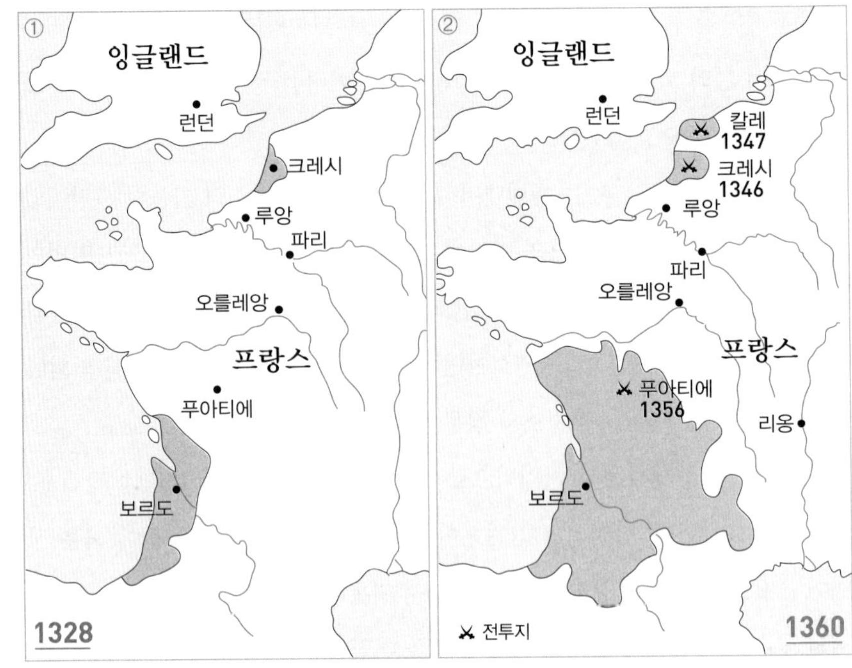

도판 36 백년전쟁 기간에 영국이 프랑스 내의 영토를 넓혀가는 과정. ①은 1328년 발루아 왕조가 시작할 무렵의 잉글랜드 왕실지를, ②는 일련의 전투에 승리한 이후의 상황을, ③은 1429년 잉글랜드의 영향이 가장 큰 상황을 보여준다. 프랑스의 동쪽 경계는 1453년의 상황이다. 이러한 정세를 역전하게 한 것이 잔 다르크의 군대이다.

에 나타난 일반적인 현상이었으나, 인류 정치사라는 큰 틀에서 보았을 경우 예외적인 것이다. 둘째, 중요한 개혁 조치는 사회의 지고한 권위에 의해서만 수행될 수 있다는 사고방식이 반영된 결과로 나온 것이다. 마지막으로 이는 로마 문화, 그리스도교, 튜턴Teuton 문화의 결합으로, 중세 문명이 낳은 성과이다. 팔러먼트Parliament는 라틴어 파를리아멘툼Parliamentum에서 유래되었는데, 13세기에는 협의나 토론의 뜻을 지녔다. 애초 1265년에 몽포르에 의해서 선출된 대표들이 참가하는 잉글랜드 대귀족 회의를 지시하는 용어였다. 에드워드 1세는 1295년에 모범 의회Model Parliament를 개최하였다. 이후 그는 의회를 정기적으로 열고 대표를 의회에 참여시키는 관행을 도입한다. 의회는 과세에 동의하고 정치에 간여하고 입법과 사법 업무를 처리하기에 이르렀다. 그러다가 하급 귀족들이 주의 기사로 선출되어 대표로 보내지면서 강력한 하원이 출현할 수 있는 토대가 마련되었다. 이때는 고등 의회 법원High Court of Parliament이라고 불릴 정도로 왕의 사법권을 행사했다. 이처럼 13세기 말에 잉글랜드 의회가 서서히 진정한 통치 기관으로서 성장하기 시작했다.

잉글랜드 의회가 비약적으로 발전하는 것은 에드워드 3세 치하에서이다. 이때 의회의 성격과 관련한 문제점이 제기되었다. 즉 왕의 정부가 왕의 충복인가, 아니면 의회에 책임지는 국가관리인가에 관련한 논쟁이 불거졌으며, 이 즈음 충복에 의한 왕의 통치를 지향하는 경향이 나타났다. 그러나 그의 치세 말에는 제후들이 내각 책임을 강조하는 쪽으로 방향이 바뀐다. 한 걸음 더 나아가 하원의 요청에 의해 상원이 국가관리를 탄핵하는 관행이 발생하여, 의회의 제후들이 왕의 충복도 탄핵할 수 있게 되었다. 이런 관행이 이후 의회의 발전을 이끌었다. 나중에 대회의가 상원House of Lords, 즉 영주들의 모임이라는 뜻으로 개칭된다. 여기에 들어갈 수 있는 사람들은 주로 귀족 상속인들이었다. 그리하여 상속인의 의석 계승권이 관례화되고 혈연관계만으로 세습되었다. 이러한 추세로 인해서 성직자의 세력은 자연스럽게 상원에서 쇠퇴하였다.

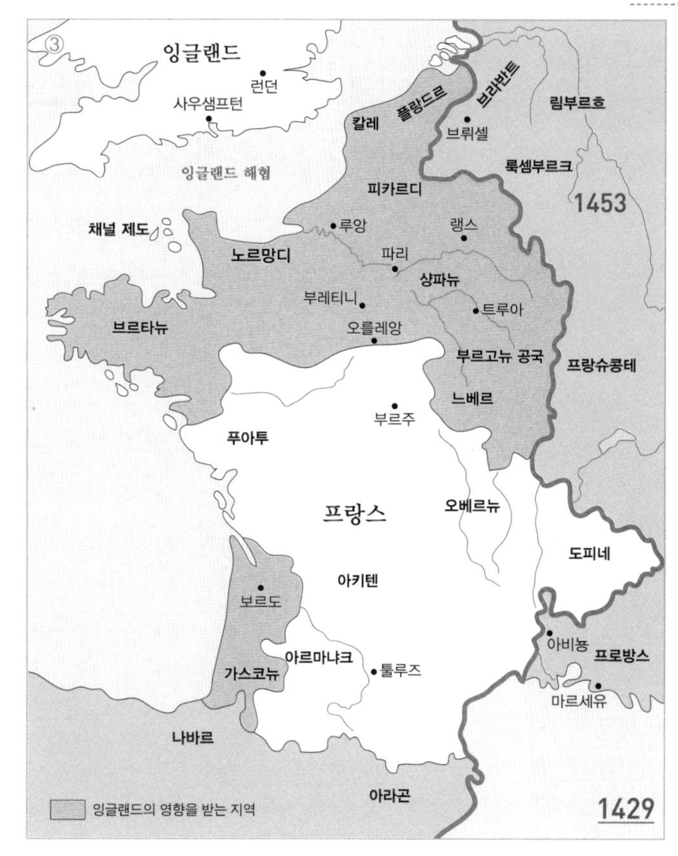

1341년에는 주와 도시의 대표로 이루어진 하원House of Commons이 만들어졌다. 이렇게 해서 의회는 상하 양원을 갖추게 되었다. 일반적인 입법 절차는 하원에서 청원서를 제출하고 상원에서 심의가 끝나면 왕과 각료 회의에서 최종 승인하는 방식으로 이루어진다. 그럼으로써 하원, 상원, 왕을 거치는 절차가 새로운 법률을 제정하는 절차로 자리 잡는다. 의회의 권한 중에서 가장 대표되는 권한은 직접세 과세 승인권, 과세 통제권, 세수 지출 감독권이다. 따라서 가장 중요한 권한은 조세와 재정에 관한 통제였으며, 이것이 의회의 본래 기능이라고 할 수 있다. 또한 기타 중요한 정책은 왕과 의회가 협의하도록 규정되었다. 그리하여 에드워드 3세의 치세에서 의회는 정부에 필수 불가결한 일부를 이루게 되었고, 이후 잉글랜드의 정치사에서 빠질 수 없는 요소가 되었다.

자료
읽기

자료 01

헤이스팅스 전투 장면

프레데릭 오스틴 오그Frederic Austin Ogg, 《중세사 사료집: 게르만의 침입에서 르네상스까지 유럽의 생활과 제도에 관한 설명문서A Source Book of Medieval History: Documents Illustrative of European Life and Institutions from the German Invasions to the Renaissance》, New York: American Book Co., 1908, pp. 235~237.

용기 있는 지도자들은 전쟁을 대비하였는데, 각각 자신의 민족적 관습에 따라서 그렇게 했다. 잉글랜드인들은 자지 않은 채 술 마시고 노래하여 밤을 보냈으며 아침에는 지체 없이 적을 향하여 전진하였다. 모두 전투용 도끼로 무장하고 방패들을 이어 붙여 전면으로 자신을 가렸으며 몸체를 뚫을 수 없게 하였다. …… 해럴드 왕은 스스로 걸어서 갔으며 자신의 형제들과 군기 가까이 서 있었다. 이는 모두가 같은 위험을 나누는 한, 아무도 퇴각하려는 생각을 할 수 없게 하려는 것이었다. …… 노르만족은 온 밤을 자신들의 죄를 고백하면서 보냈으며 아침에는 주님의 영성체를 받았다. 그들의 보병은 활과 화살을 지니고서 선봉대를 이루었으며, 기병들은 양 날개로 나뉘어 후진에 배치되었다. 노르망디의 공작은 평온한 얼굴을 한 채 신이 자신의 편을…… 도울 것이라고 크게 선포하였으며, 자신의 군대를 불렀다. …… 그런 후에 《롤랑의 노래La Chanson de Roland》를 시작했는데, 이는…… 그 영웅의 사례가 병사들을 자극하도록 한 것이다. 신에게 도움을 요청한 후 양편에서 전투가 시작되었다. …… 어느 편도 땅을 내놓지 않았는데, 거의 종일토록 그랬다. 이를 보고 있던 윌리엄은 자신의 군대에 도망하는 척하면서 전장에서 퇴각하라는 신호를 보냈다. 이 전술에 의해 잉글랜드인들의 밀집 방진이 도망가는 적군을 분쇄하기 위해 열렸고, 그러자 스스로 급격히 무너졌다. 노르만족은 방향을 돌려 그들을 공격하였으며, 그리하여 적들을 혼란에 빠뜨리고 그들로 하여금 도망가도록 억압했다. …… [잉글랜드인들은] 자신의 복수가 없지[는 않았다]. 왜냐하면 빈번하게 멈추어 저항하여 추적자들을 대규모로 죽였기 때문이다. …… [그러한] 승리의 교대는, 처음에는 한편에서 다음에서 다른 편에서 이루어졌는데, 해럴드가 살아서 후퇴하지 못하게 하는 동안에 지속되었다. 그러나 그가 쓰러지자, 그의 머리가 화살에 맞아서 부서졌으므로 잉글랜드인들의 도주는 밤이 될 때까지 그치지 않았다.

자료 02

노르만족의 정복을 어떻게 볼 것인가

프레더릭 윌리엄 메이틀랜드Frederic William Maitland, 《잉글랜드 헌정사The Constitutional History of England》, Cambridge University Press, 1909, pp. 6~7.

노르만족의 잉글랜드 정복이야말로 잉글랜드 법제사에서 극히 중요한 사건이다. 그렇지만 우리는 노르만법에 의해서 잉글랜드법이 소탕되었거나 정지되었다고 간주해서는 안 된다. 우리는 노르만족이 자신들과 더불어서 치밀한 법 체계를 가져왔다고 생각해서는 안 된다. 그들이 비록 나름의 성문법을 가지고 있었다고 해도 그것은 보잘 것 없었으며 이 측면에서 그들은 잉글랜드인들에게 한참 뒤떨어졌다. 912년 이래로 이 북구인들은 한때 위대한 프랑크 왕국의 일부를 이루었던 것의 한 귀퉁이를 지니고 있었다. 그러나 프랑스인들의 왕에 대한 명목상의 충성을 바친 덕에 그들의 공작들은 사실상 독립적이었다. 북구인들은 정복된 자들의 종교와 언어를 차용하였으므로 우리는 노르망디에서 법이라고 정해진 것이 북구인의 것이 아니라 프랑스인의 것이라고 믿어야만 한다. 그들은 로망스어를 사용하는 켈트족 집단을 지배하는 스칸디나비아인 정복자들로 이루어진 귀족이었다. 그들의 공작들 중에는 위대한 입법자라고 할 만한 사람이 아무도 없었다. 이미 존재했던 성문법은 아주 오래된 것으로서 살리법과 프랑크 왕들이 반포한 《카피툴라리아》였으니 우리는 이 법들이 실제로 얼마나 실효성이 있었는지 말할 수 없다. 공작들이 자신의 봉신들에 대한 장악은 제멋대로였으되, 아마 강하고 확고한 정부의 전통이 일부 카롤루스 왕가의 시기로부터 살아남았을 것이다. 예를 들어서 일군의 이웃을 불러서 왕권과 기타 권리에 대해서 맹세하게 하는 관행은 배심 재판의 맹아인데, 노르만족이 잉글랜드를 정복하는 때만큼 일찍이 출현한다. 12세기 마지막 몇 년 이전으로 추적될 수 있는 노르만족의 법률 책은 존재하지 않는다. 우리의 글랜빌Glanvill[1] 만큼이나 오래된 것은 없다. 실제로 10세기 중엽으로 추정되는 노르만법을 알

1 | 1188년경에 글랜빌Ranulf de Glanville이 쓴 《영국의 법률과 관습에 관한 논고》를 가리킨다.

2 | doom: 법이라는 의미다.

3 | 이 주장은 지금도 논쟁되고 있다. 메이틀랜드에 따르면, 이처럼 윌리엄이 오기 전에 이미 비슷한 상황이 잉글랜드에서 전개되고 있었다.

지 못한다. 그것은 동시대의 잉글랜드법과 달랐을 리 없다—프랑크족의 《카피툴라리아》가 우리의 잉글랜드 둠[2] 과 매우 유사하며 잉글랜드의 동부는 북구인의 자손으로 그득하였다. 그러므로 우리는 윌리엄이 생소한 법 체계를 가져왔다고 생각할 필요가 없다.[3]

자료 03

둠즈데이 북: 헌팅턴셔

데이비드 C. 더글러스David C. Douglas·조지 W. 그린어웨이George W. Greenaway 편집, 《영국사 문헌 사료 1042~1189English Historical Documents 1042~1189》 Vol. II, London: Eyre & Spottiswoode, 1953; 패트릭 J. 기어리 편집, 《중세사 사료선집》, pp. 754~755에서 재인용.

헌팅턴셔Huntingtonshire 자치 도시Borough 내에는 네 개의 구역Quarter이 있다. 두 구역에는 T. R. E.(에드워드 왕이 죽은 해부터)[4] 와 지금 116개의 성읍Burgess이 있는데 모두 사용료와 왕의 지세를 바치며, 이들 아래에는 100명의 하인Boadar[5] 이 있어서 지세 납부를 돕는다. 이들 성읍 중에서 램지의 세인트 베네딕트는 T. R. E.에 지세를 납부한 것 말고도 영주 재판권Sake and Soke과 모든 사용료와 관련하여 열 명을 거느린다. 유스타스Eustace는 부당하게도 수도원에서 그들을 탈취하였고, 그들은 다른 자들과 함께, 왕의 수하에 있다. 울프 페니스크Ulf Fenisc는 열여덟 개의 성읍을 가졌으며, 현재 겐트의 길버트는 왕의 지세만을 제외하고서, 영주 재판권과 아울러 그것들을 가지고 있다.

엘리의 수도원장은 왕의 지세를 제외하고, 영주 재판권과 가옥 및 택지Toft 하나를 가지고 있다.

링컨의 주교는 성터에 영주 재판권과 가옥Mesuage 한 채를 가지고 있었는데, 지금은 없어졌다.

백작 시워드Siward는 영주 재판권과 아울러 창고House가 딸린 가옥을 하나 가졌는데, 모든 사용료에서 면제된 것이다. 현재는 여백작 주디스Judith가 가지고 있다.

성 자리에는 20개의 가옥이 있는데 모든 사용료를 지불하도록 지정되었으며, 1년에 16실링과 8펜스를 왕의 징세 청부 구역에 지불하였다. 현재 이것들은 없다.

이에 더하여 이들 구역 안에는 60채의 폐가옥이 있었고, 지금도 있다. 이것들도 자체의 사용료를 지불하였으며, 지금도 그러하다. 그리고 이에 더하여 T. R. E.에는 완전히 선점되었던 여덟 채의 폐가옥이 있다. 이것들은 모든 사용료를 지불한다.

4 | T. R. E.: Tempore Regis Edwardi로 참회왕 에드워드가 죽은 해인 1066년을 의미하며, 지금은 이 대장이 완성된 1086년을 지시한다.

5 | 장원에서 농민Villein과 예농Serfs의 중간에 위치한 사람들을 가리킨다.

다른 두 구역에는 140개의 성읍이 있었고, 현재도 있다. 반이 못 되게 창고가 있으며, 모든 사용료와 왕의 지세에 할당되었고, 이것들은 80그루의 산사나무가 있는데, 이를 위해 모든 사용료를 바쳤고 바친다. 이들 중 램지의 세인트 베네딕트가 T. R. E.에 22개의 성읍을 가지고 있었다. 이것들 중 두 개는 모든 사용료에서 면제되며, 30개는 각각 매년 10펜스를 지불하였다. 모든 다른 사용료는 왕의 지세와 별도로 수도원장에게 지불되었다.

이들 구역에서는 주장관 알루릭Aluric이 한 채의 가옥을 가지고 있었는데, 이는 윌리엄 왕이 후에 그의 아내와 아들들에게 수여한 것이다. 지금 유스타스가 그것을 가지고 있으며, 그 가난한 자가 모친과 함께 그것을 자기 것이라고 주장하고 있다. 이 두 구역에는 44개의 폐가옥이 있는데, 그것들은 자체의 사용료를 지불하였고 지금도 그러하다. 그리고 이 두 구역에서 보리드Borred와 터칠Turchil이 T. R. E.에 한 채의 예배당과 두 하이드[6]의 토지를, 그리고 영주 재판권과 아울러 같은 교회에 소속된 창고를 지닌 22개의 성읍을 가졌다. 지금은 유스타스가 이 모두를 가지고 있다. 따라서 이 사람들은 왕의 자비를 요청하고 있으나, 그럼에도 이 22개의 성읍은 모든 사용료를 왕에게 지불한다.

주교 조프리는 한 채의 예배당과 한 채의 창고를 앞서 말한 자들로부터 물려받아 가지고 있는데, 그것은 유스타스가 세인트 베네딕트에게서 빼앗은 것이라서 같은 성인이 여전히 그것들에 대한 소유를 주장하고 있다.

이 성읍에서 고스Gos와 후네프Hunef는 T. R. E.에 16채의 창고를 영주 재판권과 통행세 권리와 소유권 재판[7]과 더불어 가지고 있었다. 지금은 여백작 주디스가 가지고 있다.

헌팅턴셔 자치 도시는 헌팅턴 헌드리드Hundred[8]의 4분의 1로서 50하이드에 대한 왕의 지세에 대해 자신을 비호하는 관습이 있었으나, 이제 왕이 그 성읍에 대한 지세를 화폐로 정한 뒤에 그 헌드리드에서는 그 지세를 바치지 않고 있다. 이 전체 성읍에서는 '랜드가블Landgable'[9]의 방식으로 T. R. E.에 10파운드가 나왔다. 이 중에서 백작은 3분의 1을, 왕은 3분의 2를 가졌다. 백작과 왕 사이에서 분배된 지대 16실링과 8펜스가 성이 위치한 곳에 있는 20채의 가옥에 대한 지대로 이제 남아 있다. 백작과 왕 사이에 분배가 이루어졌는데, 이제 남은 것은 성이 있는 곳에 20채의 가옥에 대한 것이다. 이러한 지불에 더하여, 왕은 20파운드를, 백작은 10파운드를 성읍의 '징세 청부 구역'에서 각자가 자신의 몫을 제공한 것에 따라서 받는다. 한 방앗간은 240실링을 왕에게, 20실

6 | 여기에서 장원의 규모를 하이드Hide로 산정하는데, 하이드는 흔히 한 가족을 부양하는 데 필요한 면적으로 이해되고 있으나, 실제 면적이 아니라 하나의 과세 단위이다.

7 | Thol and Theam으로 표기되기도 하는데, 11세기 왕이 영지 보유자에게 수여한 권리로 통행세 권리Toll는 영지를 지나는 모든 것에 대해서 통행세를 부과하는 권리를 의미하며, 소유권 재판Team은 관할 내에서 소유권에 관한 분쟁을 판결하고 이로부터 수익을 얻는 권리를 지칭한다. 12세기경에 모두 소멸했다.

8 | 촌락을 의미한다.

9 | 앵글로색슨어로는 Laendgaevel, 고대영어로는 Landgafol에서 유래하는데, 토지세의 의미로 사용된다.

링을 백작에게 지불했다. 이 성읍에는 두 개의 쟁기 토지[10] 와 40에이커의 토지 및 10에이커의 초지가 속하는데, 이 중 3분의 2는 왕이, 3분의 1은 백작이 가지고서 지대를 나눈다. 본 성읍은 왕의 종자들과 백작을 통해서 이 땅을 경작하고 임대한다. 앞서 말한 지대 안에는 3실링을 지불하는 세 명의 어부가 있다. 이 성읍에는 왕과 백작 사이에 40실링을 지불하는 대금업자가 있었으나 이제는 없다. T. R. E.에 그것은 30파운드를 지불했으며 현재도 같은 것을 지불한다. ……

10 | '쟁기Plow'는 소 여덟 마리를 한 팀으로 하여 1년에 가는 밭의 넓이를 의미한다.

자료
04

어떤 법을 채택할 것인가: 로마법과 게르만법

노먼 F. 캔터, 《중세문명》, pp. 315~318.

헨리 2세는 세계시민주의적인 프랑스인이고 12세기 왕 중 가장 교양이 있었던 왕으로, 보통법이 여러 측면에서 로마법 체계와 비교할 때 별로 유리할 게 없었다는 점을 충분히 알고 있었으며, 그의 재판관들도 로마법 및 교회법 절차를 훈련받았으므로 이 점을 몰랐을 리 없다. 그러나 헨리 2세의 정부는 보통법을 작동하도록 그대로 내버려두고 시민법 제도와 원리를 도입하여 그것을 손상시키는 일이 없도록 하고자 결정하였다. 보통법은 이미 존재하고 있었다. 충분히 원활하게 작동하고 있었으며 인기가 있었다. 무엇보다도 그것은 헨리의 눈에 호감을 샀던 것이다. 왜냐하면 비용이 적게 들었기 때문이다. 로마법 체계와 비교하면 심판관이 별로 필요 없었으며, 오히려 왕에게 안정된 수입을 가져다주었다. 게다가 지방 차원에서 행정적인 목적을 위해 배심원을 사용함으로써 잉글랜드 정부가 최소 인원의 관료를 가지고 작동할 수 있었으며, 비싼 왕의 대리자들 대신에 무보수로 지방 귀족의 봉사를 이용할 수 있었다. 한 역사가는 이 체제를 '왕의 명령에 따른 자치 정부'라고 칭하였다. 만약 이 특수한 잉글랜드 제도가 이미 1154년에 작동 중이었더라면, 헨리 2세는 12세기 말 카페 왕조가 수립한 대로 로마식으로 중앙 집중화된 법과 행정을 도입하였을 것이다. 헨리는 배심을 민사소송에서 사용하는 것을 확산시키고 형사소송에서 판결을 내리는 대배심을 도입함으로써, 잉글랜드법 절차를 개선한 데에 만족하였다. 죄인 판별법은 형사 소송에 여전히 증거로 사용되고 있었다. 그러나 1215년 4차 라테란 공회의에서 종식되었으며, 13세기에 잉글랜드 보통법은 평결 배심Jury of Verdict의 발전과 더불어 완전히 인정할 만한 제도적 형태를 갖추었다.

게르만적 어조를 강하게 띠고 있는 보통법이 보존된 것은 헨리 2세의 정부에서는 단순한 편의의 결과였다. 헨리와 그의 신하들은 이 보통법의 정책 이론이 유스티니아누스 법전에 비해 왕의 절대권에 대해 훨씬 덜 호의적임을 모르지 않았다. 그러나 보통법의 일반적인 이점은 왕권의 이론적인 토대가 없는 결함을 보완하는 것 이상이었다. 헨리는 그가 기존의 잉글랜드 제도를 효율적으로 활용함으로써 실제적인 절대권을 이룩할 수 있다고 믿었다. 비록 그가 현저하게 이 목적에 성공했다고 하더라도, 잉글랜드에서 보통법은 지역의 법이 왕과 사회 양자의 입법권에 놓여 있으며 또 그것은 단순히 왕의 의지 표현이 아니라고 하는 사상도 보존하였다. 이는 장래에 도움이 되는 것이었다. 그리하여 '황제의 의지가 법의 효력을 가진다'라는 말이 유스티니아누스 법전에 있다면, 잉글랜드 사법 이론에서는 왕도 사회의 구성원과 마찬가지로 법에 종속됨을 의미했다. 19세기 잉글랜드 법률가인 브랙톤의 헨리는 잉글랜드에서는 법이 지배하지, 의지가 지배하지 않는다고 언명하였다. 잉글랜드, 프랑스, 독일, 가톨릭교회에는 12세기가 물려준 유산의 효과가 현재에도 감지된다.

자료 05 마그나카르타는 봉건법

존 L. 비티·올리버 A. 존슨, 《서양 문명의 유산》, pp. 308~312.

제1조. 무엇보다도 짐은 신에게 다음의 내용을 바치며, 짐의 현재 이 헌장으로써 그 내용을 짐과 짐의 후손이 영원히 확인하게 할 것이다. 잉글랜드 교회는 자유로울 것이며, 교회의 권리를 완전히 그리고 불가침의 자유를 누릴 것이다. 그리고 짐이 이것이 그렇게 준수될 것을 의지하고 있다는 점이, 짐과 짐의 남작들 사이에 불화가 발생하기 전에, 짐이 자발적으로 잉글랜드 교회에 가장 중요하고도 필수적인 서임의 자유를 수여하였고, 확인하였으며, 짐의 주군인 교황 인노켄티우스 3세에 의해서 확인을 얻었다는 사실에서 드러난다. 이 헌장은 짐이 스스로 지킬 것이며, 아울러 짐의 자손이 영원토록 신뢰를 가지고 지킬 것을 원한다. 짐은 또한 짐의 왕국에 있는 모든 자유인에게, 영원히 짐과 짐의 상속인들을 위해서, 아래에 기재할 자유를 가질 것과 짐과 짐의 후손에 대해서 그들과 그들의 후손이 유지할 것을 허락하였다.

제12조. 짐의 왕국에서는 일반 동의가 없어서는 일체의 군역 면제세 혹은 부조금은 부과되지 않을 것이다. 여기에서 짐의 인신에 대한 지불, 짐의 장남을 기사로 임명하는

것, 그리고 단 한 번 짐의 장녀를 혼인시키는 경우는 제외가 되며, 이 경우에만 예외적인 부조금이 징수될 것이다. 런던 시에서 나오는 부조금에 관해서 이렇게 될 것이다.

제13조. 런던 시는 옛날의 모든 자유들[11] 과 비관세를 육상과 해상에서 보유할 것이다. 게다가 모든 다른 도시, 성, 읍, 항구가 자신들의 모든 자유들과 비관세를 누릴 것을 짐은 원하며 수여한다.

제16조. 어떤 사람도 기사의 급료나 기타 자유로운 보유 재산에 대해 그것에 따르는 의무보다 더 많은 역을 수행하도록 강요되지 않을 것이다.

제20조. 경미한 잘못으로 자유인에게 벌금이 부과되는 경우에는 그에 관한 규칙에 따라서 해야 하며, 중죄를 저지른 경우에는 그 크기에 따라서 부과하되 자신의 위치를 지키도록 한다. 짐의 자비하에 있는 경우라면, 상인은 자신의 생업을 지키면서, 예농은 경작지를 유지하면서, 마찬가지로 벌금이 부과될 것이다. 이 벌금 중에서 아무것도 이웃에 있는 정직한 사람들의 맹세에 따른 판단에 의한 경우가 아니라면 부과되지 않을 것이다.

제22조. 앞에서 언급한 다른 사람들의 태도에 따른 것이 아니라면, 서기(성직자를 뜻함)의 세속 재산에 대해서는 아무런 벌금이 부과되지 않으며, 이는 그가 교회에게서 받은 은대지의 가치와 무관하다.

제31조. 짐도 짐의 대관도 다른 사람의 목재를 짐의 성채를 위해서 혹은 다른 목적을 위해서 소유자의 동의 없이는 가져가지 않을 것이다.

제38조. 앞으로 대관은 입증되지 않은 자의적인 고발의 경우, 고발의 진실을 입증하는 믿을 만한 증인을 제시하지 않고서는 어떤 사람이라도 재판에 처하지 않을 것이다.

제39조. 자유인은 동료들의 합법적인 판단에 의해서 그리고 지방의 법에 의해서가 아니라면, 체포되지도, 옥에 갇히지도, 재산을 빼앗기지도 않으며, 어떤 방식으로도 파멸되지 않을 것이며, 짐도 그 사람에 대해 소송하거나 처벌하지 않을 것이다.

제40조. 짐은 법과 정의를 어느 누구에게도 팔지 않을 것이며, 아무에게도 부인하거나 지체하지 않을 것이다.

제60조. 앞서 말한 모든 관세와 자유들은, 짐 안에 있는 한, 짐의 왕국 전체에서 짐의 사람들이 누리도록 짐이 주었으므로, 짐의 왕국의 모든 이들은, 성직자이든 세속인이든, 그런 권리들이 자신에게 있는 한, 그들의 예속인에 대해서도 준수할 것이다.

11 | 특권의 의미로 해석해야 한다.

자료
06

인노켄티우스 3세, 마그나카르타가 무효라고 선언하다(1215년 8월 24일)

패트릭 J. 기어리 편집, 《중세사 사료선집》, pp. 787~788.

인노켄티우스, 주교이자 모든 신의 종들의 종이 이 문서를 볼 모든 그리스도교도에게 인사와 사도의 강복을.

비록 그리스도 안에서 짐의 좋은 사랑을 받은 아들인 잉글랜드의 고명한 왕 존이 심하게 신과 교회를 거스르기는 했어도—그로 인해 짐은 그를 파문하였으며 그의 왕국을 교회의 금제 아래에 두었는데—, 그러나 죄인의 죽음이 아니라 그 죄인이 그의 사악함에서 돌이키길 원하는 그분의 자비로운 영감에 의해 왕이 마침내 지각을 되찾고 신과 교회에게 겸손하게 완전히 보상하여 그는 손해에 대해 지불하고 부당하게 빼앗긴 재산을 회복시켰을 뿐 아니라 또한 잉글랜드 교회에 충분한 자유를 부여하였도다. 그리고 더욱이 두 판결을 완화시키자 왕은 잉글랜드와 아일랜드로 된 자신의 왕국을 베드로 성인과 로마교회에 바쳤으며 매년 1000마르크를 지불하는 조건하에서 짐으로부터 그것을 다시 받았는데, 황금 봉인이 구비된 그의 특권 속에 분명히 진술된 대로 짐에게 충성의 맹서를 하였도다. 그리고 전능한 신을 기쁘게 하기 위해 왕은 존경스럽게 생명을 주는 십자가의 휘장을 달았으니, 이는 거룩한 땅을 구제하기 위해 가겠다고 의도—그는 이 과업을 위한 계획을 훌륭하게 준비하였도다—하였던 터이다. 그러나 인류의 적은 언제나 선한 동기를 미워하였으므로 사특한 계략으로 왕에 대하여 잉글랜드의 남작들을 흥분시켰기에, 사악한 변덕으로써 왕이 교회에 해를 끼칠 때에는 왕을 도왔던 자들이 이제 그가 죄에서 돌이켜서 교회에 보상할 때에 왕에 대해 반란을 일으키게 되었도다. 그들 사이에 쟁론이 되는 문제가 일어났다: 당파들이 그 해결을 논의하기 위해 여러 날을 정했다. 한편 형식적인 사절들이 짐에게 파견되었기에 짐은 그들과 열심히 모임을 가졌도다. 그리고 궁리 끝에 짐은 그들 편에 대주교와 잉글랜드 주교들에게 서신들을 보내었다. 이를 통해 양편 사이에 진정하고도 충분한 합의를 회복하는 데에 가장 진지하게 주목하고 효과적인 노력을 기울이도록 책임을 지우고 명령을 내리는 바이다. 사도의 권위에 의해 그들은 왕국과 사제직 사이에서 말썽이 일어난 후에 만들어질 맹약와 음모는 무효한 것으로 선언해야만 하며, 그들은 파문의 선고하에서 장차 그러한 맹약을 만드는 어떤 시도도 막아야만 한다. 그리고 현명하게도 잉글랜드의 호족과 귀족들에게 경고하며 강하게 그들을 억제하며 충성과 복종에 대한 분명한 증거에 의해 왕에게 화해시키도록 노력해야 한다. 그런 후에야 만약 그들이 왕에게 요구하기로 결정하되, 왕으로서의 명예를 유지하고 그들과 그들의 선배들이 왕과 선왕들에게 했던 대로 관습적인 봉사를 제공하면서 그것을 존경스럽게 그리고 거만하지 않게 애원한다면 (왜냐하면 왕은 사법적인 판결이 없이 그들의 봉사를 상실해서는 안 되므로) 이런 식으로 그들은 더 쉽게 자신들의 목적을 이룰 것이리라. 왜냐하면 짐이 짐의 편지들에서 그리고 동일하게 대주교와 주교들을 통해서, 왕이 자신의 죄를 사함받기 원하는 한 그것을 명했고, 왕에게 이 호족과 귀족을 친절하게 대우하고 그들의 청원을 우아하게 들을 것을 요구하고 충고해왔기 때문이다. 그들 또한 즐거움으로써 신의 은혜로 왕이 어떻게 해서 마음의 변화를 가졌는지를 인정할 것이며 그로써 그들과 그들의 후계자들이 왕과 왕의 후계자들을 기꺼이 그리고 충성스럽게 섬기게 될 것이도다. 또 우리는 왕에게 요구하길 그들에게 국내외의 안전한 여행을 허용하도록 하였으며, 특히 이번에는 만약 그들이 협정에 도달할 수 없다면 이 논의는 왕의 궁전에서 그의 동료들에 의해서 왕국의 법과 관습에 따라 정해질 것이다. 그러나 사절들이 이 현명하고 정당한 위임장을 가지고서 잉글랜드에 도착하기 전에, 남작들이 자신들이 한 충성의 맹세를 버렸도다. 그리고 비록 왕이 부당하게 그들을 억눌렀더라도, 그들은 자신의 소송에서 자신들을 판사들과 집행리들로 만들고 게다가 공개적으로 주군들에 대해서 봉신으로서 모반하고 기사로서 왕에 대항하면서 왕에 반대하지 않는다 해도, 그들은 스스로 다른 사람들과 마찬가지로 왕의 적으로 인정된 자들과 맹약을 하였다. 게다가 감히 왕에 대해서 전쟁을 하여 그의 영토를 차지하고 유린하였으며 심지어 그들에게 반역적으로 굴복한 왕국의 수도인 런던 시를 점령하기도 하였다. 한편 앞서 말한 사절들이 잉글랜드로 돌아왔고, 왕은 짐의 위임에 부합하게 남작들에게 충분한 재판을 행사할 것을 제시하였다. 그들은 모두 이 제안을 거부하였고 더 나쁜 행위들에 손대기 시작하였다. 그리하여 왕은 우리의 짐의 법정에 호소하면서 짐 앞에서 그들을 재판할 것을 제안하였으며, 이 성과 짐의 주군 권리에 따라 짐에게 이 재판의 결정이 속하였도다. 그러나 이것을 그들은 완강히 거부하였다. 그러자 왕은 그가 선발한 4인의 분별력 있는 사람과 그들 자신이 선출한 4인을 더하여 짐과 더불어 이 논쟁을 끝낼 것을 제안하였으며, 왕은 약속하길 그 자신의 개혁에서 왕이 자신의 재직 기간에 잉글랜드에 도입된 모든 남용을 철회할 것이라고 하였다. 그러나 이 역시 그들이 경멸하며 물리쳤다. 마침내 왕은 그들에게 선포했다. 왕국의 주군 자격이 로마교회에 속하므로 왕은 짐의 특별한 위임이 없이는 짐에 손해가 되도록 왕국 내에서 아무런 변화도 일으킬 수 없고 일으켜서도 안 된다고 하였다. 그리고 왕은 다시 짐의 법정에 호소하였는데, 자신과 자신의 왕국을 왕의 모든 명예와 권리와 더불어서 사도의 보호 아래에 두었다. 그러나 이 방법으로도 아무런 진전이 없자, 왕은 대주교와 주교들에게 짐의 명령을 수행하여 로마교회의 권리를 지키고 십자군들에게 수여된 특권의 형태에 부합하게 자신을 지키도록 요구하였다. 대주교와 주교들이 아무런 행동을 취하지 않자, 왕은 모든 조언과 도움이 없어졌음을 보고서 남작들이 감히 요구한 것을 거부하지 못했다. 그리고 가장 용감한 사람들에게도 영향을 끼칠 이러한 폭력과 두려움으로 인해 그는 수치스럽고 저급할 뿐 아니라 불법적이고 부당한 협정을 받아들이지 않을 수 없었으니, 이로써 왕의 왕다운 권리와 위험을 부당하게 약화시키고 손상시켰던 것이다.

그러나 주님은 우리에게 선지자 예레미야를 통해서 "내가 오늘 너를 여러 나라와 여러 왕국 위에 세워 네가 그것들을 뽑고 파괴하며 파멸하고 넘어뜨리고 건설하고 심게 하였느니라"(〈예레미야〉 1:10)라고 하며, 이사야를 통해서 "흉악의 결박을 풀어주며 멍에의 줄을 끌러주라"(〈이사야〉 58:6)라고 말하였기에, 우리는 그러한 수치스러운 전제를 무시하기를 거부하노라. 왜냐하면 그렇게 함으로써 교황청은 불명예롭게 되며, 왕의 권리는 침해되고, 잉글랜드 민족은 부끄럽게 되고, 십자군을 향한 모든 계획이 심각하게 위협받을 것이리라. 그리고 이 위험이 임박해 있을 것이므로…… 짐은 극단적으로 그의 결정을 거부하고 정죄하노라. 또 파문의 위협하에 짐은 왕이 그것을 지키지 말 것을 또 남작들과 그들의 동료들이 그것이 준수될 것을 요구하지 말아야 한다고 명하는 바이다: 그 헌장은, 그것을 확증하든 아니면 그것에서 나오든 모든 책임과 보장과 더불어서 짐은 존재하지 않으며 영구히 모든 효력을 상실한 것임을 선언하노라. 따라서 어떤 사람도 짐의 무효화와 금지에 관한 이 문서를 침해하는 것을, 그에 감히 반대하는 것을 합법적이라고 여기지 않도록 할 것이다. 만약 어떤 사람이 그렇게 하려고 한다면, 그로 하여금 그는 전능하신 신과 성 베드로와 성 바울로의 노여움을 사리라는 것을 알도록 할 것이다.

—아나니Anagni, 짐의 교황직 18년, 8월 24일

| 출전 |

헤이스팅스 전투 기록: 영국 왕 시대기Chronicle에 나온다. 이것은 베네딕투스 수도원의 수사인 맘스베리의 윌리엄William of Malmsbury이 썼는데, 그의 아버지는 노르망디인, 어머니는 잉글랜드인이었다. 이 기록은 사건이 있은 후 50년이 지나서 이루어졌지만, 사건에 관한 가장 자세한 설명이다.

둠즈데이 북: 1085년 정복왕 윌리엄은 자신의 왕국에 대한 호구조사를 실시하여 각 지방에서 왕에게 내야 할 조세에 대한 정확한 기록을 마련하도록 하였다. 이 조사는 잉글랜드가 봉신들에게 어떻게 분할되었는지를 보여주는 정보를 제공함과 아울러 정복 전부터 문제되었던 토지 분쟁을 해결하려는 의도에서 만들어진 것이다. 헌팅턴셔는 전형적인 사례를 제공한다. 이 대장은 1086년에 완성되었다.

| 참고문헌 |

김현수, 《영국사》, 대한교과서, 1997.
나종일·송규범, 《영국의 역사 상》, 한울아카데미, 2012.
모건, 케네스 O., 《옥스퍼드 영국사》, 영국사연구회 옮김, 한울아카데미, 2012.
타이어니, 브라이언·페인터, 시드니, 《서양 중세사: 유럽의 형성과 발전》, 이연규 옮김, 집문당, 1989.

15 독일

: 후진적인가, 특수한가

911~918	프랑켄 공 콘라트 독일 왕 재위	1106~1125	하인리히 5세 재위
919~1024	작센 왕조	1125~1137	로타르 재위
919~936	하인리히 1세 재위	1138~1254	호엔슈타우펜 왕조
936~973	오토 대제 재위	1138~1152	콘라트 3세 재위
973~983	오토 2세 재위	1152~1190	프리드리히 1세 재위
983~1002	오토 3세 재위	1190~1197	하인리히 6세 재위
1002~1024	하인리히 2세 재위	1212~1250	프리드리히 2세 재위
1024~1125	잘리어 왕조	1231	멜피 헌장
1024~1039	콘라트 2세	1251~1254	콘라트 4세 재위
1039~1056	하인리히 3세 재위	1273~1291	합스부르크가의 루돌프 재위
1056~1106	하인리히 4세 재위	1346~1378	카를 4세 재위

앞서 설명된 두 나라에 비해 동프랑크, 즉 독일에서는 색다른 광경이 전개된다. 전체적으로 보아 독일은 봉건제가 확산되지 못하였고 프랑스와 달리 백령으로 조직되지도 못하였다. 독일어의 '그라프Graf(게르만어 gravio에서 유래하는데, 그리스어의 서기라는 뜻으로 추정됨)'는 프랑스의 '백伯, grave'과 같은 것이었으나, 왕의 대리인에 불과했고 독자적인 권력은 가지지 못했다. 오히려 여기에서는 귀족의 세력과 자유농민이 지배적이었다. 부족공이라는 말을 주목할 필요가 있는데, 이 말은 영어로는 '트라이벌 듀크Tribal Duke', 독일어로는 '슈타메스헤어초크Stammesherzog'라고 한다. 이들은 카롤링 왕조가 약화되는 것을 기회로 삼아서 힘을 키워 정권을 장악하려고 했으나, 교회는 이런 움직임에 제동을 걸었다. 특히 마자르족이 침입하자 부족공들은 마지못해 왕을 선출했다.

동프랑크 역사에서 최초로 부족공들에 의해서 왕으로 뽑힌 프랑켄Franken 공

콘라트Konrad(재위 911~918)는 그들 중에서 가장 약한 존재였다. 7년간의 짧은 통치 기간 동안 왕으로서 이 시대에 필요한 역할, 즉 마자르족과 슬라브족의 침입을 막고 강력한 부족공을 제압하는 일을 수행하지 못하였다. 형식상 동프랑크 왕국의 마지막 왕 소년왕 루이Ludwig das Kind(루이 3세 또는 4세)를 계승하였지만, 교황청은 황제의 칭호를 수여하지 않았다.

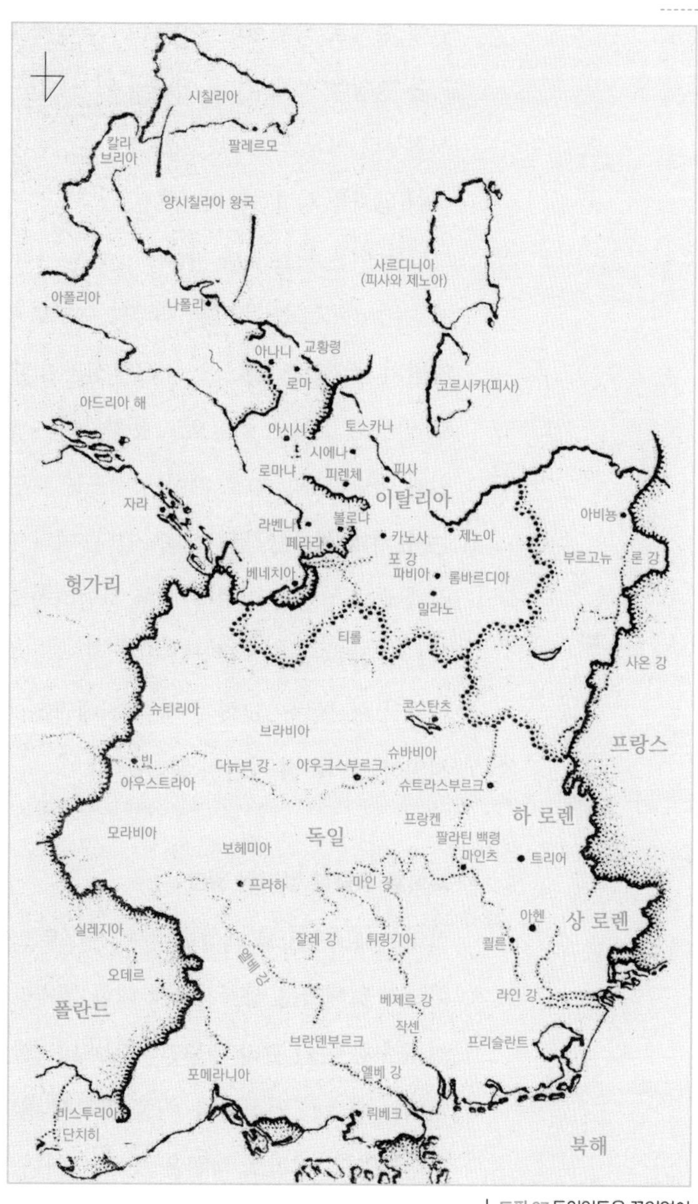

도판 37 독일인들은 끊임없이 남진 정책을 취했으며, 반면 이탈리아에 있는 교황청은 이들을 견제하려 하였다. 이러한 지정학적 위치가 역사에서 주요한 요인으로 등장한다. 지도의 남북을 바꾼 이유는 그동안 남쪽 이탈리아나 교황청의 입장에서 보아온 시각을 독일 황제나 왕의 입장에서 보는 것이 더 정확한 역사상을 전달하기 때문이다.

마자르를 격퇴한 작센 왕조

강력한 지도자가 필요하다는 것을 다시 인식하게 된 부족공들은 별명이 새 사냥꾼der Finkler이던 하인리히Heinrich 1세(재위 919~936)를 왕으로 선출했다. 그의 근거지가 작센 지방이었으므로 작센 왕조라고 하기도 하고, 오토라는 이름으로 계승되었기 때문에 오토 왕조라고 부르기도 한다. 하인리히 1세는 왕이 되었으나, 독일 전역을 자신의 지배 체제 속에 넣으려 하지 않고, 오히려 각 공국이 거의 독립적으로 운영되도록 허용했다. 그리고 반대로 북쪽으로 세력을 확대하여 슬라브족을 공격하고 마자르족을 격퇴하였다.

그 뒤를 이은 왕이 오토 대제Otto the Great(재위 936~973)이다. 오토는 롬바르드를 정복하고 955년에 레히펠트Lechfeld 전투에서 마자르족을 격퇴한다. 마침내 962

년에 황제로 즉위한다. 이때부터 공식적으로 신성로마제국Holy Roman Empire이라는 명칭을 쓰게 된다. 이견이 있기는 하지만, 신성로마제국은 일반적으로 이 시점부터 시작한다. 그는 교회의 지원과 왕의 신정적神政的 역할을 최대한 활용하여 왕권을 강화하였다.| 자료 1 |

그를 이은 오토 2세(재위 973~983)는 사라센인과의 전투에서 패하였다. 오토 3세(재위 983~1002)는 로마를 제국의 수도로 만들려고 했지만, 자신의 기반이 작센 지방의 군대였으므로 그 시도는 성공할 수 없었다. 그러나 로마를 제국의 수도로 만들고 그곳을 중심으로 통치하려는 생각은 이후의 왕들에게 계승된다. 독일과 이탈리아만 따로 떼어낸 지도를 보면, 독일과 이탈리아는 하나로 붙어 있는 유기체라는 생각을 할 수 있다. 이와 같은 지정학적인 모습은 독일 황제의 정책에 큰 영향을 미쳤다. 이후 하인리히 2세(동프랑크 왕으로 재위 1002~1024)를 마지막으로 작센 왕조는 끝났다.

독일 황제들은 교회에 대한 지배권을 주장했는데, 그것은 세속인이 사제를 서임하는 이론적 기반이 된다.| 자료 2 |

교회를 후원한 잘리어 왕조

잘리어Salier 왕조를 개창한 왕은 콘라트 2세(재위 1024~1039)이다. 그는 왕권을 강화하기 위해서는 성직자들에 대한 통제만으로는 부족하다고 판단했다. 그리하여 순수한 속인 관리 계층인 미니스테리알레스Ministeriales, 즉 직신直臣이라고 번역되는 관료를 양성한다. 이들은 직접 왕의 명령을 받는다는 의미에서 그렇게 명명되었다. 영어로 장관을 뜻하는 미니스터Minister라는 말에 이 의미가 남아 있다.

이어서 즉위한 하인리히 3세(재위 1039~1056)는 속인 관리들을 활용해서 화폐 수입을 증대시켰다. 그러자 이에 대해 작센 지방의 귀족들이 위협을 느꼈고, 하인리히 3세는 왕권을 더욱 강화하기 위해 교회를 주목하였다. 즉 교회의 정신적 역할을 통치에 이용하겠다고 생각해서 수도원 개혁 운동을 지원하고 개혁을 선도한 것이다. 당시 젤게레트스티푸퉁Seelgerätstiftung이라는 제도가 만들어지는데,

이는 교회로 하여금 봉건적인 의무에서 떠나 오로지 왕실의 안녕만을 빌어주는 조건으로 지원하는 것을 의미한다. 이처럼 그는 통치에서 교회가 중요함을 깊이 인식하고 있었다.

그의 아들인 하인리히 4세(재위 1056~1106)| 자료 3 |는 교황 그레고리우스 7세| 자료 4 |와 벌인 서임권 투쟁으로 유명하다. 그 투쟁의 배경에는 선대로부터 교회를 적극적으로 지원해온 정책이 있었다. 하지만 교황과 황제의 투쟁은 귀족들에게 어부지리였다.

하인리히 5세(재위 1106~1125)는 별 치적을 남기지 못한 채 죽고, 호엔슈타우펜Hohenstaufen가의 프리드리히를 후계자로 지명하였으나 제후와 교황의 반대로 좌절되었다. 결국 로타르Lothar(재위 1125~1137)라는 인물이 잘리어 왕조를 계승하였으나 명목상의 왕이었고, 호엔슈타우펜가의 프리드리히와 빈번하게 분쟁했다. 로타르를 마지막으로 잘리어 왕조는 끝났다.

교황권과 맞선 호엔슈타우펜 왕조

황제의 재위를 노리는 여러 가문의 각축 끝에 콘라트 3세(재위 1138~1152)가 황제로 즉위하면서 호엔슈타우펜 왕조가 열렸다.

이어서 프리드리히Friedrich 1세(재위 1152~1190)가 즉위하였는데, 그는 붉은 수염이라는 의미의 바르바로사Barbarossa라는 별칭으로 불렸다.| 자료 5 | 프리드리히 1세는 즉위하자 맨 먼저 영토를 확장시키고자 하였다. 그리하여 프랑켄과 남작센 지방의 왕령지를 회복하려 했는데, 이곳에는 사자공 하인리히라는 막강한 세력이 버티고 있어서 전쟁이 불가피했다. 그 대안으로 프리드리히 1세는 부르고뉴 왕국과 이탈리아에 대한 팽창 정책을 펼쳤다. 황제의 남하 정책에 가장 위협을 느낀 것은 교황 세력이었다. 교황은 이탈리아에서 황제권이 부활하는 것을 두려워하여 1155년에 역설적으로 바르바로사를 황제로 대관한다. 황제의 권한은 그 상위자인 교황에게서 유래한다고 하는 원칙을 보여주기 위함이었다. 바르바로사는 당시 교황인 알렉산데르Alexander 3세와 대립하다가 이처럼 화해했다. 이어서 황제는 롬바르디아 지역을 통치하고자 했는데, 이 지역 주민들이

완강하게 저항하자 이 또한 실패하였고 조공을 받는 선에서 타협을 이루었다. 그는 슈바벤 지방과 중부 이탈리아를 중심축으로 하는 봉건 왕국을 수립하고자 하였다. 이러한 의도에 교황은 반발하게 되었다. 교황이 황제의 대관을 치르지 않으면 황제가 권력을 행사할 수 없다고 주장하자, 황제는 자신 역시 신의 지상 대리인으로서 어떠한 권위로부터 독립된 존재라고 맞섰다. 이와 같은 갈등은 이후 독일의 거의 모든 황제들을 통해 확인할 수 있다.

다음의 군주 하인리히 6세(재위 1190~1197)는 몇 가지 문제에 직면하였다. 사자공 하인리히가 왕권에 도전하려는 반란 계획을 알게 되었고, 교황령의 문제로 교황과 적대 관계에 놓이게 된 것이다. 이러한 문제점을 인식하고 있던 그는 독일과 부르고뉴, 이탈리아, 시칠리아를 포괄하는 통치 영역을 확보하고 있었으며, 그리스 정복과 팔레스타인 십자군 원정 계획 때문에 협상이 필요했다. 그는 제후들에게 왕위 세습에 동의해주면 제후들이 갖고 있는 봉토의 세습도 인정하겠다는 대안을 제시하였다. 교황에게도 교황령을 포기하면 독일제국의 모든 교회로부터 수입을 확보해주겠다는 안을 제시했다. 하지만 이 협상안은 제후와 교황 모두가 거절함으로써 실패로 돌아갔다.

이어서 즉위한 프리드리히 2세(재위 1212~1250)는 6개 국어를 자유롭게 구사할 수 있을 정도로 대단히 지적 수준이 높은 군주였다. 그는 국제 문화 교류가 활발하던 시칠리아 왕궁에서 성장했으므로 이슬람교에 대해서 비교적 잘 알고 있었고, 상대적으로 그리스도교 신앙은 약했다. 이러한 이유로 독일 본토에 대해 큰 관심이 없었던 그는 제후들에게 본토를 대폭 양보한다. 봉토를 완전히 세습하도록 했고, 그 지역의 제후들에게 완전한 사법권을 부여했다. 따라서 영지에서 제후들의 동의 없이는 국왕이라고 하더라도 요새를 세우지 못할 뿐만 아니라, 과세도 할 수 없었다. 또한 제후들에게 독일 본토를 거의 양도하는 정책을 마련하여 독일 도시들의 운명이 제후들에게 맡겨질 정도였다. 반면 프리드리히 2세는 교황과 관계가 좋지 않았다. 그가 황제의 관을 받을 때, 교황에게 십자군에 참가하고 교황령의 일부를 반환할 것을 약속한 적이 있었다. 그러나 프리드리히 2세는 이 약속을 이행하지 않았고 대신 시칠리아 왕국과 중부 이탈리아에서 권력을 확보하려 했다. 이에 교황 그레고리우스 9세는 십자군에 참가하겠다는 약속을 지키지 않았다는 명분을 내세워 프리드리히 2세를 파문한다. 그러자 황제는 교회와 타협하지 않고 바로 성지로 떠났다. 흥미로운 사실은 프리드리히 2세가 전혀 싸우지 않고 그 지역의 유력자들과 타협하여 예루살렘, 나사렛, 베들레헴 등 그리스도교의 성지를 차지한 사실이다. 이는 십자군 원정 사상 가장 큰 성과였으나 오히려 이것이 교황을 비롯한 그리스도교 세계에 더 큰 공분을 일으키게 된다. 왜냐하면 황제의 화평은 십자군 원정을 통해 공통의 적을 둠으로써 그리스도교 세계를 통제하려 한 교황의 의도에 크게 어긋났기 때문이다.

프리드리히 2세가 독일 본토에 대해 어떤 정책을 취하고자 했는지 알려주는 것은 1231년에 제정된 멜피 헌장The Constitution of Melfi이다. 이 헌장으로써 왕의 권한을 강조하고 귀족과 도시민의 특권을 축소하려고 했다. 또한 민·형사사건을 왕의 법정에 회부하도록 했고, 시칠리아를 11개의 주로 구분하여 검찰관 및 지사가 통치하도록 하였다. 이어서 라벤나 회의에서 롬바르디아 지역의 도시에 대해 중앙집권적 통치를 하겠다고 선언했다. 한편 제후들을 위한 헌장은 각 제후에게 영지 내에서 실질적인 주권을 부여하려는 것이 골자였다. 이 헌장들을 종합해서 보면 이탈리아는 고도로 중앙집권화된 왕국으로 만들고, 독일은 제국의 변방에 있는 중요하지 않은 지역으로 방치하고자 했던 것이 프리드리히 2세의 의도였음을 알 수 있을 것이다. 이러한 정책에 교황 인노켄티우스 4세는 공의회를 소집하여 프리드리히 2세의 폐위를 선언했다.| 자료 6 | 하지만 황제는 이에 굴하지 않은 채 롬바르디아 지역을 진압하고자 했지만 성공하지 못했고, 곧 전사함으로써 호엔슈타우펜 왕조는 종말을 고하게 되었다.

이어서 왕위에 오른 콘라트 4세는 1254년에 사망했다. 본인으로서는 왕권을 확립할 여유를 지니지 못했다. 그 후 황제 선출권을 두고 제후들이 두 파로 나누어졌다. 강력한 경쟁자는 카스티야의 왕이었던 알폰소Alfonso 10세와 콘월 백인 리처드였다. 하지만 이런 경합 과정에 최종적으로 낙점 받은 사람은 소제후인 합스부르크가의 루돌프Rudolf von Habsburg(재위 1273~1291)였다.

앞에서 몇 개의 왕조 변화에 대해 살펴보았지만, 독일은 본질적으로 통일된 나라가 아니었다. 마지못해 선출된 왕의 미약한 종주권 아래에 제후들이 느슨하게 연합되어 있던 형태였고, 실질적인 지배자는 그 지역의 제후들임을 알 수 있다. 게다가 1187년에 몽골제국이 헝가리 등지를 침략하였는데, 이 침입으로 서양은 커다란 충격을 받게 되었다. 훈족, 마자르족, 몽골족으로 이어지는 일련의 충격은 서구인에게 황색인종에 대한 공포를 가져왔으므로, 이를 황화黃禍, Yellow Peril라고 한다.

무질서로 점철된 14~15세기의 제국

이 시기의 독일제국은 독립국가의 느슨한 연합 상태에 있었고, 수많은 독립국가가 난립하는 상태였다. 이러한 상황에서 어느 정도 대의체적인 의미를 가지면서 독일에서 질서를 부여할 수 있었던 것은 일곱 명으로 이루어진 선제후選帝侯단이었다. 선제후는 라틴어로는 '프린켑스 엘렉토르Princeps Elector', 독일어로는 '쿠르퓌어스트Kurfürst', 영어로는 '일렉터Elector'라고 표현되며, '황제를 뽑을 수 있는 제후'라는 뜻이다. 로마의 황제를 선출하는 권한을 가지는 일곱 명의 선제후단은 네 명의 세속 군주와 세 명의 주교로 구성되었다. 세속 군주는 팔츠 백작Pfalzgraf(라틴어로 팔라티누스Palatinus), 작센 공, 브란덴부르크 변경백, 보헤미아 왕으로 구성되었고, 세 명의 주교는 마인츠, 트리어, 쾰른의 대주교였다. 선제후의 지위는 남계 상속과 선제후국을 분할 상속하는 것을 금지하면서 독일 전체에 대한 감독위원회 역할을 했다. 따라서 선제후는 독일제국의 우두머리를 선출하는 경우에 제후와 인민의 대의체적인 기능을 수행하였다고 할 수 있는데, 이러한 내용을 포괄적으로 담은 문서가 카를 4세(재위 1346~1378)에 의해 반포된 금인칙서Golden Bull 또는 황금칙서라는 것이다. 금인칙서가 선포됨으로써 독일제국은 그나마 질서를 유지할 수 있었다. | 자료 7 |

독일의 14~15세기는 한마디로 분열이 심화된 시대였다고 볼 수 있다. 제국이 분열되었을 뿐만 아니라, 제후국 내에서도 무정부 상태가 지속되었다. 정부의 정통성과 질서에 대한 보편적인 원칙이 결여되어 있던 것이다. 이에 대하여 신민들은 제후에 맞서서 권리를 수호하고자 정치적으로 연합할 수밖에 없었다. 대표적인 예로 북부 독일의 도시 동맹인 한자 동맹Hansabund이 있었고, 봉건 귀족 중에서 하급 귀족이었던 귀족들이 이익을 도모하기 위해서 기사 동맹을 형성하기도 했다. 신분 회의도 구성되었는데 시민, 기사, 성직자 들이 참여해서 제후의 소집 없이도 회의가 가능했다. 이러한 시도는 신민의 권리, 특히 재산권을 제후로부터 보호하고자 했던 것에 그 핵심이 있었다.

도판 38 일곱 명의 선제후. 왼쪽부터 쾰른 대주교, 마인츠 대주교, 트리어 대주교, 팔츠 백작, 작센 공, 브란덴부르크 변경백, 보헤미아 왕이 그려져 있다. 이들은 독일제국 내에서 독일 왕을 뽑는 대의체로서의 기능을 수행했다.

제국의 분열상을 잘 보여주는 것은 황제 계승의 문제였다. 카를 4세가 죽고 그 아들로서 황제에 오른 벤체슬라스Wenceslas(독일어로 벤첼Wenzel, 체코어로 바츨라프Václav)는 독일 왕(재위 1378~1400)과 보헤미아 왕(재위 1378~1418)을 지내면서 프라하에 수도를 정하고 독일 영토를 담보로 전쟁 자금을 모았다. 그러자 귀족들의 항의가 이어졌고, 마침내 선제후는 벤체슬라스가 폐위될 것임을 선언했다. 그리하여 팔츠 백작인 루프레히트Ruprecht가 왕(재위 1400~1410)으로 선발되었다. 이어 벤체슬라스는 보헤미아에서 사촌이자 모라비아의 변경백인 욥스트Jobst에 의해서 옥에 갇히고, 이어서 동생 지기스문트Sigismund에 의해 구금되어 일시적으로 폐위되었다. 지기스문트는 루프레히트가 죽자 신성로마제국의 황제(재위 1411~1437)로 즉위하나, 1433년까지 교황청의 인정을 받지 못하였다. 그는 대립교황 요한 23세를 세워서 콘스탄츠공의회를 열어 교황의 계승 문제를 결정하고 교회의 개혁을 뒷받침했다.

15세기 말에 이르자 제후국 내부에서 통합과 중앙집권화가 진행되었다. 이러한 중앙집권화에 필요한 것이 로마법의 주권 이론이었다. 특히 과세권이 통치자가 양도할 수 없는 권한이라는 로마법 이론은 근대 국가를 형성하는 데 대단히 중요한 역할을 했다. 이러한 정치체제는 제후국을 중심으로 19세기까지 독일의 기본적인 정치체제로 남게 되었는데, 이를 영방 고권(란데스호하이트 Landeshoheit)이라고 한다. 그러므로 14~15세기의 독일은 한편으로 정치적인 해체와 혼란의 시대라고 한다면, 다른 한편으로는 이를 극복하기 위해 건설적인 제도를 발전시킨 이율배반의 시대였다고 할 수 있다.

독일의 중세 정치 구조에서 가장 큰 특징은 영방 고권이다. 란트Land라는 말은 오늘날 독일의 각 주를 뜻하지만, 중세에는 그 주가 국가의 의미를 갖고 있었음을 보여주는 단어이다. 란트는 영방 군주의 지배 영역을 의미하였고, 이들의 관할권이 미치는 재판 단체를 의미하기도 했다. 이처럼 영방 고권이 형성된 데에는, 프랑스와 달리 강제 수봉Leihezwang이 강행된 것에 원인이 있었다. 강제수봉이란 후계자가 없는 경우 1년 1일 내에 후계자를 선정해서 강제로 수봉하는 제도였다. 따라서 봉이 세습화되었을 뿐만 아니라, 백작의 지위도 세습되어 결국 통합될 수 있는 여지가 없었다. 게다가 불입권 정책이 시행되면서 독자적인 영역을 갖게 되었다. 또한 귀족의 대리인이라고 할 수 있는 포크트Vogt들이 법적으로 성장하면서 귀족과 다름없는 존재로서 별도의 영역을 가지게 되었다. 귀족들은 자력 개간으로 실력을 확대해나갔다. 이에 신민들은 귀족에 대항하여 자신들의 독자적 영역을 확보하기 위해 법적 기초를 마련했다. 이런 사정에서 형성된 영방 고권은 독일 사회의 기본 구조가 되었으며, 독일 중세의 큰 특징이라고 할 수 있다. 이런 영향은 오래 지속되어 나폴레옹이 프로이센을 침략할 당시의 독일에는 무려 1300여 개의 영방이 존재했다. 이것이야말로 독일의 영토가 크지만 그 세력이 약했던 이유이다. 오토 폰 비스마르크Otto von Bismarck가 독일을 통일하려는 계획을 세웠을 때에도 무려 300여 개의 영방이 아직도 건재하고 있었다. 이를 관세동맹으로 통합한 비스마르크의 정책은 어떻게 보면 위대한 것이라고 볼 수도 있고, 다르게 본다면 사학자 게오르크 고트프리트 게르비누스Georg Gottfried Gervinus의 예언처럼 | 자료 8 | 통일된 적이 없는 독일을 통일하려고 했기 때문에 세계대전의 불행이 초래된 것이라고 볼 수도 있다.

자료 읽기

자료 01

오토 대제의 통치에 대한 기술: 리우트프란트

F. A. 라이트Wright, 《크레모나의 리우트프란트의 저작들The Works of Liutprand of Cremona》, Routledge and Legan Paul, 1930, 발췌, pp. 215~232; 패트릭 J. 기어리 편집, 《중세사 사료선집》, p. 615f에서 재인용.

1장

베렝가리오Berengario 2세와 아달베르토Adalberto[1] 가 이탈리아에서 통치, 아니 광분하고 있을 때, 진실을 말하자면 그곳에서 그들은 최악의 참주정을 행사하였다. 그때 최소사제요 보편적인 교황인 요한은, 그의 교회가 앞서 말한 베렝가리오와 아달베르토의 야만적인 잔인함으로 고난을 받았으므로, 로마의 성스러운 교회에서 사절을 파견하였다. 추기경 부제 요한과 비서 아조가 몸소 오토 왕에게 갔다. 그는 당시에 가장 평온하고 경건한 왕이었으며, 지금은 존엄한 우리의 황제이시다. 사절들은 그에게 겸손히 편지와 사건의 설명을 통해 신과 거룩한 사도 베드로와 바울로에 대한 사랑을 위하여 요청하였다. 특히 그는 후자가 자신의 죄를 사해주길 원할 것이므로, 그와 그에게 맡겨진 성스러운 로마교회를 그들의 위협에서 구제하고 이전의 번영과 자유의 상태로 되돌려줄 것을 요청하였다. 로마의 사절들이 이러한 불만을 제기하는 동안, 성스러운 밀라노 교회의 존경받은 대주교인 발트페르트Waldpert는 앞서 말한 베렝가리오와 아달베르토의 광분으로부터 간신히 도망쳐서 앞서 말한 오토 당시의 왕이고 지금 우리의 존엄한 황제에게 베렝가리오와 아달베르토와 빌라의 잔인함을 더 이상 견딜 수도 복종할 수도 없다고 선언하고는 강력한 보호를 요청하였다. 그들은 인간과 신의 법에 반하여 아를의 주교 마나세Manasses를 밀라노의 주교에 임명하였던 것이다. 발트페르트는 왕과 왕의 백성에게 속하는 권리를 그처럼 가로챈 것은 그의 교회에 재앙이라고 말했다. 후에

1 | 부자 관계인 두 사람은 이탈리아 서북부 이브레아Ivrea의 변경백으로 950~961년에 이탈리아 왕으로 공동 통치하였으나 오토 대제에게 대항하고 교황청을 습격하였다. 961년 오토에게 패배하였으며, 아버지는 966년에, 아들은 971년에 죽었다. 빌라Willa는 베렝가리오의 부인이다.

발트페르트가 코모의 주교인 발도Waldo에게 갔는데, 그 역시 베렝가리오와 아달베르토, 빌라의 손에 같은 모욕을 당했노라고 울부짖었다. 사도의 사절들과 더불어서 세속의 성원 몇 사람이 도착했다. 그들 중에 유명한 후작 오트베르트Otbert는 오토, 곧 당시는 왕이고 지금은 황제에게 도움과 충고를 요청하였다.

2장

가장 경건하신 왕께서 그들의 읍소에 마음이 움직였으며, 자신이 아니라 예수 그리스도를 생각했다. 그리하여 비록 관습에 반하는 것이기는 했지만, 그는 자신의 어린 아들 오토를 왕으로 임명하고 그를 작센에 남겨둔 채 군대를 소집하고 급히 이탈리아로 행군했다. 거기에서 그는 베렝가리오와 아달베르토를 즉각 그 영역에서 몰아내었으니, 성스러운 사도 베드로와 바울로가 그의 군기 아래에서 그만큼 더 빨리 싸운 것이 분명하다. 선한 왕은 흩어진 것들을 모았고 깨진 것을 고쳤으며 각자에게 자신의 마땅한 소유를 돌려주었다. 그러고 나서 그는 같은 일을 또 하려고 로마로 진군했다.

3장

그곳에서 그는 놀라운 의식과 전례 없는 화려함으로써 환영받았고, 최고 주교요 보편적인 교황인 요한에 의해서 황제로 도유되었다. 교회에게 그는 교회의 소유를 되돌려주었을 뿐 아니라 보석, 금, 은으로 이루어진 사치스러운 선물을 수여하였다. 게다가 교황 요한과 도시의 모든 지도자들은 성 베드로의 가장 고귀한 몸에 대고 엄숙히 맹서하길, 그들은 결코 베렝가리오와 아달베르토를 돕지 않을 것이라고 하였다. 그러자 오토 대제는 속도를 다하여 파비아로 돌아왔다.

4장

한편 교황 요한은 자신이 신성한 황제에게 한 맹세와 약속을 잊어버리고 아달베르토에게 사람을 보내어 되돌아올 것을 요구하면서, 지극히 신성한 황제의 권능에 대항하여 그를 돕겠노라고 맹서하였다. 신의 교회들과 교황 요한을 박해한 아달베르토를 신성한 황제께서 매우 겁을 주었으므로, 그는 이탈리아를 완전히 떠나서 프락시네툼Fraxinetum으로 가서 사라센인들의 보호를 받고 있었던 것이다. 이번에는 극도로 혐오하여 전에 공격하였던 바로 그 사람에게 교황 요한이 그러한 애정을 보인 것을 정의로운 황제는 전혀 납득할 수 없었다. 따라서 황제는 친지들 중 몇 사람을 불러서는 교황의 이 보고가 사실인지 여부를 묻기 위해 이들을 로마로 파견하였다. 황제의 사절들이 도착하여 다음의 답을 듣게 되었는데, 이는 소수의 밀고자에게서가 아니라 모든 로마 시민들로부터 들었다. "교황 요한은 가장 신성한 황제를 혐오한다. 그가 아달베르토의 독수에서 해방시켰건만, 마치 악마가 창조자를 미워하는 것과 같은 이유로. 황제는 우리가 경험으로 알건대 신의 일들을 행하며 그것을 사랑한다. 그는 교회와 국가의 현안들을 자신의 검으로 지키며 자신의 덕으로 장식하며 자신의 법으로써 정화하고 있다. 교황 요한은 이 모든 것들의 적이다. …… 그가 마음대로 자신의 길을 가기 위해서 그는 아달베르토를 보호자, 수호자, 지킴이로서 두고자 하는 것이다."

7장

이것이 이루어지자 민덴Minden의 작센인 주교 란도하르드와 크레모나의 이탈리아인 주교 리우트프란트를 황제의 사절들과 함께 파견하여 아무런 불명예가 없도록 하여 주군 교황을 만족시키고자 하였다. …… 그들은 모든 것을 지시받은 대로 차례로 설명하였으나 교황은 맹서로도, 단판 전투로도 해결되기를 거부하고 고집을 부렸다. 한 주 후에 그는 나르니의 주교 요한과 추기경의 부제인 베네딕투스를 거꾸로 사절과 함께 주군이신 황제에게 파견하였는데, 그는 자신들의 속임수로 특히 속이기 어려운 사람을 미혹시킬 수 있다고 생각한 것이다. 그러나 그들이 돌아오기 전에 아달베르토가 교황의 초청에 따라서 프락시네툼을 떠나서 키비타 베키아에 도착하였다. 그곳에서부터 로마로 출발했고, 로마에 도착해서는 비록 교황에 의해 그처럼 멀리 배척되었으나 당연히 그랬어야 했던 것처럼 교황에게서 명예로운 환대를 받았다.

8장

…… 왜 길게 말하겠는가? 황제가 인근에 진영을 설치하자, 교황과 아달베르토는 함께 로마에서 도망하였다. 시민들은 황제 폐하를 환영하였고, 그의 모든 부하를 시내로 영접하였다. 그리고 다시금 충성을 약속하였으며, 강한 맹세와 더불어 결코 존엄한 카이사르 오토와 그의 아들 오토 왕의 동의와 승인이 있는 경우가 아니라면 교황을 선출하거나 임명하지 않을 것이라고 덧붙였다.

자료

02

오토 왕조는 교회를 어떻게 지배하였나

노먼 F. 캔터, 《중세문명》, pp. 213~214.

독일 교회에 대하여 오토 왕조가 취한 통제의 기초는 세 가지로 지적할 수 있다. 가장 중요한 것은 11세기 말 비평자들에 의해 '속인 서임Lay Investiture'이라고 불리게 된 제도이다. 그러나 그때까지 이것은 그저 교회에 대한 왕의 서임으로서 언급되었을 뿐이었다. 왕은 주교와 수도원장에게 그들 직책의 상징물을 가지고 주교와 수도원장을 임명할 권한을 주장하였다. 이 주장의 이론적인 지지를 도유식을 치른 왕으로서 자신의 신성한 자격에서 찾았던 것이다. 왕의 서임이 없으면 주교 및 수도원장 피선자는 직책을 가질 수 없었다. 그 결과 고위직 성직자의 선출에 대해 왕에게 통제권을 주게 되었다. 교회의 지명에 대한 왕의 통제를 더 확고히 하기 위해서 교회의 신서는 속인 서임과 연관되었다. 그리하여 주교나 수도원장은 왕의 봉신이 된 뒤에야 자신의 지무에 속하는 재산권을 소유할 수 있었다. 이 조건하에서 성직자의 선출은 오토 제국에서 단순한 격식에 불과하게 되었다. 그리고 왕은 교구의 직책을 자신의 친척들과 자신의 충성스러운 문서국 서기들로 채웠다. 이들은 또한 독일에 있는 대수도원의 원장으로 지명되기도 하였다.

교회에 대한 오토 왕조의 지배는, 사적 소유 교회라는 제도의 배경을 이루는 독일의 법적 소유권 사상을 고수함으로써 도움을 받았다(이는 독일어로 아이겐키르헨Eigenkirchen이라고 한다). 이 제도는 결코 독일에 배타적으로 국한되지 않았다. 그것은 전 유럽에 걸쳐 존재하였고, 여전히 성직 수여권Advowson의 형태로 영국 국교회에 존재한다. 그러나 사교회 체제가 가장 큰 중요성을 가진 것은, 10세기와 11세기 독일제국에서이다. 왜냐하면 그것이야말로 왕권의 여러 기초들 중 하나가 되었기 때문이다. 독일법에서는 어떤 구조물이든지, 여기에 교회도 포함하여, 어떤 소유권자의 토지에 건립된 것은 소유자에 소속된다고 정해져 있었다. 따라서 누구든지 교회와 수도원이 들어선 토지를 가지고 있는 자는, 그들에 대해 주군으로 행세할 수 있고 성직자들을 지명할 수 있었다. 만약 교회가 교구의 교회라면 이는 중요하지 않다. 그러나 만약 넓은 토지를 지닌 수도원이 관련된다면 중요한 의미가 있다. 오토 왕조는 교회에 대한 시혜로 인해 또한 일부는 좀 더 폭력적인 수단을 통해서 독일 주교구와 수도원 다수에 대한 소유권을 획득하였다. 이로 인해서 고위 성직자의 중요한 성원들을 임명할 수 있는 권리를 획득하였으며, 교회

세입에 대한 통제권도 가지게 되었다.

독일 교회에 대한 오토 왕조의 통제권의 근거가 된 세 번째 제도는, '대리 자격Advocacy(라틴어로 아드보카투스Advocatus)'이라는 제도였다. 대리자는 세속 관리자로서 대성당이나 수도원에 속한 영지를 관리하였는데 이를 통해 세입의 큰 몫을 챙겼으며, 교회 영지에 사는 인민에 대한 영주권도 얻었다. 오토 가문은 독일에 있는 대리 자격의 대부분을 장악하는 데 능력을 발휘하였다.

자료 03

하인리히 4세, 교황을 탄핵하다

올리버 조지프 대처Oliver Joseph Thatcher·에드거 홈스 맥닐Edgar Holmes McNeal, 《중세사 원전A Source Book for Mediæval History》, Charles Scribner'S Sons, 1905, pp. 151~152.

찬탈이 아니라 거룩한 신의 명령에 의해 왕이 된 하인리히가 힐데브란트에게.

이(편지)는 그대가 받아 마땅한 인사요. 왜냐하면 그대는 교회에서 직책을 차지할 때마다 명예와 축복 대신 그것을 혼란의 근원으로 만들고, 그리스도교인들에게는 저주가 되게 하지 않은 적이 없으니 말이오. 많은 예들이 있지만 가장 두드러진 경우를 언급하자면, 그대는 주님의 도유식을 치른, 대주교, 주교, 사제에 감히 손을 보았을 뿐 아니라, 그들을 모욕하고 비난하였는데 마치 그들이 주인이 하는 일을 알기에 적합하지 않은 무식한 노예인 것처럼 했도다. …… 그대는 주교들이 아무것도 모르고 그대는 다 안다고 선언하여왔다. ……

이 모든 것을 짐이 참았던 것은 교황직에 대한 우리의 존중 때문이다. 그러나 그대는 짐의 겸손을 두려움으로 오해하였고 감히 짐이 신에게서 받은 왕권과 황제권의 권위에 대하여 공격하였도다. ……

그대는 백성에게 주교들과 그들의 당연한 권리를 멸시하도록 가르침으로써 고위 성직자들에 대한 반란을 사주했도다. …… 그대는 짐도 공격했는데, 비록 짐이 무가치하더라도 신에 의해 도유된 자들의 동료로서 통치하도록 도유되었으며 아버지들의 가르침에 따라서 오로지 신을 제외하고 아무에게서 판단되지 않을 것이다. ……

그러므로 그대는 폭력으로 획득한 사도의 자리에서 내려오라. 왜냐하면 바울로 성인에 의해서 거짓 교리의 혐의로 저주받은 것으로 선언되었고, 짐과 짐의 주교에 의해서 악한 통치로 인해 유죄로 판명되었기 때문이다. 다른 사람으로 하여금 베드로 성인의 옥좌에 오르게 하라. 그는 종교를 폭력의 은폐 수단으로 사용하지 않을 것만 아니라, 저 사도들의 왕자에 속하는 생명을 주는 교리를 가르칠 것이다. 짐 하인리히는 신의 은혜로 왕이 되었으므로 짐의 모든 주교들과 아울러서 그대에게 말한다. "내려오라, 내려오라, 그리고 만세에 저주를 받으라."

자료 04

그레고리우스 7세, 하인리히를 폐위하고 파문하다[2]

올리버 조지프 대처·에드거 홈스 맥닐, 《중세사 원전》, pp. 151~152.

성 베드로, 사도들의 제일가는 분이여, 당신의 귀를 내게 기울이소서. 당신에게 비오니, 당신이 나의 어린 시절부터 길러왔고 내가 당신에게 충실하므로 나를 미워하는 내 적들에게서 나를 건져내 온 당신의 종인 나의 말을 들어주소서. 나의 주인이신 신의 어머니, 그리고 당신의 형제 바울로 성인이시여, 그리고 모든 다른 성인들이시여, 당신의 거룩한 로마교회가 나의 의지에 반해서 교회를 통치하게 불렀으며, 나는 당신의 옥좌를 결코 폭력으로 얻지 않았음을 여러분들이 증언하십니다. 또 나는 사기나 세속의 야심으로 당신의 자리를 얻기보다는 추방되어 내 나날을 끝내겠습니다. ……

내 권위와 온전함을 확신하니 이제 짐은 전능한 신, 성부, 성자, 성령의 이름으로 황제 하인리히의 아들, 하인리히가 독일과 이탈리아에 있는 그의 왕국을 상실하였음을 선언하노라. 짐은 이것을 당신의 권위에 따라서 그리고 당신의 교회의 명예를 지키기 위해서 하였노라. 그가 반역하였기 때문에…… 그는 그리스도교인으로 해야 할 복종을 거부하였고, 그는 신에게로 돌아오지 않고 방황하였으며, 파문된 자들과 거래하였고, 많은 불의를 행하였으며, 당신이 나의 증인이신데, 짐이 그를 구원하기 위해 보낸 경고들을 무시하였으며, 그는 교회로부터 스스로를 잘라내었으며 교회를 조각내고자 하였도다. 그러므로 당신의 권위에 따라서 그를 저주하에 놓노라. 짐이 그를 저주하는 것은 당신의 이름에 따른 것이며, 모든 인민이 당신이 베드로임을 알게 하소서. 또 당신의 반석 위에 살아 있는 신의 아들이 그의 교회를 세우셨으며 지옥의 문들이 교회를 이기지 못하리라(〈마태복음〉 16:18).

2 | 이 파문이 불러일으킨 효과는 컸다. 특히 하인리히의 봉신들을 그에 대한 충성에서 풀어주었으며, 왕국을 다른 경쟁자에게 넘겨야 할 위험이 있었다.

자료
05

프리드리히 바르바로사의 업적

프라이징의 오토Otto of Freising, 《프리드리히 바르바로사의 업적The Deeds of Frederick Barbarossa》, trans. by C. C. Mierow, New York: Columbia University Press, 1953, 1981; 패트릭 J. 기어리 편집, 《중세사 사료선집》, p. 651f에서 재인용.

i. 도시가 창설된 이래 1800년 그러나 주님의 성육신 이래로 1154년에 가장 경건한 왕 콘라트는 봄에 3월 1일이 되기 15일 전에—즉 성회례Ash Wednesday일 다음 금요일에—언급한 밤베르크 도시에서 삶을 하직했다. 말하기에 놀랍지만, 3월 7일 이전 세 번째 날까지, 즉 언제나 내 눈이 항상 주님을 바라봄으로Oculi mei semper[3] 화요일에 알프스를 넘은 왕국의 엄청난 영역에서 (아울러 이탈리아에서는 어떤 남작들도) 프랑크푸르트 시에 군주들의 모든 단체를 마치 한 몸처럼 모으는 것이 가능했다. 중요한 인사들이 한 군주의 선택에 관련하여 그곳에서 함께 조언을 하였을 때—이것이 로마제국의 법의 정수, 즉 왕들은 직계 후손이 아니라 공들에 의한 선거를 통해서(마치 유일한 우선권에 의해서 자체적으로 이 권리를 요구한다)—슈바벤Schwaben의 공작이자 프리드리히 공의 아들인 프리드리히를 모두가 원하였다. 모든 사람의 찬동에 의해서 그는 왕의 직위에 올려졌다.

ii. 이 지지를 설명하는 것, 즉 그 인물에 대해서 만장일치로 동의한 것에 대한 이유는, 내가 회상컨대 다음과 같다. 로마 세계에는 이제까지 갈리아와 게르마니아의 범위 내에서 두 개의 저명한 가문이 있었다. 하나는 바이블링엔Waiblingen의 하인리히 가문이고 다른 하나는 알트도르프의 벨프Welfs of Altdorf 가문이다. 전자는 종종 황제를 배출하였고, 후자는 대공을 배출해왔다. 이들 가문은 위대한 자들이 대개 그러하듯이 영광을 열심히 추구하였는데, 빈번히 상대에 대해 시기하였고 자주 국가의 평화를 어지럽혔다. 그러나 적시에 그의 백성들에게 평화를 주고자 하는 신의 뜻에 의해 (사람들이 믿듯이) 프리드리히 공, 이 프리드리히의 아버지가 다른 가문의 성원, 즉 바이에른의 공작 하인리히의 따님을 아내로 맞았고, 그녀로부터 지금 통치하는 프리드리히의 아버지가 되었다.

그러므로 군주들은 이미 자주 언급된 그 청년의 업적과 용기만 아니라 양 가문의 성원이라는 점을 생각하면서, 그가—기초석처럼—두 개의 갈라진 벽들을 연결할 것으로 생각하여 그를 왕국의 머리로 선택할 것을 결정하였다. 그들은 만약 자신들의 개

3 | 〈시편〉 25장 15절에 나오는 구절이다.

인적인 이익에 유리한, 제국의 위인들 사이에서 그렇게 오래 지속된 경쟁이 이번 기회에 그리고 신의 도움으로 잠잠하게 된다면 국가에 크게 이익이 될 것을 예견하였다. 그들은 아직 어린이인 콘라트의 아들(마찬가지로 프리드리히라고 불린다)에 앞서 이 프리드리히를 옹립하길 더 선호하였던 것이다. 그것은 왕 콘라트에 대한 혐오에서 비롯한 것이 아니라, (이미 이야기되듯이) 보편적인 이익을 위한 것이다. 이러한 고려에 의해서 또 이러한 방식으로 프리드리히의 선발이 축하되었다.

자료
06

프리드리히 2세, 교황을 탄핵하다

프레더릭 오스틴 오그, 《중세사 사료집》, pp. 408~409.

황제 프리드리히는 이 과정들[4]에 관해서 완전히 알게 되자, 자신을 억제할 수 없어서 격렬한 분노를 표출하였으며 주변에 앉은 사람들에게 찡그린 시선을 던지면서 호통쳤다. "공의회에서 교황이 짐의 관을 박탈함으로써 짐을 불명예스럽게 했다. 어찌 그런 대담함이 나왔는가? 어디에서 그런 성급한 주제넘은 짓이 나왔는가? 짐의 보물을 간직할 내 창고들은 어디 있는가?" 그리고 명령을 내려 그것들을 가지고 와서 왕 앞에 열게 하고 말했다. "보라, 짐의 왕관이 이제 분실했는지." 그런 후 하나를 발견하고서는 그것을 자신의 머리에 쓰고, 이렇게 관이 올라가자, 그는 우뚝 섰다. 그리고 위협적인 눈과 무서운 목소리로서, 격정으로 억제할 수 없는 상태에서 크게 말했다. "짐은 아직 관을 잃지 않았으며, 교황이나 어떤 공의회의 공격에 의해서도 피 흘리는 싸움 없이 그것을 빼기지 않겠노라. 그자의 세속적인 자만심이 아주 높이 그를 올려놓아서, 그로 하여금 황제의 위엄에서 짐, 세상의 최고 군주, 아무도 더 위대할 수 없는 자—그렇다. 짐이야말로 필적할 자가 없는데—를 던져버리는가? 어떤 일들에서는 그[교황]에게 짐은 복종할 적어도 존경해야 할 의무가 있도다. 그러나 지금 짐은 모든 애정과 존경의 얽매임에서 벗어났으며, 또한 그와 어떤 종류의 평화에 대한 의무에 대해서도 그러하다." 따라서 그때부터 프리드리히는 교황에 대해 더욱 효과적으로 해를 가하고자…… 교황 성하에 대하여 온갖 위해를 가하였으니, 그의 친구들과 친척들만 아니라 그의 돈에 대해서도 그러했다.

4 | 리옹의 파문 결정.

자료

07

금인칙서

패트릭 J. 기어리 편집, 《중세사 사료선집》, p. 677f.

서문

황제 카를 4세의 금인칙서, 1356년 기원후.

영원하시고 전능한 신이시여, 당신 안에 세상의 유일한 구원이 있도다.

하늘과 땅을 만드신 당신, 또한 높으신 창조자이시여.

당신에게 기도하오니, 당신의 백성을 생각하시되 가엽게 당신의 높으신 처소에서

굽어보소서, 에리니스가 지배자인 곳에 그들의 발을 들여놓지 않도록.

알렉토가 명령하고 메가이라가 잣대를 지배하는 곳에 그렇게 하도록.

그러나 오히려 그 사람 당신이 사랑하는 황제 카를에 의하여,

오, 은혜가 지극한 신이시여, 당신은 은혜롭게 그것을 명하기 좋아하시니,

언제나 꽃이 핀 숲 사이 오솔길을 통해서

그리고 복자들의 왕국을 통해서 그들의 경건한 지도자들이 그들을 데려오리니.

거룩한 그림자 속으로, 그곳에서는 하늘의 물들이 촉진하리니.

생명에 뿌려진 씨앗들 그리고 무르익은 곡식이 영광스럽게 되는 곳에서

그들이 모은 모든 가시들이 천상의 샘에서 깨끗해지리라.

그리하여 그 수확은 신의 것이 되고 미래에 그 자치는 크게 되리라,

곡식을 창고에 넘치도록 백 겹을 쌓으면서.

거룩하고 불가 분리의 삼위일체의 이름으로 행복하게. 아멘. 카를 4세는 신의 은혜 덕에 언제나 존엄한 로마인의 황제가 되었고, 보헤미아의 왕으로서 이 사안에 관한 영구한 기념비가 될 것이다. 모든 왕국이 스스로 분열되면 황폐해질 것이로다. 왜냐하면 그들의 군주들이 도둑들의 동료가 되기 때문이다. 따라서 신은 그들 사이에 어지러움의 정신을 섞어놓아서 그들은 한낮에도 한밤중처럼 더듬거리게 되었다. 그분은 촛대를 자신의 자리에서 제거하셨기에 그들은 눈멀고 눈먼 자의 지도자가 될 것이다. ……

2. 로마인의 왕 선출에 관하여

더욱이 저 종종 언급된 선제후들이나 그들의 사절들이 프랑크푸르트 시에 들어간 후,

그들은 곧장 다음날 동이 틀 때 성 바돌로매 사도 교회에서 그들의 앞에 미사를 드려 성령을 찬양하여 성령이 그들의 마음에 빛을 비추도록 그리고 그의 덕의 빛을 그들의 감각에 주입하도록 할 것이다. 그리하여 그들이 성령의 보호로 무장된 채 정의롭고 선하며 유익한 사람을 로마인의 왕이요, 미래의 황제로서 그리고 그리스도의 백성을 위한 보호자로 선택할 수 있을 것이다. 그 미사가 행해진 후 모든 선제후나 그들의 사절들은 미사가 올려진 제단으로 접근하여 그곳에서 교회를 대표하는 주군 선제후들이 그들 앞에 반드시 있어야 하는 성 요한의 복음, "태초에 말씀이 계셨느니라" 앞에서 존경을 표하며 자신들의 손을 가슴에 놓을 것이다. 그러나 세속의 군주 선제후는 실제로 앞서 말한 복음을 자신의 손으로 만질 것이다. 그리고 이들 모두는 그들의 수행원들과 함께 그곳에서 무장하지 않은 채 서 있을 것이다. 그리고 마인츠의 대주교는 그들에게 서약서를 줄 것이고 그도 그들과 함께 그리고 그들 혹은 부재자의 사절들은 그와 함께 다음과 같이 공통으로 서약할 것이다.

"나, 마인츠의 대주교, 전 독일제국의 수석 장관, 선제후는 내 앞에 실제 놓인 이 거룩한 신의 복음 위에서 나는 나를 신과 신성로마제국에 묶고 있는 신앙을 통해서 신의 도움으로써 나의 분별력과 지능의 최대한도까지 그리고 앞서 말한 믿음과 부합하여 나의 분별력과 식별력이 말할 수 있는 한 그리스도교인 백성의 임시 수장, 즉 로마인들의 왕이며 장차 황제에 적합할 자를 선출할 의도를 가졌음을 맹세합니다. 그리고 내 목소리와 투표 또는 언급된 선거를 나는 아무런 협약, 지불, 대가, 약속 혹은 어떤 것이라고 부를 수 있는 것이 없이 줄 것입니다. 그러므로 신과 성인들이여 나를 도우소서."

1) 앞서 말한 형식과 방식으로 선제후들 혹은 그들의 사절이 맹세한 후에, 그들은 선거로 진행할 것이다. 그리고 지금부터 앞서 말한 프랑크푸르트 시에서 그들의 다수가 세상과 그리스도교인 백성을 위한 임시 수장, 즉 로마인의 왕이요 장래의 황제를 뽑을 때까지 떠나지 않을 것이다. 그러나 만약 그들이 이것을 그들이 앞서 말한 맹세를 한 날로부터 계속 셈하여 30일 이내에 하지 못하면, 또 이 30일이 지나면, 그때부터 계속해서 그들은 빵과 물만 먹으면서 생활할 것이며, 최초로 그들을 통해서 또는 그들의 다수를 통해서 앞서 말한 대로 지배자 혹은 신자들의 임시 수장이 선출되지 않으면 결코 앞서 말한 도시를 떠나지 않을 것이다.
2) 더욱이 그들 혹은 그들의 다수가 그 자리에서 선발하게 되면, 그 선출은 장래에 마치 반대하는 이 없이 만장일치로 그들 모두에 의해 통과된 것처럼 간주될 것이고 여겨질 것이다. 그리고 만약 선제후나 이미 앞서 말한 사절들 중 하나가 시간상 지체되거

나 부재하거나 지각하는 경우, 그가 앞서 말한 선거가 완료되기 전에 도착한다면 우리는 그가 오는 실제 시각에 진행된 상태의 선거에 참여하는 것이 허락될 것을 선언한다. 그리고 고대의 인정되고 찬양할 관습에 의해서 이어지는 것이 언제나 폭력 없이 준수될 것이기 때문에, 우리는 황제 권능의 풍부함에 따라서 앞서 말한 식으로 로마인들의 왕으로 선출될 자는 선거가 이루어진 직후에 그리고 그가 그의 황제직에 따라서 어떤 다른 소송이나 문제에 참여하기 전에 지체나 반박이 없이 그의 서장이나 인장을 통해서, 교회의 그리고 세속의, 신성한 제국의 더 가까운 성원으로 알려져 있는 선제후 각자와 모두에게 그들의 특권, 허가장, 권리, 자유, 고대 관습, 그리고 또한 그들의 위엄과 선거일 전 제국에서 얻고 소유할 무엇이든 확인하고 승인할 것이다. 그리고 황제는 제국의 상징물로 관을 쓴 이후에 앞서 말한 모든 것을 그들에게 갱신할 것이다. 게다가 선발된 왕은 특히 각 선제후에게 먼저 왕으로서 확인할 것이고, 황제로서의 직함을 가지고서 그것을 갱신할 것이다. 그리고 이 문제들에서 일반적으로 그들 동일한 군주들 혹은 개별적으로 그들 중 각자를 결코 방해할 것이 아니라 황제의 총애를 가지고 거짓됨이 없이 그들을 높여야 할 것이다.

3) 마지막으로 세 명의 선제후가 개인적으로 또는 부재자들의 사절들이 그들 중에서 또는 그들 숫자 중에서 네 번째 사람—즉 참석하거나 불참한 선제후—을 로마인의 왕으로 선출한다면, 우리는 만약 그가 참석했다면 뽑힌 그 사람의 투표는 또는 그가 우연히 불참하고 그의 사절의 투표는 완전히 유효할 것이며 선거자의 표 수를 증가시키며 다른 선제후의 그것과 마찬가지로 다수를 구성할 것이다.

3. 트리어, 쾰른, 마인츠 주교의 권좌에 관하여

거룩하고 불가분의 삼위일체의 이름으로 복스럽게 아멘. 카를 4세, 신의 자비에 의해 로마인의 황제요, 언제나 존엄한 자이며 보헤미아의 왕. 이 논의에 관한 영구한 증인으로서, 신성로마제국의 빛남과 영광 그리고 제국의 명예와 제국의 소중한 이익이 존경할 만하고 훌륭한 선제후로서 중심 기둥처럼 용의주도한 예지의 경성하는 경건에 의해 성전을 떠받드는 분들의 화합 의지에 의해서 육성된다. 또 그들의 보호에 의해서 제국 권능의 오른팔이 강해지고 있도다. 그리고 그들이 호혜의 더 풍부한 선의에 의해서 함께 묶일수록 평강과 평화의 축복이 그리스도의 백성들에게 행복하게 흘러가되 더 풍부하게 할 것이다. 그러므로 장차 황제와 왕의 법정에서 그들의 권좌의 우선성이나 위엄과 관련하여 발생한 마인츠, 쾰른, 트리어의 존경받는 대주교들, 신성 제국의 선제후 간에 모든 다툼과 의심의 소송이 언제나 제거될 것이며, 그들은 마음과 영혼의 조용한 상태에 머물면서 화합의 호의와 덕성에 입각한 사람의 열정을 가지고 신성 제국의 문제에 관하여 더 편하게 명상하여 그리스도교인 백성에게 위안이 될 것이다. 짐은 모든 교회 및 세속 선제후들과 상의하고 나서 제국 권능의 풍부함을 가지고서 이 법에 의해서 칙법의 형식으로 영원히 유효할 것임을 선언하노라. 그리하여 앞서 말한 존경받는 대주교들이 제국에 속하는 모든 공적인 사무를 다음과 같이 관장할 것이며, 그럴 수 있으며, 그래야만 한다. 이를테면 궁정에서는 봉토를 수여하는 동안, 성찬을 누릴 때 그리고 제국의 명예나 이익을 다루기 위해서 함께 모이거나 모이게 될 이유로 위원회와 다른 모든 업무에서 그러하다. 예컨대 트리어의 대주교는 황제의 맞은편에 그를 마주보고 앉을 것이다. 그러나 로마인의 황제 오른손 쪽에는 마인츠의 주교가 앉을 것인데, 그때 그 자신의 관구와 속주에서 그리고 또 그의 속주 밖에서는 쾰른 속주만을 제외하고 그의 전체 독일의 수석 장관 관할을 통틀어 주재한다. 쾰른의 대주교는 마지막으로 자신의 관구와 속주에서 그리고 그의 속주 밖에서 모든 이탈리아와 갈리아 전체를 주재할 때 그곳에 앉을 것이다. 그리고 우리가 이 형식의 자리 배치가 앞에서 표현한 것과 같은 순서로 앞에서 말한 쾰른, 트리어, 마인츠의 대주교 후계자들에게도 확대되어 결코 이 사안들과 관련하여 아무런 의심도 생기지 않을 것이다.

4. 선제후 일반에 관하여

부가하여 우리는 다음과 같이 선언한다. 이 칙서에 따라서 제국 법정이 열리게 될 때마다 자주 오는 회합, 이를테면 위원회의 탁자에서나 어떤 종류의 자리에 로마인들의 황제나 왕이 선제후들과 자리를 함께하게 하는 경우 어디에 있든 관계없이 로마인의 황제나 왕의 오른편에 마인츠나 쾰른의 대주교가 앉는다. 그때는 자리나 교구와 관련하여 무슨 일이 일어나든지 상관없이 그의 특권의 어조에 따라서 황제의 오른편에 앉아야 한다. 바로 다음에 보헤미아 왕이 앉아야 한다. 그는 왕관을 쓰고 도유된 군주이기에 그렇다. 두 번째로 라인 지역의 팔라틴 백작이 앉는다. 그러나 그 왼편에는 앞서 말한 대주교들 중에서 누가 왼쪽에 앉게 되든지 바로 이어서 작센의 공작이 먼저 앉을 것이고, 그 뒤를 이어서 브란덴부르크 변경백이 두 번째 자리에 앉는다.

그러나 매우 자주 그리고 신성 제국이 이후에 언제든 공위가 되었을 때 마인츠의 대주교는 옛날부터 가졌던 것으로 알려진 다른 군주들, 언급된 선거에서 앞서 말한 그의 동료들을 소집하는 권리를 가질 것이다. 그리고 그들 모두 혹은 참석할 수 있는 자들이 선거 기간에 모이면, 이들 그의 동료 선거자들의 투표를 하나하나 다음의 순서에 따라서 요구하는 것은 앞서 말한 마인츠 주교에 속하지 다른 자들에게는 속하지 않는다. 먼저 진실로 그는 트리어의 대주교에게 누구에게 첫 번 투표가 속하는가를 그리고 우리가 알고 있는 대로 그것이 이제까지 누구에게 속하는가를 물을 것이다. 두 번째로 쾰른의 대주교는 로마인의 왕에게 관을 처음 씌우는 위엄과 의무는 누구에게 속하는가를 물을 것이다. 세 번째는 보헤미아의 왕에게 묻는데, 그는 권리이자 의무로서 왕의 위엄에 나오는 권세 때문에 세속 선제후들 중에서 첫 번 자리를 차지한다. 네 번째로 라인 지역의 팔라틴 백작이다. 다섯 번째는 작센 공작이다. 여섯 번째는 브란덴부르크 변경백이다. 이 모두 가운데 앞서 말한 마인츠의 대주교는 앞서 말한 순서대로 투표를 청구할 것이다. 이것이 이루어진 후에 앞서 말한 군주들이자 그의 동료들은 순서대로 자신의 의사를 표현하고 자신의 투표를 그들에게 알리기 위해서 그를 부를 것이다. 게다가 제국 법정이 개설되는 때 브란덴부르크 변경백은 로마인들의 황제나 왕의 손을 씻을 물을 제공할 것이다. 그리고 보헤미아 왕은 첫 번째로 음료를 바칠 것이다. 그러나 그의 왕국의 특권의 방침에 따라서 그는 자신의 의사가 아니라면 관을 쓴 채 그것을 제공할 의무는 없다. 더욱이 라인의 팔라틴 백작은 음식을 제공해야 하며, 오래된 관습에 따라서 작센 공작은 의전관의 직무를 수행할 것이다.

자료

08

독일사의 카산드라, 게르비누스의 예언

게르비누스, 《독일 시사Geschichte der Deutschen Dichtung》, 5te Auflage, 1871, Vorwort.

비탄에 젖지 않고서 나는 독일 시문학사의 이 개정판을 내 손으로 증정할 수 없다. 이 책은 앞선 판들에서 세 친애하는 벗들, 그림Grimm 형제와 프리드리히 크리스토프 달만Friedrich Christoph Dahlmann에게 바친 바 있다. 그들에게 나는 이번에는 다시 말할 수 없다. 왜냐하면 그 세 분 모두가 이생에 더 이상 머물고 있지 않기 때문이다. 내가 그들에게 더 이상 이야기할 수 없다는 기분은 그 자체로 쓰라린 것이며, 나에게는 순간의 시간이겠지만, 그들이 여전히 살아 있다면 내가 그들과 이야기했을 내용과 주제에 관해서 생각하니 매우 답답할 뿐이다. 그들 중 한 분과는 동향인 탓에, 모두와는 연구를 통해서 자세와 운명이 묶였기에, 나는 언제나 그들과 시대와 조국의 제반 문제에 관해서 소통할 수 있었다. 이 책 자체를 되풀이해서 봉정한 것은 이 같은 내용과 무관하지 않다. 지금도 이 책을 재간행할 때마다 나에게는 마치 떠나가는 친구들처럼 그들도 나에게 내가 살아 있는 사람들에게서 종종 들어야 했던 질문을 제기하는 듯한 기분이 든다. …… 잃어버린 종족을 독일 가족으로 다시 모으는 것에 대해 조망을 함으로써, 저 두 고문헌 연구자[5]는 호화로운 아버지 나라에 대한 완전히 존경하는 사랑을 즐겁게 흔들어 놓았을 것이 확실하다. 저 가장 깊은 곳을 통찰하는 역사 연구자라면 폭력 드라마를 보면서도 침묵하였을 것이다. 그곳에서는 자신의 역할이 그렇게 분명한 무대에서 별로 확정되지 않은 복수의 신 네메시스가 프랑스의 권력자를 그의 개인적인 지배로부터 스스로 판 전멸이라는 구덩이 속으로 던져 넣지만, 그 기쁨은 그들에게 4년 전 새로운 독일의 새로운 권력과 통일을 이끌었던 사건들에 대한 추억을 통해서 쓰라리며 나아질 여지없이 불쾌한 것이 되었다. 1848년 프로이센 황실에 독일 민족으로부터 스스로 진정한 마음과 손으로 독일에서의 우월권이 자유롭고 자발적으로 수여되었을 당시에 두 사람은 활동했다. 만약 그들이 18년 후에 프로이센이 보헤미아 전쟁을 치르고 나서 독일 역사에 대해 부인하기 힘든 관점을 가지고 명령하였을 때, 모든 장소들 중에서 가장 부러워할 것이 어떻게 상실되었음을 살아서 체험하였더라면 어떠하였을까? 여기에서는 급히 입은 내란의 상처를 더 급하게 치료했던 하나의 의로운 승리의 관행이, 그 구성원들에게도 간과되지 않았을 전체 독일을 일종의 진정 자유로운 동맹 상태에서 프로이센의 비호 아래에 집결하고 그래서 모든 장래를 위한 분명한 회합을 확정할 수 있었을 것이다. 이는 논박할 수도 없으며—무한히 큰 이익에 속하는 어떤 것이 내동댕이쳐질 것이지만—외부로부터 논박되지 않으며, 내부에서는 전체 민족과 각 부족의 선의를 통해서 영구히 확고하게 될 것이었다. 만약 그들이 어떻게 해서 이 관계들의 분에 넘치는 호의가 농담으로 여겨졌는지를 살아서 체험했다면, 여기에 일종의 거대한 정치가 그려서 제시되었으며 그것은 지워지지 않는 오명과 일종의 부동의 강대국의 지위를 동시에 대가로 지불한 것임을 알 수 있었을 것이다. 그들이 어떻게 해서 1849년에 준엄하게 무너졌던 소국 독일의 항복한 손이 1866년에 재빨리 내쳐졌는지를 살아서 체험했더라면, 나는 그 점을 알 수 있는데, 그들은 이 사태가 일어난 날을 "(시인이 말하듯이) 달력에서 금빛 글씨를 새겨 넣은 높은 성채"가 아니라 "치욕과 폭행과 파괴 상태의 날로 기꺼이 낙인찍었을 것이다". 또 그들도 1870년의 거대한 전쟁 승리가 독일 내부의 상태에 대한 깊은 실망을 단숨에 빨아들일 거대한 스펀지로 간주하지 않았을 것이다. 왜냐하면 이 사태가 얼마나 경탄할 만한지 알기 때문이다. 그날의 기록을 그날의 눈이 아니라 역사의 눈으로 보는 사람에게는 그 사태가 계산할 수 없는 위험을 잉태하고 있는지

5 | 그림 형제를 지시한다.

보이기 때문이다. 왜냐하면 그것들은 우리를 우리 민족의 본성과 그리고 훨씬 더 나쁘게는 모든 시대의 성격에 완전히 역행하는 길로 우리를 이끌기 때문이다. ……

—하이델베르크, 1870년 11월, 게르비누스.

| 출전 |

그레고리우스의 파문 선언: 독일의 주교들은 교황에 대해서 반감을 품었다. 일련의 개혁 조치가 이들을 위협했기 때문이다. 그리하여 하인리히 4세를 지지했고, 그는 이에 힘입어서 그들을 파문한 그레고리우스 7세를 파문하는 선언을 발표한다(1076. 1. 24).

프리드리히의 교황 폐위 선언: 1245년 프리드리히 2세는 리옹공의회에서 두 번째로 탄핵을 당한다. 그러나 이번에는 교황의 처사에 분노한다. 프리드리히의 반응에 관한 이 보고는, 매튜 패리스Mathew Paris의 《대연대기Greater Chronicle》에 나온 것이다.

크레모나의 리우트프란트의 저작: 리우트프란트는 이탈리아 왕실에서 성장하였고 이탈리아 왕 베렝가르 2세의 신하가 되었으나 그와 결별한 후 오토 1세의 궁정에서 일하게 된다. 오토는 그를 크레모나의 주교라 이름 짓고 외교사절로 활용하였다. 그가 지은 책은 《이탈리아, 독일, 비잔티움의 역사: 888~949》인데, 원제목은 Antapodosis이다. 이는 앙갚음이라는 뜻인데 자신을 배척한 베렝가르를 혐오한 데서 나온 것이다. 리우트프란트는 오토 2세와 비잔티움 공주의 혼인을 성사시키려고 했으나 실패하기도 한다. 여기 제시된 자료는 오토 1세의 이탈리아 정책을 정당화하기 위해서 쓰인 것이다.

《프리드리히 바르바로사의 업적》: 이 책을 쓴 프라이징의 오토(1115~1159)는 프리드리히 바르바로사의 삼촌이다. 아벨라르 등과 파리에서 공부하고 나서 시토 수도회에 들어갔으며 1138년에 프라이징의 주교가 되었다. 이 책은 조카의 통치를 평화의 시대로서 기념하고 있다. 그의 대표작 《두 도시》는 1146년까지의 세계사를 다루고 있다.

금인칙서: 황제 카를 4세의 금인칙서는 황제가 선출되는 과정을 확립하면서 독일 군주들의 자치도 확인해 주는 문서이다. 이 규정은 제국의 구조를 대체로 규정한다. 극도로 분해되고 보편적으로 확립된 정통성의 원칙이 없는 것을 보여준다.

게르비누스의 저작들: 게르비누스(1805~1871)는 독일의 역사가로 괴팅겐 대학교의 교수가 되었으나, 하노버 왕 에른스트 아우구스트의 자유주의 헌법 폐지 선언에 항의하다 파면된 일곱 명의 교수 중 한 사람이 된다. 자유주의 입장에서 독일 통일을 지지했으나, 프로이센의 병합 정책에 반대하였다. 《독일 시사》를 썼으며 독일 신문의 창설에 협력했다.

| 참고문헌 |

기어리, 패트릭 J., 《메로빙거 세계—한 뿌리에서 나온 프랑스와 독일》, 이종경 옮김, 지식의 풍경, 2002.
이민호, 《근세독일사연구》, 서울대출판부, 1977.
______, 《새독일사》, 까치글방, 2003.
타이어니, 브라이언·페인터, 시드니, 《서양 중세사: 유럽의 형성과 발전》, 이연규 옮김, 집문당, 1989.
푸어만, 호르스트, 《중세로의 초대》, 안인희 옮김, 이마고, 2003.
헤르, 프리드리히, 《중세의 세계: 유럽 1100~1350》, 김기찬 옮김, 현대지성사, 1997.

4부

가톨릭교회

현재 바티칸 시국Stato della Città del Vaticano은 세계에서 면적이 가장 작은 독립국이나, 가톨릭의 총본산으로서 가장 큰 국가이다. 바티칸은 중세에는 이탈리아 중부를 지배하는 현실적인 국가였고, 당시로는 가장 근대적인 국가였다. 이를 모범으로 하여 근대국가의 행정이 자리 잡게 되었다. 교황청은 앞에서 설명된 봉건국가들에 비해 일찍이 근대국가로서의 체제를 갖추었다. 그렇지만 군사력이 없는 상태에서 미약한 권력으로 세속에 대해 자신의 독립성을 지킨다는 과제는 용이한 문제가 아니었다. 이런 상태가 낳은 갈등과 타협은 곧 유럽 역사의 하이라이트가 되었다. 이런 과정은 종교와 정치의 바람직한 관계 설정이 요원한 현대에도 좋은 교훈이 될 것이다. 문화로 보면 가톨릭교회의 노력으로 신앙이 보급되면서 서유럽 사회에 보편주의가 확립되었다. 즉 단일한 신앙, 단일한 성서, 단일한 문자가 확립되었으며, 이것이 서양 문명의 기초를 이루었다.

16

교회의 개혁과 서임권 투쟁

: 독자성을 확보하기 위한 투쟁

909~988	**성 던스턴**
910	**클뤼니 수도원 창설**
1046	**교황청 개혁**
1049~1054	**교황 레오 9세 재위**
1059	**추기경단이 교황 선출**
1073~1085	**교황 그레고리우스 7세 재위**
1077	**카노사의 참회(굴욕)**
1084	**하인리히 4세, 로마 점령**
1099~1118	**교황 파스칼리스 2세 재위**
1122	**보름스협약으로 서임권 투쟁 종식**

교회의 쇠락은 9~10세기에 더욱 심각해졌다. 그때 교황청은 로마에 있었는데, 시칠리아를 점령하고 있던 이슬람교도의 침략 위협을 끊임없이 받고 있었다. 또한 교황직은 로마에 거주하는 귀족 당파가 차지하려고 싸우는 세속적인 직책으로 전락하였다. 게다가 바이킹, 마자르, 사라센의 침입자들이 주로 교회와 수도원을 대상으로 약탈을 자행하였다. 이러다 보니 교회는 보호를 제공할 수 있는 세속인 귀족들과 긴밀한 관계를 유지하는 것이 절실했다. 한편 수도원장을 비롯한 고위 성직자는 봉건귀족이나 속인 제후가 임명하는 것이 관례처럼 되었다. 그 결과 교황의 직책이 세속화되었을 뿐만 아니라, 각 지역에서 주교의 직책도 봉토 소유에 따르는 부속물이 되었다. 어떻게 보면 이러한 교회의 타락은 시대가 낳은 산물이었다. | 자료 1 |

도판 39 하인리히 4세의 반격과 그레고리우스 7세의 죽음. 1084년 하인리히는 로마를 점령하였고 대립 교황을 앉힌 후 황제로서의 대관식을 치른다. 노르만족인 로베르 지스카르Robert Guiscard는 교황을 구하여 남부 이탈리아로 간다. 이 그림은 12세기에 작성된 《하인리히 4세의 전기》에 나오는 장면이다.

클뤼니 수도원, 교회 개혁의 선두에 서다

이 같은 타락을 비판하는 개혁 운동이 유럽 전역에 걸쳐서 일어났다. 개혁의 선구에 선 것은 클뤼니Cluny 수도원이었다. |자료 2| 이 수도원은 두 가지 원칙, 봉건 의무를 수행하는 토지를 보유하지 않는다는 원칙과 수도원장을 비롯한 고위 성직자를 선출할 권리를 수도사들이 보유한다는 원칙을 내세웠다. 이 두 가지를 중심으로 클뤼니 수도원의 개혁 운동은 착실하게 이루어졌다. 이 운동은 영국과 독일에서 일어난 다른 운동과도 연관되었다. 예를 들면 영국의 성 던스턴St. Dunstan은 독자적인 수도원 개혁 운동을 전개하였고, 로타링기아(프랑스의 로렌 지방)의 주교와 수도원장은 스스로 개혁을 주도하였다. 그 결과 11세기 중엽에 이르면 교황청이 주도한 국제적인 개혁 운동으로 세력이 모아지게 된다. 이에 힘입어 교황 레오 9세는 추기경단Body of Cardinals을 창설하고, 교회의 중심지에서 회

도판 40 중세의 신분제를 나타내는 그림이다. 가운데에 배치된 그리스도가 왼쪽에 있는 성직자들에게 "무릎 꿇고 기도하라tu supplex ora", 오른쪽의 귀족들에게 "성직자들을 보호하라tu protege", 아래 농민들에게 "일하라tuque labora"라고 명령한다. 1488년 리히텐베르크의 요한Johann von Lichtenberg이 지은《예언》에 나온 내용을 야코프 마이덴바흐Jacob Meydenbach가 만든 판화이다.

의를 개최하였고, 법을 제정했다. 그의 시도는 교회의 개혁에 그치는 것이 아니라 세상마저도 개혁하려는 것이었다.

이처럼 클뤼니 수도원을 중심으로 한 교회 개혁 운동은 많은 사람들의 지지와 공감을 얻었다. 하지만 기존의 관행과 매우 다른 것이었기 때문에 필연적으로 저항에 직면하게 되었다. 우선 이론적인 충돌이 벌어졌다. 왕은 주교를 임명할 때 주교의 권위를 상징하는 반지와 지팡이를 수여하는 권리를 자신이 가지고 있다고 믿었다. 즉 서임敍任의 권리를 왕의 고유 권한이라고 본 것이다. 반면에 개혁가들은 속인俗人 서임의 관행을 공격했다. 왕에게는 서임권이 없고, 교황권을 전 교회로 확산하고 고위 성직자의 선출 규정을 제대로 마련해서 자격이 있는 사람들을 그 직에 선출해야 한다고 주장했다. 또한 추기경을 파견하여 교황의 권위를 전 세계의 교회에 미치고자 하였다.

서임권을 둘러싼 충돌

이 충돌은 현실적인 분쟁으로 나타났다. 대표적인 것이 그레고리우스 7세와 하인리히 4세의 충돌이었다. 그레고리우스 7세는 클뤼니 수도원 출신이었다. 그는 교회법에 따르는 주교의 선출이라는 원칙을 현실화하고자 했다. | 자료 3 | 아울러 사제들의 혼인 관행을 근절하려는 시도를 과감하게 시행하여 사실상 현재에도 그의 영향이 미치고 있다. 한편 독일에서 하인리히 4세는 신성로마제국의 황제로서 주교 임명권을 가지고 있다고 주장하였다. 황제와 교황은 서로가 자신

의 권리가 옳다고 주장한다. 마침내 하인리히 4세는 가톨릭교도로서 가장 엄한 처벌인 파문을 당하게 된다. 그러자 1077년 1월 하인리히 4세가 카노사에서 그레고리우스에게 용서를 빌었다. 교과서에서는 '카노사의 굴욕', 가톨릭교회에서는 '카노사의 참회'라고 칭하는 사건이 벌어진다. 하지만 이것은 하인리히 4세의 책략이 더 앞섰음을 보여준 사건이었다. 왜냐하면 그레고리우스 7세는 새로운 독일 황제를 선출하기 위해서 북상하는 중이었기 때문이다. 교황은 참회하는 자를 용서하는 것이 교회의 관용이라는 말로 자신의 사면을 정당화했지만, 자료 4 이는 큰 실수였다. 중간에 하인리히 4세가 용서받았다는 말을 들은 독일의 제후들은 루돌프를 왕으로 선출하는 한편, 교황인 그레고리우스 7세를 불신하게 되었다. 고립된 교황은 새로 선출된 루돌프를 지원했지만, 이때 하인리히 4세가 로마를 점령하고 교황은 패배한다. 자료 5

이 같은 분쟁은 독일에서만 일어난 것이 아니었고, 양상은 조금씩 다르지만 프랑스와 영국에서도 있었다. 하지만 결국 양 당사자들은 끊임없이 투쟁한다면 서로 불리해짐을 깨닫고 타협하였다. 즉 주교는 교회법으로 선출하되 공신으로서 왕에게 신서하고 대신 왕이 세속 사법권을 부여하는 식으로 타협하였다. 왕은 지팡이와 반지의 사용을 포기하는 대신 주교의 신서를 거부할 수 있게 되었다. 이 타협의 결과 교황이 된 파스칼리스Paschalis 2세는 재위 중에 획기적인 제안을 내놓는다. 자료 6 제안의 내용은, 모든 주교들이 봉건적인 영지와 세속의 권리를 포기하자는 것이었다. 하지만 로마의 추기경들과 독일의 주교들은 이를 거부하였다. 최종적인 타협은 보름스협약The Concordat of Worms(1122)을 통해서 구체적으로 문서화되었다. 자료 7

서임권 투쟁의 영향

서임권 투쟁은 여러 결과를 가져왔다. 정치 이론 면에서는 왕의 신정정치가 저지되고, 권력을 남용한 통치자에 대해 저항할 수 있다는 저항권 이론이 태동했다. 이 저항권은 현재 국민의 기본권으로 인정받고 있다. 독일에서는 이 투쟁으로 관직과 봉토를 세습하게 된 제후는 세력을 점차 늘렸으며, 황제보다 교황의 권위가 높아지게 되었다. 교회가 정치권력에 대항하는 태도는 많은 사람들에게 깊은 인상을 심어주었다. 철학, 정치, 사상이 성직자들에 의해 발전되었고 나아가 정신세계를 독점하기에 이른다. 교회는 행정의 모델이 되기도 했다.

서임권 투쟁의 의의는 두 가지로 정리할 수 있다. 첫째, 기존에 교회와 국가는 서로 협조하는 관계로만 인식이 되었는데 서임권 투쟁으로 두 세력 사이에 긴장 관계가 드러났다. 이 긴장 관계가 서구 문명의 특징적인 요소라고 할 수 있다. 둘째, 11세기에 있었던 수도원의 교회 개혁 운동은 서구 역사에서 큰 전환점이라고 평가될 수 있다.

자료 읽기

자료

01

브누아, 3신분의 필요성을 말하다

브누아Benoit, 《노르망디 공작의 역사Chronique des ducs de Normandie》 t. 1, publiée par Francisque Michel, Paris: Imprimerie Royale, 1836, 11065~11130행.

수도원장인 마르탱은 자신을 맡기고
자신의 비밀을 그들에게 열어놓습니다.
존경하는 신부님, 친구여 말해야만 합니다.
그대가 느낀 모든 것과 그대의 견해를
그대가 느끼고 있는 것을 나에게 말하시오.[1]
세 개의 신분이 있으니 각각은 그 자체로
기사들Chevaliers, 성직자들Clers 그리고 장민들Vilains[2] 이지요;
각자는 행복과 건강의 권리를 가집니다.
만약 하나가 다른 신분에 관하여 이야기한다면
만약 스스로 신성한 교회를 전부 맡았다면.
그 신분은 각 신분에 의해서 명예롭게 되고
강해지며 섬김을 받습니다.
그 신분은 다른 신분들을 지탱하고
그 신분은 다른 신분을 잡아주기 때문이지요.
그 한 신분은 밤낮 기도하고요.
다른 신분에는 노동자[3] 가 있으며
다른 신분은 정의를 지켜주고 유지합니다.
그리고 모든 것의 머리는 거룩한 교회이므로

1 | 이 대화는 노르망디 공작인 기욤과 지메주Gimege 수도원장 마르탱Martin 사이의 대화로 정리되어 있다.

2 | '예민隷民'이라고 번역할 수도 있으나, 장원을 뜻하는 Villa에서 파생된 관계로 '장민莊民'으로 옮겼다.

3 | 원문에는 'Laboreur'로 되어 있어 이렇게 옮겼으나, 앞에 장민이라는 표현을 고려하면 경작하는 농민을 포함한 노동하는 사람들 일반을 지칭하는 말로 보인다.

저 신분만이 유일하게 적합하지요.
신께서 그의 섬김을 받는 일에.
그들은 이방인이고 문외한이지요.
땅의 모든 저 쾌락에 대해서.
저자들은 함께 있으므로 그런 것들을 경멸하지요.
마차가 더욱 망가지지 않도록
모든 방법을 다해서 그들은 먹어야 하며,
입어야 하며 신어야 하되
그만큼 더 풍요하게
더 넓은 곳에서 더 확실하게 하되
엄청난 고통과 수고를 참고 있는
노동자인 자들보다 더 그래야 하지요.
그렇지만 그들은 살고 있어도 극소수이니
이 사람들에 의해서 부양되고 있답니다.
이자들은 견디고 있지요 심한 고문을
눈, 비, 바람을
그들은 땅을 개간하지요, 자신들의 손으로.
엄청난 빈곤과 굶주림에 있으면서
매우 가혹한 삶을 살고 있지요.
가난하고 허덕이고 거지로
이 신분이 없이는 이 사람들이 없이는
나의 것은 사건과 더불어 없을 것이니.
다른 신분들을 견딜 수 없을 겁니다.
그들이 아무것도 왜곡하지 않도록
세 번째 신분이 있으니 바로 기사분들입니다.
그들은 두 신분을 필요로 합니다.
모두 다 파멸로 갈 것이지요.
만약 자신들의 방어에 실수한다면
그들은 모든 것을 가지기를 원할 겁니다.
더 많은 병력과 권력을 가지는 자는

이성도 법도 한계도 지각하지 않을 것이며
땅에서 정의도 가지지 않을 것입니다.
그들에 의해서 신성한 교회는 자리 잡으며
그들 신분들은 큰 짐을 떠맡습니다.
바로 이들은 큰 것을 하는데 거짓말이 없이
그리하여 그들은 다른 신분들과 잘 나누어야만 하지요.
이 신분은 나라를 지킵니다.
지긋지긋한 적들의 손아귀에 대항하여.
다른 신분들을 보장하기 위해서
그들은 자신의 병사들을 제공하기를 원하며
비록 그들이 종종 많은 것을 잃더라도
이것을 위해서 우리는 당신들에게 요구합니다.
이런 과업에서, 당신의 욕구에서
당신의 좌우명에서, 당신의 모습에서
비록 다르게 살지만
평등하게 받을 것이랍니다.
하나의 공덕과 하나의 보상을.
내가 이 말을 했으니 당신이 말하길 나는 요구합니다.

자료 02

경건공 아키텐의 윌리엄: 클뤼니 수도원 창설, 왜 했나

A. 베르나르Bernard, 《클뤼니 수도원의 특허장 모음집Recueil des chartres de l'Abbey de Cluny》 6 Vol., Paris, 1876~1903, 1:124~128.

한 믿음 안에서 살고 있으며 그리스도의 자비를 간구하는 모두에게…… 나는 신과 우리 구주 그리스도 예수의 사랑을 위하여 내가 사도 베드로와 바울로에게 그로스네 강에 있는 클뤼니 촌락을 택지와 주택과 성모 마리아와 사도의 군주 성 베드로에게 헌정된 예배당과 그곳에 부속된 모든 것, 곧 오두막, 예배당, 남녀 노예, 포도나무, 밭, 목장, 경작지와 미경작지와 더불어 아무 유보 조건이 없이 넘겨줌을 나는 알리노라. 나와 처 잉겔베르가Ingelberga는…… 사도 베드로와 바울로를 기념하여 클뤼니에 정규 수도원을 세우도록 증여한다. 수도사들은 베네딕투스 성인의 지배하에서 그곳에서 회중을 이룰 것이다. 영원히 그들은 이 명예로운 집이 끊임없이 맹세와 기도로 가득 찰 수 있도록 기증된 재산을 점유, 보유, 배치할 것이다. ……

수도사들과 앞서 말한 모든 점유는 베르노 수도원장의 권능과 지배하에 놓일 것이며, 수도원장은 자신의 지식과 권능에 따라서 종신으로 지배할 것이다. 그가 죽은 후에 수도사들은 신의 선한 즐거움과 성 베네딕투스에 의해 제시된 규칙에 따라서, 우리의 권능이나 다른 어떤 것에 의해서 이 선거에 거스르거나 방해됨이 없이, 자신이 속한 수도원의 사제 중 그들이 원하는 자를 수도원장 겸 지배자로 선출할 권능과 자유를 가질 것이다. 그럼에도 5년마다 그들은 사도들 교회에 쓸 양초를 유지하기 위해서 열 개의 금화를 지불해야 한다. 사도들과 로마 교황은 그들에게 보호를 제공할 것이다. …… 클뤼니 집회는 우리의 권능, 우리 후손의 권능, 아니면 왕의 관할권에서 완전히 자유로울 것이며, 어떤 지상 세력의 멍에에 종속되지 않을 것이다. 나는 어떤 세속의 군주, 백작, 주교, 혹은 어떤…… 사제도 이 신의 하인들의 점유 재산을 침해하지 않기를 청하며 기도하노라. …… 이 금제는 대담하고 악한 자들을 더 강한 끈으로 묶을 것을…… 나는 당신들, 바로 성스러운 사도들에게 간청하노라. …… 그리고 교황청의 교황이여 교회와 영원한 생활의…… 공동체로부터 훔치거나 침해하거나 이들 수도사들로부터 물건을 파는 자들을 차단하시오.

자료
03

그레고리우스 7세, 교황의 권리를 주장하다

S. Z. 엘러Ehler·존 B. 모럴John B. Morrall 번역 및 편집, 《교회와 국가 관계: 사료선집Church and State through the Centuries: A Collection of Historical Documents》, New York: Biblo and Tannen, 1967, pp. 43~44.

로마교회는 오로지 신에 의해서 세워졌다.

로마 교황만이 보편적이라고 불리는 것이 올바르다.

교황은 부재 성직자를 면직할 수 있다.

교황에게만 시대의 필요에 따라 새 법을 입법하고, 새 내각 부서를 소집하고, 수도 참사회원의 대수도원을 만들고…… 부유한 주교구를 나누거나 빈한한 곳을 합치는 것이 합법적이다.

교황만이 황제의 인장을 사용할 것이다.

교황은 자신의 발에 모든 군주들이 입맞춤할 수 있는 유일한 사람이다.

교황의 이름만이 교회들에게 암송되어야 한다.

교황의 직함은 세계에서 유일하다.

교황만이 황제들을 폐위할 수 있다.

교황은 필요하면 공의회의 소집이 없이 주교들을 폐위하거나 재임할 수 있다.

교황의 명령이 없어서는 어떤 공의회도 총회라고 불려서는 안 될 것이다.

교황의 권위가 없이는 어떠한 책의 장章이나 권券도 교회법으로 간주되지 말지어다.

교황의 어떤 의견이 어느 누구에 의해서도 철회될 수 없으며, 오직 교황만이 철회할 수 있다.

교황 자신은 아무에 의해서도 심판받지 않을 것이다.

성서의 증언에 의해 로마교회는 결코 오류를 범하지 않아왔고 영원히 그럴 것이다.

교황은 불의한 자들의 예속민들을 그들의 충성 맹세에서 풀어줄 수 있다.

자료 04

그레고리우스 7세가 본 하인리히 4세의 참회: 어느 편지

프레더릭 오스틴 오그, 《중세사 사료집》, pp. 275~276.

그레고리우스…… 모든 대주교, 주교, 공작, 백작 그리고 왕국 내 다른 군주들에게. ……

정의를 사랑하는 것에 관련하여 당신이 공통의 이유와 위험을 [하인리히와의] 투쟁에서 짐과 함께 가지고 있는 만큼…… 짐은…… 그 왕이 참회를 위해서 얼마나 자신을 낮추었고 어떻게 사면의 허가를 받았는지…… 당신에게 알리고자 주의를 기울였습니다. …… 이탈리아로 들어서기 전 그는 짐에게 탄원하는 사절들을 보내서는 만족스럽게 하고 모든 것을 바쳤지요. …… 그리고 그는 자신의 생활 방식을 바꾸는 것 말고도, 만약 그만이 사면의 호의와 사도의 축복을 짐으로부터 얻는 데 합당하다면 온전히 순종할 것이라고 하는 약속을 갱신하였습니다. 결정을 오래 연장한 후에 짐이 심하게 그를 책망하였을 때…… 마침내 그가 자발적으로 적대감이나 무모함은 전혀 보이지 않은 채 짐이 숙박하고 있는 카노사 읍에 몇 명의 수행원과 함께 왔습니다. 그리고 그곳에서 왕에 속한 모든 장식을 제거하고 난 후에 맨발로 그리고 천을 쓰고서 비참하게 3일 동안 성문 앞에 계속 서 있었지요. 그는 수많은 눈물로 도움과 사도의 자비에서 나오는 위로를 탄원하는 것을 멈출 수 없었는데, 마침내 그가 모든 것을 제거하고…… 드러내어서…… 모든 사람들이 많은 기도와 눈물로써 그를 위해 중재하면서 짐의 마음의 특별한 완고함에 놀랄 때까지 그러했지요. 한편 어떤 이들은 실제로 짐이 사도의 엄격함의 위엄이 아니라…… 참주의 광기에서 나오는…… 잔인함을 행사하고 있노라고 울부짖었답니다.

마침내 그의 계속된 탄원에 못 이겨 짐은 파문이라는 쇠사슬을 풀었고…… 그를 영성체의 은혜 안으로 그리고 거룩한 성모 교회의 무릎 속으로 받아들였던 것입니다.

자료 05

그레고리우스 7세는 어떤 인물인가

앙드레 보셰André Vauchez 편집, 《중세 백과사전Encyclopedia of the Middle Ages》, James Clarke & Co., 2000, p. 639.

본명은 힐데브란트Hildebrand이다. 1029년경에 태어나서 1085년에 죽는다. 그는 토스카나 가문 출신으로, 로마의 아벤티노 언덕에 있는 산타마리아 수도원장인 외삼촌에게 맡겨졌다. 그는 아말피의 대주교인 로렌스Lawrence와 장차 그레고리우스 6세가 될 사람으로부터 사사하였다. 그는 로마교회의 재무관Oeconomus으로 임명되었고, 산파울로 푸오리 레 무라San Paolo Fuori le Mura 대수도원의 렉토르Rector가 되었다(1050). 교황 알렉산데르 2세가 죽자 1073년 4월 22일에 그가 교황으로 선출되었는데, 이 선출은 추기경과 주교들이 참석한 자리에서 로마의 사제단에 의해서 인정받았다. 그는 1074년에 라테란 공회를 소집하여 자신에 대한 저항을 저주하였으며, 다음 해에는 두 번째 공회를 소집하여 성직 매매와 축첩 행위를 한 사제들을 심문하여 많은 주교를 유죄로 판결한다. 아울러 세속의 당국자들이 주교구를 선물로 기증하는 행위를 금지하였으며, 비잔티움을 침략하고 시칠리아를 차지한 노르만족 용병대장인 로베르 지스카르의 파문을 확정하였다. 이러한 조치에 대해서 1076년 독일의 주교들이 보름스 총회를 열어서 그가 직책에 앉을 가치가 없음을 선언하였다. 그해 2월 14일 열린 라테란공의회에서 황제를 폐위하고 파문하였다. 그는 메츠의 헤르만에게 보낸 서한에서, 베드로에게 준, 매고 풀 수 있는 권한은 왕에게도 영향을 미치는 것이며 교황청은 영적인 일을 심판하는 것은 물론이고 세속적인 것도 자신이 심판할 수 있다고 말한다. 황제 하인리히 4세는 교황과 자신의 제후들이 결탁하는 것을 두려워하여 카노사에서 북상하는 그레고리우스 7세를 만나서 참회하고 다시 용서받게 된다. 이 카노사의 사건은 교황이 세속의 군주들도 심판할 수 있음을 과시한 것이다. 그러나 문제는 다시 불거져, 재차 하인리히에 대한 파문이 있자, 이번에는 하인리히가 군대를 끌고 1084년에 로마를 점령하였다. 상황은 역전되어 교황은 죄인으로서 산탄젤로Sant'Angelo 성에 갇히는 몸이 되었다. 그를 구해준 사람은 공교롭게도 일찍이 파문한 노르만 용병대장 로베르였다. 로마를 빠져나온 그는 몬테 카시노Monte Cassino 수도원에 은거하다 1085년에 살레르노에서 죽음을 맞이하였다. 그가 죽으면서 남긴 이야기는 유명하다. "나는 정의를 사랑하고 부당함을 미워했노라. 그래서 추방되어 죽노라."

자료
06

파스칼리스 2세의 제안

브라이언 타이어니·시드니 페인터, 《서양 중세사, 300~1475》, pp. 213~214.

독일의 문제가 남았다. 1111년 하인리히 5세(재위 1106~1125)는 황제의 군대로 로마를 점령하였으니, 이는 자신이 황제의 관을 쓰기 전에 예비책으로서 서임권 문제의 최종 해법에 도달하고자 한 것이다. 파스칼리스 2세는 이미 잉글랜드, 프랑스와 만든 협약을 단지 일시적인 양보로 간주하였으므로 이제 그 문제에 대하여 자신이 더 선호하는 해결책을 드러냈다. 그 해결책은 매우 근본적인 것이었다. 왕은 주교를 임명하는 권리가 자신의 것이라고 주장했다. 왜냐하면 주교들이 왕의 토지를 가지고 있고 세속의 사법권을 행사하기 때문이다. 그리하여 교황 파스칼리스는 주교들이 자신들이 가진 봉토와 세속의 권능을 내려놓을 것을 제안하였다. 그렇게 되면 주교들은 다시금 단순히 영혼들의 목자가 될 것이며 그렇다면 왕은 주교의 임명에 간섭할 이유가 없을 것이라고 하였다. 역사가 아널드 토인비Arnold Toynbee는 만약 교회가 이러한 길을 갔다면, 교회는 모든 그리스도교권을 강력한 영적인 제국에 통합하였을 것이며 서양 문명의 미래 전체를 변화시켰을 것이라고 말하였다. 실제로 파스칼리스의 제안이 실행될 실낱같은 가능성도 없었다. 이 제안이 알려지자마자 로마의 추기경들과 독일의 주교들은 교황의 계획을 거부하였다. 게다가 하인리히 5세는 교황을 로마로부터 압송하였으며, 몇 달이 지나자 이번에는 강요받은 파스칼리스는 하인리히 5세에게 반지와 지팡이로써 서임하는 권리를 내놓았다. 그러나 다시 교황의 행동은 추기경들에 의해서 탄핵되었다. 이제 상황은 한층 더 비참하고 혼란스럽게 되었으니, 파스칼리스의 교황 재직 동안에 아무런 해결책이 이루어질 수 없었던 것이다.

자료

07

보름스협약의 내용

S. Z. 엘러·존 B. 모럴 번역 및 편집, 《교회와 국가 관계: 사료선집》, pp. 48~49.

교황의 특권	황제의 특권
짐 주교 칼리스투스Callistus는 신의 종들의 종으로서 그대 사랑하는 아들, 신의 은총으로 로마인의 존엄한 황제가 된 하인리히에게 다음을 양보하노라. 즉 왕국[4]에 속한 독일 왕국에서 저 주교들과 수도원장의 선임이 성직매매가 없이 또 어떤 폭력도 없이 그대의 면전에서 일어나게 될 것이다. 그리하여 만약 관련된 당사자들 간에 어떤 불화가 일어나게 된다면 그대는 대교구와 지방 교구의 조언이나 판단과 더불어 그대의 동의와 도움을 더 나은 진술을 가진 것으로 보이는 편에게 줄 수 있다. 선발된 후보자들은 홀笏[5]을 통해서 '레갈리아'[6]를 그대로부터 받을 것이며 그것들을 대가로 그는 자신의 합법적인 의무를 그대에게 수행할 것이다. 그러나 제국의 다른 부분에서 선발된 자는 6개월 이내에 홀을 통해서 '레갈리아'를 그대에게서 받으며 교회에 해당하는 것으로 알려진 모든 것을 제외하고서 그것들의 대가로 정해진 합법적인 의무들을 수행할 것이다. 만약 그대가 이 사안들 어느 것에 관하여 짐에게 이의를 제기하고 도움을 요청하면, 그것이 어떤 직책에 따른 의무이면 그대에게 도움을 주겠다. 짐은 진정한 평화를, 그대와 이 불화 기간 동안 그대 편에 속하고 그러했던 모든 자들에게 수여한다.	신성하고 불가분의 삼위일체의 이름으로, 짐 하인리히는 신의 은총으로 로마인의 존엄한 황제이므로 신과 거룩한 로마교회와 주군이신 교황 칼리스투스에 대한 사랑으로 그리고 짐의 영혼을 치료하기 위해, 반지와 지팡이를 통한 모든 서임권을 신에게, 신의 거룩한 사도들인 베드로와 바울로에게 그리고 거룩한 로마교회에 바친다. 그리고 짐의 왕국과 제국 내 모든 교회에 교회법에 따른 선출과 자유로운 성직 수임이 있을 것에 동의하는 바이다. 짐은 동일한 로마교회에 현재까지 짐의 부왕의 생시나 짐의 생시에 빼앗아서 내가 가지고 있는 모든 점유와 모든 세속권[7]을 회복시킨다. 그리고 짐은 성실하게 짐이 가지지 않은 것들의 회복을 도울 것이다. 모든 다른 교회들, 군주들, 성직자이든 세속인이든 모든 다른 사람의 점유로서 그 전쟁 기간 잃어버린 것을 군주들의 조언에 따라서 또는 정의에 따라서 짐이 가지고 있는 한 회복시키겠다. 그리고 내가 가지고 있지 않은 것들의 회복 시에 짐은 충실히 도울 것이다. 또 짐은 주군이신 교황 칼리스투스에게 그리고 거룩한 로마교회에 또 그 편에 있어왔던 모든 자에게 진정한 평화를 수여한다. 거룩한 로마교회가 도움을 청하는 사안에서 짐은 충실히 조력을 베풀 것이며, 짐에게 불만을 표하는 경우에는 교회에 정의를 정당히 베풀 것이다.

4 | 이탈리아와 부르고뉴도 포함됨.

5 | 통상 주교의 권위를 상징하는 지팡이를 말한다.

6 | Regalia: 세속적인 권리로서 은대지에서 나오는 수입을 지칭한다.

7 | 레갈리아를 지시함.

| 출전 |

브누아, 《노르망디 공작의 역사Chronique des ducs de Normandie》: 1180년경의 저술로, 약자略字가 많지 않아서 12세기 프랑스어의 모습을 보여주는 귀중한 문서이다. 이 문서에 나오는 3신분제론은 사회가 동요하는 것을 두려워하는 수도원장의 세계관이기도 하다. 한때 이 책은 자서전으로 생각되었으나, 그렇지 않은 것으로 파악되고 있다.

A. 베르나르, 《클뤼니 수도원의 특허장 모음집》: 이 책에는 아키텐의 윌리엄의 특허장에 대한 이야기가 수록되어 있다. 9세기 말 교회는 다시 타락하여, 성직자들은 처와 첩을 거느리고 수도사들은 맹세를 자랑하였다. 윌리엄 공은 자신이 보유하고 있던 부르고뉴의 토지 일부를 새로운 교단을 창설하는 데 희사하면서 성직자들을 개혁하고자 했다.

교회 법령Dictatus Papae: 중세 교회의 개혁 운동은 교회 내 교황의 권능을 주창하고 세속의 권리에 대해 권리를 지키고자 하는 것이었다. 여기에 나오는 것은 그레고리우스가 반포한 것이다.

그레고리우스의 편지: 만약 하인리히 4세가 그레고리우스의 용서를 받지 못하였다면, 독일제국 내의 세력들이 그를 몰아냈을 것이다. 하인리히의 철저한 참회와 이로 인해 발생한 교황의 지체는 교황에 대한 불신을 초래했으나, 가톨릭교회로서는 이를 용서할 수밖에 없었음을 보여준다.

보름스협약: 교황 칼리스투스 2세(재위 1119~1124)와 황제 하인리히 5세(재위 1106~1125)는 보름스에서 1122년 9월 23일에 서임권을 둘러싼 분쟁을 종식시켰다. 교황은 황제가 후보자에 대한 심판으로 참석하는 권리와 그에게 세속적인 권리들과 수입을 절급折給하는 권리를 인정하였다. 반대로 황제는 교황이 사제를 종교적인 직무에 임면하는 배타적인 권리를 승인하며, 아울러 전에 몰수된 교회의 점유 재산을 회복시킬 것을 약속한다.

| 참고문헌 |

뒤비, 조르주, 《세 위계: 봉건제의 상상 세계》, 성백용 옮김, 문학과 지성사, 1997.
브라운, 피터, 《기독교 세계의 등장》, 이종경 옮김, 새물결, 2004.
서던, 리처드 윌리엄, 《중세교회사》, 이길상 옮김, 크리스챤 다이제스트, 1999.
캔터, 노만 F., 《중세 이야기: 위대한 8인의 꿈》, 이종경 외 옮김, 새물결, 2001.
키오바로, 프란체스코, 《교황의 역사》, 김주경 옮김, 시공사, 1998.
푸어만, 호르스트, 《중세로의 초대》, 안인희 옮김, 이마고, 2003.

17
십자군 운동
: 되풀이하면 안 될 과오

1085	재정복 운동으로 톨레도 회복
1090-1153	클레르보의 베르나르
1096	민중 십자군
1096~1099	1차 십자군: 예루살렘 정복
1147~1149	2차 십자군: 에데사 함락과 수복 시도
1187	예루살렘 상실: 살라딘의 등장
1189~1192	3차 십자군: 리처드 사자왕, 살라딘과 협정
1195~1198	독일 십자군: 마인츠 대주교인 콘라트가 인솔한 십자군 원정
1202~1204	4차 십자군: 그리스도교 도시 자라 공격, 콘스탄티노플 점령
1208~1241	알비 십자군: 프랑스 남부의 이단 세력 알비파를 소탕
1217~1221	5차 십자군: 이집트 공격 실패
1228~1229	6차 십자군: 프리드리히 2세, 이집트의 알 카밀과 협정 체결
1248~1254	7차 십자군: 루이 9세가 원정 중 체포되어 몸값을 치름
1270~1272	8차, 9차 십자군: 루이 9세 사망, 에드워드 1세의 원정 실패
1492	그라나다 함락으로 재정복 운동 종결

11세기 중엽 유럽 내 이슬람 세력이 장악한 지역에 대해 서유럽의 정복 운동이 전개되기 시작한다. 정복과 같은 팽창 운동으로 눈을 돌릴 수 있었다는 것은 그만큼 인력이나 생산물의 잉여가 충분했다는 사정을 반영한다. 또 지배 집단이라고 할 수 있는 사제, 기사, 도시민 들은 자신들의 활동 무대를 확대시킬 필요성을 느꼈다. 마지막으로 이 시기는 교회의 개혁기로 신앙심이 부활되어 있었다. 이렇게 살아난 종교적인 열정이 십자군 운동의 기반이 된 것이다.

십자군 원정의 시작

십자군 운동의 출발점은 에스파냐의 재정복 운동, '레콩키스타Reconquista'이다. 사실 무엇을 재정복했는가에 관해서 의문의 여지가 있다. 에스파냐에는 가톨릭이 아닌 게르만 왕국들이 잠시 섰다가 없어졌고, 이곳은 711년부터 줄곧 이슬람이 차지하고 있었으며, 그 밖에 그리스도교 세력 집단들이 이슬람 세력들과 병존하고 있었다. 사실 이러한 정세는 이슬람 세력들 간의 알력에서 기인한 것이다.

11세기 초, 클뤼니 수도원의 수도사들은 귀족들에게 에스파냐에 있는 이슬람교도들을 토벌할 것을 사주한다. 이미 에스파냐 교회는 피레네 이북과 로마로부터 영향을 받았고, 로마교회의 예배 관행을 도입하고 있었다. 재정복은 1085년 톨레도를 회복함으로써 시작되었으나, 1146년에는 강력한 이슬람교도인 알모하드Almohad족이 서유럽인에게 정복된 지역을 다시 탈환하였다. 이에 교황은 이슬람교도에 대한 십자군을 공식으로 선언하였고, 기나긴 공방전이 벌어진다. 마침내 1492년에 그라나다 왕국을 점령함으로써 그리스도교도의 승리로 전쟁은 끝났다. 이러한 재정복의 과정을 단순하게 카롤루스 마그누스 이래로 계속된 운동으로 볼 수도 있으나, 십자군 운동은 어디까지나 그리스도교도·이슬람교도·유대인 간의 복합적인 관계의 소산으로 이해할 필요가 있다. 영화 〈엘 시드El Cid〉를 보면, 그리스도교도인 주인공이 이슬람교도의 영웅이 되는 등 당시의 복합적인 관계가 잘 묘사되어 있다. 이렇게 재탈환된 에스파냐에는 봉건제가 도입되었다. 특히 바르셀로나에는 프랑스를 모델로 하는 완전한 봉건제가 도입되었다.

도판 41 예루살렘과 그리스도. 1000년경에 오토 3세의 사사복음四史福音에 그려진 장면. 열린 예루살렘 성문으로 이교도들이 공격하고 있으며, 예수는 오른쪽 위에서 슬퍼하고 있다. 이러한 그림이 십자군을 촉발하였을 것이다.

남부 이탈리아에 대한 공격도 이루어졌다. 이 지역은 비잔티움 제국이 장악하고 있었던 곳이다. 1071년에는 바리Bari를 함락하기 시작하여 마침내 남부 이탈리아도 서유럽인의 수중에 들어오게 되었다. 이슬람 및 비잔티움에 대한 이러한 공격들은 곧 서유럽의 판도를 결정하였다.

팔레스타인 원정

본격적인 십자군 운동은 팔레스타인 원정이다. 비잔티움 제국은 셀주크튀르크에 아시아의 주요 지역을 빼앗겼다. 이에 다급해진 비잔티움 황제는 서유럽에 구원병을 보내줄 것을 요청했다. 서유럽과 관계가 편하지는 않았지만, 비잔티움 황제는 이슬람을 공동의 적으로 간주하고 함께 대항하자고 제안한다. 이에 1095년 로마 교황은 클레르몽Clermont에서 열린 회의에서 십자군의 필요성을 설파하였다.| 자료 1 | 이후에 많은 설교사들이 돌아다니면서 십자군 원정을 부추겼다.

십자군 운동의 첫 테이프를 끊은 이들은 농민이었다. 1096년 봄에 아무런 훈련도 받지 못하고 제대로 된 무기도 없는 헤아릴 수 없이 많은 농민들이 비잔티움을 향해 출발했다. 떼거리로 몰려오는 이들을 비잔티움은 서둘러 이슬람 지역으로 넘겨버렸고, 이들 대부분은 몰살당하였다. 본격적인 십자군은 그해 늦여름에 출발하게 되었다. 십자군 부대가 콘스탄티노플에 도달하자 비잔티움 황제는 당황했다. 황제가 원한 것은 단순한 병력이었는데, 막상 십자군은 국왕 급에 해당하는 귀족들이 지휘하는 대부대였기 때문이다. 위협을 느낀 황제는 이들에게 식량과 수송 수단을 제공하여 팔레스타인으로 넘어가도록 했다.

1097년 5월, 십자군은 셀주크튀르크의 수도인 니케아를 포위하고 함락했다. 그리고 2년 후인 1099년 7월에는 목표로 했던 예루살렘을 포위하고 진입하였다. 이때의 전투는 매우 참혹했다.| 자료 2 | 전투를 치른 결과, 사람의 피가 내를 이루어서 발목과 무릎까지 찼다고 전해진다. 이슬람교도들뿐만 아니라 실제로 많은 그리스도교인도 피살되었다. 이런 학살은 앞으로 모든 무슬림이 영구히 서유럽에 대해서 원한을 가지는 원인이 되었다.| 자료 3 | 이뿐만 아니라 수많은 그리스도교 신자들도 희생당하였다는 사실을 고려할 때 이 전쟁이 과연 그리스도교를 위한 전쟁이었는지도 의심해볼 만하다.

도판 42 〈콘스탄티노플의 점령〉. 빌라르두앵의 조프루아 Geoffroi de Villehardouin 수서본에 나오는 삽화로 1330년 경의 작품이다(보들리언Bodleian 도서관 MS. Laud Misc. 587). 이에 관해서는 다음과 같이 기술하고 있다. "이제 당신도 알다시피 전에 본 적이 없는 자들이 콘스탄티노플을 보면서 황홀경에 빠져 있다. 왜냐하면 그들이 이 도시를 두르고 있는 높은 성벽과 강한 망루와 화려한 궁전과 높은 예배당을 보았을 때 세상에 그렇게 엄청난 도시가 있을 수 있다는 것을 믿을 수 없었기 때문이다. 그런 건물들이 너무 많아서 직접 눈으로 보지 않았다면 믿을 사람이 없을 뿐 아니라 무엇보다도 도시의 가로와 세로의 길이가 압도한다. 그리고 그것을 보고 소름이 돋지 않을 배짱이 있는 사람이 없었음을 알라. 이것은 기적이 아니니 세상이 만들어진 이래로 인간에 의해서 착수된 사업으로 그렇게 위대한 것은 없었기 때문이다."

예루살렘이 함락된 후, 팔레스타인에 세워진 국가는 완전한 봉건국가 형태를 갖추었다. 이 예루살렘 왕국(1099~1187)은 부용의 고드프루아를 수반으로 하고 실권은 대제후들의 모임인 고등법원에 있었다. 그런데 고드프루아는 왕위를 수락하지 않고 대신 '성묘의 수호자'라는 직함을 가졌으며, 그가 죽자 그 동생인 에데사Edessa의 백작 보두앵Baudouin이 예루살렘 왕국의 초대 국왕이 된다. 보두앵은 국가를 유지하기 위해서 무슬림과 유대인에게는 인두세를, 원주민들에게는 토지세를 부과하여 재정을 충당하였다. 이 지역은 봉토로 지급할 토지에 한계가 있어서, 교역에서 나오는 수입을 봉토처럼 사용하여 화폐로 봉토를 대신하였다. 이를 머니 피프Money Fief, 즉 '화폐봉'이라고 불렀다. 이를 통해 팔레스타인 봉건국가는 봉건적 군사력의 대부분을 마련했다. 이후 이를 유지하기 위해서 또는 회복하기 위해서 성당 기사단, |자료 4| 병원 기사단 등 종교와 군대의 규율이 합쳐진 형태의 조직이 많이 만들어졌다. 유럽과의 교통과 통신을 담당한 것은 베네치아, 제노바 같은 이탈리아의 도시들이었다.

하지만 이렇게 승승장구하던 십자군에게 암운이 드리운다. 셀주크튀르크의 왕인 젠기(Zengi 또는 장기Zangi)에 의해서 십자군이 타격을 받았을 뿐 아니라, 최초의 십자군 도시였던 에데사(Edessa)가 1144년 젠기의 군대에 의해서 함락되었다. 이를 되찾기 위해서 교황 에우게니우스Eugenius가 십자군을 선포하였고, |자료 5| 독일의 콘라트 3세와 프랑스의 루이 7세가 군대를 끌고 원정하였지만 십자군의 참패로 끝나게 된다. 12세기 말에 이르면 쿠르드족의 장군 살라딘Saladin에 의해

모든 지역을 다시 내주고 예루살렘을 포기하게 된다.

라틴 제국의 건설

십자군 원정이 비난받는 또 하나의 중요한 이유는 원정이 본래의 목적을 저버리고 빗나간 데에서 찾을 수 있다. 이 전쟁의 일탈을 보여주는 것이 4차 십자군 원정이다. 이 원정은 본래 교황 인노켄티우스 3세가 프랑스, 잉글랜드, 독일에서 원정을 부추기는 설교를 함으로써 시작되었다. 예상대로라면 3만 3000명의 십자군이 소집될 터였다. 그리고 이들을 팔레스타인으로 운송하고 유지해주는 비용 8만 5000마르크(은화)를 베네치아에 지불하기로 약속이 되어 있었다. 그런데 병력은 예상보다 적었고, 십자군은 베네치아에 지불하기로 한 수송비도 마련하지 못하였다. 그러자 베네치아의 총독(도제Doge: 라틴어 둑스dux에서 파생된 단어)이 당시 크로아티아에 있는 도시 자라Zara(현재 크로아티아의 자다르Zadar)를 약탈할 것을 제안하였다. 십자군은 도제의 뜻대로 하여 빚을 일부 갚았다. 그런데 자라는 그리스도교 도시로서 번영을 누리고 있던 곳이었다. 십자군이 그리스도교 도시를 공격한 셈이다. 자라 시를 공격했는데도 빚은 여전히 남았다.

한편 그 즈음 비잔티움 제국에서는 내분이 일어났다. 황제 이사키우스 2세 앙겔루스Isaacius II Angelus가 동생(알렉시우스 3세)에 의해서 폐위되고 감금되는 사태가 벌어진 것이다. 이사키우스 2세의 아들 알렉시우스Alexius는 십자군 진영으로 피신하였다. 공교롭게도 십자군의 지도자인 슈바벤의 필리프Philipp von Schwaben 공은 알렉시우스의 매부였다. 알렉시우스는 곤경에 빠진 십자군의 사정을 알게 되자 먼저 콘스탄티노플로 가서 자신의 부친을 복위시키면 모든 빚을 청산하고 원정에 필요한 도움을 주겠다고 제안하였다. 이를 받아들인 필리프 공과 베네치아 측은 콘스탄티노플로 향한다. 그렇지만 이런 결정에 반감을 품은 십자군 상당수가 원정을 포기하고 고향으로 돌아갔다. 1203년 봄 십자군을 실은 베네치아 함대가 마르마라 해에 나타났다. 그리고 7월 십자군은 콘스탄티노플을 점령하였다. 감금되었던 이사키우스 2세는 풀려났고, 그의 아들이 황제 알렉시우스 4세로 즉위했다. 알렉시우스 3세는 수도의 보물을 챙겨서 도망하였다. 십자

군은 이제 수도 외곽에서 알렉시우스 4세가 약속한 보상을 기다리고 있었는데, 대화재가 일어났다. 이 화재가 십자군 때문이라고 생각한 콘스탄티노플 주민은 폭동을 일으켜서 대립 황제를 세웠고 알렉시우스 4세는 처형되었다. 이 소식을 들은 십자군은 베네치아 동맹군과 합의하여 콘스탄티노플을 다시 공격하고 라틴계 황제를 뽑기로 하였다. 또 제국의 4분의 1은 라틴 황제가 소유하고, 나머지는 베네치아인들과 더불어 십자군이 나누어 갖기로 했다. 이 공격으로 콘스탄티노플은 엄청난 파괴를 맛보았다. | 자료 6 | 심지어는 전차 경주장인 히포드롬 Hippodrome의 청동마상이 베네치아로 보내져서 성 마르코 성당의 전면에 설치되었다. 이렇게 해서 세워진 라틴 제국Latin Empire은 매우 불안정하였다. 초대 황제인 보두앵 1세(콘스탄티노플의 보두앵Baudouin de Constantinople)는 비잔티움 제국 주민의 지지를 받을 수도 없었고, 자신의 휘하 귀족들과 베네치아 상인들로 이루어진 위원회의 동의가 없이는 아무것도 할 수 없었다. 마침내 불가리아 제국의 황제는 보두앵을 사로잡아서 처형하였다. 도망한 비잔티움 세력은 니케아에 나라를 세웠으며, 마침내 1261년 콘스탄티노플을 수복하였다. 콘스탄티노플 점령 소식을 들은 교황 인노켄티우스 3세는 맹렬히 비난하였다고 한다. 그렇지만 처음에는 그리스도교회의 동서가 통합되는 것으로 여겨 이를 지지했다. 이 원정에서 가장 큰 이익을 누린 세력은 베네치아인들이었다. 이들은 해변의 도시들과 무역로를 장악하여 경쟁자인 제노바와 피사를 넘어서 번영할 수 있는 토대를 닦았다. 이 4차 십자군은 양심을 저버리고 같은 그리스도교 국가를 점령한 오욕의 사건으로 역사에 기록된다.

십자군 원정의 의의

팔레스타인 원정으로 이탈리아 여러 도시들이 지중해 해상권을 장악하게 되었고, 동방에 대한 지식이 유입되었다. 향신료에 대해 깊은 이해와 관심을 가지게 된 것도 중요한 변화라고 할 수 있다. 그러나 십자군 원정을 위해 투입된 막대한 자원을 고려한다면, 그러한 결과는 보잘것없는 것이었다. 그렇지만 십자군 운동은 중세 문명의 활력과 팽창력을 가장 두드러지게 보여주었으며, 이 시대

가 신앙의 시대였음을 부각시키는 사건이라고 볼 수 있다. 동시에, 서양 사회의 침략과 야만성을 뚜렷이 보여준 사건이었다. 다른 한편으로 이 원정에 열광적으로 호응한 사람이, 사실상 아무런 권력을 가지지 않은 수도사와 농민 등의 하층민과 소년들이었다는 점에 주목할 필요가 있다. 1212년 소년 십자군Children's Crusade은 독일과 프랑스의 소년들로 조직되었다. 이들은 자신들이 바다로 가면 예루살렘 성지로 건너갈 수 있도록 지중해가 갈라질 것이라고 예상했다. 그러나 기대했던 기적은 안 일어나고 대부분이 상인의 속임수에 속아 노예로 팔려나갔다. 소년 십자군은 한 시대의 광기狂氣를 보여주는 사례이기도 하다. 한편 십자군을 부추긴 클레르보의 베르나르Bernard of Clairvaux와 같은 대중 설교자의 등장은 이 시대의 새로운 표지이기도 하다. | 자료 7 | 그러나 무엇보다 십자군 원정과 활동은 반성의 역사이지 기려야 할 역사는 아니다. 20세기를 마감하면서 십자군과 관련하여 교황청이 반성의 참회를 발표한 것은 바람직한 판단이 아닐 수 없다. | 자료 8 |

자료 읽기

자료
01

우르바누스 2세, 클레르몽에서 십자군 원정을 촉구하다

프랑수아 기조François Guizot, 《프랑스사 문헌 집성Collections des mémoires relatifs à l'histoire de France》, Paris, 1825, 24:3~9.

친애하는 형제들, 짐 우르바누스는 신의 허락으로 교황의 삼중관을 쓰고 전 세계에 대한 영적인 지도자의 직함을 받았기에 이 큰 위기에 신의 종들인 여러분들에게 신의 경고를 전달하는 자로서 왔습니다. …… 오, 신의 아들들이여, 여러분이 주님에게 전보다 더욱 진지하게 평화를 유지할 것과 충성스럽게 거룩한 교회의 권리를 받들 것을 약속하였기에, 이 신의 바로잡음에 의해서 새로 분기하게 된 여러분에게는 매우 긴요한 일이 여전히 남아 있습니다. …… 여러분의 도움을 필요로 하는 동쪽에 있는 형제들에게 급히 도움을 주어야만 합니다. 그것은 그들이 자주 요청했던 것이지요. [셀주크]튀르크는, 이미 여러분들 중 일부가 알듯이, 그들을 공격했습니다. …… 따라서 짐은 여러분들에게 경건한 기도로써 다음을 요청합니다. …… 즉 그리스도의 전령으로서 여러분은 사람들에게 빈번하게 권유함으로써, 모든 계급의 사람들, 기사와 병사, 부자와 가난한 자로 하여금 여러분의 형제의 땅에서 비열한 종족을 급히 멸절하고, 적절하게 [동방정교] 그리스도교인들을 도울 것을 주장해야 합니다. …… 만약 그곳으로 출발하는 사람들이 가는 도중에 육지나 바다에서 또는 이교도와 싸우다가 자신의 목숨을 잃는다면, 그들의 죄가 사면될 것입니다. 이를 신께서 나에게 부여한 권능을 통해서 수여합니다. 오, 그렇게 경멸되고 저급하며 마귀에 의해 사주된 종족이 전능한 신을 믿는 믿음이 부여되고 그리스도의 이름으로 빛나던 인민을 정복하게 된다면 얼마나 불명예인가! 만약 당신들과 마찬가지로 그리스도교 신앙을 가진 것으로 간주되는 사람들을 당신이 돕지 않으면 주님 스스로 얼마나 당신들을 책망하겠습니까? 믿음이 있는 자들에 대한 개인적 전쟁을 수행하는 자들로 하여금 불신자들에 대해 성공적인 전쟁을 수행하도록 합시다. 오랫동안 도둑이던 자들이 이제는 그리스도의 병사들이 되게 합시다. 육체와 영혼을 손상하기 위해서 스스로를 지치게 했던 자들로 하여금 이제 이중의 영광을 위해서 일하게 합시다. ……

자료
02

예루살렘 정복 보고서

샤르트르의 풀셰르Foulcher de Chartres, 《십자군의 역사Histoire des Croisades》, 프랑수아 기조 편집, 《프랑스사 문헌 집성》, 24:70~74에서 재인용.

프랑스인들이 그 도시를 보고 차지하기 어려울 것으로 파악하자, 우리의 군주들은 나무 사다리를 만들게 했다. 이것들을 성벽에 걸쳐놓음으로써 신의 도움으로 사다리를 타고 올라서 도시에 들어갈 수 있으리라 기대했다. 사다리를 다 만든 후 지휘관들이 신호를 보내자…… 프랑스인들이 사방에서 도시로 쇄도했다. …… 그러나 그날 제6시까지 공격하였으나, 들어갈 수 없었고…… 애석하게도 공격을 포기했다. ……

그러자 장인들에게 기계를 만들도록 명령이 하달되었다. 기계들을 성벽에 밀착함으로써 그들은 바라던 결과를 신의 가호로 얻게 될 것이다. …… 기계들, 곧 공성 망치, 이동용 헛간 등이 준비되자, 그들은 다시 공성 준비를 마쳤다. 다른 공성 도구 말고 그들은 큰 나뭇조각을 구할 수 없어 작은 나무 조각들로 탑을 만들었고…… 그 도시의 한 모서리로 그것을 조각조각 옮겼다. 아침 일찍…… 그들은 성벽에서 멀지 않은 곳에 재빨리 탑을 세웠다. …… 그런 후 몇 명의 용감한 병사들이 탑 꼭대기로 올라갔다. 그러나 사라센인들은 그들에 대항하여 방어하였으며 탑에다 지방질과 기름에 담근 횃불을 던졌다. 그 후에 양편에서 많은 이들이 죽었다. ……

다음 날, 나팔 소리에 그들은 같은 작업을 더 활발하게 함으로써 마침내 성벽 위에 있는 한 돌탑은 우리 편 기계를 작동하는 사람들이 횃불을 이미 발사하였으므로 불타오르고 있었다.

이어서 금요일 정오, 프랑스인들이 그 도시에 장엄하게 입성하였다. …… 나팔 소리가 울리고 모든 것이 소란한 와중에 그들은 바로 성벽의 꼭대기에 깃발을 올렸다. 모든 이교도들은 허세를 버리고 혼비백산하여 좁은 골목길을 통해서 재빠르게 도망하였다. …… 백작 레몽과 그의 수하들은 다른 구역에서 그 도시를 공격하였는데…… 사라센인들이 성벽에서 뛰어내리는 것을 보았다. 그러자 그와 그의 수하들은 그 도시로 즐겁게 뛰어 들어가서는 사악한 적들을 추적하고 죽이는 일에 일조하였다. …… 솔로몬 성전에[만] 1만 명이 효수되었다. …… 그들은 여자와 어린이도 용서하지 않았다.

자료 03

예루살렘 함락을 보는 무슬림의 시각: 이븐 알-아티르

프란체스코 가브리엘리Francesco Gabrieli(이탈리아 번역자), 《아랍 역사가의 눈으로 본 십자군Arab Historians of the Crusades》, trans. by E. J. Costello, Berkeley, 1969, X. 193~195; 패트릭 J. 기어리 편집, 《중세사 사료선집》, pp. 446~447에서 재인용.

타즈 아드-다울라 투투쉬Taj ad-Daula Tutush는 예루살렘의 군주였으나, 그것을 족장인 수크만 이븐 아르투크Suqman ibn Artuq라는 투르크멘 사람에게 봉토로 주었다. 프랑크족이 안티오크에서 튀르크인들을 패배시켰을 때에 벌어진 학살은 그들의 사기를 떨어뜨렸으며, 튀르크 군대가 탈주에 의해서 약화되었음을 본 이집트인들이 알-아프달 이븐 바드르 알-자말리al-Afdal ibn Badr al-Jamali의 지휘하에 예루살렘을 공격하였다. 성 안에는 아르투크의 아들들, 수크만과 일가지Ilghazi, 그들의 사촌 수니즈Sunij 그리고 그들의 조카인 야쿠티Yaquti가 있었다. 이집트인들은 예루살렘을 공격하기 위해 40대가 넘는 공성 장비를 운반해왔으며, 여러 지점에서 성벽을 허물어놓았다. 거주민들은 방어벽을 올렸으며, 공성과 싸움이 6주가 넘도록 지속되었다. 결국 489년 샤반[1]에 이집트인들은 그 도시를 조건부로 항복시켰다. 수크만, 일가지와 그들의 친구들은 알-아프탈에 의해 환대를 받았는데, 그는 많은 돈을 선물로 주고 자유롭게 가도록 했다. 이들은 다마스쿠스로 가서는 유프라테스 강을 건넜다. 수크만은 에데사에 정착하였으며, 일가지는 이라크로 갔다. 이집트인 예루살렘 총독은 이프티카르 아드-다울라Iftikhar ad-Daula인데, 그는 우리가 말하는 시점에도 여전히 그곳에 있었다.

공성으로 아크레Acre를 점령하고자 했으나 실패한 프랑크족은, 예루살렘으로 이동하여 6주가 넘도록 공성하였다. 그들은 두 개의 탑을 지었다. 하나는 시온Sion 근처에 있었는데 이를 불태워버렸으며, 그 안에 있던 사람들을 모두 죽였다. 그것이 불타버리자마자 전령이 도움을 청하러 왔는데, 도시의 다른 쪽이 함락되었다는 소식을 전했다. 실제로 예루살렘은 492년 샤반 22일(1099년 7월 15일) 금요일 아침에 북쪽부터 점령당했다. 주민들은 일주일간 그 지역을 약탈한 프랑크족의 칼에 희생되었다. 한 무리의 무슬림이 다

1 | 1096년 8월. 이 시기는 오류로서, 1098년이다.

윗의 예배당에서 시가전을 벌여 여러 날 싸웠다. 그들은 항복의 대가로 목숨을 얻었다. 프랑크족은 그들의 말을 존중하였으며, 그 무리는 밤에 아스칼론Ascalon을 향해 떠났다. 마스지드 알-아크사Masjid al-Aqsa에서 프랑크족은 7만 이상을 도륙하였다. 그들 중에는 다수의 이맘Imam[2] 과 무슬림 학자들이 있었는데, 이들은 경건하게 고행하는 자들로서 이 성스러운 장소에서 경건한 은둔을 위해 출가했던 사람들이다. 프랑크족은 암벽의 돔[3] 에서 각각 3600드람[4] 의 무게를 지닌 촛대 40개 이상과 44시리아 파운드의 무게를 지닌 거대한 은 등잔과 아울러 150개의 작은 은촛대와 20개 이상의 금촛대 그리고 더 많은 전리품을 탈취했다. 시리아에서 온 도망자들이 라마단 기간 중 바그다드에 도착하였다. 그들 중에는 카디 아부 아드 알-하라위Qadi Abu sa'd al-Hárawi가 있었다. 그들은 칼리프의 신하들에게 이야기를 전했는데, 그들의 마음을 격동시키고 눈에 눈물이 흐르게 하였다. 금요일에 그들은 대모스크에 가서 도움을 청하였다. 그들이 그 거룩한 도시에서 무슬림이 당한 고난을, 남자들은 죽고 여자와 어린이들은 포로가 되고 집은 약탈되었음을 울면서 묘사할 때 청중들이 그들과 함께 몹시 울게 되었다. 그들이 겪은 참혹한 고난으로 인해 금식을 깨는 것도 허용되었던 것이다. …… 우리가 기술하듯이 프랑크족이 그 나라를 점령할 수 있었던 것은 무슬림 군주들 간의 불화였다. 아부 이-무자파르 알-아비와르디는 이 주제에 관해 여러 편의 시를 지었다. 그중 하나에서 다음과 같이 말한다.

> 우리는 흐르는 눈물과 피를 섞었다오. 동정의 여지조차 우리에게 남지 않았지.
> 눈물을 흘리는 것이야말로 남자의 가장 나쁜 무기지요, 검들이 전쟁의 남은 불씨를 다시 살릴 때에는.
> 이슬람의 아들이여, 너희들에게는 발아래 해골들이 굴러다니는 전투들이 드리워 있다.
> 안전의 축복된 그늘 아래서 감히 잠자고자 하느냐? 거기에서는 생명이 과수원의 꽃처럼 유약하다.
> 그동안 네 시리아 형제들이 습격자들의 등에서 아니면 독수리의 뱃속에서 잠만 잘 수 있을 것이다!
> 외국인들이 우리의 치욕을 먹는 사이, 너는 마치 평화의 세계에 있는 자처럼 네 뒷전에서 즐거운 삶을 계속해야 하나?
> 피를 흘릴 때 땀을 흘리는 계집아이들이 부끄러워 자기 손으로 사랑스러운 얼굴을 가려야 하리니!

2 | 이슬람교의 종교지도자.

3 | 이 암벽은 무함마드가 승천하였다는 곳이다. 이 위에 이른바 '우마르의 모스크'가 세워졌는데, 이는 예루살렘에서 중요한 이슬람 기념물이다.

4 | Dram, Drham: 그리스 화폐 드라크마에서 유래한 명칭으로 아랍권에서 쓰이는 화폐 단위이다.

언제 하얀 검의 뾰족한 부분이 피로 붉게 물들고 갈색 창의 쇠붙이가 엉긴 피로 더렵혀져 있는가!

창을 때리는 검의 소리에 어린아이들의 머리카락이 하얗게 되었다.

이것은 전쟁이야, 그래서 자신의 생명을 구하고자 소용돌이를 피하는 자는 참회하려고 이빨을 갈 것이라.

이것은 전쟁이야, 그래서 메디나의 무덤에 누워 있는 분이 목청을 돋우어서 외치리. "오. 하심Hashim의 아들들이여.[5]

나는 나의 민족이 적에 대해 늦게야 창을 드는 것을 보네. 나는 신자들이 연약한 기둥 위에 쉬는 것을 보네.

죽음에 대한 공포로 무슬림들은 전투의 불을 피하고 죽음이 반드시 자기들을 치리라고 믿기를 거부하지."

용감한 페르시아인들이 자신의 불명예를 외면하는 동안 아랍의 대변자들이 포기로 인해 고통당해야 하는가?

5 | 그는 예언자로서 무덤에서 후손을 야단치기 위해서 목소리를 냈다고 한다.

자료 04

성당 기사단의 기원

움베르토 에코Umberto Eco, 《푸코의 진자Il Pendolo di Foucault》, Bompiani, 1988, pp. 71~72.

나는 말한다. "아니요. 그 이야기가 전부가 아닙니다. 1차 십자군이 있습니다. 그렇지요? 고드프루아는 큰 묘에서 예배드리고 서약을 완수하지요. 보두앵은 예루살렘의 초대 왕이 됩니다. 거룩한 땅에 그리스도교 왕국이 생겼지요. 그러나 예루살렘을 차지하는 것과 팔레스티나의 나머지 지방을 차지하는 것은 별개였습니다. 사라센인들이 패하기는 했으나 제거되지는 않았지요. 그 지역의 생활은 쉽지 않았으니, 새 정착자들에게도, 순례자들에게도 그러했습니다. 그리고 여기에서 1118년 보두앵 2세 치하에서 아홉 명의 사람들이 도착합니다. 이들은 위그 드 팽Hugues de Payns이라는 자의 지도를 받았으며, 그리스도의 청빈한 기사단의 일급 핵심을 이루고 있는 자들이지요. 이 기사단은 수도원의 단체이지만, 검과 무장을 갖추었지요. 세 가지 고전적인 서약이 있는데, 청빈, 정결, 복종이지요. 여기에 더하여 순례자들의 보호의 서약이 있었습니다. 왕, 주교, 모든 이들이 예루살렘에서 즉각 돈으로 도움을 주고, 그들을 고용하고 옛날 솔로몬 성전의 수도원에 배치합니다. 그리고 이것이 바로 성당 기사단의 탄생이지요." "그들은 누구입니까?" "아마도 위그와 처음 여덟 명은 십자군의 신화에 의해 매료된 이상주의자들에 속합니다. 그러나 이어서 젊은이들이 있는데, 이들은 모험을 추구합니다. 새로운 예루살렘 왕국은 약간은 당시의 캘리포니아였지요. 재산을 모을 수 있었답니다. 집에서 그들은 전망이 별로 없었습니다. 아마도 그들 중에 행운을 크게 만들 사람이 있었겠지요. 나는 외인부대의 복무 기간에 해야 할 것을 생각하고 있어요. 만약 당신이 곤경에 처했다면 무엇을 할까요? 당신이 성당 기사가 된다면 새로운 직책들이 보일 것이고, 즐거울 것이며, 악수를 할 것이며, 당신을 먹일 것이며, 옷 입힐 것이며, 끝까지 영혼마저도 안전할 것입니다. 분명하게도 의무는 완전히 절망적이지요. 왜냐하면 사막으로 가서는 천막 아래서 자야 하고, 다른 성당 기사들과 튀르크인의 몇몇 면모를 제외하고는 살아 있는 영혼은 보지도 못하면서 매일 매일을 보내야 하고, 태양 아래서 말을 달리고, 목마름을 참고, 다른 가난한 악마에게 중상을 입혀야 하니 말입니다."

나는 잠시 말을 멈추었다. "아마도 나는 약간 지나치게 서구식으로 만들고 있을 겁니다. 아마도 세 번째 단계가 있을 겁니다. 기사단은 세력이 되어 비록 고국에서 좋은 지위가 확보되었음에도 어떤 역할을 하길 추구했지요. 그러나 그 시점부터 성당 기사가 된다는 것은 더 이상 성지에서 고생하는 것을 꼭 의미하지는 않았으니, 집에서도 성당 기사는 스스로 일하였던 것이지요.[6] 이야기가 완성되었지요. 그들은 어떤 경우에는 오합지졸로 보이지만 다른 경우에는 확실한 지각력을 가진 것을 드러냅니다. 예를 들어보지요. 그들이 인종차별주의자라고는 말할 수 없을 것입니다. 무슬림들과 싸우면서 그들은 이런 동기를 위해서 싸웠겠지만, 기사도적인 정신을 가지고 있었으며 서로 존중했었지요. 다마스쿠스의 태수가 보낸 한 대사가 예루살렘을 방문할 때 성당 기사들은 그가 자신의 예배를 드릴 수 있도록 그를 이미 그리스도교 교회로 변해버린 조그만 모스크로 데려갑니다. 어느 날 프랑크족 한 사람이 그곳에 들어오는데, 신성한 장소에 있는 무슬림을 보고 화가 나서 그를 나쁘게 대합니다. 그러나 성당 기사들은 그 편협한 자를 쫓아내고서 무슬림에게 용서를 구하지요. 적과의 전쟁 동료애는 나중에 그들 간에 균열을 초래할 것입니다. 왜냐하면 소송에서 그들은 무슬림의 비밀 일곱 가지와 관계를 맺었다고 고소당했기 때문이지요. 아마 그것은 사실일 거예요. 그리고 약간은 19세기에 아프리카의 풍토병에 걸린 저 모험꾼들 같을 겁니다. 그들은 정규적인 수도원 교육을 받지 않았으며, 신학적인 차이점을 포착하는 데 별로 세밀하지 않았으니, 잠시 후 마치 아랍인 두목처럼 옷을 입은 아라비아의 로렌스와 같이 생각될 것입니다. …… 그러나 다음에는 그들의 행동을 평가하기가 어렵습니다. 왜냐하면 종종 티루스의 기욤

6 | 이 교단은 엄청나게 많은 기부금을 받아서 이를 기금으로 하여 일종의 이체 제도를 만들었다. 팔레스티나에 갈 사람은 성당 기사단에 재산을 맡기면 기사단은 이 재산을 맡아두는 대신 영수증을 써준다. 여행자는 그것을 지니고 가서 현금을 찾아 쓰게 된다. 일종의 수표 제도를 만들었으며, 이들은 당시 다국적기업의 면모를 보여주었다. 후일 이들이 탄압받은 것은 이런 과정에서 축적된 재산 때문이다.

과 같은 그리스도교 역사가들이 그들을 폄훼할 기회를 허용하지 않기 때문이지요." "왜 그렇지요?" "왜냐하면 그들은 너무 강력해졌으며 너무 급하게 그렇게 되었기 때문이지요. 모든 것이 성 베르나르와 더불어 생깁니다. 성 베르나르를 기억하고 있지요, 안 그래요? 그는 위대한 조직자로서 베네딕투스 수도원단을 개혁하고, 교회에서 장식을 없애고, 아벨라르와 같은 한 동료가 그에게 자신들의 신경을 거슬리자 그를 매카시에 연루시키지요. 아마 가능했다면 그를 화형주火刑柱 위에 올려놓았을 것입니다. 그가 그렇게 할 수 없자, 그의 책들을 태우게 하지요. 다음으로는 십자군을 설파합니다. 무장하고 떠나라. ……"

자료
05

교황 에우게니우스 3세, 2차 십자군을 부추기다

제임스 하비 로빈슨 편집, 《유럽사 사료선집》 Vol. 1, pp. 337~338.

신이 짐에게 부여한 권위에 따라서 짐은…… 헌신의 정신에 따라서 이 거룩하고 불가피한 과업을 참여하여 완수할 것을 결의한 자들에게 짐의 선임 교황 우르바누스가 했던 대로 완전한 죄 사함을 약속하였으며 수여하여왔다. 짐은 또한 그들의 부인과 아이들, 그들의 재산과 점유물들이 거룩한 교회의 보호하에 있을 것을 명한다. 더욱이 짐은 짐이 가진 사도의 권위에 따라 그들의 귀환 혹은 죽음이 완전히 입증될 때까지 그들이 십자가를 질 때에 평화롭게 점유하고 있던 것에 대한 소유권에 관련하여 앞으로 어떠한 소송도 제기하지 말 것을 명령한다.
순수한 심정으로 이 성스러운 여행에 참여한 자들로서 빚진 자는 아무런 이자도 내지 않을 것이다. 만약 그들이, 혹은 그들을 대신한 다른 사람이 이자를 지불하기로 한 맹세에 묶여 있다면, 짐은 짐의 사도적 권위에 따라서 그들을 해방시킬 것이다. 또 그들이 자신의 친척들의 부조나 그들이 가진 봉토를 수여한 주군의 부조를 요청한 이후에, 만약 그들이 돈을 지불해줄 수 없거나 그럴 뜻이 없다면, 짐은 그들로 하여금 자신의 토지와 다른 점유물을 교회, 성직자, 기타 그리스도교인들에게 자유로이 담보 설정하는 것을 허용하며, 그들의 봉주封主는 아무런 배상을 받지 못할 것이다.
전임자의 예를 따르면서 그리고 전능한 신과 사도의 군주인 베드로 성인의 권위를 통해서, 그것은 신이 짐에게 부여한 것이니, 짐은 헌신적으로 이 거룩한 여행에 참여하고 완수하는 자들 혹은 가는 도중에 죽는 자들이 겸손하고 애통하는 마음으로 그들이 고백한 모든 죄에 대해 사면받을 것을 허락하노라. 또, 각자에게 그의 당연한 보상을 수여하는 자로부터 영원한 생명이라는 상을 받을 수 있도록 죄의 사면과 감면[7]을 수여하노라.

7 | 여기에서 면벌부의 기원을 찾을 수 있다.

자료 06 콘스탄티노플의 약탈

니케타스 코니아테스Nicetas Choniates, 《비잔티움 역사Historia》 1, 베커Bekker 편집, p. 757f; 크레인 브린턴 외, 《문명의 역사》, p. 220에서 재인용.

이 사악한 자들에 의해서 저질러진 만행을 뭐라고 말하기 시작할 것인지? 그자들은 성상들을 경배하는 대신 발로 짓밟았다. 순교자의 유물을 쓰레기 속에 던졌다. 또 그리스도의 몸과 피를 땅에 쏟아서는 흩어버렸다. …… 성 소피아 성당의 신성한 제단을 조각내어서는 병사들에게 나누어주었다. 거룩한 그릇들과 금은의 장식들이 떼 내어졌을 때, 그들은 나귀와 짐 부리는 말을 교회 안에 심지어는 성소까지 끌고 들어왔다. 이 짐승들 중 몇이 대리석 바닥에 미끄러져 넘어지자 누워 있는 짐승에게 매질을 하여 신성한 복도를 피와 오물로 더럽혔다. 매춘하는 여자가 총대주교의 의자에 앉아서는 음란한 노래를 부르고 춤도 자주 추었다. 그자들은 반항하는 자에게는 누구든지 단검을 휘둘렀다. 모든 길과 거리에, 성당에서 흐느낌과 한탄과, 남자들의 신음과 여자들의 비명과, 중상과 강간과 포로와 가족 분리를 볼 수 있었다. 귀족들은 수치 속에서 헤매고, 노인은 눈물을 흘리며, 부자는 비렁뱅이가 되었던 것이다.

자료 07 중세의 대중 설교가, 클레르보의 성 베르나르

노먼 F. 캔터, 《중세문명》, pp. 338~342.

성 베르나르(1090~1153)는 클레르보의 수도원장으로서 12세기 중엽에 자천自薦 교회의 양심이었다. 처음부터 그는 파리 학파의 작업에 적대적이었다. 그는 '단순히 알기 위해서' 배우는 자들을 의심하였다. 그가 말하길 "그런 호기심은 비난받아 마땅하다"라고 하였다. 그는 아벨라르와 '배운 사람처럼 보이기 위한 목적 이외에는 아무런 다른 이유도 없이 배우고자' 하는 자들을 비난하였다. "그 같은 짓은 웃기는 허풍이었다". 중세 문화에서 성 베드로 다미아니St. Petrus Damiani의 위대한 계승자로서 그는 새로운 지식의 유용함에 대한 이해가 없었다. …… 베르나르는 문필과 학식은 신에 이르는 길이 아니라고 주장하였다. 구원에 필요한 모든 것은 '순수한 양심과 굴하지 않은 믿음'뿐이었다. 이 말들은 베르나르가 당시의 보수적인 지도자임을 표시하는 것으로 보이며, 스스로에 대해서도 이 방식으로 생각하기를 좋아했음을 말해준다. 그러나 그의 사상을 전체로 검토한다면, 아벨라르의 학설 못지않게 초기 중세 사상계에 대한 급진적인 도전으로 보인다. 물론 비록 방향은 다르다. 베르나르는 12세기에 새로운 경건 운동의 대변자였고, 아벨라르는 새로운 합리주의의 주창자였던 것이다. 베르나르의 견해는 보수적인 것과는 동떨어지며, 12세기의 가장 잠재적인 혁명적 교리로서 드러난다.

사상가로서 베르나르는 중세 종교 사상에서 새로운 경향에 의존하였는데, 이는 성 베드로 다미아니와 캔터베리의 성 안셀무스St. Anselmus에 의해 1100년경에 뼈대가 만들어진 것이었다. …… 안셀무스는 초기 중세 성사聖事 위주의 그리스도교를 더욱 체험적이며 사적인 신앙으로 변환시키는 데 뚜렷한 뼈대를 만들었다. 베르나르는 이 추세를 따랐으며 발전시키고 널리 전파하였다. 또한 마리아 숭배에 대한 캔터베리 대주교의 열정과 관련해서도 안셀무스를 추종하였다. 마돈나에 대한 초점 그리고 주主로서만 아니라 마리아의 가슴에 안긴 아기로서의 예수에 대한 관조는 그리스도교를 체험적이고 고도로 사적인 종교로 초점을 다시 맞추는 방식이었다.

이것은 베르나르가 이지적으로 가고자 했던 길이다. 그러나 그의 메시지는 때때로 그의 공격적이고 고압적인 성품에 의해 가려졌다. 그는 강한 지도 능력과 사람들에게 해야 할 것을 공개적으로 말해야 한다는 강박관념의 경향이 있었다. 이 경향은 고도로 사적이고 체험적인 종류의 신앙에 대한 설교자가 되고자 하는 목적과 언제나 잘 부합하는 것은 아니었다. 베르나르는 프랑스 귀족에서 다소 높은 계급 성원의 산물이었다. 그의 젊은 패기는 귀족적 전사의 삶에 바쳐졌다. 그러나 뒤에 사회적 출신 배경이 유사한 아시시의 성 프란체스코San Francesco d'Assisi와 성 이그나티우스 로욜라St. Ignatius Loyola의 경우처럼 자신이 소속한 계층의 풍속에 의해서 배척되었으며, 종교적 삶으로 몰고 가는 강력한 회심을 경험하였다. …… 매우 존경을 받았던 시토 수도사들의 지도자로서 명성과 역동적인 품성, 말솜씨 그리고 유행하던 경건 운동의 비공식적 대변인이라는 지위로 인해 베르나르는 사회에서 큰 역할을 수행할 기회를 가지게 된다. 1125년부터 1153년 사이 그는 서구 교회를 지배하는 것으로 보였다. 교황 선출에 결정권을 행사하고, 왕들을 열변으로 설득하고, 십자군 원정을 독려하는 설교를 하였으며, 성직자들에게 충고하고, 유대인을 정죄하였으나 유대인 학살은 금지하였다. 그리고 귀찮게 하여 눈총을 받았다. ……

베르나르가 원한 것은 유럽의 도덕적 개혁이었다. 그리스도의 가르침에 따라 생활을 엄하게 규제하는 것이었다. 그도 욍베르와 힐데브란트에 못지않게 신의 나라를 지상에 건설하기를 원했던 청교도였다. 그렇지만 그들과 달리 이 목적을 이루기 위해서 단지 도덕적인 설득을 사용하는 정도에 지나지 않았기 때문에 용인되었다. 이것이야말로 사회의 지도자들이 그를 관용하고자 했던 이유이다. 위대한 종교인이고, 누구에게나 존경받고, 매우 유창한 설교자로서 유럽의 도덕적 양심이라는 역할을 떠맡았던 것이다. 반면 아무런 공식적 권위도 없었으며, 교황도 아니었고, 아무도 파문하지 않았고, 왕을 폐위시킬 힘도 없었다. 결과적으로 왕과 성직자들은 그의 장황스런 설교를 기꺼이 듣고자 하였다. 왜냐하면 세력을 넓히거나 정상적인 정책을 수행하고자 하는 그들의 노력에 대해 실질적으로 아무런 방해도 하지 않았기 때문이다.

베르나르가 정말로 중요한 이유는, 사회의 지도층에게 호소한 것 때문이 아니라 오히려 그의 종교적 교리와 중세 그리스도교의 변형을 가속시킬 새로운 경건 운동의 거대한 감성적 원천을 열어놓았기 때문이다. …… 그는 직접적인 종교 체험, 다시 말해 사랑하고 자기를 부인하는 신과 그리스도교도의 영혼 사이에 연합이 일어나는 것을 믿었다. 그는 말하기를, 종교의 목적은 '예수를 아는 것, 그리고 십자가에 못 박힌 예수를 아는 것'이라고 하였다. 즉 존엄한 그리스도가 아니라, 자기를 희생하는 예수를 알아야 한다는 것이다. 베르나르의 신학은 믿음보다 사랑이 더 위대하다는 것을 분명히 하고 있다. 베르나르의 견해에서 신과 인간의 연합은 거룩한 마리아의 중재에 의해 크게 고무된다. "성처녀는 구세주가 우리에게 오는 왕도이다." 그녀는 "꽃으로 그 위에서 성령이 자리 잡는다". 베르나르는 성처녀 숭배가 발전하는 데 주도적인 역할을 하였다. 이는 12세기 대중적 경건의 가장 중요한 징표 중의 하나이다. 초기 중세 사상에서 처녀 마리아는 사소한 역할을 하는 데에 불과하였다. 그녀가 신과 더불어 인간을 위한 가장 중요한 중재자가 된 것은, 11세기 감성적 그리스도교의 대두와 더불어서 시작된 것이다. 그녀는 모든 이의 사랑하는 어머니로서 간주되었다. 그녀의 무한한 자비는 사랑하고 죄를 깊이 뉘우치는 마음을 지닌 채 그녀의 도움을 바라는 모든 이에게 구원의 기회를 주는 것이다. 안셀무스는 성처녀 숭배를 11세기 말에 빠르게 확산시키는 데 크게 이바지하였다. 그러나 마리아 사상을 유행시킨 이는 베르나르이다. 이는 가톨릭 신앙에서 핵심적인 교리이며 엄격한 종교적 가르침의 차원을 넘어 중세 전성기의 예술적이고 문학적인 관조를 깊이 있고 풍부하게 만들었다. 베르나르의 가르침에서 성처녀는 그러므로 신성의 부가적인 측면이 되었고, 사람을 신에게 연합시키는 데 예수와 성령을 돕고 있다.

그러나 신성에 대한 더 직접적인 접근이 가능한데, 그것은 복된 관조로 이루어지는 신비적인 길이다. 베르나르의 교리는 다미아니 신학의 신비적 경향을 완수하고 있다. 클레르보 수도원장이 12세기 중엽에 신과 연합에 이르는 신비로운 길을 주창한 유일한 사람은 아니다. 감성적으로 채워진 종교적 시대 분위기에서 신의 의지를 직접 체험한다는 것은 특출하게 될 수밖에 없다. 베르나르의 시기에 어떤 작가들은 파리에 있는 성 빅토르 수도원에서 광범하게 신비주의 문헌을 제작하였다. 그러나 베르나르는 다미아니와 프란체스코 사이의 시기에 신에 대한 신비적 접근을 가장 강력하게 주창한 사람이었다. 항상 날카로운 지각력을 가지고 단테Dante는 《신곡》의 마지막 편에서 클레르보의 수도원장을 중세 그리스도교의 복스러운 관조의 대변자로서 그리고 있다. 아우구스티누스와 교부들보다 베르나르가 보기에 신과의 신비적인 연합은 인간이 달성할 가능성이 훨씬 더 큰 것이었다. 그는 말하였다. 만약 어떤 사람이 그리스도와 연합을 그리는 진지한 생각으로 가득 차서 그것을 열렬히 바라고, 뜨겁게 목말라하고 또 쉬지 않고 그것을 이룰 소망을 생각한다면, 신랑에 의해 안으로부터 포옹당하는 느낌을 받을 것이며 신의 사랑이 감미롭게 쏟아지는 것을 수용할 것이다. 그의 영혼은 천사에 속하는 죽음을 당하지 않을 것이다. 그 사람은 육체적인 것에 대한 욕망을 벗어날 뿐 아니라, 떠오르는 망상과 환영도 겪지 않을 것이고 관조적인 절정감을 얻게 될 것이다. 그는 순수함의 형상과 형태와의 순수한 관계 속으로 들어갈 것이다. 이 신비적 교리는 그리스도교 사상에 가장 깊은 혁명을 이루고 있다. 왜냐하면 만약 영혼이 현생에 있는 인간 굴레를 벗어날 수 있다면, 구원에 이르기 위해 교회나 성사가 더 이상 무슨 필요나 유익함이 있단 말인가?

자료 08

로마 교황청 2000년의 과거 반성: 기억과 화해(1999년 12월)

www.vatican.va/roman_curia/congregations/cfaith/cti_documents/rc_con_cfaith_doc_20000307_memory-reconc-itc_en.html

일러두기

'교회와 지난 과오들'이라는 의안은 2000년 희년을 기념하기 위해 추기경 요제프 라칭거Cardinal Joseph Ratzinger[8]가 의장인 국제 신학 위원회에 제시되었다. 분과 위원회가 이 연구를 수행하기 위해 수립되었으며, 신부 크리스토퍼 벡, 몬시뇰 포르테(위원장), 신부 세바스티안 카로템프렐, 돈 보스코 살레시아 수도회 몬시뇰 롤랜트 미네라스, 신부 토머스 노리스, 신부 라파엘 살라자르 카르데나스, 성령 선교회 몬시뇰 안톤 스트루켈즈가 그 위원들이다. 이 의안에 관한 전체 토론은 1989년부터 1999년 로마에서 열린 국제 신학 위원회의 총회 기간에 분과 위원회의 여러 모임 장소에서 있었다. 제시된 본문은 국제 신학 위원회에 의해 기표 투표를 통해 특별 형식으로 승인되었으며, 의장인 추기경이자 신앙 교리를 위한 총회장인 라칭거에게 제출되었으며, 그는 이 문서의 간행을 승인하였다.

서문

2000년 대희년의 선포 헌장인 〈성육신의 신비〉(1998. 11. 29.)는 '사람들이 더 큰 열정을 가지고 희년의 예외적인 은혜를 누리며 사는 데 도움을 줄' 상징 가운데 기억의 정화도 포함한다. 이 정화는 개인과 공동의 양심을 지난 과거의 유산인 모든 형태의 원한과 폭력으로부터 그런 사건들에 대한 새로운 역사와 신학적 가치 평가를 통해 해방시키고자 하는 것이다. 이는, 제대로 수행되면 사실에 부합하는 죄의 인정을 이끌 것이며, 화해의 길로 가는 데 이바지할 것이다. 그런 과정은 현재에 중요한 효과를 가질 수 있다. 왜냐하면 과거에 저지른 과오의 결과가 여전히 감지되며, 현재에도 긴장으로 지속될 수 있기 때문이다. ……

5. 1. 그리스도교인들의 분열

하나 됨은 성령의 힘 안에서 끝까지 사랑하면서 이생의 삶을 자신에게 소통시키는 성자에 의해 세상에 밝혀진 삼위일체 신이 주신 생명의 법칙이다. 이 하나 됨은 인류의 삶이 삼위일체 신과 함께함의 근원이며 형태이다. 만약 '성부와 성자가 하나이듯이' 하나가 되도록 그리스도인들이 서로 사랑하라는 이 법을 준행하여 살면, 그 결과는 "세상이 성자가 성부에 의해 보내진 것을 믿을 것"(〈요한복음〉 17:21)이며 "모든 사람들이 이들이 그의 제자들임을 알게 될 것"(〈요한복음〉 13:35)이다. 불행하게도 이런 식으로 전개되지 않았으며 특히 막 끝난 1000년에 그러하였다. 이때에 그리스도의 분명한 의지에 반대하여 마치 그 자신이 나누인 것처럼 큰 나뉨이 그리스도교인들 사이에서 나타났다. 2차 바티

8 | 1927년에 독일의 바바리아에서 출생하였으며, 2005년 교황 베네딕투스 16세가 되었고 2013년에 사임했다.

칸공의회에서는 이 사실을 이렇게 판정하고 있다. "확실히 그런 나뉨은 그리스도의 뜻에 공개적으로 모순되고 있으며, 세상에는 부끄러운 일이며 가장 거룩한 일 모든 피조물에게 복음을 전하는 일을 훼손하고 있다."

"그리스도의 솔기 없는 옷에 영향을 미친" 지난 1000년의 주요한 나뉨들은 금번 1000년의 시초에 있었던 동서 교회의 분열이며, 서구에서는 400년 후— "흔히 종교개혁으로 지시된" 저 사건들에 의한 찢어짐이다. "이 여러 가지 나뉨들이 서로 크게 다른데, 그것들의 기원, 장소, 시간의 이유만이 아니라 무엇보다도 믿음과 교회 구조에 관한 문제들의 성격과 비중에 의해서 비롯하기도 한다"라는 것이 사실이다. 11세기의 분열에서는 문화적이고 역사적인 요인들이 큰 역할을 하였고, 반면에 교리적인 차원은 교회의 권위와 로마 주교의 권위에 관련되었다. 이 주제는 당시에 금번 1000년의 교리 발전 덕에 현재 도달된 명백함에는 도달하지 못하였던 주제였다. 그러나 종교개혁의 경우 다른 영역의 계시와 교리들이 논쟁의 대상이었다. 이런 차이들을 극복하는 데 열려져 있는 길은 서로 사랑함으로써 영감을 받은 교리적 발전의 길이다. 둘로 나누어진 진영에 공통적인 것은 바로 초자연적인 사랑인 아가페가 결핍되었다는 점이다. …… 1986년 2차 바티칸공의회에 의해서 조성된 분위기 속에서 총대주교 아테나소라스는 교황 바오로 6세와 대화하면서 서로 사랑함의 회복Apokatastasis이라는 주제를 강조하였다. 이 주제는 반대와 상호 불신과 적대감으로 짓눌린 역사 이후에 매우 핵심적이었다. 그것은 기억을 통해서 여전히 그 영향력을 행사하고 있는 과거의 문제였다. 1965년의 사건들은, 과거의 기억을 정화하고 새로운 것을 만들어가기 위하여 지난날 상호 배척하던 과오의 고백을 의미한다. ……

5. 3. 진리를 위해서 무력을 사용한 것

그리스도교인들 간의 나뉨에 대한 반증에 더해질 것은, 과거 1000년 동안 좋은 목적을 추구하는 데, 이를테면 복음의 선포나 믿음의 하나 됨을 지키는 데에 의심스러운 수단들이 사용된 여러 경우에 대한 반증들이다. "교회의 자녀들이 회개의 정신을 가지고 돌아가야 할 슬픈 역사의 또 다른 장은, 특히 수백 년간 진리에 기여하기 위해서 불관용과 심지어 무력의 사용에 대해서 침묵한 것이다." 이는 오류를 누르고 교정하는 데에 사용된 온갖 형태의 무력만 아니라, 계시된 진리를 선포할 부적절한 수단을 채용하거나 사람들의 문화적 가치에 적합한 복음적인 분별을 포함하지 못하거나 믿음이 제시된 사람들의 양심을 존중하지 못한 복음화의 형태를 지시한다. 유사한 관심이 엄청나게 다양한 역사적 상황에서 불의와 폭력을 탄핵하는 데 실패한 것에 돌려져야 하고, 이 문제에 교회의 자녀들도 책임이 있다. "그때에는 기본적인 인권이 침해되는 상황에서 많은 그리스도교인들에 의한 분별이 부족하였다. 용서를 바라는 것은 저질러진 무슨 일에든지 또는 약함이나 오판에 의해 마지못해서 또는 부적절하게 행해지고 말해진 것에 침묵하고 넘어간 것이면 무엇이든지 적용된다."

항상 그러하듯이 역사적이고 비판적인 연구에 의해 얻어진 역사적 진리는 결정적이다. 일단 사실이 확정되면, 그 사실들의 객관적인 의미만 아니라 정신적이고 도덕적인 가치를 평가하는 것이 필요할 것이다. 오직 이렇게 할 때에만 신화적 기억의 모든 형태를 피하고—믿음의 빛에서—개종과 갱신의 열매를 생산할 수 있는 공정한 비판적 기억에 도달하는 것이 가능할 것이다. "이 고통스러운 과거의 기억으로부터 미래를 위한 교훈이 유도될 수 있을 것이다. 그것은 모든 그리스도교인들을 공의회에서 언급된 최고의 원리인 '진리는, 그 자체의 진리의 가치를 제외하고는 머물 수 없지만 부드러움과 강력함 둘 다로써 마음을 사로잡는다'에 완전히 의존하게 할 것이다. …… 종교 간의 차원에서 그리스도를 믿는 자들에게는 과거의 잘못을 교회가 인정하는 것이 복음에 충실함을 요청하는 것과 부합하며, 따라서 예수에 의해서 드러난 신의 진리와 자비에 대한 믿음의 빛나는 증언을 구성한다는 점을 지적하는 것이 적절하다. 피해야 할 것은 이런 행위들이 있을지도 모르는, 그리스도교에 반대하는 편견을 확증하는 것으로 오해되는 것이다. ……"

| 출전 |

우르바누스의 설교: 1095년 교황의 설교를 샤르트르의 풀셰르가 기록한 것이다. 이 설교에서 교황은 봉건국가 상호 간의 대립을 지양하고 힘을 모아서 이슬람에 대해 공격할 것을 주장하고 있다.

풀셰르의 저작들: 풀셰르(1055/1060~1127)는 1차 십자군 원정에 참여하였다. 1100년 그는 예루살렘의 새로운 왕 부용의 군목이 되었으며 후일 주교가 된다. 말년에 《예루살렘의 역사Historia Hierosolymitana》와 《예루살렘 함락 이야기Sermon sur la prise de Jérusalem》를 기술하였다. 이 내용은 1825년 프랑수아 기조가 편집한 《십자군의 역사Histoire des croisades》에 수록되었다.

이븐 알-아티르Ibn al-Athir, 《완전한 역사Al-Kāmil fi al-tārīkh》: 이븐 알-아티르는 1160년에 태어나서 1233년에 죽은 메소포타미아의 지식인이다. 무슬림의 역사서 《완전한 역사》를 썼다. 이 책에서 알-아티르는 1차 십자군 전쟁에 대해, 다른 사료에서 채록한 내용을 살라딘 장군 밑에서 익힌 경험을 바탕으로 윤색하였다.

니케타스 코니아테스, 《비잔티움 역사》: 코니아테스(1155~1216)는 본래 성이 아코미나토스Akominatos이며, 코니아테스는 고향 코나이Chonaee에서 비롯한 세례명이다. 일찍이 콘스탄티노플에 유학하여 앙겔루스 황제의 문관을 지내다가 수도가 점령되자 니케아로 피신하였다. 《비잔티움 역사》는 1118~1207년의 역사를 다루고 있으며, 여기 나온 보고는 자신이 직접 목도한 것이다.

| 참고문헌 |

레스턴, 제임스, 《이슬람의 영웅 살라딘과 신의 전사들》, 이현주 옮김, 민음사, 2003.

루이스, 데이비드 리버링, 《신의 용광로: 유럽을 만든 이슬람 문명, 570~1215》, 이종인 옮김, 책과함께, 2010.

서던, 리처드 윌리엄, 《중세교회사》, 이길상 옮김, 크리스챤 다이제스트, 1999.

키오바로, 프란체스코, 《교황의 역사》, 김주경 옮김, 시공사, 1998.

김능우 역주, 《이슬람 진영의 대 십자군 전쟁》 서울대출판문화원, 2016.

18

교황권의 개화

: 인노켄티우스 3세의 시대

1084	카르투지오 수도회 창설
1098	시토 수도회 창설
1140~1218	피에르 보데
1140	그라티아누스 〈교령집〉 발표
1182~1226	아시시의 성 프란체스코
1198~1219	교황 인노켄티우스 3세의 치세
1208~1213	알비파에 대한 십자군 진압
1210	프란체스코 수도회 창설
1213	4차 라테란공의회 소집 요구
1215	4차 라테란공의회 열림, 발도파를 이단으로 판정
1216	도밍고(도미니쿠스) 수도회 창설

위대한 정치가 인노켄티우스 3세

중세의 가장 위대한 교황은 인노켄티우스 3세이다. 특히 그가 통치했던 12세기 말에서 13세기 초는 교황권이 극대화되는 시기였다. 인노켄티우스 3세가 취한 정책은 다음과 같다. 첫째, 그는 교회 내부의 기구 개선에 노력했다. 교회들이 문제가 있을 경우에 교황에게 제소하도록 하였는데, 이 조치야말로 교회법이 보편화되는 요인이었다. 둘째, 교황은 사절을 적극적으로 이용했다. 분쟁이나 문제가 발생한 지역에 사절을 파견함으로써 교황의 영향력을 확대하는 데 이르렀다. 셋째, 문서국을 발달시켰다. 당시에 이미 위조 방지를 위하여 원본과 사본을 보관하는 문서 보관 체계가 확립되어 있었고, 문서의 원활한 유통과 확인을 위한 여러 가지 제도적 장치가 있었다.

교황은 내부 기구를 개선하는 것만 아니라 정치적 분쟁에도 개입했다. 그리하여 교황령과 시칠리아를 회복하는 데 성공한다. 또한 교황이 황제를 선택한다는 주장을 강행해서 크게 영향력을 행사하기도 했다. 나아가 프랑스와 영국 왕의 여러 분쟁에 관해서도 개입했다. 4차 라테란공의회에서는 가톨릭의 기본 교리를 재천명해서 오늘날에도 알려져 있는 화체설化體說과 사제의 생활 규범에 관한 여러 규정들을 확립하였다. 따라서 인노켄티우스 3세는 그리스도교 세계를 통일했을 뿐만 아니라 내부의 평화도 이룩한 인물로 볼 수 있다.

도판 43 교황권의 전성기를 대표하는 교황 인노켄티우스 3세의 모습이다. 이 그림은 1219년경에 제작된 사크로 스페코Sacro Speco 수도원의 프레스코화이다. (작자 미상)

이단 문제의 처리

반면 인노켄티우스 3세는 이단 문제를 처리하는 데 그다지 성공하지 못했다. 이단 중에서 가장 복잡하고 문제가 된 것은 카타리Cathari파였는데, 남프랑스의 알비Albi에서 시작되어 알비파라고 불리기도 했다. 카타리파가 어떠한 교리를 가지고 있었는지 정확히 알려져 있지 않지만, 카타리파를 심판했던 기록을 통해서 간접적으로 알아볼 수 있다. 카타리파는 이원론적인 교리를 가지고 있었다. 이를테면 물질은 악한 것이고, 영혼은 선한 것이라고 주장했다. 이에 따르면 성체성사나 영세는 신성모독으로 간주되었고, 혼인도 혐오스러운 것으로 반대했다. 대신 금욕과 독신을 원칙으로 삼았다. 하지만 사제에게는 엄격한 기준을 적용했고, 평신도들에게는 평소의 생활을 그대로 유지하도록 했다. 많은 학자들은 카타리파의 교리가 마니교나 보고밀Bogomil파 같은 동방에서 유래한 종교의 영

도판 44 보데의 동상. 독일의 보름스에 있는 루터기념관에 설치된 보데의 동상으로 1868년에 세워졌다. 보데는 성서를 신앙의 기준으로 한다는 점에서 그리스도교 개신교의 선구자라고 할 수 있다. 그러나 1229년 가톨릭교회가 일반인의 성서 접근을 금지하여 위반자를 화형에 처하자 발도파는 피신하여 스위스 등지로 숨어들었다. 발도파의 후예들은 프로테스탄트의 교리를 받아들였으나, 1846년에나 완전 시민권을 얻었으며, 미국으로 건너가서 공동체를 세웠다.

향을 받았다고 생각한다. 이렇게 보면 카타리파는 그리스도교 자체를 부정하는 입장이었다.

또 하나의 유형에는 발도파가 있는데, 상인이던 피에르 보데Pierre Vaudès(영어로는 피터 발도Peter Valdo로 표기되며 흔히 발도Valdo, 발데스Valdès라고 불린다)를 추종한 무리를 일컫는다. 1175~1185년에 보데는 리옹에서 온 사제에게 신약성서를 프로방스의 방언인 아르피탕Arpitan어로 옮겨달라는 부탁을 했다고도 하고, 자신이 직접 번역에 착수하였다고도 한다. 그는 이 과정에서 설교야말로 그리스도교인의 의무라는 깨달음에 도달한다. 그래서 1179년 로마의 교황청을 방문하여 자신의 생각을 설명하였으나 이단으로 판정받는다. 발도파의 특징은 속인 설교, 자발적인 빈곤, 신약성서에 대한 신봉이라고 할 수 있는데, 이런 이유로 보데는 리옹의 빈자貧者라는 별칭을 듣기도 했다. 발도파의 주장에서 가장 문제가 되는 것은 가톨릭교회의 허가 없이 설교하는 것이었다. 지금이나 당시나 가톨릭교회는 일반인의 설교를 금지하고 있었던 것이다. 1187년 보데는 파문을 당했고, 1215년에는 리옹의 빈자들도 유죄 판결을 받았다. 이처럼 자신들의 확신이 탄압받자 발도파는 교회나 성사는 필요 없는 것으로 보았다. 그리스도교의 전통적 가르침은 인정하지만, 교회의 권위는 인정하지 않으려는 입장을 택했던 것이다. 박해를 받게 되자 발도파는 리옹에서 쫓겨나 알프스 일대로 숨어들었다. 그러나 종교개혁 이후에는 종교개혁자들과 합류하게 되며, 아메리카 일대에서 개신교를 통해서 사상을 이어가게 된다. 장 칼뱅Jean Calvin의 종교개혁이 스위스의 제네바에서 일어난 것은 우연이 아니다.

가톨릭교회는 논쟁을 통해서 이단을 무력화시키려고 하였고, 교회 조직을 혁신함으로써 이단의 소지를 없애려고도 했다. 때로 필요한 경우 십자군을 동원하여 이단들을 처참하게 학살하였다. 하지만 역사상 가장 오랫동안 악명이 높

았던 것은 종교재판이다.|자료 1| 종교재판은 처음에는 설득과 계몽을 위한 것이어서 교황 사절이나 탁발托鉢 사제가 주로 진행하였다. 하지만 시간이 지나면서 이단을 저지하기 위해서 고문을 자행하였고, 대부분은 마녀 혹은 남자 마녀라는 자백을 받아내게 된다. 종교재판을 통해서 처벌된 마녀의 숫자는 매우 많았다. 이처럼 이단은 중세에는 전염병과 같이 취급되었으며, 중세인들은 환자를 격리해 병을 막았던 것과 마찬가지로 이단을 격리하고 처단해 가톨릭교회의 정통성을 지키려 했다.

교단의 조직과 융성

13세기는 교단의 활동이 매우 두드러졌던 시기다. 교단은 예배자들의 모임, 즉 예배자들의 공동사회라고 할 수 있다. 이들은 종교상의 신앙과 행사를 중요하게 여기고 그것에 전념하였다. 여러 집단이 만들어졌는데, 이는 종교적인 열정이 매우 높았음을 보여주는 신호였다.

가장 대표적인 집단으로서 이 시대상을 보여주는 것이 프란체스코Francesco 수도회이다. 프란체스코는 부유한 상인의 아들로 태어났지만 병을 앓고 난 뒤 회심하여 수도사가 되기로 한다.|자료 2| 그는 절대적인 청빈을 강조하여, 수도사는 재산을 소유해서는 안 된다고 주장했다.|자료 3| 12~13세기가 되면 자본주의적인 방식이 도입되면서 경제가 호황 국면으로 돌아서고 상업이 발달하게 되었는데, 프란체스코의 청빈 사상이 환영받았다는 것은 역설이다. 프란체스코 수도회는 과거의 수도사들처럼 은둔했던 것이 아니라 중생 속에서 함께 생활하는 것을 중요하게 생각했다. 처음에는 프란체스코 수도회도 다른 이단과 다르지 않아서 경원시되었으나, 1210년에 인노켄티우스 3세가 인가함으로써 정식 교단으로 자리 잡게 되었다. 이들은 사제의 직과 성체성사에 헌신하였다.

이와 비교되는 교단이 도밍고(Domingo, 라틴어로 도미니쿠스) 수도회이다. 에스파냐의 카스티야 출신인 도밍고는 역설적으로 민중들에게 알비파가 존경을 받고, 반대로 사제들이 경멸되는 사태를 목도하고 충격을 받아 수도원을 조직하였다. 이 수도회는 프랑스의 툴루즈Toulouse에 설립되었고 1216년에 인정되었다. 이

도판 45 14세기 안드레아 다 피렌체Andrea da Firenze의 〈싸우며 승리하는 교회〉. 도밍고 수도회를 암시적으로 비유한 그림이다. 오른쪽 아래의 두 수도사가 이단자와 수도회에 불만을 품은 자들을 반박하며 설득하고 있다.

들도 청빈 생활을 중요하게 여겼지만, 애초 이단을 격퇴하기 위해서 설립되었으므로 설교를 가장 중요한 기능으로 생각했다. 그리하여 이들은 14세기까지 설교자 수도회Ordo Praedicatorum라고 불렸다. 특히 구걸을 하며 다니는 멘디컨트Mendicant, 즉 탁발 수도사는 종합 학교에서 높은 수준의 교육을 받았다. 이 수도회는 지적인 연구를 강조할 뿐만 아니라 대의적인 교구로 조직되어 널리 확산되었고, 교황의 총애를 받았다.

시토 수도회는 주민이 없는 황무지에 위치했다. 그것은 봉건적인 권리를 수반하는 토지를 받지 않는다는 이유 때문이었다. 그리고 초창기에는 특정 교회의 세력으로부터 후원받는 것도 배제했다. 그리고 평수사Lay Brothers 제도를 채택했다. 평수사라는 말은 정식 수사들이 하지 못하는 허드렛일, 농사일 등을 하면서 수사의 신분을 갖는 사람을 뜻한다. 시토 수도회는 완전한 자치적인 베네딕투스 수도원과 중앙집권적인 클뤼니 수도원의 절충 형태를 띠었다. 16세 이

상이면 누구나 교단에 가입할 수 있고, 모든 신입자는 1년 동안 수련 수사를 거친 다음에 종신 수도를 선서하였다. 앞서 말한 대로 시토 수도회는 황무지를 개간하여 내적 팽창에 기여하였다.

카르투지오 수도회는 은자적 종교 집단이다. 매우 엄한 규율을 유지했으며 중세 말기에 큰 영향을 끼쳤다. 수사 사제단Community of Regular Canons은 사제들로만 구성되었는데, 외부와 완전하게 차단된 것이 아니라서 교구 사제로 일할 수 있었고, 특히 병원이나 구빈원을 운영하는 데에 적합했다. 수사 사제단도 있었는데, '백색 사제'라고 불리는 프레몽트레Prémontré 수도회는 재속 사제의 후보를 양성했고, '흑색 사제'라고 불리는 아우구스티누스Augustinus 수도회에 대해서는 영주들이 후원하고 원장 임명에도 영향을 끼쳤다.

이처럼 많은 수도회와 사제단이 활약한 것은 신과 직접 만나서 교제하고자 하는 개인적인 신앙이 크게 발전하고 있었음을 의미한다. 여성들도 신앙 활동에 큰 관심을 가졌다. 12세기에 들어서면서 여성의 참여가 확산되었다. 대표적인 예로 수녀원 창설과 마리아 숭배의 확산을 들 수 있다. 여성들도 이웃을 돌보거나 간호하는 식으로 수도원 운동에 적극적으로 참여하였다. 수도원과 수녀원의 번성은 신과 인간의 관계를 인식하고 표현하는 새로운 방식을 예시하는 것이었다.

교회가 융성해지고 그 영향이 커지자 교회법이 편찬된다. 1140년경 그라티아누스Gratianus가 〈교령집Decretum〉을 편찬했다. 〈교령집〉은 교황의 역할을 강조하는 문서였다. 이 시기에는 교회법 학자들이 우대받았다. 이들은 교회와 국가의 관계, 주권의 문제 등을 제기하였고, 이 문제들은 후에 입헌군주제의 제도와 직결된다.

자료 읽기

자료 01

이단 심판 기록: 베아트리스 재판

장 뒤베르누아Jean Duvernoy, 《자크 푸르니에의 종교재판 기록Le registre d'inquisition de Jacques Fournier》, Paris: Mouton, 1978; 패트릭 J. 기어리 편집, 《중세사 사료선집》, pp. 540~558에서 재인용.

베아트리스, 달루 지방 라글레즈의 오통 미망인에 대한 반대 증언

1320년 6월 19일. 신의 은혜로 파미에르Pamiers의 주교로서 그리스도 안에서 존경받은 아버지요, 우리의 주군이신 자크께서 달루의 라글레즈의 오통의 미망인으로서 베릴르에 살고 있는 베아트리스가 마니교 이단의 냄새가 나거나 그에 접촉되었음을 언급하였으며 특히 제단의 성사에 반대해서 그러했음을 알게 되었다. 그래서 포미에Pomiès의 가이야르의 도움을 받고 그가 카르카손의 심문관으로 나의 주군을 대신하길 주군이 원했으므로 스스로 진행된 사건에 관하여 통지하였고, 그는 다음과 같은 증언들을 받았다.

달루의 기욤 루셀, 맹세하고 진실만을 말할 것을 명령 받다:

10년 전이라고 생각됩니다만, 정확히 그 날짜는 기억할 수 없습니다. 나는 베아트리스의 집에 있었지요. 그녀의 집은 달루의 교회 근처였습니다. 두 딸이 베아트리스 옆에 있었는데, 하나는 여섯이나 일곱 살이었고 다른 아이는 다섯 살이었습니다. 그리고 다른 사람들도 있었는데, 이들의 이름은 기억나지 않습니다. 그들은 사제들과 그들이 담당하는 제단의 성사에 관하여 이야기하기 시작했습니다. 베아트리스가 말한 것으로 생각됩니다만, 그녀는 "만약 신이 제단의 성사 속에 있다면 그가 어떻게 자신을 사제들(또는 한 명의 사제)에 의해 먹히도록 허용하였나요?"라고 놀랄 만한 말을 했습니다. 나는 그 말을 듣고 나서 혼란에 빠져 그 집을 나왔습니다.

—왜 당신은 이 사실을 오랫동안 감추었나요?

—왜냐하면 나는 전에는 질문 받은 적이 없었고, 또한 그것을 반박하지 않은 것이 잘못이라고 생각하지 않았기 때문입니다.

—베아트리스가 이 말을 농담으로 한 것인가요?

—그녀가 농담하고 있는 것으로 보이지 않았습니다. 그녀의 표정과 말에서 나오는 것에 더 주의를 기울여보면 그렇습니다.

—베아트리스는 교회에 자기 의지로 나갔나요?

—아니요. 이 교회의 대목 사제인 베르텔레미에 의해 견책 받을 때까지는 아니었지요. 그 뒤에는 교회에 나갔지요. ……

달루 지방 라글레즈의 오통의 과부인 베아트리스의 고백

주님의 해 1320년 사도 성 야곱의 축제(1320년 7월 23일)가 끝난 후 수요일, 존경하는 신부님이자 나의 주군으로서 신의 은혜로 파미에르의 주교이신 자크께서 바릴르에 살고 있는 라글레즈의 오통의 과부인 베아트리스에 대해서 다음과 같은 내용의 소환장을 보냈다.

형제 자크는 신의 동정에 의해 파미에르의 주교로서 그리스도 안에서 친애하는 바릴르의 신부에게 주님 안에서 안부를 전한다.

우리는 그대가, 즉각 라글레즈의 오통의 과부인 베아트리스와 젊은 뢰마즈의 기욤의 아내인 잔으로 하여금 오는 토요일에 파미에르에 있는 주교좌에 몸소 출두하여 가톨릭 신앙에 관련된 확실한 사실을 대답하기를 요구하길 명령하노라. 그에 관하여 우리는 진실과 그에 대한 이유를 알고자 한다. ……

(1320년 7월 8일에 주교실에서 주교님과 포미에의 가이야르 앞에서)

26년 전 8월(날짜는 기억나지 않습니다)에 저는 작고한 기사이자 몽타유의 성주인인 루크포의 베렝저의 아내였습니다. 작고한 라드의 레몽 루셀은 몽타유 성에 우리가 가지고 있던 우리 집의 감독이자 집사였지요. 그는 종종 자신과 함께 집을 떠나서 롬바르디아로 가서 그곳에 있는 '선한 그리스도교인들'과 함께하자고 요구했습니다. 그러면서 말하길, 주님은 사람들에게 부모, 아내, 남편, 아들과 딸을 떠나서 자신을 따르라고 했다는 말을 했어요. 그러면 하늘나라를 주겠다고 말입니다. 내가 그에게 물었지요. "남편과 아들들을 어떻게 떠날 수 있나요?" 그는 대답하길 주님이 그것을 명령했으며, 영원히 살고 하늘나라를 줄 분을 버리는 것보다는 썩어 없어질 눈을 가진 남편과 아들을 떠나는 것이 더 낫다고 했답니다. 내가 그에게 물었습니다. "신이 그렇게 많은 남자와 여자를 창조하셨는데, 그들의 다수가 구원받지 못한다는 것이 어떻게 가능한지요?" 그는 오로지 선한 그리스도교인들만이 구원받을 것이며 다른 사람들은 그렇지 않으며 심지어 수도사나 사제들도 그러하다고 말했습니다. 오로지 이 선한 그리스도교인을 제외하고는 아무도 구제받지 못한다고 하였습니다. 왜냐하면 마치 낙타가 바늘구멍으로 지나가는 것이 가능하지 않은 것처럼 부자들이 구원받는 것은 불가능하기 때문입니다. 이것이야말로 왕과 군주들, 고위 성직자와 수도사들, 모든 부자들이 구원받을 수 없고, 오로지 선한 그리스도교인만이 구원받는 이유이지요. 선한 그리스도교인들은 롬바르디아에 머물고 있지요. 왜냐하면 이들은 늑대와 개들이 자기들을 추적하는 이곳에서 살 수 없기 때문입니다. 늑대와 개들은 주교들과 도밍고 수도회 수도사들이니, 이들은 좋은 그리스도교인들을 박해하고 이 나라에서 그들을 쫓아다니고 있다고 했습니다. 그는 자신이 이들 선한 그리스도교인들의 말을 들었으며, 그들이 말하는 것을 들은 사람은 그들이 없이는 지낼 수 없게 될 것이며, 만약 내가 한 번이라도 그들이 하는 말을 들으면 나는 영원히 그들에 속하게 될 것이라고 말했습니다.

나는 어떻게 함께 도망해서 선한 그리스도교인들의 말을 들을 수 있는지 물었습니다. 왜냐하면 내 남편이 알게 되면 그는 우리를 쫓아와서 죽일 것이기 때문이었지요. 레몽은 내 남편이 먼 여행을 하여 우리 동네에서 멀리 떨어져 있게 되면, 우리가 떠나서 선한 그리스도교인들에게 갈 수 있다고 대답했어요. 그래서 나는 우리가 그곳에 있으면 어떻게 사느냐고 물었지요. 그는, 그 사람들이 우리를 보살피고 우리가 먹고 살 충분한 것을 줄 것이라고 대답했답니다. 나는 물었지요. "그러나 나는 임신 중입니다. 내가 선한 그리스도교인을 향해 당신과 같이 떠나면 내가 낳을 아이에게 무엇을 할 수 있나요?" "부인께서 그들이 있는 곳에서 아이를 낳으면, 그 아이는 천사가 될 것입니다. 신의 도우심으로 그들은 그 아이를 왕이며, 거룩한 존재로 만들 거예요. 왜냐하면 그 아이는 죄가 없이 태어날 것이며, 이 세상 사람들과 별로 만나지도 않을 것이기 때문이지요. 그들은 그 아이를 자신의 구역에서 완벽하게 교육할 겁니다. 그 아이가 다른 어떤 사람도 알지 못할 테니 말입니다."

또한 그가 말했지요. 모든 영혼은 애초 교만의 죄로부터 죄를 범했지요. 왜냐하면 그 영혼들은 신보다 더 많이 알 수 있고 더 가치 있는 존재라고 믿었기 때문입니다. 또 그 이유로 그들은 땅에 떨어졌지요. 이들 영혼들은 나중에 몸을 가지게 됩니다. 그리고 세상은 이들 모두가 남녀의 몸으로 육화되기 전까지는 종말에 도달하지 않는답니다. 그리하여 새로 태어난 아기는 노인네만큼이나 나이가 들었다는군요. 그리고 선한 그리스도교인이 아닌 모든 남녀의 영혼은 자신들의 몸을 떠난 후에 다른 남녀의 몸에 들어가는데, 이렇게 모두 아홉 번 할 수 있답니다. 만약 이 아홉 개의 몸 중에서 선한 그리스도교인의 몸을 찾지 못하면, 그 영혼은 지옥에 떨어지지요. 만약 반대로 선한 그리스도교인의 몸을 찾으면 영혼은 구제된다고 했지요.

어떻게 해서 죽은 남녀의 영혼이 임신한 여자의 입에 들어가서 그곳에서 뱃속에 잉태한 열매 속으로 들어갈 수 있는지 그에게 내가 물었답니다. 그는 그 영혼은 여자 몸의 어떤 부분을 통해서라도 뱃속의 열매 속으로 들어갈 수 있다고 했어요. 그래서 아기들이 다른 사람들의 늙은 영혼을 지니고 있다고 하는데, 왜 어린애들은 태어나면서 말을 하지 못하느냐고 질문했답니다. 그는 신이 그것을 원하지 않기 때문이라고 대답했어요. 또 신이 만들었으나 죄지은 영혼은 가능한 어떤 곳에서도 산다고 말했답니다. ……

종종 여러 기회와 장소에서 나와 더불어 자신의 이단 이야기를 나눈 후에 자기와 함께 떠나자고 요청했지요. 마침내 우리가 저녁을 함께한 이후에 그 사람이 비밀리에 내가 잠든 침실에 와서는 내 침대 아래에 숨었답니다. 나는 집안을 정돈하고 침대로 갔지요. 모든 것이 조용하고 잠들어 있고 나도 졸렸는데, 레몽이 내 침대 아래에서 나와서는 잠옷을 입은 채 침대로 미끄러져 들어와서는 마치 나와 육체적으로 눕기를 원하는 것처럼 행동하기 시작했답니다. "무슨 짓이야?" 내가 말했지요. 그러자 그가 조용히 하라고 말했답니다. 내가 "뭐라고? 조용히 하라니. 너 따위 소작인이?" 그리고 나는 소리쳤고, 내 옆방에서 자고 있던 하녀들을 내 침실로 불러서 내 침대에 남정네가 있다고 말했습니다. …… 다음 날 그가 내 근처에서 숨어서 잘못했노라고 말했지요. 나는 말했답니다. "이제 나는, 당신의 선한 그리스도교인들에게 가자고 초대한 것이 오로지 나를 가지고 나를 육체적으로 알기 위해서 의도된 것임을 알았다. 만약 나의 남편이 내가 너와 불명예로운 짓을 했다고 믿는 것을 두려워하지 않았으면, 나는 즉각 너를 지하 감옥에 처넣었을 것이야." 우리는 더 이상 이단 문제에 관해 말하지 않았으며, 잠시 후 레몽은 집을 떠나서 프라드에 있는 집으로 돌아갔습니다. ……

(1320년 8월 8일, 주교실에서 주교님과 포미에의 가이야르 앞에서)

수도원장 피에르 클레르크는 혼인에 관하여 말하면서 혼인에 관한 많은 규칙들이 신의 의지에서 나온 것이 아니라고 했습니다. 신의 의지는 사람들이 자신의 누이나 혈연과 혼인하는 것을 금하지 않았는데, 왜냐하면 최초에는 형제들이 자신의 자매를 알았기 때문이라고 하더군요. 그러나 여러 형제들이 한 명이나 두 명의 자매밖에 없고, 각자는 그 자매를 가지고자 했지요. 그 결과는 그들 사이에 많은 살인이 생긴 것이지요. 그리하여서 교회는 형제가 자매들이나 자신의 친척을 육체적으로 아는 것을 금지했던 것이지요. 그러나 신에게 다른 여자들과 누이들과 다른 친척들과 이루어지든 상관없이 죄는 똑같은 것인데, 그 죄는 어떤 여자와 관계하든 다 중대한 것이기 때문이라고 했어요. 단지 부부간의 죄는 더 큰데, 왜냐하면 그들은 그것을 고백하지도 않고 부끄러워하지 않으면서 스스로 결합하기 때문이랍니다. 게다가 그는 혼인이란 한 사람이 자신의 믿음을 다른 사람에게 고백하는 순간에 완전해지고 완성되는 것이라고 해요. 교회에서 부부간에 이루어지는 것, 이를테면 혼례 강복 같은 것은 오로지 세속의 예식을 위한 것이며, 아무런 가치도 없고 세속의 영광을 위해 교회가 만든 것에 불과하다고 말했답니다. 게다가 남녀는 이 세상에 사는 한 어떤 종류의 죄도 마음대로 저지를 수 있고 완전히 쾌락에 따라서 행동할 수 있다고 했어요. 그들이 죽을 때 이 세상에서 사는 동안에 저지른 모든 죄에서 구원받고 풀리기 위해서는 선한 그리스도인들의 분파 혹은 믿음 속으로 받아들여지는 것만으로 충분하다고 말했답니다. ……

(8월 12일 주교와 포미에의 가이야르 앞에서)

—그대는 이 사람들로부터 선신과 악신이 있다는 말을 들었는가?

—아니요. 그들은 영혼들을 만든 이를 신이라고 불렀으며, 세상을 만든 이를 악마요 세상의 지도자라고 불렀습니다. 나는 그들이 그를 '힐레Hylè(물질)'라고 부는 것을 들은 적이 없습니다.

—그들이나 다른 자들로부터 선신이 두 세상을 만들고 악신이 열 개의 다른 세상을 만들었다는 말과, 악신이 자신이 만든 열 개의 세상과 그곳에 있는 자들과 더불어 선신과 그의 세상과 싸웠으며…… 그가 부분적으로 선신에 대해서 승리하였고 그의 일부를 장악했다는 말을 들은 적이 있나요?

—아니요. ……

(8월 22일 감독실에서 주교와 형제 포미에의 가이야르)

위에 거명한 베아트리스는 만약 그녀가 후에 이단과 관련하여 생각하는 것이 있으며 그녀 자신과 살아 있거나 죽었거나 관련된 다른 사람들에 관련하여 그것을 보고할 것을 약속하였다. 이 이단 포기 선서와 약속의 격식은 다음과 같다.

"나 베아트리스는 그리스도 안에 존경하옵는 신부인 나의 주군이며 신의 은혜로 파미에르의 주교가 되신 자크 앞에 법적으로 출두하였습니다. 나의 주님 예수 그리스도와 거룩한 가톨릭교회에 대항해서 제기된 모든 이단과 로마가톨릭에 의해서 정죄된 어떤 분파에 속하는 것이든 이단의 신앙과 특히 내가 고수한 분파와 모든 연루, 비호, 이단의 방문을 완전히 포기합니다. 이단으로 넘어간 자에게 관련된 법에 의해 당연한 벌을 받겠나이다. …… 마찬가지로 나는 거룩한 로마교회가 설교하고 선포한 가톨릭 신앙을 유지하고 지키고 방어하기로 맹세하고 약속하겠나이다. ……"

위에 거명한 베아트리스라는 자에게 일요일이 지정되었고, 그녀는 파미에르의 생장마티르Saint-Jean-Martyr의 묘소에 나타났고, 나의 주군들이신 주교와 심문관에 의해 다음과 같이 판결이 내려졌다. …… 이 판결문은 종교재판의 판결문집을 참조하라.[1]

그리고 나 레노 자보는 툴루즈의 서기로서 심문의 문제에 관하여 맹세하였는데, 나의 주군인 주교님의 명에 따라서 원본을 대조하여 이 고백을 충실하게 수정하였다.

1 | 피고는 카르카손의 성벽에서 사형을 받도록 선고되었으나, 그 선고는 죽을 때까지 옷에다 이단을 나타내는 이중의 십자가를 다는 것으로 바뀌었다.

자료 02

아시시의 성자 프란체스코의 종교적 이상

프레더릭 오스틴 오그, 《중세사 사료집》, pp. 375~376.

이는 작은 자 형제단Minorite Brothers[2]의 규칙이며 생활 방식이다. 이를테면 복종하여 살면서 개인의 점유가 없이 그리고 정결하게 우리 주 예수 그리스도의 거룩한 복음을 준수하는 것이다. 형제 프란체스코는 우리의 주군 교황 호노리우스Honorius에게 그리고 교회법에 따라서 그 직책을 맡을 후계자들에게 그리고 로마교회에 복종과 존경을 약속한다. 그리고 다른 형제들도 형제 프란체스코와 그의 후계자들에게 묶일 것이다.

나는 확실하게 모든 형제들에게 결코 어떤 동전도 돈도 스스로 또는 중재인을 통해서도 받지 말 것을 명한다. 그러나 환자를 위한 필요품과 다른 형제들을 입히기 위한 것은 오직 대행자들 그리고 수도원장이 영적인 친구들을 통해서 공급할 것인데, 시점과 장소와 기온의 차가움에 따라서 필요가 그들에게 요구하는 대로 그리할 것이다. 이 하나는 언제나 마음에 두어야 할 것이다. 즉 이미 언급한 대로 그들은 동전도 돈도 받아서는 안 된다.

신이 노동 능력을 주신 형제들은 충실하고 마음속으로 노동할 것이지만 영혼의 적인

2 | 이들은 Minor와 Friar로 불렸는데, 전자는 작은 자나 미성년자를 의미한다. 후자는 형제를 뜻하는 라틴어 프라테르Frater에서 파생된 프랑스어이다.

게으름이 회피되면, 거룩한 기도와 헌신의 정신을 끄지 않도록 해야 한다. 이를 위해 다른 세속적인 것들은 부수되어야만 한다. 더욱이 그들의 노고에 대한 보상으로서 그들은 스스로와 형제들을 위해서 생활필수품을 받지만, 동전이나 돈은 받지 않을 것이다. 또 신의 종이며 가장 거룩한 청빈의 추종자로서 이를 겸손히 할 것이다.

형제들은 자신을 위해서 아무것도 전유하지 않을 것인데, 어떤 집도, 장소도, 어느 것도 그래야 한다. 그러나 이 세상에서 순례자들과 이방인으로서 청빈과 미천함에서 신을 섬기며 분명히 보시를 받으러 갈 것이다. 형제들은 이를 부끄럽게 생각하지 않는데, 왜냐하면 주님이 스스로 우리를 위해서 이 세상에서 가난해졌기 때문이다.

자료 03

프란체스코 성인, 자연을 노래하다

프란체스코, 《완전한 귀감Speculum perfectionis》, Paris, 1898, p. 18.

지극히 높은, 전능하신, 선하신 주님, 당신의 것이로다. 찬양과 영광과 명예와 모든 축복은;

오로지 지고한 당신에게만, 이것들이 속하리라. 어떤 인간도 당신의 이름을 부를 가치가 없도다.

나의 주님 당신은 당신의 피조물로 인하여 특히 새벽을 깨우고 우리에게 빛을 비추는 내 주군이자 형제인 해로 찬양될지라.

그 형제는 엄청난 광휘로 아름답고 빛나니 지고한 당신을 내도다.

나의 주님, 자매인 달로 인하여, 당신이 밝고 귀하고 아름답게 만들 별들로 인하여 찬양될지어다.

나의 주님, 당신이 밤을 밝히도록 한 형제인 불로 인해서 찬양될지라. 그는 잘생기고, 즐겁고, 담대하며, 강하도다.

나의 주님, 자매인 우리의 어머니 땅으로 인해서 찬양될지라.

우리를 품고 지켜주고 색색의 꽃과 풀로써 여러 과실을 내었도다.

나의 주님, 당신의 사랑을 위해서 용서한 자들과 병과 고난을 견디는 자들로 인해서 찬양될지라.

평화 속에서 견딘 자들은 복을 받고, 지고한 당신에 의해서 그들이 왕관을 쓰게 될 것이다.

나의 주님, 당신의 죽음으로 인해서 찬양될지라. 이를 회피할 수 있는 살아 있는 자는 없네.
죽을죄로 죽은 자에게는 저주를.
복되도다, 당신의 거룩한 뜻을 발견한 자들은. 두 번째 죽음이 그들에게 해를 가하지 않도다.
나의 주를 높이고 송축하며 감사를 돌리고, 큰 겸손으로 그분을 섬겨라.

| 출전 |

프란체스코의 찬가: 성 프란체스코는 탁발(그릇을 두들긴다는 뜻으로, '구걸'을 의미함) 수도사로 이루어진 프란체스코 수도회의 창설자이다. 이 수도회의 규칙은 1223년에 교황의 승인을 받았다. 특히 청빈이 강조된다. 여기 소개된 그의 찬가는 자연을 노래하는데, 중세 성기成期에 등장한 새로운 정신을 드러낸다.

이단 심판 기록: 이 기록은 1320년 파미에르의 주교인 자크 푸르니에(1280~1342)가 몽타유 마을 주민을 카타리파 이단의 혐의로 심문한 내용이다. 이 기록은 심문 절차는 물론이고, 이단의 전파와 그 내용을 상세히 전하는 문서이다. 아울러 사적인 관계도 잘 알 수 있게 해준다. 피심문자 베아트리스는 소귀족 성원이다. 본 재판을 주재한 주교는 후일 베네딕투스 12세 교황으로 즉위하였다.

| 참고문헌 |

라뒤리, 에마뉘엘 르루아, 《몽타이유—중세 말 남프랑스 어느 마을 사람들의 삶》, 유희수 옮김, 길, 2006.
박은구, 《William of Ockham의 정치사상 연구》, 서울대학교 대학원 박사학위논문, 1985.
볼튼, 브렌다, 《중세의 종교개혁》, 홍성표 옮김, 느티나무, 1999.
서던, 리처드 윌리엄, 《중세교회사》, 이길상 옮김, 크리스챤 다이제스트, 1999.
캔터, 노만 F., 《중세 이야기: 위대한 8인의 꿈》, 이종경 외 옮김, 새물결, 2001.
키오바로, 프란체스코, 《교황의 역사》, 김주경 옮김, 시공사, 1998.
폰타나, 조셉, 《거울에 비친 유럽》, 김원중 옮김, 새물결, 2000.
장준철, 《서양중세교회의 파문》, 혜안, 2014.
하인리히 홀체, 《중세 전성기의 서방교회(12-13세기)》, 최영재 외 옮김, 호서대학교출판부, 2015.

19 교황권의 쇠퇴

: 교회는 교회의 자리로

1285~1349	오컴의 윌리엄
1294~1303	교황 보니파키우스 8세 재위
1302	〈우남 상크탐〉 발표
1305~1378	교황청의 바빌론 유수
1378~1417	교회 대분열
1414~1417	콘스탄츠공의회
1415	〈하이크 상크타〉 발표
1420~1434	후스파의 반란

세속 군주와 교황의 갈등

13세기 말 중세 사회에 급격한 변화가 감지되기 시작한다. 이러한 변화는 교황의 권위에 여러 모로 타격을 가하였다. 교황권이 쇠퇴하는 원인은 다음과 같다. 첫째, 인노켄티우스 3세처럼 교황들이 본래의 영역인 영적 문제에 몰두하기보다 세속적 권력 관계에 집착하였기 때문이다. 이는 스스로의 권위를 상실하는 계기가 되었다. 둘째, 교황들은 보편적인 교황권의 이론을 극단화시켰다. 그리하여 교황은 아무런 잘못이 없다는 식의 주장(무오류설)을 했던 것이다. 이러한 극단적인 주장으로 교황에 대한 신뢰가 약화되었다. 셋째, 사회 전반에 점진적으로 세속화, 다시 말해 교황을 중심으로 하는 교황주의Papalism에 대항하여 국가를 중심으로 하는 국가주의Statism가 성장하고 있었다. 하지만 교황권은 이러한 시대 변화에 제대로 적응하지 못했다.

이러한 갈등의 대표적인 사례는 프랑스 왕 필리프 4세와 교황 보니파키우스Bonifacius 8세의 대립이다. 필리프 4세는 왕권을 강화시키려는 의지가 대단했다. 그리하여 교회 재산을 몰수하고 사제들을 봉급생활자로 만들자는 피에르 뒤부아Pierre Dubois의 주장을 수용했다. 이 생각은 실제로 프랑스혁명 때나 실현된다. 이에 맞서 교황 보니파키우스 8세도 정치적인 야심이 있었다. 필리프 4세가 성직자들에게 과세하자 보니파키우스는 파문하겠다고 맞섰다. 그러자 필리프는 프랑스 국내에서 교황청으로 가는 돈줄을 막았다. 이에 보니파키우스는 타협할 수밖에 없어서 사제들이 자발적으로 내는 세금은 용인하였다. 두 번째 충돌은 1301년 교황 사절을 프랑스에서 체포하는 것으로 불거졌다. 이에 교황은 〈잘 들어라, 아들아Asculata fili〉라는 서신을 보내어 교황이 신의 대리자임을 알리고 자신에게 복종할 것을 명령했다. 이에 필리프 4세는 이 문서를 공개적으로 소각하는 한편 신분 총회인 삼부회를 최초로 소집하였다. 1302년 로마에서 소집된 공의회에서 보니파키우스는 〈우남 상크탐Unam Sanctam〉('유일한 신성한 가톨릭교회를'이라는 뜻)을 발표하였다. | 자료 1 | 이 문서는 교회의 대표인 교황이야말로 유일한 통치자임을 강조하는 것이었다. 필리프 4세는 기욤 드 노가레Guillaume de Nogaret를 통해서 보니파키우스에 대하여 "사악한 마술에 빠진 마법사, 고위 성직자를 독살, 남색임을 숨기기 위해서 정부를 거느렸다"라고 고소했다. 두 사람은 즉시 파문되었으나, 아나니Anagni에 피정避靜 중인 보니파키우스를 기습하여 체포하였다. 보니파키우스는 매 맞는 모욕을 당한 후(이를 아나니의 모욕Schiaffo di Anagni이라고 한다), 자기 팔을 물어뜯어서 1303년에 자살하였다.

교황과 세속 군주 간의 갈등은 교황 요한 22세와 독일 황제 루트비히Ludwig 4세(독일 왕 1314~1347, 신성로마제국 황제 1328~1347)의 대립에서도 나타났다. 요한 22세가 일방적으로 황제의 제위에 공위를 선언하자, 1338년 독일의 선제후는 황제권은 신으로부터 직접 나오는 것이며, 황제를 선출하는 과정에 교황의 동의나 승인은 불필요하다고 선언하였다.

교황권 논쟁과 아비뇽 시대

이 갈등은 교황권에 관한 논쟁을 불러왔다. | 자료 2 | 1302년에 파리의 장Jean de Paris은 《교황권과 왕권에 관하여》라는 책을 서술했다. 파도바의 마르실리우스Marsilius of Padua는 《평화의 수호자》라는 책을 통해서 인민의 동의가 모든 정당한 정부의 바탕임을 강조했다. 오늘날의 주권재민 이론이라고 할 수 있는데, 이 이야기는 대단히 혁명적인 선언이었다. 즉 교황직이 신의 권세로부터, 권세에 의해 만들어진 것이 아니라는 것이다. | 자료 3 | 오컴의 윌리엄William of Ockham은 극단적 형태의 명목론을 전개하면서 이성과 신앙의 종합을 파괴한다. | 자료 4 | 또한 신비주의 운동도 개인적인 체험을 강조하고 형식주의를 공격했는데, 이 일파의 하나였던 마이스터 에크하르트Meister Eckhardt와 요하네스 타울러Johannes Tauler는 공동생활의 형제단The Brotherhood of the Common Life이라는 단체를 만들었다. 이 단체의 신비주의적 경향은 16세기에 이르러서 에라스뮈스Erasmus와 마르틴 루터Martin Luther에게 영향을 주었다. 이와 같이 교황권에 대한 논쟁은 교황이 꿈꾼 세계 군주정에 대하여 세속 국가의 독자성을 옹호하고 교황권의 절대성을 부정하였다는 점에서 그 의의를 찾아볼 수 있다.

교황권이 실패한 또 하나의 원인은 종교적 열정을 건설적인 방향으로 포섭하지 못한 것에 있었다. 교회가 세속적인 행정의 측면에 집착함으로써 교회 밖의 열성적이고 복음주의적인 그리스도교 사상의 움직임을 포용할 능력이 없었다는 것이다.

교황청의 아비뇽 시대는 프란체스코 페트라르카Francesco Petrarca가 말한 것처럼 교황의 바빌론 유수幽囚, Babylonian Captivity였다. | 자료 5 | 1305년부터 1377년까지 교황청은 로마가 아닌 아비뇽에 있었는데, 이스라엘 민족의 바빌론 유수와 기간이 거의 같았다. 하지만 아비뇽 시대도 그 나름대로의 의미가 있다. 왜냐하면 정교하고 효율적인 통치기구를 마련하는 계기가 되었기 때문이다. 교황을 비롯하여 추기경단, 교회 정부의 부서들이 잘 조직되었던 시기였다. 추기경단은 교회의 최고 사법·행정·입법기관이었고, 행정 기구를 감독했을 뿐만 아니라 여러 가지 특권을 수호할 수 있었다. 그 밖에 교회 정부의 부서들은 최고 법원, 문

도판 46 비록 '바빌론 유수'라는 말을 들었으나, 아비뇽의 교황청은 무역에 유리하고 비교적 안정된 곳이었다. 아비뇽은 론 강을 따라서 활발한 상업 활동이 이루어진 곳이기도 했으며 〈아비뇽의 다리 위에서〉라는 민요로 유명한 생 베네제 다리가 있다.

서국, 내무원, 재무국 등 국가적인 행정 체계를 갖추고 있었다. 교황청이야말로 중세의 진정한 국가였다.

이와 같은 통치 기구를 유지하기 위해서 많은 수입이 필요했다. 정규적인 수입 이외에 다른 수입이 필요했는데, 그 대표적인 것이 면벌부Indulgence를 판매하는 것이었다. 또한 성직 임명 체제는 일시적으로 많은 수입을 가져다주는 수입원이었다. 성직 임명 체제란 교황에 의해 임명된 자는 교황청에 세금을 납부해야만 하는 것인데, 세금을 납부하면 누구든지 겸직을 할 수 있고, 대리 성직자도 임명할 수 있었다. 이러한 제도들은 교회가 부패할 수 있는 빌미를 제공했다.

대분열과 공의회 운동

1377년에 교황청이 로마로 복귀하였다. 그러나 아비뇽 시대가 끝나게 되면서 오히려 더 큰 혼란이 시작되었다. 이탈리아로 복귀한 추기경들은 이탈리아인 우르바누스Urbanus 6세를 새로운 교황으로 선출했다. 하지만 오랫동안 프랑스에 있었기 때문에 추기경단은 대부분 프랑스인으로 구성되었다. 갈등이 일어나자 추기경단은 우르바누스 6세를 탄핵하고 프랑스인 클레멘스Clemens 7세(대립 교황이라고 칭해짐)를 선출한다. 그 결과 로마와 아비뇽을 거점으로 하는 교황의 두 계보가 40년간 이어졌다. 이러한 분열을 해소하기 위해 피사에서 공의회가 열린다. 이때 새로 선출된 교황이 알렉산데르 5세였다. 알렉산데르 5세가 선출되었으나, 기존의 두 계열의 교황은 퇴위를 거부하였고, 결국 세 명의 교황이 등장하게 되었다. 이것이 '교회의 대분열The Great Schism'이다. 이는 그리스도교 세계의 혼란과 타락을 보여주는 극단적인 예라고 할 수 있다.

교회의 대분열을 종식시키고자 1414년부터 1418년 사이에 콘스탄츠Konstanz(영어로는 Constance)에서 공의회가 열렸다.| 자료 6 | 콘스탄츠공의회에서는 〈하이크 상크타Haec Sancta〉('이 신성한 공의회'라는 뜻)라는 문서를 제정하여 사회 전체에 신성한 권한이 내재되어 있다는 관념을 피력하였다. 이 문서는 왕권신수설과 대립하는 이론으로서, 교회 전체가 그에게 속한 개인, 심지어 교황보다도 우월하다고 주장했다. 그리고 추기경 피에르 다이Pierre d'Ailly, 프란체스코 자바렐라Francesco Zabarella, 신학자 디트리히 폰 니하임Dietrich von Nieheim은, 교황의 직책이란 교회에 봉사하기 위해 존재하는 것이고, 이 직책에 부적합할 경우 공의회는 교황을 폐위시킬 수 있다고 주장했다. 이 문서는 교회에서 대의제가 가지는 절대적 권한을 명백하게 주장한 혁명적인 문서였다.| 자료 7 |

콘스탄츠공의회의 성과로 교황 마르티누스 5세가 즉위하였다. 그리하여 이전에 존재했던 세 교황, 바로 요한 23세, 그레고리우스 12세, 베네딕투스 13세를 폐위하게 된다. 이때에 세 계열의 추기경과 다섯 개 조합의 대표들이 여섯 개 집단을 구성해서 투표했다. 따라서 1417년은 대분열을 실질적으로 종식시킨 해로 인정할 수 있다. 하지만 이단을 처벌하는 문제에서는 실패했다. 영국에서 개혁 사상을 가지고 돌아온 얀 후스Jan Hus를 화형에 처한 것은 많은 분쟁을 초래했고, 특히 체코인들의 민족주의 감정에 불을 지폈다. 콘스탄츠공의회는 전반적인 개혁을 실현하는 데에도 실패했다. 개혁에 대한 확고한 의지가 부족했다는 점, 시대의 분위기였던 민족주의에 대처하지 못했다는 점 말고도 강력한 통치자를 원하는 시대에 군주제에 대한 제한을 실시했기 때문에 시대적 분위기와 맞지 않았다. 세속의 군주들이나 그리스정교 측에서는 공의회보다 교황을 상대하는 것을 더욱 선호하였던 것이다. 그 결과 콘스탄츠공의회는 교황의 절대권을 확립하고 끝나게 되었다.

콘스탄츠공의회는 크게 보아 교회를 재결합시켰고, 대의제 정부 이론을 만들어 16~17세기 입헌 정부 이론에 큰 영향을 미치게 되었다. 하지만 미흡한 개혁으로 인하여 결국 종교개혁의 빌미를 남겼고 유럽 세계를 종교적으로 분열시키는 데에 일조하였다.

자료 읽기

자료 01

보니파키우스 8세, 교회의 세속권을 다시 주장하다

브라이언 타이어니, 《교회와 국가의 위기 1050~1300The Crisis of Church and State 1050~1300》, Eaglewood Cliffs, N. J.: Prentice-Hall, 1964, pp. 188~189.

짐은 복음의 말씀에 따라, 이 교회에 그리고 교회의 권능에 두 개의 검이 있는데 하나는 영적인 것이요 다른 하나는 세속의 것이 있다는 것을 배웠다. …… 분명히 세속의 검이 베드로의 권능 안에 있음을 부인하는 어떤 자도 주님의 말씀에 충분히 주의를 기울이지 않은 것이다. 그가 말씀하시길, "네 칼을 도로 칼집에 꽂으라."(〈마태복음〉 26:52) 그런 뒤에 두 칼이 교회의 권능에 있으니, 물질의 칼과 정신의 칼이다. 그러나 후자는 교회를 위해서 쓰이고, 전자는 교회에 의해서 쓰인다. 후자는 사제의 손에 의해서 사용되며, 비록 영적인 권능에 종속된 권위의 의지와 묵인에 의해서이긴 하지만 왕들과 군인들의 손에 의해서 사용된다. …… 왜냐하면 복자인 디오니시우스에 따르면 가장 낮은 자들이 중보자들을 통해서 최고인 자들에 이르는 것이 신성의 법칙이기 때문이다. 우주의 질서 속에서 모든 사물은 같은 방식으로 그리고 즉각적으로 질서가 유지되는 것이 아니라, 가장 낮은 것들이 중간에 의해서 명령을 받고 저급한 자들이 우월한 자들에 의해 그리 되는 것이다. 그러나 영적인 권능은 위엄과 고귀함에서 지상의 어떤 것도 능가한다는 점을, 영적인 것이 세속적인 것보다 더 뛰어난 만큼 비례해서 더 공개적으로 우리는 고백해야 한다.

자료 02

교황에 대한 두 입장

브라이언 타이어니·시드니 페인터, 《서양 중세사, 300~1475》, pp. 291~292.

12세기 초에 이르러, 서임권 경쟁은 왕권과 황제권의 문제와 관련하여 상당한 양의 논쟁적 저술들을 자극하였다. 왕을 지지하는 경우에 나올 만한 극단적인 선언은 '요크의 이름 없는 자'로 알려진 앵글로노르만계의 신원 미상의 사제로부터 나왔다. 그는 다음과 같이 주장했다. 왕들과 성직자들이 방법은 다르지만 둘 다 그리스도의 대변자인데, 왕은 그리스도가 가진 신으로서의 성격을, 반면 사제는 단지 그리스도의 인간적인 성격만을 대변한다. 그러므로 마치 신이 인간보다 그러하듯이, 왕은 성직자보다 헤아릴 수 없을 만큼 더 위대하다.

다른 편의 극단에는 교황을 지지하는 독일인 저술가 라우텐바흐의 마네골트가 있다. 그는, 교황의 직책이 "모든 군주권들과 이 세상의 권능들을 넘어섰으나" 왕이란 단지 행정가로서 자신의 인민에 의해서 지명되고 '돼지를 돌보는 사람처럼Like a Swineherd' 맡겨진 임무를 적절히 이행하는 데 실패하면 그들에 의해서 제거될 수 있다고 선언하였다. …… 그러나 갈등의 20년 세월이 지난 후, 교황과 황제 진영에서 온건한 자들이 타협에 도달하려고 진지하게 시도했다. ……

1200년경에 두 개의 학파가 경합하였다. 그들은 교회 법령 문서의 해석을 달리하였다. 온건한 '이원론'의 견해를 가장 뛰어나게 표명한 이는 피사의 우구초Huguccio of Pisa로서…… 신은 황제의 권위와 교황의 권위를 세웠으며 각자에게 고유한 행동 영역을 할당하였다고 기술하였다. 황제의 권능은 교황에게서 나오지 않고 그를 선발한 제후와 인민에게서 나온다. 교황이 황제를 대관하는 것은 단지 호칭상의 위엄을 넘겨주는 것뿐이지 권능의 실체가 아니다. 옛날 법령들이 왕이나 황제를 폐위하는 것을 언급하는 경우, 그것들은 단지 세속의 제후들이 스스로 참주가 된 지배자를 제거하기로 결정했을 때 그들이 취한 행동을 추인할 수 있었음을 의미할 뿐이다.

우구초의 이 모든 견해를 거부한 자는, 바로 13세기 초 다음 세대를 대표하는 교회법 학자인 볼로냐 대학의 법학 교수로서 명성이 높았던 영국인 알라누스Alanus였다. 그는 만약 그리스도교 사회가 하나의 통일된 몸을 형성한다면 그 몸에는 하나의 머리만 있을 수 있으며 '그렇지 않으면 그것은 괴물일 것이다'라고 기술하였다. 이 머리는 교황만이 가능했다. 모든 합법적인 정치 권위는 교황에게서 나온다. 만약 필요하다면 교황은 자신이 물려받은 권위를 가지고서 황제든 어떤 지배자든 폐위할 수 있다.

자료 03

파도바의 마르실리우스, 사제의 공권력을 부인하다

마르실리우스, 《파도바의 마르실리우스: 평화의 수호자Marsilius of Padua: The Defender of Peace: The Defensor Pacis》, trans. by Alan Gewirth, New York: Harper, 1967, pp. 113~116.

우리는 이제 원하기를…… 《성서》의 진리를 이끌어낼 것이다. …… 성서는 분명히 교황이라고 불리는 로마 주교도 어떤 다른 주교나 사제도 또는 부제도 다른 사제나 사제가 아닌 자나, 지배자, 공동체, 단체, 어떤 조건의 개인에 대해서도 직권이나 강제적 심판이나 판결의 권한을 가지지 않으며 그래서도 안 된다. …… 그리스도는 스스로 세상에 오셨지만, 인간들 위에 군림하거나 인간을 심판하려는…… 세속의 지배를 행사하려는 것이 아니라, 오히려 현재의 삶에…… 관련하여 복종하려는 것이다. 그리고 더욱이 그는 자신의 모범에 따라서 그리고 충고나 명령의 말씀에 따라서 자신과 자신의 사도와 제자들, 그들의 후계자들, 주교나 사제들이 모든 강제적 권위나 세속적 지배에서 벗어나길 원하였고 또 벗어났다. 그분이 폰티우스 필라테Pontius Pilate(본디오 빌라도) 앞에 끌려와서…… 그리고 자신을 유대인의 왕이라고 부른 것으로 고소되고, [필라테가] 그에게 이 말을 했냐고 물었을 때…… 그의 답은 이 말들을 포함하였다. …… "나의 왕국은 이 세상에 속한 것이 아니다." 즉 내가 온 것은 세속의 지배나 주권에 의해 세상의 왕들이 통치하는 식으로 통치하려는 것이 아니다. …… 그런 다음 그분이 와서 가르치고 명령한 왕국은 영원한 나라에 이를 수 있는 실천에 놓여 있는 나라이다. 즉 신앙과 기타 신학적인 덕들이다. 그러나 절대로 어떤 사람을 그곳으로 강요하는 것이 아니다.

자료 04

보편자

오컴의 윌리엄, 《논리학 대전Summa Totius Logicae》, Ic, xiv; 오컴, 《철학논집Philosophical Writings》, ed. and trans. by Philotheus Boehner, New York: Nelson, 1962, pp. 33~34에서 재인용.

우리는 모든 보편자가 하나의 단일한 것이라고 말해야 할 것이다. 그러므로 지시하는 것, 즉 여러 사물들에 대한 하나의 표시에 의해서가 아니면 보편적인 것은 존재하지 않는다. …… 그렇지만 두 종류의 보편자가 있음을 이해해야만 한다. 연기가 있으면 자연스럽게 불을, 신음 소리가 환자의 고통을, 웃음이 내면의 즐거움을 가리키는 것과 같은 방식으로, 보편자는 많은 것들에 대한 자연스러운 단정적 표시인 것이다. 그러한 보편자는 마음의 내용에 불과한 것이며, 따라서 마음 밖에는 아무런 실체도 없으며 마음을 벗어나서는 아무런 사건도 없는 것이 그런 보편자이다. …… 다른 종류의 보편자는 관습에 의한 것이다. 이러한 식으로 말해진 하나의 단어는 실제로 단일한 성질이므로 보편적이다. 왜냐하면 보편자는 여러 개체를 표시하도록 의도된 관습적인 표시이기 때문이다. 그러므로 그 단어가 공통인 것으로 이야기되듯이, 그것은 보편적인 것이라 말해질 수 있다. 그러나 그것은 자연 본성에 의해서가 아니라 오로지 관습에 의해서 그러한 것이다.

자료 05

페트라르카가 묘사한 아비뇽 교황청

제임스 하비 로빈슨 편집, 《유럽사 사료선집》 Vol. 1, pp. 502~530.

나는 [아비뇽에] 살고 있는데, 이곳은 서양의 바빌론입니다. …… 여기에서는 가난한 갈릴리 어부의 후계자들이 통치하고 있지요. 그들은 자신들의 기원을 이상하게 잊고 있네요. 그들의 전임자들을 회상할 때, 나는 이들 인간이 금으로 도배하고 보라색 옷으로 두른 채 군주들과 나라들에서 빼앗은 약탈품을 자랑하고 있는 것을 보니 기가 막힙니다. 자신의 쉼터로 내려가는 배가 아니라, 사치스러운 궁전과 요새로 둘러싸인 언덕을 보는 것이 그렇지요. 우리는 더 이상 한때 갈릴리 호수에서의 검소한 삶을 구하던 단순한 그물들은 발견할 수 없습니다. …… 이즈음 사람들은 거짓말하는 혀에 귀를 기울이고 있습니다. 게다가 무가치하지만 납 인장으로 장식된 양피지들[1] 이 그리스도의 이름으로 그러나 벨리알Belial[2] 의 기교에 의해서 부주의한 그리스도교인 무리를 잡기 위해 사용된 그물 속에 던져지는 것을 보면서도 무감각합니다. 이 물고기들은 조리되어, 그들이 자신을 잡은 자의 만족할 줄 모르는 입을 채우기에 앞서 근심이라는 타는 석탄 위에 놓여 있습니다. 거룩한 고독 대신 우리는 한 범죄자 주인과 군중이 있음을 봅니다. …… 제정신 대신에 난장판의 잔치를…… 경건한 순례 대신에…… 더러운 나태함을, 사도들의 벌거벗은 발 대신에…… 금으로 장식한 말들을. …… 한마디로 우리는 페르시아인이나 파르티아인의 왕들 사이에 있는 것 같지요. 그들 앞에서 우리는 부복하고

1 | 교황이 작성한 문서들.

2 | 타락한 천사의 하나로 악마로 간주된다.

예배하며, 그들에게는 선물을 제공하지 않으면 접근조차 할 수 없지요.

자료 06

콘스탄츠공의회 참석자 명부

울리히 리헨탈Ulrich Richental, 《콘스탄츠공의회 기록Chronicles of the Council, Constance》, 《콘스탄츠공의회The Council of Constance》, ed. by J. H. Mundy and K. M. Woodey, trans. by Louise R, Roomis, New York: Columbia University Press, 1961, pp. 189~190에서 재인용.

교황 요한 13세, 600명이 수행.

교황 마르티누스, 콘스탄츠에서 교황으로 선출되었는데, 30명이 수행.

다섯 명의 귀족, 118명 수행.

33명의 추기경, 3056명 수행.

47명의 대주교, 4700명 수행.

145명의 주교, 6000명 수행.

93명의 부주교, 360명 수행.

약 500명의 영적 주군,[3] 4000명 수행.

24명의 감사관과 비서, 300명 수행,

모든 나라의 대학에서 온 학자 37명, 2000명 수행.

회의 진행 중 걸어서 온 다섯 개 나라의 신학 박사 217명, 2600명 수행.

361명의 교회법과 세속법 박사, 1260명 수행.

171명의 의학박사, 1600명 수행.

1400명의 학예 교사들과 유자격자들, 3000명 수행.

5300명의 단순 사제와 학자들, 일부는 세 명, 일부는 두 명, 일부는 혼자서 옴.

약종상들, 오두막에 거주, 300명 수행(이 중 열여섯 명은 장인이다).

72명의 금장색, 오두막에 거주.

1400명이 넘는 상인, 상점주, 모피상, 대장장이, 제화공, 여관 주인, 수공업자, 이들은 오두막에 살면서 집과 오두막을 빌림, 하인 수행.

24명의 적법한 왕의 전령, 기사 종자들 수행.

1700명의 트럼펫 주자, 피리 연주자, 현악 연주자, 모든 종류의 연주자.

700명이 넘는 창녀들이 왔는데, 이들은 자신의 집을 빌렸으며 일부는 축사에 누웠고,

3 | 기성 교회를 이끄는 주교를 가리킴.

가능한 곳이면 개인들 숙소 말고도 어디든지 묵었는데, 나로서는 셀 수 없었다.

교황의 수행원 중에는 24명의 비서가 200명의 수행을 받았고, 열여섯 명의 문지기, 은지팡이를 나르는 열두 명의 하급관, 추기경을 위한 60명의 기타 하급관, 감사와 방 감시관, 그리고 공사公私 로마의 주군들의 의복을 세탁하고 수선하는 다수의 나이 많은 여자들.

132명의 수도원장, 모두 저명인사, 2000명 수행.

155명의 소규모 수도원장, 모든 이름이 기록됨, 1600명 수행.

우리의 주군이신 왕, 두 명의 왕비와 다섯 명의 제후급 귀부인.

39명의 공작과 32명의 제후급 주군과 백작들, 141명의 백작, 71명의 남작, 1500명이 넘는 기사, 2만 명이 넘는 귀족 기사 수행원들.

아시아·아프리카·유럽의 83개국 왕들의 전권 대사; 다른 주군에 의해서 파송된 사절, 말을 타고 매일 오가므로 셀 수 없다. 어림잡아 5000명.

472명 제국 도시들에서 파견된 사절들.

352명 남작의 도시들에서 파견된 사절들.

총 7만 2460명.

자료 07

콘스탄츠공의회, 대의기관에 최고의 권위가 있음을 선언하다

헨리 베텐슨Henry Bettenson, 《그리스도교회 문헌Documents of the Christian Church》, New York: Oxford University Press, 1961, pp. 192~193.

거룩한 콘스탄츠공의회는…… 선언하노라. 첫째, 이 모임은 성령 안에서 합법적으로 이루어졌으므로 공의회를 구성하며 가톨릭교회를 대표한다. 따라서 그리스도로부터 직접 그 권위를 받으며 교황 자신을 포함하여 어떤 계급과 조건에 속한 어떤 사람이라도 신앙, 대분열의 종식, 신의 교회를 머리에서 지체까지 개혁하는 것과 관련된 문제에서 공의회에 복종해야만 한다. 둘째, 공의회는 다음과 같이 선포한다. 어떤 계급과 조건에 속하는 어떤 사람이라도 이 성스러운 공의회에 의해서 만들어진 또는 만들어질, 아니면 다른 합법적으로 소집될 공의회에 의해서 만들어지거나 만들어질 명령, 포고, 법령, 지침을 반항적으로 복종하길 거부하는 자는…… 바른 마음 자세로 돌아오지 않으면, 적절한 형벌을 받아야 하며 온전히 처벌될 것이다. 그리고 필요하다면 법의 다른 권위에 호소될 것이다.

| 출전 |

〈우남 상크탐〉: 교황 보니파키우스 8세(1294~1303)는 〈우남 상크탐〉에서 교회가 세속에 간섭할 권리를 다시 주장하였다. 이 문서에 따르면, 지상에 있는 영적이고 세속적인 권리는 교황의 관할하에 있다.

마르실리우스, 《평화의 수호자》: 마르실리우스는 의학을 공부하였으며, 그의 입장에 따르면, 성서는 교황에게 어떤 인간에 대해서도 심판할 권리를 주지 않았다. 따라서 사제는 도덕적이고 정신적인 지배력을 가질 뿐이며, 그들의 심판은 사후에 적용되고, 지상에서 사제는 세속의 권위에 복종해야 한다고 주장한다. 이 책은 1324년에 저술되었는데, 독일 황제 루트비히 4세가 요한 22세에 대해서 대립 교황을 세우는 과정에서 구상된다. 마르실리우스는 황제를 지지하여 교권과 정치의 분리를 주장했다.

울리히 리헨탈, 《콘스탄츠공의회 기록》: 리헨탈의 연대기에는 콘스탄츠공의회 참석자 명부가 실려 있다. 이 연대기에 따르면 1414년부터 1417년까지 열린 이 회의에 많은 인원이 참석하였음을 알 수 있다.

오컴의 윌리엄, 《논리학 대전》: 오컴의 윌리엄(1285~1349)은 프란체스코 수도사로서 유명론唯名論의 길을 추구함으로써 과학적 인식의 길을 연 사람이다. 그는, 보편자란 마음과 어휘로써 관용적으로 표현된 것의 내용에 불과하다고 보았다. 교황 요한 22세가 프란체스코 일파에 대한 탄압을 감행하고, 1326년 이단으로 판정된 윌리엄은 1328년 독일 황제 루트비히 4세 편으로 피신한다.

페트라르카의 서신들: 페트라르카는 아비뇽에 살았으며, 오랜 시간 교황청을 관찰한 바 있다. 이 편지는 1340년부터 1353년 사이에 쓴 것이다. 아비뇽 시기 교황에 대한 신랄한 비판을 보여준다.

〈하이크 상크타〉: 1415년 4월에 발표된 이 선언은 위기에 처한 교회에서 교황들보다 대의기관인 위원회가 최고 기관임을 명시하고 있다. 이 회의는 교회의 대분열을 종식시키고 마르티누스 5세를 새로운 교황으로 선출하였다.

| 참고문헌 |

뒤비, 조르주, 《세 위계: 봉건제의 상상 세계》, 성백용 옮김, 문학과 지성사, 1997.

레스턴, 제임스, 《이슬람의 영웅 살라딘과 신의 전사들》, 이현주 옮김, 민음사, 2003.

루이스, 데이비드 리버링, 《신의 용광로: 유럽을 만든 이슬람 문명, 570~1215》, 이종인 옮김, 책과함께, 2010.

박은구, 《William of Ockham의 정치사상 연구》, 서울대학교 대학원 박사학위논문, 1985.

볼튼, 브렌다, 《중세의 종교개혁》, 홍성표 옮김, 느티나무, 1999.

브라운, 피터, 《기독교 세계의 등장》, 이종경 옮김, 새물결, 2004.

서던, 리처드 윌리엄, 《중세교회사》, 이길상 옮김, 크리스찬 다이제스트, 1999.

에코, 움베르토, 《장미의 이름 상·하》, 이윤기 옮김, 열린책들, 2006.

캔터, 노만 F., 《중세 이야기: 위대한 8인의 꿈》, 이종경 외 옮김, 새물결, 2001.

키오바로, 프란체스코, 《교황의 역사》, 김주경 옮김, 시공사, 1998.

푸어만, 호르스트, 《중세로의 초대》, 안인희 옮김, 이마고, 2003.

5부

중세 문화의 성숙과 이행

중세는 후기로 넘어가면서 경제가 부흥하고 여러 변화가 일어난다. 이런 변화 가운데 가장 중요한 기관이 대학이었다. 중세의 대학 제도는 현재에도 이어지고 있으며, 두 시기의 대학을 살펴보면 중세 학자들이 가졌던 관심과 현재 우리의 관심을 비교해볼 수 있을 것이다. 물질문명에서 유럽의 색깔을 드러나게 하는 것은 건축이다. 5부에서는 중세에 고딕 형식이 나오게 된 배경과 이와 관련된 사상을 조명함으로써 당시의 사회상을 살펴볼 것이다. 중세 후기는 이런 부흥이 잠시 일어났다가, 흑사병의 창궐로 전 유럽이 몰살의 위기에 처하기도 했다. 전염병이 휩쓸고 간 뒤 유럽이 다시금 부흥하는 과정에서, 유럽이 앞으로 세계사의 주역이 될 가능성을 발견할 수 있을 것이다. 마지막으로 역사를 움직여가는 동력이 무엇인지 살펴보고, 1000년 중세의 역사가 우리에게 던지는 질문을 되새기고 이에 대한 답변을 마련해 볼 것이다.

20 사상과 교육

: 대학의 탄생

1037	신플라톤주의를 가르친 아비센나 죽음
1079~1142	최초의 낭만주의자 피에르 아벨라르
1100~1300	서유럽에 대학 설립
1126~1198	보편 지성의 주창자 아베로에스
1138~1204	탈무드 학자 마이모니데스
1140~1260경	아리스토텔레스의 작품이 라틴어로 번역
1175~1253	경험론의 선구자 그로스테스트
1214~1294	실험과학의 개척자 로저 베이컨
1225~1274	《신학대전》의 저자 토마스 아퀴나스
1250~1277경	스콜라 철학의 전성기
1260~1327	신비주의자 에카르트
1285~1349	유명론의 대가 오컴의 윌리엄
1320~1500경	유명론의 전성기
1450	금속활자본 간행

역사에서 사상은 위인의 관점과 생각을 가리켜 보여주지만, 이에 더불어 보통 사람들의 사고방식 또한 보여준다. 이 장에서는 중세인들이 어떤 사고방식을 가졌으며, 교육은 어떻게 이루어졌는지를 중심으로 살펴볼 것이다.

정확하지 않은 관념

중세에 인간의 능력은 자연의 힘에 비하면 보잘것없었다. 특히 조명과 난방이 미비하였고, 사람들의 수명은 일반적으로 짧았다. 대개 중세는 나이가 지긋하고 수염을 날리는 장군이 시대를 이끈 것으로 상상하지만, 실제 이 시대는 젊은이들의 세계였다. | 자료 1 | 이에서 비롯하는 미숙함으로 중세인들은 초자연적인 현상에 민감하게 반응하였다.

14세기에 추시계가 발명되기 전까지 시간 관념은 대단히 불완전했다. 정확성

도판 47 이 지도는 중세 대학, 수도원 학교, 성당 학교의 분포를 나타낸다. 지역을 막론하고, 중세기에 교육 활동이 활발했음을 알 수 있다.

에는 별로 관심이 없어서 문서 대부분에 연대 기록이 빠져 있었다. 이는 빠짐없이 정확한 연대와 날짜가 기록되어 있었던 동양권의 문서와 대비된다. 심지어 공증인의 기록마저도 연대 계산이 불일치한다. 1582년에 그레고리우스력이 제정되자, 그해에 10일이 없어져 10월 4일 다음 날이 10월 15일이 되었다. 그나마 이 달력의 채택도 여러 사정으로 미루어졌다.

수의 영역에서도 사정은 마찬가지였다. 예를 들면 잉글랜드에서 정복왕 윌리엄이 5000개 이상의 기사 봉토Knight's Fee를 설치할 수 없었는데도 역사가들은 따져보지도 않고 이 같은 보유지Tenement를 3만 2000에서 6만까지 창설했다고 주장했다. 이처럼 정확성을 지향하거나 숫자를 존중하는 정신을 이 시대의 수장들에게서 찾아보기란 어려운 일이었다. 그러므로 고대나 중세의 역사에서 기록된 여러 가지 시간과 숫자에 신빙성을 인정하지 말아야 하며, 그게 아니라면 다른 상징의 의미로 읽어야 한다.

그리스도교가 수용되자 시간 관념에 큰 변화가 생겼다. 그리스도교에서는 이미 세속적인 달력인 율리우스력을 사용하였으며, 여기에 유대인의 개념을 넣었다. 그러한 개념 중에서 가장 중요한 것이 '주일主日'의 개념이다. 유대교에서 말하는 창조의 모형에 따라서 일주일을 정하고 일곱째 날에 쉬는 것은 달력 사용에서 근본적인 변화를 가져왔다. 이는 카롤링 왕조 시기에 강행되었고, 르 고프에 따르면 이는 중세 서구의 생산성을 높이는 데 효과적인 경제활동 리듬을 결정하였다. 주전主前, Before Christ·주후主後, Anno Domini라는 표기는 6세기경 디오니시우스 엑시구스Dionysius Exiguus(470~544)라는 불가리아 출신 수도사가 고안한 것이다. 그는 그리스도가 세상에 성육신한 날을 1년으로 삼아서 연도를 정했다. 그 시도는 잘된 것이 아니어서, 일반 역사책에는 예수의 탄생이 기원전 4년으로 표기되어 있으며, 0의 개념이 없어 0년을 설정하지 않아서 기원 전·후의 연대를 계산할 때는 절댓값을 더하고 1을 빼야 한다. 더군다나 이 달력의 보급은 10세기나 되어서야 지도층 소수에게나 이루어져서, '1000년의 공포'라는 것은 존재하지 않았을 가능성이 높다. 그리스도교 달력이 완성된 것은 13세기이기 때문이다. 그리고 교황 보니파키우스 8세는 1300년에 희년Jubilee(50년마다 빚을 청산하는 것을 기념하던 유대인의 관습)을 선포하였다. 이는 그리스도교 세계의 단일성을 보여주려는 의도에서 나온 것이다.

한편 일주일의 이름은 고대의 그리스 신이나 천체 명칭에서 비롯된다. 라틴 민족의 경우 태양, 달, 마르스Mars, 메르쿠리우스Mercurius, 제우스Zeus, 베누스Venus, 사투르누스Saturnus의 명칭이 사용되었고, 이 중 월요일부터 금요일까지는 그 이름이 고수되고 있다. 대신 첫날은 주님의 날Dies Dominicus로, 토요일은 유대교의 명칭에 따라서 안식일Sabato이라고 불린다. 영어권에서는 마르스가 티우Tiw(전쟁의 신), 메르쿠리우스가 워덴Woden 또는 오딘Odin, 제우스는 토르Thor, 베누스는 여신인 프리게Frige, Frigg로 바뀌어서 요일의 이름이 만들어졌다. 이 같은 주일 명명은 이교의 저항에 대한 교회의 대응 방식을 보여주는 예들이다.

엄밀하지 못한 표현

엄밀한 정신의 결여는 언어 면에서도 찾아볼 수 있다. 예를 들면 앵글로색슨 사회에서는 고대 영어가 문학 용어와 법률 용어로 사용되었다. 그 후에 노르만 정복으로 인해서 영어의 사용이 줄어들게 되고, 프랑스어가 영어에 많이 유입되었다. 한편 게르만어 계통의 방언은 게르만어를 모국어로 하는 궁정인과 고위 성직자 등이 사용했다. 게르만어로 된 작품은 라틴어로 된 작품에 비해 수적으로나 질적인 수준에서 뒤졌다. 또한 이 시대의 라틴어는 고전 라틴어와 상당히 달랐다. 왜냐하면 고전기의 고대인에게 알려지지 않았던 여러 현실이 있을 수 있고, 새로운 관념이 필요했기 때문이다. 그리하여 새로운 구조의 라틴어도 생겨났고, 통속어를 라틴어식으로 표현함으로써 새로운 논리 구조가 들어오기 시작했다. 게다가 라틴어 사용이 매우 미숙했다. 자료 2 또한 라틴어를 교양어로 하는 극소수의 사람들과 민족어를 사용하는 대중들의 언어상 분열이 심각하게 드러나기 시작했다. 이와 같은 이중 언어는 어휘의 혼란을 가져오게 되었고, 사물의 혼란이 초래되었다.

중세인의 정신 상태를 잘 알려주는 것은 시詩다. 특히 11세기 중엽부터 시작하여 12세기에 출현한 무훈시Chansons de Geste는 여러 영웅들이나 장군들의 무용담을 담았다. 대표적인 예가 《롤랑의 노래》와 《기욤의 노래》이다. 전자는 778년 전투에서 롤랑 백작이 보여준 용맹성을 다루고 있다. 자료 3 후자는 기욤 백작이 이슬람교도에 대해서 싸울 때 보여주었던 용맹성을 노래하고 있다.

이 서사시를 하나의 역사적 사료로 취급할 때는 몇 가지 주의할 점이 있다. 첫째, 사건이 일어난 시기와 기록이 된 시기에 거의 300년간의 격차가 존재한다는 점이다. 이처럼 수 세기가 지난 후에 기술된 전승이 어떻게 기록되었는지를 아는 것이 중요하다. 이것은 직업적인 낭송자들이 역사적 사건을 알게 되는 과정과 연관될 수 있다. 중간 매개자들은 주로 성직자와 수도사들이었고, 영주들도 자기 집안 대대로 내려오고 있던 독자적인 전승을 남겼다. 시장, 순례지, 상업 통로 등지를 전전한 직업적인 낭송자들은, 이러한 전승들을 하나의 이야기로 엮어낼 수 있었다. 둘째, 이 서사시가 현실을 어느 정도 반영한 것인지 살펴볼 필요가 있다. 이것은 문학 작품을 역사적 서술 자료로 볼 수 있는가의 문제와 연관된다. 12세기에 왕은 귀족들을 통제하려는 경향을 보인다. 그에 반해 《롤랑의 노래》는 귀족들이 왕에 대해서 헌신적으로 충성하는 모습을 보여준다. 따라서 이처럼 기록으로 남긴 것은, 제후들이 가지고 있던 왕에 대한 반감을 표현하기 위한 것이라고 짐작된다. 그러므로 기록 자체가 비록 왜곡이 많다고 하더라도, 잘 분석하면 그 기록을 남긴 사람의 사고방식이나 이해관계를 알 수 있다.

12세기 이후 독일에서는 무훈시인 사가Saga가 출현한다. 무훈시는 4~6세기 사이의 민속적 주제를 다루었다. 종교적 관습에 지배받던 독일은 민속 신화가 봉건시대까지 지속되었다. 카스티야의 경우는 이슬람의 축출과 재정복의 과정이 주로 취급되었는데, 그 전에는 신화로 만들 과거가 없었다. 이탈리아의 경우는 토착의 서사시가 없었는데, 라틴 문학만으로도 충분하였던 것이다.

과거 지향성

이 시대에 과거에 대한 관심을 고취시킨 요인은 그리스도교이다. 일찍이 마르크 블로크는 그리스도교가 역사가들의 종교라고 말한 적이 있는데, 《성서》의 내용이 대부분 역사적인 내용이며 교회도 성인을 숭배하고 그들을 기념하는 것을 제도화하였기 때문이다. 그리하여 그리스도교는 과거에 있었던 역사적 사실을 강조하고 그것을 기념하는 것을 중요하게 생각했다. 이뿐만 아니라 곧 종말이 온다는 생각은 미래에 대한 희망 대신 과거에 더욱 집착하게 하였다. 현재 유럽에서 볼 수 있는 여러 형태의 종교적 축제는 대개 과거의 사건을 기념하는 형태이고, 이것들은 많은 사람들에게 종교적인 감흥을 불러일으키고 있다.

역사 연구의 형태에는 세 가지가 있었다. 종교적인 저술이나 고전 고대의 작품을 비판 없이 강독하는 형태를 '히스토리아Historia', 해마다 일어나는 사실의 단순한 편집을 '아날Annal'이라고 불렀다. 아날은 연대기로 번역하고, 이것들을 일정 기간 묶어서 편집한 것은 시대기Chronicle라고 부른다. 그리고 성인

전Hagiography도 유행했고 자서전Biography도 있었다. 비록 이 시대의 역사가 근대적인 학문 체계를 가지고 연구되지는 않았지만, 사람들은 역사를 즐기고 이를 최고의 지적인 유산으로 인정하였다. 물론 중세의 역사에는 몇 가지 문제점도 있었다. 사료 비판이 제한되어서 고대 역사 서술의 편파성이나 선전의 의도를 알아채지 못했다. 또한 상징적인 해석이 우세하다 보니, 실제보다는 그 역사 기록을 통해서 미래의 사건을 예상하는 식으로 활용되었다. 아우구스투스는 봉건 영주처럼 묘사되기도 했는데, 중세인들에게는 시대가 다르면 사상도 다르다는 인식이 없었다.

죽음의 관념

소크라테스가 독배를 마실 때의 장면을 회상해보자. 자신이 세상을 떠나는 것에 대해서 초탈해하며 저승에서 현인들을 만나볼 희망을 이야기한다. 이처럼 고대인들은 육체를 영혼의 감옥으로 생각하였기에, 죽음이라는 것에 대해서 그렇게 부정적이지는 않았다. 그리스도교가 도래한 후에도 이런 생각은 연결되고 있다.| 자료 4 | 초기 그리스도교의 지도자들이 강조해왔듯이, 사실 교리대로 따른다면 그런 태도를 가져야 할 것이며, 사실 그런 면도 보였을 것이다.

중세는 그리스도교 신앙의 시대라고 하는데, 중세인의 죽음에 관한 관념은 어땠을까? 필리프 아리에스Philippe Ariés에 따르면, 중세의 언어에서 교회라는 단어는 단순히 교회 건물만을 의미하는 것이 아니라 교회를 둘러싼 모든 공간을 지칭했다. 특히 묘지라는 단어는 교회의 외부, 즉 안뜰이나 에트르Aitre를 지칭하는 것이었다. 에트르는 현대 언어에서 묘지를 지칭하기 위해 사용된 단어 중 하나였으며, 15세기까지 성직자들이 사용하는 라틴어인 아트리움Atrium(건물 내 넓은 공간을 의미함)에 속해 있었다. 현재 그 단어는 현대 프랑스어에서 자취를 감추었으나, 영어의 단어 'Churchyard'에 남아 있다. 이 단어의 뜻은 '교회의 뜰'이지만, '묘지'를 그 안에 포함하고 있다. 중세인들은 사람이 죽으면, 대규모의 공중 묘혈에 넣었다. 넓게 수 미터 깊이로 파진 그곳에는 관도 없이 단순한 수의를 감싼 시신들을 쌓았다. 그 뒤 일정 기간이 흐르면, 문을 열어 뼈를 납골당에 안치했다. 오늘날 보면 이상하기도 하지만 중세인은 물론이고 16, 17세기 사람들도 성모의 계단이나 성체 안치대 근처로 갈 수 있다면, 유골의 정확한 최종 목적지는 중요하지 않게 생각하였다. 그리하여 육신은 교회에 맡기는 것으로 충분했다.

12세기 중반부터는 과도한 슬픔의 의식화가 사실상 나타난다. 그것은 죽음에 대한 확인 작업이 끝난 후에야 시작되는 의복과 관습들 그리고 관습적으로 정해져 있는 기간을 통해서 표현되었다. 이 의식은 이중의 목적을 지니고 있었다. 한편으로는 가족들에게 고인에 대해 평소에 겪지 못하던 고통의 감정을 적어도 일정 기간 표명할 것을 강요하는 것이며, 다른 한편으로는 시련을 겪은 생존자를 자신의 극심한 고통에 대비해서 진지하게 보호해주는 효과를 거두고 있었다. 초상의 슬픔을 표명하지 못하는 현대에는 배우자가 죽고 난 다음 해에 홀아비나 과부의 사망률이 같은 나이의 표준적인 사망률을 훨씬 상회하고 있는 점을 보면, 극심한 호곡號哭에는 긍정적인 면도 있다.

근대에 들어서 종교에 대한 관심이 약해지면서 나타난 현상은, 비신도나 그리스도교 비판자들이 부모 묘를 가장 열심히 방문하는 것이다. 항상 묘지로 나가 묘에 꽃을 꽂는 습관이 현재까지도 이어진다. 가톨릭교도들이 이를 자기 것으로 수용하였다. 이제는 한국에서도 집이 아니라 병원에서 임종을 맞이하고 장례를 치른다. 어떤 면으로 본다면 병원은 과거 교회의 역할을 대신하는 것이다.

공부를 위한 조합, 중세 대학

유럽의 유명한 대학 대부분이 중세에 만들어졌다. 특별히 중세의 학문 전반을 스콜라 철학Scholasticism이라고 부른다. 스콜라Schola는 학교를 의미하였다. 12세기 이전에는 성당 학교가 학문 활동의 중심이었다. 그 뒤에는 현재 대학이라고 칭하는 유니버시티University가 중요한 교육기관으로 등장하였다. 이는 '모두'라는 뜻을 가진 라틴어 '우니베르시타스Universitas'에서 나왔는데, 공동의 목적을 위해서 모인 모든 종류의 단체를 지칭한다. 특히 대학은 교육을 위해 모인 조합, 교육 길드였다. 구성원과 공통된 교육상의 이익을 서로 보호했다. 북유럽에서는 주로 교사가 중심이 되는 길드가 형성되었고, 남유럽에서는 학생 길드가 구성되었다. 그러므로 오늘 대학이라는 이름을 갖고 있는 모든 교육기관은 그 자체가 노동조합처럼 자기들의 이익을 지키기 위한 단체였다.

중세 대학의 학위 과정은 현재와 같은 용어로 표현된다. 우선 문학사Bachelor of Arts 과정이 있는데 약자로 'B. A.'라고 한다. 이 단어는 프랑스어로 바칼로레아Baccalauréat와 관련이 있다. 현재는 '대학 입학 자격'이라는 의미지만 라틴어 바칼라리우스Baccalarius에서 파생된 말로서, '기사가 되고자 하는 젊은이Aspirant Chevalier'를 지칭한다. 대개는 문법책 두 권과 논리학 책 다섯 권을 강독하면 문학사 학위를 취득했다. 그 뒤 5~6년간 강의와 강독을 듣게 되면 문학 석사Master of Arts 학위를 취득했다. 약자로 'M. A.'라고 한다. 문학 석사를 마친 사람은 전공을 찾아가게 되는데 법학, 의학, 신학이 있었다. 그중에서 가장 어려운 것은 신학이었다. 문학 석사를 마친 사람이 4년간 성서 강의를 수강하면 신학사Bachelor of Divinity 학위를 받았다. 신학사 학위를 마치고 나면 신학 박사 과정을 이수하는데, 신학사를 마치고 대개 7년 정도가 걸렸다.

교수 방법은 일반적으로 스콜라 철학의 방식을 따랐다. 이는 교사와 학생의 토론 수업이다. 교사가 콰이스티오Quaestio를 통해서 문제를 제기하면, 학생은 토의인 디스푸타티오Disputatio를 전개하고, 마지막으로 데테르미나티오Determinatio에서 교사가 결론을 내린다. 이 수업 방식을 잘 시행한 학자로 피에르 아벨라르Pierre Abélard를 들 수 있다. 그의 책 《긍정과 부정》에 보면, 우선 그는 "신은 전능하시다는 주장과 그렇지 않다는 주장"을 제시하여 문제를 제기한다. 다음으로 여러 전거를 들어서 앞의 주장이 맞다는 주장을 증명한다. 그리고 마찬가지로 뒤의 주장도 맞음을 입증한다. 아벨라르는 이러한 모순되는 점을 융화시키려고 하지 않은 채, 학생들 스스로 판단하게 하였다. | 자료 5 |

이 방식은 권위에만 의존해서는 신학적 문제를 해결할 수 없다는 사실을 보여주었으며, '변증법적'이라고 할 이 방법은 신학 연구에 이바지한다. 이런 유구한 전통은 서양의 대학 교육에서 현재도 면면히 이어지고 있다.

도판 48 볼로냐 대학 학생들의 수업 모습. 이 부조는 1383년 피에르 파울로가 만든 〈조반니 다 레냐노의 무덤Arca di Giovanni da Legnano〉의 부분화이다.

유럽 최초의 대학은 볼로냐Bologna 대학이다. 정확한 시기는 알 수 없지만, 대개 12세기에 만들어졌다. 볼로냐 대학에서는 수사학, 로마법, 교회법, 의학 등이 전공 과정으로 개설되었다. 볼로냐 대학의 가장 큰 특징은 학생 길드였다는 점이다. 지역별로 이 명칭을 다르게 불렀는데, 이탈리아에서는 '나치오네Nazione'라고 불렀으며 오늘날 '민족'이라는 말과 같은 뜻이다. 알프스 산을 넘어온 학생들의 집합을 '울트라몬타니Ultramontani'라고 지칭하였고, 알프스 이남에서 모인 학생들의 집합을 '치트라몬타니Citramontani'라고 했다. 흥미로운 사실은 학생 길드이기 때문에 학생장이 막강한 권한을 가지고 있었는데, 학생장은 '레토레Rettore'라고 불렸다. 레토레는 학교의 운영을 주도하였고, 심지어는 교수에게 벌금을 부과할 수도 있었다. 그러나 학위 수여 요건, 즉 학사 규정만은 교수에게 맡겨져 있었다.| 자료 6 |

두 번째로 파리 대학이 있었다. 파리 대학은 노트르담 성당 학교에서 기원했고, 노트르담 성당 건너편으로 이동하면서 만들어졌다. 볼로냐 대학이 학생 조합이었던 데에 비해 파리 대학은 교수 조합이었다. 그리고 그 이름을 '우니베르시타스'라고 했는데, 오늘 세계 모든 대학에서 보편적으로 쓰이는 이름이 되었다. 학부는 교양 학부, 신학, 교회법, 의학부로 나누어져 있었고, 교양 학부장이 총장으로 인정되었다. 이때 '이탈리아인은 법전을 갖고, 독일인은 제국을 갖지만, 프랑스인은 학문을 갖는다'라는 속담이 있었다. 이처럼 파리 대학에 대한 자부심은 매우 컸다.| 자료 7 |

영국에서도 대학이 만들어졌다. 그 대학은 옥스퍼드이다. 옥스퍼드는 소를 뜻하는 '옥스Ox'와 개울물인 '퍼드Ford'의 합성어이다. 소에게 물 먹이던 곳이 세계적인 학문의 중심이 된 것이었다. 12세기 말에 영국 왕 헨리 2세가 영국인 출신

교수들에게 귀국을 명령하면서 옥스퍼드 대학이 만들어졌다. 1209년에는 3000명의 학생이 있었다고 하며, 교수는 북부와 남부 조합을 결성했다. 학부 구별이 없었으며 학장도 없었다. 총장이 교수, 학생, 하인에 대해 완전한 사법권을 행사했다. 아울러 서적상이나 잉크 제조업자, 종이 제조업자에 대해서도 감독권을 행사했다. 이어서 옥스퍼드 대학에서 옮겨온 교수, 학생 들에 의해 창설된 것이 케임브리지 대학이다. 따라서 옥스퍼드와 케임브리지는 사실상 한 대학에서 출발했다.

볼로냐 대학, 파리 대학, 옥스퍼드 대학은 각각 기원도 다르고 제각기 특징이 있지만 공통점이 있었다. 즉 권력으로부터 독립하기 위해 투쟁을 불사했다는 점이다. 오늘날 대학이 지니는 자유 이념이 거저 얻어진 것은 아니었다. 또한 모든 교수와 학생이 사제처럼 삭발하고 교단에 소속되었다. 마지막으로 원칙상 체포와 처벌에서 면제되어 일종의 특권을 누리고 있었다.

현재 단과대학이라고 부르는 '칼리지College(라틴어로 콜레기움Collegium)'는 원래 기숙사에서 비롯한 명칭이다. 귀족 로베르 드 소르봉Robert de Sorbon이 가난한 학생들을 위해서 기숙사를 희사하였고, 그 이름을 따서 소르본Sorbonne 대학이 생겼다. 칼리지는 1500년대에 이르게 되면 60여 개로 늘어난다. 그리하여 중세 말 교육 업무의 대부분을 관장한 것은 우니베르시타스가 아니라 칼리지였다. 이들은 많은 토지와 지대를 수취하였고, 성직자의 추천권도 지니고 있을 정도로 상당한 권한을 누렸다. 이는 우리의 서원書院과도 비교해볼 수 있을 것이다.

대학은 학자를 배출해서 학문을 할 수 있는 환경을 마련했을 뿐만 아니라, 중세 말 문명의 발전에 크게 기여했다. 또한 중세 이후에도 관료를 양성함으로써 군주의 권한을 정당화하고 근대국가를 형성하는 데 기여했다. 유럽의 각국이 대학생들을 보호하고 이들에게 여러 가지 특권을 주고자 했던 것은 이와 같은 사정에서 비롯했다.

아리스토텔레스의 비판으로 과학이 눈뜨다

유럽의 학문에서 이슬람과 유대의 영향은 지대했다. 오늘날 아랍 세계를 볼 때 이 지역은 후진적 사회로 보이지만, 만약 그것이 없었더라면 유럽은 후진성에서 결코 벗어나지 못했을 것이다. 유럽인들은 아랍인들에게 많은 것을 빚지고 있다. 중세에서 가장 중요한 철학자였던 아리스토텔레스는 고전 고대 세계의 종말과 더불어서 유럽에서 사라졌다. 아리스토텔레스의 모든 저작은 아랍으로 넘어갔고, 다시 이것이 유럽으로 수입되는 과정이 서양에서 과학과 신학이 발달하는 결정적인 계기가 되었다. 고대의 그리스 철학을 되살린 것은 아랍인과 유대인이다.

아비세브론Abicebron(이븐 가비롤Ibn Gabirol, 1021~1058)은 영혼의 질료 요소론을 주장했다. 즉 아리스토텔레스가 주장한 것처럼 영혼도 형상과 질료로 되어 있다는 것이다. 이 주장은 사람이 죽었을 때, 영혼과 육체가 어떻게 분리되는지 설명할 수 있었다. 하지만 반대로 분리된 두 가지가 어떻게 같이 붙을 수 있는지는 설명하기가 어려웠다. 그에게서 아리스토텔레스의 학설을 나름대로 발전시키고자 했던 모습을 볼 수 있다. 마이모니데스Maimonides는 유대 학자로 흔히 탈무드 학자라고 한다. 그는 아리스토텔레스와 구약의 종교를 조화시키려고 노력했다. 아비센나Avicenna(이븐 시나Ibn Sīnā)는 신플라톤의 이설을 가르쳤는데, 모든 존재의 구원은 방사放射라는 말을 남겼다. 아베로에스Aberroës(이븐 루시드Ibn Rushd)는 아리스토텔레스의 이성을 순수하게 제시하여, 아리스토텔레스처럼 세계의 영원성을 믿으면서 시작도 없고 사람은 사라질 뿐이며 보편 지성만 남는다고 주장하였다. 이처럼 아리스토텔레스가 아랍 및 유대인들에게도 학문상으로 큰 영향을 미쳤다.

이처럼 중요한 그의 사상이 그리스어에서 아랍어로, 아랍어에서 시리아어로 번역되고, 이것이 다시 라틴어로 번역되는 이른바 3중역을 통해서 전달되었다. 이전까지는 부정확한 사상만 전달되던 아리스토텔레스의 저작이 그리스 원본을 토대로 번역되어서 유럽인들에게 소개된 것이다. 이것은 13세기의 도밍고파 수도사인 기욤 드 뫼르베케Guillaume de Moerbeke(빌럼 판 무르베커Willem van Moerbeke,

1215~1286)의 공로이다.

단테는 아리스토텔레스를 모든 지식인의 스승이라고 평가하였다. 그리하여 일반적으로 이름을 쓰지 않고 대문자 'P'로 시작되는 '필로소퍼Philosopher'는 아리스토텔레스를 지시할 정도였다. 그는 근대 자연과학, 특히 생물학을 개척한 방법론의 선구자라고 볼 수 있다. 그러나 그의 방법론은 전수되지 못하였고, 그가 제시한 가설이나 결론이 비판 없이 후대에 가르쳐졌다. 아울러 이 시대에 점성술과 연금술 등 과학이 아닌 의사擬似과학이 양산되었는데, 이는 실용적인 기술이 발전할 수 있는 토대가 되었다.

아리스토텔레스에 도전하는 사람들도 나타났다. 그 선두에 선 사람이 영국의 로버트 그로스테스트Robert Grosseteste이다. 그는 직접적인 지식과 관찰을 강조하여 경험론의 효시를 이루었다. 특히 실험에 의해서 가설을 입증하는 방법을 정립하여 무지개 형성을 수학적으로 설명했다. 좀 더 본격적인 도전은 장 뷔리당Jean Buridan과 니콜 오렘Nicole Oresm이다. 뷔리당은 관성의 법칙을 규명하였다.| 자료 8 | 관성의 법칙을 몰랐을 때는 아리스토텔레스의 설명이 가장 설득력을 가졌다. 그러나 관성의 법칙이 제시됨으로써 아리스토텔레스의 과학 지식은 도전받았다. 오렘은 등가속도의 법칙을 제시하였다. 이와 같은 도전은 17세기 과학혁명을 위한 한 걸음이었다.

학문의 왕좌 신학의 문제

1100년경 무렵 신학에서 가장 중요한 탐구 주제는 신의 존재를 증명하는 것이었다. 이를 담당한 학문은 스콜라 철학이다. 스콜라 철학은 15세기까지 지속되었는데, 단순히 신학만이 아니라 논리학, 철학 등 학문 전반의 체계였다. 사실 스콜라 철학에서 아리스토텔레스의 이론이 소개되기 전까지는 큰 쟁점이 없었다.| 자료 9 | 그의 이론이 소개되면서부터 일부 그리스도교 교리와 상충하는 점이 발견되어 결국은 큰 논쟁을 야기하였다.| 자료 10 |

그 논쟁 중의 하나가 보편개념에 관한 논쟁이었다. 보편개념이란 개체들의 집단을 정의하는 데 사용되는 보통명사이다. 예를 들어 여기저기 여러 모양의 장미꽃들이 피어 있는 것을 장미라고 할 수 있다. 이러한 경우 장미는 보편개념에 해당되는 것이다. 그러나 문제는 이러한 보편개념에 합치하는 것이 자연 속에 실재하는가였다. 실재는 그냥 있는 것이 아니라 플라톤이 말한 의미처럼 이데아로서 절대적으로 존재함을 뜻한다. 그리하여 플라톤의 이론을 따르는 사람들은 보편개념이 실재한다고 주장했고, 그러한 주장을 일반적으로 '실재론', 영어로는 '리얼리즘Realism'이라고 한다. 그에 비해 아리스토텔레스의 영향을 받은 사람들은, 플라톤의 이데아 같은 것은 하나의 명칭에 불과한 것이며 실재하는 것이 아니라고 보았다. 이러한 주장을 하는 사람들을 '명목론자', '유명론자'라고 하고, '유명론' 또는 '명목론', 영어로는 '노미널리즘Nominalism'이라고 한다.

이 두 입장은 치열한 논쟁으로 발전했다. 대표적인 두 학자로 안셀무스Anselmus와 로스켈리누스Roscelinus가 있다. 실재론의 입장을 가진 안셀무스는, 신은 보편적인 실재이며 나머지는 불완전한 반영이라고 주장했다. 이를 반박한 로스켈리누스는, 보편이라는 것은 개체가 존재한 연후에 가능한 것이기 때문에 보편 교회는 없는 것이고 오로지 개별 교회만이 있다고 주장했다.

이러한 두 입장 사이에서 중용의 길을 걸었던 사람이 아벨라르였다. 파리 대학에서 가장 인기 있는 수사학 교사였던 아벨라르는 개념 논쟁에 개입하여 일종의 절충론을 제시했다. 그에 따르면, 보편개념은 실재하지만 그 개념은 개체와 별개로 존재하는 것이 아니다. 두 주장을 교묘하게 섞어놓은 것이라고 볼 수 있다. 그렇지만 아벨라르를 주목하는 것은 비판적인 이성을 성서 해석에 응용함으로써 신앙에 대한 새로운 해석을 가능하게 했다는 점이다.

아벨라르처럼 절충점을 찾으려는 사람이 있었는가 하면, 이성과 신앙은 별개의 길이라고 나누려는 사람도 있었다. 대표적으로 둔스 스코투스Duns Scotus와 오컴의 윌리엄이다. 오컴은, 이성으로는 신앙을 설명할 수 없다고 보았고 결국은 과학적 인식이라는 다른 길을 열어놓았다. 그러므로 이들은 자연과학을 신앙으로부터 해방시킨 사람으로 평가된다. 중세의 철학자들이 논쟁했던 문제가 얼마나 큰 갈등을 일으켰는지는 에코의 소설 《장미의 이름》과 그 영화를 보면 알 수 있다.

이와 같은 신앙의 논쟁은 개인적인 논쟁으로 끝난 것이 아니라, 각 학파의 활동으로 이어지게 되었다. 프란체스코 수도회의 수도사들이 주로 가담하고 있었던 아우구스티누스 학파는 직관적인 지식과 선한 의지를 강조하였고, 직관적인 지식이 진리에 도달하는 수단이며, 변론하는 철학이야말로 무가치한 것으로 보았다. 그럼으로써 철학은 '신학의 시녀Matrix'로 인식되었다. 대표적으로 보나벤투라Bonaventura는 진리에 도달하기 위해 신의 계시가 필요하다고 주장했고, 아비세브론의 질료 요소론을 옹호하였는데 이를 아우구스티누스의 것으로 확신했다.

라틴 아베로에스파는 아리스토텔레스의 이설을 인간의 이성이 논박할 수 없는 결론으로 받아들였다. 그렇다면 철학과 신학의 결론으로 두 가지가 모두 타당하다는 이야기가 가능한 것이다. 하지만 두 이야기는 서로 배치될 수 있다. 따라서 두 진리가 있다고 보았다. 그러나 브라반트의 시제르Siger de Brabant는, 진리란 오로지 신의 계시로만 얻어질 뿐이라는 결론을 내리기도 했다. 과연 진리는 하나인가, 여러 개인가?

중세 스콜라 철학의 완성자인 토마스 아퀴나스는 두 학파의 중간적 입장에 있었다. 그는 이성의 진리와 신앙의 진리가 개별적으로 존재하며, 두 진리는 양립이 가능하다고 보았다. 그렇지만 신의 은총으로 계시를 받아야 인간이 인지할 수 있는 초자연적 진리도 존재한다고 주장하였다. 이처럼 양자를 절충한 그는 당시 정통파를 자처하는 사람들로부터 이단으로 여겨지기도 했다. 하지만 아퀴나스의 생각은 현재 가톨릭교회에서 설립한 모든 학교의 교육 이념이 되었고, 일부 세속 학교에서도 아퀴나스의 교육관을 차용한다. 아퀴나스 역시 아리스토텔레스의 가르침을 재천명하였다. 최고의 행복은 신을 섬기는 것이고, 행복을 얻는 방법은 지적인 삶을 사는 것이며, 지상의 최고 목표는 신을 아는 것이라고 보았다. 그러면서 국가라는 것은 인간의 본성에 합치하는 것이므로 법의 필수적인 토대는 이성이라고 강조했다. 나아가 입헌군주제를 옹호하였다. 아퀴나스는 이와 같은 윤리학적 체계를 자연철학의 중요한 부분으로 연구될 수

있도록 하였다. 아퀴나스는 《이교도를 위한 신학》, 《신학대전》 등을 저술했으며, 이 가운데 《신학대전》은 중세에 나타난 모든 명제들을 집대성한 기념비적인 작품으로 남아 있다. | 자료 11 |

자료 읽기

자료 01

중세인의 수명

마르크 블로크, 《봉건사회》 I, pp. 72~73.

가지고 있는 자료의 부족으로 인해 우리가 어쩔 수 없이 하게 되는 자신감 없는 추론들보다 역사라는 이름에 더 걸맞은 탐구라면 인간 유기체의 변화에 관해 연구할 여지를 줄 것이다. 인간이 어떤 종류의 건강을 향유하고 살았는지를 알지 못하고 인간을 이해한다고 주장하는 것은 매우 유치한 것이다. 그러나 이 분야에서 증거의 상태 그리고 우리 탐구 방법의 적절성은 가로막혀 있는 상태이다. 유아사망률은 의심의 여지없이 봉건 유럽에서 매우 높았으며, 거의 일상적 사건인 죽음에 관해 다소간 무감각하게 만들었다. 성인의 수명에 관해서는 심지어 전쟁의 위험을 별도로 치더라도, 이 점에 관하여 우리가 가진 유일한 (종종 부정확함에 틀림없는) 정보를 구성하는 귀족 성원에 관한 기록을 통해서 판단해도 우리 기준에 비해서 항상 짧았다. 경건자 로베르는 약 60세에 죽었으며, 앙리 1세는 52세, 필리프 1세와 루이 6세는 56세에 죽었다. 독일은 작센 왕조의 처음 네 명의 황제들은 각각 60(아니면 그 즈음), 28, 22, 52세의 나이를 먹었다. 노년기는 매우 일찍 시작되는 것으로 보이는데, 우리의 중년 나이에 그러했다. 우리가 보겠지만, 스스로를 매우 늙었다고 생각한 이 세계는 사실 청년들에 의해서 통치되었다.

자료 02

중세의 라틴어 사용

마르크 블로크, 《봉건사회》 I, pp. 77~78.

그리하여 언어적인 분리는 결국 두 개의 인간 집단의 구분으로 귀결되었다. 한편에서는 교육받지 못한 절대 다수의 사람들이 있었는 데, 각 사람은 자신이 사는 지역의 방언에 갇혔으며 문필 전통에 관련되는 한 오로지 구전된 몇 편의 세속 시구와 서민을 위해 선의를 지닌 사제가 속어로 만들고 때로 양피지에 적어둔 한 짤막한 시들에 국한되었다. 반면에 극소수의 교육받은 사람들이 있었는데, 이들은 계속해서 지방의 일상어와 보편적인 문어 사이를 왔다 갔다 했기에 진정한 의미에서 이중 언어 사용자였다. 그들이 다룬 것은 늘 라틴어로 쓰인 신학과 역사물, 전례에 관한 지식과 심지어는 거래 문서의 해득이었다. …… 이 위계적인 언어 구분 결과로 즉시 파악될 수 있는 것은, 바로 전기 중세에 이르기까지 남겨진 자화상이 짜증날 정도로 경계가 흐릿하다는 사실이다. 판매나 기증, 예속이나 해방에 관한 문서, 법원의 판결, 왕이 부여한 특권, 신서에 관한 기록—일상생활에 관한 법률 문서들—이 사회를 연구하는 역사가에게 가장 중요한 사료들이다. 비록 그것들이 항상 정직한 것은 아니어도, 적어도 후사를 위해 의도적으로 만든 구술 문서와 달리 기껏해야 오로지 동시대인만을 속이기로 의도되었다는 장점을 가졌다는 것이다. 그때 살았던 사람들의 경솔함은 우리들과 다른 한계를 가지고 있다. 방금 설명한 극히 적은 예외 사항을 제외하고, 13세기까지는 사료들이 항상 라틴어로 작성되었다. 그러나 라틴어 문서 작성은 사람들이 어떤 사실을 기록하고자 할 때 처음 사용하는 방식은 아니었다. 두 영주가 한 소유지의 가격에 관해서 또는 봉건 계약의 조항들에 관하여 논의할 때, 그들이 키케로의 언어를 사용하여 말하지 않았던 것이 확실하다. 그들이 체결한 협약에 대해서, 기껏해야 고전적인 옷이나 입혀주는 것이 공증인의 업무이다. 따라서 라틴어로 작성된 모든 특허장이나 공증 기록은 번역 작업의 결과인 것이다. 현재 역사가들이 만약 아래에 깔려 있는 진실을 파악하려면 그 사료를 원래 상태로 되돌려야만 한다.

만약 그 과정이 같은 규칙을 따랐다고 한다면, 이렇게 해도 충분할 것이다. 그러나 결코 그렇지가 않았다. 어린 학생이 속어로 외워서 투사한 채 개요를 서투르게 재생하면서 연습하는 데부터 시작해서, 박식한 성직자에 의해 주의 깊게 다듬어진 라틴어 기도에 이르기까지 온갖 단계의 라틴어 사용이 발견될 것이다. 때로 그리고 이의를 제기할 수 없이 가장 좋은 사례인데, 당시 사용된 단어가 가짜 라틴어 어미가 부가되어 위장될 가능성도 있고 또 그러한 상태에 있기도 하다. 예를 들면 '오마주Hommage(신서)'는 '호마기움Homagium'으로 위장되었음을 쉽게 알 수 있다. 다른 경우는 오직 엄격하게 고전적 용어들만 사용하려는 노력이 있어서—살아 있는 신을 섬기는 성직자를 유피테르를 섬기는 사제와 비슷하게 만들어버리므로 거의 불경하다고 해야 할 지적 유희에 의해서—대주교를 뜻하는 '아치비숍Archbishop'을 지시하는 데 대신관大神官을 뜻하는 '아르키플라멘Archiflamen'이라고 기록하기에 이르렀다. 그러한 예 중에서 최악의 경우 같은 것을 찾은 나머지, 의미가 아니라 발음의 유사성에 의해서 그런 추구가 망설임 없이 이루어졌다. 프랑스어에서는 백작을 뜻하는 '콩트Comte'의 주격이 '퀭스Cuens'인데, 이것이 로마 공화정의 최고관직인 '콘술Consul'로 번역되었다. 또 봉토를 뜻하는 '피프Fief'는 재정을 뜻하는 '피스쿠스Fiscus'로 될 수도 있었다. 번역 체계 전반이 점차 확립되어간 것은 사실이다. 그것들 중 일부는 학문 언어의 보편주의적 성격을 공유했다. 피프는 독일어에서는 '렌Lehn'으로 불렸으며, 독일에서 나오는 라틴어 특허장들에는 프랑스어에서 조어된 단어들이 정상적인 동의어로서 사용되었다. 그러나 아무것도 약간의 왜곡도 없이 공증인의 라틴어로 번역된 것은 없었으니, 가장 솜씨 좋게 다루어진 경우에도 그러하다. 따라서 전문적인 법률 용어의 사용은 한때 너무 고어이고 너무 불완전해서 실상에 별로 가깝게 접근하지 못한 어휘로 인해서 제약되었다.

속어에 관해서 말하자면, 순수하게 구술적이었으며 일반인이 쓰는 어휘에 정밀성이 결여되고 불안정하였다. 사회제도에 관련하여 단어에 있는 혼란은 필경 사물들에 관한 혼란을 내포하였다. 만약 오로지 그것이 사물들을 지칭하는 어휘의 불완전함 때문이라면 엄청난 불확실성이 인간관계의 분류를 전복한다. 그러나 이것이 전부가 아니다. 그것이 적용된 목적이 무엇이든지 상관없이, 라틴어는 당시의 지식인들에게 국제적인 소통 수단을 제공한다는 이점이 있었다. 반면에 라틴어를 사용하는 대부분의 사람들에게 마음의 소리—그들의 마음에서 개념에 자연스럽게 상응하는 용어—에서 급격히 격리되는 큰 불편을 주었다. 그리하여 그들은 자신들이 가진 생각을 표현하는 경우, 영구히 엇비슷한 것들에 의존할 수밖에 없었다. 우리가 이미 보았듯이, 이 시대의 특징 중 하나인 정신적 정밀함의 결여를 의심 없이 설명해주는 허다한 요인들 중에서 이 두 지평의 언어들 사이에서 끊임없이 왕복하는 운동을 포함시키지 않아야 할 것인가?

자료
03

롤랑의 노래

《롤랑의 노래》, trans. by I. Butler, Boston. 1904, revised.

올리버는 말했지요. "나는 이교도를 본 적이 있습니다. 살아 있는 사람이 그렇게 많은 것은 본 적이 없습니다. 선봉대가 10여 만을 넘고, 모두 방패와 투구로 무장하고 하얀 미늘 갑옷으로 둘렀지요. 그들이 지닌 창대는 곧으며 창끝은 빛이 나네요. 우리가 치를 그런 전투는 사람들이 전에 본 적이 없는 것이었습니다. 여러분들 프랑크의 영주들이여, 신께서 힘을 주시길! 그리고 당신들이 패하지 않도록 우리는 굳세게 자리를 지키리라."

그러자 프랑크족이 말합니다. "도망가는 자에게는 더러운 멸망이 있으리라! 어떤 죽음의 위협도 우리는 그대에게 빼먹지 않을 테니."

올리버가 말합니다. "엄청나네요, 이교도의 무리는. 그리고 얼마 안 돼요, 우리는. 롤랑, 멋진 친구여, 호각을 불게나. 카롤루스 왕께서 듣고서 군대를 돌려오게 하세."

롤랑이 말합니다. "그것은 어리석은 짓에 불과하이. 그렇게 하면 나는 달콤한 프랑크 왕국에서 모든 명성을 잃을 것이네. 차라리 뒤랑달을 가지고 한 방 먹일 걸세. 칼에 피가 묻어서 손잡이까지 적시게 말이야. ……"

롤랑이 전투가 임박함을 보자, 사자와 표범보다 더 사나워집니다. …… 그는 올리버에게 말합니다. "동무여, 친구여, 그렇게 말하지 말게나. 황제께서 우리에게 자신에 속한 프랑크족을 남겨두었을 때, 2만 명이나 구별해놓았으므로 그들 중에는 분명 겁쟁이는 없을 것이네. 지상의 신서를 한 주군에게, 사람이라면 마땅히 모든 고난을 견디고 고열과 혹한을 참아야 하며 피와 살 둘 다 바쳐야 하네. 자네 창을 들어 한 방 먹이게나. 그러면 나는 왕께서 내게 하사한 멋진 검 뒤랑달을 가지고 쳐부수겠네. 만약 내가 여기서 죽으면, 이것을 가지게 될 사람에게 말하리라. '이것이야말로 멋쟁이 봉신의 검이라네'라고."

대주교 투르피누스가 가까이 있습니다. 그는 자신의 말에 박차를 가하여 언덕 꼭대기로 올라가서 프랑크족에게 말합니다. …… "영주님들, 남작님들이여, 카롤루스 왕께서 우리를 이곳에 두셨으며, 왕을 위해 죽는 것은 사람의 의무이지요. 이제 여러분 그리스도교를 옹호하도록 도와주세요. 분명 여러분은 전투를 치를 것이오. 여기 당신들 앞에 사라센인들이 있으니까요. 죄를 고백하고 신의 자비를 얻도록 기도하세요. 그리하여 당신들의 영혼이 구원되도록 나는 여러분을 사면할 것입니다. 만일 여러분이 살해되면, 여러분은 거룩한 순교자가 될 것이며 낙원에 자리를 차지할 것입니다."

바바리Barbary[1]의 왕이…… 사라센인들에게 말하였지요. "우리는 이들 프랑크족에 대해 쾌승을 거둘 것이다. 왜냐하면……여기에 있는 자들은 스스로 별로 쓸모없음을 입증할 것이며, 카롤루스를 위해서…… 살아남을 사람도 없으니 말이오." 대주교 투르피누스는 그 말을 듣습니다. 그리고 하늘 아래 있는 어떤 사람에게 그렇게 큰 미움을 초래

1 | 이집트를 제외한 북아프리카의 이슬람 지역.

한 것은 없었습니다. …… 그는 말에 박차를 가하여 힘을 다해 그 왕에게 돌진하였고, 방패와 미늘 갑옷을 가르고 큰 창을 쑤셔 넣어서는…… 죽은 그를 길바닥에 던져버립니다.

흉악한 이교도들은…… 창을 가지고 방패와 투구를 두들깁니다. …… 보시오, 피와 뇌가 어떻게 흘러내렸는지! 켰지요, 수많은 기사들이 최후를 맞는 것을 보니 롤랑의 비탄과 슬픔이 말입니다. 그래서 말합니다. "참람하도다, 우리의 전투여. 내가 나팔을 불면 카롤루스 왕께서 소리를 들을 텐데."

올리버가 말합니다. "그것은 기사답지 않아요. 내가 당신에게 청하였을 때 경멸했잖소. 왕이 여기 계셨더라면, 우리는 이런 손실을 보지 않았을 텐데. 그러나 지난 일을 비난해야 무엇 하겠소. …… 만약 내 누이를 보게 된다면, 맹세코 당신은 그녀의 품에 눕지 못하리."

롤랑이 말합니다. "그래서 자네는 화가 났는가?" 그러자 올리버가 말하길, "동무여, 당신도 비난받아야 해요. 현명한 용기는 광기가 아니라오. …… 당신의 어리석은 짓으로 인해서 이 프랑크족 사람들이 죽게 되었고, 카롤루스 왕이 더 이상 우리가 바칠 군역을 받지 못할 것이오. 내 조언을 들었다면, 내 지상의 주군께서는 여기 계셨을 것이고 이 전투는 끝났을 게요. …… 이로써 카롤루스께서는 당신의 도움을 받지 못할 거요. 당신은 죽을 게 분명하고 프랑크 왕국은 이로써 치욕을 당할 테니. ……"

대주교님은 두 사람이 다투는 것을 듣고서는 자신의 순금 박차를 말에다 가하고서 그들에게 다가와 말하기를, "롤랑 각하 그리고 당신 올리버 각하, 당신들에게 간청합니다. 신의 이름으로 이 전투가 이루어지게 해주세요. 우리는 당신의 호각으로 도움을 얻을 수 없을 것이지요. 그렇지만 아직 소리를 내는 것이 더 나을 게요. 만약 왕께서 오신다면, 그가 우리 원수를 갚아주실 것이고, 이교도들이 이제 환호할 수 없으리라. ……"

이 말을 듣고 롤랑은 상아 호각을 입에 대고 잘 잡은 후 온 힘을 기울여서 붑니다. 높도다, 언덕들이. 그래서 메아리가 멀리 퍼지고, 30리그[2] 거리에서 그 소리를 사람들이 듣습니다. 카롤루스와 그 휘하는 이 소리를 듣습니다. 왕께서 말하기를, "우리 사람들이 싸우고 있도다."

그러나 백작 가늘롱은 아니라고 하며 이르기를, "만약 다른 사람이 그렇게 말했다면, 우리는 그것이 큰 거짓이라고 간주했을 것이오"라고 말했다. ……

황제께서는 나팔을 울리라고 명령하셨으며, 이제 프랑크족이…… 박차를 가해서 고개를 넘습니다. 서로 말하길, "우리는 롤랑이 멀쩡한 것을 보게 되면 옆구리에 한 방 먹일

2 | 1리그League는 3마일, 즉 4.8킬로미터.

것이다".

그러자 왕께서는 가늘롱을 체포하게 하고는, 집안 요리사들에게 넘겨주시며 "잘 지켜라. 나의 집을 배반한 악당이니"라고 말씀하셨다. ……

롤랑은 자신의 시력이 떠났음을 느낍니다. 간신히 두 발로 섭니다. 얼굴에서는 핏기가 사라져버렸지요. 그의 앞에는 갈색 돌이 놓여 있습니다. 그는 슬픔과 분노에 싸여서는 열 번이나 돌을 칩니다. 검은 바위에 뭉개졌으나 부러지지도 갈라지지도 않습니다. 백작은 말합니다. "거룩한 마리아여, 지금 나를 도와주세요! 오, 뒤랑달이여, 네 좋음을 한탄하도다! 이제 곧 나는 죽으리니, 더 이상 너는 필요가 없어. ……"

이제 그는 느낍니다, 죽음이 왔음을. …… 급히 소나무 아래로 가서는 푸른 풀 위에 몸을 던지고서 얼굴을 파묻습니다. 그의 몸 아래에 검과 상아 호각을 놓았고, 이교도 민족을 향하여 얼굴을 돌렸습니다. 그는, 카롤루스와 그의 부하들이 이 점잖은 백작이 승자가 되어 죽었다고 말하기를 원했던 것이리라.

급히 그리고 완전히 그는 자신의 죄를 여러 번 고백했습니다. 그리고 속죄를 위해 자신의 가죽 장갑을 신에게 헌사하였습니다. …… 그의 머리는 팔 위로 떨어지고 두 손을 움켜쥔 채 최후를 향해 갔답니다. 그리고 신은 그에게 자신의 천사와 교회의 성 미카엘과 더불어 성 가브리엘을 보내서는 그 백작의 영혼을 낙원으로 데리고 왔지요. ……

자료 04

그리스도교 초기의 장례

이완희, 〈로마 장례 예식 안에서의 파스카〉, 《누리와 말씀》 7호, 인천가톨릭대학교, 2000, 280쪽.

그리스도교 초기에 활약하였던 테르툴리아누스Tertullianus는, 장례에 관하여 이 예식은 대부분 이방인의 관습에서 나왔기에 중요한 것은 아니라고 하였다. 그러면서 죽음 뒤에 자리 잡고 있는 부활 신앙이 중요하다고 강조한다. 140년경 교부인 아리스테이데스Aristeides는, 모든 그리스도교 신자는 장례식에서 슬픔을 표시하지 않아야 하며 오히려 주님께 감사드리고 기뻐하고 즐거워해야 한다고 가르쳤다. 세상을 떠난 형제가 이 세상의 마지막 전투에서 승리하여 복되고 영원한 생명으로 나아갔기 때문이라고 설명한다. 더 나아가 성인 지롤라모도, 첫 번째 그리스도교 신자들이 장례식에서 슬픔을 감추고 찬미가를 부르면서 행진하며 시편을 노래했다고 증언한다. 요하네스 크리소스토무스Johannes Chrysostomus는 장례 예절 중에 큰 소리로 우는 것을 금지하였으며, 천사들에 의해 호위 받으며 영원한 왕국에 입성하는 죽은 자에 대한 환호의 상징으로 찬가와 시편을 노래하라고 권고하고 있다. 키프리아누스Cyprianus 역시 상중에 검은색의 상복을 입지 말 것을 권하였다. 검은색은 영원한 생명의 기쁨과 희망을 드러내지 못하기 때문이라는 것이다.

자료 05 피에르 아벨라르: 《긍정과 부정》

제임스 하비 로빈슨 편집, 《유럽사 사료선집》 Vol. 1, pp. 450~452.

교부들의 수많은 저작들에는 모순으로 보이는 것들이 많으며, 심지어 애매한 것들도 있다. 그들의 권위를 우리가 존경하지만 그것이 우리 편에서 진리에 도달하려는 노력을 방해해서는 안 된다. 고대인들의 저술에서 애매함과 모순은 여러 가지 원인으로 설명될 수 있으며, 교부들의 좋은 신앙과 통찰을 비난하지 않으면서 토론될 수 있을 것이다. 작가는 같은 의미를 표시하기 위해서 다른 용어들을 사용하는데, 이는 같은 단어가 단조롭게 반복되는 것을 피하고자 한 것이다. 평범하고 애매한 단어들이 일반인들이 이해하기 쉽게 사용되었으며, 때때로 작가는 명백한 일반적인 진술을 위해서 완전한 정확성을 희생한다. 시적이고 비유적인 언어는 흔히 모호하고 애매하다.

드문 것은 아니지만, 위경들은 성인들에게서 비롯한다. 그때에 최고의 저자들은 흔히 다른 사람들의 잘못된 견해를 소개하며 독자들로 하여금 진실인 것과 거짓인 것을 구별하도록 한다. 때때로 아우구스티누스가 자신의 경우와 관련하여 고백하고 있듯이, 교부들은 다른 사람들의 의견에 의존하기도 한다.

의심할 것 없이 교부들도 실수한다. 심지어 베드로, 사도들의 제일인자도 오류에 빠진 적이 있다. 성인들 자신이 언제나 영감을 받은 것은 아니라는 점은 얼마나 놀라운가? 교부들은 그들이나 그들의 동료들이 언제나 옳다고 믿은 것은 아니다. 아우구스티누스는 어떤 경우에 자신이 실수했음을 발견하였고 자신의 실수를 철회하기에 주저하지 않았다. 그는 자신을 존경하는 자들에게 자신의 서신들을 마치 성서처럼 보지 말고 검토한 후 사람들이 진실임을 입증하는 것들을 받아들이도록 경고한다.

이 부류에 속하는 모든 저술들은 완전히 자유롭게 비판하도록 읽혀야 하며 아무런 의심 없이 받아들이도록 강제가 없어야 한다. 그렇지 않으면 모든 토론에 이르는 길이 봉쇄될 것이며, 후손들은 언어와 표상에 관련된 난해한 문제를 토론하는 뛰어난 정신 훈련을 하지 못하게 될 것이다. 그러나 분명한 예외는 구약성서와 신약성서의 경우에 적용되어야만 한다. 성서의 어떤 것이 우리에게 어리석은 것으로서 여겨질지라도 작가가 틀렸다고 우리는 말하지 않을 것이지만, 서기가 사본을 복사하는 데 실수했다거나 해석에 잘못이 있거나 그 문구가 이해되지 않았다고 말할 수는 있다. 교부들은 성서와 그 후대의 작품을 매우 세심하게 구별하였다. 그들은 동시대인들의 저술을 의심스럽다고 말하지는 않아도 분별하여 사용할 것을 주창하고 있다.

이 고려를 염두에 두고서 나는 거룩한 교부들의 여러 언사들을 기억나는 대로 수집하고, 그 의견들에서 모순으로 보이는 것들에 의해 제시된 어떤 질문들을 만들고자 하였다. 이 질문들은 청년 독자로 하여금 진리에 대하여 열정적으로 탐구하게 하며 그들의 재기를 더욱 날카롭게 함에 틀림없다. 모든 철학자들 중에서 가장 명민한 아리스토텔레스는 무엇보다도 질문하는 영혼을 일깨우려는 욕심이 있었다. 이를테면 그는《범주론Categoriae》에서 다음과 같이 학생들을 격려하고 있다. "만약 이 문제들이 종종 토론되지 않으면 그것들과 관련해서 긍정적인 결론에 도달하는 것은 어려울 것이다. 특수한 점에 관련해서 의심하는 것은 결코 보람 없는 것이 아니다." 우리는 의심함으로써 검토하게 되고, 우리는 검토함으로써 진리에 도달한다.

[다음은《긍정과 부정》에서 제시된 질문의 예이다.]

인간의 믿음은 이성에 기초하는가, 아닌가?

신은 하나인가, 아닌가?

〈시편〉 첫 편은 그리스도를 지시하는가, 아닌가?

죄는 신에게 즐거움인가, 아닌가?

신이 악의 저자인가, 아닌가?

신이 전능한가, 아닌가?

신은 저항될 수 있는가, 아닌가?

신은 자유의지가 있는가, 아닌가?

최초의 인간은 악마에 의해서 죄를 범하게 되었나, 아닌가?

아담은 구원을 받았는가, 아닌가?

모든 제자들은 요한을 제외하고 아내가 있었는가, 아닌가?

그리스도의 몸과 피는 바로 그 진리와 본질에서 제단의 성사에 현존하는가, 아닌가?

우리는 죄를 짓되 자유의지로 하는가, 아닌가?

신은 지금과 미래에서 같은 죄를 처벌하는가, 아닌가?

비밀리 죄를 범하는 것보다 공개적으로 죄를 범하는 것이 더 나쁜가, 아닌가?

자료 06

학생들이 누린 특권

레오 물랭Léo Moulin, 《중세 시대 학생들의 생활La Vitla degli Studenti nel Medioevo》, trans. by A. Tombolini, Milano: Jaca Book, 1992, pp. 41~42.

곧 문제가 제시되었다. 학생들은 성직자인가, 아니면 속인인가? 왜냐하면 '속인Laicus'이라는 용어는 '문맹자'와 동의어였기 때문에 중세인들은 교사들과 학생들이 반드시 성직자여야 한다고 생각했기 때문이다. 그러나 이런 이유로 그들은 성직자에게 허용된 모든 특권을 향유하였다. 아니면 반대의 경우 이 특권들에는 어떤 제한이 있었는가?

'특권Prvilegium'이라는 용어는 법을 의미하는 'Lex'와 개인이라는 뜻을 지닌 'Privus'에서 유래하였으므로, 특별히 개인들로 이루어진 어떤 집단에 베풀어지되 다른 집단은 배제되는 법적인 혜택이라는 점이 강조된다(앙투안 퓌르티에르Antoine Furetière는 '특별한 이익'이라고 쓰고 있다). 특권들은 중세 사회의 조직에 직접 관련되어 있다. 특권들은 부당한 혜택으로 보이지는 않으나 개인들을 보호하기 위한 수단으로 드러나며, 그것은 결국 전체 사회에 이익이 될 것이다. 학생들의 경우 특권은 특히 필요했다. 사실 그들은 대부분이 외지인이었으며, 그런 이유로 그 시대의 정신에 따르면 아무런 권리나 보호 장치도 없었다. 그리하여 온갖 위험에 노출되었던 것이다.

"고대의 한 저자가 말하길, 하나의 대학이란 특권이 없이는 생존할 수 없는데, 이는 마치 육체가 정신이 없어서는 살 수 없는 것과 마찬가지다." 이 특권들은 대학 단체, 즉 학자 신분Ordo Scholasticus 혹은 학생 지위Status Studentium가 누리는 자치에 관련된다. 특권은 세 가지로 구별된다. 우선 사법적 특권 혹은 법정의 특권이 있는데, 이는 성직자들로 하여금 오로지 교회 법정에 의해서만 심판받을 수 있게 하는 것으로서, 우리가 보듯이 그들은 이 특권을 이용하고 나아가 남용하는 데 주저함이 없었다. 둘째는 특정한 공민적이고 재정적인 의무(통행세, 세금, 외인 재산 몰수)에서 면제되는 특권이다. 그리고 마지막은 대학에 부여된, 사제가 누리는 다양한 특권들이다.

가장 유명한 면제 특권은 1158년 프리드리히 1세가 '진정한 조건Authentica Habita'이라는 선언에서 인가한 것으로 볼로냐 대학에 부여되었다. 유럽 대부분의 대학에서 이를 모방하였으므로, 마침내 교황 보니파키우스 8세는 1303년에 이 특권을 인정하였다. 그러나 이미 1174년에 교황 알렉산데르 3세가 파리 대학의 '권리와 자유', '오래되고 이성적인 관습Libertates et Antiquas et Rationabiles Consuetudines'을 인정했다. 1231년에 확정된 권리와 특권은 특히 단호한 어조로 작성되었다. "아무도 우리들의 결정에 반대할 사람은 없다—라고 최고의 사제가 쓰도다—. 감히 그것을 하려는 자는 전능하신 신과 성스런 사도 베드로와 바울로의 진노를 살 것임을 알라."

실제로는 시 당국이나 교회 당국이 자신들의 피호민들을 보호하기 위해 원하였으므로, 학생들에게 부여하거나 제시하지 않은 특권은 없었다. 애초 성직자들에게나 전유되던 것이었지만, 그들의 행동 범위는 급격히 확대되었다. 특히 이탈리아에서 그러했고, 세속의 학생들과 일반적으로 지식인들과 박식한 사람과 학자들에게 확대된다.

(볼로냐에서) 학생들(과 교사들)은 군역과 수비대역과 기마대역에서 면제되었다. 그들은 행정 문서, 계약서, 재판 기록을 더 간단한 절차와 비용을 들여서 획득할 수 있다. 그들은 오히려 일반 시민들로부터 보호받았다. 왜냐하면 학생들의 인신과 거주지에 대해 저질러진 범죄는 가중 처벌되었기 때문이다(볼로냐, 1274). 학생들은 대학 자체의 보증 위에서 담보를 요구할 수 있었다. 게다가 어떤 '전문가', 즉 '페나토레스Fenatores'가 있었는데, 이들은 법학 지식으로 인해 이러한 목적을 위해서 임명되었다. 행정관들에 의해, 경비대에 의해, 시민의 재판관에 의해 체포될 수도 투옥될 수도 없었다. 최악의 경우 만약 죄가 중하다면 피의자는 학생회관에 유폐되며, 고문을 받지 않았다(1200년 존엄왕 필리프 2세가 부여한 특권). 학생들은 '대학의 특권에 따라서' 하여간 무기를 사용하지 않겠다는 맹세를 한 이후에는 무기를 휴대할 권위가 부여될 수 있었다. 그들은 다른 사람들보다 은대지, 위엄, 주거에서 더 좋은 대접을 받았다.

자료 07

자크 드 비트리가 본 13세기 파리의 학생 생활

두나 먼로Dana Munro, 《유럽사 원전 번역과 복간Translations and Reprints from the Original Sources of European history》 II-3, Frederiksen Press, 2010, pp. 19~21.

파리에 있는 거의 모든 학생들이, 외국인이든 현지인이든, 새로운 것을 배우거나 듣는 것을 제외하면 절대로 아무것도 하지 않았다. 일부는 단순히 호기심으로서의 지식을 얻기 위해서 공부했으며, 어떤 이들은 허영심인 명성을 얻기 위해서 그러했다. 다른 이들은 이익을 얻고자 그러했는데, 그것은 욕심과 성직 매매의 죄악이다. 극소수만이 자신의 계발이나 타인의 계발을 위해서 그러했다. 그들은 다양한 분야나 논의에 관해 입씨름하고 토론했을 뿐 아니라, 그들 사이에서 불화, 혐오, 악의에 찬 증오를 야기하는 국가 간의 차이점들에 관해서도 그렇게 했다. ……

그들은 잉글랜드 학생들은 술주정뱅이에 꼬리를 가지고 있으며, 프랑스의 아들들은 오만하고 나약하며 여자들처럼 세심하게 장식한다고 주장하였다. 그들은 독일인들은 폭력적이고 잔치에서 외설적이며, 노르만족은 우쭐대고 자랑하며, 푸아투 사람들은 배신자이며 협잡꾼들이라고 한다. 부르고뉴인들은 저속하고 아둔하다고 생각한다. 브르타뉴인들은 변덕스러운 것으로 유명한데, 종종 아서 왕의 죽음으로 비난을 받는다. 롬바르드족은 탐욕스럽고 사악하며 겁쟁이라고 불린다. 로마인들은 선동적이며 소란하고 비방하길 잘하며, 시칠리아인들은 참주 같으며 잔인하고, 브라반트의 거주자들은 피 보기를 좋아하는 사나이들로서 방화하고 강도질하며 강탈하고, 플랑드르인들은 변덕스럽고 낭비하며 게걸스럽게 먹으며 모욕을 받으면 한 방 먹인다.

나는 논리 교사들에 관해서는 말하지 않을 것이다. 그들의 눈앞에서는 항상 '이집트의 기생충인 이'가 날아다닌다. 즉 모든 현학적인 미묘한 사항들에서 아무도 그들의 유창한 강연을 이해할 수 없는데, 이사야가 말하듯이 "지혜가 없다". 신학 박사들에 관하여 말하자면, '모세의 의자에 앉았으므로' 그들은 경애가 없어도 배움으로 부풀어 있었다. 그들은 가르치지만 행동하지 않음으로써 '소리 나는 구리와 울리는 꽹과리'가 되거나 정원에 물을 주어야 하지만, 항상 말라 있는 돌 운하같이 되었다. 그들은 서로 미워할 뿐 아니라, 타인의 학생들을 유혹하기 위해 아첨도 사용하여, 각자 자신의 영예를 구하며 영혼의 건강에 관해서는 조금도 걱정하지 않는다.

"만약 어떤 사람이 주교의 직책을 원하면 그는 선한 일을 바랄 것이다"라고 하는 사도의 말씀을 열심히 들은 후에, 그들은 성직록聖職祿, Prebends을 계속 늘리고 직책들을 추구하였다. 그리고 선한 일보다는 결정적으로 명성을 추구하였으니, 무엇보다도 '잔치에서 가장 높은 자리와 모임에서 중심 좌석……'을 바라고 있다. 비록 사도 야고보가 "나의 형제들아, 많은 주인이 되지 말지니"라고 말하였음에도, 반대로 그들은 급히 서둘러서 주인이 되었으며, 대부분이 간청과 지불에 의하지 않고서는 아무 학생도 가질 수 없었다. 이제 가르치는 것보다는 듣는 것이 더 안전하며, 겸손한 청중이 무식하고 주제넘은 박사보다 더 낫다.

자료
08

아리스토텔레스가 주창한 운동 이론의 문제점

브라이언 타이어니·시드니 페인터, 《서양 중세사 300~1475》, pp. 213~214, 392~393.

아리스토텔레스의 물리학과 최초로 더 크게 분기하게 되는 것은 14세기 두 명의 파리 출신 철학자 장 뷔리당(1300~1370)과 니콜 오렘(대략 1330~1382)의 작품이다. 이들은 아리스토텔레스의 운동 법칙을 비판하였다. 아리스토텔레스는 만약 한 물체가 운동하고 있다면 어떤 힘이 계속 그 물체에 작용하기 때문에 운동하는 것이 틀림없다고 주장하였다. 그러나 일단 창이 던지는 사람의 손을 벗어난 후에 창에는 어떤 힘이 작동하고 있다고 말할 수 있겠는가? 아리스토텔레스는 최초의 운동이 대기 중에서 소란을 일으킨다고 대답하였다. 공기가 창 뒤로 쇄도해가면서 초기 운동에 의해서 만들어진 공간을 채운다는 것이다. 이것이 창을 더 나아가게 하여 또 새로운 소란을 일으키게 된다는 것이다. 그렇지만 이 설명은 운동한 물체들의 실제 움직임과 부합하지 않는 것으로 보였다. 중세의 비평가들은 주장했다. 아리스토텔레스의 이론에 따르면, 양쪽 끝을 뾰족하게 만든 창이라면 공기를 뚫고 운동하지 않거나 매우 천천히 움직일 것이다(왜냐하면 뒤에서 공기가 밀어줄 표면이 거의 없기 때문이다). 그러나 관측에 따르면 이런 일은 없었다. 게다가 방앗간의 수차에서 동력을 떼어도 수차는 멈출 때까지 한동안 계속 돈다. 그리고 이 계속된 원운동은 아리스토텔레스의 이론에 의해서 제대로 설명할 수 없었다. 따라서 뷔리당은 힘이 시동된 물체에 가해질 때 물체는 그것이 반대로 향해서, 이를테면 마찰에 의해서 멈출 때까지 운동을 유지할 관성Impetus을 획득한다고 제시했다. 진공에서는 움직이는 물체가 무한정 계속 움직일 것이다.

자료
09

새로운 스콜라 학문의 문제점: 스테파누스의 서신

린 손다이크Lynn Thorndike, 《중세의 대학 기록과 생활University Records and Life in the Middle Ages》, New York: Octagon Books, 1971, pp. 22~24.

우리들 중에서 신성한 문자에 관한 연구들이 혼란의 작업장 속으로 떨어진 반면에, 제자들은 오로지 새로운 것들을 찬양하며 선생들은 배움보다는 영예를 더 추구합니다. 그들은 어느 곳에서나 새롭고 최신의 작은 요약Summulae과 주석을 짓고 있으며, 그것으로써 마치 거룩한 교부들의 작품들이 아직 충분하지 않은 것처럼 그들은 자신들의 청중들을 끌어들이고 억류하고 속이고 있습니다. 교부들은 우리가 읽기에 성서를 사도들과 선지자들이 그것을 기록한 것과 같은 정신으로 해설하였지요. 그런데 지금의 학자들은 자신의 잔치를 위해서 이상하고 이국적인 과정을 마련하고 있어서, 이때 타우루스 왕의 아들의 혼인식에 자신의 살과 피를 도살하여 준비시키고 하객들은 오로지 앞에 놓인 것을 들고 먹어야 합니다. 신성한 교회법에 반대되는 이해할 수 없는, 신성에 대한 공공의 토론이 있습니다. 말씀이 육신이 된 것과 관련하여, 장황한 육과 혈이 논지에 맞지 않게 논쟁하고 있습니다. 불가분리의 삼위일체는 잘라져서 논쟁되고…… 그리하여 이제는 박사들의 숫자만큼이나 많은 오류들이 있고, 교실만큼 많은 추문이 있으며, 광장만큼 많은 신성모독이 있습니다. …… 자유인이라고 불리는 교수들은 자신들의 원래 자유를 잃어버렸으므로, 매우 비천한 상태에 빠져서 긴 머리카락을 가진 청년들이 그들의 교수직을 무례하게 탈취하였으며, 수염 없는 젊은이들이 그들의 선배의 자리에 앉습니다. 그리고 아직 어떻게 제자가 되는지를 모르는 자들이 선생이라고 불리려고 애쓰고 있지요. 그리고 그들은 자신들의 요약본들을 쓰는데, 이것들은 침과 물로 젖어 있지만 아직 철학자의 소금으로 양념이 되지 못했지요. 학예의 규칙을 생략한 채 그리고 기술자의 진실한 책들을 무시한 채 그들의 궤변들 속에 공허한 단어들로 이루어진 파리들을 마치 거미의 발이 그러하듯이 잡고 있습니다. 철학은 자신의 옷이 찢어지고 지저분하게 되었고 겨우 자신의 벌거벗음을 약간의 특수한 누더기로 가리고 있을 뿐이며, 조언을 구하는 이도 없고 옛날처럼 위로도 없다고 울부짖고 있네요. 이 모든 것들에, 아버지여, 사도의 가르침에 따르는 교정의 손길을 요구합니다. ……

자료 10

아리스토텔레스와 그리스도교 사상이 어떤 점에서 상충하는가

노먼 F. 캔터, 《중세문명》, p. 360.

아리스토텔레스의 사상이 이슬람·유대·그리스도교의 계시를 믿는 신자에게 제시한 난점은 세 가지였다.

유일신이고도 섭리적인 신으로서 그의 의지가 우주의 과정을 항상 지배하는 신 대신에 아리스토텔레스는 단순히 최초의 운동자에 불과한 기계적인 신을 상정한다. 신은 우주에서 일어난 사건의 과정을 시작하였으나, 일단 시작한 이후에 장기간에 걸친 존재의 연쇄 과정에는 적극 관여하지 않는다. 아리스토텔레스의 신성 개념은 섭리를 믿는 믿음을 배제하므로, 기도가 아무런 효용이 없게 만드는 경향이 있다. 이 견해는 《성서》, 《쿠란》의 가르침과는 상당히 상충된다.

두 번째로 세 가지 신앙을 연구하는 학자들에게 아리스토텔레스 사상이 제시한 걸림돌은, 무에서 세계가 창조되었다는 것을 부정한 점이었다. 대신 아리스토텔레스는 물체의 영원성을 주장한다. 그리고 이 주장은 최초에는 신 외에 아무것도 없었다는 유대·그리스도교·이슬람의 신앙과 대립된다.

세 번째의 난관은 과학과 계시가 양립할 수 있는 가능성을 보여주고자 원한 사상가들에게 제시된 것인데, 인간 영혼의 불멸성에 관한 교리를 지지하는 데 실패한 것이었다. 플라톤은 유창하게 개인의 불멸의 존재를 주장해왔다. 이 점이야말로 플라톤 사상이 12세기 이전의 그리스도교 사상가들에게 많이 받아들여진 하나의 이유이기도 하다. 그러나 아리스토텔레스는 개인적 불멸보다는 전체적 불멸의 교리로 기울었다. 다시 말해 개인의 인간적 지력은 우주의 전체 지력과 연합함을 통해서 죽은 후에도 잔존한다고 주장했다. 아리스토텔레스의 견해와 개인 불멸의 전통적 도그마 사이에 양립 가능성을 설정하기는 어려웠다.

자료
11

토마스 아퀴나스: 신학의 성격

아퀴나스, 《신학대전Summa Theologica》, Ia, I, 8 ad 2, ed. and trans. by Thomas Gilby; 《토마스 아퀴나스: 신학 원문St. Thomas Aquinas: Theological Texts》, New York: Oxford University Press, 1955, pp. 22~23에서 재인용.

그리스도교 신학의 전제들은 그것을 드러내는 교사의 말에서 수용된, 진리들임이 드러난다. 따라서 그 전형적인 방법은 권위에 호소하는 것이다. 이것은 그 과학적인 가치를 손상하는 것이 아닌데, 비록 인간의 권위를 인용하는 것이 가장 빈약한 논증 형식이지만 신의 권위에 호소하는 것이 최고이며 가장 일관성 있는 것이기 때문이다. 그럼에도 그리스도교 신학은 또한 스스로 신앙의 진리를 입증하는 것이 아니라 보여주기 위해서 인간의 이성을 이용한다. 이성은 신앙에 종속되며 자연 본성적인 사랑은 경애를 관통한다. 신학은 위대한 사상가들로 하여금 그들이 권위로 받아들인 사안들에 대해 관심을 환기시킨다. …… 신학은 그것들을 그 논증의 외적인 증거 자료로 다룬다. 신학의 고유하고 불가피한 호소처는, 기준이 되는《성서》의 권위이다. 교부들의 가르침은 적절한 자료이기는 하나, 그들의 권위가 최종적인 것은 아니다. 신앙은, 선지자들과 사도들을 통해서 이루어진 신적인 계시와 기준이 되는《성서》에 놓여 있다. 혹 다른 거룩한 교사들에게 어떤 것이 있기는 하다고 해도 그들에게 제시된 계시에 따른 것이 아니다.

| 출전 |

피에르 아벨라르, 《긍정과 부정 Sic et Non**》:** 아벨라르의 대표작인《긍정과 부정》은 교부들의 작품 가운데서 모순되는 것을 집성한 것이다. 그는 플라톤과 아리스토텔레스를 많이 차용하였지만, 이 글에서는 자신의 절충론적인 관점을 보여준다.

자크 드 비트리 Jacques de Vitry**의 저작들:** 비트리(1160/70~1240)는 저명한 신학자이며 역사가로 알려져 있고, 교회법 전문가로서 1214년에는 주교를 역임했고 1229년에는 추기경이 된 인물이다. 여기 소개된 글은 파리 대학 재학 시절을 회상하여 기록한 것이다.

스테파누스의 서신: 이 편지는 투르나이의 주교인 스테파누스가 교황에게 1192년부터 1203년 사이에 쓴 것이다. 이 서신을 통해 새로운 스콜라 철학이 성서 연구와 교회 교부 연구에 대한 위협으로 간주되었음을 엿볼 수 있다.

토마스 아퀴나스, 《신학대전》: 아퀴나스는 인간의 이성은 신앙의 진리를 보여주기 위해 사용하는 것이라고 했다. 당시 신학은 모든 학문의 여왕으로 간주되었으며 나름의 학문이었다.

《롤랑의 노래》: 777년부터 778년까지 카롤루스 마그누스가 에스파냐를 침략한 사건을 바탕으로 한 서사시다. 롤랑은 매복조를 군대의 후미에서 지휘하고 있었다. 이 노래는 8세기의 사건보다는 12세기 봉건제의 개념을 보여준다. 이런 시를 '무훈시' 또는 '귀족들의 노래'라고 하는데, 가수 겸 해설자가 돌아다니면서 내용을 첨가하거나 수정하였다. 특히 1100년부터 1300년 사이에 트루바두르Troubadours라고 하는 음유시인의 활동이 두드러졌다.

| 참고문헌 |

그룬트만, 헤르베르트,《중세대학의 기원》, 이광주 옮김, 탐구당, 1977.
르 고프, 자크,《중세의 지식인들》, 최애리 옮김, 동문선, 1998.
르 고프, 자크 외,《중세를 찾아서》, 최애리 옮김, 해나무, 2005.
볼드윈, 존,《중세 문화 이야기》, 박은구·이영재 옮김, 혜안, 2002.
정의채·김규영,《중세철학사》, 벽호, 1998.
파올리, 체사레,《서양고문서학 개론》, 김정하 옮김, 아카넷, 2004.
양태자,《중세의 뒷골목 사랑-사랑과 결혼, 의식주를 통해 본 중세 유럽의 풍속사》, 이랑, 2012.

21
종합을 지향한 건축과 문학
: 중세인의 이상 세계

750경	**《베이어울프》 집필**
1000~1200경	**로마네스크 양식**
1095	**《롤랑의 노래》 집필**
1100~1220경	**트루바두르의 활동**
1140	**생드니 성당에서 고딕 양식 출현**
1150~1500경	**고딕 양식의 유행**
1165~1190경	**크레티앵 드 트루아의 시작詩作 활동**
1200경	**볼프람 폰 에셴바흐의 활동**
1270경	**《장미 이야기》 집필**
1305~1337	**디본도네 조토의 작품 활동**
1310경	**알리기에리 단테의 《신곡》 집필**
1350경	**조반니 보카치오, 《데카메론》 집필**
1390경	**제프리 초서, 《캔터베리 이야기》 집필**
1400~1441경	**얀 반 에이크의 작품 활동**

현재 미술은 여러 장르로 나뉘어 있다. 그러나 중세에는 모든 장르들이 건축에 포함되었다. 이를테면 조각이나 회화 등이 독립된 것이 아니라, 건축의 부속물이었다. 따라서 중세의 건축을 이해하면 미술을 알 수 있다. 중세 미술의 일반적인 특징은 두 가지다. 첫째, 종교를 매개로 하는 형태가 지배적이었다. 따라서 그리스도교를 이해하지 않고 미술을 이해할 수 없다. 둘째, 13세기 말에는 독창적이고 인상적인 특징을 형성하여 미술의 정형에 도달한다. 한편 문학도 다채롭게 발전하였는데, 건축처럼 중세의 모든 요소를 종합하여 하나의 거대한 기념물로 조성되기에 이른다. 그러므로 건축과 문학은 중세적 종합을 잘 드러내는 상징이다.

건축양식의 발전

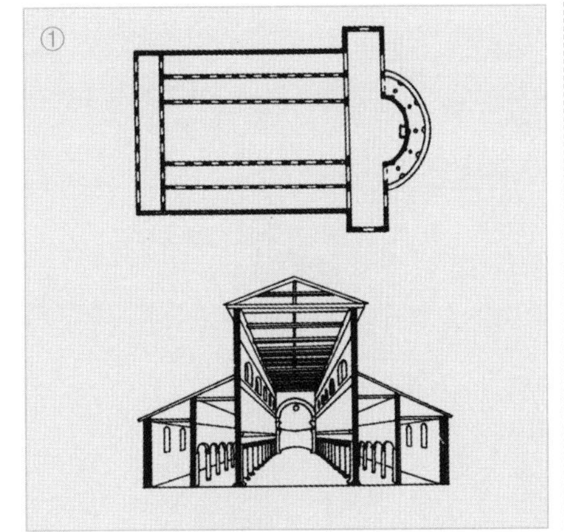

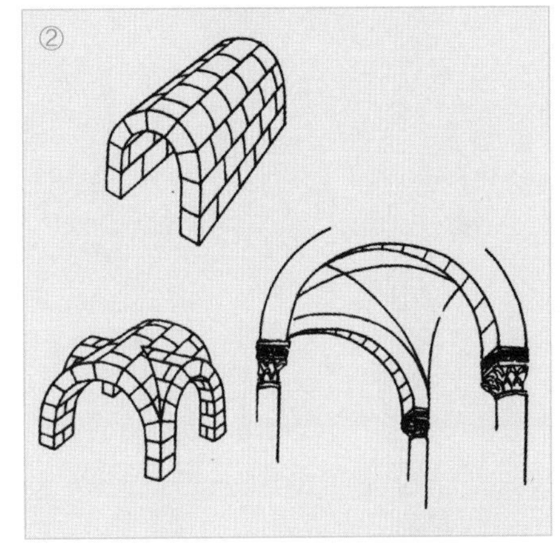

도판 49 ①은 바실리카의 평면도와 고창층을 보여준다. ②는 로마네스크 양식의 원통형 천장과 궁륭형 천장의 모습이다.

초기 그리스도교도들에게 정해진 형식의 예배당 건물은 없었다. 박해받을 때 여기저기 피해서 집에서 또는 지하 무덤에서도 모임을 가졌으며, 공인된 후에는 공회당 건물을 사용하게 된다. 로마의 공회당 형식의 건물을 바실리카Basilica라고 칭한다. 이는 그리스어 바실리케 스토아 βασιλική στοά에서 비롯하는데, 왕의 집무실을 의미한다. 이 양식은 평평한 나무 지붕에 직사각형, 위에서 보면 전체적으로 십자가 형태를 이룬다. 내부에는 본당과 열주로 칸막이가 된 측랑, 익랑, 고창층이 있다. 대표적인 건물은 로마에 있는 성 바울로 성당이다. 후에 바실리카는 의미가 확대되어, 교황이 집례하여 미사를 드리는 주요 성당을 지칭하는 말이 된다. 예를 들어 유명한 베드로 성당도 바실리카로 표현된다.

이어서 등장한 비잔티움 양식은 둥근 돔과 모자이크의 사용으로 표현된다. 대표적인 것이 이스탄불(콘스탄티노플)의 성 소피아 성당과 베네치아의 성 마르코 성당이다. 이 양식은 정교회 성당의 기본적인 형태를 이루면서 지금까지 면면히 이어져 내려온다. 이뿐만 아니라 이슬람 우마이야Umayya 시대의 건축에도 영향을 주었고, 동유럽 여러 나라의 건축양식에도 지대한 영향을 미쳤으며, 19세기 이후에는 네오 비잔티움 양식이라고 하여 새로운 형태로 계승되고 있다. 세르비아의 수도 베오그라드Beograd에 있는 성 사바 성당이 대표적인 건물이다.

로마네스크Romanesque는 로마풍이라는 경멸적인 표현이지만, 로마의 건축을 모범으로 하고 게르만적인 요소가 반영된 양식이다. 이 양식은 중세 문화에 적합하도록 로마의 건축양식을 변형하고 발전시킨 형태이다. 천장은 둥그런 아치형의 돌 천장이 이어져 있어서 원통형 천장이 있고, 천장과 천장이 만나는 지점에는 이른바 궁륭형 천장이 나타난다. 전쟁이 많았던 시대를 반영하여 벽을 두

도판 50 로마네스크 양식의 대표적 건축물인 베즐레 Vézelay 수도원 내부의 천장 모습. 막달라 마리아의 유해를 보관하고 있는 것으로 유명하다. 베즐레 수도원은 베네딕투스 수도회 소속으로, 9세기에 조직되었다. 이 건물은 11세기에 건축된 것이다. 베즐레는 작은 촌락이지만, 산티아고 데 콤포스텔라로 가는 순례길의 출발점이며, 클레르보의 베르나르가 십자군을 역설하였던 곳이고, 3차 십자군 때는 영국과 프랑스의 군대가 집결하여 출발한 지역이다.

껍게 만들고 상대적으로 창은 작게 만들었다. 결과적으로 예배당 내부는 어둡게 되었는데, 이것이 오히려 신비감을 자아내고 때로는 견고한 느낌을 주었다. 교회의 외벽은 상대적으로 현란하게 장식했고, 그 장식물들은 대부분 종교적인 의미를 전달하는 조각이나 그림으로 이루어진다.| 자료 1 |

1140년 7월 14일은 고딕 양식의 탄생일이다. 생드니 수도원 성당의 찬양대석을 개조하면서 만들어진 이 양식은 수도원 원장 쉬제가 고안하였고, 바로 전 유럽에 퍼졌다. 이 양식은 시대를 잘 보여준다. 12세기 중엽에 도시가 증가하고, 상업의 발전으로 각 도시의 재부가 커졌다. 아울러 종교적인 열정도 높아졌다. 이러한 여건과 열정이 어우러져 하늘을 동경하는 내면적인 욕구가 외적으로 발현된 것이 고딕 양식이다. 여기에는 일련의 건축상의 혁신이 이루어졌다.

로마네스크의 궁륭이 매우 두터웠던 데 비해 갈빗대 같은 모양의 보로 지탱되는 늑골 궁륭Rib Vault은 건축물의 무게를 줄여주었다. 이러한 구조 덕에 뾰족 아치Pointed Arch가 만들어졌고, 아치의 중간 부분을 가볍고 얇은 돌 판으로 채워 넣었다. 단 로마네스크 건물에 비해서 매우 높았던 고딕 건물은 잘못하면 옆으로 벌어질 염려가 있다. 이를 막기 위해 외벽에 부연 버팀Flying Buttress(공중 부연벽)을 설치하였다. 그리하여 전체적으로 벽에 힘이 가지 않아서 얇아질 수 있었기 때문에 공간을 낼 수 있었다. 여기에 스테인드글라스Stained Glass(프랑스어로는 비트라이Vitrail)라고 부르는 착색 유리창으로 장식할 수 있었다. 이처럼 고딕 양식을 출현하게 한 중요한 요소인 뾰족 아치는 로마의 영향을 받은 이슬람 건축물에서 이미 7세기부터 사용되어왔던 것이었다.

로마네스크 양식과 비교해보면, 로마네스크 양식이 육중하고 견고한 데 비해서 고딕 양식은 정교한 균형미를 갖추고 있다. 또한 로마네스크가 두꺼운 벽이었다면, 고딕 양식은 착색 유리창과 보강 궁륭이 사용되었다. 로마네스크 양식이 어두운 분위기였다면, 고딕 양식은 착색유리를 통과하는 빛으로 인해서 현란했다. 로마네스크가 장식적이었다면, 고딕은 뼈대 구조 자체가 건물의 미를 이루었다. 로마네스크가 장중함과 질량감을 보여주는 묵직한 인상을 준다면, 고딕은 곧게 뻗은 직선적인 형태가 본질적인 미를 이루었다.|자료 2|

13세기에 이르면 고딕은 모든 조형예술에 적용된다. 조각은 그 전에 주로 사실적인 묘사를 하던 것에 비해서 종교적 의미와 세속적 장면을 묘사하는 것으로 바뀌었다. 이와 같은 고딕 양식은 중세 세계를 축소한 것이다. 특히 북방 세계에 사는 게르만족은 빛을 동경하였는데, 이러한 동경이 건축으로 승화된 것이다. 고딕 성당에 들어가면 양쪽의 기둥이 높이 선 나무와 같은 착각을 준다. 이런 구조는 고향을 떠나 도시에서 일하는 노동자들에게도 숲이 주는 마음의 평안을 주었다. 실제로 고딕 성당은 농촌의 인력이 없었으면 세워지지 못했을 것이다.|자료 3|

아울러 건물을 세우기 위해서 적용한 수학적 비례는 음악에,|자료 4| 복잡한 구조는 문학에 비교된다. 그러므로 고딕 건물은 스콜라 철학자들의 사상으로부터 큰 영향을 받았다. 이처럼 중세 문명의 공통점이 고딕 성당에서도 발견된다. 고딕 성당은 그리스도교적인 요소와 고전적인 요소에 북방 게르만의 고유한 양식이 결합되어 형성된 것이다. 그렇지만 이 건축양식의 가치는 오랫동안 무시되었다. 이를 재발견하여 오늘에 이르게 한 데에는 요한 볼프강 폰 괴테Johann Wolfgang von Goethe와 같은 문인들의 노력이 있었음을 잊어서는 안 된다.|자료 5|

다채로운 문학

중세에서 라틴어는 교회의 언어이자 교육의 매개물이었다. 중세의 교양인은 유

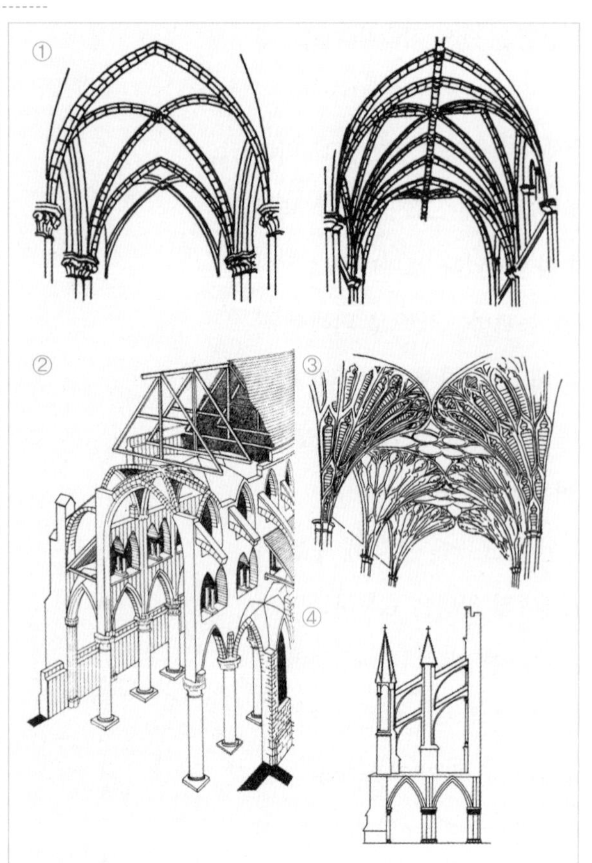

도판 51 고딕 양식의 면모: ①늑골 궁륭 ②건물의 골격 ③부채꼴 궁륭 ④부연 버팀벽.

창하게 라틴어를 구사했을 뿐만 아니라, 시도 자유롭게 지었다. 라틴 시의 경우는 라틴어의 운율을 발견하게 됨으로써 세속적인 서정시를 작성하는 데까지 이르게 된다. 이른바 '골리앗의 시Goliardic Poetry'는 중세 후기에 편력遍歷 학생들이 작성한 것으로, 그들이 관심을 가지고 있었던 사랑과 술을 노래했다. | 자료 6 | 골리앗Goliath 문학에서 중요한 부분을 차지하는 것이 항의 문학인데, 풍자와 조롱도 라틴어로 표현할 수 있었다.

역사 서술도 나름대로 발전하였다. 대표적인 것이 1241년경 오데리쿠스 비탈리스Odericus Vitalis가 저술한 《교회사》이다. 이 책은 수도원의 역사를 담은 것으로, 가끔 주제를 벗어나서 세속 인물에 대한 이야기도 다루었다. 특히 노르망디 공에 관한 자세한 기록을 남겨서 노르망디를 소개하는 저술로 인정되고 있다. 아울러 전기와 자서전이 유행하였는데, 세속 인물보다는 성자의 전기가 유행했다. 이는 중세의 신앙을 그대로 반영한 것이다. 또한 기도서도 많이 있었고, 그 밖에 실용적인 주제에 관한 논문도 널리 사용되었다. 오늘날 영어를 쓰듯이 당시의 학생과 식자층은 라틴어를 자유롭게 구사할 수 있었던 것이다.

속어는 연대기나 공식 문서에 사용된다. 왕의 칙령, 무용담, 특히 대중을 위한 종교 서적이 발간됨으로써 고유의 문어와 문화 창작이 이루어졌다. 대표적인 것이 서사시인데, 《베이어울프》나 《니벨룽겐의 노래》가 있다. 이는 게르만 문화의 특징을 보여주며 영웅주의, 기사도가 아울러 나타난다. 서정시에서는 투르바두르라는 음유시인이 활약했다. 또한 무훈시는 봉건 계급의 남성을 즐겁게 하는 소일거리로서 대개 이야기되었고, 그 밖에 잡화, 우화시 등이 있었는데 이러

한 것들은 조잡한 위트를 통해서 청중에게 소일거리를 제공했다. 이처럼 다양한 형태의 속어 문학이 있었으며,| 자료 7 | 아울러 연극도 흥미를 끌었다.| 자료 8 |

도판 52 프랑스의 샤르트르 성당에서 가장 유명한 스테인드글라스인 '벨 베리에르Belle Verrière'('아름다운 색유리 창'이라는 뜻). 이 창은 두 개가 합쳐진 것이다. 윗부분은 경배하는 천사들에 의해 둘러싸인 성모 마리아와 아기 예수를 묘사한 것으로 1180년경에 제작되었고, 이 자세는 '지혜의 옥좌Sedes Sapientiae'라고 알려져 있다. 아랫부분은 그리스도의 유년기 시절을 비롯해 여러 모습을 보여주는데, 1225년에 설치되었다.

중세를 대표하는 가장 위대한 문학자는 시인 두란테 델리 알리기에리Durante degli Alighieri로, 간략히 단테Dante라고 부르는 인물이다. 단테의 《신곡》은 당시 알려져 있던 모든 사람의 고유명사가 들어갔다고 해도 과언이 아닐 정도로 방대한 작품이다. 스콜라 철학에 조예가 깊었던 그는 그리스도교적 시각으로 전 우주와 그 우주에 위치하고 있는 인간에 대해 조망하고 있다. 특히 당대 신학자 및 철학자의 세계관을 골고루 반영하고 있다는 점에서 기념비적인 작품이라고 할 수 있다. 무엇보다 이 작품은 현대 이탈리아어의 형성에 지대한 영향을 미쳤는데, 단테의 고향인 북부 이탈리아, 특히 토스카나의 지방어를 이 위대한 문학을 짓는 데 사용한 것이다. 페트라르카는 음유시의 전통을 계승하였으며, 아울러 최초의 인문주의자였다. 또한 《데카메론》의 저자 조반니 보카치오Giovanni Boccaccio도 이 시대의 사람이었다. 단테, 페트라르카, 보카치오는 중세 이탈리아를 대표하는 세 문호이다.

중세 말에는 여전히 기사도 문학이 유행하였지만, 이는 현실의 반영이 아니라 옛날을 회고하는 수준이었다. 중세에도 문학 논쟁이 있었다. 《장미 이야기》라는 작품은 애초 1230년 기욤 드 로리Guillaume de Lorris가 썼으나, 미완성으로 남은 이 작품에 장 드 묑Jean de Meun이 가필하여 완성된다. 앞부분은 궁정풍의 사랑이 주제였으나, 이 가필 부분에는 여성을 조롱하고 비하하는 내용이 나온

도판 53 남성들을 가르치는 크리스틴 드 피장. 논쟁을 벌이는 중에 연단에 앉아 있는 모습이다. 머리에 쓴 장식은 이 시기에 유행했다.

다. 이에 가장 위대한 여류 작가 크리스틴 드 피장Christine de Pizan은 《여성들의 도시》를 저술하여 이를 반박하였을 뿐 아니라, 여성의 정체성을 확립한 최초의 페미니스트가 되었다.| 자료 9 |

잉글랜드에서 나온 윌리엄 랭런드William Langland의 《농부 피어스》(1360~1387년에 쓰인 것으로 추정된다)는 순례의 형태를 빌려 주인공의 신앙이 완성되어가는 단계를 묘사한 시다. 주인공은 농부에서 출발해서 점점 신에게 접근해가는 과정을 보여주는데, 이러한 과정에서 14세기 후반 영국 사회가 안고 있었던 여러 가지 사회악이나 문제점이 드러난다. 특히 탁발 수도사들의 잘못된 행태와 농민 반란을 전후한 사상들, 예를 들면 신비주의나 청빈 사상이 당시에 널리 퍼져 있었음을 직접적으로 전해주고 있다.| 자료 10 | 《캔터베리 이야기》도 초서의 가장 대표적인 작품으로 인정되고 있지만, 그가 중간에 죽게 되어 미완성으로 남았다. 작품의 내용은 예루살렘으로 가는 순례자의 길을 묘사하는 것인데, 성지로 떠나는 사람들은 인간적인 욕망을 그대로 가지고 간다. 결혼, 권력, 돈을 추구하는 것이다. 《캔터베리 이야기》는 당시까지 알려져 있던 무훈시, 성인전, 우화의 세 가지 장르를 골고루 혼합하고 있으며, 이야기의 화자가 다양하고 묘사가 생생한 점 등 여러 가지 면에서 흥미를 끄는 작품이다. 그리고 당시 부르주아 시민들의 삶을 묘사하고 있다는 점에서도 중요한 자료가 되고 있다.| 자료 11 | 그뿐만 아니라 여러 화젯거리가 등장하는데, 예를 들면 여성의 역할에 대한 논의, 돈의 힘, 종교적 위선 등 상당히 중요한 주제들을 여과 없이 그대로 보여주고 있다.

프랑스에서는 프랑스의 서정시가 부활하였다. 알랭 샤르티에Alain Chartier는 전통적인 연애시와 애국시를 창작하였고, 오를레앙 공 샤를은 매력적인 연애시를 썼다. 프랑수아 비용François Villon은 15세기 중엽의 어두운 생활상을 냉소적이고 절망적인 신앙이라는 형태를 통해 묘사하였다.

도판 54 조토의 프레스코화 〈최후의 심판〉의 일부. 엔리오 스크로베니Enrio Scrovegni가 예배당을 바치는 모습으로, 그의 부친은 평생 고리대금업자로 살았으며 《신곡》에는 지옥에 간 것으로 묘사된다. 아들은 성모 마리아에게 예배당을 바침으로써 구원을 얻고자 한다. 1880년에 스크로베니 예배당이 처음 개방된 뒤로, 조토의 작품들은 현대의 작가들에게도 큰 영향을 끼쳤다.

중세 말의 미술

중세 말에 이르면 미술에서 새로운 경향이 나타난다. 시대적인 특징이 르네상스와 연결되기 때문에 쇠퇴와 부흥의 징조가 공존하는 것을 볼 수 있다. 따라서 이 시기는 '말기 고딕Late Gothic'이라고도 하고 '원르네상스Proto-Renaissance'라고도 한다. 지옥에 대한 공포를 묘사한 미술이 유행하였고, 국제 고딕 양식이라는 복잡하고 우아한 고딕풍이 곡선과 대담하고 현란한 색채, 정교한 양식 등으로 화려하게 나타나는데 이는 창의성이 고갈된 것이라고 평가되기도 한다. 또한 비잔티움의 기법이 소개되어 이탈리아-비잔티움식Italo-Byzantine Style의 회화가 풍미하였다.

이러한 시대에 나름의 창의성을 발휘한 미술가들이 있다. 미술의 새로운 경향을 이끈 얀 반 에이크Jan van Eyke는 새로운 북방 양식의 대가로서 고딕풍의 기법과 원근법을 사용하였고 사실적인 효과를 잘 드러냈다. 조토 디 본도네Giotto di Bondone(1267~1337)는 자연주의 경향과 사실적인 입체감을 보여주는데, 대표적인 작품으로 파도바의 스크로베니 예배당에 있는 프레스코화가 있다. 프레스코Fresco라는 말은 이탈리아어로 '만든 지 얼마 안 되다'라는 뜻인데, 이는 아직 마르지 않은 회벽에 그림을 그려서 같이 마르게 하는 기법으로 오랫동안 그림이

보존될 수 있는 방법이었다. 반면 마른 벽에 그린 그림은 세코Secco('마르다'라는 뜻)화라고 한다. 조토를 통해 마침내 회화가 독립되어 미술의 주류가 되었다.| 자료 12 | 또 마사초Masaccio는 극적인 인물 배열과 원근법, 명암법, 인체 구조에 대한 과학적인 분석을 통해서 앞으로 맞이하게 될 르네상스의 전조를 유감없이 보여주었다.

자료
읽기

자료
01

로마네스크 건축양식의 사회적 의미

노먼 F. 캔터, 《중세문명》, pp. 222~223.

서부 독일, 프랑스, 북부 에스파냐의 계곡에는 많은 석조 예배당이 지어져서 11세기 중엽에 이르기까지 군주제·봉건제·교회에 속한 엘리트의 필요에 봉사하였다. 양식상으로 로마네스크라고 하는 예배당은 구조 면에서 지역적이고 국지적인 차이를 크게 보여주고 있다. 그러나 공통적인 점이 분명히 있다. 우선 이 교회 건축물은 12, 13세기의 장대한 교회 건물에 비해 작은 경향이 있다. 로마네스크 예배당은 속인 및 성직자 위계를 위한 것이었다. 반면 후기 고딕 예배당은 공공 예배를 드리기 위해 대중을 끌어들이도록 계획된 것이다. 둘째로, 로마네스크 예배당은 교회를 보호하는 성채였다. 이것들은 11세기 봉건영주의 성채를 세운 자들과 동일한 건축가와 장인이 건축하였다. 로마네스크 예배당은 신의 성채였다. 그리고 이것은 봉건적 위계의 머리로서 그리고 신정 통치를 하는 왕들의 전형으로서 예수를 보는 관점을 반영한다. 세 번째로 로마네스크 예배당은 내부가 어두운 경향이 있다. 벽은 빛이 들어올 창이 거의 없다. 창문의 부재는 단지 건축 기술상의 제한에서 기인한 것만이 아니라, 이러한 부류의 예배처가 지니는 엘리트적이고 사적인 성격을 반영한 결과이기도 하다. 마지막으로 로마네스크 양식은 장식과 조각이 풍부한 것으로 특징지을 수 있는데, 흔히 성격 면에서는 개인적이고, 양식 면에서는 13세기 고딕 건축보다 훨씬 덜 보편적이다. 그 특징은 다시 로마네스크 미술의 엘리트적이고 사적인 성격을 반영한다. 그러나 이는 11세기 중엽 클뤼니 수도원 운동의 영향을 받아 세계적으로 유행하던 자기의식Self-Consciousness과 신뢰Confidence가 증가하고 있는 것을 보여준다.

자료
02

고딕을 보는 눈의 변화: 연구사

롤프 토먼Rolf Toman 편집, 《고딕 미술The Art of Gothic》, Könemann, 2004, pp. 7, 12~14.

빅토르 위고Victor Hugo, 프랑수아 르네 샤토브리앙François Renéde Chateaubriand, 프리드리히 폰 슐레겔Friedrich von Schlegel, 카를 프리드리히 싱켈Karl Friedrich Schinkel, 존 러스킨John Ruskin 같은 19세기 낭만주의자들은 고딕 대성당Cathedral[1]의 모습에 깊은 감동을 받았으며, 고딕 성당이 지닌 웅장하고 솟아오르는 공간에 대한 강렬한 낭만주의자의 인상은 현재까지 지속되어왔다. 예를 들면 저명한 20세기 고딕 학자이며 자신의 낭만주의 전통의 일부이기도 한 한스 얀첸Hans Jantzen의 〈고딕 성당의 공간에 관하여Über den gotischen Kirchenraum〉(1925)에서 그 점이 명백히 드러난다. 그는 고딕의 성벽이 가지는 '내비치는 구조'에 관한 분석과 '무공간의 상징으로서의 공간'에 관한 분석으로 유명한데, 위 저서에서 다음과 같은 특징적인 주장을 전개한다. "고딕 건축에는 자연스럽게 에워싼 것들로부터 어떤 견고함이 무형적이면서도 무게감을 상실하고서 위로 솟아오르게 만들어진 것들에 의해 제거되고 있다. 그 주제는 언제나 초월적이다." 고딕 대성당의 이 면모는 학자인 한스 제들마이어Hans Sedlmayr에게도 중요하다. 그는 2차 세계대전 직후에 그의 명저인 《대성당의 출현》(1950)을 간행했다. 제들마이어는 자신이 처한 시대의 어두움을 고딕 성당의 빛나는 빛으로 상쇄하고자 했다. 그는 성당을 유럽 예술의 전성기를 나타낸 복합적이고 다면적인 작업으로 보았다. 얀첸이 내비치는 성벽 구조를 발견했듯이, 제들마이어는 시야를 궁륭으로 옮겨 고딕 성당의 '닫집 체계'(궁륭이 마치 가늘고 긴 기둥에 의해 지지되는 닫집처럼 보였다)라고 부르는 것을 찾아냈다. 그러나 구조적인 분석과 형이상학적 해석 모두와 더불어서 제들마이어는 다른 요소를 추가하였다. 성당에 관한 그의 책은 시기와 철학의 측면에서 그가 지은 극보수적인 문화 비평 작품인 《위기의 예술: 잃어버린 중심》(1957, 독일어판은 1948)과 밀접히 연관되어 있다. 그의 의심스러운 인종적이고 이념적인 받침대들은 빠질 수 없었다.

보수적인 문화 비평과 고딕에 대한 과도한 존중에 연관성이 있다는 생각은 독일에서 오랜 전통을 갖고 있었다. 이처럼 고딕이 이념에 악용된 것은, 고딕이 로마네스크와 달리 진정한 게르만 스타일이라는 오래된 믿음과 밀접하게 연관되어 있다. 하나의 잘못에 토대를 둔 채, 이 고딕을 자기 것으로 한 것은 결국에 "이탈리아 르네상스의 미술 이론에서 발견된다. 이 이론은 중세 미술을 대개 본질적으로 '게르만' 아니면—같은 결과

1 | 주교가 거처하는 성당이라는 의미로, '주교좌성당'으로도 번역된다.

를 초래할—고딕 스타일로 간주하였다. 이런 스타일로부터 이탈리아의 새로운 르네상스 미술은 이제야 마침내 자신을 해방시켰다. 늦은 1800년경이 되서야 고딕을 게르만과 동등시한 것은 유럽 문화의 개념이었으며 별로 의심되지 않았다. 이로부터 독일에서는 모든 고딕적인 것에 대한 민족적 열광이 솟구쳤다. 여기에서 사람들은 자기 선조들의 가장 큰 업적을 보았다고 생각했다. …… 그러나 그때 하나의 학문으로서 막 머리를 내민 미술사美術史는, 재빨리 고딕, 특히 고딕 성당이 당시 독일의 주적主敵인 프랑스의 고유한 업적 가운데 하나였음을 확립했다. 이 쓰라린 재인식은 독일 중세에 대한 평가에서 태도의 변화를 초래했다……".

오랫동안 고딕 건축에 관한 연구는…… 문화·역사적인 환경에 관하여 별로 고려하지 않았다. 낭만주의에 의해 고딕이 수용된 이후에 외젠 비올레르뒤크Eugène Viollet-le-Duc가 쓴 열 권 분량의 《프랑스 건축 설명사전》(1854~1868)에 의해 영감을 받은 새로운 노선의 해석이 발전했다. 그 사전은 고딕 성당의 발전을 구조적이고 기술적인 관점에서 고려하였는데, 이는 19세기 동안 철을 이용한 건축의 발전에 의해 고무된 접근 방법이었다. 본질적으로 고딕에 대한 공학자의 관점으로서 이 접근법은, 비록 얀첸의 '내치비는 벽'이나 제들마이어의 '닫집 체계' 같은 분명한 해석적 개념이 없었을지라도, 20세기의 여러 작가들(특히 빅토르 사부레Victor Sabouret와 폴 아브라함Pol Abraham)에 의해 지속되었다. 학자 오토 폰 짐손Otto von Simson은 얀첸과 제들마이어의 형식적이고 분석적인 해석 전통을 따르고 있다. 이 전통은 프란츠 쿠글러Franz Kugler가 자신의 저서 《미술사 지침서》(1842)와 《건축사》(1856~1859)를 통해 전개한 고딕 성당에 관한 연구에서 개척한 것이다. 그러나 폰 짐손은 고딕에 대한 에르빈 파노프스키Erwin Panofsky의 해석에 의존하였는데, 이 점이 더 중요하다. 지성사의 용어를 가지고 연구한 파노프스키는 1946년에 고딕 건축과 스콜라 철학의 관계에 대하여 강연하였는데, 여기에서 그는 수도원장 쉬제가 자신이 새로 지은 교회에서 빛이 할 역할에 관하여 이해하고 있음을 논의했다. 이 강연에서 방향을 잡은 폰 짐손은 빛의 영적인 개념이 어떤 방식으로 고딕 성당의 발전을 결정지었는지에 특별한 강조점을 두었다. 1956년에 그는 자신의 접근 방법을 확장시킨다. 이때 그는 제들마이어의 《성당의 출현》에 대한 반발로서 《고딕 성당: 고딕 건축의 기원들과 중세 위계 개념》을 출간하였다. 이후로 성당들을 건축할 때 채색 유리창으로 들어오는 빛에 의해서 행사된 정확한 의미를 해석하려는 많은 시도들이 있었다. 이 모든 시도들은 쉬제 자신의 언급에서 유래한다. 최근의 예가 마이클 카밀Michael Camille이 지은 책 《고딕 미술》(1996)에 있는 장 '천상의 빛'이다.

수도원장 쉬제는 수도원 예배당의 건축에 관한 두 짧은 논고 〈성 디오니시우스의 교회 헌당에 관한 소책자〉와 〈주님의 다스림 속에서 이루어진 일에 관하여〉를 1145년부터 1150년 사이에 기술했는데, 이는 신에게 즐거움을 드릴 작품으로서의 그의 계획을 정당화한 것이다. 쉬제가 빛의 특별한 중요성을 언급한 곳은 바로 이 두 책자인데, 그는 물질적인 것(창문과 보석에서 나오는 빛)에서 정신적인 것(신의 빛)으로 상승하는 미학을 전개한다. 쉬제는 '놀라운 빛Lux Mirabilis'과 '가장 신성한 유리창Sacratissimae Vitrae'에 관하여 언급한다. 파노프스키는, 쉬제가 한 이러한 언급과 기타 진술은 빛에 관한 신플라톤 철학의 정신으로 해석되어야 한다고 믿었다. '빛의 형이상학'에 관한 폰 짐손의 해석에 시초를 놓은 것은 분명히 이런 접근 방법이다. 다수의 미술사가들이 그의 뒤를 따랐다. 그러나 최근 폰 짐손이 도달한 다른 결론의 취약점이 파악되자, 이 주제에 대한 그의 착상들은 설득력을 많이 상실했다.

예를 들면 귄터 빈둥Günther Bindung이 있다. 그는 무엇보다도 중세의 건축 관행을 세심하게 연구했다. 그는 자신의 시론 〈새로운 성당: 합리성과 환영〉(1995)에서 '고딕 건축을 반성으로서, 아니 더 정밀하게 말해 초자연적인 실체의 대변으로서 이해하는 것'은 오류라고 간주한다. 게다가 쉬제가 "그 미술이 보여준 종교적 체험을 하도록 새로운 성소에 방문한 사람들을 쉬제 자기 자신에게 이끌어야만" 했다거나, "그의 교회의 설계가, 즉 쉬제의 고딕 형태의 창안이 그런 체험에 기인하였다"라는 폰 짐손의 견해에 동의하지 않는다. 빈둥은, 그러한 잘못된 해석이 폰 짐손 그리고 그 전에 파노프스키가 사료에 있는 개별적인 진술을 맥락을 떠나서 채택하거나 그 진술들을 잘못된 또는 적어도 편향된 방식으로 해석한 사실에서 왔다고 생각한다. 쉬제 훨씬 이전에 《성서》에 기술된 건물들—노아의 방주, 모세의 장막, 솔로몬의 성전, 에스겔의 새로운 신의 나라에 대한 환상, 계시록에 있는 새 예루살렘—이 이미 중세의 성인들에게 상징적인 가치를 가졌다고 지적했다. 그리고 다음과 같이 결론을 내린다. "오토 폰 짐손에 의해서 선별적으로 사용된 사료들을 가지고는 새로운 성당, 즉 생드니의 고딕 성가대석의 이론을 정립할 수 없다. 그 사료들은 고딕 대성당을 창조하지도 기초하지도 않았다. 오히려 그것들은 분명히 학예들Artes과 신학의 영역에 할당되어야 하고 12세기 이전 오랫동안 알려져 온 전통적인 방식으로 해석되어야만 한다. 그것은 에르빈 파노프스키의 시도…… 고딕 건축과 스콜라 철학의 유비를 수립하는 것을 지지한다." 빈둥에게 대성당은 "신의 현현과 구조화된 예배 의식의 최초이자, 가장 앞선 장소이다". 그는 1190년부터 1235년 사이에 발생한 건축 구성상의 변화를 "12세기 후반을 경과하면서 이룩된 경제 발전에 의존하며 또한 그러한 발전의 결과로 생긴 더 많은 수의 숙련 및 가용한 노동자에 의존한" 것으로 간주하고 있다. 그러나 빈둥은 자신을 오로지 경제와 기술적인 조건에 국한하지 않고 있다. 왜냐하면 분석을 종합하면서 새 예배당의 고딕 요소가 "건축, 환영, 합리성 그리고 신학의 솜씨 좋고 조화로운 혼합이었다"라고 말하고 있기 때문이다.

자료 03

성당 건축은 농촌의 힘으로

조르주 뒤비, 《대성당들의 시대: 예술과 사회, 980~1420The Age of the Cathedrals: Art and Society, 980~1420》, trans. by Eleanor Levieux and Barbara Thompson, University of Chicago Press, 1983, p. 93.

12세기와 13세기에 [도시들이] 더 크고 더 활기차게 성장했다. 반면 그 바깥 구역들은 도로를 따라서 뻗어 있었다. 도시들은 부를 끌어당기는 천연 자석이었다. 모호하던 장시간이 지난 후에 도시들은 알프스 북쪽에서 가장 선진적인 문화의 중요한 중심지가 되었다. 그러나 당분간 사실상 도시들의 활기는 모두 주변의 농토에서 왔다. 이 시점에 장원 영주의 대부분은 자신들의 거처를 도시의 거주지로 옮길 것을 결정하였다. 이로부터 그들의 소유지는 도시로 수렴하였다. 이들 도시에서 가장 활발한 거간들은 밀가루, 포도주, 양모 상인들이었다. 따라서 비록 대성당이 도시의 예술이었지만, 그 성장의 주요 요소와 관련하여 그것은 주변의 농촌에 의존했다. 또 대성당이 완공되도록 한 것은 바로 수많은 개척자, 개간자, 포도나무 재배자, 개천의 준설자, 제방 건설자 들이었는데, 이 모두가 번영한 농업의 성공으로 고무되어 있었던 사람들이었다.

자료 04

도레미송의 기원이 된 〈세례자 요한 탄생 축일의 저녁기도〉

http://chant.catholic.or.kr/choir/memo1.html

그래고리오 성가 중 다음과 같은 노래가 있다.

Ut queant laxis (종들이 편안한)

Resonare fibris (목청으로 당신의)

Mira gestorum (업적의 놀라운 것들을)

Famuli tuorum, (찬양할 수 있도록)

Solve polluti (씻어라, 더럽혀진)

Labii reatum (입술의 죄를)

Sancte Joannes. (거룩한 요한이여.)

이 가사에서 첫 음절을 보면 울Ut, 레Re, 미Mi, 파Fa, 솔Sol, 라La가 나온다. 현재 도Do라고 하는 것은 나중에 주님을 뜻하는 Dominus의 첫 음을 딴 것이다. 현재도 프랑스는 도 대신 위트Ut라고 발음하고 있다. 이렇게 울레미파솔라를 이용해서 노래를 배우는 방식은 아레초의 구이도Guido d'Arezzo가 1025년경에 고안한 것이다. 시Si는 17세기에 도입되었다.

자료 05

괴테: 독일 건축에 관하여

요한 볼프강 폰 괴테, 〈독일 건축에 관하여Von deutscher Baukunst〉 (1772), 《괴테 작품집Goethes Werke》, Hamburger Ausgabe, Bd. XII, Hamburg 1960, pp. 7~15에서 재인용.

스타인바흐에 있는 D. M. 에르빈에게.

고결한 에르빈이여, 내가 당신의 무덤을 찾아 돌아다니면서 '1318년 2월 16일 장인 에르비누스, 스트라스부르 수도원 공방의 관리자'를 뜻하는 비석을 찾았으나 그것을 발견하지 못했고, 당신의 고향 사람이 나에게 그것을 알려줄 수 없었지요. 그리하여 그 성지에서 당신에 대한 나의 존경을 토로했답니다. 나는 영혼 깊이 슬퍼지며, 나의 마음은 지금보다 더 젊고 따뜻하고 더 바보 같고 더 선하게 되었기에, 내가 소유에 대해 더 편안히 향유하게 되면 가능한 대로 대리석이나 사암으로 된 일종의 기념물을 바치기로 서약하였던 것이지요.

당신에게 무슨 기념물이 필요할까! 당신은 당신에게서 최고의 높은 경지에 도달했지요. 또 주변을 기어 다니는 개미들은 당신의 이름에 대해서 아무런 관심도 없지만, 당신은 건축기사와 같은 운명을 가지고 있고, 산은 구름을 머금고 솟아 있지요. …… 또한 오로지 우수한 사람만이, 나의 엉성한 쪽배를 타고 대양에 도전하기 전에 내가 승리자인 죽음을 맞이할 것이 더 가능하다고 볼 것입니다. 여기 나의 사랑하는 사람의 이름을 둘러싸고 푸르른 이 숲에서 나는 당신의 이름을 당신의 탑에 마찬가지로 날씬하게 솟아 있는 너도밤나무에 새겨 넣었고, 이 손수건에는 선물을 담아서 그 나무의 네 귀퉁이에 걸어놓았습니다. 성스러운 저 제자에게 구름에서 내려온 저 천과 다르지 않게 완전히 순수한 짐승들과 순수하지 않은 짐승들이 있고, 그처럼 또한 활짝 핀 꽃들, 화초들, 이파리들, 또한 잘 건조된 풀과 이끼들이 그리고 밤새 쑥쑥 자란 버섯들이 있지요. 이 모든 것을 나는 하찮지만 나의 오락을 위해 추운 지역을 산책하는 중에 채집하면서 모았으며 당신에게 대리의 명예를 위해서 봉납합니다.

"그것은 별로 좋지 않다"라고 이탈리아인이 말하고는 옆을 지나칩니다. 어린애들 같으니라고! 프랑스인은 노래를 부르면서 의기양양해서는 자신의 상자 위에서 그리스로 뛰어 올라갑니다. 그는 그것을 경멸할 수 있도록 그것에 무엇을 했나요?

이방인이여! 자신의 무덤에 부활한 고대의 천재가 당신의 것을 묶어버린 것이 아닌가요? 그대는 비례를 고집하고 한 자투리에 강력하게 집착하고, 그대를 위한 별장을 성스러운 잔해를 가지고 수선하며, 그대가 정확하게 거대 건물에 관한 변명을 제시할 수 있기에 예술의 비밀을 지키는 자라고 스스로 간주합니다. 대중의 영혼이 그대에게 도래하면 그대는 오히려 혼잡한 것으로 그것을 느껴왔습니다. 그대는 그것에 경악하고, 그대는 모방만 한 것이 아니었습니다. 왜냐하면 사람들이 그것을 행하고, 그것이 아름답기 때문입니다. 그대는 그대의 구상들을 필연적이고 진실한 것으로 만들어냈을 것이며, 살아 있는 아름다움이 그것들로부터 형성되어 솟아나왔을 것이지요.

그리하여 그대는 그대의 필요들을 일종의 진리와 아름다움의 모습으로 칠해버렸습니다. 그대가 기둥들의 멋진 인상을 만나자 그대는 또한 그것들에 부족한 것이 있다고 보고 그것들을 벽으로 둘러싸며, 또 열주를 가지길 원하여 베드로 성당의 현관을 아무 데로도 인도하지 않는 대리석 통로를 쌓아서 담으로 두르고 있습니다. 그래서 부적당하고 불필요한 것을 경멸하고 증오하는 어머니인 자연은 당신의 민중을 내몰아서 그들의 훌륭한 솜씨를 공공의 하수구가 되도록 더럽히게 하였으며, 그들로 하여금 세계의 경이 앞에서 눈을 돌리고 코를 막게 하였던 것입니다.

이제 모든 것이 자신의 길을 가며, 예술가의 변덕이 부자의 고집에 기여하고, 여행기 작가는 하품하며, 우리의 아름다운 영혼인 이른바 철학자들은 오늘에 이르기까지 예술의 원리와 역사를 그것들이 형성되기 전의 소문으로부터 쥐어짜내고 있으며 비밀의 현관에서 저 사악한 천재는 진정한 인간들을 죽이지요. ……

그 천재에게서 더 해로운 것은 사례들보다 바로 원리들입니다. 그 앞에서는 각 사람이

각 부분을 작업할지도 모릅니다. 그 천재는 영원한 하나의 전체 속에서 함께 성장해온 부분들이 두드러지는 영혼을 가진 최초의 사람입니다. 그러나 학파와 원리는 인식과 실천의 모든 힘을 묶어놓고 있습니다. 그대는 새로운 프랑스식 철학의 전문가로서, 그 점이 우리에게 뜻하는 바는, 최초로 필요를 절감한 인간이 네 개의 기둥을 박고 네 개의 막대기를 그 위에 묶으며 그 위를 가지와 이끼로 덮었다고 보는 것인가요? 그로부터 지금 그대는 심지어 자신의 새로운 바빌론을 단순한 가부장적인 의지를 가지고 지배하는 것처럼 우리 나름의 고유한 필요를 판단하고자 합니다.

내가 처음 대성당을 향해 가고 있을 때, 나는 머리에 좋은 감식에 대한 일반적 지식이 가득 차 있었습니다. 귀동냥에 근거해서 나는 집단의 조화와 형태의 순수함을 존경하고 있었으며, 뒤죽박죽 제멋대로인 고딕 장식에 노골적인 적대감을 가지고 있었습니다. 한 사전의 항목(줄처[2]의 책에 있는 표제어 고틱Gotik)과 똑같이 고딕적이라고 하는 표제 아래 모든 동의어적인 오해를 쌓아놓았습니다. 그것들은 불확정, 무질서, 부자연스러움, 잡동사니, 누더기, 과도한 덧씌우기가 내 머리에 스쳐 지나가게 했습니다. 모든 외국 민족을 야만인이라고 부른 그 민족보다 영리하지는 못하게, 내가 지닌 체제를 통과하지 못한 모든 것이 '고딕적'이라고 여겨졌지요. 그것은 우리의 시민 귀족이 집을 치장하는 세공되고 다채로운 꼭두각시와 그림책에서부터 고대 독일 건축의 진지한 유물에 이르기까지 해당됩니다. 이에 관해 나는 몇 개의 모험적인 당초 문양 탓에 일반적인 노래에서 표현되듯 "모든 장식이 전체를 죽인다"는 느낌을 받았으며, 왜곡되게 만들어진 곱슬머리의 괴물을 보고는 그 앞에서 매우 두려워졌습니다.

어떤 기대하지 않은 발견과 더불어서 나를 소스라치게 한 것은 내가 그 앞에 섰을 때 본 모습이었지요. 하나의 더 온전하고 더 커다란 인상이 내 영혼을 채웠으니, 수천 개의 조화로운 개체들로 이루어졌기 때문에 나는 그것을 다 맛보고 즐길 수는 있었으나 결코 인식하고 깨달을 수는 없었습니다. 그것들은, 그곳에는 천국의 기쁨이 있을 것이라고 말합니다. 천상과 지상의 기쁨을 누리고 작품들 속에 있는 우리의 오래된 형제들의 위대한 영혼을 품기 위해 내가 얼마나 자주 되돌아왔는지! 나는 모든 면에서 모든 낯섦에서 벗어나서 대낮에 그의 경이와 탁월함을 조명하기 위해서 얼마나 자주 되돌아왔는가! 형제의 작품이 높이 찬양될 때 단지 그에게 절하고 존경을 표해야만 하는 것이 인간의 영혼에게는 어렵습니다. 저녁 땅거미가 연구와 관찰로 지친 나의 눈을 친구다운 평안으로써 회복시켜준 것이 얼마나 많은가! 그때에 그것을 통해 무수한 부분들이 전체적인 덩어리로 녹아지고, 이제 이 덩어리가 단순하고 거대한 모습으로 내 영혼의 앞에

2 | 줄처(Johann Georg Sulzer, 1720~1779)는 스위스의 계몽사상가로 프랑스 학자들이 편찬한 백과사전의 영향을 받아서 《일반예술이론Allgemeine Theorie de Schönen Künst》 4권을 1771~1774년에 저술하였다. 미술, 음악, 수사학에 이르기까지 900개의 항목을 설명하고 있는 이 책은 19세기까지 널리 보급되었고, 18세기 독일미학의 대표적인 저술로 인정받았다. 특히 미술은 관찰자에게 느낌을 주어야 한다는 이론을 제시하여 교육적인 영향력을 발휘했다. 청년 괴테는 이런 주장에 반박하여 미술의 본질은 아는 것이라고 답변하였다.

서 있었고, 내가 가진 힘은 즐겁게 전개되어 동시에 즐기고 알게 되었습니다. 나에게는 저 위대한 작품을 만든 장인의 천재성이 별로 보답받지 못한 것으로 드러났습니다. "너는 무엇에 경악하니?"라고 그가 나에게 속삭입니다. "이 모든 덩어리들은 없어서는 안 되는 것이지. 그리고 너는 우리 도시의 모든 오래된 교회에서 그것들을 보고 있지? 나는 교회의 자의적인 크기를 비례에 따라서 세웠을 뿐이란다. 양편에 있는 더 작은 문들을 내려다보는 그 정문 위에 넓은 원형의 창문이 열려 있으며 그것은 교회의 본당에 잘 어울린다. 그렇지 않다면 창문은 그 위에 높이 있는 종루에 더 작은 창이 필요한 것처럼 햇빛 구멍일 뿐이다! 그 모두가 필요했고, 나는 그것을 아름답게 만들었지. 아, 그러나 내가 어둡고 높은 구멍들을 통해서 여기에서 비켜나 떠 있을 때, 그것들은 공허하고 헛되게 서 있는 것으로 보인다. 나는 대담하고 날씬한 그 형태 속에다 비밀로 가득한 힘을 숨겨놓았는데, 그 힘들은 저 두 개의 첨탑을 공중 높이 솟게 해야만 했지. 아, 그것들 중에서 하나만이 서 있는데, 슬프게도 다섯 개의 탑이 둘러싸는 장식도 없다. 나는 그것에 대해 속주들이 그와 그의 왕인 형제를 둘러싸고 섬기도록 하였던 것이다. 그리고 내 앞에서 그것은 그렇게 사라졌다. 그리고 나는 동정하는 슬픔에 잠겼다. 그곳에 있는 수천의 구멍에 살고 있는 아침 새들이 태양을 환호하고 나를 선잠에서 깨울 때까지 그랬다. 아침 이슬에서 해는 얼마나 나에게 신선하게 빛났는지, 내가 얼마나 기뻐하여 내 팔을 그것을 향해 펼쳤는지, 그 거대한 조화로운 덩어리들이 보여주었으며 수없이 작은 부분들에게 생기를 불어넣었다. 영원한 자연의 작업에서 그런 것처럼 작은 실오라기까지, 모든 형태와 전체를 지향하는 모든 것, 확고해진 어마어마한 건물처럼 공중에 가볍게 스스로 올라가며, 마치 모든 것을 부수지만 그래도 영원을 위해서 존재하는 것처럼 그렇게 하였다." 천재여, 나는 당신의 가르침에 감사합니다. 나는 더 이상 당신의 깊음에서 어지럽지 않게 되었으며, 나의 영혼에 정신의 평강 한 방울이 떨어졌으며, 그 정신은 그런 일종의 창조를 내려다보면서 신처럼 말할 수 있지요. "보기에 좋았더라." ……

예술은 아름답기 이전에 오랫동안 형성되어야 하며 매우 참다운 것입니다. 흔히 위대한 예술은 아름다움 자체보다도 더 진리이고 위대합니다. 왜냐하면 인간에게는 만들고자 하는 본성이 있기 때문입니다. 그것은 자신의 존재가 확실할 때에 동시에 스스로가 활동하고 있음을 입증합니다. 인간은 아무것도 걱정하거나 두려워하지 않게 되자마자, 사실상 자신의 평안함 속에서 반쯤 신이 되기를 원하여 이리저리 재료에 따라서 그 재료에 자신의 정신을 불어넣습니다. 또 야만인은 그 모험적인 성향, 처참한 형태, 강렬한 색채를 가지고 그들의 야자수, 그들의 날개와 몸을 꾸밉니다. 또 이 작은 형상들은 가장 제멋대로의 형태에서 만들어지도록 하며, 형상은 형태의 비례가 없이 조화를 이룹니다. 왜냐하면 일종의 감수성이 그것들을 특징적인 전체로 창출하기 때문입니다.

이 특징적인 예술은 이제 진리에 속한 것입니다. 이것이 더 진지하고 더 일치하고 더 고유하고 더 독립적인 감수성으로부터 자신 주변에서 외국의 모든 것에는 무관심하고 참으로 알지 못한 채 작동할 때, 그것은 더 거친 야만이나 교양된 민감성에서 태어나는 것이므로 완전하고 살아 있는 것입니다. 예술은 민족들과 몇몇 사람들에게서 이와 관련하여 무수한 단계를 봅니다. 관계들은 오로지 아름답고 영원하며, 사람들이 그것들에 대한 동의를 증명하고, 그것들의 비밀을 느낄 수 있고, 그것들 속에는 신과 같은 천재의 생활만이 복된 멜로디에 따라 여기저기 다닐 수 있습니다. 영혼이 그런 관계들을 느끼는 데에 더 높아질수록 이 아름다움이 한 정신의 존재 안으로 들어오므로 그 아름다움이 정신과 더불어 이루어지는 것으로 보이며, 정신에 아름다움만큼 충분히 좋은 것은 없으며, 아름다움만큼 정신이 스스로 하는 것은 없으며, 그만큼 그 예술가는 더 행운이 많으며, 그만큼 더 탁월하되, 신의 도유식을 치른 자[3]에게 서서 간청하는 우리는 그만큼 더 의기소침하게 됩니다.

또 에르빈이 상승하였던 단계로부터 그에 의해 밀쳐질 사람은 아무도 없습니다. 여기에 그가 만든 작품이 서서 걸어 다니며 중세Medi Aevi의 위축되고 칙칙한 성직자의 자리 위에 근거하여 더 강하고, 더 거칠고, 더 독일적인 정신에서 영향을 미치는 관계들이 가지는 진리와 아름다움의 가장 깊은 감정을 인식합니다. ……

우리의 시대는 어떤가요? 자신의 천재성을 포기하고, 자신의 자식들을 에둘러 보내고, 그들을 파멸시키기 위해서 외국의 식물들을 모으고 있습니다. 더 악하게 끌어모으고 있는 경박한 프랑스인은 적어도 자신의 약탈물을 하나의 전체에 배치할 만한, 일종의 해학을 가지고 있으며, 이제 그리스식 열주와 그것의 속죄한 여인 막달레나에게서 비롯하는 독일식 궁륭을 가지고 경이의 신전을 짓습니다. 한 명의 독일 예술가로부터, 그가 추구하고자 할 때부터, 옛 독일 교회에 이르기까지 하나의 관문을 발견하기 위한, 고대의 훌륭한 열주 작품의 완성된 모델을 나는 보았습니다.

우리의 번지르르한 꼭두각시 화가들이 나에 의해 얼마나 심하게 미움을 샀는지에 관해 나는 열변을 토하지는 않겠습니다. 그들은 극장의 설비들과 거짓된 안색과 다채로운 의복들을 통해서 부녀자들의 눈을 사로잡아왔지요. 풋내기들이 비웃지만 남자다운 알브레히트 뒤러Albrecht Dürer는 당신의 나무 조각상으로 말미암아 내게는 반갑게 여겨졌습니다.

3 | 국왕을 지시한다.

또 당신들, 훌륭한 남자들이여, 그대들에게는 최고의 아름다움을 즐길 여건이 제시되었는데, 이제부터는 당신들이 누릴 지복을 멀리하도록 그 여건이 추락되었습니다. 당신들이 가진 것이 그 천재를 해치고 있습니다. 그 천재는 어떤 외국의 날개가 없이도 그렇지만 아침노을의 날개들이 있다면 솟아나서 움직여질 것입니다. 그것이 자신의 힘이니, 그 힘은 어린이의 꿈에서 전개되고, 젊은이의 생활 속에서 작용하여, 그가 성 안의 사자처럼 강하고 기민하게 되어 서둘러서 약탈에 나설 것입니다. 이를 위해 그들을 교육하는 것이 대체로 자연입니다. 왜냐하면 그들의 교육자들은 다채로운 무대로 꾸밀 수 없으며 항상 현재의 척도에 따라서 자신의 힘을 다루고 향유할 뿐이기 때문입니다. 친애하는 그대 소년이여! 그대는 모든 형태에 대해서 경쾌한 마음으로 시험해보도록 관계에 관한 하나의 날카로운 눈을 가지고 태어날 것입니다. 왜냐하면 점점 삶의 기쁨이 그대 주변에서 깨어나고, 그대는 일한 후에 향락을 환호하면서 두려움과 희망을 느낄 것이기 때문이지요. 그것은 가득한 수확이 자신의 그릇을 채울 때에 포도 재배자가 외칠 대담한 외침이며, 쓸모없어진 낫을 들보에 걸어놓을 때에 추는 수확자의 신명 나는 춤인 것입니다. 이어서 더욱 남자답게 욕망과 삶의 강력한 신경이 그대의 붓 속에서 살 때에, 그대는 노력했고 충분히 괴로움을 당했으며 충분히 향유했고 이 세상의 아름다움에 배불렀으니 여신의 품에 휴식할 가치가 있고 여신의 가슴을 느낄 가치가 있습니다. 그것이 그를 신으로 만든 것이지요. 헤라클레스는 새로 해산합니다. 하늘의 아름다움이 그를 받아들이고, 그대는 신들과 인간들의 중간자로서 프로메테우스 그가 신들의 지복을 세상에 가져온 것보다 더 많은 것을 가져올 것입니다.

자료
06

서양 중세의 라틴어 편력학자들vagabonds의 권주가

베네딕트보이어른Benedictbeuern 수도원의 필사본: 헬렌 워델Helen Waddell, 《중세 라틴 서정시Medieval Latin Lyrics》, Henry Hold and Company, 1948, pp. 184~187.

이름 높은 술고래들
그대들은 목마르지 않아도
게걸스럽게 마셔댈 수 있고
술대접은 잊어 먹지도 않고
종종 찾는 술대접들은 잠도 안 자며

듣지도 않은 설교는 튀어나오지.

그대들 중 누가 고래가 될 수 없다면 이 잔치에서 멀리 떠나게나.
여기는 샌님을 위한 자리가 아니니
기분 좋은 사람들 속에서는 얌전한 체하는 것이 촌스럽고
그것의 확실한 증인은 술을 안 먹는 것이지.

만약 센 포도주를 즐기지 않는
어떤 자가 혹시 여기에 숨어 있거들랑
저 문에서 자신을 드러내도록 하고
이 무리에서 떠나게나.
우리에게 죽음보다 더 부담되는 것은 그런 사람이 남아서
동무들에게서 떠나 사라지는 것이라네.

자네가 앞장서서 필적할 자 없이 마셔대어
발로 설 수도 없고, 똑바른 발음이 안 나와도
자네를 무엇보다 축하하는 것은
언제나 가장 큰 잔을 비우는 것일세.

여신이 남신과 결합되지 않도록
남신은 여신을 경멸한다네.
왜냐 하니 리베르Liber[4] 라 불리는 신은
자유로움으로 영예로워지되
그녀의 덕성은 술대접 속에서 사라지고
포도주는 둘의 결합 속에서 손상되기 때문이네.[5]

여왕이 혼인 중에 있으면,
여신이라고 불릴 수 있으나
입맞춤을 받고 싶어 하는
그런 큰 짝에게는 무가치하지.

4 | 리베르는 흔히 바쿠스, 디오니소스와 혼동되는 라틴 신이다.

5 | 여신은 물, 남신은 포도주를 상징한다. 당시에 일반인들은 포도주에 물을 섞어서 마시는 것이 관행이었으나 편력하는 지식인들은 할 수 없는 일이었다.

그는 바쿠스가 물에 섞이는 것을 결코 원하지 않으며

리베르가 세례 받는 것을 견디지 못한다네.

자료 07

중세기의 문학에 나오는 여성의 이미지와 사랑

브라이언 타이어니·시드니 페인터, 《서양 중세사, 300~1475》, pp. 424~427.

11세기 말에 속어 문학이 프랑스에서 출현하기 시작했다. 프랑스 왕국의 인민은 두 개의 상이한 로망스어를 말하였다. 북쪽에는 랑그도일Lague D'oïl, 남쪽에는 랑그도크 Langue D'oc가 그것인데, 이 다른 이름들은 '예'라는 단어를 다르게 발음한 데에서 비롯하였다. 랑그도크 언어로 쓰인 가장 오래된 문학은 사랑을 주제로 한 서정시였다. 이 시의 기원은 모호하다. 분명한 것은 어느 정도의 민중시가 로마 시기부터 남프랑스에 살아남았고, 이것이 원작으로서 기여했을지도 모른다는 사실이다. 그런 후 피레네 넘어 에스파냐에서 서정적인 사랑의 시가 아랍인들 사이에서 유행했다. 비록 내용이 아니더라도 그 형식이 이 원작에서 왔다는 증거가 있다. 하여튼 11세기의 마지막 몇 년간에 남프랑스의 시인들은 랑그도크의 언어로 연애시를 만들기 시작했다. 그 생각은 이 지역의 최대 봉건 군주인 푸아투의 백작이며 아키텐의 공작인 윌리엄 9세의 관심을 끌었다. 윌리엄 공작은 시를 쓰기 시작했다. …… 윌리엄의 보호는 새로운 예술이 유행하기에 충분했다. 곧 다수의 시인들이 알프스와 피레네 사이에 생겼다. 그들은 트루바두르라고 불리었다. …… 트루바두르가 지은 시의 기본적인 주제는 가치 있는 여인에 대한 연모가 가져오는 유익한 효과였다. 귀족 출신의 여인을 사랑함으로써 남자는 더 나은 기사요, 더 나은 시인이 된다. …… 최초의 트루바두르들은 상상력이 있는 예술가였다. 그러나 바로 이 시는 지극히 구태의연하게 되었다. 모든 여인들은 백옥의 피부를 가진 금발이었다. 그들을 사랑하는 자들은 음식에 관심이 없으며 더위나 추위도 개의치 않는다. 그들의 마음은 언제나 자신의 여인에 대한 사랑에 완전히 몰두한다. 만약 한 사랑하는 자가 자신의 여인을 위해 오랫동안 충직하게 봉사하고 그녀의 명예를 위해서 많은 시를 쓰면, 그 여자는 미소, 키스, 심지어 더 친근한 애정 표시로써 보답한다. 이 여인들은 언제나 기혼녀였으므로, 학자들은 이 시가 간통의 부수물이 아닌가 궁금해했다. …… 독일에서 민네징어[6]는 비교적 짧은 시간에 번성한 반면, 트루바두르 전통은 르네상스 때까지 이탈리아에서 지속되었다. 반면 프랑스와 영국에서 시 쓰기는 대도시의

6 | 민네징어Minnesinger 혹은 민네쟁어Minnersän-ger로 표시된다. '민네Minne'는 '사랑'이나 '깊은 사랑의 추억'을 뜻하며 '징어Singer'는 '가수'라는 뜻이다. 사전에는 궁정의 가인歌人이라고 번역되지만, 이들의 신분은 전문적인 가수나 하층민이 아니라 하급 귀족의 구성원들이라는 점을 염두에 두어야 한다. 이 전통은 애초 프랑스 트루바두르의 영향을 받았으나, 11세기 말에는 독자성을 가지면서 발전하다가 15세기에 이르러서는 평민적인 성향의 마이스터쟁어Meistersänger로 흡수되면서 사라진다.

시민들이 떠맡았으며 14세기까지 그들 사이에서 유지되었다. 트루바두르의 관념이 북쪽으로 이식되자, 사랑이라는 말은 오히려 다른 의미를 띠었다. 트루바두르에게 멀리 떨어져서 여인을 존경하고 충실한 수고를 바치는 것이 사랑이 부여하는 혜택을 가져다 줄 수 있었다고 여겨진 반면, 북유럽의 작가들이 사랑에 관해 이야기하는 경우 그들은 성적인 관계를 의미했다. 귀부인이 귀하게 대우받을 수도 있겠지만, 이것은 순전히 형식 문제이며 결코 시인이 그 여인에게서 기대하는 것이 무엇인지는 자명했다. 이 변화는 북구의 남자들이 남쪽의 남자들보다 덜 문명화되고 더 거칠었다는 데에서 나온 결과일지도 모른다. 그러나 이는 사람들이 사랑에 대한 새로운 생각을 찾을 때 돌아갈 근원에서 온 것일 수도 있다. 12세기의 남자들이 정보를 원할 때, 그들은 고대의 권위로 자연스럽게 돌아갔다. 궁정 사랑에 빠진 사람은 곧 그런 작품을 발견했다. 즉 오비디우스Ovidius의 《사랑의 기술Ars Amoris》이었다. 오비디우스는 영원한 가정생활에 묶이는 여자가 거의 없는 사회에 관해 글을 썼다. ……

무훈시에서 여자들은 보잘것없는 자리를 차지했다. 때때로 우리는 아들을 전쟁에 보내는 모친이나 남편에게 야만적으로 구타당하는 아내를 본다. 곧이어 여기저기에서 매력적인 공주가 나타나는데, 그리스도교인이거나 무슬림이다. 이 공주들은 어떤 기사의 침대에서 함께하려는 열정으로 타오르고 있다. 무슬림 공주들의 등장은 관심을 끌었으니 개종하고 세례를 받아야만 한다. 이 의식은 그녀들을 옷 벗게 하고 그들이 가진 매력을 세세히 묘사하는 것을 포함한다. 후대에 나오는 무훈시에서나 궁정 사랑에 관한 단편적인 생각이 엿보일 것이다. 서정시는 여인을 즐겁게 하기 위해서 쓰였으나, 무훈시는 단정적으로 말해 남자들의 취향을 위한 것이었다.

자료 08

중세의 드라마

브라이언 타이어니·시드니 페인터, 《서양 중세사, 300~1475》, p. 429.

모든 주요 언어에서 중세적인 속어 문학의 중요한 줄기를 이루는 많은 드라마에도 유사한 세속적인 취미가 있었다. 13세기에 이르면, 세 종류의 연극이 일반적으로 상연되었다. 신비극은 성서에 토대를 두었고, 기적극은 성인들의 삶에서 나왔고, 윤리극에서는 배우들이 인격화한 덕과 악덕—지혜, 우둔, 분노, 탐욕 등으로서 등장하였다. 때로는 오래된 로마 극장에서 또는 더 일반적으로는 시 광장에 세워진, 조잡한 막을 갖춘 나무

무대에서 연극들이 상연되었다. 잉글랜드에서 연극은 시내로 끌고 다닐 수 있는 짐마차 위에 올려져서, 여러 다른 장소에 정차하여 다른 관객을 위해서 공연을 반복할 수 있었다. 링컨 극처럼 더 큰 신비극 모음은 구약성서, 신약성서에 근거한 열두 개의 막에서 인간의 몰락과 속죄에 관한 전체 이야기를 제시하였다. 흔히 한 도시 내의 길드가 특별한 장면을 만들 책임을 지기도 했는데, 가능하면 적절한 길드를 뽑았다. 목수들은 노아의 방주 짓기를 연기하였고, 포도주 상인은 카나의 결혼식 장면을, 제빵사들은 5000명을 먹이는 것을 연기하였다. 조잡하고 우스운 일화들이 엮어져서 아주 장엄한 주제를 다루는 극이 되었다. 그러나 이것은 단지 어느 정도 종교가 중세 일상생활의 부분이며 편린에 불과한지를 보여줄 뿐이다. 어떤 부수되는 것들은 아마도 근대적인 종교적 감각에 어울리지 않은 것으로 보일지도 모른다. 마귀는 종종 웃기는 인물로 등장하여 조롱받는 것으로 보였다. 더욱 놀랍게도, 성 요셉은 때로 매정하게 행동하는 것으로 그려진다. 분명히 중세 남자들은 비록 신에 의해서일망정 부정한 일을 당한 아내의 남편이 된 남자에게서 어리석은 것을 보지 않았을 리 없었다. 링컨 극들에서 요셉은 부부가 베들레헴으로 여행할 때 부인에 대해 야비하고 무례한 고집이 센 심술쟁이로 등장한다. 마리아가 그에게 벚나무에 올라가서 버찌를 좀 따달라고 요청한다. 그는 무뚝뚝하게 거절하고 내뱉듯이 말하였다. "당신에게 아이를 가지게 한 분에게 버찌를 가져다달라고 하지!" 그러나 이 말에 벚나무가 기적적으로 마리아에게 구부러져서 그녀에게 자신의 과실을 준다. 이때 관객들이 크게 즐거워한 것은 의심할 필요가 없다.

자료 09

크리스틴 드 피장, 사악한 여성을 창조한 것은 신의 실수인가?: 《여성들의 도시》 서문

《정치사상에 관한 프린스턴 대학 읽기 교재: 플라톤 이후의 필수 텍스트Princeton Readings in Political thought: essential texts since Plato》, 미첼 코헨Mitchell Cohen · 니콜 퍼몬Nicoole Fermon 편집, Princeton University Press, 1996. pp. 153~155.

어느 날 나는 온갖 종류의 주제를 다룬 책들로 둘러싸인 내 서재에 홀로 앉아서 습관대로 문학 연구에 몰두하고 있었다. 내 마음은 내가 오랫동안 연구해온 여러 저자들의 무게 있는 의견들을 오랫동안 곰곰이 생각하는 중이었다. 그러다 나는 책에서 눈을 떼고 그런 미묘한 문제들을 건드리지 않고 약간의 가벼운 시들을 읽으면서 휴식하기로 하였다. 이런 마음으로 나는 어떤 작은 책을 보았다. 우연히 기이한 책 한 권이 내 손에 들어왔는데, 내가 산 것이 아니라 다른 책들과 더불어 들어온 책이었다. 그것을 들어서 열고는 겉표지에서 그 책이 마테올루스Mathéolus의 작품임을 알게 되었기에 나는 미소 지었다. 왜냐하면 비록 전에 본 적이 없었어도, 나는 다른 책들과 마찬가지로 그 책에서는 저자가 여성에 대한 존경을 논의하고 있다는 말을 종종 들었기 때문이다. 즐기고자 그 책을 통독하기로 했다. 나는 별로 그 책을 읽지 못했다. 어진 어머니께서 저녁밥으로 재충전하도록 나를 부르셨던 것이다. 다음 날 읽으리라고 다짐하고서 그 책을 내려놓았다. 다음 날 습관처럼 서재에 앉으니 마테올루스가 지은 책을 검토하기로 했던 생각이 떠올랐다. 읽기 시작했고, 잠시 시간이 지속되었을 뿐이다. 왜냐하면 그 주제는 거짓말을 좋아하지 않는 사람들에게는 별로 재미가 없으며, 덕이나 태도를 발전시키는 데 아무런 소용이 없는 것으로 보였기 때문이다. 나는 더 고상하고 유익한 연구에 나의 주의를 집중하고자, 그 책을 끝까지 읽기를 그만두고 내려놓았다. 그러나 이 책을 보니 나는 궁금해지기 시작했다. 그처럼 다양한 남자들이, 이들 중에는 학식이 높은 분들도 있겠건만, 말하고 연구하고 글을 쓰면서 여자들과 여자들의 행위에 관해서 그처럼 악의에 가득 찬 수많은 모욕을 표현하는 경향은 어떻게 생겼는가? 한두 사람 그리고 이 마테올루스(이 책은 하여간 악평을 받고 있으며 풍자로서 의도된 것이다)만 아니라 더 일반적으로 모든 철학자들과 시인과 연설가들로부터 판단하자면—그 사람들의 이름을 열거하는 것은 너무 시간이 오래 걸릴 것이기에—그들은 모든 한 사람과 동일한 입으로부터 말하고 있는 것처럼 보였다. 그 사람들은 한 가지 결론에서 일치했다. 즉 여자들의 행동은 모든 사악으로 기울며 거기에서 비롯한다는 것이다. 이런 문제들을 곰곰이 생각하면서 내 성격을 검토하였으며, 타고난 여자로서 행동하기 시작했고, 마찬가지로 내가 빈번히 교제했던 다른 여자들, 공주들, 고관 부인들, 중하층 계급의 여자들을 따져보았다. 이 여자들은 자신들의 가장 사적이고 친밀한 생각들을 내게 토로하였는데, 내가 공정하고 양심적으로 그렇게 많은 귀족 남자들의 증언이 사실인지 판단할 수 있기를 원하면서 그러했다. 내가 가진 지식을 최대로 활용하여 아무리 오랫동안 그 문제를 대하고 분석해보아도, 여자들의 자연적인 행동과 성격을 비교해보았을 때 남자들의 주장이 얼마나 사실일 수 있는지를 보거나 깨달을 수 없었다. …… 그리고 나는 내가 느꼈고 알고 있던 것보다는 다른 사람들의 판단에 더 의존하였다. 오랫동안 이런 식으로 생각하는 데 매우 고착되어 있었으므로, 마치 내가 멍청한 상태에 있는 것처럼 보였다. 용솟음치는 샘물처럼 저자들이 연이어서 떠올랐다. 나는 이 주제에 관하여 그들이 가진 의견과 더불어 그들을 하나하나 반추하였다. 마침내 나는 결론을 지었다. 신은 여자를 만들었을 때 무가치한 피조물을 지었다. 그리고 나는 의심했다. 어떻게 해서 그렇게 솜씨 좋은 장인이, 남자들의 말에 따르면, 모든 악과 악덕의 피난처요 거주지일 뿐 아니라 그것을 담는 그릇인 그렇게도 지독한 작품을 만들기로 계획할 수 있었을까? 이 생각을 하자, 엄청난 불행과 슬픔이 내 가슴에서 분출했다. 왜냐하면 나는 마치 우리들이 본성상 괴물인 것처럼 나 자신을 그리고 모든 여성을 혐오했기 때문이다. 게다가 울면서 나는 이런 말들을 했던 것이다. "오, 신이시여, 어찌 이런 일이 있을 수 있나요? 내가 믿음에서 벗어나 딴 길로 가지 않으면, 나는 결코 당신의 무한한 지혜와 가장 완전한 선하심이 좋지 않은 것을 창조했다고 하는 점을 결코 의심하지 말아야 하기 때문이지요. 당신께서는 매우 특별한 방식으로 여자들을 창조하지 않으셨고, 그때 이래로 여자가 가지면 당신을 즐겁게 할 저 성향들을 여자에게 주지 않으셨나요? 그리고 어떻게 해서 당신이 어떤 것을 만드는 데 실패할 수 있다는 것이 어찌 가능한지요? 그렇지만 여자들에 반대해서 판단되고 결정되고 결론에 이른 이 모든 고소들을 보세요. 만약 그렇게 결론을 내려서, 신이여 공정하신 주님이시여, 사실상 여성들에 그렇게나 많은 혐오가 있다면, 두 명 혹은 세 명의 증인이 효력을 발휘한다고 신 자신이 말씀하고 있으니, 왜 이것이 사실임을 의심하지 않아야 하지요? 슬프네요. 신이시여, 왜 당신은 나를 세상에 남자로 태어나게 해서 나의 성향들이 당신을 더 잘 섬기고 아무것에도 방황하지 않고 남자처럼 완전한 자가 되게 하지 않으셨나요? 그러나 당신의 친절함이 나에게까지는 미치지 않았기에, 가장 공정하신 주님인 신이시여, 제가 당신을 섬기는 데 게을러도 용서해주세요. 그리고 주인에게서 선물을 받은 것이 없는 종이 주인을 섬기는 일에 의무감이 덜하더라도 노하지는 마세요." 나는 울면서 이 기도를 신에게 드렸고 매우 오랜 시간 슬픔의 회상을 많이 했으며, 신께서 나를 이 세상에서 여자의 몸으로 살게 했으므로 어리석게도 나는 자신이 가장 불행하다고 생각했다.

자료 10 랭런드가 그린 농부 피어스의 꿈

윌리엄 랭런드, 《농부 피어스Piers, The Plowman》, Passus XVIII, pp. 177~178.

주님 말씀하시길, "……그래서 법에 따라서 지금부터 나는 이끌겠노라,

나를 사랑하고 나의 재림을 믿는 자들을.

그리고 루시퍼여, 이브에게 한 너의 거짓말로 인해서
너는 그 벌을 단단히 받을 것이라." 그리고 사슬로 그를 묶었지.
아스다롯[7] 과 모든 오합지졸을 구석에 감추었지.
그들은 감히 우리 주님을 쳐다보지 못하였네.
가장 배짱이 많은 자로 하여금 좋아하는 것을 끌어내고 그가 좋아하는 것을 하도록 하였지.
수백의 천사들은 수금을 치고 노래했지.
육체가 죄를 짓고, 육체가 정화하고, 육체가 신의 신으로서 지배하도다.
그런 후 평화가 피리를 불었지, 시의 어조로.
엄청난 구름이 지난 후 오로지 태양의 신이 더 밝은 법이지.
적대감이 지난 후 사랑이 더 분명한 것이지.
평화가 말하길, "매서운 소나기가 지난 후, 가장 영광스러운 것은 태양이지.
물기를 흠씬 먹은 구름이 지난 후보다 더 따스한 날씨는 없도다.
전쟁과 비애가 지나 사랑과 평화가 지배할 때보다
더 소중한 사랑도 더 다정한 친구도 없도다.
이 세상에 사랑이 만약 맘에 들면 웃음을 가져다주지 않으며
평화가 인내를 통해서 모든 위험을 중단하지 못했던
어떤 전쟁도 어떤 사악함도 없도다."
진리가 말하였다. "휴전이여, 그대는 우리에게 말하도다. 예수님을 따라서
우리는 언약 속에서 서로 붙들고 우리 각자는 다른 이에게 입맞춤하네."
평화가 말하네. "그리고 아무도 우리가 투덜댄 것을 알지 못하게 할까?
전능하신 그분에게는 불가능한 것이 없도다."
정의가 말하였다. "당신이 제대로 말하였소." 그러고는 평화에게 존경하며 입 맞추었지.
평화여, 그녀 평화여, 수 세기의 수 세기 동안
동정심과 진리가 서로 방해되었지. 정의와 평화가 입 맞추었네.
그러자 진리가 나팔을 불고 노래하였다. "우리는 신 당신을 찬양합니다."
그런 후 사랑이 류트를 연주하였네, 큰소리로.
보라, 얼마나 좋고도 즐거운가 등등.
동이 틀 때까지 이 처녀들이 춤추었지.
그래서 사람들이 부활을 알리고 바로 내가 깨운 그자와 함께

7 | 하늘의 여신.

그리고 나의 마누라 키트, 딸 캐럿을 불렀다—.
"일어나서 경배하라, 신의 부활을.
그리고 무릎으로 기어서 십자가에 가라. 그리고 보석처럼 입 맞추라.
신의 축복된 몸에 입 맞추라. 그것은 우리의 구원을 담당했다네.
그리고 그것은 악마를 놀래었지. 그것이 힘이라네.
어떤 섬뜩한 유령도 그 그림자에 들어올 것이 없네!"

자료 11

시민의 모습

제프리 초서Geoffrey Chaucer, 《캔터베리 이야기The Canterbury Tales》, A Complete Translation into Modern English by Ronald L. Ecker and Eugene J. Crook, Hodge & Braddock, 1993, 331~379행.

변호사와 동행하고 있는 향반[8] 한 사람이 있었지.
그의 수염은 거의 백합같이 하얗네.
그의 얼굴은 건강한 붉은색이었네만
그는 아침에 먹을 빵을 포도주에 적시길 좋아했네.
우리를 유혹하는 모든 즐거움에 빠진 자이기에
그는 진정 에피쿠로스의 아들이었지.
(그는 쾌락에 젖은 인생이야말로
진정한 행복을 주는 유일한 것이라고 보았지.)
그는 거대한 주택을 가졌으며 그의 선심 쓰기 덕에
자기 주위 사람들에게 성 율리아누스[9] 가 되었다네.
그가 주는 빵과 에일 맥주는 언제나 신선하고 좋았지.
더군다나 더 나은 포도주 재고를 가진 이도 없었지.
구워진 고기는 언제나 그의 집에 있지만
제일은 생선과 살로 만든 것이네만 각 손님에게도 그렇지.
거의 고기와 술이 눈처럼 내려 깔려 보이네.
또 사람들이 꿈이나 꿔보았을 온갖 진미가 있지.
그가 베푸는 음식은 같은 적이 없으니

8 | 'Franklin'을 번역한 것으로 자유민을 뜻하는데, 젠트리와 요먼의 중간으로 '지방 유지'라는 의미로 사용된다.

9 | 7세기에 '빈자' 혹은 '접대자Hospitaler'라고 불린 성인으로, 여인숙 주인과 여행자의 수호성인이다.

계절의 변화에 충실히 따랐으니 그렇지.
우리에는 자고새가 가득, 새들도 여느 것만큼이나 살지고
연못에는 잉어와 강꼬치고기가 허다하고
요리사의 양념장이 시큼하지 않고
모든 집기가 준비가 되지 않으면 치도곤이 있지.
그의 식탁은 홀 안에 자리 잡을 것이며
갖추어져서 한순간의 부름에도 준비되어 있다네.
주에서 치안판사 회의가 열리면 그는 영주이며 임금이었네.
종종 주의 기사가 되었으며
단검과 비단으로 만든 지갑이
그의 아침 우유처럼 하얀 허리띠에 달려 있네.
주장관 노릇도 했고 주 감사관도 지냈지.
더 가치로운 배신陪臣은 없었네.
잡화상인, 염색사, 목수,
태피스트리 제작사, 직조인도 있었지.
이들도 모두 복장을 잘 갖추었지.
조합원임을 나타내고 하나의 위대한 형제애를 보여주네.
그들이 걸친 장신구는 반짝거려서 새 걸로 간주되지.
그들이 가진 단검들은 청동으로 장식한 게 아니라
모두 은으로 했지. 깔끔하게 마감되어 늘어선 것은
모든 면에서 그들의 허리띠와 쌈지들이라네.
각각은 시민처럼 보였으니, 그가 앉을 자리는
상단에서 길드 전체를 마주볼 곳이지
만약 그들 중 아무나 주장관이라도 되고자 하는
계획이 있다면 그것을 이룰 수단과 머리가 있다네
충분한 수입과 재산이 있고
게다가 그런 계획에는 팔을 걷어붙일 마누라도 있지
그렇게 안 하면 그들은 스스로를 욕먹일 각오를 해야지
너무 멋진 일이지. '귀부인'으로 알려지는 것은
게다가 주일날에 수행원을 끌고 가는 것은

또 왕이 가는 길에 종자를 거느리는 것은

자료
12

위대한 화가 조토

조반니 보카치오, 《데카메론Decameron》, a cura di Vittore Branca. Torino: Utet, 1956. pp. 505~507.

여섯째 날 다섯 번째 이야기

네이필레가 입을 다물고, 키키비오스의 대답에서 부인들이 충분히 즐거워했기에 판필로는 여왕의 요청에 따라서 말했다.

가장 친애하는 여사님들, 조금 전 팜피네아를 통해서 제시된 것처럼 운명이 천한 기술 아래에 어떠한 경우에 덕의 가장 큰 상자를 감추어놓듯이, 마찬가지로 인간들의 가장 추한 형태 아래에도 자연에 의해서 엄청난 재능들이 놓여 있다는 사실이 발견됩니다.

우리나라의 두 시민에게서 그러한 것이 충분히 나타나고 있으니, 이분들에 관해서 나는 간단하게 이야기하고자 합니다. 이야기에 나오는 한 분은 포레제 다 라바타 씨라고 불리고 있는데 작고 보잘것없는 체격을 가지고 있으며 얼굴은 넓적하고, 안면은 개처럼 짓눌려 있으니 아주 못생긴 바론치 가문의 어떤 사람에게도 더럽게 여겨졌을 것입니다. 그렇지만 법에서는 엄청난 지각을 가지고 있었으며 많은 유력 인사들에 의해 민사재판의 거장으로 높이 평가되었습니다. 그리고 또 한 사람이 있는데 그 사람의 이름은 조토로, 엄청 뛰어난 재능을 가지고 있어서 만물의 어머니요 하늘을 계속 돌리면서 작동하는 자연이 더 이상 아무것도 그에게 줄 필요가 없을 정도였습니다. 그는 철필과 펜과 또는 붓으로 자연과 아주 비슷한 것을 그리지 않았습니다. 그것은 비슷한 게 아니라 오히려 보이는 것보다 더 굳건한 것이니, 그가 그린 많은 작품이 인간의 망막이 착각을 일으켜 그려진 것이 정말이라고 믿을 정도였습니다. 바로 이런 정도로 그는 저 미술을 빛나게 했습니다. 미술은, 그림을 그리면서 수 세기 동안 학자들의 지성을 만족시키기보다는 무지한 자의 눈을 현혹시키려는 의도를 가진 몇 사람들의 잘못으로 인해서 매장되어 있었지요. 그러니 그는 피렌체의 영광의 빛들 중의 하나라고 마땅히 말할 수 있습니다. 그리고 다른 사람들의 거장Maestro으로서 여기에 살고 있으면서 그런 영예를 받았습니다만, 그만큼 더욱 겸손함을 가지고 있어서 거장이라고 불리기를 항상 거부하였습니다. 그 호칭이 그에 의해서 그만큼 더 거부되고, 그에 관해 잘 알지 못하는 사람들에 의해서 또는 그의 제자들에 의해서 더 큰 욕심을 부려 탐욕스럽게 탈취될수록 그에게서 더욱 빛났던 것입니다. 그러나 그의 기교가 아무리 컸다고 하더라도 포레제 씨보다 더 낫다고 할 수 있는 것은 신체나 모양이나 전혀 없었습니다.

그러나 이야기로 넘어가 보겠습니다. 우선 무젤로에는 포레제 씨와 조토가 각각 소유지를 가지고 있었다고 나는 말합니다. 그리고 포레제 씨는 자신의 소유지를 보러 갔는데, 이때 마침 궁정에서 축제가 열리고 있었으며 우연히 마차를 끄는 늙고 나쁜 말 위에 앉아서 가는 동안에 이미 이야기해드린 조토를 발견했습니다. 그도 마찬가지로 자신이 목적한 것을 가지고서 피렌체로 돌아가고 있었습니다. 그는 타고 있는 말에서도 복장에서도 어떤 것에도 그보다 낫지 못하였는데, 마치 늙은이들처럼 평탄한 길을 가면서 함께 동행하였지요.

종종 우리가 여름에 만나게 되듯이 갑자기 내린 비가 두 사람을 덮치는 일이 벌어졌지요. 그들은 더 가능한 한 신속히 그들 각각의 친구이자 친척인 한 노동자의 집으로 피신합니다. 그러나 한참 지나도 비가 그칠 아무런 기미도 안 보이고 그들이 피렌체로 되돌아가기를 원했으므로, 그 노동자에게서 로마냐 주州의 오래된 덮개 옷 두 벌과 오래되어 완전히 너덜해진 모자를, 더 나은 것이 없었기에, 빌려서는 걷기 시작했답니다.

이제 얼마큼 가니 모두 다 물에 젖어버렸고 늙은 말들이 발로 만들어놓은 수많은 진창을 뒤집어쓰고 나서 (이런 것들은 다른 사람들에게 좋은 평판을 증가시키지는 않지요) 일기가 어느 정도 좋아져서 오랜 동안 침묵하고 있었던 그들이 따지기 시작합니다. 이제 포레제 씨는 말을 타고 가면서 가장 멋진 재담꾼이었던 조토를 힐끔 보게 되었는데, 옆모습과 머리와 전체를 훑어보니 모든 것이 아주 지저분하고 보잘것없음을 느끼고 자신에 관해서는 눈곱만치도 생각하지 않고 웃기 시작했지요. 그러고는 말했답니다. "조토, 너를 본 적이 없는 한 외국인이 우리를 만나게 될 때 현재 네 모습을 보고 그가 자네야말로 세상에서 제일가는 화가라고 믿을 것이라고 생각하나?" 그에게 조토는 즉시 대답하였습니다. "선생님, 그 사람이 당신을 보고서 당신이 가나다를 안다고 믿을 그때에 그가 그 사실을 믿을 것이라고 나는 생각합니다." 포레제 씨는 그 말을 듣자 자신의 잘못을 인정하고 팔린 곡식만큼 많은 돈이 지불되는 것을 깨닫게 되었답니다.

| 출전 |

베네딕트보이어른 수도원의 필사본: 이 라틴어 권주가는 13세기 말에 작성된 것으로 이전에 유포되던 시를 수도사들이 모아놓은 것이다.

제프리 초서, 《캔터베리 이야기》: 중세를 대표하는 영국의 시인 초서(1340~1400)가 1398년경에 착수한 작품이다. 이 책을 쓰던 시기에 초서는 궁정 생활 40년을 마치고 연금을 받기 시작했다. 특히 이 책의 프롤로그는 1387년에 마련된다. 다양한 경험이 바탕이 되어 이 작품이 만들어졌고, 어떤 면에서는 《데카메론》과 비슷한 소재와 내용을 가지는데, 초서는 생전에 보카치오의 작품을 본 적은 없었다. 그는 1381년에 일어난 농민 반란과 롤러드Lollard파에 대한 박해 등 중요한 사건을 겪었다.

요한 볼프강 폰 괴테, 〈독일 건축에 관하여〉: 독일의 대문호 괴테가 1772년에 쓴 수필로 원제는 'Von deutscher Baukunst'이다. 이 수필은 독일 지성인들로 하여금 독일 문화에 관한 새로운 인식을 가지게 하는 데 결정적인 영향을 주었다. 특히 고딕 양식의 중요성을 알게 함으로써 로코코와 프랑스 고전주의를 비판할 수 있도록 하였다.

크리스틴 드 피장, 《여성들의 도시Le livre de la cité des dames》: 피장(1364~1430경)은 베네치아에서 태어났다. 부친은 베네치아 정부의 관리였으나 프랑스 샤를 5세의 자문관이 되었다. 그리하여 온 가족이 프랑스 파리에서 살게 되었다. 15세에 혼인했으나, 25세에 남편과 사별하고 어려운 삶을 살았다. 특히 소송 문제로 인해 곤경에 처하기도 하였다. 이러한 과정에서 직업적인 문필가의 길을 열어갔다. 이 책은 1405년에 쓰였다.

윌리엄 랭런드, 《농부 피어스》: 저자인 랭런드에 관해서는 1387년경에 사망한 것 외에는 정확히 알려진 것이 별로 없다. 그의 작품에 나오는 방언이 그가 웨스트 미들랜즈에서 태어났음을 알려준다. 피어스를 통해 표현되는 사회 비판 의식이 존 위클리프John Wycliffe의 사상과 공통점이 있어 롤러드파로 생각되기도 한다.

| 참고문헌 |

램, 로버트, 《그림과 함께 읽는 서양문화의 역사 II: 중세·르네상스 편》, 이희재 옮김, 사군자, 2007.
박은구·이연규 엮음, 《14세기 유럽사》, 탐구당, 1987.
볼드윈, 존, 《중세 문화 이야기》, 박은구·이영재 옮김, 혜안, 2002.
브랑댕뷔르, 알랭, 《성당—빛과 색이 있는 건축물》, 김택 옮김, 시공사, 1997.
사카이 다케시, 《고딕, 불멸의 아름다움》, 이경덕 옮김, 다른세상, 2009.
스탬프, 리처드, 《교회와 대성당의 모든 것》, 공민희 옮김, 사람의무늬, 2012.
타이어니, 브라이언·페인터, 시드니, 《서양 중세사: 유럽의 형성과 발전》, 이연규 옮김, 집문당, 1989.
포시용, 앙리, 《로마네스크와 고딕》, 정진국 옮김, 까치글방, 2004.
하위징아, 요한, 《중세의 가을》, 이종인 옮김, 연암서가, 2012.
홍성표, 《서양 중세사회와 여성》, 느티나무, 1999.
임영방, 《중세 미술과 도상》 (수정판) 서울대학교출판문화원, 2005.
조중걸, 《중세예술: 형이상학적 해명》, 지혜정원, 2015.

22
농촌 장원의 변화
: 봉건제의 기초가 흔들리다

700~1050경	서유럽에 농업 위주의 경제 발달
1050~1300경	농업 진보, 서유럽 도시와 무역의 부흥
1180경	풍차 발명
1300~1450경	유럽의 경제 불황
1315	서유럽에 홍수
1347~1350	흑사병 대유행
1358	프랑스의 농민 반란
1381	영국의 농민 반란

중세의 경제 변화

1050년, 이 시점은 이민족의 침입이 종료되고 이후 상대적으로 평화로운 시대가 전개되었다. 그래서 이 시점을 전후로 중세를 1기와 2기로 나눈다.

중세 제1기의 인구는 12세기나 18세기에 비해 하락한 상태였다. 1000년경 서유럽의 인구는 1200~1500만 명이었는데, 14세기의 5천 만 정도에 비해서도 매우 적었다. 이와 같이 인구가 희소했기 때문에 주택가가 농경지나 목장으로 잠식되는 경우가 많았고, 인구는 고루 흩어진 양상을 보였다. 이 모두는 무질서가 주요 요인이었다. 중세는 낙후된 농사법으로 인해서 인구 부양력이 매우 저조했다. 교통의 경우 공공사업이 없었기 때문에 도로 사정이 악화되었고 교통이 매우 어려웠다. 하루에 해상으로는 100~150킬로미터, 육상으로는 30~40킬로미터를 이동할 수 있었다. 해상 교통이 육상 교통보다 훨씬 효율적이었다. 교류

는 주로 왕의 순찰 여행, 떠돌이 행상, 순례자들에게 국한되었다. 일반인들이 교류한다는 것은 생각할 수 없었다. 그러한 의미에서 국지적 이웃 관계가 국제 관계보다 더 소원했다. 교역은 유럽과 이슬람 지배하의 에스파냐를 잇는 길에서 가장 활발했다. 동방 교역로는 아드리아 해를 통하는 해상 교역로와 다뉴브 강을 통하는 육상 교역로로 나누어져 있었다. 교역로가 극소수의 도시를 중심으로 연결되었으므로 무역로가 다양하지 않았을 뿐만 아니라, 상품의 내용도 매우 빈약했다. 특히 동방의 사치품과 유럽 노예를 교환하는 거래가 이루어졌기 때문에, 서방은 늘 적자 상태에 있었다. 화폐가 결여되어 있어, 공물의 형태로 생산물이 이동하는 불규칙한 교역이 형성되었다. 또한 화폐의 결핍은 봉급의 사회적인 역할을 감소시켜서 피부양자와 부양자로 양극화되었고, 자연히 솔거부양이 많아지는 현상이 나타났다. 하지만 중세 전기의 경제에 대해서는 블로크의 이야기를 깊이 생각해볼 필요가 있다.|자료 1| 폐쇄경제라고 해서 모든 거래가 없었던 것이 아니라 필요한 정도의 교환거래는 존재했던 것이다.

중세 제2기는 중세 성기盛期, High Mediaeval Period로 불린다. 경작지가 확대되었을 뿐만 아니라 인구밀도도 높아졌다. 그 결과 황무지는 감소하고 정주지의 간격이 줄어들었다. 그리고 도시에 사는 사람들, 즉 부르주아지가 출현한다. 이 프랑스 단어는 성을 뜻하는 부르Bourg(독일어는 Burg, 영어는 Borough, 스페인어는 Burgo, 라틴어는Burgus)에서 파생된 것으로 '성안에 사는 사람'을 뜻한다.

이때의 교통은 비약적으로 발전하여, 마구의 사용법이 개량되면서 수레가 효과적인 도구로 사용되었다. 그리고 지중해의 항구가 상업 중심지로 성장했다. 대표적인 도시로 베네치아와 제노바가 있다. 이 도시들은 북유럽의 경제와 연결하는 관문으로서 동방에 가공물, 특히 모직물을 수출하였다. 또한 화폐 유통이 다시 부활했고, 귀금속의 유입으로 화폐량이 증가했다. 이렇게 된 데에는 식민 사업과 교류에 장애가 되었던 요인이 제거된 것이 한 몫을 차지했다. 이민족의 침입이 멈춘 것도 이와 같은 화폐 유통의 부활을 가속시켰다.

특히 중세기의 무질서는 유통을 방해하였다. 힘 있는 귀족들은 때로 산적으로 변모하여 상인이나 여행자, 순례자를 습격하였다. 사적인 복수도 만연하였

다. 이런 무질서에 대해서 교회는 조치를 취하였다. 이른바 신의 휴전Truce of God이 11세기부터 선언되었던 것이다.|자료 2| 이는 특정한 날에 사투를 금지하는 조치였지만, 이 교회의 운동에 국왕들이 크게 호응하였으므로 크게 보아 상업의 부활을 촉진하였다. 이뿐만 아니라 중세에는 이슬람의 세계와 마찬가지로 고리대금업을 죄악시하였으나, 이에 관하여 어느 선까지는 용인하는 이론이 나타나기도 한다.|자료 3|

위험과 기회의 14~16세기

14~16세기는 서양사에서는 이행기다. 이행기라는 것은 두 시대가 겹쳐 있는 시대를 말한다. 그래서 레오폴트 폰 랑케Leopold von Ranke는 이 시기를 매우 중요한 시기라고 지적했다. 한마디로 분위기는 위기였다. 기상 조건이 악화되었고 특히 평균기온이 하강했다. 이는 농업에 큰 타격을 주었다. 또한 전염병이 유행해서 많은 사람들이 질병으로 쓰러졌다. 정치 면을 보면, 귀족 상호 간의 자멸적인 전쟁이 있었다. 대표적인 예가 백년전쟁인데, 100년을 넘게 계속된 이 전쟁이 아무리 낭만적이었다고 하더라도 전쟁의 중심에 섰던 수많은 기사들의 희생은 불가피했다. 문화와 정신 면에서도 봉건제의 위기가 왔다. 더 나아가 근대적인 세계관이 등장하면서 그리스도교 세계관에 대한 공격이 이루어졌다.

흑사병은 1347~1350년에 만연했다. 서양 학자들은 중국에서 비롯하여 흑해의 항구에서 전파되었다고 말하지만, 전염의 양상을 보면 그런 판단은 잘못이다. 흑사병 연대기에 따르면, 1327년 이탈리아에, 1348년 프랑스에, 1349년 잉글랜드에, 1350년 아이슬란드와 러시아에 퍼졌다. 흑사병의 결과는 참혹했다. 인구의 3분의 1에서 2분의 1이 감소하였다. 흑사병은 한 번으로 끝나지 않고 풍토병으로 바뀌어서 잉글랜드에서는 1665년 런던 대역병, 프랑스에서는 1720년 마르세유 대역병이 일어나게 된다.

흑사병은 충격이었다. 첫째, 전반적인 공황이 초래되고 도덕이 붕괴되었다. 보카치오의 《데카메론》의 서문은 이를 있는 그대로 표현한다.|자료 4| 둘째, 교회에 큰 타격을 주었다. 전염병으로 많은 사제들이 쓰러져서 사제의 수가 격감하

였다. 셋째, 전염병의 원인을 알지 못하였다. 그 당시 가장 권위 있는 기관인 교회나 대학도 그 대책을 마련할 수 없었다. 이에 민중들은 나름대로 삶의 길을 모색했다. 그래서 나타난 것이 색다른 종교에 대한 광신이었다. 대표적인 것이 채찍질 고행자들Flagellants이었다. 이들은 서로의 몸을 피가 날 때까지 채찍으로 때리며 다니는 엽기적인 행위를 했다. 이러한 모든 상황이 중세 말의 미술에 반영되었는데 대표적인 것이 '해골의 춤Dance Macabre'이라는 장르이다. 이 그림은 중세인의 위기의식을 드러내고 있다.

도판 55 독일의 고딕 화가 미카엘 볼게무트Michael Wolgemut의 1493년 작품 〈해골의 춤〉. 이 그림은 중세인의 위기의식을 그대로 드러낸 것인가, 아니면 표현 양식의 하나일 뿐 위기와는 관련이 없는 것인가?

흑사병이 신앙에 미친 영향에 대해서 논쟁이 있다. 이탈리아 학자로 르네상스 세계관을 연구한 알베르토 테네티Alberto Teneti는 페스트가 유행한 이후 죽음에 대한 태도가 급변했다고 보았다. 즉, 죽음이 심판의 이미지를 가지게 되어서 영생에 대한 관심을 소멸시키고 근대의 특징인 세속화를 촉진하였다고 결론 내렸다. 반대로 아리에스는 죽음이라는 주제는 탁발 수도사Mendicant들의 개종 수단으로 널리 활용되었으므로 흑사병에 의해 단절된 이미지가 생긴 것이 아니라고 했다. 길게 보면 신앙심은 중세나 르네상스 시기에 공통이었지, 중세가 더 경건한 것은 아니므로 세속화를 촉진한 것은 아니라는 결론을 내린 것이다. 이처럼 테네티와 아리에스는 같은 현상을 놓고 정반대의 해석을 하고 있다.

흔히 중세 말에 흑사병으로 인해서 엄청난 위기가 도래했다는 것에 많은 사람들이 동의하고 있다. 그러나 흑사병 자체가 위기를 초래하기보다는 이미 14세기 초에 존재했던 문제들을 더욱 심화시키는 데에 기여했다고 해석된다. 가장 뚜렷한 위기는 장원 제도의 붕괴와 중세 도시의 변화에서 감지되었다.

농촌 장원의 모순과 변화

장원 제도의 핵심은 영주의 토지에 농민이 노동을 제공하는 것, 다른 말로 하면 부역賦役이다. 이것은 경제외적인 강제에 의해서 강요되었다. 12~13세기의 변화를 보면, 바로 이 장원제의 특징이 점점 약화되고 있다. 먼저 나타난 현상은 부역의 쇠퇴였다. 13세기에 이르면 대부분의 서유럽 국가에서 부역이 줄어든다. 그래서 직영지 부역의 경우에 1년에 며칠로 그 횟수가 줄어든다. 예를 들면 건초를 제조하거나 추수할 때, 즉 갑자기 다량의 노동이 필요한 경우에만 부역이 강요되었다. 영주는 평상시에 필요한 노동은 고용 노동력을 이용해서 확보했다. 그리고 농민들에게 큰 부담이 되었던 쟁기질, 운송 부역, 건초 작업은 화폐로 대납되었다. 화폐로 대납할 수 있었다는 것은 도시가 발전하고 이에 따라서 화폐경제가 상당히 진전되었다는 것을 의미했다. 1180년을 고비로 도시는 농촌에 큰 영향력을 미치게 된다.| 자료 5 | 도시의 상품이 필요했던 영주의 입장에서도 농민들에게 부역을 요구하는 것보다 이를 화폐로 받는 것이 더 유리했던 것이다. 따라서 이 시기가 되면 영주는 노동을 수취하는 자가 아니라, 지대를 수취하는 사람으로 변모하기 시작한다. 이를 고전 장원에서 지대 장원으로의 변화라고 말한다. 이러한 상황에서 12~13세기의 유럽의 팽창은 도시와 상공업의 발달로 이어졌고, 도시와 상공업의 발달은 영주로 하여금 수입을 증가시키게 한 요인이 되었다. 이뿐만 아니라 이 시기의 많은 도시에서는 도시로 농민이 도망할 경우 잡히지 않는다는 조건으로 1년 1일을 체류하게 되면 자유를 획득하는 것이 하나의 관행이 되었다. 그래서 독일어로 '슈타트루프트 마하트 프라이 Stadtluft Macht Frei', 즉 '도시의 공기가 사람들을 자유롭게 한다'는 격언이 나오게 되었다.

흑사병과 백년전쟁의 결과로 농업 노동력의 부족이 초래되었다. 이 시기 곡물가의 변동은 별로 없으나 농업 노동자의 임금이 현저하게 오르는 것을 찾아볼 수 있다. 이에 영주는 이미 효력을 상실한 부역을 다시 부과하려고 했다. '영주의 봉건 반동'이라는 움직임이 일어났다.| 자료 6 | 하지만 자유 임금 노동자들은 임금의 상승을 요구하였다. 국가는 임금의 동결을 시도하여 노동자법이 제정되

었다.| 자료 7 | 이처럼 임금을 동결하거나 과거의 관행을 회복하고자 했던 것은 현상을 거스르는 것이었다.

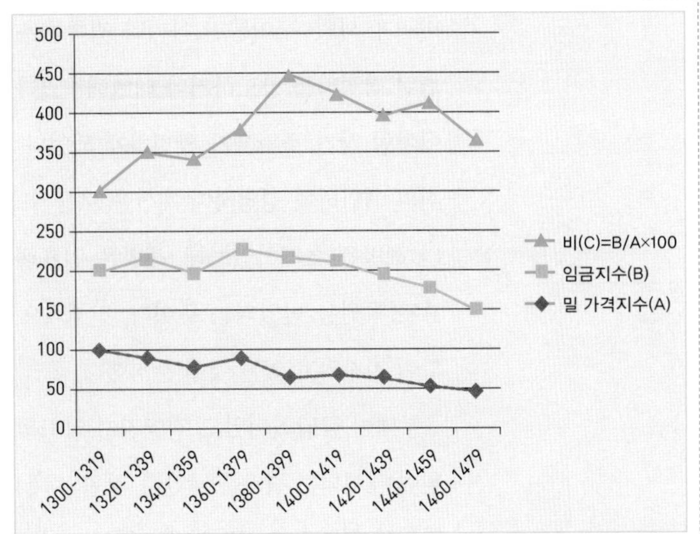

표 5 위 도표는 윈체스터 주교좌 영지의 밀 가격과 임금의 변동표를 그래프로 나타낸 것이다. 그러나 1315~1316년 사이에 기근이 있었으므로 이 기간을 기준으로 삼은 것은 잘못되었다는 반론도 있다.

농민의 반란과 귀족의 대응

선택의 길이 없던 농민들은 저항운동으로 눈을 돌렸다. 1358년 프랑스에서는 '자크리의 난La Grande Jacquerie'이 일어났다. '자크리Jacquerie'는 '농민들'이라는 뜻이다. 1381년에 잉글랜드에서는 와트 타일러Wat Tyler가 주도한 와트 타일러의 난이 일어났다. 이 난은 런던을 점령하여 국왕을 직접 대면하지만, 지도자였던 타일러가 살해되는 바람에 결국 수많은 농민들이 죽게 되면서 실패로 끝났다. 와트 타일러의 난은 실패로 끝났지만 그들이 남겨놓은 말을 주목할 필요가 있다. "아담이 경작하고 이브가 길쌈할 때 누가 젠틀맨이었는가?", "우리와 우리의 후손, 토지를 영원히 자유롭게 하고 다시는 예속인이라고 부르지 말게 하소서." 이 말에서 농민들이 무엇을 원하였는지 알 수 있을 것이다. 농민 반란은 잉글랜드와 프랑스에서만 일어난 것은 아니었다. 에스파냐에서는 카탈루냐 농민 반란이 유명했고, 농민 반란 중에서 가장 큰 반란은 농민 전쟁이라고 부르는 독일의 농민 반란이었다. 이처럼 농민의 반란은 전체 서유럽의 현상이었다.

들불처럼 번져 나간 농민 반란은 어느 곳에서도 성공하지 못하고 귀족들의 무력에 의해서 잔인하게 진압되었다. 하지만 이 사태를 경험한 귀족들은 생각을 전환하였다. 지금까지의 방식을 포기하고 부역을 금납화金納化하였다. 금납화는 '커뮤테이션Commutation'을 번역한 단어로, '교환한다'는 뜻이다. 즉 노동으로 바치던 지대를 생산물이나 화폐로 바치도록 한 것이다. 부역이 금납화되면서 농민들은 강제 노동을 해야 하는 존재에서 화폐만 내면 되는 자유로운 존재로 바뀌게 되었다. 이뿐만 아니라 귀족들은 농민들의 강제 노동에 의존해서 경영했던 직영지를 양도하거나 대여해주었다.[자료 8] 대여 기간이 보통 9년이었는데, 이처럼 장기 소작제가 발전하게 되었다. 임대받은 땅을 경작하는 농민들은 자신의 책임하에 경영하여 재산을 모을 수 있었다. 그래서 이와 같은 현상은 농민의 해방을 초래하였는데, 해방은 인프랜차이스먼트Enfranchisement를 번역한 것으로 특권을 받았다는 뜻이다. 전체적으로 보면 농민에게 유리한 방향으로 상황이 진전되고 있는 것이 분명했다.

부역이 금납화되었고 직영지가 양도됨으로써 중세 사회의 기반이 되었던 장원이 해체되는 결과를 낳았다. 장원의 해체 결과 자유로운 독립 생산자로서의 농민층이 창출되기 시작했다. 그리하여 농민들 중에는 자본가적 차지농借地農, 또는 농업 기업가로 불릴 만큼 넓은 면적의 토지를 임차하여 기업가처럼 많은 수확을 올리는 농민이 출현하였는가 하면, 반대로 토지가 없거나 거의 없어서 타인의 노동자로 전락하는 사람도 생기게 되었다. 이처럼 상층과 하층으로 농민층이 나누어지게 되었는데 이러한 현상을 농민의 신분 분해 현상이라고 한다. 상층에 속하는 사람들에게는 기회였겠지만 하층에 속하는 사람들에게 세상은 좋아진 것이 아니었다. 게다가 토지가 해방되어서 토지 매매가 자유롭게 되었고 곡물 시장이 형성되면서, 계층 분화는 더욱 심화되는 경향을 보이게 된다.

이러한 서유럽의 변화에 비해 동유럽은 도시 발달이 미약했다. 그리고 상대적으로 지주 귀족이 강화되었다. 그래서 동유럽에서는 농민들이 자유로워지기보다는 오히려 농노의 상태로 돌아가게 되었다. 이 현상을 제2의 농노제Second Serfdom, 재판再版 농노제라고 한다. 즉, 농노제가 한 번 더 나왔다는 뜻이다. 독일어로는 구츠헤어샤프트Gutsherrschaft라고 하는데, 영주 농장제라고 번역한다.[자료 9] 과거의 봉건영주가 경영했던 농장이 출현하였다는 뜻으로 해석된다. 이처럼 유럽의 서쪽과 동쪽에서 역사는 상이하게 전개되었다.

자료 읽기

자료 01

중세 전기의 경제 상태는 어떠했는가

마르크 블로크, 《봉건사회》 I, pp. 66~67.

중세 유럽에서 상업 거래를 할 때 화폐가 전혀 없었던 것은 아니며, 심지어 농민 계층에서 그러했고, 화폐는 교환의 척도로서 계속 사용되었다. 흔히 대가의 지불은 현물로 이루어졌다. 그러나 현물의 가치는 보통 품목별로 평가되었으므로, 이러한 계산의 총계는 리브라Libra,[1] 솔리두스, 데나리우스로 규정된 가격에 상응하였다. 따라서 너무 포괄적이고 너무 모호한 용어인 '자연경제'라는 표현을 피하도록 하자. 오히려 단순하게 화폐 부족이라고 말하는 게 낫겠다. 이 부족은 화폐 주조의 무정부적인 상태에 의해서 더욱 악화되었으니, 이는 정치적 권위가 잘게 쪼개지고 통신이 어려웠던 사정이 낳은 결과이다. 이를테면 각 중요한 시장은 화폐 부족의 위협에 직면하여 나름대로의 지방 주조소를 설치해야만 했다. 이국풍의 주화는 예외로 하고 또 별로 중요하지 않은 소액화를 빼고 나면, 주조된 주화는 오로지 데나리우스화였는데, 이것은 오히려 저질로 만들어진 은화였다. 금은 아랍과 비잔티움의 주화 형태로 또는 그 모조품으로만 유통되었다. 리브라와 솔리두스는 고유한 바탕 재료가 없이 데나리우스를 인위적으로 여러 배 곱한 것에 불과하였다. 그런데 데나리우스라고 불리는 여러 종의 주화들은 어디에서 주조했느냐에 따라서 상이한 금속값을 가졌다. 더 나쁜 것은 비록 동일한 지역에서 나왔을지라도 거의 모든 화폐가 무게와 합금 비율에서 상이점을 가졌다. 돈이 전반적으로 귀했고 신뢰하기 어려워 불편했을 뿐 아니라 심지어는 너무 천천히 그리고 불규칙적으로 유통되었기에 사람들은 필요한 경우 획득할 수 있다고 확신할 수 없었다. 바로 이것이 충분히 활발한 상업이 없었던 데서 나온 사정이었다. 그러나 여기에서도 너무 안이한 공식, 즉 '폐쇄경제'를 사용하는 데에 조심하자. 이 공식을 소농들의 소규모 영농에 적용하는 것도 부정확한 것이다. 우리는 여러 시장들이 있어서 시골 사람들이

1 | 라틴어로 리브라는 무게 단위이자 화폐단위이다. 보통 리브라의 무게는 328.9그램으로 환산되며, 로마에서는 동화인 아스as의 화폐단위로 사용되었다. 이 단어는 프랑스에서는 리브르livre라고 표시되었는데, 무게 단위로서 12온스를 뜻하기도 하며 부피의 단위이기도 하다. 이처럼 개념의 차이가 있어서 리브르와 리브라를 별도로 표시한다.

밭이나 마당에서 나온 생산물의 약간을 읍 주민, 성직자, 무사 들에게 팔았던 것이 분명함을 알고 있다. 바로 이런 식으로 소농들은 세금들로 지불할 데나리우스를 획득했던 것이다. 참으로 가난뱅이는 한 사발의 소금이나 한 조각의 쇠붙이를 사지 않는 사람이다. 큰 장원들의 '자급자족'에 관해 말하자면, 이것은 그 주인들이 무기나 보석을 지니지 않고 다녔고, (소유지에서 생산되지 않으면) 포도주도 마시지 않았으며 소작인의 아내가 짜준 거친 재료로 만든 옷에 만족했다는 것을 의미한다. 더욱이 농업 기술의 부적합, 사회의 혼란 상태, 최후로 기후의 가혹함은 일정 정도의 내부 거래를 유지하는 데 기여했다. 이를테면 수확이 없으면, 말 그대로 많은 사람들이 굶어죽었을지라도 전체 주민이 이런 극한 상태에 처한 것은 아니다. 그리고 우리는 곡물이 더 좋은 지역에서 기근에 시달린 지역으로 거래되었는데 이것이 투기의 구실이 되었던 것을 알고 있다. 그러므로 거래가 없었던 것이 아니라 극히 불규칙적이었다. 이 시대의 사회는 분명히 매매를 몰랐던 것이 아니다. 그러나 우리가 살고 있는 사회처럼, 이 시대의 사람들은 매매로 먹고살지 않았던 것이다.

자료
02

신의 휴전

제임스 하비 로빈슨 편집, 《유럽사 사료선집》 Vol. 1, pp. 187~190.

우리의 시대에 교회가 그 숫자만큼이나 특별히 고난과 어려움에 의해서 억압을 당해온, 즉 고요와 평화가 완전히 포기될 지경이 되었으므로, 신의 도우심을 받아서 우리는 교회의 고난과 위험 중에서 교회를 돕고자 노력해왔다. 그리고 우리의 충성스러운 신민들의 충고로 마침내 이 치료책을 제시하게 되었으니 우리는 어느 정도 적어도 정해진 날들에 우리의 죄로 인해서 우리가 오래가게 하지 못하였던 평화를 회복시킬 것이다. 따라서 우리는 다음의 사항을 입법하여 반포하노라. …… 우리 주님이 공현을 통해서 강림하신 첫날부터 그리고 칠순주일부터 오순절 이후 여덟 번째 날까지 그리고 온종일 그리고 1년 중 일요일, 금요일, 토요일마다 그리고 4계절의 금식일마다 사도들의 날과 전날에 그리고 교회법에 따라서 구별된 금식일과 축제일과 아울러 앞으로 지정될 날에도 이 평화 선언이 지켜질 것이다. 그래서 여행하는 자와 집에 머무는 자가 안전과 가장 온전한 평화를 누릴 것이며 아무도 살인, 방화, 절도, 폭행을 범하지 않을 것이며 검, 곤봉이나 기타 무기로 다른 사람을 상하게 할 사람은 아무도 없을 것이다. 부당한 일로 아무리 성이 났더라도, 무기, 방패, 검 혹은 창 혹은 어떤 종류의 무장도 우리 주님이 강림하신 날부터 공현 주일 후 여덟째 날까지 그리고 칠순주일부터 오순절 8일째까지 감히 옮길 사람이 없도록 해야 한다. 참으로 나머지 날들 이를테면 일요일, 금요일, 사도들의 날, 사도들의 철야기도 일에 그리고 금식이나 축제를 위해서 구별된 혹은 구별될 날에는 무기를 들 수 있으되 어떤 식으로 아무도 해치지 않는다는 조건으로 그리한다. 이 평화의 법을 아무도 경솔하게 아니면 처벌을 면한 채 범하지 않도록, 모든 사람들의 공통의 동의에 의해서 형벌이 정해졌다. 만약 자유인 혹은 귀족이 범하면, 즉 살인, 부상 혹은 어떤 식으로든 잘못한다면, 그는 그의 영지에서 추방되면서 금전 지불이나 친구들의 중재로 인해서 사면되지 않으며 그의 상속자들이 그의 재산을 차지할 것이다. 만약 그가 봉토를 가지고 있다면, 그 봉주는 그것을 다시 회수할 것이다. 더욱이 만약 그의 상속인들이 그의 추방 이후에 범법자에게 어떤 조력이나 도움을 준다면 그리고 그들이 그 혐의가 있다면, 그 영지는 강탈되고 왕의 소유가 될 것이다. 그러나 만약 그들이 자신들에 대한 혐의에서 벗어나길 원하면, 맹세할 것이되, 자유인 혹은 같은 귀족 열두 명과 더불어 할 것이다. 만약 노예가 사람을 죽이면 효수될 것이다. …… 만약 어떤 사람이 이 경건한 제도에 반항하고자 하고 다른 사람들과 더불어 신에게 평화를 약속하거나 준수하지 않으면, 우리 교구에서 어떤 사제도 감히 그를 위해 예배드리거나 그의 구원을 위해서 관심을 가져서는 안 된다; 만약 그가 병들었어도 그를 감히 방문하고자 할 그리스도교인은 없을 것이다. 임종할 때 그가 회개하지 않으면 성체도 받지 못할 것이다. 신에게 맹세하고 만인이 보편적으로 찬양한 평화의 최고 권위는 우리의 시대에 지킬 뿐 아니라 영원히 우리의 후손들에게 지켜져야 할 만큼 큰 것이니, 어떤 사람이 감히 이를 침해하거나 위반할 경우, 지금 혹은 이후 여러 세대 동안 그리고 세상 끝까지 우리에 의해 파문을 받되 돌이키지 못할 것이다.

자료 03 이자에 관한 토마스 아퀴나스의 주장

아퀴나스, 《신학대전》, part 2, Question 77, 78.

어떤 물건을 가치보다 더 높은 값에 파는 것은 적법한가?

우리는 이 문제를 다음과 같이 분석한다.

반론 1. 어떤 물건을 가치보다 더 높은 가격에 파는 것이 정당한 것으로 보인다. 왜냐하면 일상생활의 교환에서 민법은 정당한 것을 정하고 있다. 이제 이 법들에 따라서 구매자와 판매자가 서로를 속이는 것이 허용되며 이 일은 판매자가 어떤 것을 가치보다 더 비싸게 거래할 때면 언제든 또는 구매자가 가치보다 더 싸게 구입할 때 일어난다. 그러므로 어느 사람이 어떤 것을 그 가치보다 비싸게 파는 것은 합법이다.

반론 2. 더욱이 모든 사람에게 공통된 것이면 무엇이든지 자연스럽고 죄악이 아닌 것으로 보인다. 이제 아우구스티누스는 모든 이들이 받아들이게 된 격언을 말하는 어릿광대의 이야기를 들려준다. "싸게 사서 비싸게 팔아라." 그것은 〈잠언〉 20장 14절에 나오는 이야기와 유사하다. "물건을 사는 자가 좋지 못하다 좋지 못하다 하다가 돌아간 후에는 자랑하느니라." 그러므로 어떤 것을 그 가치보다 더 비싸게 파는 것은 합법이다.

반론 3. 게다가 만약 상호 협정에 의해서 정직의 요구가 만족된다면 그것은 부당하지 않은 것으로 보인다. 그러나 철학자(아리스토텔레스)에 따르면 유익함에 기초를 둔 어떤 우정에도, 호의에 대한 보상은 수혜자에 의해서 획득한 유익함에 달려 있음에 틀림없다. 그러나 이것은 때때로 물건 자체의 가치를 넘어서는데 마치 어떤 사람이 위험에서 벗어나고자 또는 특별한 이익을 얻고자 어떤 것을 간절히 원할 때와 같다. 그러므로 매매 계약에서 가치보다 더 비싸게 물건을 파는 것은 합법이다.

반대로 〈마태복음〉 7장 12절에는 다음과 같이 적혀 있다. "그러므로 무엇이든지 남에게 대접을 받고자 하는 대로 너희도 남을 대접하라." 이제 아무도 그에게 가치보다 더 비싸게 물건이 팔리게 하기를 원하지 않는다. 그러므로 다른 사람에게 가치보다 더 비싸게 팔아서는 안 된다.

나는 다음과 같이 답변한다. 사람이 이웃을 상처를 입도록 속이는 만큼 정당한 가격보다 더 비싸게 어떤 것을 팔려는 목적으로 사기를 행하는 것은 완전히 죄악이다. 키케로Cicero가 말하길 "모든 속임은 계약에서 제거되어야만 한다. 판매자는 이중의 거래를 행하여서도 안 되며 구매자는 그에게 입찰한 어떤 사람도 속여서는 안 된다."

사기와는 별도로 우리는 매매를 두 가지 방식으로 말할 수 있다. 첫째, 그 자체를 고려하면 사는 것과 파는 것은 양편의 상호 이익에 의해서 확립되었던 것으로 보인다. 왜냐하면 어떤 사람이 다른 사람에 속한 어떤 것을 필요로 하며 아리스토텔레스《정치학》 2:3에서처럼 역도 마찬가지기 때문이다. 이제 공통의 이익을 위해서 확립된 것은 어느 편에나 부담스러운 것이 아닐 것이다. 그러므로 그들 간에 이루어진 어떤 계약이라도 물건과 물건의 동등성에 기초를 두어야만 한다. 인간의 사용에 할당된 어떤 것의 가치는 그것에 대해 지불된 가격에 의해서 결정된다. 이 목적을 위해서 돈이 발명되었는데, 《니코마코스 윤리학Ethika Nikomacheia》 5:5에서 설명된 바와 같다. 여기에서는 만약 가격이 물건의 가치를 초과하거나 반대로 물건이 가격을 초과하면, 정의의 동등함이 없다. 결론적으로 어떤 물건이 가진 가치보다 더 비싸게 팔거나 더 싸게 사는 것은 그 자체로 부당하고 불법이다.

우리는 매매를 다른 의미로 말할 수 있다. 우연히 한편의 이익이 되고 다른 편의 손해가 된 경우, 예를 들어 어떤 사람이 어떤 것을 매우 간절히 필요로 할 때 그리고 다른 사람이 그것이 없어지면 상처를 입게 될 때이다. 그런 경우에 정당 가격은 팔린 것을 계산할 것이지만 또한 판매자가 그것과 분리됨으로써 얻게 될 손해도 계산할 것이다. 따라서 비록 소유자에게 가치 있는 것보다 더 많지는 않아도 어떤 물건이 자체에 있는 가치보다 더 비싸게 팔리는 것이 합법일 수 있다. 그러나 만약 어떤 사람이 다른 사람에게서 얻은 물건에 의해서 크게 도움을 받았다면 그리고 판매자가 그것이 없이 지내는 것으로부터 어떤 손해를 입지 않는다면, 그는 그 물건에 대해서 더 높은 가격을 매겨서는 안 된다. 왜냐하면 다른 사람의 이익이 판매자에 달린 것이 아니라 구매자의 조건에만 달린 것이기 때문이다. 비록 판매자가 입은 손해에 대해서 값을 매길 수 있을지라도 아무도 자신에게 속하지 않은 것을 팔 권리는 없다. 그러나 타인으로부터 얻은 물건으로부터 큰 이익을 끌어낼 사람은 자발적으로 판매자에게 특별한 어떤 것을 지불할 수 있을 것이다. ……

빌려준 돈에 대해서 이자를 받는 것은 죄악인가?

…… 빌려준 돈에 대해서 이자를 받는 것은 부당하다. 왜냐하면 그것은 존재하지 않는 것을 팔고 그럼으로써 분명한 불평들을 야기하며 그것은 정의에 반하는 것이기 때문이다.

이를 증명하기 위해서는 어떤 물건의 용도가 또한 물건의 소비인 경우가 있다는 점이 관찰되어야 한다. 이를테면 우리는 포도주를 마시기 위해서 사용하고 밀을 식용으로 사용한다. 그러므로 그런 경우에 사용은 물건 자체와 구별되는 것으로 간주될 수 없다. 그리고 물건의 사용이 허용되면, 그 물건이 수여된 것이다. 빌려주는 행위는 사실상 소유권의 이전이다. 따라서 만약 어떤 사람이 포도주와 포도주의 사용을 분리해서 판다고 하면, 그는 같은 것을 두 번 파는 것이며, 아니면 존재하지 않는 것을 파는 것이다. 따라서 그는 분명히 부당 행위의 죄를 짓는 것이 될 것이다. 따라서 만약 그가 포도주나 밀을 빌려주면서 두 가지의 보상, 즉 동일한 크기가 되돌아오는 것과 사용에 대한 대가, 이자라 불리는 것을 기대한다면 그는 부당 행위를 범하는 것이다.

그러나 물건의 사용이 물건 자체의 소모가 아닌 경우들이 있다. 이를테면 집의 사용은 그 안에 사는 것이지 그것을 부수는 것이 아니다. 그런 경우 두 가지가 분리되어 허용될 수 있다. 예컨대 어떤 사람이 집의 소유권을 다른 사람에게 넘겼을 경우 정해진 기간 그것을 계속 사용한다. 또는 반대로 어떤 사람이 집의 사용을 다른 사람에게 허락하면서 집에 대한 소유권을 보유할 수 있다. 따라서 사람들은 이 집을 사용하기 위한 지불금을 받고 또한 임대나 전세의 경우처럼 나중에 집을 되돌려 받기를 기대하는데 이는 합법이다.

이제 철학자에 따르면,[2] 돈은 일차적으로 교환을 이루게 할 목적으로 고안되었다. 그래서 고유하고도 주요한 돈의 사용은 그 소비나 양도에 있으며 이로써 구매를 할 때 그것이 지출된다. 그러므로 그 본성 자체에 의해서 빌려준 돈의 사용에 대한 대가를 받는 것은 불법이다. 마치 어떤 사람이 부당하게 획득한 것을 되돌려주어야 하는 것처럼, 그는 이자로 받은 돈은 되돌려주어야 한다. ……

어떤 사람이 빌려주기를 요구받지 않았고…… 빌려줌으로써 이익을 추구하지 말라는 것이 계명이다. [그러나] …… 그는 자신이 빌려준 것에 대해서 대가를 받을 수 있을 것이지만 그 이상은 아니다. 그래서 그는 정의의 형평에 따라서 돌려받는다. 그러나 만약 그가 사용이 아니라 소비에 대해서 더 많은 것을 징수한다면 존재하지 않은 것에 대한 지불을 추구하는 것이며, 따라서 그의 징수는 부당 행위이다. ……

2 | 아리스토텔레스의 《니코마코스 윤리학》 5:5; 《정치학》 1:3.

자료 04

흑사병에 관한 보카치오의 보고

존 L. 비티·올리버 A. 존슨, 《서양 문명의 유산》, pp. 352~353, 355~356.

이탈리아의 모든 다른 도시들보다 아름다움이 출중한 멋진 도시 피렌체에 죽음의 역병이 덮쳤을 때는, 결실이 풍부한 예수의 탄생 이래로 1348년이 지났을 때라고 나는 말한다. 어떤 사람들은 흑사병이 천체의 영향으로 인간의 생애를 갑자기 습격했다고 말하고, 다른 어떤 사람들은 우리의 간악한 삶의 방식에 대한 신의 공정한 노여움을 나타내는 형벌이라고 말한다. 그러나 흑사병의 원인이 무엇이든지 간에 흑사병은 동양에서 몇 년 더 일찍 생겼고 불행히도 서쪽으로 퍼지기 전에 무수한 목숨들을 빼앗았다. 그리고 흑사병은 한 장소에서 다음 장소로 가차 없이 휩쓸면서 힘이 점점 커져갔다. 흑사병의 돌진 앞에 인간의 모든 지혜와 재간은 소용이 없었다. 다량의 쓰레기는 그 목적을 위해 특별히 지정된 관리들에 의해 도시 밖으로 말끔히 치워졌고, 모든 병자들은 장례가 금지됐고, 사람들의 건강을 보호하기 위해 매우 많은 명령들이 내려졌다. 그러나 모든 게 소용없었다. 그리고 또한 신앙심 깊은 사람들에 의해 신에게 겸손히 띄워진 무수한 간청들도 소용없었고, 그리고 형식을 갖춘 행렬이든 다른 외관으로 하든 조금도 소용없었다. 우리가 언급한 그해 봄 초, 전염병은 놀랍고 엄청난 방식으로 그 비참하고 명백한 결과들을 만들기 시작했다. 흑사병은 동양에서 띠었던 양상을 띠지 않았는데, 동양에서는 누구든지 코피가 나면 그것은 확실한 죽음의 명백한 전조였다. 이에 반하여, 흑사병의 가장 이른 징후들은 남자와 여자가 똑같은데, 서혜부나 겨드랑이에 상당한 종기가 출현하는 것이었다. 어떤 사람들은 달걀 모양이었고, 한편 다른 사람들은 개략적으로 보통 사과 크기만 했다. 때때로 종기들은 컸고, 때때로 그리 크지 않았다. 그리고 종기들은 일반 민중들에 의해 '가보촐리'라고 일컬어졌다. 이미 언급한 두 곳으로부터 죽음의 가보촐리는 퍼지기 시작해서 짧은 시간 내에 몸 전체에 마구잡이로 나타난다. 좀 더 나중에는 병의 징후들이 변해서 많은 사람들이 그들의 팔과 넓적다리와 몸의 다른 부분에서 검은 반점들과 멍들을 발견하기 시작했다. 그 반점과 멍들은 때때로 크기는 크고 수는 적기도 했고, 다른 경우에는 아주 작으면서 조밀하게 사이를 두기도 했다. 불행하게도 누구나 이 병에 충분히 걸릴 수 있는데, 이러한 것들은 죽게 될, 틀림없는 전조이고, 이러한 것들은 가보촐리가 더 일찍부터 존재해왔고 여전히 존재한다는 것이다. …… 그러나 더 나쁜 것은 그리고 거의 믿을 수 없는 것은 부모들이 마치 제 자식이 아닌 양 자식들을 간호하거나 도와주기를 거절하였다는 사실이다. 그러므로 남자와 여자, 병들어 쓰러진 무수히 많은 사람들은, 소수이며 극히 드문 친구의 자비에 전적으로 의지하거나 하인의 탐욕에 전적으로 의지했다. 하인들이 실행하는 조력에는 모든 부분에 높은 급료가 지불됨에도 불구하고 작은 도움밖에는 되지 않았다. 더욱이 하인들은 조악한 지성의 남자와 여성이고 대다수가 그런 일에 익숙하지 않았다. 그리고 그들은 환자가 그렇게 하라고 요청할 때 물건을 건네주는 것과, 환자가 죽어갈 때 간호해주는 것 이상은 거의 하지 않았다. 그리고 이런 종류의 조력을 실행하면서 그들은 그들의 수입뿐만 아니라 그들의 목숨도 빈번하게 잃었다. 이러한 이웃과 친척과 친구들에 의한 병자들의 대대적인 유기의 결과와, 하인들의 부족 때문에 이전에는 결코 들어보지 못한 관습이 발생했다. 여성이 병들어 쓰러졌을 때, 아무리 그녀가 우아하고 아름답고 점잖게 자랐을지라도, 그녀는 젊든 늙든 남자 하인에 의해 보살펴지는 것에 대해 이의를 제기하지 않았다. 그녀는 여자에게나 보였을 것 같은 그녀 몸의 모든 부분을 거리낌 없이 남자 하인에게 보이는 것에 대해 조금도 망설임을 가지지 않았다. 그것은 그녀가 그렇게 하도록 요구하는 그녀의 병의 성질로 인해서 그러했다. 그리고 이것은 아마 회복된 그 여자들이 나중에는, 왜 덜 정숙한지를 설명한다.

자료 05

1180년대, 중세 경제의 전환기

조르주 뒤비, 《중세 전기 유럽의 경제 성장: 7세기부터 12세기까지의 전사와 농민The Early Growth of the European Economy: Warriors and Peasants from the seventh to the twelfth century》, trans. by Howard B. Clarke, Cornell University Press, 1974, pp. 269~270. (한국어판 출간 제목은 《전사와 농민》)

나는 1180년대를 이 탐구적 시론에 대한 연대기상의 경계로 골랐다. 왜냐하면 이 경계야말로 나에게는 유럽 경제사에서 하나의 중요한 전환기에 상응하는 것으로 보이기 때문이다. 비록 문서들이 더 희소해서 덜 확정적이기는 하여도, 같은 기준이 내 연구의 출발점인 7세기에 적용된다. 7세기에는 성장 운동이 시작되었다. 농업 생산의 진보가 그 운동을 뒷받침하였으며 토지를 소유하고 그것을 경작하는 자들을 겁주고 일차적인 관심으로 자신들의 관대함을 더 과시해야 했던 군사 귀족의 요구를 충족했다. 첫 번째 밀레니엄 이전 농장일로 얻어지는 산출량은 낮았다. 성장은 주로 전시 경제의 성장이었으며 그것의 두 토대를 형성하는 노예 획득과 약탈로써 이루어졌다. 봉건적 평화가 확립되자 결정적인 정복들은 점차 소농민의 것이 되었다. 이들은 영주의 강요에 내몰려서 계속해서 더 많은 것을 생산해야 했으나, 점차 숫자가 많아지고 이에 따라서 자신의 노동을 자신의 고유한 방식으로 경영하고 생산물을 파는 것이 자유롭게 되었다. 12세기 말에 소급되는 그 변화는 농업 진보의 속도에 영향을 주지는 않았다. 그 보조는 느슨해지지 않았으나 수십 년 더 길게 유지될 것이다. 뿌리째 달라진 것은 농업의 기능이었다. 지금까지 농업은 모든 발전의 배후에 있는 주요한 추동력이었다. 이제부터 그것은 보조자로 변할 것이다. 12세기 말 동안에 우리는 토지가 궁핍하다는 것을 알리는 최초의 증후군을 구분해낼 수 있는데, 그것은 이미 오래전에 소농의 환경에서 계속된 악화를 초래해왔던 것이다. 농촌 경제는 이후에 종속의 위치에 있으면서 도시경제에 의한 지배 압력을 경험하게 될 것이다. 1180년경 전 유럽에 걸쳐 사업가의 시대가 임박했다. 1180년 이후 이익 추구의 동기가 지속적으로 관대하게 베풀기의 정신을 파괴했다. 이 덕성에 대한 향수는 여전히 머물러 있었다. 그러나 그것은 단지 신화적인 영웅들, 중세 사람들이 살아 있으며 최고라고 오랫동안 찬양해왔던 가치들의 상징이며 수호자들만을 장식했을 뿐이다. 그것이 전기 중세였으니 땅을 갈아먹고 사는 소농의 시대였고 그들의 주인인 전사들의 시대였던 것이다.

자료 06 봉건 반동이란

R. H. 브리트넬Britnell, 〈흑사병 이후 더럼 자치주의 봉건 반동Feudal Reaction After the Black Death in the Palatinate of Durham〉, 《과거와 현재Past and Present》 128, 1990, p. 28.

영주들이 흑사병 이후 자신에게 유리하도록 수입의 분배를 유지하기 위해서 토지 시장과 노동시장의 작동을 방해했던 방식들은 1381년의 반란의 원인으로서 다양하게 강조되면서 탐구되어왔다. '봉건 반동Feudal Reaction'은 그들이 이용할 수 있는 다양한 전략들에 대한 편리한 표현이다. 권위가 가장 높을 때, 치솟는 임금의 효과를 상쇄하기 위해서 중앙정부가 여러 조치들을 만들었다. 여기에는 1349년의 노동자 조례, 1351년의 노동자 규정, 1363년의 과소비 금지법, 1377~1381년간 인두세와 관련된 세금 부담의 하향 이동이 해당된다. '봉건 반동'이라는 말은 또한 영주가 개인의 소유지에 대해서 자신들의 권력을 휘두르는 방식을 묘사한다. 그들은 장민Villein이 원하지 않는 소작지를 경작하도록 주문했고, 오랫동안 현금으로 거래되던 노동 부역을 요구하였으며, 벌금에서 그들의 수입을 늘리기 위해서 영주의 사법권을 이용하였다.

자료 07 노동자법

《왕국의 법령Statutes of the Realm》, 1:307.

에드워드 3세는 신의 은혜로 그리스도 안에서 존경하는 아버지 윌리엄에게, 같은 은혜로 모든 잉글랜드 대주교인 캔터베리 대주교에게 문안한다. 사람들과 특히 노동자와 하인의 대부분이 그 역병으로 죽었기에, 일부는 주인들의 곤란과 하인들의 부족을 파악하여 만약 과도한 임금을 받지 않으면 일하려고 하지 않는다. 그리고 다른 사람들은 노동으로 살아가기보다는 오히려 게으름 속에서 구걸하길 더 좋아한다: 짐은 특히 쟁기질하는 사람과 그러한 노동자의 부족에서 기인할 심각한 불유쾌함을 생각하면서 짐 측근에 앉은 고위 성직자들과 다른 학자와 더불어 이 문제에 관한 고안과 처지를 마련하였다. 그들의…… 조건에 의해서 짐은 다음과 같이 명령하는 것이 적합하다고 보았다. 즉 잉글랜드 왕국에 소속한 모든 남녀는 어떤 조건에 속하든지 예속인이든 자유인이든 60세 이하로 능력 있는 몸이면, 교역으로 살지 않거나 고정된 기술로 먹고살지 않으면, 생활 수단 또는 그가 전념할 경작과 관련해서 자신 소유의 토지를 자신의 것으로 가지고 있지 않다면, 그리고 다른 사람을 위해 일하지 않은 경우에 만약 그가 자신의 위치를 고려하면서 적절한 일에 종사하기를 추구한다면, 그는 그를 청하기에 적합하게 보이는 사람을 위해서 일해야만 한다. 그리고 그는 오로지 임금, 작업복, 그가 일하고자 추구하는 곳에서 짐의 잉글랜드 통치 20년차에 또는 다음 5, 6년의 공통년 간에 관행적으로 지불되었던 수당이나 보수만을 받아야 할 것이다. 그래서 자신들의 일을 다시 확보한 영주들을 다른 사람들보다도 예속인이나 그 자신의 토지 임차인들이 애호하게 된다면 그럼에도 불구하고 그 영주들은 필요한 숫자의 사람을 보유하도록 하며 더 이상은 보유하지 말 것이다. 또 만약 어떤 남자든 여자든 일을 해달라는 요청을 받았음에도 이를 하려고 하지 않으면, 그 사실이 두 명의 믿을 만한 사람들에 의해서 주장관이나 왕의 대관들 혹은 이 사안이 발생한 읍의 무관장 앞에서 입증되었으면…… 그는 체포되어 감옥에 보내질 것이며 그곳에서 그는 앞서 밝힌 형태로 일한다는 보장을 발견할 때까지 엄히 구금될 것이다.

그리고 만약 어떤 수확 일꾼이나 제초 작업자, 혹은 다른 일꾼이나 하인이…… 어떤 사람의 일을 하는 상태로 고용되어 있는데, 허가나 타당한 이유가 없이 이미 말한 일을 마치기 전에서 떠나버린다면, 그는 구금의 형벌을 받을 것이다. …… 더욱이 아무도 앞서 말한 대로 관습적인 것보다 더 많은 급료를 지불하거나 지불받기를 허락하지 말도록 하라.

마찬가지로 마구 제작인, 무두질장이, 표백 가공인, 피혁장, 양복장, 모수, 석공, 타일공, 선박 목수, 마부와 기타 장인과 노동자들은 자신의 노동과 손놀림을 앞에서 말한 대로 노동하게 된 장소에서 관습적으로 그런 사람들에게 지불된 것보다 더 많은 가치가 있는 것으로 간주하지 말 것이다. 그리고 만약 어떤 사람이 더 많이 가지면 앞서 말한 대로 가장 가까운 감옥에 투옥될 것이다.

마찬가지로 푸주한, 생선 장수, 여관의 말구종, 양조인, 제빵공, 제분공, 온갖 먹을거리의 판매인은 반드시 그런 식량을 이성적인 가격에 팔게 하며, 인접한 장소에서 같은 먹을거리가 팔리는 가격을 고려해야 한다. …… 그리고 만약 어떤 사람이 그런 먹을거리를 다른 방식으로 판매하고 그런 혐의로 유죄가 입증되면…… 그는 피해자 편에 받은 것의 갑절을 지불할 것이다. ……

그리 많은 건강한 걸인들이 동냥으로 먹고살 수 있는 한 노동하기를 거부할 것이며, 게으름과 죄악에 몰두하고 때때로 절도와 다른 죄악에 몰두할 것이다. 그렇기 때문에 어떤 사람도 앞서 말한 구금의 고통하에서 동정이나 구휼의 기치 아래서 매우 열심히 노동한 것만큼 어떤 것을 받을 것을 당연시하거나 게으름 속에서 그런 생각을 품지 않도록 하라. 그래서 이처럼 생활의 필요를 위해서 노동해야만 한다.

자료
08

영주가 직영지를 임대하다

T. 보닌Bonnin 편집, 《로토마고스 대주교의 순시 기록, 루앙의 대주교 외드, 리고의 관구 순시 일지(1248~1260)Regestrum visitationum archiepiscopi Rhotomagensis, Journal des visites pastorales d'Eudes Rigaud, archéveque de Rouen(1248~1260)》, Rouen, 1852, pp. 769~771; 조르주 뒤비, 《중세 서양의 농촌 경제와 생활Rural Economy and Country Life in the Medieval West》, trans. by Cynthia Postan, University of south Carolina Press, 1981. pp. 498~501.

형제 외드는 신의 은혜에 의해서 무가치한 자이지만 루앙의 교회를 섬기는 자[3]로서 이 편지를 볼 모든 사람에게 우리 주 예수 그리스도 안에서 영원한 구원이 있을지어다. 다음으로 우리가 우리의 사랑하는 믿을 만한 서기 레긴알드Reginald에게 알리에르몽Alihermont에 있는 우리의 토지를, 개간할 것만 아니라 개간된 것도, 1253년 성모몽소승천일(8월 15일)로부터 6년간 크루아달Croixdalle에 정착하는 것과 아울러 계약에 의한 임대로 대여하였음을 알기 바란다. 그것을 위해서 그는 우리가 말한 토지를 여섯 번 수확할 동안 가지는 데 다음의 조건에 따른다.

당자사인 레긴알드는 자신의 비용을 들여 그 토지를 갈고 파종한다. 수확은 공동의 비용이 될 것이다. 그는 수확물을 자신의 것과 함께 가져와서는 그것들의 반을 가질 것이며 다른 반을 우리를 위해서 충실하게 남겨놓을 것이다. 그리고 이 수확물의 분배를 위해서 우리의 지시를 기다릴 것이다. 개간 농지에 관해서 말하자면, 그것은 우리의 비용

3 | 외드는 루앙의 대주교 Archbishop이다.

으로 개간될 것이다. 그리고 우리는 이회토로 객토하는 것과 주택들의 유지·보수에 필요한 비용을 지불할 것이다. 타일을 굽는 요는 완전히 우리 자신이 관리한다. 그는 앞서 말한 곡물에서 나오는 짚을 비료나 다른 용도로 사용하고 그것으로써 농지들을 비옥하게 해야 하며, 우리나 우리의 대리자에게서 특별한 허가를 받지 않고 어디서나 채취하지 않을 의무가 있다.

이에 관한 증거로써 우리는 이 문서들을 우리의 인장으로 봉인하였다. 알리에르몽에서 주님의 해 1253년 성 누가의 날 이후 화요일에 교부되었다.

형제 외드는 신의 은혜로써 무가치하지만 루앙 교회를 섬기는 자로서 이 편지를 볼 모든 사람들에게 예수 그리스도 안에서 구원을 원하노라. 그대들은 주님의 해 1255년 8월 우리는 우리의 사랑하는 믿을 만한 서기인 트랑블레의 레긴알드에게 알리에르몽과 크루아달에 있는 우리 소유의 장원을 십일조만 아니라 직영지에 관련해서 그 모든 부속된 것들, 즉 타일 굽는 요와 삼림(지금까지 그가 관습적으로 해왔던 것에 따라서 목탄 제조와 벌목은 제외한다)과 겨울 성 마르탱 축일과 오순절에 부과되어 투르에서 주조된 1000리브라가 올해 성모몽소승천일 8일부터 3년간 해마다 지불되어 우리가 가지는 토지세를 제외하고, 장원에 부속된 다른 모든 권리들을 도급으로 임대하였음을 알지어다. 그 조건은 다음과 같다. 당사자 레긴알드는 우리나 해당 장원에서 우리에게 속한 사람들에게 화목과 물만 아니라 침대와 말에 쓸 지푸라기, 말이 먹을 건초와 살갈퀴를 공급해야만 한다. 그는 조달계나 조리사와 계산하여 암탉, 식용 수탉, 돼지고기, 병아리, 거위와 기타 살림용품과 더불어 곡물을 갈아서 구워 빵을 만들어서 공급해야 한다. 그러면 우리는 값을 치러줄 것이다. 그는 우리의 집사가 본 장원의 일을 보기 위해서 방문하는 경우 그 비용을 제공할 것이다. 그는 장원을 그리고 촌락 내에 있는 모든 창고를 돌려줄 때는 현재의 상태대로 또는 지붕이 더 나은 상태로 해야 한다. 그러나 만약 그것들이 후락하여 무너지거나 불타버리면 그는 그것을 새로 지을 필요가 없다. 그는 단지 우리가 만들 새집에 지붕을 올릴 것이다. 그는 우리에게 타일을 공급하되 타일 굽는 요에서 할 것이다. 전쟁, 악천후, 화재(만약 이것이 그의 집에서 난 것이 아니라면)의 경우, 우리는 재난에 의거해서 그의 부담을 줄여주어야만 할 것이다. 18수Sous를 초과하는 벌금의 경우 우리는 고등법원에서 결과된 것만 아니라 앞서 말한 18수를 넘는 초과액을 지불할 것이다. 임대가 끝나면 그는 가축의 가치는 원래 가치대로, 숫자는 원래 숫자대로, 공정한 판정에 따라서 복원할 것이다. 그는 그의 계약 기간에 생산물을 거둘 것이지만 이런 짐승들의 열매는 어떤 것도 우리의 직영지를 떠나지 못할 것이다. 그는 다음 축일에 따라서 1000리브라를 지불할 것이다. 성촉절 루앙의 관문에서 300리브라, 다음 승천일에 300리브라, 성 막달라 마리아 축일에 400리브라. 우리의 특별한 허락이 없어서는 어떤 사람도 이 도급 계약에 연대하지 못한다. …… 동일하게 그는 우리에게 토지도 받은 상태대로, 즉 첫 번째와 두 번째 쟁기질된 상태로 복구할 것이며 옳지 않은 계절에는 농지를 경작하지 말 것이다. 그러나 그는 수확 중에는 마치 이 도급 계약이 종료되지 않은 것처럼 수확할 것이다. 만약 그의 수하 사람들이 기사들의 법에 따르지 않으면 우리 사이에 협약된 대로 삼림에서 나오는 세입과 곡물을 계산한 후에 투르에서 주조된 200리브라의 가치에 해당하는 삼림을 벌채할 것이다. 만약 어떤 범죄로 인해서 우리에 속한 사람들 중의 한 사람이 가진 토지가 우리에게 할당되어 있다면, 본 토지에서 수조할 권리를 가진 십일조를 우리는 그에게 돌려주어야 한다는 점을 알아야 한다. 마찬가지로 그가 도급 계약을 단념하게 될 연도에도 우리에게 짚과 살갈퀴와 건초를 공급해야만 할 것이다. 직영지에서 그리고 성 니콜라스의 십일조에서 나오는 지푸라기에 관해서는 도급 계약이 끝나면 가져가거나 곡물을 제외하고는 아무것도 팔아서는 안 된다는 점을 알아야 한다. 그에게 이전될 가축의 수와 금액은 다음과 같다. 양 173마리와 암양 46마리로 마리당 4수와 6드니에, 1년 된 60마리의 암양과 기타 50마리로 마리당 3수, 1년 된 송아지 열한 마리로 330수, 두 마리의 암소와 세 마리의 1년 된 송아지로 55수, 일곱 마리의 암소로 8리브라와 15수, 한 마리 황소 35수, 두 마리 암소와 두 마리 어린 암소와 거세한 젊은 소 한 마리 7리브라 10수, 네 마리의 거세한 소 64수, 세 마리 어린 암소 36수. 레긴알드는 그가 우리에게 빚진 신뢰의 대가로 다른 모든 것에서와 마찬가지로 삼림, 사람, 지대, 수렵지에서처럼 직영지에서의 우리의 권리를 충실히 간직하고 방어해야 한다. 게다가 이 약속들을 확고하게 그리고 틀림이 없이 지키기로 하고 그것들에 반해서는 아무것도 하지 않을 것을 맹세하였다. 이를 위해서 현재와 미래에 어디에 있든지 그의 동산과 부동산을 이것에 대한 보장으로 담보하였다.

이것을 입증하여 우리는 우리의 인장으로 이 증서들을 봉인하였다.

주님의 해 1235년 8월 알리에르몽에서 교부되다.

자료
09
구츠헤어샤프트란

이석태, 《사회과학대사전》('48년 한국현대사자료선), 한울림, 1987, 65쪽.

독일 장원의 경영 형태이다. 이것을 이해하려면, 먼저 그룬트헤어샤프트Grundherrschaft를 이해해야 한다. 독일의 원시공산체인 마르크게노센샤프트Markgenossenschaft[4]가 붕괴된 후 토지의 사유화가 발생하고, 대토지 소유의 경향이 나타나게 되어 귀족, 종교 단체는 이들의 토지 및 그 토지에 주거하며 경작할 농민들을 사유하여 영주가 된 것이다. 대토지를 소유한 영주는 그 토지의 대부분을 농민에게 사용케 하고, 그 대가로 부역 노동과 공조를 징발시켰다. 일부의 토지는 영주 직영지로 하여, 농민의 부역 노동으로써 경작시켰다. 이런 장원제하에서, 장원의 경제가 지주의 자기 경제에서 그치고, 아직 시장을 위한 경제, 즉 생산적이 아닌 때의 경제 상태를 그룬트헤어샤프트라고 한다. 이때 영주는 자기의 가계를 위한 한도 내에서만 생산하였고, 시장과 무역을 위한 것은 아니었다. 그러므로 영주가 농민에 대한 착취 관계는 대단히 적었다. 그런데 농업 생산력이 증가하여 잉여생산물의 생산이 가능해지고, 일반의 교환이 있게 되며, 특히 12세기 후반부터는 화폐경제가 이루어지게 되자, 장원 경제는 지주의 단순한 자기 경제에서 시장을 위한 생산을 초래하게 되었다. 여기에서 그룬트헤어샤프트는 구츠헤어샤프트Gutsherrschaft로 된 것이다. 즉 시장을 위한 생산은 지주로 하여금 많은 생산물의 획득을 필요로 하게 하였다. 그 결과 (1) 지주는 장원의 극대화와 장원 내부의 영주 직영지의 확대를 꾀하게 되었다. 그 결과 약간 남아 있었던 자유농민은 감소하였다. (2) 지주는 다시 부역 노동, 자연물 및 화폐에 의한 농민의 공조 의무를 극도로 이용하게 되어, 농민은 영주의 시장 생산 때문에 착취당하여 토지에 결박당하게 된 것이다.

4 | '마르크공동체'라는 의미다.

| 출전 |

신의 휴전: 이 문서는 1083년 쾰른에서 열린 공의회에서 결정된 것이다. 이 문서의 내용은 쾰른의 대주교가 뮌스터의 주교에게 보내는 통신문의 형태로 보존되어 있다.

노동자법: 최초의 노동자법은 백년전쟁과 흑사병이 낳은 산물이다. 재화와 용역이 부족하게 되었고, 잉글랜드에서는 인구가 3분의 1 정도 감소하였다. 왕과 의회는 개인보다는 사회를 돕고자 이 법을 제정한다. 그러나 같은 법들이 1360, 1368, 1388년에 통과되었고 15세기에는 여섯 번 통과되었는데, 이는 실효성이 없었음을 나타낸다.

| 참고문헌 |

들로르, 로베르, 《서양 중세의 삶과 생활》, 김동섭 옮김, 새미, 1999.

박은구·이연규 엮음, 《14세기 유럽사》, 탐구당, 1987.

블로크, 마르크, 《프랑스 농촌사의 기본 성격》, 이기영 옮김, 나남, 2007.

아리에스, 필리프, 《죽음의 역사》, 이종민 옮김, 동문선, 1998.

엔넨, 에디트, 《도시로 본 중세 유럽》, 안상준 옮김, 한울아카데미, 1997.

타이어니, 브라이언·페인터, 시드니, 《서양 중세사: 유럽의 형성과 발전》, 이연규 옮김, 집문당, 1989.

피렌, 앙리, 《중세 유럽의 도시》, 강일휴 옮김, 신서원, 1997.

하위징아, 요한, 《중세의 가을》, 이종인 옮김, 연암서가, 2012.

헤르, 프리드리히, 《중세의 세계: 유럽 1100~1350》, 김기찬 옮김, 현대지성사, 1997.

서울대학교중세르네상스연구소, 《중세의 죽음》, 산처럼, 2015.

23 도시의 발전
: 위기는 기회

500~700경	서유럽에서 도시와 무역의 쇠퇴
700~1300경	이슬람의 상공업 번영기
700~1050경	서유럽에 농업 위주의 경제 발달
1050~1300경	서유럽 도시와 무역의 부흥
1290	기계식 시계의 등장
1300~1450경	유럽의 경제 불황
1335~1410	프란체스코 다티니
1350~1450	한자동맹 도시의 전성기
1397~1494	메디치 은행
1445~1517	회계학의 아버지 루카 파촐리

도시의 기원과 조직

중세에는 많은 도시들이 있었다. 그런데 이 도시들의 기원은 제각기 달랐다. 로마 기원설도 있고, 장원법설이라고 해서 봉건 장원에서 비롯하였다고 주장하는 설도 있다. 성곽설도 있는데, 성곽 도시에서 비롯하였다는 주장이다. 하지만 실제로는 성곽이 없는 도시도 많았다. 시장을 중심으로 발생하였다는 시장설도 있다.| 자료 1 |

다양한 도시 발생의 기원에도 불구하고 중세의 도시들에는 가장 기본적인 공통 특징이 있었다. 자치와 자유를 향유하는 집단이라는 것이었다. 도시에서 자치와 자유를 향유할 수 있는 가장 대표적인 방법은 자유를 사는 것이었다. 한꺼번에 많은 돈을 주거나 일정한 세금을 내는 조건으로 자유를 사는 방법이 있었고, 영주가 정기적으로 조세 수입을 올리기 위해서 도시를 육성하는 경우가 있

도판 56 1531년경의 쾰른. 쾰른이라는 이름은 식민시를 의미하는 라틴어 'Colonia'에서 나왔다. 원래 그림은 안톤 뵌삼Anton Woensam의 목판화로 352센티미터에 달하는 것인데, 가운데를 중심으로 축소한 것이다. 하단에 적혀 있는 "O felix Agrippina nobilis Romanorum Colonia"는 "오, 복된 아그리피나 로마인들의 고귀한 식민시"라는 뜻인데, 황제 클라우디우스의 황후가 라인 강 근처에서 출생한 덕분에 기원후 50년 7월 8일에 쾰른이 주둔지에서 도시로 승격되었던 것을 기념하는 문구이다. 쾰른은 뤼베크Lübeck를 맹주로 한 도시 동맹인 한자동맹에 참여한다. 한자Hansa는 라틴어 표현이고 독일어로서는 한제Hanse 라고 표시되는데, 애초 민중, 군집, 부대cohors라는 뜻을 가졌으나 12세기에 이르러서는 상인 단체의 의미를 가진다. 한자동맹은 1370년대에 전성기를 맞이하다가, 신항로의 개척으로 쇠퇴하였다.

었다. 그리고 중세 도시민들이 힘을 합쳐 미약한 영주를 공격해서 억지로 자유를 쟁취한 경우도 있었다. 그러므로 도시의 자유는 그냥 얻어진 것이 아니라 목숨과도 바꾼 것이며, 돈을 주고 산 것이기 때문에 가장 귀중한 것이었다고 볼 수 있다. 이러한 도시의 지위를 확인시켜주는 것이 도시 특허장이다.|자료 2|

도시들의 구성원들을 시민이라고 한다. 시민들은 공동의 목표가 있었기 때문에 비교적 평등한 공동체를 이루었다. 이 시민들을 '부르주아'라고 하는데, 이들의 기원은 농민, 상인, 제조업자, 용병, 강도에서 찾을 수 있다. 이는 성 고드릭St. Godric의 일화를 통해서 확인해볼 수 있다.|자료 3| 고대의 시민들이 지배층이었다면 이들 시민은 피지배층이었다. 정치적인 권력을 갖지 않았다. 이들은 주로 지적인 노동을 통해서 생활했으며, 이들이 갖고 있는 부는 가만히 있으면 얻어지는 것이 아닌 끊임없이 움직이고 제조해야 얻어지는 것이었다. 이러한 동적인 부를 가지는 것이 중세 시민들의 특징이라고 할 수 있다.

도시는 중소도시와 국제적인 대도시로 분류할 수 있다. 중소도시는 인구가 5000명 내외이며, 국지적 시장Local Market을 형성하고 있었다. 국지적 시장은 주변 20~30마일을 포괄하는 시장을 말한다. 중소도시에서 얻을 수 있는 소득은 '뻔했고transparent', 이익을 지키려면 조합이 필요했다. 조합들은 영어로는 길드Guild, 독일어로는 춘프트Zunft라고 불린다. 길드의 기원에 관해서는 두 가지 설이 있다. 로마제국 후기에 활발하던 콜레기아Collegia라는 조합에서 기원하였다

도판 57 중세 시장의 모습. 잘 차려 입은 시민 두 사람이 상점을 둘러보고 있다. 왼편에는 의복 가게, 뒤에는 모피 가게와 이발소가 보이고, 오른쪽에는 식료품 상점이 보인다.

고 보는 설과 장원에 있었던 부자유 수공업자에서 비롯한다는 이른바 장원 기원설이 있다. 오래된 중세 도시를 실증적으로 연구한 결과, 로마의 영향보다는 게르만 도시의 형성과 같이 존재하였다고 보는 설이 유력한 실정이다.

길드의 조직은 최상부에 장인匠人, Master, 중간에 직인職人, Journeyman, 직인 밑에 도제徒弟, Apprentice로 구성되었다. 대개 도제와 직인의 과정을 거치면 마스터(장인)로 올라가는 것이 길드의 관행이었다. 길드들은 자신들의 권익을 수호하기 위해 생산량, 가격, 품질 등에 대해 서로 협정을 맺고 그것을 지켰다.|자료 4|

국제적인 대도시의 인구는 2만 명 정도였다. 이러한 도시로는 북이탈리아의 베네치아, 피렌체, 제노바 등이 있었고, 북해, 발트 해, 플랑드르 지방에서도 찾아볼 수 있었다. 이들 지역의 사람들은 유럽 전역을 대상으로 하는 원거리 무역에 종사하였다. 이 도시들은 수출 생산이 필수였기 때문에 길드의 생산 체제를 넘어서야 했다. 그래서 도입된 것이 선대제先貸制, Putting-out system(독일어로 페어라크 지스템Verlagsystem)였다. 선대제는 상인이 원료를 대고 기술자는 원료를 기반으로 하여 자신이 가지고 있는 노동을 가미하고, 최종 생산물은 다시 상인에 의해 처분되는 방식이다. 선대제는 노동자가 자신의 노동만을 제공할 뿐이며 그 결과에 대해서는 책임지지 않는다는 특징이 있다. 이러한 특징들로 인해 자본주의 생산의 효시로 간주된다. 국제무역에 종사하는 것은 위험하고도 자본이 많이 필요한 모험이었다. 따라서 상인들은 협약을 통해서 회사를 만들었고, 사업이 끝나면 바로 이익을 나누고 해산하는 방식으로 회사를 운영했다.|자료 5|

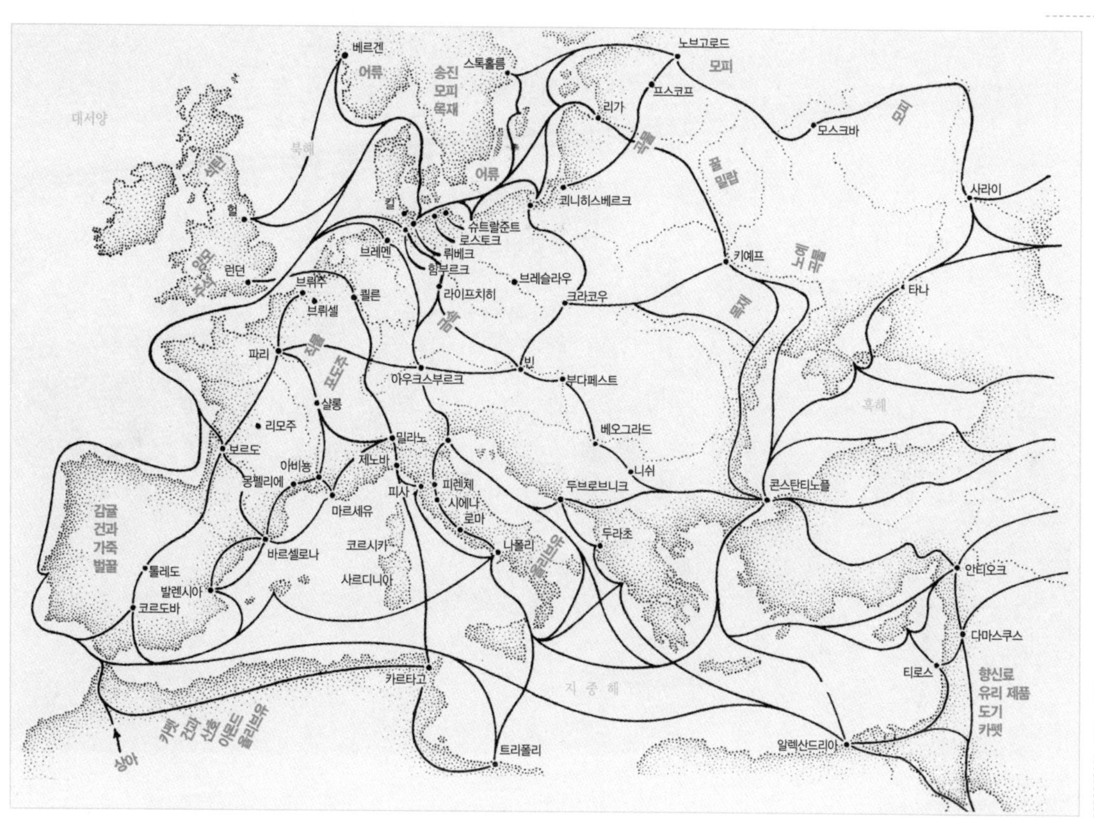

도판 58 중세의 무역로. 제노바와 베네치아는 알프스를 넘어서 독일로 가는 중계 무역지로 번성하였다. 특히 샹파뉴 대시大市, Fairs는 이탈리아와 북유럽을 연결하며 비약적으로 발전했으나, 북부 이탈리아에서 황제당과 교황당의 대립이 심해지면서 지중해에서 지브롤터 해협을 지나가는 항로가 일반화되어 쇠퇴한다. 샹파뉴 대시는 이탈리아 상인이 배를 댈 수 있는 브뤼주와 쾰른 등지에 흡수되었다.

도시의 변화와 갈등

비교적 평등한 구성원으로 출발한 도시에도 농촌과 같은 변화가 생겼다. 즉 계층 분화가 심화되었다. 보통 세 계층으로 나누어졌는데, 상층 부르주아지, 중·소 부르주아지, 그리고 임금노동자 혹은 도시 빈민이 있었다. 상층에 속하는 시민들은 원격지 무역업자, 도매상, 은행가, 마스터 등이었고 이들은 도시의 행정을 장악해서 권력을 획득하는가 하면, 주변의 땅을 매입하여 지주가 되었다. 한 걸음 더 나아가 귀족과 혼인하여 실질적인 귀족으로 변하였다. 중소 시민들은 일반 상인, 소상점주, 소마스터였다. 13세기 이후 이들은 새로운 중산층 부르주아를 형성하게 되었다. 이들은 사회적인 유동이 매우 커서 법률가와 관료로 승진해서 상층이 되는 경우가 있었는가 하면, 실패할 경우 임금노동자로 전락할 위험도 있었다. 그리하여 이들은 억압적인 길드 규제법과 시 조례를 제정하여 기득권을 보호하고, 하층에서 올라오지 못하도록 여러 가지 제도를 고안했다. 예

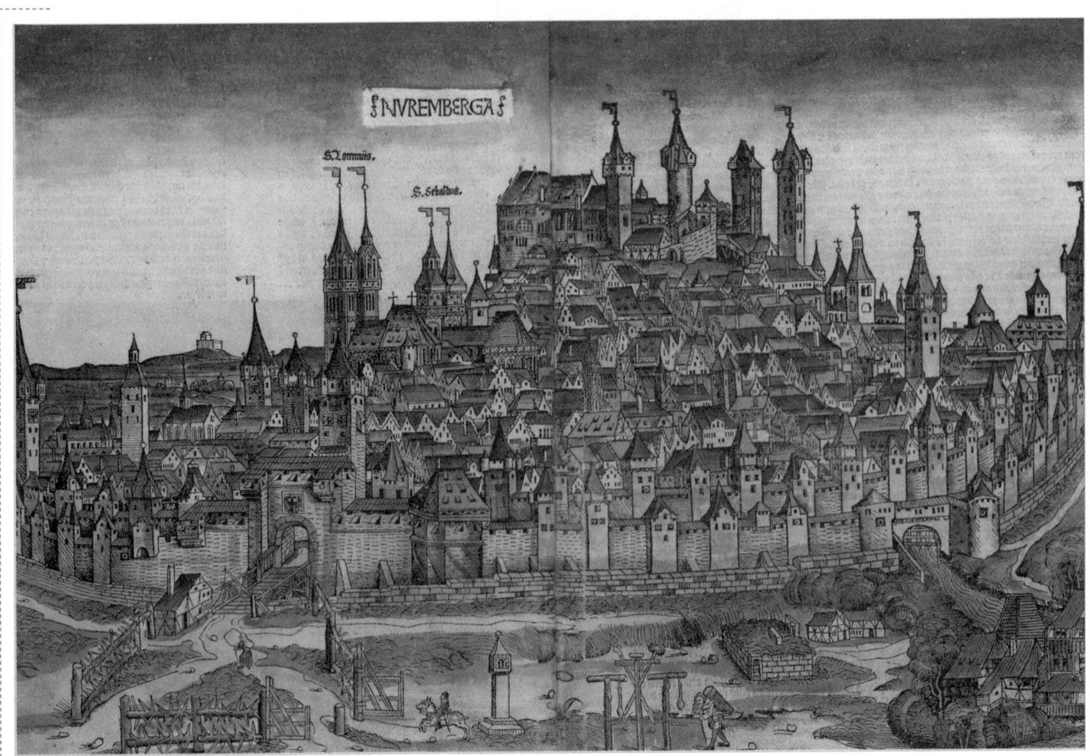

도판 59 《뉘른베르크 시대기 Nürenberger Chronik》에 그려진 독일 뉘른베르크의 1493년도 모습.

를 들면 길드의 가입금을 매우 높이거나 마스터가 되는 방법을 아주 까다롭게 해서 하층에서 상층으로 올라오는 길을 봉쇄하였다. 이것은 경쟁을 배제하고자 하는 의도에서 나온 것이다. 빈곤하고 기술이 없는 자나 길드가 자신의 이익을 수호하는 바람에 전락한Declassé 직인들이 주로 임금노동자 층을 형성하게 된다. 특히 직인들은 값싼 노동력의 유입으로 인해 실업과 빈곤에 직면해서 생활이 어려웠으며 옛날처럼 상층으로 올라갈 수 있다는 희망이 끊어졌다. 그뿐만 아니라 이들은 장인에게 예속되면서 스스로의 이익을 위한 결사도 금지당했다. 따라서 도시 빈민들 중에서도 전락한 직인들은 현 체제에 대해서 가장 불만을 가지게 되었다.

결국 이 불만이 도시의 소요로 이어졌다. 이런 도시 소요는 대도시 길드가 특권화·폐쇄화된 데에 1차적인 원인이 있었지만, 크게 보면 자본주의적 생산양식이 출현해서 임금노동이 양산된 것에도 원인이 있었다. 1302년 브뤼주Bruges의 수공업자들은 프랑스인이 지배하는 정부에 반란을 일으켰다. 1379년에는 좀피

도판 60 성 프란체스코의 고향인 아시시Assisi의 전경. 왼편에 성 프란체스코 대성당이 보인다. 기원전 89년에 로마의 자치 도시가 되었고, 기원후 545년에 오스트로고트족의 정벌로 파괴되었다. 이후 비잔티움에게 정복당하고, 568년에는 롬바르드의 지배를 받고, 12세기 초까지는 스폴레토 공작령에 종속되었다. 1174년 프리드리히 1세는 도시를 점령한 뒤 도시의 관할권을 공작인 코라도에게 수여했다. 1181년경 프란체스코가 상인의 아들로 출생한다. 1198년에 아시시 주민들은 코라도의 만행에 맞서 봉기했고, 그를 몰아내고 코뮌의 시대를 연다. 그러나 교황권과 황제권 사이를 전전하는 신세가 되었다가 15세기가 되어서야 평화를 누리게 된다.

Ciompi가 난을 일으켜 3년간 피렌체 시정부를 장악하였다.

이러한 도시의 소요는 농촌과 마찬가지로 길드의 생산에 바탕을 둔 중세 도시경제의 한계성을 그대로 드러낸 사건이라고 볼 수 있다. 결국 이 시기에 농촌과 도시에 위기가 왔다. 이처럼 14세기는 어떤 방향으로 유럽의 역사가 전개될 것인지 전망하기 어려운 상황이었다.

상인 자본가의 등장

도시와 농촌이 경제적으로 매우 쇠퇴하였지만, 이 틈을 이용해서 비약적으로 성장하는 상인들이 있었다. 영국의 경우, 모직물의 원료인 양모 교역이 촉진됨으로써 부의 축적이 이루어졌다. 이것은 15세기 양모 교회가 출현된 것에서 알 수 있다. 영국 정부는 백년전쟁을 계기로 모직물 공업을 육성하였다. 왕실은 양모의 수출을 지정된 항구로만 통하도록 했으며, 양모상 조합에게 독점권을 부여했다. 아울러 왕은 국정을 운영하는 데 필요한 많은 자금을 이들에게서 차용했다. 독일에는 한자동맹이 있었는데, 여러 도시들은 13세기에 동맹을 결성했고 14세기에는 강력한 정치적 연맹체로 발전하였다. 이 상황에서 봉건제의 질서는 크게 동요하고 있었다. 영주의 특권은 상실되고 전반적으로 가난해졌다. 그 결과 부가 소수에게 집중되는 현상이 나타나기 시작했다. 대신 상인 자본들이 성장하여 투자 가치가 있으면 어느 곳에든지 투자했다. 땅, 공채, 금융업 등 돈이 될 만한 것은 모두 투자했다.

도판 61 자크 쾨르의 석상. 프랑스 부르주 출신인 쾨르는 모피상인의 아들로 태어나서 1441년에는 귀족이 된다. 그에 관한 평가는 상반되어, 흔히 벼락부자로 혐오의 대상이기도 했으나, 18세기에는 절대군주의 희생양으로 여겨졌다. 저명한 역사가 쥘 미슐레Jules Michelet는 그를 부르주아의 선구자로 간주하였다.

메디치Medici 가문은 직물 교역에 성공하여 이를 발판으로 선대제를 채용했다. 양모를 매입해서 이를 방적공에게 주었고, 반제품의 상태로 다시 방직공에게서 가공하여 거두었으며, 이 직물을 수집해서 가공한 후에 유럽에 매각하는 형태를 취하였다. 금융업에도 진출하여 당시 유럽 최대인 메디치 은행을 형성했다. 군주와 교황청에게 돈을 빌려줄 만큼 큰 상인 세력으로 성장하게 된 것이다. 독일에는 푸거Fugger 가문이 있었다. 푸거는 아마포의 선대업으로 발전했는데, 독일 황제에게 자금을 댈 정도로 큰돈을 모았다. 특히 교황청의 면벌부 판매의 대금을 관할하기도 했다. 하지만 푸거 가문은 후일 에스파냐에 빌려준 돈을 회수하지 못해 파산한다. 그리고 흥미로운 사례는 자크 쾨르Jacques Coeur(1395~ 1456)이다. 상인의 아들로 태어나서 돈을 벌어 자수성가한 그는 외교 사절을 역임하고 왕실의 재정을 관리했고, 조폐국 관리 등을 지내면서 신분이 상승하였다. 하지만 샤를 1세의 왕비를 독살한 혐의로 누명을 쓰고 옥에 갇혔다. 1455년 쾨르는 이탈리아로 탈출해서 교황을 위해 봉사하다가 죽었다. 이러한 예에서도 볼 수 있듯이, 신분은 낮지만 돈 버는 재주를 이용해서 신분을 높이고 국왕과 긴밀한 관계를 맺게 되는 세력이 성장하였다. 국왕은 이러한 특권 상인들을 인정할 수밖에 없었고, 이들에게서 필요한 자금을 빌리는 것이 중요했다. 한편 상인들은 이때에 루카 파촐리Fra Luca Bartolomeo de Pacioli가 고안한 복식부기를 사용하면서 합리적이고 과학적인 경영 기법을 발전시켰다.| 자료 6 | 이렇게 보면 중세의 경제는 중세 말기에 이르러 전체적으로 쇠퇴를 맞이하였지만, 산업과 지역의 교체가 이루어지면서 새로운 도약을 위한 준비가

이루어지고 있었다. 특히 시간의 측정에 의한 새로운 문화가 도시를 중심으로 일상화되기 시작하여 도시의 시청에 시계탑이 서 있는 풍경을 볼 수 있게 되었다.| 자료 7 |

결론을 내리자면 14, 15세기 중세의 봉건 경제는 도시와 농촌에서 그 한계에 도달하고 위기를 맞이하여 무너지면서 새로운 경제체제인 자본주의가 싹텄다. 이와 같은 변화를 '누적적인 종합Cumulative Synthesis'이라고 한다. 이는 고대에서 중세로의 변화를 뜻하는 '파국적인 종합Catastrophic Synthesis'에 대비되는 말이라고 할 수 있다. 즉 자본주의로의 발전은 그 자체에서 변화되어 일어났다.

도판 62 복식부기의 창시자인 수학자 루카 파촐리(1445~1517). 파촐리는 이탈리아 토스카나 지방에서 태어나서 상인으로서의 교육을 받았다. 1464년에는 베네치아로 가서 수학했으며, 1472년부터 3년간 프란체스코 수도회 수사가 되기도 하였다. 그가 1494년 지은 수학책《산술·기하학 대전, 비례와 균형》에는 복식부기의 원리가 소개되어 있으며, 이 책으로 '회계학의 아버지'라는 평을 들었다. 이 그림은 1495년 야코포 데 바르바리Jacopo de' Barbari가 그린 것으로 추정된다.

자료 읽기

자료 01

좀바르트의 도시 이해: 도시는 촌락

베르너 좀바르트Werner Sombart, 《근대 자본주의Der moderne Kapitalismus》 Vol. 1, Leipzig: Duncker & Humbiot, 1902, pp. 124~126, 128~129, 156.

첫눈에 분명한 것은, 마치 도시Stadt라는 단어가 하나의 완전히 확정된 현상을 지시하는 것으로 보이는 점이다. 우리가 그 단어를 명명하는 것을 들을 때 적어도 우리의 마음의 눈에 하나의 분명한 설명적인 상이 떠오른다. 즉 많은 사람들이 집과 거리에 정착하고 있는 상인데, 가능한 곳에서는 성벽과 작은 탑으로 둘러싸이며, 평평한 '농지'와 완전히 대비되며 다소간 큰 점으로 지도 위에 표시되는 거주지다. 이는 마치 뒤러가 제시한 뉘른베르크의 그림과 같다. 그러나 우리가 더 자세히 들여다보면, '도시'라는 단어로 이해하는 것을 말로 표현하고자 한다면, 즉 도시 개념을 날카롭고 분명하게 설정하고자 한다면 우리는 매우 빠르게 그것이 별로 간단한 일이 아니라는 것을 알게 될 것이다. 우리는 도시 개념에 관한 언급이 결코 확정되지 않았음을 인식하고 있다. 일상의 언어 관습으로도 그러하지만 또한 학문에서도 아무것도 (또는 별로) 확정되지 않는다.

단지 중세 도시 제도에 관한 문헌으로부터 몇 개의 예를 이끌어내 보면, 게오르크 루트비히 리터 폰 마우러Georg Ludwig Ritter von Maurer의 정의는 대체로 널리 확산되어 있다. "도시들은 성벽이 둘러진 마을이다." 그것은 중세의 유명한 속담에 고착되어 있다. "시민과 농민은 울타리와 성벽처럼 쌍을 이루지 않는다." 그에 비해 다른 학자는 반대로 주장한다. "한 도시의 분명한 인식을 제공하는 것은 성벽과 무덤이 아니고, 주민의 숫자도, 상업과 공업의 개화도 아니다. 관련된 상급 관청을 통해서 선정된 시민들에 의해 자유롭게 선발된 도시 평의회야말로 완전한 개화기에 들어간 독일 도시의 더 확실한 표지다. 평의회의 봉인에는 성벽에 못지않게 도시와 농촌 사이에 법적으로 인정되고 조직된 차별이 상징화되고 있다."

오토 칼젠Otto Kallsen은 같은 생각을 다른 것으로 윤색한 것으로 보인다. "한 장소를 주변의 농촌에서 그곳을 둘러싸는 성벽으로 분리하는 것이라 아니라, 성벽의 보호 안에서 성장하고 고유하게 독립적인 자치단체의 유대 관계 속에 의존하는 생활이 도시의 성격이다." 도시는 시장을 열 수 있는 권리가 부여된 하나의 장소이다. "도시는 하나의 시장 정주지다"라고 시장 개시설의 대변자들이 말하고 있다. 여전히 다른 사람들은 '도시'의 개념을 형성하기 위해서는 더 많은 표지들이 모여야 할 것을 요구한다. 하나의 장소는 고정되어야만 하고 한 성벽 구역의 중심점이어야만 한다. 그리고 그것은 고정되고 교역에 따른 용익Usus Negotiandi의 보유로 만족하며 공적인 권리를 가진 단체여야 한다. "도시는 하나의 시장을 가진다. …… 도시는 하나의 시설로 둘러싸여 있다. 도시는 하나의 특수한 법 구역을 형성한다. …… 그것은…… 농촌 단체보다 자치단체 업무에서 더 큰 독립성, 자치단체 조직에서 더 큰 부유함을 지닌다. …… 공적인…… 수행과 의무들에서 도시는 결국 평평한 농촌보다 더 우대받는다. …… 특권화는 대체적으로 중세 도시의 특색이다."

요한 하인리히 고틀로프 폰 유스티Johann Heinrich Gottlob von Justi는 자신의 저서 《경제학》(1758) 1권, 477절에서 도시를 더 분명하게 정의한다. "하나의 도시는 사회, 가족, 개인의 연계이다. 그것은 보호된 장소에서 사람들이 도시 의회라고 명명하는 일종의 정책 위원회 혹은 정책 조직의 운영을 위해 명령을 받은 관헌의 감독과 지도 아래 더불어서 거주하는 것이다. 이것은 더 나은 결과, 작용, 관계를 가지고 그러한 영업과 생계 수단에 종사하려는 것이다. 그러한 직업은 직접적으로 농촌의 필요와 쾌적함에 마찬가지로 농촌에 있는 전체적인 식량 재고의 관계에도 필요한 것이다." 그런 후에 유스티는 자신의 정의를 다음과 같이 분석하였다. 하나의 도시는 (자연을 통해서든 인위적이든) 그처럼 '보호되어야'만 한다. 그래서 "몇 개의 분명히 정해진 장소들에서 사람들이 문이나 입구라고 부르는 출입구가 생길 수 있게 된다. 왜냐하면 도시의 최종 목적의 중심 수단에 필요한 다른 형태의 정책 기관이 생길 수 없을 것이기 때문이다".

그에 대해 요즘에는 예를 들어서 '도시'가 다음과 같이 정의된다. 국제 통계 학회Internationalen Statistischen Kongreß는 "도시들은 적어도 2000명 이상의 거주민의 거주 장소"라고 정의하는데, 오늘날 일종의 개념 규정으로 대부분의 문화 국가에서 관청 통계가 이에 연결된다. 1853년 프로이센의 도시 조례에 따르면, "이제까지 지방의회에서 도시의 상태로 표시되는 모든 장소들"이라고 하였다. 한 저명한 미국 학자는 "도시란 대학이 위치하는 곳이다"라고 하였다. 한 젊은 법사학자는 "도시라는 큰 사회적 권역의 국지적 거주 형태"라고 하였다. 도시 형성의 문제에 바쳐지고 그 문제를 '사회학'의 관점에서 해명하기를 요구하는 더 새로운 가장 광범위한 저술에서 도시는 다음과 같이 정의된다. "복합사회로서 그 지리적인 토대는 특별히 그 크기에 비해 상대적으로 제한되거나 그 영토적인 요소가 인적인 요소에 비해 상대적으로 취약하다."

또한 '도시들'에 관하여 그리고 그것들과 관련된 것을 말하거나 대체로 그에 관한 자신들의 생각을 우리와 함께하려는 수고를 떠맡지는 않은 채 하나의 '도시'하에서 그들이 이해하고 싶은 것을 기술하려는 사람도 있음에 틀림없다.

이제 누가 정당한가? 나는 정의한다. 도시란 경제적인 의미에서 일종의 더 큰 인간 거주지다. 이들은 자체의 생계를 위해서 외부에 있는 농업 노동의 생산물에 의존하고 있다. 우리가 다른 도시 개념을 가지고서, 즉 아마도 건축적이거나 법률적이거나 통계적이거나 그렇지 않은 다른 어떤 것과 비교할 때 이 개념의 더 특수한 경제적인 윤색은 즉시 분명해진다. 경제적 의미에서 하나의 도시는 매우 진실로 행정적 의미에서는 하나의 촌락일 수 있다. 아마도 현재의 랑엔빌라우Langenbielau[1]와 1294년까지의 켐펜 Kempen[2]이 그러하다.

경제적 의미에서 하나의 촌락은 그것이 확립되었을 때에는 프론티누스Frontinus가 언급한 로마 지배하의 아프리카의 '자치 도시 형태의 비쿠스들Vici'과 마찬가지로 결코 도시가 아니다. 비쿠스들은 오히려 성채들Castella로 불리는데, 즉 하나의 방어물 위에 정비된 촌락들이었다. 그곳에 비록 하나의 시장이 열리거나 그곳에 시장을 열 수 있는 권리가 수여될 때에도 그것은 도시가 아니다. 그러나 하나의 촌락은 경제적 의미에서 결코 도시가 아니며, 그것이 행정적인 의미에서 열 번 도시였을지라도 그러하다. 중세에 도시 권리의 수여를 통해서 '도시로 상승된' 수다한 '촌락들'은 경제적으로는 자연적인, 그때까지 존재해온 촌락들로 머물렀다. 결국 도시의 경제적 개념은 통계학적 개념, 즉 살아 있는 사람들의 '응집된' 큰 숫자와는 구별된다. 니네베와 바빌론과 같이 오리엔트 고대의 거대 '도시들'을 경제적인 의미에서 관찰하는 것에서 벗어나야만 하는데, 이는 마치 우리가 고대 인도의 거대 국가에다 캘커타나 근대 테헤란 그리고 유사한 거주지들의 종류에 따라서 하나의 도시가 가지는 성격을 인정할 수 없는 것과 같다. …… 그리고 도시 형성에 관하여 기술해온 대부분의 '이론가들'이 민족경제에 관하여 문외한들이다. 이들은 도시를 통과하는 물류로 이 도시에서 곡물 포대나 완두콩 포대에서 자신의 먹이를 쪼아 먹는 한 마리의 참새도 먹고살 수 없다는 점을 분명하게 알지 못한다.

1 | 폴란드의 도시 비엘라바Bielawa이다.

2 | 독일의 가장 서쪽인 노르트라인베스트팔렌Nordrhein Westfalen 주에 속한 도시다.

자료
02

로리스의 자유 특허장

존 L. 비티·올리버 A. 존슨, 《서양 문명의 유산》, pp. 304~306.

1. 로리스의 교구에 집을 가지고 있는 자는 누구든지 집에 대해서만 6드니에의 면역세를 납부하도록 할 것이다. 그리고 이 교구에서 그가 가질 농지 에이커당 그렇게 하고, 만약 그가 취득한다면 그 액수가 그의 집의 면역 지대가 되도록 하라.
2. 로리스 교구의 거주자는 어느 누구도 입장료나 그의 식량에 대한 어떤 세금도 내지 않도록 한다. 그리고 자신의 노동력 또는 자신이 가질 짐승으로 얻게 될 곡물에 대한 세금을 내지 않도록 한다. 그리고 그로 하여금 자신의 포도원에서 얻을 포도주에 대한 세금을 내지 않도록 한다.
3. 주민 중 어느 누구도 본인이 원하면 같은 날 집으로 돌아올 수 없는 경우, 걸어서 혹은 말을 타고 종군하지 않도록 한다.
5. 로리스 교구에서 재산을 가지고 있는 자는 어떤 불법 행위를 저질렀을 때, 짐이나 짐의 손님들에게 가해진 것이 아니라면 재산을 상실하지 않도록 한다.
9. 어떤 사람도 우리든 다른 사람이든 로리스의 사람들로부터 세금, 기증물, 강제 징수금을 받지 않도록 한다.
10. 어떤 사람도 공적으로 알리고 로리스에서 포도주를 판매하지 못하도록 한다. 단 국왕은 공적으로 알리고서 자신의 창고에서 자신의 포도주를 판매할 것이다.
11. 짐은 로리스에서 짐이 접대 받고 왕비가 접대 받기 위해서 공급품 목록에 따라서 14일간의 신용을 가질 것이다. 그리고 만약 어떤 주민이든지 주군이 왕에게서 저당물을 받았는데, 내키지 않으면 그것을 8일 이상 간수할 의무를 지지는 않는다.
12. 만약 어떤 사람이 다른 사람과 싸웠고 닫힌 가택에 들어가지 않았다면, 그리고 소송을 시장 앞에 제시하지 않고 화의에 이르렀다면 이 이유로 인해 짐이나 짐의 시장에게 아무런 벌금을 바치지 않을 것이다. 그리고 만약 송사가 있었다면, 벌금을 치르고 난 후에 합의에 도달할 수 있을 것이다. 그리고 만약 어떤 사람이 다른 사람을 고소하고 당사자나 피고에게 아무런 벌금이 정해지지 않았다면, 그런 이유로 해서 그들은 짐이나 짐의 시장에게 아무런 의무도 없다.
15. 로리스인은 단지 1년에 두 차례 오로지 오를레앙으로 포도주를 나르는 것이 아니라면 짐을 위해 강제 노동을 하지 않도록 한다. 그리고 오로지 말과 마차를 가진 사

람들만 이 일을 할 것이다. 그리고 그들은 사전에 그 사안이 통고될 것이며, 짐으로부터 어떤 숙사宿舍도 받지 못한다. 노동자들은 또한 나무를 짐의 주방에 나를 것이다.

16. 어떤 사람도 만약 자신이 법정에 출두하겠다는 담보를 제시할 수 있으면 옥에 억류하지 않을 것이다.

17. 재산을 팔고자 원하는 사람은 누구든지 그렇게 할 것이다. 그리고 대금을 받은 후에는 도시에서 아무런 악을 저지르지 않았다면, 원하는 경우 자유롭고 방해받지 않은 채 도시를 떠날 수 있다.

18. 로리스의 교구에서 저편에서 그를 추적하는 요구가 없이 1년과 1일을 머무른 사람은 누구든지, 그리고 짐이든 짐의 시장에 의해서든 권리가 중지됨이 없이 그곳에서 자유롭고 평안하게 머물 것이다.

20. 로리스 사람이 상품을 가지고 오를레앙으로 가는 경우, 정기시를 위해서 온 것이 아니라면 그 도시를 떠날 때 마차당 1드니에를 지불할 것이다. 그리고 그들이 정기시와 장터에 들르고자 왔으면, 오를레앙을 떠날 때 마차당 4드니에를 지불하고 들어갈 때 2드니에를 지불할 것이다.

21. 로리스에서 혼인하는 경우, 공공 고지자는 아무런 요금도 받지 않으며, 경찰도 그러하다.

24. 로리스에는 공동 화덕을 사용하는 데 지불할 사용료가 없을 것이다.

32. 로리스 사람이 어떤 일로 고소되었고 고발자가 증인을 통해 그것을 입증할 수 없을 때, 고발자의 주장으로부터 깨끗해지는 것은 한 마디의 맹세로 가능하다.

35. 짐은 시장이 도시에서 바뀔 때면 언제든 시장이 이런 관습법들을 충실히 준수할 것을 맹세할 것을 명령하며, 새로운 고등 판사들이 부임하는 경우 같은 것을 행할 것이다. 우리 주님의 해 1155년에 오를레앙에서 허하노라.

자료
03

고드릭의 생애: 12세기의 모험 상인

레기날두스Reginaldus, 《핀클의 은자, 성인 고드릭의 생애와 기적에 관한 책Libellus De Vita Et Miraculis S. Godrici, Heremitae De Finchale》, London, 1847, pp. 20, 24~25, 28~41; 웨슬리 D. 캠프, 《서양문명의 뿌리》 Vol. 1, pp. 125~127에서 재인용.

이 성자의 아버지는 에일워드Ailward이며, 그의 어머니는 에드웨너Edwenna이다. 둘 다 계급과 재산은 대수롭지 않았으나 정의와 덕에서 풍부했다. 그들은 노퍽Norfolk에서 태어났으며, 월폴이라고 불리는 읍에서 오래 살았다. ……

그 소년은 어린 시절을 조용히 집에서 보냈고, 성인이 되자 더 신의 섭리에 가까운 생활 방식을 추구하고 세속적인 통찰의 가르침도 고수하며 따르기 시작하였다. 따라서 그는 농부의 삶이 아니라, 오히려 배우고 익히고 더 미묘한 착상의 기초를 수련하기를 선택했다. 이러한 이유로 상인의 무역을 선망하였으므로 그는 행상의 생활 방식을 따르기 시작하였는데, 먼저 소규모 거래와 비싸지 않은 가격의 물건에서 이익을 어떻게 얻는가를 배웠다. 그런 후에 그는 아직 청년 시절에 조금씩 더 값비싼 물건을 사고팔고 여기에서 이익을 얻는 길로 나아가기 시작했다. 이를테면 처음에는 마을에서 자기가 속한 구역의 농장 주변을 자그마한 물건들을 이고서 돌아다니기 시작했다. 이 일이 익숙해지고 시간이 지나면서 그는 도시 상인과 접촉하여 점차 그들과 사귀었다. 잠시 촌에서 촌으로 농장에서 농장으로 많은 무료한 시간을 터벅터벅 걷던 그 젊은이는 나이가 먹고 지혜로워지면서 이익을 많이 얻게 되자, 자신의 공공연한 장사를 위해서 읍과 성, 성채와 도시, 장시와 모든 장터를 동배들과 함께 두루 여행하였다. 그는 대로를 따라갔으며, 자기 양심의 선한 증거에 따라 자만하지도 않았으며, 가난이 주는 치욕에 자기 영혼의 거룩한 부분을 해치지도 않았다. ……

아직 모든 것에서 그는 정직함을 간직한 채 걸었다. 그리고 그가 그 방법을 알고 있는 한, 진리의 발자국을 따르는 것이야말로 자신의 즐거움이었다. 왜냐하면 그는 바로 요람에서부터 주님의 기도와 신경信經을 배우고, 이후 종종 그것들을 마음에 되새기고, 심지어 더 먼 여행을 가는 동안에도 그러하였기 때문이다. 그리고 그의 마음이 진리에 노출된 동안에, 그는 가장 경건하게 신에 관한 자신의 모든 사상에 전념하였다. 처음 그는 보부상으로서 조그만 물건들을 가지고 다니면서 링컨셔에서 4년을 보냈다. 그런 후 해외로 나갔는데, 처음에는 스코틀랜드에 있는 세인트앤드루스에 이어서 로마에 처음 갔다.

돌아오는 길에 상업에 관심 있는 몇몇 청년들과 절친한 친구가 되었으며, 더 과감한 모험을 감행하여 종종 바다를 통해 근처에 있는 외국으로 갔다. 그리하여 스코틀랜드와 브리타니아 사이를 오가면서 그는 많은 상품을 취급하였으며, 이러한 일들에 종사하면서 세상의 지혜를 많이 배웠다. ……

그는 바다에서 많은 위험을 겪었다. 그러나 신의 은총으로 그는 파산하지 않았다. 왜냐하면 파도 위를 걸을 때 베드로 성인이 바라본 그분이 같은 오른팔로써 선택한 배를 모든 불행과 이 위험들에서 지켰기 때문이다. 그리하여 빈번한 경험으로써 그런 위험들 중에서 자신의 비참함을 배웠으므로 그는 어떤 성인들을 더 열렬히 숭배하기 시작하였고, 그들의 납골당을 존중하고 방문하였다. 그리고 전심을 기울여서 저 거룩한 이름들에 집중하였다. 그러한 기도문에서 그가 올린 기도는 종종 그리고 즉시 위로에 의해 응답되었다. 그 기도의 일부는 위험을 종종 같이 나눈 동료들에게서 배웠으며, 일부는 믿음에 관한 소문을 들어서 알게 되었다. 다른 것들은 현지의 관습에서 배웠는데, 그는 빈번히 그리고 열심히 그 거룩한 장소를 방문하였던 것이다.

따라서 더 높은 소망을 가지고 그리고 언제나 전심을 기울여 위를 바라보았기에 마침내 그의 노력과 관심은 세속의 이익이라는 많은 열매를 맺었다. 왜냐하면 그는 상인으로만이 아니라 항해자로서도…… 덴마크와 플랑드르와 스코틀랜드에 이르렀던 것이다. 그 땅에서 그는 보기 드물고 값비싼 상품을 발견하였으며, 그것을 다른 지역으로 가져갔다. 그는 그 물건들이 다른 지역에서 흔하지 않고, 주민들이 금 가격보다 더 비싸게 선호하고 있음을 알고 있었다. 따라서 그는 이 물건들을 다른 지역의 사람들이 탐내는 것들과 바꾸었다. 그리하여 그는 아주 자유롭게 그리고 부지런히 장사했다. 그는 이 모든 장사에서 큰 이익을 얻었으며 엄청난 부를 축적하였다. 다른 곳에서 낮은 가격에 구입한 물건들을 다른 장소에서 비싸게 [팔았던 것이다].

그런 후에 그는 동업자들과 함께 반 척의 상선을 구입하였으며, 저축을 하여 다른 배의 4분의 1을 샀다. 그의 항해술이 동료들보다 더 뛰어났으므로, 마침내 그는 키잡이가 되었다. ……

그는 부지런하고 영민하였고, 수족이 온전하였고 강한 몸을 가졌다. 그는 중간 키로, 넓은 어깨에 두툼한 가슴을 가졌으며, 긴 얼굴에 회색 눈동자가 맑고도 꿰뚫어보는 듯했고, 짙은 눈썹에 넓은 이마를 가졌고, 길고도 열린 콧구멍에 잘 어울리는 곡선의 코와 뾰족한 턱을 가졌다. 그의 수염은 두툼하고 보통보다 길었고, 입은 잘생겼으며, 적당한 두께의 입술을 가졌다. 청년 시절 그의 머리카락은 검었으나 나이가 들자 눈처럼 희어졌다. 그의 목은 짧고 두꺼웠고, 핏줄과 힘줄이 튀어나왔다. 그의 다리는 다소 가늘었으며, 발등은 높았고, 무릎은 자주 꿇어서 단단해지고 혹이 나왔다. 그의 피부는 전체적으로 일반인보다 더 거칠었는데, 그의 거친 모든 점이 나이 들어 부드러워질 때까지 그러하였다. ……

그는 일할 때에 격렬했으며, 보통 사람들보다도 더 부지런했다. 그리고 어쩌다 자신의 육체적인 힘이 모자람을 느끼자 그는 매일의 노동이 준 기술과 오랜 경험에서 나온 예지에 의해 훨씬 쉽게 목적을 달성하였다. …… 바다와 별의 모습에서 그는 날씨가 좋을지 나쁠지를 알았다. 항해하면서 많은 성인들의 성골함을 방문하였다. 그는 성인들의 보호에 자신을 가장 경건하게 의탁하는 습관이 있었는데, 특히 스코틀랜드에 있는 세인트앤드루스 교회를 방문하였다. 그곳에서 그는 은자처럼 생활하였다. 고드릭 성인(후에 그렇게 스스로를 불렀다)은 성자의 생애를 명상하면서 많은 눈물을 흘렸다. 그로부터 그는 고독을 바라고 자신의 상업이 덜 알려지도록 하기 시작하였다. ……

상인으로서 16년을 산 후에, 그는 경건하게 신을 섬기고 높이는 데에 자신이 열심히 모은 재물을 바칠 생각을 하기 시작했다. 그리하여 그는 예루살렘에 가는 순례자로서 십자가를 졌고, 성묘를 방문한 후에는 산티아고 데 콤포스텔라를 통해서 잉글랜드로 되돌아왔다.

조금 후에 그는 자기 나라의 한 부자의 집사가 되어서 그의 집과 가솔을 돌보게 된다. 그러나 일부 젊은 하인들이 죄 많은 자들이라서 사치스러운 잔치를 베풀고자 이웃의 가축을 훔쳤다. 이에 대해 고드릭은 알지 못하였으므로 그 잔치에 가끔 참석하였다. 후일 진상을 알게 되자, 그는 그들을 꾸짖고 중단하라고 경고하였으나 그 말에 귀를 기울이는 자는 없었다. …… 그래서 그 문제를 영주에게 폭로했는데, 영주는 그의 조언을 거절하였다.

결국 그는 자신을 교체해줄 것을 요구하였고 순례의 길을 떠난다. 먼저 생질,[3] 다음에는 사도들의 집인 로마로 갔다. 그는 모르고서 행한 잘못에 대한 대가를 치르고자 하였던 것이다. 나는 종종 그를 보았는데, 심지어 늙어서도 알지 못하고 지은 죄로 인해서 울고 있었다. ……

그는 로마에서 돌아오자 잠시 부친의 집에서 살았다. 그러고는 다시금 성스러운 열심이 불타올라 사도들의 집을 방문할 것을 결심하고, 그의 소망을 부모가 알게 될 때까지 그러했다. 부모님은 그의 결심에 찬성했을 뿐 아니라, 모친은 아들에게 자신이 따라갈 수 있겠느냐고 물었다. 그러자 그는 기꺼이 동의하였고, 모친에게 빚진 것을 느낀 자식으로서의 봉사를 다하였다. 그들은 런던으로 돌아왔으며, 그의 모친은 신발을 벗은 채로마를 돌아다니다가 런던에 돌아오자마자 헤어졌다. 고드릭은 겸손하게 부모를 섬겼는데, 자신의 어깨에 모친을 업는 습관이 있었다. ……

모친을 부친에게 무사히 보내드리고서, 고드릭은 잠시 집에 머물렀다. 왜냐하면 그는 이미 완전히 자신을 신에 대한 봉사에 바치기로 결심하였기 때문이다. 따라서 그가 그

3 | Saint-Gilles: 트리폴리에 있는 십자군 요새.

리스도를 더 자유롭게 따르기 위해서, 그는 자신의 모든 소유를 팔아서는 가난한 자들에게 주었고 확실히 정해진 거처로 가지 않고서 주님이 그를 이끄는 대로 갔다. 왜냐하면 무엇보다도 은자의 삶을 부러워하였기 때문이다.

자료
04

길드의 조약들

H. T. 라일리Riley 선정·번역·편집, 《13, 14, 15세기 런던과 런던 생활의 기억: 런던시의 초기 문서고에서 추출한 지방, 사회, 정치 관련 발췌 총서, 1276~1419Memorials of London and London Life, a series of Extracts from the City Archives, 1267–1419》, Longmans, 1868, pp. 239~240.

런던 모자 제조인 조합 규약

먼저 가장 합법적이고 언급된 직종에 가장 적합한 6인이 지명될 것이며 이들이 직종을 지배하고 감독할 것을 맹세하게 될 것인데, 언급된 도시의 다른 업종들이 자신들의 감독에 의해서 다스려지고 감시되는 것과 마찬가지다.

또한 만약 어떤 사람이 이 도시에서 자유롭지 않으면,[4] 앞서 언급된 도시 특허의 범위 내에서 어떤 종류의 모자를 만들거나 팔지 못할 것이다. 그가 만들게 될 모자는 회관에 몰수되는 벌을 받을 것이다. ……

7년의 기간이 되지 않은 사람은 언급된 업종에서 도제가 될 수 없다. 그리고 사기나 공모가 없어야 한다. 또 어떤 다른 식으로 도제 수업을 받을 자는 그의 자유를 상실할 것이며 재교육을 받을 때까지 그러할 것이다. …… 앞서 말한 감독들은 모자의 모든 양식을 감독할 권한이 있으므로 모자의 결함과 흠을 발견할 것이며, 런던 시장이나 조합장에게 모자를 제출해 발견될 수 있는 결함들이 그들의 판정에 의해서 처벌받을 것이다.

또한 관련된 업종에서 몇몇 노동자들이 맞지 않는 모자를 만들어서 일반인을 속여 이로부터 큰 추문과 수치와 손해가 관련 업종의 선량한 구성원들에게 흔히 발생하였으므로, 그들은 관련 업종에서 어떤 노동자도 밤에 모자를 만지는 일을 하지 못하게 하고 대신 밝은 햇빛에서만 하게 할 것이다. 그리하여 앞서 말한 감독은 공개적으로 그들의 작업을 심사할 것이다. 또 조합 규약의 방식을 다르게 하여 시장과 조합장 앞에서 협의를 받은 사람은 길드 회관의 회의소에 처음에는 40펜스를, 두 번째는 반 마르크를 지불하며, 세 번째는 자유를 상실할 것이다.

또 해당 업종에 속한 어느 누구도…… 앞서 말한 감독에 의해서 선하고 합법적인 자로

4 | '특권'을 의미한다.

서 그리고 적당한 노동자로서 입증되지 못했다면…… 그 업종에서 일하거나…… 어떤 형식의 모자를 파는 것도 허용되지 않을 것이다.

또 해당 업종에 속한 어떤 사람도 자신의 장인에게 빚지고 있는 한 그 사람을 일하도록 받아들여서는 안 될 것이다. ……

또 여러 나라의 외국인들이 해당 도시에 다른 양식의 모자를 팔려고 가져와서는 거리에 늘어놓고 마찬가지로 해당 업종의 자유인의 집 앞에 그리고 다른 곳에서 그러하다면, 그리고 그렇게 함으로써 그들의 거리와 그들의 판매를 막아서 해당 도시의 자유인이 이로 인해서 매우 가난해지는 경우가 있다면, 팔려고 해당 도시에 모자를 가지고 온 어떤 외지인도 소매로 그것을 팔 수 없으며 오로지 도매로만 팔 것이며 또 도시의 자유인에게 팔 것이다. 그렇지 않으면, 같은 것을 잃는 벌을 받을 것이다.

두나 먼로, 《유럽사 원전 번역과 복간Translation and Reprints》, 펜실베이니아 대학교, 1895, II–1, pp. 12~17.

사우샘프턴의 상인 길드 규정

1. 무엇보다도 상인 길드로부터 선발되고 확정될 사람들은 조합장, 집사, 조합 목사, 네 명의 집행관Skevins 그리고 한 명의 안내인…… 조합장은 길드에 입단하는 사람으로부터 4펜스를, 집사는 2펜스를, 조합 목사는 2펜스를, 안내인은 1페니를 받을 것이다. 그리고 길드는 1년에 두 번 만날 것이다: 이를테면…… 세례 요한 서인의 날 다음 일요일과 성 마리아의 날 다음 일요일이다.
3. 그리고 길드가 소집되면 조합장은 매일 밤…… 2갤런의 포도주와 두 개의 양초를, 집사는 같은 양을, 네 명의 집행관과 조합 목사는 각각 1갤런의 포도주와 한 개의 양초를 받을 것이다.
4. 그리고 길드가 열리는 날, 라 마들렌La Madeleine의 한센병자들은 길드의 구제품 중에서 2세스터[5]의 맥주를, 신의 집과 성 율리아누스에 있는 환자들은 2세스터의 맥주를 받을 것이다. 그리고 프란체스코 수사들은…… 2세스터의 맥주와 1세스터의 포도주를 받는다.
6. 만약 조합원이 병들면…… 포도주를 그에게 보내는데, 두 덩이의 빵과 1갤런의 포도주와 부엌에서 만든 요리를 보낸다. 그리고 두 명의 조합원이 그를 방문할 것이다.
7. 조합원이 죽으면, 길드에 속하는 모든 자들이…… 장례에 참석할 것이며 조합원들

5 | Sester: 1세스터는 24~32온스(682~909cc)의 액체를 가리킨다.

이 시신을⋯⋯ 묘지로 운구할 것이다. ⋯⋯ 장례가 계속되는 동안에 길의 촛불을 밝혀야만 하며 각 초는 2파운드 이상이어야 하는데, 시신이 매장될 때까지 한다.

9. 조합원이 죽으면 그의 장남이나 다음 상속자가 아버지의 자리를 차지할 것이다. ⋯⋯ 아내의 권리에 따라서 길드에서는 어떤 남편도 자리를 차지할 수 없으며 아내의 조상의 권리에 의해서 자리를 요구할 수 없다.

12. 그리고 만약 조합원이 주먹으로 다른 조합원을 치고 그 혐의를 받으면, 그는 10실링을 내고 되돌아와서는 신참 조합원처럼 맹세할 때까지는 길드를 상실한다. ⋯⋯

19. 그리고 사우샘프턴 시에 있는 어느 누구도 상인 길드나 그 특권에 속하지 않으면 같은 도시에서 되팔기 위해서 물건을 사지 못할 것이다.

20. 그리고 어떤 사람도 조합원이 아니면 꿀, 비계, 절임 정어리 혹은 각종 유지, 맷돌, 신선한 가죽, 각종 신선한 껍질을 살 수 없다. 장날Market이나 대시일Fair Days[6] 이 아니면 포도주를 팔기 위한 술집도 다닐 수 없고, 소매로 옷을 팔 수도 없다. 또 조합원이 아니면 소매로 팔고자 5쿼터[7] 가 넘는 곡물을 창고에 보관할 수 없다.

22. 만약 어떤 조합원이 가난에 처하면⋯⋯ 스스로 먹고살도록 노동할 수 없으면 길드가 모일 때 길드로부터 그의 조건을 구제할 1마르크를 받을 것이다.

6 | 부정기적인 임시장이 열리는 날로, 상품 거래와 더불어 축제가 베풀어진다. 지금도 전문품 거래 시장은 이 명칭을 사용한다.

7 | 1쿼터는 8부셸이므로, 5쿼터는 40부셸, 즉 1440리터이다.

자료 05 조반니의 공증서

패트릭 J. 기어리 편집, 《중세사 사료선집》, pp. 802~804.

654. 증인들: 올리베리우스 니베텔레Oliverius Nivetelle 가족과 요한네스 키르비누스 가족들

증인들: 오게리우스 스피온, 피혁업자 클라비카의 요프레투스와 도다의 요한네스 올리베리우스 니베텔레와 요한네스 키르비누스는 회사Societas 계약을 체결하였으며, 이 회사에서 올리베리우스는 30파운드, 요한네스 키르비누스는 15파운드를 출자한다. 같은 사람 요한네스는 팔레르모에서 시칠리아 전체의 업무를 수행하고 제노바로 돌아와서 이 회사를 이 올리베리우스나 그의 대리인의 손에 이익을 균등하게 나눈 후에 해산해야만 한다. 같은 사람 올리베리우스의 집에서 계약이 이루어졌다. 1160년 5월 12일, 일곱 번째 인딕티오.[8]

8 | Indictio: 15년 주기로 연도를 매기던 표기법으로, 제노바에서는 콘스탄티누스 인딕티오를 사용하였다.

878. 올리베리우스 니베텔레

증인: 보누스 바살루스 살사, 은행업자 봄벨루스, 란프란쿠스 데 알바리오, 조르다누스 데 이사와 니콜로수스 데 도모

우리 주인 오토보누스와 그의 배우자 드루다는 클라비카에 있는 우리의 세습적 권리하에 있는 주택과 한 조각의 땅에 대한 충분한 가격으로 제노바 동전으로 60파운드를 귀하 올리베리우스 니베텔레에게서 영수하였습니다. 그 집의 경계는 두 면이 공공 도로에 인접해 있으며 다른 두 면이 귀하의 집에 인접해 있습니다. 우리는 귀하와 귀하의 상속자 또는 귀하가 그 집을 증여할 누구나 소유자로서 원하는 것이면 무엇이든지 할 수 있도록 그 모든 권리와 아울러서 출입구를 포함한 경계 내에 있는 모든 것을 앞에 명시한 구매자인 귀하에게 팝니다. 더욱이 우리가 귀하에게 우리가 가지고 있고 가져야 하는 모든 것을 팔았다는 우리의 보장을 유효하게 만들기 위해서 우리는 귀하를 방해하지도 않을 것을 그리고 현재나 미래에 그것의 높아진 가치에 따라서 두 배의 지불 조건을 제시하는 어떤 다른 사람에 대해서 귀하를 변호할 것을 약속합니다. 그리고 우리는 귀하의 권위와 충고 없이는 팔기 위해 어떠한 가치 평가나 주장을 하지 않을 것을 약조합니다. 우리는 귀하에게 이 주택에 대한 점유권과 지배권을 줍니다. 나 두르다는 이것을 나의 친척인 조르다누스 데 이사와 니콜로수스 데 모도의 충고와 권위에 따라서 하였습니다. 이 경우 담보법에 대한 벨레이아누스의 원로원 결의[9]와 평가되지 않은 가치에 대한 줄리아의 법[10]에 따라서 본인의 권리들을 포기합니다.

성 로렌스 교회에서 8월 17일, 여덟 번째 인딕티오에 체결되다.

1125. 올리베리우스 니베텔레와 페레투스

증인들: 보누스 바살루스 살사, 아이메리쿠스, 장인匠人 베르나르두스, 오토 파인아르두스와 엔리쿠스 니베텔라

올리베리우스 니베텔레와 올리베리우스 페레투스는 회사 계약을 체결하였으며, 여기에 관련하여 그들 두 사람은 올리베리우스 니베텔레가 40파운드를, 올리베리우스 페레투스가 20파운드를 출자했다고 진술한다. 올리베리우스 페레투스는 엔리치 가기나의 배에서 이 회사 업무를 관장해야 하며 돌아오면 원금과 이자를 올리베리우스 니베텔레의 가족과 나누어야 한다. 자본이 분리된 후, 이익을 똑같이 분할해야 한다. 올리베리우스 페레투스는 더욱이 다음과 같이 맹세한다. 그는 이 회사에 20파운

9 | 이 로마 시대의 법에서는 여성에 의한 보증을 금지하고 있다.

10 | 줄리아의 법은 남편이나 보호자에 의해 여성의 지참금이 양도되는 것을 금지한다.

드 출자를 약속했으며, 이 회사를 발전시키기 위해서 성실하게 그리고 법적으로 회사 계약의 방향에 따라서 운영하고 모든 노력을 다할 것이며, 그는 앞서 약정된 대로 회사를 되돌려줄 것이며, 전자 올리베리우스와 업무를 행하고, 그의 재산과 이 회사를 자신의 권능 안에 가지고 있는 한 신뢰를 지키며 그에게 또는 그의 대리인에게 회복시켜줄 것이며, 그나 그의 대리인에 의해 허락받지 않는 한 그가 좋은 신뢰 속에 기대하고 있는 해마다 10실링 이상을 인출하지 않을 것이다.

서기 조반니의 집에서, 1163년 9월 25일, 열한 번째 인딕티오에 기록되다.

자료

06

복식부기와 송상의 부기법

오세영, 《베니스의 개성상인》 1, 1993, 장원, 207~208쪽.

복식부기야말로 베네치아가 자랑하는 상업 기술이다. 베네치아의 프란체스코회 수도사이면서 페루자 대학 수학 교수이기도 했던 루카 파촐리Fra Luca Bartolomeo de Pacioli,가 1494년에 발표한 《산술, 기하학 대전, 비례와 균형(보통 줄여서 숨마라고 함)》에 세계 최초로 복식부기 원리를 발표한 이래로 그때까지 쓰이고 있던 단식부기를 대체하였는데, 베네치아의 무역회사들은 이로써 복잡한 거래 내용을 정확하게 기록할 수 있게 되었고 지중해 무역을 번창시킬 수 있었다. …… 사개송도치부법四介松都置簿法은 일찍이 송상들이 상업에 종사하면서 발생하는 거래를 기록하기 위해 고안해낸 복식부기법으로 송상 사이에서 대대로 전수되어 내려오던 비법이었다. …… 파촐리의 복식부기가 비망록인 일기장과 분개장, 원장만으로 구성되어 있는 데 비해서, 사개송도치부법은 이들 주요 장부 외에도 보조부인 상품 재고장과 위탁물이나 어음 거래에 관한 장부를 따로 두고 있었다. 또한 기별로 재고 조사를 하여 일부 거래를 결산하고는 회계장과 결산 재무제표에 해당하는 손익 계산장 등을 작성함으로써 전체적이고 자세한 경영 상태를 알 수 있게 되었던 것이다. 개별 계산을 하고 있다는 점에서는 양자가 마찬가지였지만 사개송도치부법은 결산 재무제표를 작성할 수 있는 데 비해서 파촐리의 부기는 그것이 불가능했다.

자료
07

교회의 시간과 도시의 시간 그리고 시계

아론 J. 구레비치Aaron J. Gurevich, 《중세 문화의 범주Categories of Medieval Culture》, trans. by Campbell, Routledge & Kegan paul, 1985, pp. 146~150.

교회의 시간은 봉건사회에서 느리고 통제된 박자의 삶에 적절하게 대응하는 한에서만 지배할 수 있었다. 여러 세대와 왕의 치세와 성직자에 관한 기록을 유지하는 것은, 교회에 관련되거나 정치적인 사건과 결별한 짧은 간격의 시간을 정밀하게 측정하는 것보다 중세인들에게 더 큰 의미를 지니고 있었다. 중세에는 시간을 중시하고 절약할 필요를 느끼지 못하였고, 그것을 측정하고 더 작은 구성 요소를 확인하는 것이 필요하지 않았다. 중세 생활의 서사적 여유로움은 봉건사회의 농지적 성격에 의해 대체로 조건 지어진 것이다. 그러나 동시에 공적인 생활을 구성하는 새로운 방식이 이 사회 안에서 뿌리를 내리고 발전하고 있었다. 그 방식은 나름의 특수한 박자에 의해서 성격을 부여받으며 더 정밀한 측정과 더 경제적인 시간 보내기를 요구하였다. 그곳은 바로 도시다. …… 도시가 세계를 바라보는 새로운 방식의 거점이 되면서, 시간과의 새로운 관계가 태동하고 있었다. 시계들은 뾰족탑과 소탑에 등장하였는데, 자기 도시에 대한 성내인城內人의 자랑을 보여줄 뿐 아니라 이제까지 들어본 적이 없는 필요, 즉 바른 시간을 안다고 하는 것에 대한 답을 주었던 것이다. 도시들은 새로운 사회 부문의 성장을 봉건 영주나 소농과 완전히 다른 시간관을 가지고 보았다. 상인에게 시간은 돈이다. 그리고 고용자는 자기 소유의 작업장이 운영된 시간을 정확히 측정하는 방법이 필요하였다. 그리하여 시간은 작업의 척도가 된다. …… 시간은 생산 과정에서 결정적으로 중요한 요소로 변하면서 새로운 가치를 가진다. 기계식 시계의 등장은 일단 완전하게 논리적인 귀결이고 새로운 시대적 방향의 원천이다. 기계식 시계, 즉 '흘러가는 시간에 대한 경외감을 불러일으키는 상징'으로 세계에 대한 역사관의 정수Nec Plus Ultra는 1000년경 (실베스테르 2세라는 직함을 가진 교황이 되는 인물인) 제르베르 드 오리야크Gerbert d'Aurillac가 처음 발명했다고 하는 오스발트 슈펭글러Oswald Spengler의 주장은 정확하지 않다. 제르베르는 물시계를 완벽하게 만든 것에 불과하였는데, 그것은 고대에 잘 알려져 있던 시간 측정 도구이다. 기계식 시계는 13세기 말경에 발명되었다. 그리고 14, 15세기에 많은 유럽 도시의 시청은 이 새로운 시계로 장식되었다. 비록 부정확하였고 분침이 없었지만, 이 시계들은 사회적 시간의 분야에서 근본적인 혁명을 표시하였다. 시간에 대한 통제가 성직자의 수중에서 빠져나오기 시작했다. 도시 공동체는 자신 스스로가 특수한 박자를 갖춘 채, 자기 시간의 주인이 되었다. …… 그리고 비록 중세 중국은 낯선 것 모두에 대해 오만한 경멸을 품고 있었지만, 중국의 황제들은 기계식 시계에 매료되었다. 하지만 시간에 대한 정확한 측정 도구로서가 아니라, 단지 장난감으로서이다. 그러나 서구에서는 그렇지 않았다. 여기에서 시계는…… 처음부터 실용적 목적에 기여하였다. 유럽 사회는 영원성의 관점하에서 세상을 관조하는 데에서 점차 물러나서 시간과의 적극적인 관계로 다시 말해 시간으로 측정된 관계로 들어가게 되었다. 시간을 정확하게 측정하는 그리고 결과적으로 동일한 간격으로 시간을 재는 수단을 획득하자, 유럽인들은 얼마 안 되어 그것에 내재된 근본적인 가능성을 인지하고 응용하게 되었다. 그 변화는 사회, 특히 도시의 전체적인 발달에 의해서 마련된 변화였다. …… 그러나 또한 사실인 것은 바로 도시에서 사람들은 시간에 대한 자신의 소유권적인 장악력을 상실하기 시작했다는 것이다. 시간은 인간과 사건에 관계없이 계속 흘러간다고 하는 깨달음으로부터 시간이라는 참주에게 인간이 예속되는 단계는 잠깐이었다. 시간은 인간에게 자신의 고유한 박자를 부과하였다. 인간으로 하여금 더 빨리 일하도록 서두르게 만들었으며, 한순간도 잃어서는 안 되게 하였다. …… 시간이 구체적 내용에서 이탈됨으로 인해서 시간을 단순한 범주적 형태로, 즉 질료에 의해서 부담을 지지 않는 지속으로 보는 가능성을 제기하였다.

| 출전 |

이자에 대한 견해: 교회의 공식적인 입장은 아퀴나스에 의해서 표현되었는데, 이는 새로 등장하는 도시의 경제적인 힘에 대립하는 것이었다.

로리스의 자유 특허장: 이 특허장은 1155년 루이 7세에 의해서 중북부 프랑스의 작은 도시인 로리스에 수여된 것이다. 역사적으로 이 문서는 중요하다. 왜냐하면 이후 수많은 도시 특허장의 모범적인 역할을 하였기 때문이다.

레기날두스, 《핀클의 은자, 성인 고드릭의 생애와 기적에 관한 책》: 고드릭은 성인이 된 상인이다. 그의 생애는 아퀴나스에 의해서 제시된 이상과 대조된다. 그렇지만 이 이야기는 자본주의의 형성과 시민의 기원에 관한 중요한 기록이다. 이 기록을 남긴 사람 레기날두스Reginaldus(영어명으로는 레저널드Reginald)는 고드릭이 은자가 되었던 핀클Finchale 소수도원의 수도사로서 고드릭과 동시대의 인물이다. 이 일화는 앙리 피렌의 저서 《중세 유럽의 도시》를 통해서 널리 알려졌다.

사우샘프턴의 상인 길드 규정: 1300년경에 마련된 것이다.

조반니의 공증서: 서기인 조반니가 남긴 이 계약서들은 1160년대 제노바의 상인인 올리베리우스 니베텔레의 업무를 보여준다. 이 계약서들은 제노바에서 가장 오래된 것으로 여겨진다. 계약은 대부분 고향에 머

무는 투자가가 필요한 액수의 3분의 2를, 여행하는 파트너가 3분의 1과 자신의 노동을 제공하여, 수익이 나면 이를 반분하는 식으로 이루어진다. 조반니의 공증서는 M. 키아우다노Chiaudano와 M. 모레스코Moresco가 편집한 《조반니 스크리바의 공증서Cartolare di Giovanni Scriba》 II(Turin, 1935)에 나와 있다.

| 참고문헌 |

기로워드, 마크, 《도시와 인간: 중세부터 현대까지 서양도시문화사》, 민유기 옮김, 책과함께, 2009.

남종국, 《지중해 교역은 유럽을 어떻게 바꾸었을까?》, 민음인, 2011.

들로르, 로베르, 《서양 중세의 삶과 생활》, 김동섭 옮김, 새미, 1999.

박은구·이연규 엮음, 《14세기 유럽사》, 탐구당, 1987.

엔넨, 에디트, 《도시로 본 중세 유럽》, 안상준 옮김, 한울아카데미, 1997.

치폴라, 카를로 마리아, 《중세 유럽의 상인들—무법자에서 지식인으로》, 김위선 옮김, 길, 2013.

타이어니, 브라이언·페인터, 시드니, 《서양 중세사: 유럽의 형성과 발전》, 이연규 옮김, 집문당, 1989.

피렌, 앙리, 《중세 유럽의 도시》, 강일휴 옮김, 신서원, 1997.

하위징아, 요한, 《중세의 가을》, 이종인 옮김, 연암서가, 2012.

헤르, 프리드리히, 《중세의 세계: 유럽 1100~1350》, 김기찬 옮김, 현대지성사, 1997.

크누트 슐츠, 《중세 유럽의 코뮌 운동과 시민의 형성》, 박흥식 옮김, 길, 2013.

움베르토 에코 편, 《중세 III 성, 상인, 시인의 시대》, 김정하 옮김, 시공사, 2016.

24

중세에서 근대로 이행

: 역사를 움직여 나가는 힘은 무엇인가

1946 모리스 도브, 《자본주의 발전 연구》 저술
1950 도브와 폴 스위지, 《과학과 사회》 학술지에 〈봉건제에서 자본주의로 이행〉 논고 발표
1952 로드니 힐턴Rodney Hilton, 《과거와 현재》 학술지에 기고
1952 타카하시 고하치로, 《과학과 사회》에 도브-스위지 논쟁에 대해 기고
1953 도브와 스위지, 《과학과 사회》에 타카하시 기고에 대해 논평
1962 에릭 홉스봄Eric Hobsbawm과 도브, 《현대 마르크스주의》에 기고
1972 마이클 M. 포스탄, 《중세의 경제와 사회: 중세 영국의 경제사》 저술
1976 로버트 브레너, 〈산업화 이전 유럽의 농지 관련 계급 구조와 경제 발전〉을 《현재와 과거》에 발표하여 논쟁 점화
1978 도브-스위지 논쟁 관련 논문을 모아서 힐턴이 《봉건제에서 자본주의로 이행》을 편집 간행
1985 T. H. 애스턴Aston과 C. H. E. 필핀Philpin, 브레너의 주장과 논박을 모아서 《브레너 논쟁》을 편집 간행

역사에서 이행Transition의 시기라는 것은 두 시대가 만나는 지점을 말한다. 고대와 중세, 중세와 근대가 겹치는 부분이다. 이 시기는 역사에서 중요하게 다루어진다. 왜냐하면 두 시대의 모습을 한꺼번에 관찰할 수 있을 뿐 아니라, 어떤 식으로 역사의 방향이 정해지는지도 파악할 수 있기 때문이다. 중세 사회에서 어떻게 근대사회로 넘어갔는지에 관해서 여러 학자들의 의견을 듣고 같이 생각해 보자.

도브-스위지 논쟁

1950년대 도브-스위지 논쟁은 미국의 경제학자인 폴 스위지가 모리스 도브의 저술에 비판을 가하면서 시작되었다. 이후 이 논쟁에 여러 학자들이 가세하면서 이른바 반향이 크게 일어났고, 이를 이행 논쟁이라 칭한다.

도브는 봉건제와 예농제를 같은 것으로 보았다. 따라서 상업의 발달이 봉건제의 위기를 초래한 것이 아니라, 오히려 강제 노동을 강화시키려 했던 귀족들의 시도가 중세의 위기를 초래했다고 주장한다. 이러한 위기는 봉건적 생산양식이 가지고 있는 내재적인 모순에서 비롯한다. 다른 말로 하면 장원 자체가 비능률적이었고 반대로 영주는 수입을 증대시키려는 욕구를 가지고 있었다. 결국 영주는 착취를 강화하게 되었고 농민은 몰락할 수밖에 없었다. 농민이 몰락하게 되자 영주의 수입이 감소되는 것은 피할 수 없게 되었다. 따라서 귀족들은 농민과 타협하고 이들에게 양보한다. 이런 사정이 중세 사회를 끝내고 근대사회로 이행하게 되는 계기가 되었다고 도브는 설명했다.|자료 1|

도판 63 1358년에 플랑드르에서 자크리의 난이 일어났다. 와트 타일러의 난이 1381년에 이어졌으며, 피렌체, 헨트, 파리와 같은 도시에서 빈민들이 1370, 1380년대에 소요를 일으킨다. 그렇지만 어떤 반란도 진압되었다.

이에 비해 스위지는 봉건사회는 예농 사회와 같은 것이 아니라고 보았다. 왜냐하면 예농제는 봉건적이지 않은 사회에도 존재하고 있기 때문이다. 단지 서유럽 봉건제는 예농제가 지배적인 생산관계로서 생산이 영지와 그 주변에서 이루어지는 체제인 것이다. 또한 상업이 발달하지 않았으므로 일종의 자급자족적인 경제를 이루었다. 이러한 사정에서 영주가 무제한으로 착취하는 일은 없었다. 그는 대신 상업의 성장이 중요한 변수라고 보았다. 즉 장원이 비능률적이라는 사실을 드러낸 것은 상업의 성장이며, 영주들의 욕구가 늘어나게 된 것은 교환으로 부를 축적하는 것이 가능하게 되었기 때문이다. 그 결과 화폐에 대한 욕구가 증대되고 도시가 성장함으로써 예농이 도피할 수 있게 되자, 기존의 비능률적인 장원제를 유지할 수 없었다고 주장한다.|자료 2|

도브와 스위지는 둘 다 마르크스주의자였지만, 봉건제가 무엇인가를 둘러싸고 현격한 차이가 있었다. 도브는 예농제로, 스위지는 자급자족적인 경제로 파악하고 있기에, 이행도 달리 이해되었다. 즉 전자는 예농들의 계급투쟁이 영주들의 양보를 얻어내게 된 반면에, 후자는 시장이라는 외부적인 요인이 중세 경제에 변화를 초래했다고 보았다.

브레너 논쟁

도브-스위지 논쟁 이래로 1970년대에 나온 것이 브레너 논쟁The Brenner Debate이다. 로버트 브레너Robert Brenner는 《과거와 현재》라는 잡지에 논문들을 기고하였고, 여기에 여러 학자들이 가세하여 단행본으로 정리되었다. 이 책을 둘러싸고 전개된 논쟁은 크게 보아 역사 발전의 원동력이 무엇인가에 관한 것이었다. 그는 생산력이나 인구 변동을 중시하는 것을 비판하면서 계급 관계가 이행에서 중요하다고 파악하였다. 이 논쟁은 마르크스주의자가 그렇지 않은 노선의 학자들에 대한 도전의 성격을 가진다. 이것은 고대의 위기에 관한 논쟁과 비슷하다. 고대가 위기에 처한 이유는 노예 노동에 기초하고 있었던 고대에 노예가 부족해지고 이를 대신할 기술이 후진적이었기 때문이라고 보는 견해가 있다. 반면 그 위기는 노예의 반란이 성공을 거두었기 때문에 초래되었다는 주장이 있음을 기억할 필요가 있다.

각 모델의 주장을 살펴보면, 우선 상업화 모델Commercialization Model은 학계에서 한때 지배적인 위치를 차지했다. 이 모델에 따르면 시장의 발달이 예농제를 쇠퇴시키고 자본주의적 차지농借地農의 대두를 가져온 것으로 이해된다. 그러므로 상업의 발달과 시장의 확대가 사회의 변화를 가져올 것으로 보인다.

이를 비판한 마이클 모이세이 포스탄Michael Moissey Postan은 시장은 오히려 예농제를 약화시키는 것이 아니라 강화시킬 수 있다고 지적하였다. 예컨대 13세기에 런던 시장과 접촉하기 용이한 지역에서 노동 부역이 증대했다. 영주의 반동이 시장으로 인해 생겼다는 것이다. 동유럽에도 같은 현상이 나타났다. 국제 곡물 시장이 농민의 예속화를 촉진하였던 것이다. 이에 동조한 에마뉘엘 르루아 라뒤리Emmanuel Le Roy Ladurie는 시장의 자극으로 대규모 차지농보다는 보유지의 분할이 나타날 가능성이 크다는 사실을 입증해냈다.

이렇게 상업화 모델을 비판한 사람들은 인구 모델Demographic Model을 따르고 있었다. 이 모델을 주장한 사람은 흐로드가르 존 해버컥Hrothgar John Habakkuk과 포스탄이다. 이들은 토머스 로버트 맬서스Thomas Robert Malthus의 이론을 근거로 삼았다. 맬서스 이론은 전前근대사회에 이루어진 경제적·사회적 변화를 해명하는 열쇠였다. 그 이론에 나오는 호황기(A국면)와 쇠퇴기(B국면)는 대개 11세기부터 19세기까지 잘 적용된다. 포스탄은 이 이론을 적용하여, 12~13세기에 인구가 증가하자 농민에 대한 영주의 입장이 강화되었으므로 영주는 자의적으로 세금과 부역을 증가시켰다고 보았다. 14~15세기에 인구가 감소하자 반대 현상이 나타났다. 이번에는 지대가 낮아지고 영주의 권한은 줄어들고, 예농제가 끝나게 되었다.| 자료 3 | 라뒤리도 같은 현상을 주목하였다. 브로델이 제시한 장기長期의 16세기(긴 16세기, 1450~1640)에 인구가 증가하자 지대가 상승하고 임금이 하락하고, 농민 보유지의 분해가 일어나게 되었다. 반면 17세기에는 이러한 상황이 바뀌었다. 이렇게 보면 인구 동태가 사회경제적 관계에서 핵심이었다. 이처럼 인구 모델은 역사의 변화를 잘 설명해주는 것으로 보인다.

브레너는 비교사적인 분석을 통해서 인구 모델을 비판했다. 즉 비슷한 인구 동태를 가진 지역일지라도 다른 결과가 나올 수 있음을 보여주었다. 예컨대 13세기에 프랑스 일부와 잉글랜드는 같은 인구 동태를 보여준다. 잉글랜드에서는 지대가 상승하고 영주의 통제권이 강화되는 현상이 나타났으나, 프랑스에서는 예농제가 소멸되고 농민의 자유가 확보되었으며, 이것을 뒤집는 현상이 없었다. 이러한 차이는 농민의 수익 구조에도 영향을 미쳤다. 브레너는 이처럼 인구의 압력이 중요하지만 그것이 어떤 영향을 미칠 것인가는 영주와 농민 사이의 관계에 달린 것이라고 역설하였다.

한 걸음 더 나아가 브레너는 예농제가 어떻게 쇠퇴했는가는 단순한 경제학의 문제가 아니라 오히려 의식이나 조직과 관련된 것이라고 주장했다.| 자료 4 | 서유럽에서 예농제가 감소하고 있었던 시기에 동유럽에서는 예농제가 대두하고 있었다. 이 예농제는 16~17세기에 강화되고 17세기 말에 이르러서 더욱 심해졌

다. 이 점에서 그는 인구의 증가가 인구의 재앙으로 이어지게 되었다고 파악했다. 흔히 사람들은 동유럽과 서유럽의 차이를 도시가 있느냐 없느냐로 설명한다. 그러나 그가 보기에 사람들은 도시의 영향이 어떻게 발휘되는지를 제대로 파악하지 않았다. 일반론과 달리 그는 도시가 농민을 흡수하는 힘은 충분하지 않았다고 결론을 내린다. 도시경제는 이주자들에게 경제적 기회를 제공할 수도 없었고, 도시민들도 농민을 별로 환영하지 않았던 것이다. 오히려 중세 도시민들은 귀족과 제휴하여 농민에 맞서는 경향이 많았다. 그러므로 문제의 해답은 도시의 흡인력이 아니라 다른 관계에서 찾아야 할 것이다. 브레너는 그 답을 농민의 단합과 힘이 동유럽에 비해서 서유럽에서 훨씬 더 발달했다는 것에서 찾을 수 있다고 생각한다. 예컨대 서부 독일의 경우 촌락들은 오랜 투쟁을 거쳐서 경제적으로 규제해왔고 정치적으로도 자립해 있었다. 그리하여 공동의 권리도 확립할 수 있었고, 마을 지도자도 선출했으며, 마을 헌장Weistümer(바이스튀머: 불문법·관습법의 의미)을 지니고 있었다. 또한 사제마저도 원하는 사람으로 선출할 수가 있었다. 이 과정에서 농민 보유지가 자연스럽게 발전하였고 공동체의 권리가 강화될 수 있었다. 반면 동부 독일은 농민 자치가 미약했고 마을 헌장도 없었다. 오히려 이 지역은 식민정책으로 농민이 정착하였는데, 그 과정을 영주가 인위적으로 주도하였다. 그래서 공동체 대신 개별적인 농사 경향이 있었고 투쟁의 전통도 없었다. 그러기에 상대적으로 영주의 통제가 원활했다. 이 차이는 1525년 농민전쟁에서 드러났다. 그 반란은 서부 독일과 동프로이센의 잠란트Samland에서 발생했다. 이 지역은 인구가 조밀하고 공동체가 유지되고 있었다. 그러므로 동·서 독일의 차이는 농민들의 단결과 단합의 수준 차이에서 비롯한다.

브레너는 이 시각을 농업 자본주의가 잉글랜드에서 대두한 것을 설명하는 데 적용하였다. 15세기 말 인구의 압력이 높아지고 시장이 발전하고 곡가가 상승하였다. 영국에서는 보유지가 통합되어 대규모 차지농과 임금노동자가 등장하여 자본주의적 형태를 띠었다. 반면 프랑스에는 보유지가 통합되는 대신, 소규모 차지인에게 분배되는 현상이 더 많아졌다. 그 결과 프랑스는 잉글랜드와 달리 농업자본주의가 발달하지 못했다.

그는 이 차이가 앞선 시대의 역사적 발전의 유산이라고 보았다. 잉글랜드에서 농민은 차지인으로서 자유를 얻는 데 성공했지만, 영주도 그들이 소유하고 있었던 토지를 잃지 않았다. 14~15세기 인구가 감소하였기에 관습 보유지를 영주가 차지할 수 있었기 때문이다. 영주는 이와 같은 관습 보유지를 임대차로 전환하여 농민이 자유롭게 보유할 수 있는 길을 차단하였다. 아울러 토지 매매나 상속 시에 토지 보유 허가료를 부과할 수 있었다. 이에 반대한 농민들의 반란은 실패했고, 영주들이 차지한 경작지의 비율은 전체의 70~75퍼센트가 되었다. 그래서 고전적인 농지 계급 구조가 출현하여 영주, 자본주의적 차지농, 임금노동자의 구분이 이루어졌다. 이러한 잉글랜드의 상황에서는 맬서스의 주기 B국면이 적용되지 않는다. 반면 프랑스 농민들은 권리 및 토지 소유권을 확보하고 있었다. 이렇게 된 데에는 프랑스 왕정의 처지가 깊이 연관되어 있었는데, 왕정은 되도록 많은 세금을 농민에게 징수하는 것이 필요하여 영주가 농민에게 부과하는 지대를 제한하였던 것이다. 그 결과 프랑스의 농촌에서는 영국과 다른 계급 구조가 생겨났다. 프랑스 농촌은 16~17세기에 들어 인구가 증가하고 시장이 성장했다. 영주는 인구의 압력으로 지대가 오르자 가혹한 조건으로 토지를 단기간 임대하고자 했고, 국가는 농민에게 세금을 무겁게 매겼다. 그러자 농민의 보유지는 소분할되었고, 농민의 잉여는 감소하는 경향이 나타났다. 이와 같은 후진성은 프랑스에서 계속해서 되풀이되어 인구 증가가 농업 개선으로 이어지지 못한 채, 맬서스적인 저개발의 주기를 불러오게 되었다. 이런 이유에서, 브레너는 잉글랜드와 프랑스에서 농업 자본의 성립과 실패는 국가와 영주, 그들과 농민의 상호 관계, 즉 계급적인 관계에 의해서 결정되었다는 결론을 내린다.

재미있게도 이 논쟁은 논쟁자들이 맨 처음 가졌던 입장이 바뀐 것을 보여준다.| 자료 5 | 이 과정에서 계급투쟁을 강조하는 브레너는 상대가 경제 결정론에 빠져 있다고 비난하였고, 반대 측에서는 상대가 정치 결정론에 빠져 있다고 비난했다. 이는 가만히 따져보면 역설이다. 논쟁 중에 서로의 기본 입장이 뒤바뀌었기 때문이다. 이들 논쟁을 살펴보면, 서양인들이 역사의 동력을 시장, 인구, 계급투쟁으로 보고 있음을 알 수 있다. 오늘날 시장경제의 확대라는 것도 이들의

이 같은 인식에서 나온 것이다. 이들은 자신들이 생각하는 역사의 동력 외에, 역사를 움직이는 또 다른 요인을 찾을 수는 없었던 것일까? 이처럼 대안을 찾는 작업은 필경 서양 학자들의 과제일 뿐 아니라 역시 우리들도 같이 모색해야 할 과제일 것이다.

자료
읽기

자료
01
도브의 주장

모리스 도브, 《자본주의 발전 연구Studies in the Development of Capitalism》, Routledge & Kegan Paul, 1947, pp. 42~44.

봉건 경제에 내재된 힘들이 봉건 경제의 몰락에 얼마나 많은 책임이 있는지를 탐구하자마자, 우리는 덜 연구되고 증거가 별로 많지도 결정적이지도 않은 곳으로 나아간다. 그러나 우리가 가지고 있는 그런 증거들은 지배계급이 수입을 증가시키지 않을 수 없는 필연성과 결부된, 생산 체제로서 봉건제가 가진 비효율성이야말로 일차적으로 그 몰락에 책임이 있었다는 점을 강력하게 지시한다. 왜냐하면 추가 수입을 위한 이 필요야말로 생산자에 대한 압력을 증가시켜서 마침내 이 압력이 문자 그대로 견딜 수 없을 정도가 되도록 하였기 때문이다. 봉건 지배 계층이 그 수입을 끌어온 원천 그리고 이 수입이 증대될 수 있는 유일한 원천은 자신의 생존을 위해서 마련해야 하는 것 위에 있는 예속 계층의 잉여 노동시간이었다. …… 장원 경제에서 노동의 생산성은, 사용된 방법 때문에 그리고 노동에 대한 유인책이 없었던 탓에 매우 낮았을 뿐 아니라, 토지의 생산이 매우 보잘것없었고. …… 어쨌든 계량을 위한 유인책은 거의 아니 조금도 없었다. 중세 유럽의 한 당국자가 썼듯이, "어떤 토질 개선도 새로 징세하기 위한 구실에 불과하였고" 영주는 "단순한 기생충에 불과하여…… 주도권을 좌절시켰고, 예농에게서 그 일의 과도한 열매를 빼앗음으로써 그 근원에 있는 모든 활력을 말려버려 마침내 노동이 거지반 불임이 되었다".

자료
02
스위지의 반론

폴 스위지, 〈비평A Critique〉, 《봉건제에서 자본주의로 이행The Transition from Feudalism to Capitalism》, Verso, 1978, pp. 44~45.

이 문제를 분석하면서 우리는 서유럽에서 예농제의 몰락이 가지는 유별난 성격을 간과하는 것이 안전하다고 나는 생각한다. 도브는 서유럽 일부 지역에서 한동안 무역의 진보에 예농제라는 결박을 완화시키는 것이 아니라 강화시키는 것이 수반되었음을 지적하고 있다. 이 사실은 의심의 여지없이 진실이며 중요하고, 드러나는 여러 개의 역설을 잘 설명해준다. 그러나 경향의 이 임시적이고 부분적인 전복이…… 전체적인 그림을 흐리게 해서는 안 된다. 진짜 문제는 이 기저의 경향을 설명하는 것이다. …… 내게는 작동하고 있는 복합적인 원인들 중에서 두 가지가 결정적으로 중요하게 드러나 보인다. 첫째, 도시들의 성장Rise of the Towns이다. 그것은 서유럽 전체에 걸쳐서 상당히 일반적인 것이었는데, 단순히 장원에서 도망친 저 예농들에게 피난처를 제공했고 또한 장원에 남은 자들의 지위를 변경시켰다는 것보다 더 큰 역할을 했다. 아마도 예농들 전체 숫자 중에서 상대적으로 낮은 비율만이 짐을 꾸려 도시로 갔을 것이다. 그러나 도시에서 향유되는 더 높은 기준의 압력이 농촌에서 효과적으로 느껴지도록 하는 데는 충분하였다. 마치 노동자들이 더 높은 임금을 주는 지역으로 옮겨갈 가능성을 가지는 경우 낮은 임금에서 인상이 있게 되는 것처럼, 예농들이 도시로 이주할 가능성을 가질 경우 예농들에게 양보가 이루어져야만 했다. 그런 양보는 필연적으로 더 많은 자유를 주는 방향으로 그리고 봉건적인 여러 부과조賦課租를 화폐지대로 변형시키는 방향으로 나아갔다. 둘째, 장원은 시장을 위한 생산으로 변화될 수 있고 많은 사례에서 그러하였던 반면, 장원 자체는 근본적으로 그 목적을 위해서는 비능률적이고 적합하지 않았다. 기술은 원시적이고 노동 분화는 발전하지 않았다. 행정적인 관점에서 장원은 다루기 어려웠다. 특히 생산과 소비의 분명한 분리가 없었으므로 생산 비용 계산은 거의 불가능했다. 더욱이 장원에서는 모든 것이 관습과 전통에 의해서 규제되었다. 그것은 경작 방법에만이 아니라, 투여되는 노동량에 그리고 필수 노동과 잉여 노동의 구분에도 적용되었다. 이 관습적인 규범과 규제의 총체는 화폐 이익을 위한 인적·물적 자원의 합리적인 이용에 수많은 장애를 이루었다. 조만간 새로운 유형의 생산관계와 새로운 조직 형태를 변화된 경제 조직의 요건에 부합하기 위해서 찾아야 하였다.

자료

03

포스탄의 인구설

마이클 M. 포스탄, 《중세의 경제와 사회: 중세 영국의 경제사The Medieval Economy and Society: An Economic History of Britain in the Middle Ages》, Penguin, 1981, pp. 31, 34, 42~44.

중세에 있었던 가장 경제와 관련된 추세의 뒤에, 특히 토지 정착의 진전과 후퇴의 뒤에는 인구의 증가와 감소가 초래한 효과들을 분별하는 것이 가능하다. 현재 저개발 국가들 대부분에서 그러하듯이, 지역에 사는 사람들의 수는 경제 전체의 작동뿐만 아니라 개인들의 복지도 결정하였다. 불행하게도 우리가 가진 증거로 보아 세밀하고 분명한 인구 추이를 보는 것은 불가능하다. 최소한 주어진 시점에 인구의 전체 크기를 측정하는 것이 가능하다.

추정하는 사람들 간에 차이가 매우 큰 경우 역사적 증거로서의 그 추정 가치는 의심스럽다고 말하지 않을 수 없다. 다행히도 인구 동태의 요소들을 추적하는 경제사가들은 과거 대부분의 시기에 전체 인구수가 아무리 정확하고 일반적으로 받아들여진다고 해도, 그것이 의미 없는 것으로 읽혀진다는 생각으로 자신을 위로하고 있을지도 모른다. 인구의 총 수효가 경제적으로 의미가 있는 경우는 오로지 다른 요인들, 특히 자본 확충이나 기술 수준에 관련되는 경우뿐이다. 역사·경제 관점에서 총 인구수보다 훨씬 더 중요한 것이 인구의 동역학Dynammics, 즉 인구 운동의 속도와 방향 그리고 다른 경제 요인들과의 관계가 변화하는 것이다. 인구가 늘었는가, 아니면 감소했는가? 그것이 증가 혹은 감소 속에서 과잉 인구의 지점, 즉 그것을 넘어서면, 개인의 복지나 나라의 전체 재부가 인구 증가와 더불어서 잴 수 있는 비율로 성장하지 않은 지점을 향해 가는가, 아니면 벗어나고 있는가?

인구에 대해서 이들 역병이 끼친 누적적인 효과는 엄청났음에 틀림없다. 대부분의 역사가들이 역병이야말로 중세 후기의 인구 동태에서 하락세를 보인 것에 대한 주요 원인이라고 추정하는 것에 동의하는 것이 놀라운 점은 아니다. 거의 합의된 것처럼 보이는 이 견해는 인상적인 것으로 보이기는 하나 의문점과 유보점이 없이 받아들일 수는 없다. 먼저 여기에서 우리가 인용한 인구 감소의 간접적인 증거의 대부분은 1348년 훨씬 전에 기저의 추세 속에 어떤 단절이 있음을 드러내고 있다. 13세기와 14세기의 전환기 또는 그 직후에 식민 가능한 토지가 여전히 발견되는 지역에서도 개간이 점차 소멸하기 시작했다. 개간이 많아지는 지역에, 그 증가는 종종 14세기 1/4분기에 시작되었다. 동시에 토지 가격은 오르기를 멈추고 내려가기 시작했다. 만약 이 모든 운동이, 우리가 그러리라고 믿는 것처럼, 인구 추세의 진정한 지표라고 한다면, 진정한 전환점은 적어도 역병의 발발 이전 20년 전 아니면 혹은 그 이전에 발생했다고 믿지 않을 수 없다. 다른 요인들이 촉발했을지라도 인구 감소에 악영향을 미친 것은 바로 역병의 발발이었음에 틀림없다. 그러나 아무리 악화시켰다고 하더라도 인구 감소는 훨씬 일찍 시작되었을 것이며, 만약 그러하다면 흑사병이나 오로지 흑사병 대신 다른 원인들에 그 원인이 있는 것이다. 이들이 원인일 수 있었으며 아마도 원인이 아닐까 생각되는 것은 여기에서 반복되어 시사되었다. 인구 증가는 상대적인 과잉의 지점에 도달했다. 그 지점을 넘어서서 인구에 이용 가능한 토지의 양과 흉·풍을 막론하고 여기서 나오는 생산물은 중세 인구의 큰 부문, 아마도 대부분을 먹여 살리는 데 불충분했을 것이다. 그러나 바로 이 부족함은 결국은 스스로 치료하기에 이르렀다. 그 치료책은 물론 벌을 주는 것이며 그 처벌은 재개되는 기근, 높이 올라가는 사망률, 그리고 아마도 낮게 떨어지는 혼인·출산율의 형태를 취할 것이다. 유사하게 그 자신을 부양할 나름의 힘을 초과하는 인구에 관한 기록은 결코 이상한 것이 아니다. 우리는 그런 현상이 거의 모든 대륙과 모든 시대의 산업화 이전 사회들에서 여러 번 다시 등장하는 것을 발견하고 있다. 그러나 현재 아프리카, 남아메리카 혹은 동남아시아에서 근대 의약, 사회 부조 및 기술 진보가 인구가 꺾이지 않고 계속 증가하는 것을 가능하게 하고 있는 반면에, 중세 잉글랜드에서 비록 흑사병이 이 나라를 완전히 비껴갔다고 하더라도 인구는 계속 증가할 수 없었을 것이니 필경 줄어들기 시작했을 것이다. 흑사병이 인구 감소에서 수행한 역할은 크게 보아서 1340년대의 사망률을 심화시키고 인구 동태의 쇠퇴에서 회복되는 것을 이후 100년 혹은 150년 동안 지연시킨 것이다. 일반적인 상황에서 사망률이 증가하고 출산율이 떨어지는 것에서 비롯하는 인구 쇠퇴는 토지의 부족에서 기인한 것이지만, 자신이 가진 힘을 통해서 자신을 교정하는 것이 기대될 수 있다. 왜냐하면 인구가 감소하면 사람에 대한 토지의 비가 향상될 수 있으며 따라서 충분한 식량을 거두어서 부양하고 혼인하여 아이를 기를 수 있는 사람의 능력은 향상될 것이기 때문이다. …… 그러나 원인이 무엇이든지 인구의 낮은 혹은 저하하는 수준은 경제 사정을 계속 지배했다.

자료
04

브레너의 주장: 계급이 중요

로버트 브레너, 〈산업화 이전 유럽의 농지 관련 계급 구조와 경제 발전Agrarian Class Structure and Economic Development in Pre-Industrial Europe〉, T. H. 애스턴Aston · C. H. E. 필핀Philpin 편집, 《브레너 논쟁: 산업화 이전 유럽의 농지 관련 계급 구조와 경제 발전The Brenner Debate: Agrarian Class Structure and Economic Development in Pre-Industrial Europe》, Cambridge University Press, 1987, p. 36. (한국어판 출간 제목은 《농업계급구조와 경제 발전: 브레너 논쟁》)

한마디로 소농 생산의 발전과 농노의 계급관계를 정해주는 잉여 추출의 관계들 사이의 모순들은 소농의 축적, 소농의 생산성과 궁극적으로는 소농의 생존에 위기를 초래하는 경향이 있었다. 이 위기는 기존의 구조에 내재한 계급 갈등의 심화가 동반되었으나 충돌하는 계급들 사이에 있는 힘의 균형에 따라서 상이한 지역에서 상이한 결과—옛 구조의 붕괴 아니면 그것의 보강—를 지닌다. 따라서 결국 예농에 기초를 두는, 즉 봉건적 계급은 어떤 한정된 발전 경과를 열었으며, 어떤 예측이 가능한 위기를 촉발했고, 특별히 어떤 내재된 계급 갈등이 터져 나오게 하는 경향이 있었다. 불확정성의 요소가 상이한 지역에서 이런 갈등들이 가지는 상이한 성격과 결과에 관련하여 등장한다. 이 말은 그런 결과가 다소간 자의적이라는 것을 의미하는 것이 아니라 오히려 그 결과들은 유럽의 상이한 여러 사회에게 경쟁하는 토지 경작 계급들과 그들의 상대적인 힘이 발전하는 어떠한 역사적으로 특수한 경로와 묶이는 경향이 있었다는 것을 뜻한다. 즉 그들이 가진 국제적 연대의 수준, 자의식과 조직, 일반적인 정치적 자원—특히 토지를 경작하지 않은 계급들(특히 잠재적인 도시 거주 계급의 동맹자들)에 대한 그들의 관계와 국가(특히 국가가 소농의 잉여를 놓고 일종의 계급처럼 영주들의 경쟁자로서 발전하는가의 여부)에 관련된다.

자료
05

르루아 라뒤리의 반론

에마뉘엘 르루아 라뒤리, 〈로버트 브레너에 대한 응답A Reply to Robert Brenner〉, 《브레너 논쟁The Brenner Debate》, pp. 103~104.

13세기 잉글랜드에서 노동 부역의 강화는, 포스탄이 생각하고 있듯이, 아마도 부분적으로는 지방의 노동력이 영주와 대규모 고용주에 대해 놓인 불리한 위치에서 기인할 것이다. 그것은 이 시기 잉글랜드(와 프랑스)의 농촌에 기록된 엄청난 인구압과 인구 성장에서 비롯한다. 그 노동 부역의 증가는, 브레너가 믿고 있듯이, 아마도 또한 제도적이고 권력적인 요소로 말미암을 것이다. 이런 요소들을 여기에서 분석하는 것은 내가 할 일은 아니다. 이 시점에 파리 근교는 잉글랜드보다 더 '근대적'이었다(물론 17세기가 되면 주도권은 해협의 북부로 넘어갈 것이며 이 두 시기, 즉 중세와 근대 동안에 앞에서 언급된 단선적인 추세의 요소를 형성할 것이다). 아마 그럴지도 모르지만, 13세기는 예농제가 더 무겁게 부과되었다고 번역될 수 없으며(예농제는 실제로 감소하였다), 오히려 실제로는 완벽히 데이비드 리카도David Ricardo와 맬서스 식으로 지대에서 매우 두드러지게 상승이 있었던 것으로 파악된다. 브레너는 보르도 지역, 솔로뉴 지역, 카탈루냐에 관하여 오해하고 있다. 이 세 지역에서 14, 15세기 인구 감소가 수반된 것은 '악관습'과 노동 부역과 분익 소작—여러 형태로 촌락민들에게 지워진 부담의 세 형태—의 약화로 초래된 휴지기 이후이다. 때때로 농민전쟁은 이 발전들을 촉구했다. 또한 다른 것들 사이에서 농민전쟁은 인구 감소가 농민들에게 유리하게 만들어주던 세력 균형에서 생겼다. 농민들 자신에게 인력 공급 감소에 대한 책임이 있었다. 물론 이런 식으로 말한다고 해서 순전히 문화적·정치적·사회적 요인들이 중요하다는 점을 축소하려는 것이 아니다. 이런 요소들은 르네상스기와 그 직전 유럽에서 예농제가 소멸하자 흔히 정점에 도달했다.

| 참고문헌 |

도브, 모리스 외, 《자본주의 이행논쟁: 봉건제로부터 자본주의로의 이행》, 김대환 옮김, 동녘, 1997.

브레너, 로버트 외, 《농업계급구조와 경제발전: 브레너 논쟁》, 이연규 옮김, 집문당, 1991.

브레너, 로버트 외, 《신자본주의 이행 논쟁》, 이영석·임지현·장수한 옮김, 한겨레, 1999.

오리고, 이리스, 《프라토의 중세 상인: 이탈리아 상인 프란체스코 다티니가 남긴 위대한 유산》, 남종국 옮김, 앨피, 2009.

이영림·주경철·최갑수, 《근대유럽의 형성: 16~18세기》, 까치글방, 2011.

퍼거슨, 왈라스 클리퍼트, 《서양근세사—중세에서 근대로의 이행》, 이연규·박순준 옮김, 집문당, 1989.

도판 목록

27 | 이상적인 장원(출처: Brian Tierney and Sidney Painter, *Western Europe in the MIddle Ages, 300-1475*, 3rd Ed., Alfred A. Knopf, 1978, p. 157)

28 | 장원에서 수확하는 농민(출처: Jackson J. Spielvogel, *Western Civilization: A Brief History*, Third Edition, Thomson, 2005, p. 145)

29 | 새로운 촌락의 건설(출처: Geoffrey Barraclough, *The Times Atlas of World History*, Times Books, 1978 , p. 121)

30 | 왕실 직영지의 확대(출처: Daniel Riviere, *Histoire de la France*, Hachette, 1986, pp. 40, 59)

31 | 필리프 4세(출처: Wikimedia Commons)

32 | 잉글랜드의 왕국들(출처: 케네스 O. 모건, 《옥스퍼드 영국사》, 영국사연구회 옮김, 한울아카데미, 2012, 77쪽)

33 | 린디스판 복음서(영국도서관 소장, 출처: Wikimedia Commons)

34 | 11세기경의 바이킹 모습(출처: Jackson J. Spielvogel, *Western Civilization: A Brief History*, Third Edition, Thomson, 2005, p. 143)

35 | 북구 제국의 판도(출처: Geoffrey Barrough, *Times Atlas of World History*, Times Books, 1978, p. 121)

36 | 백년전쟁 시기의 프랑스 영토(출처: Donald Kagan et al., *The Western Heritage*, 3rd ed., Macmillan, 1987, p. 310)

37 | 독일과 이탈리아(출처: D. Kagan et al., *The Western Heritage*, 3rd ed., Macmillan, 1987, p. 299)

38 | 일곱 명의 선제후(출처: Wikimedia Commons)

39 | 하인리히 4세의 반격과 그레고리우스 7세의 죽음(출처: Donald Kagan et al., *The Western Heritage*, 3rd ed., Macmillan, 1987, p. 244)

40 | 중세의 신분제(출처: Wikimedia Commons)

41 | 예루살렘과 그리스도(출처: Wikimedia Commons)

42 | 〈콘스탄티노플의 점령〉(출처: Crane Brinton et al., *A History of Civilization*, I, Prentice-Hall, Inc., 1967, p. 353)

43 | 교황 인노켄티우스 3세(출처: Wikimedia Commons)

44 | 보데의 동상(루터기념관 소장, 출처: Wikimedia Commons)

45 | 〈싸우며 승리하는 교회〉(피렌체 산타마리아 노벨라 성당 소장, 출처: Wikimedia Commons)

46 | 아비뇽의 교황청

47 | 중세 교육기관의 분포(출처: Marvin Perry et al., *Western Civilization-a Concise History I. to 1789*, Houghton Mifflin Harcourt, 1981, p. 227)

48 | 볼로냐 대학 학생들의 수업 모습(볼로냐 중세문명 박물관 소장, 출처: Wikimedia Commons)

49 | 바실리카의 천장과 로마네스크의 천장(출처: Brian Tierney and Sidney Painter, *Western Europe in the MIddle Ages, 300-1475*, 3rd Ed., Alfred A. Knopf, 1978, pp. 402, 403)

50 | 베즐레 수도원의 천장(출처: Wikimedia Commons)

51 | 고딕 양식의 면모(출처: Brian Tierney and Sidney Painter, *Western Europe in the MIddle Ages, 300-1475*, 3rd Ed., Alfred A. Knopf, 1978, pp. 407, 414, 415)

52 | 샤르트르 성당의 스테인드글라스(출처: Wikimedia Commons)

53 | 남성들을 가르치는 크리스틴 드 피장(출처: Wikimedia Commons)

54 | 〈최후의 심판〉의 일부(출처: Wikimedia Commons)

55 | 〈해골의 춤〉(출처: Wikimedia Commons)

56 | 1531년경의 쾰른(출처: Otto Henne am Rhyn, *Kulturgeschichte des deutschen Volkes*, Erster Band, Berlin, 1897, p. 387)

57 | 중세 시장의 모습(파리 국립도서관 소장, 출처: Jackson J. Spielvogel, *Western Civilization: A Brief History*, Third Edition, Thomson, 2005, p. 162)

탐구
문제

1부 중세 전기의 사회와 정치 그리고 주변

1. 게르만 사회: 원시공산제 사회였나

1 | 게르만의 생활상을 평가해보자.

2 | 동시대 중국 주변의 다른 민족과 비교해서 같은 점과 다른 점을 찾아보자.

3 | 게르만 공동체 이론은 역사 파악에 어떤 영향을 미쳤으며 그 문제점은 무엇인가?

2. 게르만족의 이동: 따뜻한 남쪽을 찾아서

1 | 문화단절설과 문화연속설 가운데 어느 것이 옳은가?

2 | 2차에 걸친 게르만족의 이동을 정리해보자.

3 | 이슬람, 훈족, 바이킹의 역사적 역할을 비교해보자.

4 | 초기 왕정 사회의 법과 제도는 어떤 수준이었는가?

3. 중세 초기의 왕정: 프랑크족, 왕국을 세우다

1 | 정치와 종교의 관계는 어떤 것이 바람직한가? 역사적 사례를 제시해보자.

2 | 바이킹의 이동이 가지는 역사적 의미는 무엇인가?

3 | 역사의 주인은 원주민인가, 이주민인가?

4. 중세 그리스도교의 발전: 살아남기 위한 교회의 모색

1 | 중세인의 독특한 문화가 그리스도교의 영향과 어떤 관련을 가졌는지 사례를 찾아보자.

2 | 정통과 이단의 논쟁이 벌어지는 근본적인 이유는 무엇인가? 문화적 차이인가 아니면 경제적 차이인가?

3 | 연옥과 자본주의 발전의 관계를 프로테스탄티즘의 윤리와 자본주의 발전의 관계와 비교해보자.

5. 비잔티움: 세계경제의 중심

1 | 유스티니아누스의 법전은 어떤 의도로 편찬되었나?

2 | 비잔티움 제국이 페르시아와 이슬람과 어떤 역학 관계를 지녔는지 정리해보자.

3 | 비잔티움 제국이 동로마제국이라고 불리지 않은 이유는 무엇인가?

6. 이슬람: 단일한 믿음으로 세계를

1 | 과거 이슬람의 경제 부흥의 흔적을 찾아보자.

2 | 아랍어에서 유래한 영어 단어를 찾아보자.

3 | 이슬람교가 단시간에 널리 전파된 이유는 무엇인가?

4 | 이슬람의 테러를 어떻게 보는 것이 바람직한가?

2부 봉건제도와 농업

7. 봉건제의 기본 틀: 이념이냐, 실제냐

1 | 세계사 속에서 두 가지 문화의 만남이 이루어진 사례를 찾아보자.

2 | 봉건제가 역사적인 실체인가? 아니면 상상적 개념인가?

3 | 봉건제 아래에서 왕권이 제약되는 이유는 무엇인가?

8. 가족과 여성: 이중의 계보

1 | 왜 계보의 이중성은 부계 중심에 비해 개인에 대한 보호력이 약하였는가?

2 | 여성이 남긴 유언장을 통해서 알 수 있는 인간관계를 정리해보자.

3 | 중세 동아시아의 여성들의 지위는 유럽 여성에 비해 어떠하였는가?

9. 주종 제도: 머슴에서 귀족으로

1 | 주종제를 통한 지배 영역의 확대는 어떻게 이루어졌는가? 신라의 경우와 비교해보자.

2 | 주종 관계와 군신 관계를 비교하여 같은 점과 다른 점을 찾아보자.

3 | 토지 재산을 둘러싼 인간관계를 정리해보고, 같은 사례를 동아시아에서 찾아보자.

10. 봉토와 토지제도: 반환과 세습의 갈등

1 | 봉토를 둘러싼 주군과 봉신의 관계를 이념적인 면과 실제적인 면으로 정리해보자.

2 | 역사적으로 봉토의 세습화는 어떤 문제를 야기하였는가?

3 | 고려 시기의 토지제도와 서양 봉토의 같은 점과 다른 점을 찾아보자.

11. 농업: 농업은 봉건제의 토대

1 | 중세 농업은 봉건제의 발전에 어떻게 영향을 끼쳤나?

2 | 농업 발전에서 농민의 역할이 중요한가 아니면 영주의 역할이 중요한가?

3 | 농업의 후진성을 극복하기 위해서 중세 유럽은 어떤 노력을 기울였나?

12. 해석과 시각: 이론은 도구이다

1 | 어떤 견해가 바람직한 것인지 설명해보자.

2 | 한국이나 동아시아 사회를 설명하기에 적합한 모델은 무엇인가?

3 | 봉건제의 해석이 가지는 서양 중심주의의 측면을 지적해보자.

3부 봉건국가의 발전과 유형

13. 프랑스: 시작은 미약했으나

1 | 프랑스 왕권 강화는 어떻게 이루어질 수 있었는가?

2 | 백년전쟁이 프랑스의 발전에 끼친 영향은 무엇인가?

3 | 잔 다르크는 영웅이었나?

14. 잉글랜드: 집권 봉건국가를 이루다

1 | 프랑스의 정치 발전과 다른 면은 무엇이며, 그 원인은 무엇인가?

2 | 집권적 봉건국가는 어떻게 해서 가능한가?

3 | 잉글랜드 의회의 영향은 무엇인가?

4 | 마그나카르타를 통해서 당시 사회의 모습을 그려보자.

15. 독일: 후진적인가, 특수한가

1 | 중세 독일의 분열상은 독일의 특수성인가, 아니면 후진성인가?

2 | 이탈리아를 둘러싼 교황권과의 갈등의 원인과 결과를 정리해보자.

3 | 현재 독일 각 주의 정치적인 권한은 어떤 것이 있는지 살펴보자.

4부 가톨릭교회

16. 교회의 개혁과 서임권 투쟁: 독자성을 확보하기 위한 투쟁

1 | 중세 성기成期 그리스도교 부흥의 원인을 중세 초기와 비교하여 차이점을 제시해보자.

2 | 서임권이 교황에게 있다고 주장하는 근거와 황제나 왕에게 있다는 주장의 근거를 비교해보고, 어느 주장이 타당한지 판단해보자.

3 | 추기경들은 왜 파스칼리스의 제안을 거부하였는가?

17. 십자군 운동: 되풀이하면 안 될 과오

1 | 십자군의 경제적 효과와 정치적 효과를 비교해보자.

2 | 교황청의 십자군 반성의 성명을 어떻게 평가할 것인가?

3 | 이슬람의 십자군에 대한 대응은 어떠했으며 적절했는가?

18. 교황권의 개화: 인노켄티우스 3세의 시대

1 | 이단은 왜 발생하였는가?

2 | 종교재판은 어떤 동기에서 이루어졌으며, 그 결과는 어떠한가?

3 | 프란체스코 수도회가 공인된 것은 어떤 이유에서인가?

19. 교황권의 쇠퇴: 교회는 교회의 자리로

1 | 교황권의 쇠퇴는 교황의 잘못인가, 사회 변화의 반영인가?

2 | 얀 후스의 처형에 체코 민족주의자들이 반발한 이유는 무엇인가?

3 | 아비뇽 시기의 교황청의 사정을 살펴보고, 이 기간에 발전된 것은 무엇인가 정리해보자.

5부 중세 문화의 성숙과 이행

20. 사상과 교육: 대학의 탄생

1 | 그리스도교 신앙은 자연에 대한 중세인의 태도에 어떤 영향을 끼쳤는가?

2 | 아리스토텔레스가 현대 과학에 끼친 영향을 찾아보고 과학 발전의 계기에 대한 의견을 말해보자.

3 | 중세 대학에서 이루어진 교육 방법 중 지금까지 남아 있는 것은 무엇인가?

4 | 중세 대학생과 현대 대학생의 생활을 비교해보자.

21. 종합을 지향한 건축과 문학: 중세인의 이상 세계

1 | 로마네스크 양식에서 고딕 양식으로의 변화는 왜 일어났나?

2 | 건축, 문학, 학문의 구조가 어떻게 통일성을 이루는가?

3 | 문예에서 중세적 종합은 어떻게 나타났나?

22. 농촌 장원의 변화: 봉건제의 기초가 흔들리다

1 | 영주의 입장에서 새로운 변화를 어떻게 평가하였을까?

2 | 흑사병은 중세 사회 변화에 결정적인 영향을 미쳤는가?

3 | 농민층의 신분 분해는 바람직한 것이었나?

23. 도시의 발전: 위기는 기회

1 | 서양 중세에서 자유의 의미를 찾아보자.

2 | 중세 유럽의 도시와 이슬람의 도시 그리고 중국 송대의 도시를 비교해보자.

3 | 유명한 상업 회사들의 역사를 조사해보자.

24. 중세에서 근대로 이행: 역사를 움직여 나가는 힘은 무엇인가

1 | 세 모델 중에서 가장 타당한 모델이 어떤 것이라고 생각하는가?

2 | 동양의 역사에 이런 모델을 적용하여 설명하는 것이 가능한가?

3 | 역사의 원동력은 무엇이라고 생각하는가?

찾아보기

ㄱ

ㄹ

ㅇ

ㅈ

사료로 읽는 서양사 2 : 중세편

1판 1쇄 2014년 7월 20일
1판 3쇄 2024년 2월 1일

지은이 | 김창성

펴낸이 | 류종필
편집 | 이정우, 이은진, 권준
경영지원 | 홍정민
표지 · 본문 디자인 | 석운디자인
본문 조판 | 글빛

펴낸곳 | (주) 도서출판 책과함께
주소 (04022) 서울시 마포구 동교로 70 소와소빌딩 2층
전화 (02) 335-1982
팩스 (02) 335-1316
전자우편 prpub@daum.net
블로그 blog.naver.com/prpub
등록 2003년 4월 3일 제2003-000392호

ISBN 978-89-97735-44-0 94900
978-89-97735-41-9 94900(세트)

* 이 책에 실은 도판은 저작권자의 허락을 받아 게재한 것입니다.
허가를 받지 못한 일부 도판은 저작권자가 확인되는 대로 허가 절차를 따르겠습니다.